Der aus nationaler Selbstüberschätzung geborene Drang, Großmachtpolitik um jeden Preis zu treiben, ist das gemeinsame Merkmal der europäischen Mächte in der imperialistischen Ära, d. h. in der Zeit vom letzten Jahrzehnt des 19. Jahrhunderts bis zum Ende des Ersten Weltkrieges. Hintergründe und historische Erscheinungsform des Imperialismus sind Gegenstand dieses Bandes. Sein Verfasser, Professor Wolfgang J. Mommsen (Universität Düsseldorf), der sich vor allem mit seinen Arbeiten über Max Weber einen Namen gemacht hat, verwirklicht hier eine neue Kombination von sozialgeschichtlicher und politikgeschichtlicher Betrachtungsweise. Im ersten Teil seines Buches führt er die entscheidenden politischen Ideologien, ihre Entwicklung und ihre praktisch-politischen Auswirkungen vor. Seine Aufmerksamkeit gilt sodann den gesellschaftlichen Wandlungen, die sich als Folge der Industrialisierung einstellten, und den damit zusammenhängenden Sozialproblemen. Im zweiten Teil analysiert Mommsen die Struktur der europäischen Staaten der Vorkriegszeit. Er läßt dabei — im Gegensatz zu der für diesen Zeitraum herkömmlichen Betrachtungsweise, die den Akzent ganz auf die Außenpolitik legt — innere und äußere Politik der einzelnen Staaten in ihrer Verzahnung sichtbar werden. Eingehend wird der Wettkampf der europäischen Mächte um die Kolonien — ein Hauptaspekt des Imperialismus — geschildert. Die Wandlung des nationalen Gedankens wird deutlich: seiner ursprünglichen idealen Zielsetzung, seines humanen Charakters entkleidet, verbindet er sich mit der Machtidee. So wird die Akkumulierung neuer, unheilvoller politischer und militärischer Energien möglich, deren Freisetzung Europa schließlich in den Ersten Weltkrieg und damit an den Rand des Zusammenbruchs führte. Den Ursachen und dem Verlauf des Krieges, der in seiner Folge auftretenden Revolution in Rußland, seinem Ende schließlich, das zugleich den Untergang des alten Europa bedeutete, gilt der letzte Teil dieses Buches.

Der Band ist in sich abgeschlossen und mit Abbildungen, Kartenskizzen und mit einem Literaturverzeichnis ausgestattet. Ein Personen- und Sachregister erleichtert dem Leser die Orientierung.

DER VERFASSER DIESES BANDES

Wolfgang J. Mommsen,

geb. 1930 in Marburg an der Lahn; studierte an den Universitäten Marburg und Köln Geschichte, Philosophie, Politische Wissenschaften und Kunstgeschichte. 1958 Promotion zum Dr. phil. 1958/1959 Forschungsaufenthalt als British Council Scholar in Leeds und London. 1961 Visiting Assistant Professor an der Cornell University, Ithaca, N. Y., USA. 1959 bis 1966 Wissenschaftlicher Assistent am Historischen Seminar der Universität Köln. 1967 Privatdozent für Mittlere und Neuere Geschichte an der Universität Köln. Im Wintersemester 1967/1968 und Sommersemester 1968 Vertreter des Lehrstuhls für Geschichte an der Universität (Technischen Hochschule) Karlsruhe. Seit Juni 1968 ord. Professor für Mittlere und Neuere Geschichte an der Universität Düsseldorf. Zwischen 1968 und 1976 zahlreiche Forschungs- und Lehraufenthalte in England und den USA. Von 1977 bis 1985 Direktor des Deutschen Historischen Instituts in London. Seit 1985 wieder in Düsseldorf. Er ist Generalsekretär der Kommission für die Geschichte der Geschichtsschreibung, seit 1987 Präsident des Deutschen Historiker-Verbandes.
Wichtigste Veröffentlichungen: ›Max Weber und die deutsche Politik 1890–1920‹, Tübingen 1959, 1974; ›Ägypten und der europäische Imperialismus; der Aufstieg der ägyptischen nationalen Bewegung‹, München 1961; ›Die Geschichtswissenschaft jenseits des Historismus‹, Düsseldorf 1971, 1972; ›The Age of Bureaucracy. Perspectives on the Political Sociology of Max Weber‹, Oxford 1974; ›Max Weber. Gesellschaft, Politik und Geschichte‹, Frankfurt 1974; ›Imperialismustheorien. Ein Überblick über die neueren Imperialismusinterpretationen‹, Göttingen 1977. Der Verfasser ist Mitherausgeber von »Geschichte und Gesellschaft, Zeitschrift für historische Sozialwissenschaft«, Göttingen 1975 ff, und der Max-Weber-Edition. Herausgeber von »Der moderne Imperialismus«, Stuttgart u. a. 1971; Mitarbeiter zahlreicher deutscher und internationaler wissenschaftlicher Zeitschriften.

Fischer Weltgeschichte

Band 28

Das Zeitalter des Imperialismus

Herausgegeben
und verfaßt von
Wolfgang J. Mommsen

Fischer Taschenbuch Verlag

Umschlagentwurf: Wolf D. Zimmermann
unter Verwendung des Fotos
›Der Kaiser bei einer im Westen stehenden Truppe‹
(Foto: Süddeutscher Verlag, München)
Harald und Ruth Bukor zeichneten die Abbildungen 1, 2, 3, 4, 5a, 5b, 6, 11, 13, 15, 16, 19, 22, 27, 33

Illustrierte Originalausgabe
mit 34 Abbildungen
Veröffentlicht im Fischer Taschenbuch Verlag GmbH,
Frankfurt am Main, Februar 1969

114.–115. Tausend: August 1991

Wissenschaftliche Leitung: Jean Bollack, Paris

Druck und Bindung: Clausen & Bosse, Leck
Printed in Germany
ISBN 3-596-60028-6

INHALTSVERZEICHNIS

Vorwort

Dieser Band behandelt eine Periode der Geschichte Europas, in der Höhen und Tiefen der Entwicklung dicht beieinander liegen. In den Jahren zwischen 1885 und 1914 stand Europa auf dem Höhepunkt seiner politischen, wirtschaftlichen, kulturellen und zivilisatorischen Vorrangstellung in der Welt. Der imperialistische Wettlauf der großen europäischen Völker um den Erwerb der letzten noch ›freien‹ Territorien auf dem Erdball fiel zusammen mit einer außerordentlichen Ausweitung des europäischen Einflusses. In den Hauptstädten Europas, zu dem man damals das zaristische Rußland noch hinzuzählen mußte, wurden die großen weltpolitischen Entscheidungen getroffen, während sich die Vereinigten Staaten vorerst im Hintergrund hielten. Auch wirtschaftlich hatte Europa vor 1914 noch unbestritten die Führung inne, wenngleich die Vereinigten Staaten dieselbe bald an sich rissen. Der Erste Weltkrieg führte dann abrupt zum Zusammenbruch der Vormachtstellung Europas in der Welt und zog den Aufstieg der großen Flügelmächte, der USA und der UdSSR, nach sich. Insofern spiegeln sich in der Geschichte jenes Zeitraumes Größe und Elend des alten ›heilen‹ Europa, von dem die ältere Generation zuweilen noch voll wehmütiger Gefühle erzählt.
Doch die weltpolitische Rolle Europas ist nicht das zentrale Thema dieses Bandes, zumal die Geschichte der großen Kolonialreiche im Rahmen der Fischer Weltgeschichte in einem selbständigen Bande behandelt wird. Die imperialistische Politik der europäischen Mächte, oder, wie man seinerzeit in Deutschland zu sagen pflegte, die ›Weltpolitik‹ bildet zwar einen wesentlichen Bestandteil der vorliegenden Darstellung, wie denn auch an der seit Heinrich Friedjung geläufigen Bezeichnung der Epoche als ›Zeitalter des Imperialismus‹ festgehalten ist. Aber in erster Linie soll die innere Geschichte Europas selbst, mit allen ihren Wechselfällen und Konflikten, zur Anschauung gebracht werden, um so mehr, als sich die weltpolitische Aktivität der europäischen Großmächte in jener Periode gutenteils aus deren inneren Verhältnissen heraus erklären läßt.
In einem ersten Teil werden die übergreifenden Kräfte beschrieben, die den Rahmen für die politischen Ereignisse im engeren Sinne gesetzt haben. Neben die Entwicklung der politischen Ideologien treten gleichberechtigt die wirtschaftliche Entwicklung und

die Entwicklung der gesellschaftlichen Strukturen. Der Prozeß der fortschreitenden Industrialisierung der europäischen Volkswirtschaften veränderte die politischen und gesellschaftlichen Verhältnisse Europas in grundlegender Weise. Im Zusammenhang der Darstellung dieser Vorgänge ist den Phasenverschiebungen der industriellen Entwicklung in den einzelnen europäischen Ländern und Regionen, soweit möglich, besondere Aufmerksamkeit zugewandt worden, da aus den Differenzen im Entwicklungsgrad der einzelnen Volkswirtschaften vielfach grundlegende politische Gegensätze entstanden sind. In dem diesen Fragen gewidmeten Kapitel und in dem darauffolgenden Kapitel über den Wandel der gesellschaftlichen Strukturen und die sozialen Probleme ist der Versuch gemacht, die politischen Ereignisse sozialgeschichtlich zu untermauern. Allerdings fehlen auf diesem Gebiet heute noch auf weiten Strecken zureichende Vorarbeiten, vor allem aber zusammenfassende Untersuchungen, die nicht nur einzelne Länder oder Regionen, sondern Europa als Ganzes ins Auge fassen. Hinsichtlich des statistischen Materials liegen die Dinge besonders im argen. Insofern beanspruchen diese Kapitel nicht mehr zu sein als eine Skizzierung der globalen wirtschaftlichen und gesellschaftlichen Entwicklungstrends jener Periode, in der Erwartung, daß die historische Forschung bald zu präziseren Aussagen darüber gelangen wird.
Anders als in zahlreichen früheren Darstellungen des Zeitalters des Imperialismus liegt im zweiten Teil der Akzent nicht in erster Linie auf den Ereignissen der äußeren Politik, mag dies auch vom Titel her zunächst so erscheinen. Die auswärtigen Beziehungen der europäischen Mächte werden nicht einfach als ein mehr oder minder selbstgenügsames, abgeschlossenes System behandelt, wie dies in klassischen Diplomatiegeschichten häufig der Fall ist, sondern zugleich auch als Funktion der jeweiligen inneren Verhältnisse gedeutet. Aus praktischen Gründen war es allerdings notwendig, beide Themenkreise in der Darstellung voneinander zu trennen; doch ist die Beschreibung der innenpolitischen Entwicklung absichtlich jeweils derjenigen der äußeren Politik vorangestellt. Dem Leser wird, wie wir hoffen, nicht entgehen — auch wenn dies nicht immer ausdrücklich gesagt wird — daß die für die europäische Geschichte jenes Zeitraumes so charakteristischen Verwerfungen in der verfassungs- und gesellschaftspolitischen Entwicklung auf die Beziehungen zwischen den europäischen Mächten starken Einfluß ausgeübt haben.
Bei der Behandlung des Ersten Weltkrieges konnte von diesem Darstellungsschema etwas abgewichen werden. Das dramatische Ringen der beiden Mächtegruppen, denen sich nach und nach die große Mehrzahl aller europäischen Völker anschloß, zog unvermeidlich tiefgreifende Änderungen auch in der verfassungspoli-

tischen und gesellschaftlichen Struktur der einzelnen europäischen Staaten nach sich. Die gewaltigen Anstrengungen zur Mobilisierung aller verfügbaren Volkskräfte und zur höchstmöglichen Steigerung der Rüstungsproduktion gaben, in Verbindung mit den unmittelbaren Kriegseinwirkungen, den bereits im Gange befindlichen großen gesellschaftlichen Wandlungsprozessen, insbesondere dem Demokratisierungsprozeß, eine ungeheure Beschleunigung. Darüber hinaus setzten sie revolutionäre Kräfte in Bewegung, die schließlich zur Umgestaltung ganz Osteuropas geführt haben. Daher bot sich hier eine Darstellungsweise an, die die verschiedenen Aspekte der gesellschaftlichen Entwicklung im Gesamtzusammenhang der militärischen und politischen Ereignisse behandelt.

Bei der Schilderung der Ereignisse des Ersten Weltkrieges empfand der Verfasser die Notwendigkeit, den knapp bemessenen Raum nicht zu überschreiten, als besonders schmerzlich. Vieles, was eigentlich eine ausführlichere Behandlung verdient hätte, konnte nur angedeutet, anderes mußte gänzlich beiseite gelassen werden. Dies war auch im Hinblick auf den Umstand beklagenswert, daß gerade die Zeit des Ersten Weltkrieges in der neuesten historischen Forschung außerordentlich umstritten ist. Doch hofft der Verfasser, seine Auffassungen klar zum Ausdruck gebracht zu haben; diese sollen zudem, soweit sie den herrschenden Meinungen widersprechen, bei anderer Gelegenheit noch ausführlicher zur Diskussion gestellt werden.

Abschließend gilt mein Dank allen jenen, die mir bei der Abfassung des Manuskripts mit Rat und Hilfe zur Seite gestanden haben, desgleichen Frau Gertrud Stauffer, die große Teile des Manuskripts in Maschinenschrift übertrug, sowie Herrn Dr. Blasius und Herrn Wüstemeyer für Assistenz bei den Korrekturen.

Düsseldorf, 2. November 1968 Wolfgang J. Mommsen

A. Grundtendenzen und führende Kräfte der Epoche

1. Die politischen Ideologien

Leopold von Ranke bezeichnete im Jahre 1854 in seinen Gesprächen mit König Maximilian von Bayern die Auseinandersetzung der »Prinzipien der Monarchie und der Volkssouveränität« – neben der »unendlichen Entfaltung der materiellen Kräfte« und der »überaus vielseitigen Entwicklung der Naturwissenschaften« – als die leitende Tendenz seines Zeitalters.[1] In der Tat beherrschte in dem Jahrhundert seit der Französischen Revolution der Kampf um eine neue, wenn nicht demokratische, so doch liberale Verfassungs- und Gesellschaftsordnung die europäische Politik. In allen Staaten Europas, wenngleich mit unterschiedlicher Kraft und Intensität, führte der Liberalismus, getragen von der wirtschaftlich aufsteigenden Schicht des Bürgertums, den Angriff gegen die bestehende monarchische Ordnung und die damit verfilzte gesellschaftliche und politische Vorherrschaft der adeligen Schichten. Sein großes Programm, die Sicherung der Menschen- und Bürgerrechte, die Teilnahme der Nation am staatlichen Leben im Rahmen eines konstitutionellen Verfassungssystems, die Freisetzung der spontanen Aktivität des Individuums in Wirtschaft und Gesellschaft, der Abbau veralteter Gesetzgebung und die größtmögliche Beschränkung der Staatstätigkeit zugunsten der Staatsbürger, dieses Programm galt als das Pronunziamento eines neuen Zeitalters, welches Europa in eine neue, bessere Zukunft führen werde.

Obgleich diese von einem ungeheuren Fortschrittsoptimismus beflügelte politische Ideologie von Anfang an auf den erbitterten Widerstand der herrschenden Schichten stieß und sowohl von rechts wie von links her scharfer Kritik unterworfen wurde, erwies sich ihr Siegeszug als unaufhaltsam, freilich auch deshalb, weil sie sich mit der modernen Nationsidee verbündet hatte. In den siebziger Jahren des 19. Jahrhunderts waren die wesentlichen politischen Forderungen des europäischen Liberalismus zumindest in West- und Mitteleuropa weitgehend durchgesetzt. Die liberale Lehre stand auf dem Höhepunkt ihrer Geltung; der Liberalismus galt als die eigentlich progressive Kraft in der europäischen Politik. Mit einem gewissen Recht konnte sich das liberale Bürgertum in seinem politischen Wollen als Repräsentant der jeweiligen Gesamtnation fühlen.

Soweit der Liberalismus von konservativer Seite als eine gefährliche Irrlehre angegriffen wurde, die zur Zerrüttung der gesellschaftlichen Ordnung führen müsse, vermochte er seine Gegner als die ewig Gestrigen, als sterile Reaktionäre zu brandmarken und zugleich auf die grandiose Entwicklung der Produktivkräfte zu verweisen. Schwieriger war dies schon hinsichtlich der Angriffe, welche die Frühsozialisten und — seit 1847 — insbesondere Karl Marx gegen die liberale Ideologie führten. Die Argumentation des Liberalismus, daß »Armut prinzipiell inkurabel« sei, erwies sich der sozialistischen Kritik gegenüber um so weniger als beweiskräftig, je mehr mit dem Fortschreiten der Industrialisierung die Proletariermassen in den neuen Großstädten anwuchsen. Freilich hat Herbert Spencer noch in den siebziger Jahren die alte liberale Doktrin, daß der Staat die natürlichen Gesetze des wirtschaftlichen Lebens nicht durch seine Intervention stören dürfe, mit den pseudowissenschaftlichen Thesen der Evolutionstheorie neu begründet und damit beträchtlichen Erfolg gehabt. Wie sehr der Sozialismus auch die führenden Geister Europas beschäftigen mochte, er blieb dennoch vorläufig nur ein Schreckgespenst und keine reale politische Gefahr. Das gleiche gilt in noch weit höherem Maße von der durch Bakunin erstmals theoretisch begründeten anarchistischen Doktrin, auch wenn eine Serie von anarchistischen Attentaten die europäische Öffentlichkeit immer von neuem aufschreckte und auf die Gefahren hinwies, welche in den Tiefen der Gesellschaft lauerten. Anders stand es mit einem weiteren Konkurrenten des Liberalismus, der radikalen Demokratie. Diese wollte mit den Prinzipien der Volkssouveränität Ernst machen, statt sich mit der angenehmen Mittellösung des ›Rechtsstaates‹ und eines Konstitutionalismus zu begnügen, in welchem ein mehr oder minder plutokratisches Zensuswahlrecht den oberen Schichten des Bürgertums und zugleich mit ihnen den alten konservativen Kräften und die politische Vorherrschaft garantierte. Aber noch waren die Radikalen zu schwach, um die dominierende Stellung der liberalen Ideologie im politischen Bewußtsein Europas ernstlich erschüttern zu können. Nach wie vor bildete der Liberalismus die einzige politische Bewegung, die einige Aussichten besaß, den überkommenen aristokratischen Gruppen die Führung im Staate erfolgreich streitig zu machen.

Diese Situation aber änderte sich im Laufe der achtziger Jahre des 19. Jahrhunderts grundlegend. Noch ehe das große Ringen um die Umwandlung der alten monarchischen Staats- und Gesellschaftsordnung Europas im Sinne der Grundsätze des ›Rechtsstaates‹ und der Volkssouveränität ausgefochten war, begann die Kraft des Liberalismus zu erlahmen. Die liberale Bewegung, die bisher unzweifelhaft die eigentliche Partei des Fortschritts gewesen war, verfiel nun zunehmend in einen Zustand politischer Lethargie. Um 1885 waren die ursprünglichen politischen Ziele des Liberalismus, nämlich den bürgerlichen Schichten im Rahmen eines konstitutionellen Verfassungssystems ein politisches Mitspracherecht zu erkämpfen und die Freiheitsrechte des Bürgers verfassungsrechtlich zu fixieren, zumindest in West- und Mitteleuropa weitgehend erreicht. Hingegen kündigte sich im Aufstieg der Arbeiterschaft eine neue politische Kraft an, welche die ›natürliche‹ Führungsrolle des Bürgertums in Staat und Gesellschaft vehement in Zweifel zog und seinen sozialen Besitzstand als Usurpation brandmarkte. Infolgedessen konzentrierte der Liberalismus fortan seine politischen Energien auf die Verteidigung der einmal erkämpften politischen und gesellschaftlichen Positionen, unter Preisgabe des noch nicht erfüllten Teils seines politischen Programms. Bruce Smith schrieb 1887 in seiner Programmschrift *Liberty and Liberalism*: »Die aggressive Funktion des Liberalismus ist nun erschöpft, und es verbleibt ihm, von wenigen Ausnahmen abgesehen, nur noch die Aufgabe, allgemein über die gleichen Rechte der Bürger und deren Erhaltung zu wachen. Darin sehe ich in der Gegenwart die eigentliche Aufgabe des Liberalismus.«[2]

Die Schwächung der Stoßkraft des Liberalismus in den letzten Jahrzehnten vor 1914 machte sich in allen europäischen Ländern gleichermaßen geltend, freilich angesichts der sehr verschiedenen politischen Verhältnisse in jeweils anderen Formen. Ausschlaggebend war dabei die zunehmende Uneinigkeit in den eigenen Reihen über die Frage, ob man sich im wesentlichen auf die Verteidigung der einmal als richtig erkannten Prinzipien der formalen Rechtsgleichheit aller Bürger im Rahmen eines konstitutionellen Systems von mehr oder weniger oligarchischem Zuschnitt beschränken oder sich vielmehr an die Spitze der ›progressiven‹ Bewegung setzen solle, welche umfangreiche Sozialreformen und die völlige Demokratisierung des Staates als Vollendung der Idee einer freiheitlichen Staats- und Gesellschaftsordnung auf ihre Fahnen geschrieben hatte.

So war beispielsweise das Scheitern der liberalen Regierung Gladstone über der Frage der Gewährung der *Home Rule* für Irland im Jahre 1885 eine Folge der scharfen Gegensätze zwischen dem traditionalistischen Flügel der Whigs unter Lord Hartington und dem sozialreformerischen Flügel unter der Führung von Charles Dilke und Joseph Chamberlain. Auch nach der Abspaltung des rechten Flügels verurteilte innere Uneinigkeit die englische Liberale Partei auf Jahre hinaus zu politischer Unfruchtbarkeit. Gladstones altes Programm von *peace, retrenchment, and reform* erwies sich mit einem Male als nicht mehr zugkräftig. Erst zwei Jahrzehnte später erholte sich der englische Liberalismus wieder so weit, daß er noch einmal für einige

Jahre die Leitung der Geschicke Großbritanniens übernehmen konnte.

In Frankreich hingegen hatte sich der Liberalismus gleichsam totgesiegt; mit der Errichtung und erfolgreichen Verteidigung der Dritten Republik waren alle wesentlichen liberalen Prinzipien verwirklicht. Defensive Motive verdrängten im politischen Tageskampf die offensiven; nur in der Frage des Verhältnisses von Kirche und Staat blieb eine gewisse Geschlossenheit der liberalen Kräfte erhalten.

Noch stärker ist dieser Prozeß der Disintegration des Liberalismus in Italien zu beobachten. Nach dem vollständigen Sieg des liberalen Konstitutionalismus kam es hier zur Ausbildung eines parlamentarischen Systems von ausgesprochen oligarchischem Charakter – ein Vorgang, der durch die seitens des Papsttums erzwungene Abstinenz der Katholiken vom politischen Leben des jungen italienischen Nationalstaates gefördert wurde. Eine kleine Gruppe von Politikern beherrschte Regierung und Parlament, während die breiten Massen der Nation weiterhin in einem Zustande politischer Apathie verharrten. Unter solchen Umständen verlor das Wort ›liberal‹ im italienischen politischen Leben alle Bedeutung. Mit Recht konnte der liberale Parlamentarier Prezzolini 1904 sagen: »Wir sind alle Liberale«.[3]

In Deutschland war die Lage des Liberalismus in den letzten Jahrzehnten des 19. Jahrhunderts wesentlich verwickelter. Unter den Schlägen der Politik Bismarcks zerbrach hier die liberale Bewegung in zwei Flügel: die Nationalliberalen, welche sich prinzipiell mit der Bismarckschen Reichsverfassung abfanden und zu willigen Bundesgenossen des Kanzlers in seinem Kampfe gegen den Katholizismus und die Arbeiterschaft wurden, und die Fortschrittspartei, die sich in erbitterter Opposition verzehrte und darüber einer doktrinären Prinzipienpolitik verfiel. Beide Richtungen wurden in der Folge durch ständige Sezessionen einzelner Gruppen geschwächt, ein Symptom für die Ohnmacht des Liberalismus im Wilhelminischen Deutschland.

Noch ungünstiger stellten sich die Dinge in Osteuropa und namentlich in Rußland dar. Der russische Liberalismus vermochte zwar, obwohl er sich gegenüber den breiten Volksmassen rein zahlenmäßig gesehen in erheblicher Minderheit befand, in der Revolution von 1905 gegenüber dem autoritären System des Zarismus einen Achtungserfolg zu erringen. Er erwies sich aber als zu schwach, um den Gang der Dinge auf die Dauer in seinem Sinne beeinflussen zu können. Seine politische Aktivität blieb seit 1907 im wesentlichen wieder auf ohnmächtige Proteste in den *Semstwos* und in der *Duma* beschränkt.

Es war für den europäischen Liberalismus nur ein schwacher Trost, daß auch sein historischer Gegenspieler, der Konservativis-

mus, um 1890 vollends in die Defensive geraten war. Zwar behaupteten die konservativen Kräfte in den meisten europäischen Staaten nach wie vor wichtige Machtpositionen, teilweise besaßen sie sogar noch die ungeteilte Macht, wie namentlich in Rußland und Österreich-Ungarn; aber die traditionellen Argumente der konservativen Ideologie, insbesondere die Berufung auf den göttlichen Ursprung der bestehenden politischen und gesellschaftlichen Ordnung und auf die ausschließliche Legitimität des altüberkommenen Rechts, verloren in einem Zeitalter der Säkularisierung aller Lebensbeziehungen und ständig zunehmender staatlicher Legislation unvermeidlich an Überzeugungskraft. In den fünfziger Jahren hatte Friedrich Julius Stahl ein ganzes System einer konservativen Staatsphilosophie auf christlicher Grundlage entwickelt, und noch ein Jahrzehnt später hatte W. E. H. Lecky den Stand des großgrundbesitzenden Adels als natürliche Führungselite Englands verherrlicht. Seit der Mitte der achtziger Jahre aber sucht man vergebens nach politischen und sozialen Theorien konservativen Charakters, welche dieses Namens würdig gewesen wären. Ein so leidenschaftlicher gefühlsmäßiger Konservativer wie W. H. Mallock beklagte 1894 in seinem Buch *Social Equality*, daß der Konservativismus zur Abwehr der neuen egalitären Ideen nur veraltete dogmatische Argumente zur Hand habe.[4] Die politische Programmschrift Lord Cecils aus dem Jahre 1911, *Conservatism*, eines der wenigen Beispiele konservativer Parteischriften von grundsätzlichem Charakter aus jenen Jahren, ging über die bloße Wiederholung der Ideen Burkes und Disrealis nicht hinaus. Angesichts des politischen Erwachens der breiten Massen erwies sich, daß Lord Randolph Churchills Parole der *Tory Democracy* ebensowenig einen Ausweg aus dem Dilemma des Konservativismus darstellte, wie es seinerzeit Bismarcks cäsaristische Spekulation auf die konservativen Wirkungen des allgemeinen Wahlrechts gewesen war.
In solcher Situation blieb dem europäischen Konservativismus nicht viel anderes übrig, als starr an seinen überlieferten Traditionen festzuhalten, obwohl dies politisch nicht eben von Vorteil war. Seine ideologische Hauptstütze fand der Konservativismus in den letzten Jahrzehnten vor 1914 hauptsächlich bei den Kirchen, in England beim Anglikanismus, in Frankreich und den anderen romanischen Ländern beim Katholizismus, in Deutschland beim monarchietreuen Protestantismus. Angesichts der starken Tendenzen zur Säkularisierung, wie sie im Zuge der Industrialisierung sich überall in Europa zeigten, war dies eine zweifelhafte Bundesgenossenschaft, die am Ende beiden Partnern nicht zum Vorteil ausschlug. Soweit sich die alten aristokratischen Schichten noch in ihren traditionellen Machtpositionen zu halten vermochten, gelang dies mehr und mehr nur dank einer geschickten Inter-

essenpolitik. Man zog die Spitzen des Bürgertums zu sich herüber und versicherte sich darüber hinaus der Unterstützung großer Teile der Bauernschaft. Am Ende aber genügte keines von beiden Mitteln, um sich gegenüber dem Ansturm der demokratischen Kräfte erfolgreich zu behaupten. Infolgedessen entwickelten die Konservativen in dem Zeitabschnitt vor 1914 in zunehmendem Maße die Tendenz, sich in den ihnen noch verbliebenen politischen und gesellschaftlichen Positionen einzuigeln. Besonders die Streitkräfte boten sich dazu an; in England diente die Marine, auf dem Kontinent die Armee als Zufluchtsstätte, um in einer sich demokratisierenden Gesellschaft ungestört aristokratische Traditionen fortführen zu können. Schließlich aber warfen sich die Konservativen rückhaltlos dem neuen aggressiven Nationalismus in die Arme, welcher die europäischen Völker seit Anfang der achtziger Jahre zu erfassen begann, und suchten ihre liberalen Gegenspieler durch eine noch militantere nationale Gesinnung zu übertrumpfen.

Die Idee der Nation als der Aktionsgemeinschaft aller mündigen Staatsbürger gleicher Sprache war ursprünglich eng mit den liberalen und demokratischen Ideen verknüpft gewesen. Insbesondere der italienische und der deutsche Liberalismus hatten nationale Einheit und politische Freiheit stets als zwei Seiten der gleichen Münze angesehen, während die Konservativen den Durchbruch der nationalstaatlichen Ordnung durchweg mit äußerstem Mißtrauen betrachteten. Konservative Staatsmänner wie Disraeli in Großbritannien und Bismarck in Preußen-Deutschland hatten allerdings in diesem Punkte schon früh mit der konservativen Tradition gebrochen, der erste durch die Propagierung eines romantischen Imperialismus, der zweite mit seiner Reichsgründungspolitik. Aber erst seit 1885 in England, in den neunziger Jahren in Frankreich und Italien, und wenig später in Deutschland und in Rußland setzten die konservativen Kräfte konsequent auf die Karte eines pathetischen Nationalismus, in der Hoffnung, durch ihr Eintreten für eine kraftvolle nationale Machtpolitik das Schwinden ihres Einflusses auf die breiten Massen aufzuhalten.

Schon Jacob Burckhardt hat die außerordentliche Gewalt dieses neuen Nationalismus wahrgenommen, der sich seit 1870 anschickte, die politische Struktur Europas grundlegend zu verändern. »Allein in erster Linie will die Nation (scheinbar oder wirklich) vor allem Macht. Das kleinstaatliche Dasein wird wie eine bisherige Schande perhorresziert; alle Tätigkeit für dasselbe genügt den treibenden Individuen nicht; man will nur zu etwas Großem gehören und verrät damit deutlich, daß die Macht das erste, die Kultur höchstens ein ganz sekundäres Ziel ist. Ganz besonders will man den Gesamtwillen nach außen geltend machen, andern Völkern zum Trotz.«[5] Diese Worte waren in erster Linie auf das neugegründete Deutsche Reich gemünzt, aber sie dürfen allgemeine Geltung durchaus auch für die spätere Entwicklung beanspruchen. Schon in den diplomatischen Krisensituationen der achtziger Jahre trat die explosive Kraft dieses Nationalismus deutlich zutage. Entscheidend für die geschichtliche Entwicklung Europas aber wurde es, daß sich dieser Nationalismus binnen weniger Jahre zum Imperialismus steigerte. Nationale Geltung nur im Rahmen des europäischen Staatensystems war den Völkern nun nicht mehr genug; man wollte auch in Übersee eine Macht werden. Infolgedessen kam es in den folgenden Jahrzehnten zu einem erbitterten Ringen der europäischen Nationen um koloniale Territorien in Übersee. Die politische und wirtschaftliche Durchdringung der noch unentwickelten Gebiete des Erdballs galt als die große nationale Aufgabe des Zeitalters.

Mit diesem nationalistischen Imperialismus, den man von dem europäischen Kolonialismus der vorangegangenen Jahrhunderte scharf trennen sollte, trat ein neues Phänomen in die europäische Politik ein, ein Phänomen von solch stringenter Gewalt, daß es zur Signatur eines ganzen Zeitalters geworden ist. Denn es ging hier nicht mehr allein, wie früher, um die Landnahme in überseeischen Gebieten zu Zwecken wirtschaftlicher Nutzung oder Besiedelung, sondern um die Aneignung oder den Ausbau überseeischer Territorien in der erklärten Absicht, den eigenen europäischen Großmachtstatus zum Weltmachtstatus auszuweiten und die wirtschaftlichen Möglichkeiten, die strategischen Vorteile und gegebenenfalls auch das ›Menschenmaterial‹ der Kolonien zur Steigerung der eigenen nationalen Machtstellung zu nutzen. Dabei spielte die Zwangsvorstellung eine ausschlaggebende Rolle, daß nur denjenigen Nationen eine Zukunft in der Welt beschieden sei, welche sich zu Weltreichen erweiterten.[6] Max Weber gab einer weitverbreiteten Meinung Ausdruck, wenn er 1895 urteilte, daß eine kraftvolle Weltmachtpolitik die logische Konsequenz der Bismarckschen Reichsgründung darstelle.[7]

Wenn wir den europäischen Imperialismus der Zeit von 1885 bis 1918 in erster Linie als eine Extremform nationalistischen Denkens deuten, so soll damit freilich nicht geleugnet werden, daß auch andere Faktoren dabei eine wesentliche Rolle spielten. Die pseudohumanitäre Lehre Kiplings vom *white man's burden*, von der Verpflichtung der weißen Nationen, den unterentwickelten Völkern des Erdballs die Segnungen der europäischen Zivilisation zu bringen, empfanden die Zeitgenossen durchaus nicht nur als hohle Ideologie, obgleich sich damit in aller Regel die Vorstellung verband, daß die weißen Rassen, und speziell die teutonischen Nationen, kraft ihrer größeren Vitalität und ihrer höheren Kulturleistung dazu berufen seien, über die farbigen Völker zu herrschen. Auch religiöses Sendungsbewußtsein gehörte zu den Elementen dieser neuen imperialistischen Ideologie. Die missionarische Aufgabe, den Völkern Afrikas und Asiens das Christentum zu bringen, wurde nur zu oft als Legitimation imperialistischer Landnahme in überseeischen Territorien angeführt, und ähnliches gilt auch von der Bekämpfung des Sklavenhandels in den innerafrikanischen Gebieten. Verglichen mit den wirtschaftlichen Motiven, welche zur Freisetzung der großen imperialistischen Energien beigetragen haben, die wir seit 1885 überall in der Welt am Werke sehen, sind dies freilich alles zweitrangige Faktoren. Immer wieder findet sich in der politischen Agitation der Zeit das Argument, daß der eigenen nationalen Wirtschaft und dem eigenen nationalen Kapital in überseeischen Gebieten neue Märkte und neue profitable Investitionsfelder erschlossen werden müßten, solle erstere nicht zunehmender Stagnation anheimfallen. In den Reden Joseph Chamberlains, Jules Ferrys, Francesco Crispis oder den Schriften des *Alldeutschen Verbandes* wurde dieser Gesichtspunkt immer wieder in tausendfacher Modifikation ausgesprochen, und die Genannten fanden dafür unzweifelhaft in der breiten Öffentlichkeit bereitwillige Zustimmung.

Nüchterne Analysen aber ergaben deutlich genug, daß die neuen Territorien, die man seit Anfang der achtziger Jahre mit hektischer Hast zu erwerben begann, wenigstens für absehbare Zeit wirtschaftlich nur negativ zu Buche schlugen, wenn man von den Profiten einmal absieht, die einigen wenigen Gruppen der Wirtschaft dank der dabei anfallenden monopolistischen Staatsaufträge zugute kamen. Die ökonomische Imperialismustheorie, wie sie um 1900 zuerst von C. A. Conant und John Atkinson Hobson entwickelt und dann später von Rudolf Hilferding, Rosa Luxemburg und Wladimir Iljitsch Lenin aufgegriffen worden ist, verlegte sich demgemäß auf die subtilere Ebene finanzkapitalistischer Argumentation. Infolge der plutokratischen Sozialstruktur der kapitalistischen Gesellschaft, so meinte Hobson, komme es, da sich die Inlandsnachfrage infolge des konstant niedrigen Einkommens der breiten Massen nicht genügend ausweite, chronisch zu übergroßer Akkumulation von anlagesuchendem Kapital. Daher würden die Kapitalisten, um dem Dilemma ständig sinkender Profitraten zu entgehen, dazu gezwungen, nach einträglichen Investitionsmöglichkeiten in überseeischen Gebieten Ausschau zu halten, statt in den zu eng gewordenen Inlandsmärkten zu investieren. Aus diesen Gründen gingen die Oberschichten der europäischen Industriestaaten mehr und mehr dazu über, mit Hilfe der Entfachung eines populären ›Jingoismus‹[8] die Staatsmacht unter Druck zu setzen, damit diese dem eigenen Kapital und der eigenen nationalen Wirtschaft durch politischen Zugriff profitable

Investitionsmöglichkeiten in überseeischen, insbesondere in unterentwickelten Regionen der Erde verschaffe. Die Prämissen der Imperialismustheorie Hobsons waren der damaligen wirtschaftlichen Situation Englands entnommen; in der Tat beobachten wir in jenem Zeitraum ein enormes Ansteigen der englischen überseeischen Investitionen, während der Binnenmarkt deutlich Symptome von Stagnation zeigte. Aber nur knapp die Hälfte des britischen Auslandskapitals ging, wie eh und je, in die weit verstreuten britischen Dominions und Kolonien, und nur ein geringer Bruchteil davon floß in die neuerworbenen Territorien; kurz, die ökonomische Wirklichkeit strafte die ökonomische Imperialismustheorie Lügen. Auch in einer Periode der Entwicklung der Weltwirtschaft, in der man vielfach zu diskriminierenden Schutzzöllen griff, um die Wirtschaft des eigenen Landes gegenüber der wirtschaftlichen Konkurrenz des Auslandes möglichst abzuschirmen, zogen die britischen Investoren im großen und ganzen die Märkte der weiten Welt den Märkten des britischen Empire vor.

Dennoch beherrschte die Vorstellung, daß die kapitalistische Wirtschaftsentwicklung früher oder später auf eine natürliche Grenze stoßen werde, sobald einmal die Aufnahmefähigkeit der bestehenden Märkte für ihre Produkte erschöpft sei, in hohem Maße das Bewußtsein der Zeitgenossen. Es waren nicht allein die Marxisten, die, wie beispielsweise Lenin oder Rosa Luxemburg, glaubten, daß irgendwann einmal ein Punkt erreicht sein werde, an dem die stete Steigerung der Produktivkräfte und der Nachfrage nach industriellen Produkten zum Stillstand kommen werde. Für diese Situation aber, so meinten viele, gelte es beizeiten vorzusorgen. Da man damit rechnen müsse, daß die europäischen Industrienationen in näherer oder fernerer Zukunft ausschließlich auf ihren eigenen nationalen Wirtschaftsraum beschränkt sein würden, müsse die Politik der eigenen nationalen Wirtschaft vorsorglich überseeische Territorien sichern, oder, wie sich Lord Rosebery im Stil der Zeit ausdrückte, »to peg out claims for posterity«. Ähnliche Überlegungen bestimmten beispielsweise auch Max Weber, wenn er im Jahre 1897 in einer Stellungnahme zur ersten deutschen Flottenvorlage eine entschlossene imperialistische Politik forderte: »Nur völlige politische Verzogenheit und naiver Optimismus können verkennen, daß das unumgängliche handelspolitische Ausdehnungsbestreben aller bürgerlich organisierten Kulturvölker, nach einer Zwischenperiode äußerlich friedlichen Konkurrierens, sich jetzt in völliger Sicherheit dem Zeitpunkt wieder nähert, wo nur die Macht über das Maß des Anteils der einzelnen Nationen an der ökonomischen Beherrschung der Erde und damit auch den Erwerbsspielraum ihrer Bevölkerung, speziell ihrer Arbeiterschaft, entscheiden wird.«[9] Die bei Weber nur schwach anklingende soziale Variante des imperialistischen Denkens, nämlich der Hinweis darauf, daß gerade der Lebensstandard der breiten Massen der Arbeiterschaft mit dem Erfolg oder Mißerfolg einer expansiven Politik in Übersee untrennbar verknüpft sei, war bei den zeitgenössischen Politikern ein besonders beliebtes Argument. Cecil Rhodes und Joseph Chamberlain in England oder Friedrich Naumann in Deutschland, um nur einige zu nennen, rechtfertigten ihren nationalen Imperialismus besonders gern mit der These, daß nur eine kraftvolle überseeische Politik der Arbeiterschaft auf die Dauer ein wirtschaftlich gesichertes Dasein zu schaffen vermöge.

Dennoch wird man sagen dürfen, daß wirtschaftliche Motive, sowohl solche primärer als auch solche abgeleiteter Art, nur in Verbindung mit politischen Erwartungen und Sehnsüchten nationalistischer Färbung zur Steigerung der imperialistischen Leidenschaften der Zeit beigetragen haben. Erst in dem Streckbett nationaler Rivalitäten entwickelte der moderne Kapitalismus imperialistische Züge. Die primären Ursachen des Imperialismus jener Epoche sind in dem Nationalismus eben jener Schichten zu suchen, welche im Zuge der Entwicklung der industriellen Gesellschaft nach oben getragen wurden, nicht aber in vermeintlich objektiven Bedürfnissen des Kapitalismus nach überseeischen Märkten als solchen. Wie leicht man in dieser Hinsicht zu Fehlurteilen gelangen kann, zeigt das Beispiel etwa des französischen Staatsmanns Jules Ferry, der einer unwilligen Nation beständig die wirtschaftlichen Vorteile neuen Kolonialerwerbs pries, im Grunde aber von dem vitalistischen Motiv geleitet wurde, daß »Nationen nur groß seien durch die Aktivität, die sie entwickeln«[10]. Große koloniale Erwerbungen sollten gleichsam die französische Nation vor bedeutende neue Aufgaben stellen und dergestalt als Anreiz zur Entfaltung neuer dynamischer Energien dienen. Ähnliche Motive lassen sich auch im italienischen Imperialismus jener Jahre nachweisen. Ein überseeisches Kolonialreich erschien den Zeitgenossen als die Bedingung nationaler Größe, nicht so sehr als die Voraussetzung künftiger wirtschaftlicher Prosperität.

Dieser neue militante Imperialismus, der sich bisweilen mit den niedrigsten Instinkten der Massen verband und die bizarrsten Blüten des ›Jingoismus‹ und brutaler Machtverherrlichung hervorbrachte, fand zusätzliche Unterstützung von seiten der Sozialdarwinisten, welche die Lehre vom ›Kampf ums Dasein‹ auf das Völkerleben übertrugen. In England waren es vor allem K. Pearson und B. Kidd, die die weltpolitischen Rivalitäten ihrer Zeit als einen unerbittlichen Kampf höherer und niederer Rassen deuteten. Sie forderten darüber hinaus eine soziale Reformpolitik, durch welche die Leistungsfähigkeit und die überlegenen biologischen Qualitäten der englischen Rasse erhalten oder gar planmäßig gesteigert werden sollten. Im englischen Denken fielen dergleichen sozialdarwinistische Ideen auf besonders fruchtbaren Boden. Doch auch auf dem Kontinent, vor allem aber in Deutschland, fanden diese völkisch-deterministischen Theorien viel Anklang, so insbesondere in den Schriften des *Alldeutschen Verbandes*, aber auch bei angesehenen Publizisten wie Friedrich Naumann und Friedrich von Bernhardi. In den Spuren des Sozialdarwinismus aber begannen sich alsbald auch rassische Theorien von der Überlegenheit der ›nordischen Völker‹ zu entwikkeln, wie beispielsweise bei Houston Stewart Chamberlain, der in seinen *Grundlagen des 19. Jahrhunderts* einen primitiven Slawenhaß predigte.

Das Aufkommen der imperialistischen Idee führte zu einer grundlegenden Wandlung der Struktur des politischen Bewußtseins in Europa. In erster Linie sah sich der Liberalismus davon betroffen. Das klassische liberale Denken, das die möglichst weitgehende Einschränkung des staatlichen Handelns forderte und die ›natürlichen‹ Gesetze des Freihandels als die optimale Form wirtschaftlicher Ordnung betrachtete, konnte sich nur schwer mit dem Gedanken befreunden, daß der Staat durch eine kostspielige Expansionspolitik der Wirtschaft den Weg in überseeische Territorien bahnen solle. Aber der Zeitgeist war stärker, und so entdeckten rasch auch die Liberalen ihre imperialistischen Qualitäten.

Unter der Führung Lord Roseberys entwickelte sich in England schon in den neunziger Jahren ein liberaler Imperialismus, der mit den Traditionen Gladstones demonstrativ brach und in der Bereitschaft, dem britischen Empire neue Gebiete hinzuzufügen, den Konservativen keineswegs nachstand. Der liberale Imperialismus setzte den Akzent vorwiegend auf die gefühlsmäßigen Faktoren der Überlegenheit und der Zusammengehörigkeit der britischen Nation im Mutterland und in Übersee — in Anknüpfungen an die ältere Imperialismusideologie, wie sie in Charles Dilkes *Greater Britain* (1868) und John Robert Seeleys *The Expansion of England* (1882) vorlag. »What is Empire but the predominance of race«, so formulierte Lord Rosebery die Einstellung der liberalen Imperialisten zum Empire.[11] Stolz auf die Leistungen der englischen Kolonisatoren der Vergangenheit vermischte sich mit einem von völkischen Empfindungen nicht freien Sendungsbewußtsein. »Es bildet einen Teil unserer Verantwortung«, so erklärte Rosebery 1893, »dafür zu sorgen, daß die Welt, soweit sie noch geprägt werden kann, angelsächsischen und nicht einen anderen Charakter erhält.«[12]

In Deutschland war zumindest der Nationalliberalismus auf die Hinwendung zum Imperialismus, oder doch zu einer konsequenten Weltmachtpolitik unter Einsatz eines starken militärischen

Potentials, vor allem durch Heinrich von Treitschkes Lehre vom nationalen Machtstaate wohlvorbereitet. In Abkehr von älteren liberalen Ansichten, insbesondere aber von der Naturrechtslehre, welche im deutschen Liberalismus ohnehin nur in beschränktem Maße Aufnahme gefunden hatte, definierte Treitschke das Wesen des Staates als Machtorganisation der Nation und folgerte daraus, daß eigentlich nur der militärische Großstaat diesem Ideal entspreche, eine Argumentation, welche im Zeitalter des Übergangs vom europäischen zum Weltstaatensystem bereits ein Plädoyer für eine weitgesteckte imperialistische Politik in sich enthielt.[13] Im Jahre 1897 hat Treitschke diese Folgerung dann auch offen ausgesprochen, wenn er meinte: »Bei der Verteilung dieser nichteuropäischen Welt unter die europäischen Mächte ist Deutschland bisher immer zu kurz gekommen, und es handelt sich doch um unser Dasein als Großstaat in dieser Frage, ob wir auch jenseits der Meere eine Macht werden können. Sonst eröffnet sich die gräßliche Aussicht, daß Rußland und England sich in die Welt teilen; und da weiß man wirklich nicht, was unsittlicher und entsetzlicher wäre, die russische Knute oder der englische Geldbeutel.«[14] Solche Appelle zugunsten einer kraftvollen deutschen Weltpolitik fanden im gesamten deutschen Liberalismus starken Widerhall. So versuchte beispielsweise Friedrich Naumann, obwohl er in seinen politischen Auffassungen sonst dem linken Flügel des Liberalismus erheblich näherstand als den Nationalliberalen, in seinem damals überaus erfolgreichen Buche *Demokratie und Kaisertum* (1900) die ideologischen Grundlagen für einen von der demokratischen Linken getragenen nationalen Imperialismus zu legen.

In Frankreich hingegen hatte es die neue imperialistische Doktrin anfänglich wesentlich schwerer. Große Teile der nationalistisch gesinnten Linken betrachteten wie Clemenceau eine expansive Kolonialpolitik zunächst mit mißtrauischen Augen, weil sie befürchteten, daß die französische Nation dadurch von ihrem Hauptziel, der Wiedergewinnung Elsaß-Lothringens, abgelenkt werden könnte. Eine kleine Gruppe von Kolonialpolitikern unter Führung von Eugène Etienne, seit 1890 unterstützt von dem *Comité d'Afrique Française*, hatte hart zu kämpfen, um das französische Volk von der Notwendigkeit einer aufwendigen Kolonialpolitik zu überzeugen, bis dann um die Jahrhundertwende die imperialistische Idee auch hier populär wurde. Die Überwindung der älteren liberalen Tradition, welche dem Staat jegliche Intervention in die Angelegenheiten der Gesellschaft und der Wirtschaft verbot — eine Tradition, die damals François Dupont-White in seinem Buch *L'individu et l'État* erneuerte — zugunsten einer aktiven imperialistischen Politik, war in Frankreich schwieriger als beispielsweise in England oder in Deutschland.

Nirgends tritt denn auch ein emotionaler Nationalismus als Triebkraft überseeischer Expansionspolitik stärker hervor als hier. Der französische Imperialismus blieb allerdings insofern den liberalen Prinzipien der Französischen Revolution treu, als er seinen farbigen Untertanen grundsätzlich alle Rechte eines französischen Bürgers zusprach. »Ausdehnung und Rassenmischung bilden unentbehrliche Bedingungen der Vitalität und der Lebensdauer der Nationen«, so schrieb Lavisseau 1897 in seinen *Principes de colonisation.*[15]

Die imperialistische Idee bildete einen Fremdkörper innerhalb der traditionellen liberalen Ideologie, und demgemäß spaltete sich der europäische Liberalismus im Kampf um das Für und Wider des Imperialismus zumindest zeitweilig in Faktionen, die sich erbittert befehdeten. Dergestalt geriet der europäische Liberalismus in eine schwere Krise, aus der er sich nie wieder ganz erholen sollte. Denn wie elastisch man auch die eigenen imperialistischen Ideale formulieren mochte, der innere Widerspruch zwischen einer expansiven Machtpolitik und den freiheitlichen Idealen des älteren Liberalismus ließ sich niemals ganz hinwegdisputieren. Von seiten des linken Flügels wurde freilich insbesondere in England und in Deutschland seit etwa 1895 der Versuch einer ›Erneuerung des Liberalismus‹ unternommen. Männer wie Samuelson, Hobhouse und Hobson in England und Friedrich Naumann und Theodor Barth in Deutschland begannen in zahlreichen Schriften eine Öffnung des Liberalismus nach links hin zu propagieren. An die Stelle der veralteten Ideen des *laissez faire* sollte ein umfassendes Programm sozialpolitischer Reformen treten. Die liberale Idee von der Freiheit des Individuums sollte in die Verhältnisse der industriellen Massengesellschaft übersetzt und damit für die breiten Schichten der Bevölkerung wieder anziehend gemacht werden. Zugleich aber wollte man jetzt mit dem Prinzip der Volkssouveränität Ernst machen; die Relikte der aristokratischen Privilegiengesellschaft des 18. Jahrhunderts sollten nunmehr konsequent abgebaut werden. In England schlugen dann Campbell-Bannerman und Lloyd George seit 1905 folgerichtig einen solchen reformistischen Kurs ein, ohne doch den Aufstieg der *Labour Party* noch aufhalten zu können. Noch weniger Glück hatte Friedrich Naumann mit seinem Versuch, mit Hilfe des 1898 gegründeten *Nationalsozialen Vereins* ernstliche Einbrüche in den politischen Besitzstand der deutschen Sozialdemokratie zu erzielen. Seinen Bemühungen, eine Einheitsfront des gesamten Liberalismus gegen die konservativen Kräfte des Wilhelminischen Deutschland zustande zu bringen und zugleich eine Anpassung der politischen Programmatik des Liberalismus an die Bedürfnisse der egalitären Industriegesellschaft zu erreichen, war ebenfalls kein Erfolg beschieden. Insbesondere seiner Idee einer Demokratisierung des Wirtschaftslebens durch Einführung einer Art von Fabrikparlamentarismus blieb in der damaligen Situation jegliche Resonanz versagt.

Die Zeichen der Zeit wiesen vielmehr – nicht nur in Deutschland – in die umgekehrte Richtung. Gerade die liberale Bewegung und ihr Träger, das Bürgertum, wurden von der Besorgnis erfaßt, daß ein Zuviel an Demokratie zur Terrorherrschaft der Masse führen müsse. Empfindungen dieser Art waren besonders stark in Frankreich verbreitet, wo man ja mit dem formal demokratischen System des Cäsarismus die unerfreulichsten Erfahrungen gemacht hatte. So bezeichnete es beispielsweise Leroy-Beaulieu als die Aufgabe des Liberalismus, gegenüber der drohenden Alternative der Gewaltherrschaft der Masse oder aber der Gewaltherrschaft eines bürgerlichen oder militärischen Machthabers, welcher die Wehrkraft hinter sich habe, die Freiheit des Individuums zu behaupten.[16] Zwar war in Frankreich nach dem Sturze Boulangers 1889 die Gefahr der Entstehung eines neuen Cäsarismus einstweilen gebannt. Aber schon begann sich neben dem älteren, jetzt gründlich diskreditierten Konservativismus ein neuer revolutionärer Konservativismus zu entwickeln, der sich die Steigerung der Größe der französischen Nation und des französischen Staates zur wesentlichen Aufgabe setzte. An die Stelle der individualistischen Ideale des Liberalismus und der ständischen Ideen des älteren Konservativismus trat hier die emotionale Hingabe an den kollektiven Organismus der *grande nation française*. In zahlreichen Schriften propagierte Maurice Barrès die Botschaft dieses neuen ›integralen‹ Nationalismus, und Edouard Drumont fügte dieser mit seinem Buche *La France juive* (1886) die antisemitische Tendenz hinzu, welche dann in der Dreyfus-Affäre einen spektakulären Höhepunkt erreichte. Dieser neue radikale Konservativismus, der sich gleichermaßen gegen die bürgerliche Dekadenz und den bürgerlichen Materialismus richtete, fand in Charles Maurras seinen unbestrittenen Führer. Dieser begründete 1899 die Monatsschrift *Action Française*, welche die Errichtung eines autoritären Ständestaates zu einem ihrer wichtigsten Programmpunkte erklärte. Ein zum Mythos gesteigerter extremer Nationalismus, gepaart mit antisemitischen und rassistischen Elementen, und eine rein negativistische Ablehnung des bürgerlichen gesellschaftlichen Systems verschmolzen mit einem klerikal verbrämten Monarchismus zu einer politischen Ideologie von starker emotionaler Anziehungskraft. Darin fehlte auch ein kräftiger Einschlag militaristischer Gesinnung nicht, die die soldatischen Tugenden der Tapferkeit, der Hingabe an Staat und Nation und des unbedingten Gehorsams den liberalen Idealen des Bürgertums schroff gegenüberstellte. Die *Action Française*, ursprünglich nur von einer zahlenmäßig kleinen Gruppe von Intellektuellen unterstützt, wurde bald zum Kristallisationskern für alle jene politischen Kräfte, welche sich gegen die Ideale der Französischen Revolution, gegen die Menschenrechte, den Individualismus, den Pazifismus und die materialistischen Lebensideale der Zeit auflehnten. In irrationalem Fanatismus erklärte die *Action Française* die Macht der eigenen Nation zum höchsten Wert, eine Haltung, welche schon in der Dreyfus-Affäre gegenüber den nationalen Interessen auch den Justizirrtum für belanglos erklärte.

Die *Action Française* war die Avantgarde einer neuen Form des Nationalismus, wie sie dann in den faschistischen Bewegungen der zwanziger und dreißiger Jahre eine Fortsetzung und gigantische Steigerung erfahren hat. Wenn sich auch in den Jahrzehnten vor dem Ersten Weltkriege gleichartige politische Bewegungen im übrigen Europa sonst nirgends finden, so gab es doch bereits zahlreiche verwandte Phänomene und Tendenzen. Insbesondere der radikale Nationalismus der irredentistischen Untergrundorganisationen Südosteuropas trug in vieler Hinsicht ähnliche Züge. Desgleichen entwickelten die deutschnationale Bewegung Schoenerers und die mit dieser rivalisierenden tschechischen Parteien in der hitzigen Atmosphäre des Nationalitätenhaders innerhalb der österreichisch-ungarischen Monarchie ähnliche Formen eines radikalen und zugleich antisemitischen Nationalismus. Auch im *Alldeutschen Verband* begannen, besonders nachdem 1894 Heinrich Claß an dessen Spitze getreten war, derartige völkisch-nationalistische und antisemitische Ideen eine größere Rolle zu spielen. Freilich gewann der Antisemitismus seit der Mitte der achtziger Jahre überall in Europa auch sonst an Bedeutung. Neben die ältere Forderung der Assimilierung der Juden an den jeweiligen nationalen Volkskörper unter Aufgabe ihrer besonderen religiösen und kulturellen Gewohnheiten – eine Forderung, die beispielsweise in Deutschland Heinrich von Treitschke mit großem Pathos verfocht – trat jetzt auch das Postulat einer radikalen Ausschaltung der jüdischen Rasse als solcher aus dem Nationalleben, und darüber hinaus kam es gelegentlich sogar zu dunklen Andeutungen einer möglichen Vernichtung der Juden, sofern diese sich nicht dazu bereit fänden, von sich aus auszuwandern.[17] Zwar blieben diese Tendenzen und Bestrebungen im allgemeinen Phänomene am Rande des gesellschaftlichen Lebens, und es fehlte auch nicht an Persönlichkeiten, welche diese Exzesse eines übersteigerten Nationalismus öffentlich bekämpften. Immerhin aber begannen derartige nationalistische und völkische Ideen jetzt gesellschaftsfähig zu werden, zumal sie sich nicht selten in höchst idealistischem Gewande präsentierten, wie beispielsweise in den vielgelesenen Schriften des Generals Friedrich von Bernhardi, in denen ein militanter Nationalismus durch die Berufung auf die großen Traditionen des deutschen Geisteslebens scheinbar legitimiert wurde.

Außerhalb des eigentlich politischen Lebens war der Trend zu irrationalistischen Denkformen noch weit stärker zu verspüren. Insbesondere George Sorels ätzende Kritik an dem, wie er meinte, lebensfremden Rationalismus und Intellektualismus der bürgerlichen Kultur seiner Zeit ist ein bedeutsames Symptom für die Wandlungen im geistigen und politischen Bewußtsein Europas um die Wende vom 19. zum 20. Jahrhundert. In den erstarrten Strukturen der bürgerlichen Gesellschaft vermöge sich, so meinte Sorel, spontanes, ursprüngliches Menschentum nicht mehr zu bilden. Deshalb könne sich Europa nur durch die völlige Zertrümmerung der abendländischen rationalistischen Kultur aus seinem dekadenten Zustande befreien und Raum für das Wachstum einer neuen, ursprünglicheren Kultur, für einen *ricorso* im Sinne der Geschichtstheorie Giambattista Vicos, schaffen. Sorels Kritik an der europäischen Kultur glich in vieler Hinsicht derjenigen Friedrich Nietzsches, auch wenn sie das Heil nicht, wie jene, in individualistischen, sondern in kollektivistischen Organisationsformen der Gesellschaft suchte. Schon ein Vierteljahrhundert früher hatte Nietzsche eine ›Umwertung aller Werte‹ und die Aufgabe der christlichen ›Herdenmoral‹ als einzigen Ausweg aus der Sackgasse empfohlen, in welche die europäische Kulturentwicklung geraten sei. Es ist höchst bezeichnend, daß Nietzsches Schriften seit dem Beginn der neunziger Jahre immer größere Aufmerksamkeit auf sich zogen. Nietzsches extrem aristokratischer Individualismus, welcher die Steigerung des Menschentums einiger weniger großer Persönlichkeiten für unendlich wichtiger erklärte als die Hebung des physischen und geistigen Lebensniveaus der breiten Massen, wurde nun plötzlich populär, und seine Polemik gegen die ›Vielzuvielen‹ der modernen egalitären Massengesellschaft fand vielerorts begeisterte Zustimmung. Der riesige Erfolg von Julius Langbehns Buch *Rembrandt als Erzieher* (1891), welches ein höchst konfuses Gemisch von romantischen, nationalistischen und antisemitischen Argumenten gegen die rationalistische Kultur seiner Zeit ins Feld führte, ist ebenfalls ein Beleg für den Durchbruch antirationalistischer Tendenzen im geistigen Bewußtsein des *fin de siècle*. Noch traten freilich diese neuen Ideen vorwiegend in einem unpolitischen Gewande auf, wie denn die europäischen Intellektuellen sich damals überhaupt dem politischen Leben entfremdeten, das man als schmutzig und erniedrigend empfand. Eine Ausnahme macht hierin allenfalls Italien, wo sich viele der führenden Geister den aktuellen politischen Problemen zuwandten, wie beispielsweise Benedetto Croce oder Gabriele d'Annunzio.

Auch hier fehlte es freilich nicht an Symptomen für eine beginnende Abkehr von den liberalen Traditionen. Namentlich in den soziologischen Elitetheorien Gaetano Moscas und Vilfredo Paretos kündigten sich neue Formen politischen Denkens an. Moscas Lehre von den herrschenden Klassen, vorgetragen schon in seinem Werk *Teoria dei governi* vom Jahre 1884 und dann systematisch entwickelt in seinen 1896 erschienenen *Elementi di scienza politica,* war gleichsam ein Abbild der politischen Praxis des italienischen Parlamentarismus der achtziger und neunziger Jahre, welcher sich von den ideologischen Grundlagen der liberalen Demokratie in der Tat völlig losgelöst und in ein oligarchisches System verwandelt hatte, in dem eine kleine Gruppe von Berufspolitikern sich gegenseitig die Machtpositionen im Staate zuschob. Mosca beschrieb, in krassem Gegensatz zu den Postulaten der naturrechtlichen demokratischen Lehre, das Wesen aller Politik als steten Kampf kleiner, sich selbst perpetuierender Eliten um die Macht im Staate. Alle Herrschaftsformen, das parlamentarische System ebenso wie die absolute Monarchie, seien ihrem Grundzug nach Oligarchien. Jede herrschende Elite aber schaffe sich eine ihrer Lage und ihren Interessen angemessene Ideologie, welche ausschließlich dazu bestimmt sei, ihre Herrschaft in den Augen der breiten Massen des Volkes moralisch zu rechtfertigen. Auch und gerade der demokratische Parlamentarismus sei nur ein Mittel, um die Tatsache, daß die wirkliche Macht nur von einer kleinen Minderheit ausgeübt werde, mit einem blendenden Schleier zu verhüllen. Diese Entzauberung der Idee der Demokratie verband Mosca mit scharfer Kritik am parlamentarischen System, welches er als eine degenerierte Form der Demokratie deutete, eine Regierungsform, bei der alle Staatssituationen in riesige Wahlpropagandamaschinen verwandelt würden.

Blieb Mosca mit seiner Kritik am Parlamentarismus noch auf dem Boden der liberalen Lehre, mit freilich tiefer Abneigung gegen die potentiellen Gefahren sei es eines formaldemokratischen Cäsarismus, sei es einer bürokratischen Herrschaft, so trieb Vilfredo Pareto seine Kritik an der ›plutokratischen‹ Demokratie noch erheblich weiter. In seinem 1916 erschienenen *Trattato di soziologia generale* entwickelte er auf der Grundlage eines überwältigenden historischen Materials die These, daß nicht nur alles politische Geschehen ausschließlich von den herrschenden Eliten bestimmt würde, sondern daß sich deren Handeln darüber hinaus im wesentlichen auf zwei Grundtypen triebhaften Sichverhaltens zurückführen lasse, den ›kombinatorischen Instinkt‹ und den ›Trieb zur Gruppenbildung und Gruppenerhaltung‹. Dem ›kombinatorischen Instinkt‹ entspricht bei Pareto die Schlauheit der zum Herrschen geborenen ›Füchse‹, also der zur Macht aufsteigenden aristokratischen Führungseliten. Ihnen gegenüber stehen die ›Löwen‹, ideologisch oder materiell miteinander verschworene Gruppen, die ihre Herrschaftspositionen mit Zähigkeit und Ausdauer zu verteidigen suchen. Alles politische Geschehen ist ein beständiges Ringen einer Mehrzahl von Gruppen der beschriebenen Art um die Herrschaft. Quasibiologische Triebe also, nicht rationale Prinzipien machen nach Pareto das Wesen der Politik aus. Allen rationalen politischen Theorien, die Rechtsordnungen eingeschlossen, bestritt Pareto jegliche objektive Geltung. Sie seien jeweils nur ein ideologischer Überbau zur Rechtfertigung der Herrschaft oder der Herrschaftsansprüche von politischen Eliten. Denn es handele sich hier um bloße ›Derivate‹ der fundamentalen politischen Triebe, der ›Residuen‹, wie Pareto diese mangels positiver Beschreibungskriterien nannte. Pareto machte überdies keinerlei Hehl daraus, daß er die liberaldemokratische bürgerliche Gesellschaftsordnung seiner Gegenwart verachtete; er sah darin nicht mehr und nicht weniger als die korrupte Herrschaft einer innerlich bereits degenerierten Elite, die sich mit allen Mitteln an ihre Machtpositionen im Staate klammere. Nur der Durchbruch neuer Eliten könne, so glaubte er, einen Ausweg aus der Krise der bürgerlichen Gesellschaft bringen. Diese in ihrem Kern irrationale oder doch zumindest biologistische Theorie der Politik hat ohne jeden Zweifel dem späteren Sieg des Faschismus in Italien den Weg gebahnt, schon allein deshalb, weil sie für die Bemühungen des Liberalismus des 19. Jahrhunderts, Mittel und Wege zu finden, um politische und soziale Konflikte in rechtlichen Formen auszutragen, statt ihre Lösung der irrationalen Instanz bloßer Gewalt zu überlassen, nur Hohn und Spott übrig hatte.

Während sich gegen Ende des 19. und in den ersten anderthalb Jahrzehnten des 20. Jahrhunderts auf der Rechten also schon die ideologischen Tendenzen herausbildeten, die dann nach dem Ersten Weltkriege zur Hauptgefahr für Liberalismus und Demokratie werden sollten, formierten sich auf der Linken zahlenmäßig weit respektablere Gegner. Im Zuge des Fortschreitens der Industrialisierung in Europa löste sich die Arbeiterschaft aus dem System liberaler Bevormundung, wie es noch in der Mitte des 19. Jahrhunderts bestanden hatte. Die ideologischen Richtungen innerhalb der Arbeiterbewegung, die sich anschickte, den offenen Kampf mit ihren bürgerlichen Gegenspielern aufzunehmen, waren freilich ursprünglich sehr verschieden, je nach den politischen Traditionen und den gesellschaftlichen Verhältnissen in den einzelnen europäischen Ländern. Anarchismus und Sozialismus, Syndikalismus und Sozialreformismus stritten untereinander erbittert über den richtigen Weg zur Befreiung der Arbeiterklasse vom Joch der bürgerlichen kapitalistischen Gesellschaft. Die krassen Gegensätze zwischen den Anarchisten der Gruppe Bakunins und den Sozialisten marxistischer Prägung, die schon zur Sprengung der *Ersten Sozialistischen Internationale* geführt hatten, standen auch in den letzten Jahrzehnten vor Kriegsausbruch im Vordergrund der ideologischen Diskussionen innerhalb des sozialistischen Lagers. Die anarchistische Lehre der ›direkten Aktion‹, durch welche die bestehende Sozialordnung in beständigen kleinen Schlägen zermürbt und schließlich zertrümmert werden sollte, fand insbesondere bei der Arbeiterschaft der wirtschaftlich und sozial rückständigeren Länder Europas, wie beispielsweise derjenigen Spaniens und Italiens, aber auch Rußlands und der Schweiz, weit stärkeren Anklang als der ›wissenschaftliche Sozialismus‹ von Karl Marx und Friedrich Engels, der den Sieg des Proletariats als Endergebnis eines historisch-ökonomischen Entwicklungsprozesses voraussagte. Das anarchistische Zukunftsgemälde einer dezentralisierten Gesellschaft von selbständigen landwirtschaftlichen und industriellen Genossenschaften und Assoziationen entsprach ihrer Bewußtseinshaltung weit mehr als die marxistische Idee von der künftigen Herrschaft des Proletariats über die Konzerne und Verwaltungsapparate einer hochindustrialisierten Gesellschaft. Auch war die Arbeiterschaft jener Länder in der Regel von einem starken Mißtrauen gegenüber den Methoden parlamentarischen Kampfes erfüllt, wie sie die sozialistischen Parteien durchaus mit Billigung seitens der Väter des Marxismus seit den siebziger Jahren allgemein aufgegriffen hatten. Namentlich in politisch fortgeschritteneren Ländern wie Italien und Frankreich erschien die parlamentarische Maschinerie ganz und gar als ein Instrument des Klassenfeindes, nämlich des liberalen Bürgertums. Die innere Zersplitterung der europäischen Arbeiterbewegung und die Unklarheit über den Weg, welchen man zweckmäßigerweise einschlagen sollte, zeigte sich nicht zufällig gerade am französischen Beispiel am deutlichsten. In den achtziger Jahren finden wir in Frankreich nicht weniger als sechs sich untereinander erbittert befehdende Gruppen: die Anarchisten, die Blanquisten, die die Traditionen Babeufs, des 1797 hingerichteten Revolutionärs, und des *Commune*-Aufstandes vom Jahre 1871 fortzuführen bestrebt waren, den *Parti ouvrier français*, dem Jules Guesde und Paul Lafargue eine marxistische Ausrichtung zu geben sich bemühten, ferner die ›Possibilisten‹ unter Führung des Arztes Paul Brousse, welche einen evolutionären Sozialismus vertraten und in Zusammenarbeit mit der bürgerlichen Linken ein System von selbständigen sozialistischen Kommunen errichten wollten, den *Parti ouvrier* Jean Allemanes, der im Gegensatz zu den *Possibilisten* einen rigoristischen Klassenkampfkurs steuerte, und schließlich die Gewerkschaftsbewegung, welche eine Emanzipation der Arbeiterschaft teils mit den legalen Methoden des Arbeitskampfes, teils mit den syndikalistischen Mitteln des Massen- und Generalstreiks zu erreichen hoffte.

Wenn die Arbeiterbewegung in den anderen europäischen Ländern um 1890 einen nicht ganz so zersplitterten Anblick bot wie in Frankreich, so lag dies vielfach nur in dem Umstand begründet, daß die Unterschiede in Taktik und Zielsetzung angesichts des meist rudimentären Zustandes der Organisationen noch nicht klar zutage getreten waren. Eine gewisse Sonderstellung nahm allerdings die englische Arbeiterbewegung ein. Seit dem Scheitern des Chartismus im Jahre 1848 hatte sich hier eine starke Gewerkschaftsbewegung entwickelt, welche ihre politischen Wünsche innerhalb des traditionellen englischen Parteiensystems, insbesondere durch Anlehnung an den radikalen Flügel der Liberalen Partei, durchzusetzen sich angewöhnt hatte. Ihre Ziele reichten freilich niemals über maßvolle Sozialreformen innerhalb des bestehenden Gesellschaftssystems hinaus. Die beiden großen Parteien, seit Anfang der neunziger Jahre allerdings dann in steigendem Maße vor allem die Liberale Partei, trugen dafür Sorge, daß einige Gewerkschaftsführer als Vertreter der Arbeiterschaft ins *House of Commons* gelangten. Die *Liblabs,* wie man sie späterhin zu nennen begann, bildeten zwar im *House of Commons* eine eigene Gruppe, fühlten sich aber doch ganz der Gesamtpartei zugehörig und deren Traditionen verpflichtet. Nicht nur dieser Umstand, sondern auch die starke religiöse Bindung der englischen Arbeiterschaft ließen radikale Tendenzen nicht recht zum Zuge kommen. Ebenso wurde die Bildung einer selbständigen politischen Vertretung der Arbeiterschaft dadurch lange hinausgeschoben. Die 1884 von Henry Moyers Hyndman gegründete *Democratic Federation,* die sich in Bekundung ihrer marxistischen Ausrichtung drei Jahre später in *Social Democratic Federation* umbenannte, vermochte gegenüber dem Konservativismus der Gewerkschaften ebensowenig etwas auszurichten wie die *Socialist League* unter Führung des Architekten und Sozialreformers William Morris, welche sich wenig später von ihr absplitterte. Immerhin bildete Hyndmans vielgelesenes Buch *England for All* die erste Darstellung der marxistischen Lehre für englische Leser, und William Morris' feinsinnige Utopie *News from Nowhere* (1890), in der die Schönheit der jenseits der sozialistischen Revolution liegenden Zukunftswelt in leuchtenden Farben beschrieben wurde, darf zu den großen Werken der sozialistischen Weltliteratur gezählt werden. Größere Bedeutung gewann die 1883 gegründete *Fabian Society,* welche vor allem in publizistischer Form, so namentlich in den berühmt gewordenen *Fabian Essays* (1889) für ein umfassendes Programm von Sozialreformen warb. Die Fabians wollten den individualistischen Liberalismus Benthams und Spencers durch ein System straffer Kontrolle von Wirtschaft und Gesellschaft ersetzen; diese Kontrolle sollte von einer geistigen Elite der Nation ausgeübt werden, wie sie aus Wahlen in einer gründlich und radikal demokratisierten Verfassungsordnung hervorgehen werde. Jedoch bildeten die *Fabians*, zu denen freilich eine ganze Reihe von hervorragenden Persönlichkeiten wie etwa George Bernard Shaw, Sidney und Beatrice Webb, H. G. Wells und Graham Welles gehörten, gleichsam einen Generalstab ohne Armee; ihre Agitation zielte denn auch weniger darauf ab, eine selbständige englische Arbeiterbewegung nach kontinentalem Muster ins Leben zu rufen, als vielmehr darauf, die bestehende Gesellschaft der Zeit mit ihren Idealen eines demokratischen Sozialismus zu durchdringen und sie so gewissermaßen von innen her zu erobern. Mit dem Manifest George Bernard Shaws und Sidney Webbs *To Your Tents, O Israel* vom November 1893 änderten die *Fabians* dann allerdings ihren politischen Kurs und schlossen sich der Bewegung für eine selbständige politische Vertretung der englischen Arbeiterschaft an, wie sie der schottische Bergarbeiterführer Keir Hardie schon seit der Mitte der achtziger Jahre propagiert hatte, unterstützt von Robert Blatchfords vielgelesenem Blatt *The Clarion*, das vorwiegend aus ethischen und humanitären Gründen für die Sache der Arbeiterschaft eintrat.

Auch die von Keir Hardie 1893 gegründete *Independent Labour Party* war nichts weniger als radikal, geschweige denn marxistisch eingestellt. Eine nonkonformistische Religiosität von freilich extremem Zuschnitt spielte eine weit größere Rolle als sozialistische Ideale; von Anfang an hatte die Partei einen rein sozialreformerischen Charakter. Diese Tendenz verstärkte sich noch, als sich dann im Jahre 1900 die verschiedenen sozialistischen Gruppen und die diese an Mitgliederzahl weit übertreffenden Gewerkschaften in einem *Labour Representation Committee* zusammenschlossen, das für eine selbständige Vertretung der Arbeiterschaft im Parlament Sorge tragen sollte. Damit war über Charakter und Ziele der englischen Arbeiterbewegung im wesentlichen entschieden; sozialreformerische Politik im Rahmen des bestehenden parlamentarischen Systems, unter wechselseitiger Unterstützung von Partei und Gewerkschaften, wurde zum allseits anerkannten Kurs. Die kleine Gruppe der *Social Democratic Federation* aber, die sich dieser Entwicklung vergeblich entgegengestemmt hatte, führte auch weiterhin ein kümmerliches Schattendasein. Die englische Arbeiterschaft erhoffte von einer radikalen Klassenkampfpolitik nichts, von stetiger kontinuierlicher Reformpolitik alles. »Ebenso gewiß, wie der Radikalismus im letzten Jahrhundert das politische Regierungssystem demokratisierte«, so verkündete Keir Hardie schon 1901 siegessicher, »wird der Sozialismus in dem Jahrhundert, in welches wir eben eingetreten sind, die industrielle Demokratie verwirklichen.«[18]

Eine genau entgegengesetzte Entwicklung nahmen die Dinge auf dem europäischen Kontinent. Hier gelang es dem Sozialismus marxistischer Prägung, nahezu überall die Führung zu übernehmen und die utopischen und sozialreformistischen Spielarten des Sozialismus wenn nicht auszuschalten, so doch völlig in den Hintergrund zu drängen. In diesem Prozeß spielte die deutsche Sozialdemokratie eine führende Rolle. Bismarcks Sozialistengesetze vom Jahre 1878 hatten den kontinuierlichen Aufstieg der deutschen Sozialdemokratie zu einer straff organisierten, von breiten Volksmassen getragenen Klassenpartei nicht aufhalten können, vielmehr dazu beigetragen, daß die radikaldemokratischen Traditionen, welche die deutsche sozialdemokratische Bewegung seit ihren Anfängen in sich enthielt, von der marxistischen Doktrin ebenso überschattet wurden wie die staatssozialistischen Ideen Ferdinand Lassalles. Nach dem Fall der Sozialistengesetze gab sich die Sozialdemokratie dann auf ihrem Parteitag in Erfurt 1891 ein neues Programm, das sich in seinem ersten Teil in dogmatischer Form die wichtigsten Grundsätze der marxistischen Lehre zu eigen machte und die »Verwandlung des kapitalistischen Privateigentums an Produktionsmitteln [...] in gesellschaftliches Eigentum und die Umwandlung der Warenproduktion in sozialistische, für und durch die Gesellschaft betriebene Produktion« zur notwendigen Voraussetzung der Befreiung »nicht bloß des Proletariats, sondern des gesamten Menschengeschlechts« erklärte.[19] Gleichzeitig distanzierte sich die Partei von allen anarchistischen und syndikalistischen Bestrebungen. Sie erklärte sich für den »politischen Kampf«, was freilich für sie in erster Linie »die Revolutionierung der Köpfe«, mit anderen Worten: die ideologische Vorbereitung des Proletariats auf die kraft der Eigengesetzlichkeit der ökonomischen Entwicklung mit Naturnotwendigkeit kommende sozialistische Revolution bedeutete. Erst in zweiter Linie ging es um praktische Reformpolitik im Rahmen der bestehenden Verhältnisse zwecks Verbesserung der sozialen Lage der Arbeiterschaft.

Dieses Programm eines orthodoxen Marxismus, welches wesentlich der Feder Karl Kautskys, des führenden Ideologen der Partei, entstammte, war freilich nur auf den ersten Blick revolutionär; denn gerade diejenigen Elemente der sozialistischen Lehre, welche die Arbeiter zu unmittelbarer politischer Aktion, zur Eroberung der politischen Macht und zum Umsturz der bestehenden Ordnung aufforderten, traten darin ganz zurück zugunsten eines blinden Vertrauens in die Zwangsläufigkeit der Entwicklung, die der Arbeiterklasse, sofern diese nur klassenbewußt und einig bleibe, fast automatisch die politische und schließlich auch die ökonomische Macht bringen werde. Dieser Überzeugung gemäß konzentrierte die deutsche Sozialdemokratie ihre Energien darauf, eine möglichst straffe Organisation der Arbeitermassen in Partei und Gewerkschaften zu schaffen – unter dem Banner eines sozialistischen Zukunftsprogramms von nahezu chiliastischem Charakter. Dies gelang ihr trotz aller Behinderungen seitens der staatlichen Autoritäten mit stetig steigendem Erfolg.

Die deutsche Arbeiterbewegung aber wurde zum großen Vorbild der Arbeiterschaft nahezu aller anderen europäischen Länder. So schloß sich beispielsweise die österreichische Sozialdemokratie, die sich 1886 unter Führung Victor Adlers auf dem Haynfelder Parteitag konstituierte, in Organisation und Programm ganz der deutschen Schwesterpartei an. Noch eindrucksvoller zeigte sich die Führungsrolle der deutschen Sozialdemokratie auf dem Gründungskongreß der *Zweiten Sozialistischen Internationale* in Paris 1889 und den darauf folgenden Kongressen in Brüssel 1891, Zürich 1893 und London 1896. Sowohl die marxistische Programmatik wie der parlamentarische Kurs der deutschen Sozialdemokratie setzte sich in der Zweiten Internationale im wesentlichen durch; darüber hinaus gelang es den Guesdisten namentlich dank der starken Unterstützung seitens der deutschen Sozialdemokratie, ihre ›possibilistischen‹ Gegenspieler, die ebenfalls einen internationalen Arbeiterkongreß nach Paris einberufen hatten, völlig aus dem Felde zu schlagen. Die *Zweite Sozialistische Internationale* wurde zur allseits anerkannten Organisation der internationalen Arbeiterbewegung, und dieser Umstand gab den sozialdemokratischen Parteien marxistischer Observanz einen entscheidenden Vorteil gegenüber anderen Richtungen. 1896 wurden schließlich Anarchisten und Gegner der Methode des parlamentarischen Kampfes formell von der Teilnahme an künftigen Kongressen ausgeschlossen und damit in Acht und Bann getan. Der Beschluß des Pariser Kongresses von 1889, den 1. Mai zu einem Tag »der internationalen Manifestation der Arbeiterbewegung zugunsten des Achtstundentages« zu erklären, wurde, obgleich ihn gerade die in starkem Maße legalistischen Vorstellungen verhaftete deutsche Sozialdemokratie nur halbherzig aufgriff, zu einem weithin sichtbaren Fanal der neuen, zum Klassenkampf entschlossenen sozialistischen Arbeiterbewegung. Namentlich in Frankreich und in Österreich wurde er von den Staatsorganen und vom Bürgertum als eine offene Kampfansage an die bestehende Ordnung aufgefaßt.

Auf dem europäischen Kontinent schien um 1895 der Sieg des Sozialismus marxistischer Observanz über seine ideologischen Konkurrenten gesichert. Überall, beispielsweise in Italien, der Schweiz, Ungarn, Polen und Schweden, bildeten sich in den neunziger Jahren sozialistische Parteien, während der Einfluß der anarchistischen Gruppen stetig zurückging. Auch in Rußland entstand 1898 neben der älteren agrarsozialistischen Bewegung der *Narodniki*, aus der später die *Partei der Sozialrevolutionäre* her-

vorging, trotz schärfster staatlicher Unterdrückungsmaßnahmen auf streng geheimer Basis die *Russische Sozialdemokratische Arbeiterpartei,* die freilich unter dem Einfluß Plechanows und Axelrods einen konsequenteren Klassenkampfkurs einschlug als ihre von den politischen Verhältnissen weit stärker begünstigten europäischen Bruderparteien.
Dennoch währte der ideologische Friede innerhalb der europäischen sozialistischen Bewegung nicht lange. Binnen weniger Jahre brach der Streit zwischen den Anhängern der orthodox-marxistischen Richtung und den Befürwortern einer aktiven Reformpolitik im Rahmen der bestehenden Gesellschaftsordnung erneut offen aus und führte zu einem erbitterten Prinzipienstreit in den einzelnen europäischen Parteien sowie auf den Kongressen der *Zweiten Sozialistischen Internationale.* Auch hier ging die deutsche Partei voran. Schon im Juni 1891 hatte sich der Führer der bayrischen Sozialdemokratie, Georg von Vollmar, in einer in München gehaltenen Rede über *Die nächsten Aufgaben der Sozialdemokratie* zu einer zielbewußten Reformpolitik der kleinen Schritte bekannt, die auch ein gelegentliches Zusammengehen mit den bürgerlichen Parteien nicht scheuen dürfe. Auf dem Parteitag in Erfurt trat dann August Bebel im Namen der Parteiführung dem ›Opportunismus‹ Vollmars scharf entgegen; ein Zurückstellen der eigentlichen Ziele der Sozialdemokratie zugunsten erreichbarer Nahziele müsse, wie er sich ausdrückte, zur ›Versumpfung‹ der Bewegung führen. Und gleichzeitig beschwor er aufs neue emphatisch die optimistischen Erwartungen des orthodox-marxistischen Flügels, daß der Gang der Dinge selbst die Arbeiterschaft zum Siege führen werde: »Die bürgerliche Gesellschaft arbeitet so kräftig auf ihren eigenen Untergang los, daß wir nur noch den Moment abzuwarten brauchen, in dem wir die ihren Händen entfallende Gewalt aufzunehmen haben [...] Ja, ich bin überzeugt, die Verwirklichung unserer Ziele ist so nahe, daß nur wenige in diesem Saale sind, die diesen Tag nicht erleben werden.«[20] Obgleich Bebel alle Reformpolitik auf der Grundlage der bestehenden Verhältnisse grundsätzlich verwarf, fand er einen Weg, um diese in der Praxis dennoch zu rechtfertigen: » Für uns ist die Verbesserung der materiellen Lage des Proletariats auf dem Boden der jetzigen Gesellschaft nur dazu da, um unseren Kampfboden so günstig wie möglich zu gestalten.«[21] Obwohl auf diese Weise dem reformistischen Flügel zunächst genug Spielraum für eine pragmatische Gegenwartspolitik blieb, entzündete sich der tiefe Gegensatz zwischen Reformismus und revolutionärer Prinzipienpolitik an den Fragen des politischen Alltags ständig neu. So war beispielsweise die Haltung der Sozialdemokratie gegenüber der selbständigen Bauernschaft Gegenstand schwerwiegender Differenzen, desgleichen die Frage, ob man mit

bürgerlichen Parteien Wahlbündnisse schließen dürfe oder gar unter Umständen, wenn dies für die arbeitenden Massen vorteilhaft schien, dem Staatshaushalt seine Zustimmung geben dürfe, obwohl man damit theoretisch Gelder für den in den Händen des Klassenfeindes befindlichen Staat bewilligte.

Diese Probleme stellten sich in ziemlich der gleichen Weise auch in den anderen europäischen Parteien. Nicht zufällig erreichte die Auseinandersetzung darüber ihren Höhepunkt gerade in Frankreich, dem verfassungspolitisch am weitesten fortgeschrittenen Lande Europas, als im Jahre 1899 der sozialistische Parteiführer Alexandre Millerand überraschend in das radikale bürgerliche Ministerium Waldeck-Rousseaus eintrat. Millerand gehörte zum gemäßigten, reformistischen Flügel des französischen Sozialismus und hatte eben gerade mit seinem Programm von Saint Mandé den Versuch unternommen, die zersplitterte französische sozialistische Bewegung auf der Grundlage einer Theorie zu einigen, die die stufenweise Überwindung des Kapitalismus durch stete Ausweitung der wirtschaftlichen und sozialen Funktionen des Staates vorsah. Millerands überraschend erfolgte Übernahme eines Ministeramtes, die er damit zu rechtfertigen suchte, daß es nach der Dreyfus-Affäre notwendig gewesen sei, die Republik gegen ihre Feinde von rechts zu verteidigen, wurde von den Guesdisten, Blanquisten und Syndikalisten als Verrat an der Arbeiterklasse gedeutet, während die Anhänger Brousses und Millerands eigene Gruppe, die *Socialistes Indépendents,* diesen Schritt lebhaft begrüßten. Die erbitterten Auseinandersetzungen über diese Frage führten im Herbst 1901 zu einer tiefgreifenden Umgruppierung der französischen Arbeiterbewegung. Der *Parti Socialiste de France* suchte die revolutionären Traditionen Guesdes und Blanquis fortzusetzen, während die reformistische Richtung sich im *Parti Socialiste Français* zusammenschloß. An seiner Spitze wuchs in Jean Jaurès dann einer der bedeutendsten Vertreter des demokratischen Sozialismus heran, der sich nicht scheute, rücksichtslos mit liebgewordenen marxistischen Auffassungen ins Gericht zu gehen: »Eine Klasse, welche, obwohl sie in der Demokratie geboren ist, ihre Diktatur bis in die ersten Tage der Revolution hinein fortsetzen würde, statt sich den Gesetzen der Demokratie zu unterwerfen, wäre nicht viel mehr als eine Räuberbande, die auf dem Territorium des Vaterlandes kampiert und seine Hilfskräfte mißbraucht [...] Diejenigen unter unseren heutigen Sozialisten, welche immer noch von der ›unpersönlichen Diktatur des Proletariats‹ sprechen oder die sich die Übernahme der Herrschaft als einen Gewaltakt gegenüber der demokratischen Ordnung vorstellen, begehen einen Rückschritt in die Zeiten, in denen das Proletariat noch schwach war oder ihm die parteipolitischen Mittel zum Siege noch fehlten.«[22]

Es ist charakteristisch für die rückständigere politische Struktur des Deutschen Reiches, daß hier der Kampf zwischen dem revolutionären Sozialismus marxistischer Observanz und dem demokratischen Sozialismus bis 1914 nicht mit völlig offenem Visier geführt und niemals vollständig ausgefochten wurde. Die führenden Vertreter des rechten Flügels zogen es hier vielmehr vor, die strittigen Fragen der Gegenwartspolitik stets als Fragen von bloß taktischer Natur auszugeben, durch welche die grundlegenden Prinzipien der Partei nicht berührt würden. Sie wollten sich keine unnötigen ideologischen Blößen geben. Von London aus griff Eduard Bernstein seit 1898 in die Debatte ein und lieferte dem demokratischen Reformsozialismus in seinem Buche über die *Voraussetzungen des Sozialismus und die nächsten Aufgaben der Sozialdemokratie* (1899) die theoretische Begründung. Auf der philosophischen Grundlage eines positivistisch gewendeten Neukantianismus schlug Bernstein schwere Breschen in die marxistische Lehre und bestritt namentlich die Richtigkeit der Verelendungs-, der Konzentrations- und der Krisentheorie. An die Stelle des dialektischen Weges zum Sozialismus setzte er das Schema einer evolutionistischen Entwicklung; mit Hilfe der stufenweisen Erweiterung der Machtbefugnisse des Staates und der Kommunen werde das kapitalistische System in einem kontinuierlichen Prozeß in ein System sozialistischer Wirtschaftsformen überführt werden. Ähnlich wie die *Fabians* und wie Jaurès plädierte Bernstein für eine Politik der schrittweisen Erringung der Macht mit den Methoden des parlamentarischen Kampfes; und er konnte sich dafür unter anderem auch auf Friedrich Engels' Einleitung zu der Neuausgabe der *Klassenkämpfe in Frankreich* vom Jahre 1895 berufen, in der es hieß, daß die Sozialdemokratie die sozialistische Revolution auf legalem parlamentarischem Wege herbeiführen werde. Auf den Parteitagen der deutschen Sozialdemokratie in Hannover 1899 und Dresden 1903 kam es jedoch, da der reformistische Flügel der Partei auch jetzt den offenen Kampf scheute, zu demonstrativen Verurteilungen des ›Revisionismus‹. Dabei spielten freilich August Bebels Bemühungen, die Einheit der Partei um jeden Preis zu erhalten, ebenso eine Rolle wie die geschickte Taktik der Parteigänger Bernsteins, welches es vorzogen, die Polemik der orthodoxen Marxisten politisch zu unterlaufen. Tatsächlich änderten die zahlreichen Parteitagsbeschlüsse jener Jahre wenig an der reformistischen Praxis der deutschen Sozialdemokratie. Namentlich die Parteien der süddeutschen Staaten gingen, wann immer dies notwendig wurde, über die Grundsatzbeschlüsse der Gesamtpartei, wie beispielsweise das Verbot, dem Haushalt zuzustimmen, ohne große Skrupel hinweg. Theoretisch besiegt, gewann der demokratische Reformsozialismus in der Praxis schließlich dennoch die Oberhand.

Jedoch gelang es der deutschen Sozialdemokratie auf dem Kongreß der Zweiten Internationale in Amsterdam 1904, gegen Jaurès ihre Auffassung durchzusetzen, daß sich der Sozialismus nicht an bürgerlichen Koalitionen beteiligen und sich nicht auf die Ebene bloßer Reformen der bestehenden bürgerlichen Gesellschaft begeben dürfe. Jaurès' glänzende Verteidigung seines demokratischen Kurses gipfelte in einer eindrucksvollen Bloßstellung der Unbeweglichkeit und politischen Sterilität der deutschen Sozialdemokratie: »Was im gegenwärtigen Moment auf Europa und der Welt, auf der Verbürgung des Friedens, der Sicherstellung der politischen Freiheiten, dem Fortschritt des Sozialismus und der Arbeiterklasse lastet, das sind nicht die angeblichen Kompromisse, die wagemutigen Versuche der französischen Sozialisten, die sich mit der Demokratie verbündet haben, um die Freiheit, den Fortschritt, den Frieden der Welt zu retten, sondern das ist die politische Ohnmacht der deutschen Sozialdemokratie.«[23] Doch Jaurès' Appelle fruchteten nichts. Trotz des Widerstandes einer Mehrheit der Sozialisten der politisch fortgeschrittenen Länder Europas vermochte die deutsche Sozialdemokratie den Parteien der *Zweiten Sozialistischen Internationale* ihr ideologisches Programm, das alle Kompromisse mit den bürgerlichen Gruppen ausschloß, aufzuzwingen, obwohl es in Wahrheit in der Praxis auch von ihr selbst nicht mehr strikt befolgt wurde. Noch waren die politischen Verhältnisse in Europa im allgemeinen nicht freiheitlich genug, um den Klassenkampfkurs der *Zweiten Sozialistischen Internationale* ernsten Belastungsproben auszusetzen, obgleich er der Politik namentlich der belgischen, italienischen und skandinavischen Sozialisten zuwiderlief; nur die schwedischen Sozialisten entschlossen sich im Frühjahr 1914 zur Beteiligung an einer bürgerlichen Regierung. Zwar wirkte sich die orthodox-marxistische Intransigenz der Kautsky und Bebel für die Arbeiterbewegung auf dem Gebiet der politischen Praxis vielfach freiheitshemmend aus, aber noch wollte man den Mythos der sozialistischen Revolution nicht aufgeben.
Die Kombination von theoretischer Revolutionsfreudigkeit und ideologischem Konservativismus, gepaart mit Unbeweglichkeit im Bereich der praktischen Politik, wie sie vor allem die deutsche Sozialdemokratie auszeichnete, trat auch in der zweiten großen Frage deutlich hervor, welche die europäische Arbeiterbewegung in den Jahrzehnten vor 1914 leidenschaftlich beschäftigte, nämlich dem Problem des politischen Massenstreiks. In einer Reihe von Generalstreiks hatte die belgische Sozialdemokratie, die freilich ähnlich wie die englische *Labour Party* eng mit den gewerkschaftlichen Organisationen der Arbeiterschaft verbunden war, unter schweren Opfern wenigstens eine Teilreform des die besitzenden Klassen einseitig begünstigenden Wahlrechts er-

zwungen. Ebenso gelang es der österreichischen Wahlrechtsbewegung des Jahres 1906, sich mit Hilfe gewaltiger Massendemonstrationen das allgemeine Wahlrecht zu erkämpfen. Ein Generalstreik in Finnland im Jahre 1905 brachte gleichartige Erfolge und half der dortigen Arbeiterbewegung, die letzten Behinderungen auf dem parlamentarischen Kampffeld auszuräumen. Und in Italien kam es bereits 1904 zu einem politischen Generalstreik, welcher das ganze Land für vierzehn Tage in Atem hielt und die politische Landschaft grundlegend veränderte, wenn auch seine Resultate für die Lage der Arbeiterbewegung zunächst recht ungünstig waren.

Am stärksten aber war die Neigung, zum Mittel der ›direkten Aktion‹ zu greifen, statt auf die sich gegenseitig heftig befehdenden sozialistischen Gruppen im Parlament zu hoffen, in Frankreich. Gestützt auf die Entwicklung der Arbeiterbörsen, wandten sich die französischen Gewerkschaften seit 1902 immer stärker den Kampfformen des Syndikalismus zu. Durch Streik, Sabotage und Boykott und gegebenenfalls durch die *ultima ratio* des Generalstreiks sollte der kapitalistischen Bourgeoisie das Gesetz des Handelns aufgezwungen und schließlich die Macht vollends entrissen werden. Befangen in einem emotionalen Glauben an die Stärke des geeinten Proletariats, demgegenüber auch die Armee machtlos sein würde, hofften die Syndikalisten, die bestehende Wirtschaftsordnung durch eine nicht abreißende Kette syndikalistischer Aktionen zertrümmern und schließlich in ein dezentralisiertes System von Produktionsstätten und Handelsorganisationen unter der Leitung der Gewerkschaften überführen zu können. In der *Charte von Amiens* legte sich die *Confédération Générale des Travailleurs Français* 1906 in aller Form auf ein derartiges syndikalistisches Aktionsprogramm fest: »In ihren alltäglichen Forderungen ist die Gewerkschaftsbewegung bestrebt, den Kampf der Arbeiterschaft zu koordinieren, die Lebensbedingungen der Arbeiter durch Erringung unmittelbarer Vorteile zu verbessern, etwa durch eine Verkürzung der Arbeitszeit, die Erhöhung der Löhne und dergleichen. Diese Bemühungen bilden jedoch nur die eine Seite des Werks der Gewerkschaftsbewegung. Sie arbeitet für die völlige Emanzipation der Arbeiterschaft, welche nur durch vollständige Expropriation der Klasse der Kapitalisten erreicht werden kann. Sie billigt den Generalstreik als ein geeignetes Mittel der Aktion zu diesem Zweck. Sie ist der Auffassung, daß die Gewerkschaften, die heute eine Kampforganisation darstellen, in der Zukunft eine Organisation für die Produktion und Distribution sein und als Grundlage des gesellschaftlichen Wiederaufbaus dienen werden.«[24]

Die syndikalistische Lehre war wesentlich eine Kampfdoktrin, geboren unmittelbar aus der Tiefe des Klassengegensatzes, und nicht,

wie der Sozialismus marxistischer Prägung, ein sorgfältig ausgearbeitetes politisches System. Gerade als solche aber entfaltete sie große Anziehungskraft auf die französische Arbeiterschaft. Die syndikalistische Botschaft richtete sich direkt gegen den Klassengegner, wie ihn die Arbeiter im Alltag erlebten. Der politische Kampf der verschiedenen sozialistischen Parteien hingegen spielte sich auf einem den Arbeitern völlig fremden Terrain ab, und deren Aktionen im Getriebe des parlamentarischen Systems erschienen ihnen zugleich unverständlich und unwirksam. Freilich steigerten erst die Intellektuellen der Bewegung die syndikalistische Lehre zu einem Kult der Gewalt; erst sie machten daraus einen irrationalen Appell an die heroischen Qualitäten der Arbeiterschaft. Allein schon vermöge ihrer ungeheuren moralischen Kraft werde die *action directe* der Arbeitermassen einen völligen Umsturz der bestehenden Gesellschaftsordnung herbeiführen. Besonders Georges Sorel propagierte in seinen *Réflexions sur la violence* (1906) den ›Mythos des Generalstreiks‹, welcher der Arbeiterschaft einen solch gewaltigen Elan verleihen werde, daß alle Gegenwehr der bürgerlichen Gesellschaft letzten Endes vergeblich sein werde. Im Grunde verfolgte Sorel damit freilich viel weiterreichende Ziele; er sah in der syndikalistischen Bewegung das geeignete Mittel, um die nach seiner Ansicht durch und durch dekadente rationalistische Kultur und Gesellschaftsordnung seiner Zeit zu zertrümmern und neuen, noch unbekannten, ursprünglichen geschichtlichen Kräften zum Durchbruch zu verhelfen.
Trotz so bedeutender ideologischer Schützenhilfe blieb der französische Syndikalismus in der europäischen Arbeiterbewegung im ganzen auf die Dauer ohne Nachfolge, auch wenn zeitweilig gleichartige Tendenzen nicht nur in Italien, sondern auch im benachbarten Großbritannien auftraten. Auch in Frankreich selbst ebbten die Wogen des syndikalistischen Enthusiasmus nach dem Fehlschlag des großen Eisenbahnerstreiks vom Jahre 1910 beträchtlich ab. Nur in den vergleichsweise unterentwickelten iberischen Staaten behauptete sich die syndikalistische Doktrin auch weiterhin. In Mittel- und Westeuropa aber zeichnete sich vielmehr eine entgegengesetzte Tendenz ab. Vor allem in Deutschland schwanden mit dem wachsenden Ausbau des Gewerkschaftswesens die Neigungen, den Massen-, geschweige denn den Generalstreik als Mittel im politischen Kampf zu benutzen, vollständig dahin. 1906 setzte sich der Gewerkschaftsflügel innerhalb der deutschen Sozialdemokratie endgültig mit seiner Ansicht durch, daß die Errungenschaften von Jahrzehnten gewerkschaftlicher Arbeit nicht durch riskante politische Aktionen aufs Spiel gesetzt werden dürften. Diese Einstellung fand dann auch bei den anderen Parteien der Zweiten Internationale und schließlich sogar in Frankreich selbst zunehmenden Anhang.

Dafür aber begann sich jetzt eine linksradikale Minderheit für die Methoden des Generalstreiks zu begeistern, insbesondere, nachdem die russische Revolution von 1905 gezeigt hatte, wie viel die Arbeiterschaft unter günstigen Umständen von spontanen Massenstreiks erwarten durfte. Rosa Luxemburg wurde zur führenden Theoretikerin dieser Richtung, welche mit dem quietistischen politischen Kurs der deutschen Parteiführung unzufrieden war und den politischen Massenstreik als geeignetes Mittel zur Vorbereitung des Proletariats auf den revolutionären Endkampf betrachtete. In ihrer Schrift *Massenstreik, Partei und Gewerkschaften* (1906) entwickelte Rosa Luxemburg aufgrund der russischen Erfahrungen eine neue revolutionäre Theorie der Machtergreifung durch das Proletariat. Sobald die Arbeiterschaft durch revolutionäre Agitation zur Erkenntnis ihrer wahren Lage gebracht worden sei, werde sie in einer Kette von spontanen Massenstreiks, die an Intensität und Umfang immer mehr zunehmen würden, schließlich die bürgerliche Klassengesellschaft zum Einsturz bringen und im Namen der übergroßen Mehrheit des Volkes die ›Diktatur des Proletariats‹ errichten.
Obwohl Rosa Luxemburg prinzipiell daran festhielt, daß die sozialistische Revolution nur das Ergebnis des spontanen Handelns der breiten Massen des Proletariats sein könne und nicht das Werk der Verschwörung einer Gruppe von Berufsrevolutionären, näherte sie sich doch beträchtlich der bolschewistischen Revolutionstheorie an, wie sie Wladimir Iljitsch Lenin wenige Jahre zuvor im Schweizer Exil in seiner grundlegenden Programmschrift *Was tun* (1902) zum erstenmal formuliert hatte. Anders als die Arbeiterbewegung in fast allen anderen europäischen Ländern, war die sozialistische Bewegung in Rußland bis 1905 in strenge Illegalität gezwungen. Aus dieser besonderen Lage zog Lenin als erster entschlossen — und mit äußerster Radikalität — die entsprechenden Konsequenzen. Er verlangte, daß sich die russische sozialistische Bewegung angesichts der scharfen staatlichen Unterdrückungsmaßnahmen in eine autoritär geführte ›Organisation von Berufsrevolutionären‹ umbilden müsse. Nur dann, wenn »alle konspirativen Funktionen in den Händen einer möglichst geringen Zahl« von geschulten Berufsrevolutionären konzentriert würden, werde die Partei der zaristischen Polizei erfolgreich Paroli bieten können. Andernfalls aber würde die sozialistische Idee durch ›Handwerkelei‹ aufs gröbste diskreditiert werden.[25] Während Männer wie Plechanow und Martow noch immer das Vorbild der anderen europäischen Parteien, insbesondere der deutschen Sozialdemokratie, als maßgeblich ansahen, brach Lenin radikal mit solchen Vorstellungen. »In der Finsternis der Selbstherrschaft« sei eine umfassende Demokratisierung der Parteiorganisation nach westlichem Muster »nur eine leere und

schädliche Spielerei«.[26] Dies sei freilich nicht so zu verstehen, daß die Arbeitermassen und ihre gewerkschaftlichen Vertretungen am revolutionären Kampf keinerlei Anteil haben sollten. Im Gegenteil, ihren spontanen Streik- und Kampfaktionen sollte durch eine kleine Zahl von sorgfältig an strategischen Schlüsselpositionen plazierten Berufsrevolutionären, die den strikten Weisungen der Parteizentrale unterstünden, Weg und Ziel gewiesen und damit schließlich die Revolution zu einem erfolgreichen Ende geführt werden. Die sozialistische Partei habe nicht die Aufgabe, die breiten Massen politisch zu organisieren, sie solle vielmehr die Rolle der ›Vorhut‹ der revolutionären Arbeiterklasse übernehmen. Das vordringlichste Ziel der Parteiarbeit müsse demgemäß darin bestehen, Berufsrevolutionäre heranzubilden, die fähig seien, »den gesamten Befreiungskampf des Proletariats zu leiten«[27].

Auf dem Parteikongreß der russischen Sozialdemokratischen Partei in London 1903 gelang es Lenin dann, sich mit dieser seiner revolutionären Strategie im wesentlichen durchzusetzen. Seine Gegenspieler wurden teils zur Resignation getrieben, teils überstimmt. Von diesem denkwürdigen Schisma in der russischen sozialistischen Bewegung stammt die Bezeichnung der Anhänger Lenins als *Bolschewiki* (d. i. Mehrheitler), weil es ihnen gelang, über die damalige Zufallsminderheit der *Menschewiki* (d. i. Minderheitler) zu triumphieren. Auf dem gleichen Kongreß führte Lenin einen offiziellen Beschluß herbei, in welchem ein für allemal festgelegt wurde, daß das eigentliche Ziel allen sozialistischen Kampfes die Errichtung der ›Diktatur des Proletariats‹ sein müsse, wenngleich man zunächst einmal die Verwirklichung der bürgerlichen Revolution ins Auge zu fassen habe. An den Grundzügen dieses revolutionären Programms, wonach die Macht in den Händen einer kleinen, aber zielbewußten Gruppe von geschulten Revolutionären konzentriert sein sollte, hat Lenin fortan konsequent festgehalten, auch als sich seit 1905 die Bedingungen für eine sozialistische Parteiarbeit zeitweilig erheblich besserten. Zwar akzeptierte er seit 1907 aus taktischen Gründen eine parlamentarische Betätigung der *Bolschewiki,* aber er blieb nach wie vor ein scharfer Gegner aller Bestrebungen, die Emanzipation der Arbeiterklasse mit legalen Methoden, womöglich gar in zeitweiliger Zusammenarbeit mit der bürgerlichen Demokratie, zu erreichen. Zwar müsse die sozialistische Bewegung die bürgerliche Revolution mit allen erdenklichen Mitteln, bis hin zum bewaffneten Aufstand, unterstützen. Dennoch bleibe ihr eigentliches Ziel die Errichtung der ›Diktatur des Proletariats‹ in offenem Kampfe, denn »große Fragen werden im Leben der Völker nur durch Gewalt entschieden«[28]. Die erste Aufgabe dieser proletarischen Herrschaft aber werde »die Vernichtung der Über-

bleibsel der alten Institutionen« sein müssen, mit anderen Worten: die völlige Zertrümmerung des überkommenen Staatsapparats, wie Lenin dies dann in seiner Schrift *Staat und Revolution* vom Jahre 1917 näher ausgeführt hat.[29]
Auf der Grundlage dieses politischen Kampfprogramms gründete Lenin nach dem endgültigen Bruch mit der gemäßigten Richtung der *Menschewiki* 1912 eine selbständige bolschewistische Partei. Diese wurde zur Trägerin der konspirativen Arbeit, durch welche die revolutionäre Dynamik der russischen Arbeiterschaft, die infolge der zunehmenden Unterdrückungsmaßnahmen des Zarismus von einer immer stärkeren Verbitterung erfaßt wurde, zielbewußt in die Bahnen der revolutionären Diktatur einer kleinen Minderheit entschlossener bolschewistischer Politiker gelenkt werden sollte. Aus dieser ›Diktatur des Proletariats‹ sollte nach einer Übergangsperiode erbitterter Klassenkämpfe schließlich die klassenlose Gesellschaft des Kommunismus hervorgehen. Nachdem einmal das kapitalistische Produktionssystem mit seinen immanenten Widersprüchen und Hemmungen beseitigt sei, werde eine »rasche, wirkliche, wahrhafte Vorwärtsbewegung der Massen auf allen Gebieten des öffentlichen und persönlichen Lebens« einsetzen. Dann werde schließlich auch der Staat selbst entbehrlich werden und allmählich ganz absterben.[30]
Der Niedergang der überkommenen politischen Ideologien des Konservativismus und des Liberalismus und die Entwicklung einer großen Vielfalt ideologischer Richtungen, von der äußersten Rechten bis hin zur äußersten Linken, deuten darauf hin, daß die europäische Gesellschaft in den letzten Jahrzehnten vor dem Ausbruch des Ersten Weltkrieges sich in einer Periode des Umbruchs befand. Im Zuge des beschleunigten Wandels sowohl der politischen wie der gesellschaftlichen Ordnungen wurden allerorten neue Probleme aufgeworfen, die je nach dem gesellschaftlichen oder politischen Standort der jeweils betroffenen Gruppen die verschiedensten Antworten fanden. So betrachtet bildet das breite Kaleidoskop der politischen Ideologien dieses Zeitraums ein Spiegelbild der sozialen Spannungen, die sich innerhalb der heraufziehenden Industriegesellschaft einstellten.

2. Europa auf dem Wege zur industriellen Gesellschaft

Die erste große Welle der Industrialisierung, wie sie in England schon Ende des 18. Jahrhunderts, in Frankreich wenig später und in Deutschland etwa in den fünfziger Jahren des 19. Jahrhunderts einsetzte, veränderte die gesellschaftlichen Verhältnisse in Europa zunächst nur partiell und nur an einigen wenigen Brennpunkten. Noch blieben die Auswirkungen der neuen industriellen Produktionsformen auf die gesellschaftliche Schichtung und mehr noch auf die Formen des politischen Handelns begrenzt. Im allgemeinen wurde die Führungsstellung der überkommenen aristokratischen Eliten noch nicht angetastet; das galt sogar für England, das bereits in den sechziger Jahren des 19. Jahrhunderts als eine zur Reife gediehene Industriegesellschaft betrachtet werden konnte. Dies alles begann sich etwa seit 1895 überall in Europa zu ändern. In einem zweiten, noch ungleich gewaltigeren Anlauf erfaßte die Industrialisierung nun alle europäischen Länder, wenn auch mit bedeutsamen Phasenverschiebungen, und schickte sich an, sowohl die gesellschaftlichen wie schließlich auch die politischen Strukturen grundlegend umzugestalten.
Die zunehmende Überlagerung der traditionellen Produktionsformen und wirtschaftlichen Verhältnisse durch den neuen, produktionsintensiven industriellen Kapitalismus spiegelt sich am deutlichsten in den Verschiebungen des Verhältnisses von Landwirtschaft und Industrie; freilich lassen sich diese aus den unzureichenden zeitgenössischen Statistiken nicht mit absoluter Präzision ablesen. Hier, wie überhaupt, fiel natürlich Großbritannien die Führung zu. Schon im Jahre 1871 lebten nur noch 35 Prozent der englischen Bevölkerung direkt oder indirekt von der Landwirtschaft, und dieser Anteil ging in den folgenden Jahrzehnten immer weiter zurück. Bereits im Jahre 1881 beschäftigte die englische Industrie etwa acht Millionen Arbeiter, die Landwirtschaft hingegen nur noch etwa anderthalb Millionen. Die gleiche Entwicklungstendenz läßt sich auch aus der zunehmenden Zusammenballung der Menschen in den rapide wachsenden großen Industriestädten Englands ablesen. Im Jahre 1910 lebte nur noch ein Viertel aller Engländer auf dem Lande. Die englische Landwirtschaft war volkswirtschaftlich zu relativer Bedeutungslosigkeit herabgesunken; sie trug Anfang der neunziger Jahre nur noch 8 Prozent zum englischen Nationaleinkommen bei.[31]

Schon zu Beginn unserer Periode war Großbritannien zu einer reinen Industrie- und Handelsnation geworden; es bezog sein Nationaleinkommen in erster Linie aus seiner großen Industrieproduktion, von der etwa ein Fünftel in den Export ging, aus den großen Verdiensten aus Schiffahrt und Handel, und nicht zuletzt aus seinen großen überseeischen Investitionen.

Großbritannien aber wies, als das industriell fortgeschrittenste Land Europas, den Ländern auf dem Kontinent den Weg. In diesen erfolgte der Übergang zu der Phase ununterbrochenen Wachstums der industriellen Wirtschaft meist sehr viel später, dafür aber vollzog sich hier die industrielle Entwicklung in der Regel in noch ungleich stürmerischem Tempo. Dies gilt freilich nicht für Frankreich, wo man relativ früh Anschluß an die neuen technologischen Entwicklungen jenseits des Kanals gewonnen hatte; doch lief hier der Prozeß der Industrialisierung bemerkenswert langsam ab, wenngleich mit ungewöhnlicher Stetigkeit. Die Industrialisierung erfaßte in Frankreich bis in die ersten Jahrzehnte des 20. Jahrhunderts hinein nur einige wenige Ballungsräume und ließ dem Fortbestehen traditionalistischer Wirtschaftsformen, insbesondere aber der Landwirtschaft weiterhin freien Raum. Im Jahre 1890 betrug der Anteil der Landbevölkerung an der Gesamtbevölkerung Frankreichs 64,1 Prozent, und diese Zahl schrumpfte in den folgenden zwei Jahrzehnten nur langsam. 1896 lebten 60,9 Prozent, 1906 57,9 Prozent und 1911 immer noch 55,9 Prozent der Bevölkerung von agrarischen Berufen. Im Vergleich zu England blieb hier ein großer Sektor der Volkswirtschaft bei nur geringen Rückgängen ziemlich unverändert bestehen. Die französische Landwirtschaft, zumal aber der Weinbau, erwies sich gegenüber der Konkurrenz des Weltmarktes als verhältnismäßig krisenunempfindlich, was freilich großenteils auf die kleinbürgerliche Besitzstruktur zurückzuführen ist. Allerdings wurde die Erhaltung dieser älteren Sozialstrukturen durch staatliche Schutzmaßnahmen, insbesondere den Méliné-Tarif vom Jahre 1892, begünstigt, der agrarische und gewerbliche Importe mit hohen Abgaben belastete und dergestalt die französische Landwirtschaft und auch die französischen Kleingewerbe gegenüber der übermächtigen ausländischen Konkurrenz abschirmte. Auch die Tatsache, daß Frankreich an der Bevölkerungsvermehrung der letzten Jahrzehnte vor 1914 — sie betrug im Durchschnitt etwa 10 Prozent pro Dekade[32] — so gut wie gar nicht teilnahm, hat dazu beigetragen, daß die überkommene Sozialstruktur durch die Industrialisierung zunächst noch nicht tiefgreifend verändert wurde.

Eine ganz andere Lage bestand hingegen in Deutschland. Hier sorgte schon der rasche Bevölkerungszuwachs — die Einwohnerzahl des Deutschen Reiches stieg von 40,2 Millionen im Jahre

1880 auf 58,5 Millionen im Jahre 1910 — für einen starken Aufschwung von Handel und Industrie auf Kosten der Landwirtschaft. Hinzu kam eine Binnenwanderung von beträchtlichem Ausmaß. Vor allem aus den weiten, rein agrarischen Gebieten Ostdeutschlands strömten Millionen von Menschen nach Berlin, nach Hamburg und in die neuen Industriezentren Westdeutschlands, insbesondere in das Ruhrgebiet; dagegen hörte die Auswanderung nach Übersee fast ganz auf. Während die Landarbeiter im Osten in immer größerem Maße ihren Gutsherren den Rükken kehrten, drängten polnische und galizische Wanderarbeiter nach; und trotz strenger gesetzlicher Restriktionen blieben nicht wenige für die Dauer. Vor 1914 waren etwa 437 000 polnische und galizische Landarbeiter, die sogenannten Sachsengänger, regelmäßig den ganzen Sommer über in der ostdeutschen Landwirtschaft beschäftigt. Aber auch die industriellen Gebiete des Westens zogen eine große Zahl polnischer Arbeiter an; im Ruhrgebiet bildete sich eine polnische Bevölkerungsgruppe von mehr als 300 000 Köpfen. Die starke Binnenwanderung vornehmlich aus den ostdeutschen Gebieten nach dem Westen Deutschlands führte zu einschneidenden Veränderungen der deutschen Siedlungsstruktur. Namentlich Berlin und die Industriestädte des Ruhrgebiets, aber auch Städte wie Köln oder Düsseldorf wuchsen binnen weniger Jahrzehnte sprunghaft an. Köln, das im Jahre 1880 145 000 Einwohner gehabt hatte, zählte im Jahre 1900 bereits 383 000 und ein Jahrzehnt später schon 588 000 Einwohner. Und Düsseldorf steigerte seine Einwohnerzahl im gleichen Zeitraum von 95 000 auf 358 000 Einwohner.
Diesem Prozeß eines rapiden Anwachsens der städtischen Bevölkerung entspricht statistisch ein steter Rückgang des Anteils der in der Land- und Forstwirtschaft Beschäftigten im Vergleich mit dem Anteil der in Bergbau und Industrie Tätigen. Im Jahre 1882 überwog die Zahl der in der Land- und Forstwirtschaft beschäftigten Personen mit 42,7 Prozent noch geringfügig jene der in Bergbau und Industrie beschäftigten mit 39,5 Prozent; im Jahre 1895 hatte sich dieses Verhältnis schon beträchtlich zugunsten des letzteren Wirtschaftssektors verschoben. Jetzt waren nur noch 35,7 Prozent der arbeitenden Bevölkerung in der Land- und Forstwirtschaft beschäftigt, während Bergbau und Industrie 43,6 Prozent auf sich gezogen hatten. Im Jahre 1907 war dann mit 28,4 Prozent in der Land- und Forstwirtschaft tätigen Personen gegenüber nunmehr 49,3 Prozent in Bergbau und Industrie der Sieg der neuen kapitalistischen Kräfte entschieden. Jedoch wird dieses Bild, welches ein deutliches Voranschreiten des industriellen Sektors auf Kosten des agrarischen zeigt, in charakteristischer Weise abgeschwächt, sobald man die absoluten Zahlen berücksichtigt. Zwischen 1882 und 1907 verdoppelte sich die Zahl der in Industrie

und Handwerk beschäftigten Personen; hingegen ging die Zahl der in der Landwirtschaft tätigen Personen nur mäßig zurück. Die Industrie hatte also den gesamten Bevölkerungszuwachs in sich aufgenommen; die Landwirtschaft hingegen hatte zwar, gemessen an der gesamtwirtschaftlichen Leistung Deutschlands, relativ an Bedeutung eingebüßt, aber doch, absolut betrachtet, nur geringfügig an Boden verloren. Nicht zuletzt dank eines starken Zollschutzes befand sie sich 1907 noch nahezu auf dem gleichen Stand wie 1882.

Ähnliches läßt sich in den skandinavischen Ländern beobachten. Auch hier faßte die Industrialisierung Fuß, und dementsprechend ging die Bedeutung der Landwirtschaft im Rahmen der gesamten Volkswirtschaft um einiges zurück. So sank in Dänemark der Anteil der in der Landwirtschaft beschäftigten Personen von 62 Prozent im Jahre 1871 auf 40 Prozent im Jahre 1911, in Schweden von 61 Prozent im Jahre 1891 auf 48 Prozent im Jahre 1911. Gleichwohl vermochte sich die Landwirtschaft in beiden Ländern, insbesondere aber in Dänemark, dank des Übergangs zu intensiveren Bewirtschaftungsmethoden, die sie auch unter den Verhältnissen der industriellen Gesellschaft konkurrenzfähig machten, noch relativ gut zu behaupten.

Im europäischen Osten und im europäischen Süden machte die Industrialisierung ebenfalls erhebliche Fortschritte. Jedoch fehlte hier einstweilen die Breitenwirkung; der überwiegend agrarische Charakter der Volkswirtschaft dieser Länder wurde in dieser Phase der industriellen Entwicklung noch nicht tiefgreifend verändert. Innerhalb Österreich-Ungarns entwickelten sich namentlich im böhmisch-mährischen Raum und in der Hauptstadt Wien industrielle Zentren; aber noch blieb das übrige Land davon ziemlich unberührt. Noch im Jahre 1910 betrug der Anteil der ländlichen Bevölkerung an der Gesamtbevölkerung 56,4 Prozent. Auch in Rußland kam es seit 1890 zur Ausbildung industrieller Ballungszentren – in Petersburg, im Moskauer Raum, in der Ukraine, im Ural und in den großen baltischen Städten; doch gab es noch 1913 bei einer Gesamtbevölkerung von 155 Millionen nur etwa 2,3 Millionen Industriearbeiter.

Obwohl also die einzelnen europäischen Nationen im Zeitraum von 1885 bis 1914 in höchst verschiedenem Grade von der Industrialisierung erfaßt wurden und auch deren Formen im einzelnen erheblich divergierten, wurden sie alle mit großer Gewalt in den Sog dieser neuen Entwicklungen hineingezogen. Nationale Schutzzollmauern, wie man sie in jenen Jahren nahezu überall errichtete, konnten – mochten sie auch noch so hoch sein – nicht verhindern, daß sich die einzelnen nationalen Volkswirtschaften Europas in das multilaterale System der Weltwirtschaft einfügten, das sich in jenen Jahrzehnten mit unwiderstehlicher Gewalt herausbildete, nicht zuletzt unter dem Einfluß der europäischen politischen und wirtschaftlichen Expansion nach Übersee. Fortan beeinflußten die Weltmärkte die wirtschaftliche und industrielle Entwicklung in den einzelnen Ländern in einem bisher unbekannten Ausmaß; diese wurden gezwungen, ob sie es wollten oder nicht, ihre traditionellen Gewerbe und Produktionsmethoden den Errungenschaften des technologischen Fortschritts anzupassen und neue Industrien aufzubauen, ein Prozeß, der vielfach nicht ohne große soziale Härten abging.

In Verbindung damit aber ergab sich ferner eine in dieser Stärke in der europäischen Geschichte bisher ganz unbekannte Abhängigkeit der einzelnen Volkswirtschaften von dem Auf und Ab der internationalen Wirtschaftsentwicklung. Die Konjunkturen und Krisen, die ›Wechsellagen‹ des internationalen Wirtschaftslebens, griffen tief in die wirtschaftlichen Verhältnisse der einzelnen Länder ein. Zu dem großen Fortschrittsoptimismus der Zeitgenossen gesellte sich nun vielfach das Gefühl relativer wirtschaftlicher und sozialer Gefährdung und Unsicherheit. Hatte sich insbesondere das Bürgertum bisher in dem vom Staate weitgehend garantierten gesellschaftlichen Gefüge relativ geborgen gefühlt, so wich diese Einstellung jetzt vielfach dem Empfinden, den nicht rational vorausberechenbaren Schwankungen des wirtschaftlichen Prozesses vergleichsweise ungeschützt ausgeliefert zu sein. Neben die ungeheuren wirtschaftlichen Erfolge des Zeitalters trat dergestalt eine gesteigerte Krisensensibilität. So schrieb beispielsweise der deutsche liberale Staatsrechtler Rudolf von Gneist im Jahre 1894: »Der industriellen Gesellschaft fehlt bei allem Glanz und Reichtum der Entwicklung die Stabilität der alten. Deshalb knüpfen sich die sozialen Parteibildungen an die starken Depressionen, welche auf dem Weltmarkt periodisch wiederkehren und größere Klassen der Gesellschaft in zeitweise Notstände versetzen [...] Unter meistens ungünstigen Konjunkturen des Weltmarkts erscheint die Klage über einen Notstand von allen Seiten – ein notleidender Ackerbau, notleidendes Gewerbe, notleidender Handel, notleidende Reederei, notleidende Industrie, notleidender Mittelstand, notleidendes Proletariat, unter endlosem Streit, wer der Notleidendste ist. Aber ist ein solcher Notstand im ganzen wirklich vorhanden? Die Listen der Einkommensteuer bestätigen die Behauptung eines Notstandes nicht [...] Der vermeintliche Notstand entsteht vielmehr aus dem Gefühl der Unsicherheit des Gewinns infolge der Schwankungen der Konjunkturen in unserer noch nicht abgeschlossenen Epoche der Massenproduktion.«[33] Dieser subjektive Faktor war schon rein für sich genommen für die Entwicklung der wirtschaftlichen und gesellschaftlichen Verhältnisse von größter Bedeutung; aus ihm erklären sich zum Teil die Unruhe und die un-

stete Hast im politischen Geschehen jener Jahrzehnte sowie die Anfälligkeit der Völker für die imperialistische Idee.
Der Verlauf der Konjunkturentwicklung jener Epoche verdient jedoch auch aus objektiven Gründen Beachtung. Seit 1873 war die Weltwirtschaft als Ganzes in eine Periode verminderten Wachstums eingetreten, gemessen an der Aufschwungphase der vorangegangenen Jahrzehnte, die in Deutschland in den sogenannten ›Gründerjahren‹ besonders überhitzte Formen angenommen hatte. Von den Zeitgenossen wurde dafür der Begriff *The Great Depression* geprägt. Der stark subjektive Einschlag dieser Terminologie ist unverkennbar; darin drückte sich die Sorge der Unternehmer aus, es könne auf längere Sicht zu schweren wirtschaftlichen Rückschlägen, zu erheblicher Verschärfung der Konkurrenz und empfindlichem Rückgang der Unternehmergewinne kommen. Das goldene Zeitalter ungestörter, fast risikoloser industrieller Expansion, bei unbegrenzt aufnahmefähigen Märkten, war offenbar vorüber. Die Preise wurden wieder ausschlaggebend und Rationalisierungsmaßnahmen unvermeidlich, wollte man sich fernerhin auf einem enger werdenden Markte behaupten. Das unternehmerische Risiko wurde wieder größer, und die Methoden nahezu ausschließlicher Eigenfinanzierung, wie sie in der Frühphase der Industrialisierung vorgeherrscht hatten, erwiesen sich als nicht mehr ausreichend.
Die ›lange Periode‹ von 1873 bis 1896, für welche die Wirtschaftshistoriker den zeitgenössischen Begriff ›Die große Depression‹ nur in Anführungsstrichen verwenden, war in der Tat keine Wirtschaftskrise im eigentlichen Sinne des Wortes, sondern eine Phase struktureller Wandlungen im wirtschaftlichen Leben, verbunden mit einer gewissen Verlangsamung der wirtschaftlichen Expansion als solcher. Sie war gekennzeichnet vor allem durch eine anhaltende Preisdeflation sowohl von Industriegütern wie von Rohstoffen und Nahrungsmitteln, bei gleichzeitiger Zunahme des Volumens der produzierten und gehandelten Güter, ferner durch gegenüber frühkapitalistischen Verhältnissen stark absinkende Kapitalrenditen. Außerdem kam es wiederholt zu echten Krisen, die das europäische Wirtschaftsleben mehr oder minder schwer trafen und gelegentlich sogar zu erheblichen Produktionsrückgängen führten. Das Jahr 1873 wurde allgemein als große Wende zum Schlechteren empfunden; aber die sich daran anknüpfende Depression war, gemessen an den späteren, gar nicht einmal so heftig. Nur in Deutschland wirkte sie sich, freilich infolge besonderer Umstände, außerordentlich einschneidend aus. Dafür übersprang die deutsche Wirtschaft die zweite schwere Krise 1885/1886 ohne nennenswerte Einbußen. Vergleichsweise am schlimmsten war die dritte internationale Krise jener Periode 1891 bis 1894; diese erfaßte alle Industriezweige

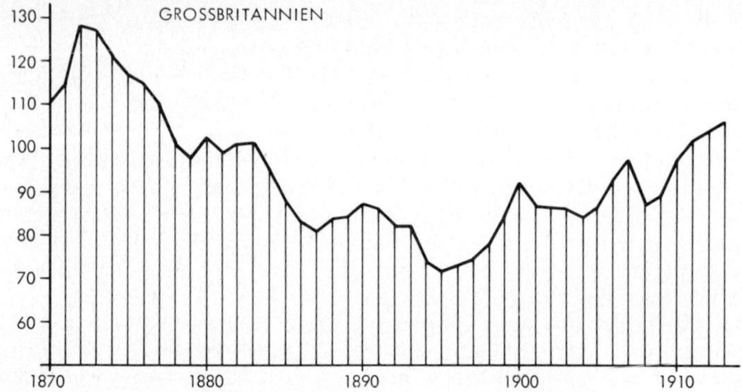

Abb. 1: Die Entwicklung der Preise in Großbritannien 1870–1913; Rousseau-Index. Nach B. R. Mitchell

ziemlich gleichmäßig und führte in den fortgeschritteneren Industrieländern zu Stagnation und beträchtlichen Produktionsverminderungen.
1896 setzte dann ein neuer Aufschwung ein, welcher mit einigen Schwankungen bis 1913 anhielt. Die sich kurz vor dem Ersten Weltkriege abzeichnende Rezession wurde nach Kriegsausbruch durch dirigistische Maßnahmen in eine gewaltige künstliche Expansion umgefälscht, die dem Zwecke gesteigerter Rüstungsproduktion diente. Diese neue lange Phase der internationalen Konjunkturentwicklung von 1896 bis 1913 nahm, begünstigt durch weitere technologische Fortschritte namentlich auf dem Chemie- und Elektrosektor, einen im allgemeinen besonders stürmischen Verlauf. Auch jetzt kam es freilich zu zeitweiligen wirtschaftlichen Rückschlägen; doch erreichten diese weder an Umfang noch an Ausdehnung jene der vorangegangenen Periode. Während dieser Phase erholte sich das Preisniveau, wenn auch die Preise vor 1914 nie wieder die Höhe der siebziger Jahre erreichten. Im letzten halben Jahrhundert vor dem Ersten Weltkriege war England das Zentrum des Welthandels; demgemäß darf die englische Preisentwicklung in jener Periode als repräsentativ für die Preisentwicklung in Europa überhaupt betrachtet werden, zumal es uns nur auf deren allgemeinen Trend ankommt. Hier ergibt sich folgendes Bild. Nach einem absoluten Höhepunkt im Jahre 1872 sank das Preisniveau bis zum Jahre 1895 mit gewissen konjunkturellen Schwankungen fast auf die Hälfte des Niveaus vom Jahre 1872, um danach bei im ganzen gemäßigterem Verlauf bis 1913 wieder auf etwa zwei Drittel des ursprünglichen

Niveaus zu steigen. Nach einer kurzen Zwischenperiode der Stagnation kletterten dann die Preise im Ersten Weltkrieg unter den besonderen Bedingungen einer inflationistischen Kriegswirtschaft ins Astronomische. Der Preisrückgang in der Periode von 1872 bis 1895 war wesentlich auf Fortschritte in der Technologie, auf den Übergang zur Massenproduktion und schließlich auf die zunehmende Konkurrenz unter den Unternehmern selbst zurückzuführen, ferner auf eine Verbilligung der Rohstoffe, namentlich soweit diese aus überseeischen Ländern eingeführt wurden. Die stärkere wirtschaftliche Entwicklung der rohstoffliefernden Kolonien wirkte so auf den europäischen Markt zurück. Diese Preisrückgänge, so sehr sie auch die zeitgenössische Geschäftswelt beunruhigten, waren also weniger Symptome der Krise und der Überproduktion als vielmehr Ausdruck des wirtschaftlichen Fortschritts. Seit 1896 aber wurden die Impulse wirksam, welche insbesondere von der Chemie- und Elektroindustrie sowie von neuen Sektoren wie dem Automobilbau ausgingen. Hinzu kam, daß die — wenngleich nur schwach — gestiegene Kaufkraft der breiten Massen wieder aufnahmebereitere Märkte schuf. Schließlich blieb die außerordentliche Breite und Intensität der ökonomischen Expansion namentlich in Deutschland und den wirtschaftlich bislang zurückgebliebenen Ländern Europas wie Rußland und Italien nicht ohne eine stimulierende Wirkung auf das Preisgefüge. Die günstige Konjunkturentwicklung und die günstige Preisentwicklung förderten einander wechselseitig. Unter diesen Umständen näherte sich Europa in diesen letzten beiden Jahrzehnten vor dem Ersten Weltkrieg mit Riesenschritten der vollausgebildeten Industriegesellschaft.

Die Landwirtschaft vermochte von diesem Aufschwung ihrerseits nur in beschränktem Umfang zu profitieren, obwohl ihr dadurch neue, gewinnträchtige Absatzmärkte eröffnet wurden. Vielmehr fiel die Konjunkturperiode der industriellen Wirtschaft von 1896 bis 1913 mit einer schweren Agrarkrise zusammen. Diese erfaßte ganz Europa mit großer Heftigkeit, wenngleich sie auf dem Kontinent durch Schutzzollmaßnahmen gegen die Konkurrenz der überseeischen Getreideproduzenten gemildert werden konnte. Der gewaltige Preisdruck billigen überseeischen Getreides, welches dank der neuen Massenverkehrsmittel den einheimischen Produzenten erfolgreich Konkurrenz zu machen imstande war, ließ die Getreidepreise in Europa zu Boden stürzen. Am stärksten wurde dies in England fühlbar. Mit 22 Schilling 10 Pence erreichte der Preis für den *quarter* Getreide 1894 seinen absoluten Tiefpunkt; dies war etwa ein Drittel des Preises vom Jahre 1868. In Deutschland waren die Verhältnisse nur wenig günstiger. Der Doppelzentner Roggen, der in den siebziger Jahren des 19. Jahrhunderts durchschnittlich 16,90 Mark eingebracht hatte, kostete 1894 nur noch 11,80 Mark. In Frankreich war die Lage dank

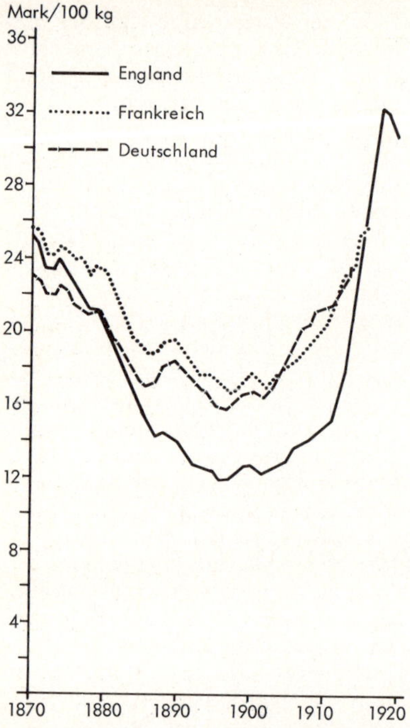

Abb. 2: Die Entwicklung der Getreidepreise in Deutschland, Frankreich und England 1870–1920. Nach W. Abel

hoher Zölle geringfügig besser, zumal die französischen Betriebe meist relativ klein und daher in der Regel weniger krisenempfindlich waren. Als Ganzes aber hatte die Landwirtschaft mit einem schwerwiegenden Preisrückgang zu kämpfen, dessen Wirkungen noch dadurch verschärft wurden, daß das bisher extrem niedrige Niveau der Landarbeiterlöhne im Zuge des Vordringens der Industrie nicht mehr aufrechterhalten werden konnte. Ja, schlimmer noch, auch durch erhebliche Lohnaufbesserungen ließ sich gerade auf den großen Gütern, die von der Konkurrenz des Weltmarktes am schwersten getroffen wurden, die Landflucht und die ›Leutenot‹ nicht immer abwenden. In Preußen gewährte die Nothilfe der ›Sachsengänger‹, die angesichts der noch weit schlechteren wirtschaftlichen Verhältnisse in den Grenzbezirken des Russischen Reiches immer noch mit extrem niedrigen Löhnen und primitiven Unterkünften zufrieden sein mußten, der Großgüterwirtschaft eine Phase des Aufschubs. Aber auch dort, wo sich die Folgen der industriellen Entwicklung für die Landwirtschaft noch nicht ernstlich fühlbar machten, wie in Rußland, in Österreich-Ungarn und in Südeuropa, war die Lage des Großgrundbesitzes nicht eben rosig. Angesichts des sozialen Prestiges, welches damals mit dem Besitz großer Güter verbunden war, bewegten sich die Bodenpreise freilich auf einem weit höheren Niveau, als unter rein wirtschaftlichen Gesichtspunkten gerechtfertigt gewesen wäre. Darin lag eine gewisse Kompensation für die Großgrundbesitzer, die aber die Tendenz zur Verschuldung der großen Güter eher noch förderte, weil die Banken auch dann noch bereitwillig hohe Hypotheken gewährten, wenn es zweifelhaft war, ob der

Kapitaldienst aus den laufenden Erträgen erwirtschaftet werden könne.
Vor diesem Hintergrund sind die erbitterten Kämpfe zwischen den Agrariern und den Vorkämpfern des Industrialismus sowie den breiten Massen der Arbeiterschaft um Schutzzölle zu sehen, wie sie namentlich die deutsche, aber bis zu einem gewissen Grade auch die französische Innenpolitik der neunziger Jahre bestimmten. Allerdings besserten sich seit 1899 die Verhältnisse wieder etwas. Infolge erhöhter Zölle, verbesserter Produktionsmethoden, insbesondere aber dank wieder ansteigender Weltmarktpreise vermochte sich die Landwirtschaft wieder einigermaßen zu erholen. Da die wirtschaftliche Konjunktur zu einer wenn auch bescheidenen Steigerung des Konsums der breiten Massen führte, wurden die Absatzbedingungen wieder etwas erträglicher. Die Notzeiten des Weltkrieges brachten der Landwirtschaft, trotz mancher äußerer Erschwerungen, noch einmal Zeiten großen, risikolosen Verdienstes. Erst in den zwanziger Jahren kam dann ein bitteres Erwachen. Vor dem Kriege hatten die schlimmsten Folgen der überseeischen Konkurrenz dank des starken politischen Einflusses, welchen die agrarischen Gruppen nahezu überall zunächst zu behaupten wußten, noch mit politischen Mitteln abgewendet werden können; erst jetzt stellte sich, zumindest in Mittel- und Westeuropa, endgültig die schwierige Aufgabe, unter Weltmarktbedingungen zu produzieren.
Auch wenn sich die Agrargesellschaft in den letzten Jahrzehnten vor 1914 nicht nur in den wirtschaftlich rückständigeren Ländern, sondern, mit der alleinigen Ausnahme Englands, auch in jenen Ländern, welche bereits in das Reifestadium der industriellen Entwicklung eingetreten waren, in bemerkenswertem Umfang behauptete, gehörte der Sieg dennoch den neuen dynamischen Kräften des industriellen Kapitalismus. In der ersten Phase der Industrialisierung hatten in aller Regel zwei Sektoren der Wirtschaft die Führung inne: der Eisenbahnbau und die Textilindustrie. Sie waren überall die Schrittmacher des wirtschaftlichen und technologischen Fortschritts. Durch den Bau von Eisenbahnen wurde das flache Land den neuen wirtschaftlichen Kräften erschlossen; zugleich aber ermöglichten erst diese vergleichsweise billigen Massentransportmittel den Zustrom großer Arbeitermassen in die entstehenden industriellen Ballungszentren; vor allem aber schufen sie die großräumigen Märkte, deren die industrielle Massenproduktion bedarf. Außerdem spielten die Eisenbahnen, die damals Unternehmen von sehr hoher Rentabilität waren, eine bedeutende Rolle für die Bildung neuen Investitionskapitals. Dank seines großen Materialbedarfs wirkte der Eisenbahnbau darüber hinaus außerordentlich stimulierend auf die Entwicklung der Schwerindustrie. Die Textilindustrie, die unentbehrliche

Massengüter in beträchtlichen Mengen zu vergleichsweise äußerst niedrigen Preisen produzierte, fand namentlich in der Frühzeit der Entwicklung Märkte von schier unerschöpflicher Aufnahmefähigkeit vor. Dank ihres verhältnismäßig geringen Investitionsbedarfs sowie der Möglichkeit, in großem Umfang niedrig bezahlte, nicht besonders ausgebildete Arbeitskräfte zu verwenden, war sie ein idealer Schrittmacher der industriellen Entwicklung.

In West- und Mitteleuropa war um 1890 das Eisenbahnnetz im wesentlichen vollendet. Nach dem Vorbilde Englands hatten auch Frankreich und Deutschland leistungsfähige Textilindustrien aufgebaut, die sich gegenüber der anfänglich übermächtigen Konkurrenz Lancashires durchzusetzen gewußt hatten, zum Teil durch Ausweichen auf bessere Qualitäten. Andere Industrien übernahmen jetzt die Führung. Neben den Maschinenbau schoben sich nun vor allem die Chemie- und die Elektroindustrie und nicht zuletzt auch die Automobilindustrie, die vor 1914 quantitativ allerdings nur beschränkt ins Gewicht fiel. Diese Verschiebungen, die ausgelöst wurden durch neue Entdeckungen und technologische Fortschritte im Bereich der anorganischen, vor allem aber der organischen Chemie sowie der Elektrotechnik, gaben der wirtschaftlichen Entwicklung wesentliche neue Impulse; ja, es ist nicht übertrieben, geradezu von einer zweiten Industriellen Revolution zu sprechen. Die neuen Führungssektoren – Chemie, Elektroindustrie und Maschinenbau – zogen die europäische Wirtschaft seit den neunziger Jahren in eine zweite, gigantische Wachstumsphase hinein.

An dieser Entwicklung nahmen die einzelnen europäischen Länder freilich in sehr verschiedenem Maße Anteil. England, die führende Industriemacht der ersten Periode der Industrialisierung, vermochte in der seit etwa 1890 einsetzenden zweiten Welle der Industriellen Revolution mit seinen Rivalen, insbesondere den USA und dem Deutschen Reiche, nicht mehr voll mitzuhalten. Überhaupt verringerte sich im Verlauf der letzten Jahrzehnte vor dem Ersten Weltkriege der große wirtschaftliche Rückstand der Länder des europäischen Kontinents gegenüber England in erheblichem Maße. Dabei spielte, wie wir noch im einzelnen sehen werden, der neuerdings von den Wirtschaftstheoretikern lebhaft diskutierte strategische Vorteil der sogenannten unterentwickelten Länder gegenüber ihren bereits hochindustrialisierten Rivalen eine wesentliche Rolle. Denn die ersteren konnten die neuen technologischen Methoden bereits in ihren erprobten, modernsten Formen anwenden und wurden dabei nicht durch das Gestrüpp bestehender wirtschaftlicher Interessen behindert. Das relative Zurückfallen Englands im wirtschaftlichen Konkurrenzkampf hatte freilich teilweise besondere, situationsbedingte Ursachen. Die englische Industrie fand in den weiten überseeischen

Gebieten innerhalb und außerhalb des britischen Empire für ihre Produkte, die ihr während der ersten Welle der Industriellen Revolution eine führende Position gesichert hatten, nach wie vor ausreichende Absatzmöglichkeiten. Zwar mußte namentlich die Textilindustrie Lancashires hinsichtlich ihrer Absatzmärkte beträchtliche Verschiebungen hinnehmen; aber bis zum Ersten Weltkriege war ihre Produktion, auch ohne tiefgreifende technologische Änderungen und Modernisierungsmaßnahmen, rentabel. Und bis 1914 nahm die Herstellung von Materialien für den Bau von Eisenbahnen im Rahmen der englischen Exportwirtschaft immer noch einen führenden Platz ein. Noch 1913 wurden etwa 45 Prozent der enormen englischen überseeischen Investitionen ausschließlich zur Finanzierung von Eisenbahnbauten verwandt, und diese Kapitalien zogen, wenn nicht immer, so doch in der Regel, entsprechende Aufträge an die englische Stahlindustrie nach sich. Wenn die englischen Unternehmer fortfuhren, sich auch in der zweiten Phase der industriellen Entwicklung auf ihre traditionellen Produkte zu konzentrieren, so war dies, kurzfristig gesehen, ökonomisch durchaus sinnvoll. Aber indirekt wurde dadurch der Anschluß an die Entwicklung auf dem Sektor der chemischen und der elektrotechnischen Industrie weitgehend verpaßt. Auch war ein gewisses Maß von Stagnation und ein Mangel an Anpassungsbereitschaft der englischen Industrie an die veränderten Bedingungen unverkennbar. In gewisser Hinsicht mußte England, wenn man ausschließlich den industriellen Sektor der englischen Wirtschaft ins Auge faßt, jetzt für seine frühere Vorzugsstellung bezahlen. Dennoch behauptete es seine Position als führende Handelsmacht in bemerkenswertem Umfang. Der kontinuierliche Strom englischer Anleihen nach Übersee, die insbesondere nach dem Ende des Burenkrieges gewaltig anstiegen und schließlich 1913 die Grenze von 4 Milliarden Pfund überschritten, sorgte für eine stetige hohe Exportrate englischer Industriegüter. Aber damit nicht genug: die hohen Einkünfte aus diesen Investitionen, die schließlich knapp ein Zehntel des englischen Nationaleinkommens ausmachten, sowie die enormen Verdienste aus Handel, Schiffahrt und den finanziellen Transaktionen der Londoner City brachten großen Reichtum ins Land. Das englische Nationaleinkommen pro Kopf der Bevölkerung stieg im Zeitraum von 1890 bis 1913 von 37,48 Pfund auf 52,47 Pfund.[34] Die Besonderheit der englischen wirtschaftlichen Lage führte schon vor 1914 zu einer Ausweitung der Dienstleistungsgewerbe auf Kosten der eigentlichen Industrieproduktion, eine für hochkapitalistische Verhältnisse typische Erscheinung. Die Unkenrufe der extremen Linken blieben nicht aus; freilich schossen sie meist beträchtlich über das Ziel hinaus, wie beispielsweise die folgende Prognose der *Contemporary Review*

aus dem Jahre 1899: »Das englische Kapital und die englische Arbeit werden in einem immer größeren Maße aus dem Lande herausgetrieben; England wird zum Vergnügungspark für die neuen Imperialisten, die Auslandsinvestoren, werden.«[35] Auch wenn die Investitionen im englischen Binnenmarkt seit der Jahrhundertwende nicht zurückgingen, wie man vielfach angenommen hat, war doch eine Abschwächung des wirtschaftlichen Expansionswillens unverkennbar.
In Deutschland hingegen setzte die Industrialisierung bekanntlich verhältnismäßig spät, eigentlich erst in den fünfziger Jahren, mit voller Kraft ein, vollzog sich dann aber in einem ungleich größeren Tempo und mit einer Dynamik, die in der neueren Wirtschaftsgeschichte nur wenige Parallelen besitzt. Hier machte sich die lange Periode verlangsamten wirtschaftlichen Wachstums von 1873 bis 1896 nicht im gleichen Maße bemerkbar wie anderswo, wenn man von dem großen ›Gründerkrach‹ der siebziger Jahre absieht. An die erste Welle der Industriellen Revolution schloß sich vielmehr fast unmittelbar eine zweite an, getragen von den neuen technologischen Errungenschaften im Bereich der Chemie und der Elektrotechnik. Die Erfindung des Bessemerprozesses (1856) und des dann von Siemens weiterentwickelten Martinverfahrens zur Stahlherstellung (1861) ermöglichten die Verwendung der stark schwefelhaltigen Minetteerze Lothringens und des Erzgebietes von Longwy-Briey und beschleunigten so den Aufbau großer Stahlindustrien an der Ruhr, an der Saar und in Lothringen. Die Entwicklung der deutschen Schwerindustrie vollzog sich seit dem Ende der achtziger Jahre in einem wahrhaft gigantischen Tempo. In den zwei Jahrzehnten von 1890 bis 1910 stieg die Roheisenproduktion des Deutschen Reiches um das Dreifache und die Stahlproduktion gar um das Vierfache. Ähnlich stand es auf dem Kohlesektor, obwohl die deutsche Industrie gleichzeitig große Mengen englischer Kohle zu importieren begann. Mit gewaltigen Schritten holte die deutsche Schwerindustrie die ältere Industrie Englands ein und blieb dabei nur hinter der Entwicklung in den USA zurück. Schon 1893 überrundete das Deutsche Reich seinen englischen Konkurrenten auf dem Gebiete der Stahlproduktion, und 1903 gelang ihm dies auch auf dem Felde der Roheisenproduktion. Ausschlaggebend dafür war, daß die deutsche Stahlindustrie dank ihrer größeren Betriebseinheiten und teilweise ihrer moderneren Methoden erheblich billiger zu produzieren vermochte als die englische; um 1900 war deutscher Stahl auf den Weltmärkten rund 20 Prozent billiger als englischer, und selbst auf dem englischen Binnenmarkt wurden Klagen über ungewöhnlich preisgünstige Angebote von deutschem Stahl laut. Dabei spielten allerdings die durch Schutzzölle und durch die Bildung von kartellartigen Zusammenschlüs-

Tabelle 1

Kohlenförderung in Millionen t

	Großbr.	Deutschland Steinkohle	Deutschland Braunkohle	Frankr.	Belgien	Rußland
1880	149,0	47,0	12,1	19,4	16,9	?
1890	184,5	70,2	19,1	26,1	20,4	16,0
1900	228,8	109,3	40,5	33,4	23,5	15,8
1910	268,7	152,8	69,5	38,5	23,9	26,2 (1908)
1913	292,0	191,5	87,5	40,8	22,8	36,3
		Bevölkerungszahlen (zum Vergleich):				
1890	34,3	44,2		40,0	6,1	94,3 (1897)
1910	42,1	58,5		41,5	7,4	155,4 (1913)
		Roheisenproduktion in Millionen t				
1880	7,9	2,7		?	0,6	? 0,6 (1887)
1890	8,0	4,7		1,9	0,8	0,9
1900	9,1	8,5		2,7	1,0	2,9
1905				3,0		
1908						2,8
1910	10,2	14,7		4,0	1,9	
1913	7,5 (?)	17,0		5,0		4,5
		Stahl- und Schmiedeeisenproduktion in Millionen t				
1880	3,7	1,5		1,3	0,6	? 0,6 (1887)
1890	5,3	3,2		1,4	0,7	0,8
1900	5,9	7,4		1,9	0,9	2,7
1908				2,4		2,4
1910	7,6	13,1		2,8	1,9	
1913						4,3

nach J. H. Clapham, *The economic development of France and Germany 1815–1914*. Cambridge 1951, und *Cambridge Economic History* Bd. IV, Teil II, S. 837, 844 (letzteres auf t umgerechnet)
Bevölkerungszahlen nach *Cambridge Economic History*. Bd. IV, Teil I, S. 61ff.

sen verzerrten Wettbewerbsbedingungen eine gewisse Rolle; die deutsche Industrie konnte auf dem deutschen Markt die Preise weitgehend diktieren und war daher imstande, zu ungleich niedrigeren Exportpreisen zu liefern als die Industrien anderer Länder.
Der wirtschaftliche Vorsprung Deutschlands gegenüber Großbritannien beruhte aber gar nicht so sehr auf den Leistungen der deutschen Schwerindustrie, sondern vielmehr auf den Errungenschaften der elektrotechnischen und der chemischen Industrie. Auf beiden Sektoren vermochte das Deutsche Reich sich bis 1914 eine weitgehende Führungsstellung auf den Weltmärkten zu verschaffen. Gestützt auf die Kapitalkraft der in den fünfziger Jahren gegründeten deutschen Großbanken, gelang es der deutschen Industrie, die neuen Erfindungen und Entdeckungen auf

dem Gebiete der Elektrotechnik und der organischen Chemie in größtem Umfange zu nutzen und sich bei manchen Produkten ein nahezu weltweites Monopol zu sichern. Die Anfänge dieser Entwicklung reichen teilweise weit zurück. Schon im Jahre 1847 war die Firma *Siemens & Halske* gegründet worden, der sich dann 1883 die *Allgemeine Elektricitätsgesellschaft* (AEG) und wenig später die Gruppe *Felten & Guilleaume* hinzugesellten. Durch die Konstruktion des elektrischen Telegraphen, des für den künftigen industriellen Fortschritt revolutionären Elektromotors, durch den Bau von elektrisch angetriebenen Straßenbahnen und die systematische Verfeinerung der Methoden zur Produktion und Transmission von elektrischer Hochspannungsenergie über weite Entfernungen wurde ein Markt von fast unbegrenzter Aufnahmefähigkeit erschlossen. Während England und Frankreich vergleichsweise zurückblieben, bildeten sich auch in der Schweiz, unter Führung der Firma *Brown, Boverie & Cie,* und in den USA rasch große, überaus leistungsfähige elektrotechnische Industrien. Jedoch lieferte die deutsche Elektroindustrie dank ihrer Dynamik und ihres technologischen Vorsprungs noch 1913 30 Prozent der gesamten Weltproduktion an elektrotechnischen Erzeugnissen.

Noch brillanter war die Entwicklung auf dem Chemiesektor. Begünstigt durch die großen, epochemachenden Erfindungen der sechziger und siebziger Jahre auf dem Gebiete der organischen Chemie, insbesondere der synthetischen Farben, entstand in Deutschland eine bedeutende chemische Industrie, angeführt von einigen Großunternehmen wie den *Badischen Anilin & Soda-Fabriken* in Mannheim, *Bayer-Leverkusen* und den *Höchster Farbwerken,* die im Jahre 1914 85 Prozent des Weltbedarfs an synthetischen Farbstoffen produzierte; darüber hinaus begann sie, auf der Basis des Steinkohlenteers eine Fülle neuartiger Erzeugnisse herzustellen, wie z. B. Zellophan und Bakelit, die Vorläufer der zahllosen Kunststoffe, die wir heute kennen. Wie David S. Landes schreibt, gibt es für diesen Sprung zu technologischer und wirtschaftlicher Hegemonie sowohl im Hinblick auf die technische Virtuosität wie auf die kaufmännische Aktivität, die dabei wirksam waren, keine historische Parallele.[36] Nur ein einziges Land vermochte in diesem Sturmlauf mitzuhalten. Geführt von zwei Großunternehmen im Baseler Raum, der *CIBA* und der *Geigy,* konnte sich die Schweiz durch Spezialisierung auf besonders hochwertige chemische Artikel — unter Benutzung der Roh- und Halbprodukte der deutschen chemischen Industrie — einen bedeutenden Anteil an der Weltproduktion sichern. Dieser betrug etwa ein Fünftel der deutschen chemischen Produktion und etwa ebensoviel wie die aller übrigen europäischen Staaten zusammen. Es ist dies ein interessantes Beispiel dafür, daß es auch einem Lande ohne jegliche eigene Schwerindustrie möglich war, während der zweiten Welle der Industrialisierung durchaus bedeutende Erfolge zu erringen.

Der wirtschaftliche Aufschwung Deutschlands in der Periode von 1890 bis 1914 war freilich nicht zuletzt einer gegenüber dem frühen 19. Jahrhundert erheblich verbesserten finanziellen Organisation zu danken. Es war die Verbindung der Großbanken mit der Industrie, welche eine derartige Expansion erst möglich machte. Anders als in der ersten Phase der Industrialisierung, in welcher die Eigenfinanzierung der Unternehmer im Vordergrund gestanden hatte, übernahmen nun in Deutschland, wie überhaupt auf dem Kontinent, die Banken einen bedeutenden Teil des unternehmerischen Risikos. Dafür aber beanspruchten sie ein weitgehendes Mitspracherecht auch bei den unternehmerischen Entscheidungen. Den deutschen Großbanken, insbesondere der *Deutschen Bank,* der *Dresdener Bank,* der *Darmstädter Bank,* der *Commerz- & Credit-Bank* und der *Disconto-Gesellschaft,* war verständlicherweise nicht an einem scharfen und womöglich gar ruinösen Konkurrenzkampf ihrer Kunden untereinander gelegen, und sie begünstigten daher die Bildung von Kartellen und industriellen Kombinationen, deren Ziel es war, die Konkurrenz auf dem inneren Markte zu beschränken und die Preise auf einem möglichst hohen Niveau zu halten. Daher kam es in Deutschland stärker als in anderen europäischen Ländern zu industriellen Zusammenschlüssen; Beispiele dafür sind das *Rheinisch-Westphälische Kohlensyndikat* vom Jahre 1893, das nahezu den gesamten deutschen Kohlemarkt beherrschte, und der *Stahlwerksverband* vom Jahre 1904. Die sich hier abzeichnende Tendenz wurde von den Zeitgenossen mit einiger Beunruhigung beobachtet, drohte sich doch die überkommene wirtschaftliche Struktur immer mehr zugunsten einer kleinen Gruppe von wirtschaftlich Mächtigen zu verschieben.

Die wirtschaftlichen Erfolge dieser weitgehend von den Großbanken dirigierten industriellen Organisation waren freilich außerordentlich. Auch wenn man seit 1907 wieder eine leichte Abschwächung des wirtschaftlichen Wachstums beobachten konnte, war die Gesamtbilanz dennoch glänzend. Karl Helfferich, damals Direktor der *Deutschen Bank,* sprach im Rückblick davon, daß die deutsche Volkswirtschaft während des letzten Vierteljahrhunderts ihre industrielle Leistung verdreifacht habe.[37] Die Ziffern des Aufkommens der damals nur sehr beschränkt progressiv gestaffelten Einkommensteuer in Preußen bestätigen dies; während diese im Jahre 1892 124,842 Millionen Mark einbrachte, waren es 1914 442,791 Millionen Mark.[38] Und das Nationaleinkommen pro Kopf stieg von 438 Mark im Jahre 1890 auf 739 Mark im Jahre 1913, ein Zuwachs, der um so bemerkenswerter

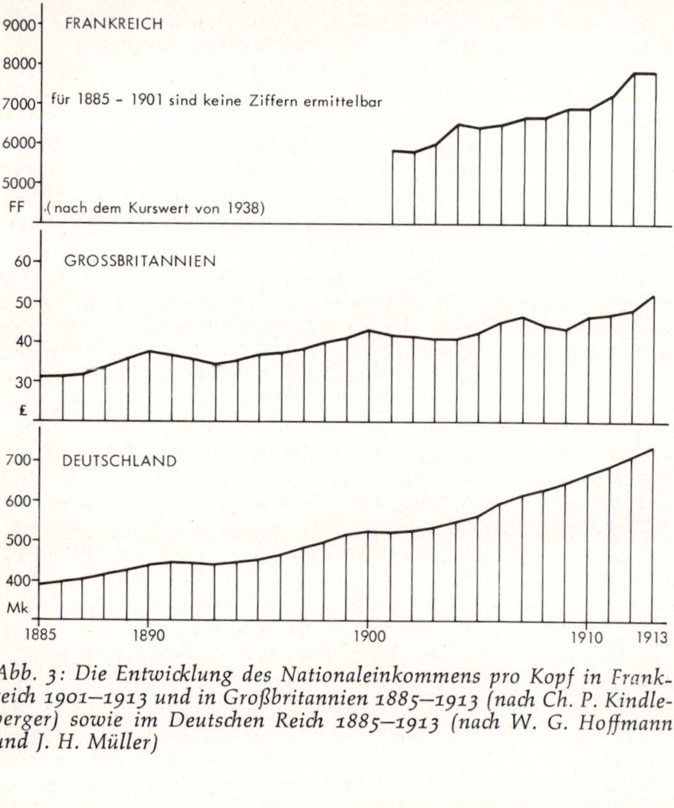

Abb. 3: Die Entwicklung des Nationaleinkommens pro Kopf in Frankreich 1901–1913 und in Großbritannien 1885–1913 (nach Ch. P. Kindleberger) sowie im Deutschen Reich 1885–1913 (nach W. G. Hoffmann und J. H. Müller)

ist, als im gleichen Zeitraum die Bevölkerungszahl um nahezu ein Viertel zunahm und sich von 44,2 Millionen auf annähernd 60 Millionen erhöhte.

Verglichen mit den Verhältnissen in Deutschland blieb die industrielle Entwicklung in den anderen Ländern des europäischen Kontinents erheblich zurück. Dies gilt insbesondere für Österreich-Ungarn, wo freilich der Mangel an Rohstoffvorkommen sowie die vergleichsweise unentwickelten Verkehrsverhältnisse als zusätzliches Handikap in Rechnung gestellt werden müssen. Der industrielle Fortschritt beschränkte sich auf die deutschen Alpenländer und den böhmisch-mährischen Raum, erfaßte also eigentlich nicht mehr als drei Zehntel des Landes, während in den übrigen Landesteilen die alten vorindustriellen Wirtschafts- und Produktionsformen weithin fortbestanden. Auch hier spielten die großen Wiener Banken, zum Teil mit Unterstützung deutschen Kapitals, eine entscheidende Rolle; erst allmählich und nur in beschränktem Maße gelang es den Ungarn und den Tschechen, sich von der Vorherrschaft des deutschen Finanzkapitals zu befreien.

In Westeuropa hingegen bestand wiederum eine andere Situation. Während in Deutschland seit den achtziger Jahren eine außerordentlich stürmische, sprunghafte Wirtschaftsentwicklung zu beobachten war, vollzog sich dieser Prozeß im benachbarten Frankreich zwar langsamer, dafür aber mit bemerkenswerter Stetigkeit. Anders als in Deutschland konzentrierte sich hier der Aufbau der Industrie weit stärker auf einige Schwerpunkte, zu denen namentlich Paris, Lothringen, Marseille und Lyon gezählt werden müssen, während das Land als Ganzes von den neuen Entwicklungen zunächst nur wenig berührt wurde. Die schwache Bevölkerungszunahme und der konservative Sinn der französischen Bauernschaft, welche zäh an ihren meist kleinen Parzellen festhielt, war dabei ebenso von Bedeutung wie die Vorliebe der französischen Kapitalinvestoren für sichere ausländische Staatsanleihen gegenüber vermeintlich oder wirklich risikoreicheren Investitionen in Frankreich selbst. Immerhin gelang es Frankreich, seine aus der vorindustriellen Epoche stammende große Textilindustrie erfolgreich auf moderne industrielle Produktionsmethoden umzustellen. Und nimmt sich die Verdoppelung der französischen Stahlproduktion von 1,4 Millionen t im Jahre 1890 auf 2,8 Millionen t im Jahre 1910 neben der gleichzeitigen gigantischen Produktionssteigerung in Deutschland auch bescheiden aus, so stellte sie doch eine bedeutende Errungenschaft dar. Darüber hinaus entwickelte sich Frankreich zum wichtigsten Erzexporteur der Welt; namentlich die Saar- und die Ruhrindustrie verhütteten in großem Maße französische Erze. Frankreichs eigentliche wirtschaftliche Leistungen lagen freilich weniger auf dem Gebiet der Schwerindustrie als vielmehr auf dem der Fertigwaren- und Konsumgüterindustrie. Die führende Rolle Frankreichs in der Konstruktion von Automobilen und Flugzeugen erwies die technologische Leistungsfähigkeit der französischen Industrie in höchst eindrucksvoller Weise. Dennoch wird man festhalten müssen, daß Frankreich damals noch weit davon entfernt war, ein Industriestaat im modernen Sinne des Wortes zu sein. Agrarische und vorindustrielle Wirtschafts- und Produktionsformen spielten im französischen Wirtschaftsleben vor dem Ersten Weltkrieg immer noch eine beherrschende Rolle.

Der nördliche Nachbar Frankreichs, Belgien, näherte sich, insbesondere wenn man nur den wallonischen Teil dieses Landes ins Auge faßt, von allen europäischen Ländern am stärksten dem englischen Vorbild. Schon um 1900 waren fast doppelt so viele

Personen in der Industrie beschäftigt wie in der Landwirtschaft, und dieses Verhältnis verschob sich in den folgenden Jahrzehnten noch beträchtlich zuungunsten der letztgenannten. Im Jahre 1910 entfielen auf 520 Beschäftigte in der Landwirtschaft bereits 1581 Beschäftigte in der Industrie. Und sowohl die belgische Kohlenförderung wie die belgische Eisen- und Stahlproduktion im Zeitraum von 1890 bis 1914 waren in ihrem Ausmaß ebenso wie in ihren Zuwachsraten höchst beachtlich — gemessen an der Größe des Landes, das im Jahre 1890 6,1 Millionen Einwohner besaß.

Italien hingegen hinkte, auch im Vergleich mit den übrigen kleineren Industrieländern Europas, als Ganzes gesehen erheblich nach. Der krasse soziale und wirtschaftliche Gegensatz zwischen dem Norden und dem Süden des Landes, der ja bis in unsere Gegenwart hinein ein ernstes Problem der italienischen Innenpolitik darstellt, wurde durch die Anfänge der Industrialisierung noch mehr verschärft. Namentlich in der Lombardei entwickelte sich eine höchst aktive Industrie mit dem Zentrum Mailand, doch vermochte diese es noch nicht, die vom Lande abströmenden Massen aufzunehmen und ihnen Arbeit und Brot zu bieten. Während die deutsche Auswanderung nach Übersee damals praktisch aufhörte, erreichte die italienische einen Höhepunkt. Allein in den 15 Jahren von 1886 bis 1900 gingen vier Millionen Italiener nach Übersee und in angrenzende europäische Länder, und im folgenden Jahrzehnt waren es noch einmal sechs Millionen. Schon damals gehörte der italienische Fremdarbeiter zum wirtschaftlichen Alltagsbild Europas. Namentlich in Frankreich, im Deutschen Reich und in der Schweiz fanden Italiener in großer Zahl als Saisonarbeiter in der Industrie, im Baugewerbe und in der Landwirtschaft Beschäftigung.

Einen bedeutsamen Sonderfall stellte Rußland dar. Anders als im übrigen Europa war die Industrialisierung, die hier seit dem Anfang der neunziger Jahre mit bemerkenswertem Tempo eingesetzt hatte, wesentlich staatlicher Initiative zu verdanken. Es war namentlich der russische Finanzminister Graf Sergei Witte, der seit 1892 durch systematische Förderung der industriellen Entwicklung den Anschluß Rußlands an den Westen auf wirtschaftlichem und technischem Gebiet zu erreichen bemüht war. Durch zielbewußten Ausbau des russischen Eisenbahnnetzes, unter anderem der Transsibirischen Eisenbahnlinie nach Wladiwostok, die 1901 fertiggestellt werden konnte, gab er eine wichtige Initialzündung für den Aufbau eigener Industrien auf breiter Basis. Zwischen 1893 und 1900 investierte der russische Staat allein im Eisenbahnbau 2,2266 Milliarden Rubel — und zwar mit Hilfe großer Staatsanleihen, die vornehmlich auf dem französischen, aber auch auf dem englischen Kapitalmarkt aufgebracht wurden. In diesem

Zeitraum wurde fast ein Drittel des riesigen russischen Eisenbahnnetzes gebaut und damit zugleich die verkehrstechnische Voraussetzung geschaffen für die Erschließung der bedeutenden Erz-, Kohlen- und Erdölvorkommen im Ural und in der Ukraine ebenso wie für die große Ansiedlungsbewegung im Osten, insbesondere in Sibirien. Neben den älteren Industriezentren in Petersburg und den baltischen Hauptstädten entwickelten sich jetzt rapide neue Industriegebiete in Moskau und seiner Umgebung sowie in Südrußland und im Ural. Der Übergang zum Goldstandard im Jahre 1897 brachte auch auf monetärem Gebiet den Anschluß an die Weltwirtschaft. Aber dies alles war vorläufig nur gleichsam ein Tropfen auf den heißen Stein. Trotz aller hoffnungsvollen Ansätze war Rußland, im Vergleich mit Mittel- und Westeuropa, um die Jahrhundertwende noch ein industriell unterentwickeltes Land. Nach Schätzungen Lenins gab es 1900 bis 1903 in fünfzig Gouvernements des europäischen Rußland etwa 2 208 000 Industriearbeiter, unter Einschluß der Eisenbahnerschaft sowie der Bergarbeiter — eine bei einer Gesamtbevölkerung von über 100 Millionen nicht eben eindrucksvolle Ziffer.[39]
Nach dem steilen Aufstieg in den neunziger Jahren wurde die russische Wirtschaft 1901 bis 1903 von einer schweren Krise erfaßt, und kaum hatte sie sich davon einigermaßen erholt, da wurde sie durch die Folgen des unglücklichen Krieges gegen Japan im Fernen Osten und die Revolution vom Jahre 1905 erneut schwer zurückgeworfen. Während der Revolution vermochte die russische Industriearbeiterschaft, die, verglichen mit der Masse der Bevölkerung, an Zahl noch gering, dafür aber in den wirtschaftlich und politisch entscheidenden Zentren konzentriert war, zum erstenmal ihr politisches Gewicht in die Waagschale zu werfen. Nach einer Reihe innenpolitisch höchst unruhiger Jahre kam es dann seit 1909 zu einem neuen kräftigen Aufschwung. Dabei spielten freilich umfangreiche militärische und halbmilitärische Projekte, wie der Ausbau der russischen Westbahnen, eine wichtige Rolle. Wenn man die ungünstige Startbasis berücksichtigt, von der die Industrialisierung in Rußland ihren Ausgang nahm, so waren die in den letzten zweieinhalb Jahrzehnten vor dem Ersten Weltkriege erreichten Leistungen der russischen Wirtschaft höchst eindrucksvoll. So stieg beispielsweise die Kohlenförderung von 16,0 Millionen t im Jahre 1890 auf 36,3 Millionen t im Jahre 1913; im gleichen Zeitraum erhöhte sich die Roheisenproduktion von 900 000 t auf 4,5 Millionen t und die Produktion von Stahl und Schmiedeeisen von 800 000 t auf 4,3 Millionen t. Hält man freilich dagegen, daß die russische Bevölkerung, nach allerdings unsicheren Zählungen, von 94,3 Millionen im Jahre 1897 auf 155,4 Millionen im Jahre 1913 anwuchs, so läßt sich ermessen, daß dies alles noch nicht

allzu viel war und die Lebenshaltung der breiten Massen des russischen Volkes kaum nennenswert beeinflußt hat. Andererseits bewies die sprunghafte industrielle Entwicklung namentlich in den letzten Jahren vor 1914, daß hier noch gewaltige wirtschaftliche Möglichkeiten schlummerten.

Eben diese Tatsache lenkte die Aufmerksamkeit des internationalen Finanzkapitals auf die weiten russischen Räume. Dort rechnete man sich Chancen für gewinnbringende Investitionen großen Stils aus, wie sie anderswo nicht mehr ohne weiteres zu finden waren. Mehr noch als in Deutschland ergriffen hier neben dem Staat die großen Banken die Initiative zum Aufbau neuer Industrien. Ihr Kapital aber stammte zum überwiegenden Teil aus dem Ausland. Auch an den russischen Unternehmungen war ausländisches Kapital in großem Umfang beteiligt; im Jahre 1890 war mehr als ein Drittel des Grundkapitals aller russischen Kapitalgesellschaften in ausländischer Hand, und dieser Anteil stieg bis 1900 auf fast 50 Prozent an, um dann bis 1914 wieder auf ein Drittel zurückzugehen. Von den ausländischen Beteiligungen entfiel ein Drittel auf französische, ein Viertel auf englische, ein Fünftel auf deutsche und ein Siebtel auf belgische Geldgeber. In wirtschaftlicher Beziehung war das zaristische Rußland gleichsam eine kolonialistische Dependenz des europäischen Finanzkapitals. Die Industrialisierung Rußlands war demgemäß nur zum Teil das Werk des individualistischen Bürgertums, anders als in England und Frankreich und teilweise auch in Deutschland. Von Anfang an dominierte der Großbetrieb, und so entwickelte sich hier nur eine relativ schmale kapitalistische Oberschicht, nicht eigentlich ein Bürgertum westeuropäischen Musters. Desgleichen bildeten sich hier in besonders großem Maße industrielle Kombinationen und Kartelle, die die Märkte untereinander aufzuteilen bestrebt waren und sich bemühten, mit Hilfe von Preis- und Produktionsabsprachen das Preisniveau möglichst hoch zu erhalten.

Freilich war die Tendenz zur Schaffung von industriellen Kombinationen ein internationales Phänomen. Obwohl Deutschland und Rußland, wenn man von den USA einmal absieht, in dieser Hinsicht führend waren, ging man auch in Frankreich und in England in wachsendem Maße zur Konzern- und Kartellbildung über. Der Aufbau von Kartellen aber machte auch vor den jeweiligen Grenzpfählen nicht halt. Etwa seit der Mitte der neunziger Jahre begann man über die Grenzen der einzelnen nationalen Volkswirtschaften hinweg internationale Kartelle und Kombinationen ins Leben zu rufen und die Märkte der Welt untereinander aufzuteilen. Ungeachtet des extremen Nationalismus des Zeitalters entwickelte der Kapitalismus, seinem wahren Wesen gemäß, Formen internationaler Kooperation, die, wäre nicht der Erste Weltkrieg dazwischengekommen, auf die internationalen Beziehungen entschärfend hätten wirken können. Noch hatten freilich die entgegengesetzten Tendenzen das Übergewicht. Die vorhandenen wirtschaftlichen Rivalitäten, insbesondere der deutsch-englische Gegensatz, bestärkten die europäischen Völker in ihren nationalistischen Vorurteilen. So trug die Erbitterung in Rußland über den vermeintlich oder wirklich höchst unvorteilhaften deutsch-russischen Handelsvertrag vom Jahre 1894 erheblich zur Verschlechterung der deutsch-russischen Beziehungen bei. Und ebenso förderte der gewaltige wirtschaftliche Aufschwung in Deutschland die weltpolitischen Begehrlichkeiten des deutschen Bürgertums. Geblendet von dem Glanz ihres wachsenden wirtschaftlichen Wohlstandes, bemängelten die Deutschen das bestehende Mißverhältnis zwischen der politischen und der wirtschaftlichen Stellung des Deutschen Reiches in der Welt und vertrauten zu stark auf die schier unbegrenzt scheinende wirtschaftliche Leistungsfähigkeit der eigenen Nation.

Freilich war man in Deutschland allzu sehr geneigt, allein auf den industriellen Sektor der Volkswirtschaft zu schauen und demgemäß die wirtschaftliche Position Deutschlands in der Welt zu überschätzen. Dies zeigt ein Blick auf die Summen des von den großen europäischen Industrienationen im Auslande, vornehmlich in Übersee, investierten Kapitals. Hier lag Deutschland hin-

Tabelle 2

Die Auslandsinvestitionen Großbritanniens, Frankreichs und des Deutschen Reiches 1880–1914:

	Großbritannien in Millionen Pfund[1]	Frankreich in Milliarden Francs	= Mill. Pfund	Deutsches Reich in Milliarden Mark[2]	= Mill. Pfund
1880	1189	15[2]	= 595	5	= 245
1890	1935	20[3] (28)[2]	= 780 (1110)	10	= 983
1900	2397	27	= 1053	—	—
1914	4004	44[2,4]	= 1766	25	= 1223

1 Angaben nach A. H. Imlah, *Economic Elements in the Pax Britannica.* Cambridge (Mass.) 1958, S. 73 ff.
2 Angaben bei H. Frankel, *Capital Investment in Africa.* London 1938, S. 18
3 Angaben nach Ronald E. Cameron, *France and the Economic Development of Europe, 1800–1914.* Princeton 1961, S. 534 f. (Schätzung Thèry)
4 Cameron gibt ebd. für 1912 40–42 (Schätzung Neymark) bzw. 43,5 (Schätzung White)

ter England und Frankreich weit zurück; im Jahre 1914 hatte England 4,004 Milliarden Pfund, Frankreich 44 Milliarden Francs, Deutschland aber nur 25 Milliarden Mark im Ausland angelegt. Diese Zahlen zeigen, daß Deutschland hinsichtlich seines Nationalvermögens und seines verfügbaren Kapitals noch er-

heblich hinter England zurückstand, das jährlich fast die Hälfte des jeweils neugebildeten Kapitals außerhalb des Mutterlandes investierte.
Es ist freilich nicht angebracht, die wirtschaftliche Entwicklung Europas im Zeitalter des Imperialismus ausschließlich unter dem Blickwinkel nationaler Rivalitäten zu betrachten. Die enormen Kapitalinvestitionen der führenden Industrieländer Europas in Übersee erschlossen dem europäischen Handel und der technischen Zivilisation nicht nur weite jungfräuliche Gebiete; sie bahnten darüber hinaus den Weg für eine multilaterale Weltwirtschaft, von der alle Partner gleichermaßen profitierten. In den fünfundzwanzig Jahren seit 1890 verdreifachte sich der Wert des Welthandels. Zugleich begann die Bedeutung der jeweiligen nationalen Grenzen für die wirtschaftliche Entwicklung der einzelnen Nationen zu verblassen. Immer mehr europäische Staaten gingen dazu über, durch den Abschluß von entsprechenden Verträgen die eigenen Grenzen für den Handel durchlässiger zu gestalten, ohne doch ganz auf Zollmauern zum Schutze der Landwirtschaft und bestimmter Industrien zu verzichten. Von großer Bedeutung für die Entfaltung des Welthandels war die Rolle Großbritanniens. Seine Führerrolle in der Erschließung neuer Märkte innerhalb und außerhalb des britischen Empire kam im Endresultat allen großen Industrie- und Handelsnationen zugute. Darüber hinaus fungierte das Empire gleichsam als Ausgleichsstelle der internationalen Zahlungsbilanz, sehr zum Nutzen der internationalen Handelsbeziehungen. Noch im Anfang der achtziger Jahre hatte England etwa 50 Prozent des gesamten Welthandels getätigt; in den Jahren 1911 bis 1913 war sein Anteil auf etwa 14 Prozent zurückgegangen. Deutschland, neben den USA der größte wirtschaftliche Rivale Englands auf den Märkten der Welt, war zugleich einer seiner besten Kunden, eine Tatsache, die von den Zeitgenossen meist verkannt wurde.
Ohne das umfassende multilaterale System des Welthandels, welches im Zuge des wirtschaftlichen Konkurrenzkampfes der jungen mit den älteren Industriestaaten Europas entstanden war, wäre die gewaltige Steigerung der wirtschaftlichen Produktivität, wie sie in dem Zeitraum von 1880 bis 1914 erreicht wurde, niemals möglich gewesen. Zugleich bildete es eine wichtige Voraussetzung für ein weiteres wirtschaftliches Wachstum. Wenn die großen Industrienationen vor 1914 ihren Blick mehr und mehr nach Übersee richteten, so hatte das durchaus einen wirtschaftlichen Sinn. Sie starrten dabei jedoch gebannt auf die Gegensätzlichkeiten ihrer Interessen und übersahen die Tatsache, daß die politischen und ökonomischen Erwerbungen eines Landes in Übersee mittelbar auch allen anderen Partnern zugute kamen. So bestimmten nationalistische Parolen die Diskussion. Dessenun-

geachtet wiesen die Zeichen der Entwicklung auf eine weitere Steigerung der gegenseitigen wirtschaftlichen Verflechtung der nationalen Volkswirtschaften.
Die kurz vor dem Ausbruch des Ersten Weltkrieges einsetzende Rezession war nicht so schwerwiegend, als daß sie den Trend der Entwicklung grundlegend hätte verändern können. Der Weltkrieg aber zerstörte die sich herausbildende internationale Wirtschaftsordnung eines im wesentlichen freien Warenaustausches. Die führenden Kreise der Wirtschaft, die bisher eher für die Erhaltung des europäischen Friedens eingetreten waren, drängten sich nun in die vordersten Reihen eines maßlosen nationalistischen Annexionismus. Die Bedürfnisse der Kriegswirtschaft führten zu tiefen Eingriffen in die einzelnen nationalen Volkswirtschaften, Eingriffen, die das wirtschaftliche Gleichgewicht erheblich beeinträchtigten. Darüber hinaus wurden durch Kriegseinwirkung enorme volkswirtschaftliche Werte vernichtet und den europäischen Nationen mehr oder minder schwere Schuldenlasten aufgebürdet. Die Friedensregelungen der Jahre 1919/1920, die den Erfordernissen eines balancierten Wirtschaftswachstums in Europa und der Welt nicht genügend Rechnung trugen und die internationale Zahlungsbilanz vollends in Unordnung brachten, verstärkten die Anfälligkeit der kapitalistischen Wirtschaftsordnung Europas gegenüber wachstumsbedingten Krisen noch mehr. Die Folgen dieser Entwicklung reichen bis in unsere Gegenwart hinein, läßt sich doch der europäische Faschismus in allen seinen Spielarten als Folgeprodukt solcher Wachstumskrisen deuten und verstehen.

3. Die gesellschaftlichen Strukturen und die sozialen Probleme

Gemäß Walt Whitman Rostows Theorie von den »Stadien wirtschaftlichen Wachstums« traten die Industriewirtschaften Deutschlands und Frankreichs etwa um 1910 aus der Phase »stetigen wirtschaftlichen Wachstums« in die Reifephase der industriellen Entwicklung über, die sich durch intensive Ausnutzung des wirtschaftlichen Potentials und aller vorhandenen Rohstoffquellen auszeichnet. England war ihnen schon um die Mitte des 19. Jahrhunderts vorangegangen, während Österreich-Ungarn, Rußland und die südeuropäischen Länder in weitem Abstand folgten. Die Differenzen im Entwicklungsgrad der einzelnen nationalen Volkswirtschaften Europas waren in den drei Jahrzehnten, die dem Ersten Weltkriege vorangingen, noch außerordentlich hoch. Aber auch innerhalb der einzelnen Länder war der Unterschied zwischen den industriellen Ballungszentren und den vorwiegend agrarischen Regionen sehr groß, ja, mit dem weiteren Fortschreiten der Industrialisierung nahm er in der Regel weiter zu. Während man sich einerseits bereits in den Anfängen der industriellen Massengesellschaft befand, verharrte man andererseits nicht selten noch auf dem Boden einer Agrarwirtschaft von großenteils patriarchalischer Struktur. Diese Situation bedingte scharfe politische und soziale Gegensätze sowohl im Verhältnis der europäischen Nationen zueinander wie auch innerhalb der einzelnen Nationalstaaten selbst, Gegensätze, die auch die Mentalität der Völker erheblich beeinflußten. Wenn die Deutschen vor 1914 vielfach dazu neigten, die Engländer als eine materialistische Krämernation abzuwerten, während die Engländer umgekehrt die autokratische, menschenverachtende Figur des preußischen Junkers als repräsentativ für die deutsche Nation ansahen, so waren dies Reflexe von zwei verschiedenen Stadien der gesellschaftlichen Entwicklung.

Auch wenn die Divergenzen der gesellschaftlichen Strukturen Europas im Zeitraum von 1885 bis 1914 für den weiteren Gang der Dinge von höchster Bedeutung gewesen sind, so war doch allerorten, wenn auch in verschieden starkem Maße, eine Tendenz zur Niederreißung überkommener Standesschranken und zur Egalisierung am Werke, wie sie mit der modernen industriellen Konsumentengesellschaft nun einmal untrennbar verbunden ist. Die zweite Welle der Industrialisierung führte zu so außerordentlichen Verschiebungen im Einkommen und damit indirekt auch in der sozialen Stellung der Führungsschichten, daß ein Wandel auch in den Formen der ›Führerauslese‹, um uns eines Begriffes von Max Weber zu bedienen, auf die Dauer unaufhaltbar wurde. Zugleich erwuchs den überkommenen gesellschaftlichen Ordnungen in der Industriearbeiterschaft, die sich weitgehend außerhalb der bürgerlichen Gesellschaft entwickelte und sich aus den traditionellen Bindungen in hohem Maße herausgelöst hatte, ein Gegenspieler von großer, wenn auch zunächst noch unorganisierter Kraft.

Ungeachtet dieser Veränderungen aber vermochten sich die alten, vorwiegend aristokratischen Führungseliten nahezu in ganz Europa zunächst in der Machtausübung zu behaupten, freilich mitunter nur unter Preisgabe eines Teils ihrer Vorrechte und Privilegien. Den Trägern der neuen industriellen Entwicklung blieb bis 1914 im allgemeinen der Eintritt in die politischen Führungsschichten versagt, nicht selten allerdings auch deshalb, weil sie sich in der Regel darum gar nicht sonderlich bemühten. Wirtschaftliche Macht erschien ihnen zumeist weit erstrebenswerter als politischer Einfluß. Nur in Ausnahmefällen gelang es Männern der Wirtschaft und der Industrie, in führende politische Positionen vorzudringen. Bis weit in das 20. Jahrhundert hinein verteidigten die adeligen Schichten mit großem Erfolg ihre traditionelle Vorrangstellung im Staate, auch wenn sie jetzt in wachsendem Maße auf Zuzug aus den Kreisen des Bürgertums angewiesen waren.

Am deutlichsten greifbar ist dieses Phänomen in Großbritannien. Der weitgehenden Demokratisierung des Wahlrechts im Jahre 1884 zum Trotz behauptete sich in den Führungsgremien der beiden großen Parteien auch weiterhin der Typ des *landed gentleman*, für den Politik nicht eigentlich ein Beruf, sondern vielmehr eine sich aus seiner gesellschaftlichen Stellung ergebende Verpflichtung war. Bei den Konservativen dominierten verständlicherweise nach wie vor die Vertreter der Hocharistokratie; aber auch bei den Liberalen war dies nicht sehr viel anders. Wenn Lord Rosebery, einer der großen liberalen Peers, der zudem durch seine Heirat mit einer Rothschild über ein riesiges Finanzimperium verfügte, nach dem Rücktritt Gladstones eine so große Rolle in der Liberalen Partei zu spielen vermochte, so hatte er dies großenteils dem Glanz seines Namens zu verdanken. Daß er ein vielmaliger Gewinner des Derby war, kam seinem politischen Prestige ebenfalls außerordentlich zugute. Hätte er nicht in den Jahren der schweren inneren Krise der Liberalen Partei während des Burenkrieges einfach versagt, so hätte er sich deren Führung noch für ein weiteres Jahrzehnt erhalten können. Sein Verschwinden von der politischen Bühne seit 1903 kündigte das Ende einer

Epoche vorwiegend von schmalen aristokratischen Eliten geleiteter Politik an. Dennoch blieb mit Männern wie Grey, Asquith und Haldane der aristokratische Charakter der liberalen Führungsschicht zunächst weiterhin gewahrt. Erst der Aufstieg Lloyd Georges, der aus ärmlichen Walliser Verhältnissen stammte, zum *Chancellor of the Exchequer* im Jahre 1908 brachte in dieser Hinsicht einen bedeutsamen Wandel. Dennoch ermöglichte ihm erst die Notlage des Ersten Weltkrieges den Sprung in die Downingstreet und damit die Ablösung der älteren aristokratischen Führungselite.

Schon seit den achtziger Jahren hatte sich eine starke Gruppe radikaler englischer Politiker um eine Öffnung des politischen ›Establishments‹ nach unten bemüht. Die 1878 gegründete *National Liberal Federation* suchte im gleichen Sinne zu wirken; sie wollte ein Bindeglied zwischen den breiten Massen der Wählerschaft und den Führungsgremien der Liberalen Partei sein. Aber statt, wie sie beabsichtigte, im demokratischen Sinne die Stimme des Volkes bei den Parteioberen zur Geltung zu bringen, wurde sie bald weitgehend zu einem Instrument in deren Händen. Ähnliche Beispiele ließen sich vielfach beibringen. Noch waren die demokratischen Kräfte so schwach und das Ansehen der etablierten Eliten so groß, daß diese, sofern sie sich nur zu einem gewissen Maß von Anpassung an die Zeitläufte verstanden, leicht die Oberhand behielten. Freilich wurde dies im Falle Großbritanniens durch bestimmte Eigenarten der gesellschaftlichen Traditionen begünstigt. Dazu gehört vor allem die bekannte Tatsache, daß der englische Adel niemals annähernd so exklusiv gewesen ist wie der kontinentaleuropäische. Es war für die Spitzen des englischen Bürgertums nicht allzu schwer, in die Aristokratie hineinzuwachsen, und so gut wie jedem bedeutenden Politiker bürgerlicher Abkunft winkte früher oder später die Aussicht, in den Adelsstand erhoben zu werden. Nicht selten waren Nobilitierungen gar durch reichliche Spenden in die Kasse der jeweils regierenden Partei zu erhalten. Dies alles aber reduzierte keineswegs die Anziehungskraft des Lebensstils der englischen Aristokratie; im Gegenteil, seine prägende Kraft, gefördert durch die großen exklusiven Privatschulen und die Colleges von Oxford und Cambridge, ist bis in die Gegenwart hinein in ungewöhnlichem Maße wirksam geblieben.

Ungleich bedeutsamer war freilich die Tatsache, daß der englische Adel an dem enormen wirtschaftlichen Aufschwung, der durch die Industrialisierung ausgelöst wurde, als Eigentümer des Grund und Bodens, auf dem die neuen Industrien und die riesigen Arbeiterwohnsiedlungen errichtet wurden, in vollem Umfang teilnahm. Auch wenn die Einführung der Erbschaftssteuer im Jahre 1909 die Erhaltung der stattlichen Adelssitze mit ihren riesigen Parks erschwerte, war die wirtschaftliche Lage der englischen Aristokraten immer noch unvergleichlich besser als die ihrer kontinentaleuropäischen Vettern, welche sich nicht selten vergeblich bemühten, durch den Übergang zu kapitalintensiver rationeller Bewirtschaftung aus ihren Rittergütern die für eine standesgemäße Lebensführung notwendigen Geldmittel herauszuwirtschaften. Während sich auf dem Kontinent die alte aristokratische und die neue industrielle Elite getrennt voneinander entwickelten, wurde es in Großbritannien üblich, die Spitzen der Aufsichtsräte der großen Gesellschaften und Banken mit Repräsentanten des Hochadels zu besetzen. Auch wenn dabei Prestigegesichtspunkte eine gewisse Rolle spielten, so dokumentierte sich doch darin die enge Verschmelzung der alten und der neuen industriellen Führungsschicht.

Auf dem europäischen Kontinent, insbesondere in den von den demokratischen Strömungen noch kaum erfaßten Gesellschaften Mittel- und Osteuropas, setzte sich hingegen in der Regel die umgekehrte Tendenz durch. Hier wirkte die alte Ansicht, daß gewerbliche Tätigkeit nicht standesgemäß sei, noch nach. Zwar waren auf vielen der großen Güter industrielle Nebenbetriebe – Sägewerke, Brauereien, Brennereien, Ziegeleien und dergleichen – entstanden, und gelegentlich spielten Vertreter der Hocharistokratie, so beispielsweise in Schlesien, beim Aufbau neuer Industrien eine bedeutende Rolle. Als Ganzes aber verlor der Adel, der sich weiterhin auf die Bewirtschaftung seiner Ländereien konzentrierte, den Anschluß an die industrielle Entwicklung. Es kam erschwerend hinzu, daß die europäische Landwirtschaft seit dem Ende der achtziger Jahre in zunehmendem Umfange unter der überlegenen Konkurrenz der überseeischen Getreideproduzenten zu leiden hatte. Unter solchen Umständen traten beim Adel vielfach, beispielsweise im ostelbischen Preußen, direkt industriefeindliche Tendenzen auf. Man schob den fortwährenden Preisverfall für agrarische Produkte auf das Konto der kapitalistischen Spekulation und widersetzte sich gelegentlich sogar dem weiteren Ausbau der Verkehrswege, wie beispielsweise des Mittellandkanals in Preußen. Darüber hinaus tat man alles Erdenkliche, um den Staat zu protektionistischen Maßnahmen zum Schutz der heimischen Landwirtschaft zu veranlassen. In Österreich-Ungarn ging die Aristokratie noch einen Schritt weiter, indem sie sich staatlichen Bemühungen um Modernisierung und Produktionssteigerung der Landwirtschaft entgegenstellte, weil sie sich nicht durch vermehrte Konkurrenz die Preise verderben lassen wollte.

Unter den gegebenen Verhältnissen war der Adel weniger denn je in der Lage, ausschließlich von den Erträgen seiner Güter zu leben. Namentlich in Rußland, in Preußen und den anderen deutschen Bundesstaaten sowie – in allerdings geringerem Umfang – in

Österreich-Ungarn fand die Aristokratie Beschäftigung in den staatlichen und kommunalen Verwaltungs- und Herrschaftsapparaten. In Rußland bestand für die oberen Beamtenstellen ein förmliches Adelsprivileg, während in den übrigen Ländern Adelige zumindest stark bevorzugt wurden. Überall aber galt der Grundsatz, daß, je höher die jeweiligen Positionen innerhalb des Staatsapparates waren, desto größer auch der Anteil adeliger, und zwar zumeist hochadeliger Stellenbesitzer war. Namentlich die höheren Posten des diplomatischen Dienstes waren fast ausschließlich Angehörigen des Adels vorbehalten. Nicht ganz die gleichen Zustände herrschten im höheren Verwaltungsdienst; das außerordentliche Bedürfnis nach qualifizierten Beamten ließ hier eine Bevorzugung des Adels immer weniger zu. Dennoch war der Adel in den höheren Stellen immer noch ungewöhnlich stark vertreten; beispielsweise waren in Preußen die Oberpräsidenten- und Regierungspräsidentenstellen bis 1914 überwiegend in den Händen von Mitgliedern des Adels. Aber auch auf der unteren Ebene kam es zu einer engen Verflechtung der Staatsverwaltung mit dem großgrundbesitzenden Adel. Die ›Landratsmaschinerie‹ in Preußen war dafür ein ebenso hervorstechendes Beispiel wie die russischen *Semstwos*. Die alten aristokratischen Eliten in Mittel- und Osteuropa besaßen an der staatlichen Bürokratie einen zuverlässigen politischen und zum guten Teil auch materiellen Rückhalt, der es ihnen ermöglichte, sich trotz aller widrigen Tendenzen in bemerkenswertem Umfang in ihren überkommenen gesellschaftlichen Positionen zu halten.
Darüber hinaus aber boten überall in Europa die Streitkräfte den alten konservativen Schichten ein Refugium. Hier war es möglich, ungestört von der breiteren Öffentlichkeit die eigenen aristokratischen Traditionen zu pflegen. Es gehörte daher eigentlich überall zur standesgemäßen Karriere, daß man, bevor man das väterliche Erbe übernahm oder in eine Beamtenlaufbahn eintrat, einige Jahre als Offizier diente, und zwar möglichst in einem gesellschaftlich angesehenen Regiment oder einer entsprechenden Einheit. Dies galt um so mehr, als der Ehrendienst mit der Waffe ursprünglich allgemein als ein Vorrecht des Adels angesehen worden war. Allerdings war der Adel schon seit der Mitte des 19. Jahrhunderts rein zahlenmäßig nicht mehr dazu in der Lage gewesen, allein den notwendigen Offiziersnachwuchs zu stellen. Mit der Entstehung der Massenheere, die zugleich immer kompliziertere Führungsprobleme aufwarfen, wurde es immer notwendiger, auf Offiziere aus dem Bürgertum zurückzugreifen, und diese übertrafen denn auch gegen Ende des 19. Jahrhunderts an Zahl bei weitem die Offiziere aus den Reihen des Adels. Jedoch galt auch für die Streitkräfte die Regel, daß der Anteil des Adels mit der Höhe der Stellung zunahm; die obersten Ränge waren Bürger-

lichen normalerweise nicht zugänglich. Erst der Weltkrieg schuf hier, wie insbesondere das Beispiel Ludendorffs zeigt, Wandel. Die steigende Bedeutung der Generalstäbe, welche stetig verfeinerte Methoden zur Führung der modernen Massenheere entwickelten und dabei einer wachsenden Zahl von wissenschaftlich vorgebildeten Offizieren bedurften, und die zunehmende Technisierung der Kriegführung wirkten sich freilich schon geraume Zeit vor Kriegsbeginn zuungunsten der stillschweigenden Anwendung des Adelsprivilegs aus.

Angesichts des Vordringens des bürgerlichen Elements in den Streitkräften tendierte die Aristokratie vielerorts in Europa dahin, sich gegenüber den bürgerlichen Offiziersaspiranten abzuschließen und sich auf wenige, besonders angesehene Formationen zu konzentrieren, meist solche der Kavallerie oder der Garde. In Großbritannien stellte sich bei den Flottenoffizieren ein *esprit de corps* ein, welcher der notwendigen Modernisierung der britischen Flotte ernstlich im Wege stand und auch durch die Reformen Admiral Fishers seit 1905 nicht gänzlich beseitigt werden konnte. Und selbst im demokratischen Frankreich bildete das Offizierskorps eine aristokratische Kaste, die im Gegensatz zu den tragenden Prinzipien der Dritten Republik stand und sich ausschließlich den Idealen der Nation und der Staatsräson verpflichtet fühlte.

In noch viel stärkerem Maße machten sich freilich militaristische Tendenzen dieser Art in den konservativen Monarchien Mittel- und Osteuropas geltend. Gerade dort, wo, wie insbesondere im zaristischen Rußland oder in Österreich-Ungarn, die Staatsgewalt auf verhältnismäßig schwankendem Untergrund ruhte, besaßen Armee und Offizierskorps, als traditionelle Stützen der Monarchie, großen politischen und gesellschaftlichen Einfluß. Im Deutschen Reich neigte Wilhelm II. in Abwehr der demokratischen Strömungen immer stärker dazu, die kaiserliche Prärogative der Kommandogewalt extensiv auszulegen und Armee und Offizierskorps nach Möglichkeit der Einwirkung des Reichstags und der Öffentlichkeit zu entziehen. Je mehr die konservativen Kräfte im Volke und in den parlamentarischen Körperschaften an Boden verloren, desto größer wurde die Geltung der Militärs innerhalb der regierenden Kreise. Selbst in England und Frankreich genossen bedeutende Generäle wie die imperialistischen Prokonsuln Lord Kitchener oder Liautey großes Ansehen bei den herrschenden Gruppen der Gesellschaft und waren dergestalt in der Lage, auf den politischen Kurs ihrer Regierungen erfolgreich Einfluß zu nehmen.

Die Position der aristokratischen Eliten wurde weiterhin durch den Umstand gestärkt, daß es ihnen gelang, Teile des Großbürgertums zu sich herüberzuziehen und für ihre Lebensformen zu begeistern. Vor 1914 war es das geheime Ziel der großen Mehrheit der erfolgreichen Geschäftsleute und Industriellen Englands, einen Landsitz zu erwerben und sich dem Lebensstil der Aristokratie anzugleichen. Noch viel stärker war dies in Preußen der Fall, obwohl hier weit größere Schwierigkeiten zu überwinden waren, wollte man in die bei Hofe akzeptierten Kreise vorstoßen. Durch den Erwerb von Reserveoffizierspatenten in möglichst angesehenen Regimentern und durch die Imitation des adeligen Ehrenkodex suchte das Bürgertum wenigstens indirekt am feudalen Glanz der Aristokratie teilzunehmen. Wer es sich leisten konnte, erwarb ein Rittergut — der erste, notwendige Schritt in Richtung auf die Anpassung an die aristokratischen Lebensformen, dem dann unter Umständen die Nobilitierung folgte. Die Aristokratie aber zeigte sich ihrerseits durchaus nicht so abgeneigt, wie man annehmen sollte, ihrer häufig bedrängten finanziellen Situation durch bürgerliche Heiraten abzuhelfen. Wenn es dem zu Unrecht als eine starre Kaste geschmähten altpreußischen Adel gelang, seine Vorrangstellung im Staate so ungewöhnlich lange Zeit zu behaupten, so war dies nicht zuletzt dem Umstande zu danken, daß er fortgesetzt die Spitzen des aufsteigenden Bürgertums zu absorbieren und sich zu assimilieren verstand. Dieses aber war nur zu bereit dazu, sich in die Arme des Junkertums zu werfen, wie schon damals Männer wie Werner Sombart oder Max Weber lebhaft beklagten: »Unserer Bourgeoisie höchstes Ziel ist es geblieben — Junker zu werden, d. h. sich adeln zu lassen, und (soweit es geht) seigneurale Denkweise und ritterliche Allüren anzunehmen. Dadurch aber ist die feudale Klasse einem unausgesetzten Verjüngungsprozeß unterworfen [...] Die reich gewordenen Bourgeois [...] suchen sobald wie möglich ihre Herkunft zu vergessen und in dem Grundadel oder wenigstens dem feudalen Grundbesitzertum aufzugehen.«[40] Nur im Bereich des österreichisch-ungarischen Kaiserstaates beobachten wir eine entgegengesetzte Tendenz. Hier verharrte der bodenständige Adel nicht nur in strenger Abkapselung gegenüber dem Bürgertum, sondern zeigte auch keine besondere Neigung, in den Staatsdienst einzutreten. Er überließ dies weitgehend dem ursprünglich aus Deutschland stammenden Hofadel und späterhin dem tschechischen und magyarischen Hochadel. Die soziale Isolierung dieser internationalen Adelsschicht gegenüber den Völkern der Monarchie konnte, wenn man von den Magyaren einmal absieht, kaum größer sein, und nicht zuletzt deshalb richteten sich die hier entstehenden bürgerlichen Bewegungen schließlich sämtlich gegen den Fortbestand einer Monarchie, mit der sie innerlich so gut wie nichts verband.

Ganz anders war natürlich die Situation in denjenigen Ländern, in denen der Liberalismus schon im zweiten Drittel des 19. Jahr-

hunderts grundsätzlich gesiegt hatte, wie insbesondere in Belgien, Frankreich und Italien. Hier hatte das Großbürgertum schon länger die Führung in Staat und Gesellschaft übernommen. Freilich blieb die aktive Beteiligung am parlamentarischen Leben auch hier auf einen verhältnismäßig kleinen Kreis der Bevölkerung beschränkt, in dem das herkömmliche Honoratiorenbürgertum nach wie vor den Ton angab. Die politische Führungselite rekrutierte sich in diesen Ländern vornehmlich aus Angehörigen des Juristenstandes, daneben aber auch aus Männern, welche der Politik und dem Staate bereits durch eine lange Beamtenlaufbahn verbunden waren, wie beispielsweise Giovanni Giolitti in Italien oder Joseph Caillaux in Frankreich; nicht selten aber fanden auch Journalisten wie Théophile Delcassé den Weg in die Führungsspitze. Erst nach der Jahrhundertwende kam dann mit Männern wie Georges Clemenceau und Aristide Briand ein neuer Typus des demokratischen Politikers zum Zuge, der nicht mehr ausschließlich dem Milieu des vorindustriellen Honoratiorenbürgertums entstammte und weit größere persönliche Ausstrahlungskraft auf die breiten Massen zu entfalten vermochte als seine Vorgänger.
So wird man, bei voller Anerkennung der großen Unterschiede in den gesellschaftlichen und politischen Strukturen der europäischen Staatenwelt, dennoch sagen dürfen, daß die wirtschaftliche und gesellschaftliche Vorrangstellung der überkommenen politischen Führungseliten überall in Europa durch die industrielle Entwicklung gefährdet wurde. In Großbritannien war die Lage vielleicht noch am wenigsten kritisch; hier war dank der großen Elastizität des gesellschaftlichen Systems Kontinuität im Wechsel noch am ehesten gewährleistet, obwohl die traditionellen Methoden, mit denen man bisher die Arbeiterschaft in das bestehende Parteiensystem mehr schlecht als recht zu integrieren versucht hatte, um die Jahrhundertwende zusammenbrachen. In den parlamentarisch regierten Staaten Kontinentaleuropas ging der Übergang zur Massengesellschaft hingegen fast nirgends ohne schwere Krisen und erbitterte Auseinandersetzungen innerhalb der Führungsgruppen ab. Weit explosiver noch gestaltete sich die Situation freilich in Deutschland, Österreich-Ungarn und Rußland. Denn hier wurde durch die allgemeine Krise der Landwirtschaft die wirtschaftliche Basis der Vorrangstellung, die die aristokratischen Eliten in Staat und Gesellschaft einnahmen, ernstlich in Frage gestellt; infolgedessen degenerierten diese mehr und mehr zu bloßen Interessengruppen, die, statt dem Staate und der Monarchie als vornehmste Stütze zu dienen, immer stärker auf deren Unterstützung angewiesen waren.
Am deutlichsten trat diese Entwicklung der Dinge in Preußen hervor. Die ostelbischen Großgrundbesitzer scheuten sich nicht,

entgegen allen Traditionen konservativer Politik mit den Methoden parlamentarischen Kampfes und populärer Agitation die Regierung zur Berücksichtigung ihrer wirtschaftlichen Sonderinteressen zu zwingen. Mit Hilfe des 1893 gegründeten *Bundes der Landwirte,* der binnen weniger Jahre zu einer überaus mächtigen agrarischen Interessenorganisation heranwuchs, verschafften sie sich beträchtliche Hilfstruppen unter der Bauernschaft. Diese offen betriebene Interessenpolitik eines aus traditionellen Gründen immer noch privilegierten Standes, der sich nichtsdestoweniger weiterhin als die erste Stütze von ›Thron und Altar‹ empfahl, weckte freilich auch in den sonst monarchietreuen bürgerlichen Schichten großen Unwillen und brachte das bestehende politische System noch stärker in Verruf. In Österreich und namentlich in Ungarn hingegen waren die verkehrsmäßige Aufschließung des Landes und die Industrialisierung noch nicht weit genug gediehen, um die wirtschaftlichen Grundlagen der Machtstellung des großgrundbesitzenden Adels ernsthaft zu erschüttern. Diese war vielmehr ungebrochen. Gestützt auf ihre riesigen Ländereien und im ungestörten Besitz großer politischer Vorrechte, vermochte die Hocharistokratie eine für ihre wirtschaftlichen Interessen vorteilhafte Agrarpolitik zu erreichen.

Vergleichsweise erheblich schwieriger war die Lage des adeligen Großgrundbesitzes in Rußland. Obwohl die Reformmaßnahmen der sechziger Jahre, durch welche die Leibeigenschaft beseitigt und durch ein kompliziertes System von über Jahrzehnte hinweg laufenden Ablösungsverpflichtungen ersetzt worden war, weitgehend unter dem Einfluß des Adels zustande gekommen waren und diesen auf Kosten der Bauernschaft erheblich begünstigten, befand sich der adelige Großgrundbesitz in einer permanenten Krise. In ihrer übergroßen Mehrheit hatten sich die russischen Großgrundbesitzer außerstande gezeigt, mit den neuen Verhältnissen fertig zu werden und ihre bei der Neuordnung im Jahre 1861 überreichlich bemessenen Ländereien in rentable Betriebe umzuwandeln. Sie zogen es zumeist vor, ihren Besitz entweder ganz oder teilweise zu verkaufen oder ihn, unter im einzelnen stark variierenden Bedingungen, an die landhungrigen Bauern zu verpachten, sei es gegen Pachtzins, sei es gegen Dienstleistungen, sei es gegen beides. Die Bauernschaft ihrerseits aber befand sich, teils weil sich die Ablösungsverpflichtungen zu gewaltigen Schuldenbergen aufgetürmt hatten, vor allem aber wegen der außerordentlichen Bevölkerungsvermehrung jener Jahrzehnte, die zu einem chronischen Mangel an bebaubarem Land geführt hatte, in schwerer Bedrängnis; diese erfuhr durch die Hungersnot der Jahre 1891 und 1892 eine dramatische Zuspitzung. Die Bauern sahen sich in steigendem Umfange dazu gezwungen, zu ihrem eigenen Land Ländereien der Großgrund-

besitzer in Pacht hinzunehmen, obgleich damit vielfach unter dem Deckmantel von Pachtzinsverträgen oder Arbeitsleistungsverpflichtungen die alten Formen der Leibeigenschaft wieder auflebten. Darüber hinaus aber begannen die Bauern in wachsendem Maße Land aus adeligem Besitz zu kaufen, um die für die Ernährung ihrer Familien weithin völlig unzureichenden Anbauflächen wenigstens etwas zu vergrößern. Dabei konnten sie auf die Hilfe der 1883 gegründeten staatlichen Bauern-Agrarbank zurückgreifen, die ihnen in großem Umfang Hypotheken gewährte. Der Landadel seinerseits war nur zu bereit, den Bauern Teile seiner Ländereien zu verkaufen, um damit wenigstens für den Augenblick seiner chronischen Geldknappheit abzuhelfen. Diese Entwicklung nahm bald ein solches Ausmaß und eine solche Breite an, daß die Position des Großgrundbesitzes ernstlich in Gefahr geriet. Im Jahre 1905 war fast ein Drittel des Landes, welches man 1861 dem Adel zugesprochen hatte, in bäuerliche Hände übergegangen. Die zaristische Regierung hatte diesen Prozeß der ›Landflucht‹ des grundbesitzenden Adels, der ihr aus politischen Gründen natürlich nichts weniger als angenehm sein konnte, durch die Gründung einer besonderen Adels-Agrarbank aufzuhalten versucht, die dem Großgrundbesitz merklich niedrigere Zinssätze berechnete, als sie die Bauern erhielten; aber dies hatte nur zu einer riesenhaften Verschuldung des Landadels geführt, ohne doch dem Vordringen des bäuerlichen und teilweise auch des mittelständischen Grundbesitzes Einhalt zu gebieten.
Der Landhunger der Bauern erwies sich als unstillbar. In 47 Gouvernements des europäischen Rußland besaß der Adel 1905 50 Millionen Desjatinen, die Bauern, ganz überwiegend in der herkömmlichen kollektiven Eigentumsform des *Mir*, der ›Dorfgemeinde‹, 160 Millionen Desjatinen[41]. Bis 1914 gewannen die Bauern auf Kosten des Adels 10 Millionen Desjatinen hinzu, und von den dem Adel verbliebenen 40 Millionen Desjatinen ging über ein Drittel in Form von Hypotheken faktisch in den Besitz der Adels-Agrarbank über. Die wirtschaftliche Position der russischen Aristokratie auf dem Lande war arg angeschlagen.
Diese Verschiebungen in den Besitzverhältnissen empfanden die Bauern angesichts der chronischen Übervölkerung des flachen Landes jedoch bestenfalls als einen Tropfen auf den heißen Stein. Sie verlangten vielmehr die entschädigungslose Enteignung auch des restlichen, immer noch stattlichen Großgrundbesitzes, zumal sie den modernen Begriff des Eigentums an Grund und Boden größtenteils entweder nicht kannten oder nicht anerkannten, sondern von der alten Vorstellung ausgingen, daß das Land dem gehöre, der es bestelle. Seit Ende der neunziger Jahre beschäftigte die Frage der Landreform alle Parteien; die Notwendigkeit weiterer großer Landgewährungen an die Bauern war kaum umstrit-

ten; Meinungsverschiedenheiten bestanden nur darüber, ob die Großgrundbesitzer eine angemessene Entschädigung erhalten oder entschädigungslos enteignet werden sollten. Seit 1906 begann dann der russische leitende Minister Stolypin mit einem umfassenden Agrarreformprogramm, durch welches man die stetig zunehmende gärende Unruhe auf dem Lande zu beseitigen und zugleich die kritische Lage des von den Bauern erbittert angefeindeten Großgrundbesitzes zu verbessern hoffte. Stolypins wichtigstes Ziel war die Auflösung der alten bäuerlichen Dorfgemeinschaften und die Überführung des bäuerlichen Grundbesitzes in individuelles erbliches Eigentum. Auf diese Weise wurden bis zum Jahre 1915 etwa 7 Millionen freier bäuerlicher Besitztümer geschaffen, die freilich in der Regel viel zu klein waren, um ihren Eigentümern eine angemessene Lebensführung zu ermöglichen. Die große Masse der russischen Bauern verharrte weiterhin in einem Zustande chronischer Armut und chronischer Unterbeschäftigung, und die sich langsam herausbildende Gruppe relativ wohlhabender Bauern, die bestenfalls 15 Prozent der Gesamtheit ausmachte, stellte, wie die weitere Entwicklung zeigen sollte, kein ausreichendes Gegengewicht dazu dar, obwohl sich die Regierung gerade von ihr einen stabilisierenden Einfluß auf die sozialen Verhältnisse des flachen Landes erhofft hatte.

Der Fortbestand des zaristischen Systems und mit diesem der bevorrechteten Stellung des Adels in der russischen Gesellschaft wurde freilich durch den Umstand gefördert, daß es hier niemals ein Bürgertum gegeben hatte, das dem westeuropäischen vergleichbar gewesen wäre. Während sich in West- und in Mitteleuropa im Laufe des 18. und 19. Jahrhunderts eine breite Mittelschicht entwickelt hatte, welche ein gemeinsames bürgerliches Ethos und spezifisch bürgerliche Lebensformen besaß und in der liberalen und nationalstaatlichen Ideologie auch politisch ein relativ einheitliches Programm vorzuweisen vermochte, hatte dergleichen im ganzen ostmitteleuropäischen und osteuropäischen Raum nie existiert. Nur in Böhmen und Mähren entstanden nebeneinander ein tschechisches und ein deutsches Bürgertum, jedes von beiden von einem starken, selbstbewußten Nationalbewußtsein getragen. Sonst aber gab es nirgendwo ein Bürgertum im westeuropäischen Sinne, das die verschiedenen mittelständischen Gruppen der Gesellschaft unter einem gemeinsamen Banner geeint hätte und zum Träger einer gesellschaftlichen und politischen Reformbewegung hätte werden können. Vielmehr hatte man es im osteuropäischen Raum immer nur mit Partikeln dessen zu tun, was wir gemeinhin Bürgertum nennen: der Beamtenschaft, den Kaufleuten und den nicht eben zahlreichen Unternehmern, den wenigen Vertretern der freien Berufe und schließlich mit der freien Intelligenz, der *Intelligencija*, wie man sie in Rußland nannte, jener Gruppe, die, mit der westeuropäischen geistigen und zivilisatorischen Entwicklung bestens vertraut, in ihrem eigenen Lande gleichsam heimatlos war und zwischen sämtlichen Lagern stand. Namentlich in Rußland, aber ebenso auch im ganzen ostmitteleuropäischen und südosteuropäischen Raum bildete die *Intelligencija* das eigentlich dynamische Element innerhalb der einzelnen, hier im wesentlichen noch statischen und von den Ideen des Liberalismus noch weitgehend unberührten Gesellschaften. Aus den Reihen der *Intelligencija* stammten sowohl die Führer der nationalistischen Bewegungen, welche die kulturelle und politische Emanzipation der kleineren slawischen Nationalitäten auf ihre Fahnen geschrieben hatten, als auch die Vorkämpfer der noch schwachen demokratischen und konstitutionellen Strömungen. Auch der Kern der zahlreichen, in sich stark zersplitterten sozialistischen Gruppen bestand durchweg aus Männern, die der *Intelligencija* zugerechnet werden müssen. Wie wenig die russische *Intelligencija* ursprünglich politisch festgelegt war, zeigen die rückwärtsgerichteten, sozialromantischen Bemühungen der sogenannten *Narodniki* (›Volksfreunde‹) um die Erhaltung der altüberkommenen russischen Dorfverfassung und der mit dieser verknüpften traditionellen Lebensformen. Die *Narodniki* bekämpften die Übertragung des westeuropäischen industriellen Kapitalismus auf Rußland, mit dem durchaus nicht gänzlich fehlerhaften Argument, daß dies zur Verarmung und zur Verelendung der russischen Bauernschaft führen müsse. Die große Mehrheit der russischen Intelligenz hingegen war fasziniert von den westeuropäischen zivilisatorischen Errungenschaften. Durchweg orientierte sich die *Intelligencija* an der Ideenwelt des übrigen Europa, sei es in deren liberaler, individualistischer Variante, sei es der sozialistischen Ideologie. Schon allein dieser Umstand brachte die Intelligenz in Gegensatz zur herrschenden Autokratie, die Gehorsam und Fügsamkeit und daneben allenfalls Fachkenntnisse verlangte, aber von individueller Initiative und freier Persönlichkeitsentfaltung nicht das geringste wissen wollte. Dergestalt geriet die *Intelligencija,* erfüllt von tiefer Unzufriedenheit über die rückständigen sozialen und politischen Verhältnisse, die zu ihrem eigenen Bildungsniveau in einem schroffen Kontrast standen, fast notwendig in eine immer schärfere Gegnerschaft zum bestehenden Staate, und diese Entwicklung wurde durch Unterdrückungsmaßnahmen seitens der zaristischen Autokratie noch gefördert. So wurde die russische Intelligenz zum eigentlichen Träger revolutionärer Tätigkeit gegen das zaristische System. Sie sammelte sich in den zahlreichen kleinen sozialistischen Gruppen, die nun im Gegensatz zu den *Narodniki* die Industrialisierung begrüßten, aber von vornherein Alternativlösungen zum westlichen Kapitalismus anstrebten.

Im Zuge der rapiden Industrialisierung Rußlands seit Anfang der neunziger Jahre entwickelte sich dann neben der *Intelligencija* ein zahlenmäßig freilich schwaches Bürgertum, das sich gemäß westlichem Muster liberalen und konstitutionellen Ideen verschrieb. Aber anders als in Mittel- und Westeuropa spielten hier die freien Berufe und außerdem die kleine Gruppe der großen Unternehmer eine beherrschende Rolle. Letztere verfielen allerdings nur zu bald wieder der Versuchung, gemeinsame Sache mit den konservativen Kräften zu machen. Das Scheitern der russischen Revolution von 1905 warf ein bezeichnendes Licht auf die Schwäche des russischen Liberalismus. Dieser ging erst in einem Augenblick der geschichtlichen Entwicklung zum politischen Angriff auf die zaristische Autokratie über, als es für den Versuch bereits zu spät war, sich mit einiger Aussicht auf Erfolg an die Spitze der gesamten Nation zu setzen und auf verfassungs- und gesellschaftspolitischem Gebiet den Anschluß an die west- und mitteleuropäische Entwicklung zu erzwingen.
Denn auch in Mittel- und Westeuropa war um 1890, mit dem Beginn der zweiten Industriellen Revolution, »der Höhepunkt der liberalen Ordnung« überschritten.[42] Das Zeitalter des erobernden Bürgertums näherte sich seinem Ende. Unter dem Einfluß einer stark differenzierten Vermögensbildung, wie sie sich im Laufe der Entstehung der Großindustrien und der Großbanken unvermeidlich einstellte, begann die bisher relativ homogene Schicht von ›Bildung und Besitz‹ zu zerbrechen. Der Eintritt der europäischen Industriewirtschaften in die Reifephase der industriellen Entwicklung fiel dergestalt mit der Dekomposition des klassischen Bürgertums zusammen. Jener Typus des Bourgeois, welcher in der ersten Welle der Industriellen Revolution die führende Rolle gespielt hatte, die selbständige, höchst individualistisch eingestellte Unternehmerpersönlichkeit, trat allmählich hinter die großen anonymen Kollektive zurück, die sie sich unter Verwendung der neuen Rechtsform der Aktiengesellschaft, welche noch ein Jhering ›organisierten Diebstahl‹ genannt hatte, in Industrie, Handel und Bankwesen sprunghaft entwickelten. Das große Sterben der kleinen Privatbanken setzte ein. An die Stelle der kleinen und mittleren Betriebe, die in der Anfangsphase der Industrialisierung überall vorherrschten, traten nun mehr und mehr Großbetriebe von gelegentlich riesenhaften Ausmaßen. Die überall aus dem Boden schießenden Kartelle taten ein übriges, um das klassische liberale Modell von der freien Konkurrenz selbständiger Unternehmer in ein wehmütiges Erinnerungsbild zu verwandeln. Unter dem Eindruck dieses Geschehens wurden nicht wenige Zeitgenossen von der Sorge erfaßt, daß die zunehmende Bürokratisierung auch des wirtschaftlichen Lebens, in Verbindung mit dem Überhandnehmen einer spezifischen Rentiersge-

sinnung, schließlich gar den wirtschaftlichen Fortschritt zum Erlahmen zu bringen vermöge: »Was der Rentner noch übrigläßt, nimmt der Bürokrat weg. Denn in einem regelrechten Riesenbetriebe, in dem nicht nur der ökonomische Rationalismus, sondern auch der Unternehmungsgeist mechanisiert ist, bleibt für den kapitalistischen Geist kein Raum mehr«, meinte beispielsweise Werner Sombart.[43] Und ähnlich beklagte Max Weber, daß den bürgerlichen Schichten Deutschlands mehr und mehr jene typisch bürgerlichen Tugenden der Rechenhaftigkeit, der rationalen Lebensführung und der innerweltlichen Askese zugunsten größerer Berufsleistung abhanden kämen, welche er in seinen großen Untersuchungen über den ›Protestantismus und den Geist des Kapitalismus‹ aus einer spezifisch protestantisch-puritanischen Einstellung zur Welt hergeleitet hatte. Zwar räumte Max Weber ein, daß der Kapitalismus, einmal entstanden, auch ohne dergleichen ideelle Antriebe zu existieren vermöge; aber er befürchtete, daß dieser, sofern die individuelle Initiative des einzelnen erlahme, in Verbindung mit der Bürokratisierung nur allzu rasch ein »ehernes Gehäuse der Hörigkeit der Zukunft« schmieden werde, in welchem für den bürgerlichen Individualismus des abendländischen Menschen kein Raum mehr sei.[44]
Derartige pessimistische Prognosen eilten freilich der gesellschaftlichen Entwicklung in Europa weit voraus. Aber Max Weber sah doch ganz richtig, wenn er urteilte, daß der Hochkapitalismus keinerlei innere Verwandtschaft mit den Idealen der Freiheit und der Persönlichkeitsrechte des Individuums habe, sondern vielmehr die Grundlagen der klassischen bürgerlichen Ordnung zu zerstören begänne, noch bevor diese überall vollständig verwirklicht worden sei.[45] Unter der Einwirkung der zweiten Welle der Industrialisierung zerfiel das Bürgertum, welches noch um die Mitte des Jahrhunderts der eigentliche Träger freiheitlicher Ideale gewesen war, in eine ganze Reihe von Gruppen mit jeweils sehr verschiedenen wirtschaftlichen Interessen und politischen Neigungen. Zumindest drei Gruppen lassen sich, mit Hilfe eines allerdings ziemlich groben Rasters, unterscheiden: 1. die neue industrielle Aristokratie, welche durchweg Miene machte, sich mit den herrschenden konservativen Eliten zu verbinden, in gemeinsamer Abwehr der Ansprüche der Arbeiterschaft und der Forderungen der bürgerlichen Sozialreformer; 2. die Beamtenschaft, die stetig wachsende Zahl der höheren Angestellten und die Angehörigen der freien Berufe, eine Gruppe, die in starkem Maße obrigkeitsfreundlich eingestellt war und zugleich einen der Hauptträger des Nationalismus bildete; und 3. der sogenannte ›Mittelstand‹ im engeren Sinne des Wortes, insbesondere die kleinere Kaufmannschaft und das Handwerk, sowie das Heer der kleineren Beamten und Angestellten. Diese letzte Gruppe war

allerdings in sich nichts weniger als einheitlich; vielmehr entwickelte sie höchst verschiedenartige Tendenzen. Die kleinere Kaufmannschaft und das Handwerk wurden durch die Industrialisierung, insbesondere aber durch die Entwicklung von Großbetrieben und Kaufhauskonzernen, aus ihren stark traditionalistischen Lebensgewohnheiten herausgerissen und in ihrer wirtschaftlichen Position zunächst schwer getroffen. So ging der gewerbliche Mittelstand vielfach dazu über, vom Staate besonderen Schutz gegen die übermächtige Konkurrenz des Großkapitals zu fordern (z. B. spezielle Kaufhaussteuern). Ein großer Teil der überkommenen Handwerksbetriebe vermochte sich nur dank einer radikalen Umstellung seiner Produktion zu behaupten, andere verschwanden nach und nach ganz. Andererseits entstanden mit der Industrie zahlreiche neue Gewerbezweige, welche dem Handwerk völlig neue Möglichkeiten eröffneten. Dennoch wurden diese Gruppen des Mittelstandes mit ihren zahlreichen kleinbürgerlichen Existenzen namentlich im Handel und im Hotel- und Gastwirtsgewerbe in einen Zustand beständiger Unruhe versetzt, welcher sie für antikapitalistische und auch für antisemitische Agitation besonders anfällig machte. Die kleinen Beamten und Angestellten unterschieden sich in ihrer wirtschaftlichen Lage nicht mehr wesentlich von der Arbeiterschaft, wohl aber in ihrer Mentalität; sie klammerten sich häufig krampfhaft an ihren vermeintlich höheren sozialen Status und wirkten dergestalt als ein Hemmschuh am Körper der Gesellschaft, der den Durchbruch neuer Ordnungsprinzipien verzögerte.

Karl Marx hatte im Jahre 1847 im *Kommunistischen Manifest* die Prognose gewagt, daß im Zuge des Fortschreitens der kapitalistischen Entwicklung eine Polarisierung der Gesellschaft in die Schicht des Bürgertums einerseits, des Proletariats andererseits eintreten werde. »Die ganze Gesellschaft«, so hatte er gemeint, »spaltet sich mehr und mehr in zwei große, feindliche Lager, in zwei große, einander direkt gegenüberstehende Klassen: Bourgeoisie und Proletariat.«[46] Diese Voraussage war jedoch, faßt man die Verhältnisse des frühen 20. Jahrhunderts ins Auge, in keiner Weise eingetroffen. Vielmehr wuchsen den alten Herrenschichten vielfach zunächst neue Kräfte zu, und die Aufsplitterung des Bürgertums in eine ganze Reihe von gesellschaftlichen Gruppen von jeweils sehr verschiedener politischer und sozialer Interessenlage begünstigte das Überleben der Relikte der vorindustriellen Sozialstrukturen erheblich. Das klassische liberale Programm des Rechtsstaates und der Menschenrechte gab keine einigende Basis für das politische und gesellschaftliche Handeln des Bürgertums mehr ab. Vielmehr zerstritt man sich jetzt im bürgerlichen Lager heillos, beispielsweise über die Frage des Freihandels oder des Für und Wider staatlicher Sozialpolitik.

Am Vorabend des Ersten Weltkrieges gab es das Bürgertum als besonderen Stand oder als in sich geschlossene Gesellschaftsschicht nicht mehr.[47]
Noch in einem anderen Sinne waren die Prognosen von Karl Marx von der weiteren Entwicklung der europäischen Gesellschaft nicht bestätigt worden. Weder war der Prozeß der fortschreitenden Konzentration des Kapitals so verlaufen, wie er dies sich vorgestellt hatte, noch hatte das Proletariat die nichtbourgeoisen Schichten des Bürgertums in sich aufgesogen, wie dies schon im *Kommunistischen Manifest* in Aussicht gestellt worden war. Marx war davon ausgegangen, daß im Verlaufe der sich immer mehr steigernden Kapitalakkumulation die Zahl der Kapitalisten immer kleiner werden würde. »Ein Kapitalist schlägt viele tot«, so hatte er sich ausgedrückt, um diesen Prozeß, an dessen Ende die Selbstaufhebung der Bourgeoisie als einer sozialen Klasse stehe, zu veranschaulichen. Tatsächlich waren der Kapitalisten nicht weniger, sondern mehr geworden; und an ihre Seite trat eine neue Schicht von Managern und leitenden Angestellten, die, ohne selbst zu den Besitzern zu gehören, die Unternehmer alten Stils mehr und mehr aus der Unternehmensführung verdrängten, wie beispielsweise Kirdorff an der Spitze der *Gelsenkirchener Bergwerks-AG.* oder Jencke, der Direktor der Krupp-Werke. Vor allem aber hatten die unteren Mittelschichten an Zahl und Bedeutung keineswegs abgenommen. Die marxistische Erwartung, daß immer breitere Schichten des Kleinbürgertums in die Klasse der besitzlosen Arbeiterschaft zurücksinken würden, so daß schließlich die übergroße Mehrheit der Bevölkerung auf ihrer Seite stehen werde, erwies sich als eine gröbliche Selbsttäuschung. Schon vor 1914 zeichnete sich deutlich die entgegengesetzte Tendenz ab. Nicht nur nahmen die Mittelschichten zahlenmäßig zu: sie begannen überdies auch die obersten Gruppen der Arbeiterschaft in ihren Bann zu ziehen. Zwar befanden sich die Mittelschichten nach absoluten Zahlen im Vergleich zur Arbeiterschaft nach wie vor weit in der Minderheit, aber sie wuchsen relativ gesehen viel rascher als diese. Die Zukunft des Mittelstandes war also keineswegs so düster und verhangen, wie man damals nicht nur auf sozialistischer Seite annahm.
In Großbritannien erreichte der Prozeß des absoluten Anwachsens der Arbeiterschaft auf Kosten der Mittelschichten bereits um die Jahrhundertwende einen Kulminationspunkt; hier nahmen schon in den letzten Jahren vor 1914 die Dienstleistungsgewerbe zum Nachteil des industriellen Sektors wieder zu. In Frankreich hingegen machte sich der durch die industrielle Entwicklung in Gang gesetzte Prozeß der gesellschaftlichen Umschichtung weit weniger fühlbar. Hier war der Anteil des Kleinbauerntums, namentlich auch der Weinbauern, an der unteren Mittelschicht besonders

hoch, während sich der Anteil der Industriearbeiterschaft an der Gesamtbevölkerung nach wie vor in Grenzen hielt. Die Dritte Republik verlor nie einen gewissen kleinbürgerlichen Zuschnitt.
Noch stärker wurde die neue Klassenschichtung, wie sie sich unter dem Einfluß der Industrialisierung herauszubilden begann, durch das Fortbestehen älterer agrarischer Sozialstrukturen in den Ländern Süd- und Osteuropas verzerrt. Namentlich auf dem Balkan, in Italien und auf der Iberischen Halbinsel gab es weithin eine ausgedehnte Latifundienwirtschaft mehr oder minder feudalen Zuschnitts, der ein kärglich sein Leben fristendes ländliches Proletariat gegenüberstand. Hier spielten die bürgerlichen Gruppen, soweit sie überhaupt in nennenswerter Stärke vorhanden waren, im gesellschaftlichen Leben vielfach nur am Rande eine Rolle. Lediglich in Italien besaß das Bürgertum ein stärkeres gesellschaftliches und politisches Gewicht; aber auch hier war der Abstand zu den Industrienationen insbesondere Westeuropas noch außerordentlich groß.
Dem europäischen Bürgertum aber erwuchs seit dem Beginn der siebziger Jahre in der industriellen Arbeiterschaft ein neuer Gegenspieler von freilich vorerst noch ganz unorganisierter Kraft. Dank des starken Zustroms aus den Reihen der ländlichen Bevölkerung, aber auch infolge der sprunghaften Bevölkerungsvermehrung nahmen die Arbeitermassen in den industriellen Zentren mit einer sich stetig steigernden Beschleunigung zu, und sie fanden im großen und ganzen auch Arbeit, wenngleich namentlich anfangs nicht eben zu erträglichen Bedingungen. Massenarmut auch bei einem im ganzen guten Beschäftigungsstand gehört zu den typischen Zügen der Frühzeit der industriellen Entwicklung, namentlich dort, wo der ständige Zuzug vom Lande die ›industrielle Reservearmee‹ beschäftigungsuchender Arbeiter laufend wieder auffüllte. Immerhin aber hatte sich die Lage der Arbeiterschaft in den europäischen Industrieländern seit den Zeiten des Frühkapitalismus, welche ja namentlich in England mit extremer sozialer Not verbunden gewesen waren, erheblich verbessert, wenn auch mit großen regionalen Unterschieden und beträchtlichen Differenzierungen hinsichtlich der Verhältnisse in den einzelnen Gewerbezweigen. Weder Lassalles Doktrin vom ›ehernen Lohngesetz‹ noch Marx' ›Verelendungstheorie‹ hatten sich als generell richtig erwiesen; trotz starker Lohnschwankungen im einzelnen stieg die Lebenshaltung der Arbeiterschaft in den großen Industrieländern, nach einem Rückschlag in den Jahren 1873 bis 1879, auch während der sogenannten *Great Depression* zwar langsam, aber doch im allgemeinen stetig an. Es war dies freilich weniger eine Folge erhöhter Lohnzahlungen als vielmehr der allgemeinen Preisdeflation bis 1896, durch welche die Lebenshaltungskosten, wenn auch nicht gemessen an den steigen-

den sozialen Bedürfnissen, so doch absolut vermindert wurden. Von dem seit der Mitte der neunziger Jahre einsetzenden allgemeinen wirtschaftlichen Aufschwung vermochte die Arbeiterschaft, wie die Entwicklung der Reallöhne zeigt, in einem nicht unerheblichen Umfange ihrerseits zu profitieren. Jedoch beobachten wir für die dann folgende Phase von 1900 bis 1914 bei teilweise beträchtlicher Zunahme der Geldlöhne ein Stagnieren der Reallöhne, stellenweise, namentlich in England, sogar einen Rückgang derselben.[48] Die Arbeiterschaft vermochte ihren sozialen Besitzstand also nur begrenzt weiter auszubauen, ja, die Notwendigkeit, bei steigenden Lebenshaltungskosten höhere Löhne zu erkämpfen, führte zu einer großen Zahl erbitterter Streiks, die freilich nicht selten erfolglos blieben.

Obwohl sich die Löhne der Arbeiterschaft, gemessen an der Kaufkraft, seit den zwanziger Jahren des 19. Jahrhunderts etwa verdoppelt hatten, war deren Lage um 1890 keinesfalls besonders günstig. Am allerwenigsten war sie das in Rußland. Dieses befand sich, verglichen mit den Verhältnissen in Westeuropa, erst in den Anfängen der Industrialisierung, und es herrschten dort soziale Zustände, welche den von Engels so eindrucksvoll beschriebenen *hungry forties* in England durchaus vergleichbar waren. Die im Verhältnis zur Gesamtbevölkerung noch kleine, aber in den großen Industriezentren zusammengeballte Arbeiterschaft Rußlands vegetierte in einem nahezu rechtlosen Helotendasein dahin, der Willkür der Unternehmer fast schrankenlos ausgeliefert und ohne jede rechtliche Möglichkeit, sich gegen diese zur Wehr zu setzen. Die Löhne waren, insbesondere in der Textilindustrie, extrem niedrig; der Jahresdurchschnittslohn für erwachsene Arbeiter betrug in Rußland etwa 200 Rubel, bei Arbeitszeiten zwischen elf und fünfzehn Stunden.[49] Das war freilich nur möglich, weil der Arbeitsmarkt unter dem Druck der chronisch notleidenden Bauernschaft stark überbesetzt war. Diese sah sich gezwungen, selbst zu ruinösen Bedingungen nach zusätzlichen Beschäftigungen zu suchen. Da nicht wenige Industriearbeiter auch weiterhin innerhalb der bäuerlichen Gemeinschaften verblieben und diese zu ihrem Lebensunterhalt beitrugen, vermochten sie sich mit äußerst niedrigen Löhnen zufriedenzugeben, ein Umstand, den die Unternehmer zu ihren Gunsten auszunutzen wußten.

Aber auch in Mittel- und in Westeuropa war die Lage der industriellen Arbeiterschaft nicht eben erfreulich. Die Arbeitszeiten waren lang; sie betrugen um 1890 noch fast überall 10 bis 12 Stunden am Tage, und nur für Frauen- und Kinderarbeit bestanden bereits gesetzliche Beschränkungen der Arbeitszeiten. Unter den gegebenen Umständen kam die Forderung nach dem Achtstundentag, wie sie die *Zweite Sozialistische Internationale* auf

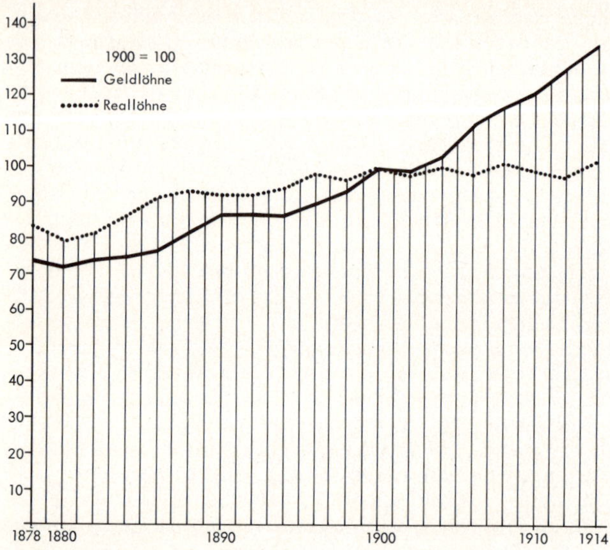

Abb. 4: Geldlöhne und Reallöhne in Deutschland 1878–1914. Nach J. Kuczynski

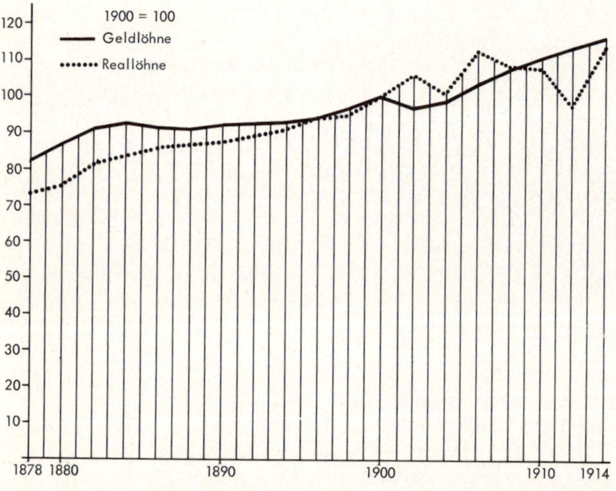

Abb. 5a: Die Lohnentwicklung in Frankreich 1878–1914. Nach J. Kuczynski

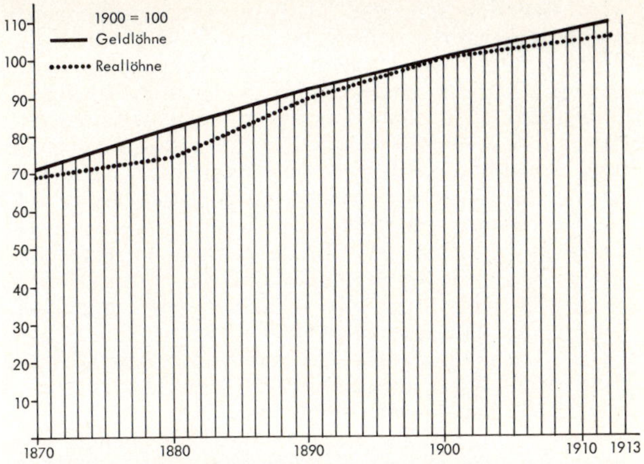

Abb. 5b: Geldlöhne und Reallöhne in Frankreich in Zehnjahresdurchschnitten 1870–1910. Nach K. v. Tyszka und H. Sée. Die Differenzen zwischen den Schaubildern in den Abbildungen 5a und 5 b, insbesondere für die Jahre 1900–1908, erklären sich aus Unterschieden in den Erhebungsmodi. Jedoch stimmen beide Kurven hinsichtlich der allgemeinen Tendenz der Entwicklung der Geldlöhne einerseits und der Reallöhne andererseits gleichwohl weitgehend überein.

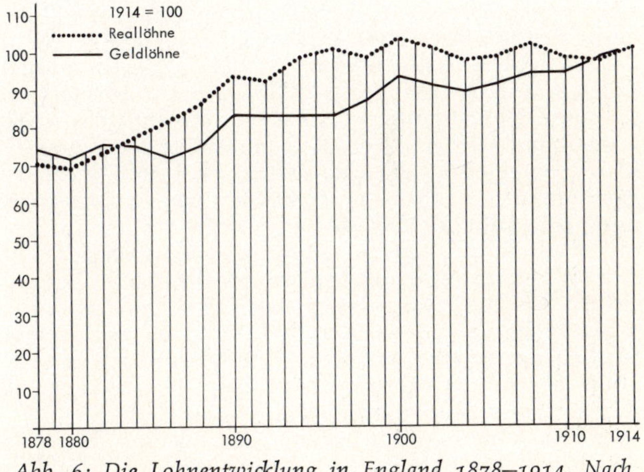

Abb. 6: Die Lohnentwicklung in England 1878–1914. Nach A. Cairncross

ihrem Gründungskongreß in Paris 1889 proklamierte, einer Kampfansage an die Arbeitgeber und die bürgerliche Klassengesellschaft gleich. Jedoch waren die überlangen Arbeitszeiten keineswegs das Schlimmste im Leben der Industriearbeiterschaft, zumal man sie in den technologisch fortgeschritteneren Betrieben aus rein pragmatischen Gründen zu reduzieren begann, allerdings nicht ohne gleichzeitig eine intensivere Arbeitsleistung zu fordern. Viel ärger waren die katastrophalen Wohnverhältnisse in den Arbeitervierteln der neuen Industriestädte, die allerorten planlos in das flache Land hinauswuchsen. Im Jahre 1891 überraschte Charles Booth, ein von Hause aus konservativer Statistiker und Sozialpolitiker, die gebildete Welt Englands mit dem ersten Bande einer großangelegten Untersuchung über *The Life and Labour of the People in London,* in der aufgrund umfangreicher empirischer Erhebungen nachgewiesen wurde, daß ein Drittel der Bevölkerung von East End, dem Arbeiterviertel Londons, in einem Zustande völliger Verelendung dahinvegetierte, unter unbeschreiblich schlechten Wohn- und sanitären Verhältnissen. Weitere Studien Booths und einer Reihe anderer Sozialpolitiker legten dann der englischen Öffentlichkeit das ganze Ausmaß der sozialen Mißstände in fast allen großen Industriestädten des Landes dar, und es erwies sich, daß die Zusammendrängung riesiger Arbeitermassen auf geringstem Raum im Norden, beispielsweise in Newcastle, noch weit schlimmer war als in London. Auf dem Kontinent, wo die Industrialisierung erst später eingesetzt und sich in der Regel nicht in der gleichen Breite vollzogen hatte, waren die Wohnverhältnisse etwas besser, aber auch sie gaben Sozialreformern wie Adolf Damaschke und Friedrich Naumann Anlaß genug zu heftiger Kritik. Die vielbeschriebenen Wohnblöcke Berlins mit ihren engen Hinterhöfen und ihren winzigen, dunklen, nur mit den notwendigsten sanitären Einrichtungen versehenen Wohnungen waren zwar etwas komfortabler als die Reihen düsterer *back-to-back-houses* in den englischen Industriestädten, aber auch hier waren die Familien der Arbeiter unvorstellbar eng zusammengedrängt, unter dem Druck der für die Budgets der Arbeiterfamilien außerordentlich hohen Mieten. Auch in den industriellen Zentren Frankreichs war es damit schlecht bestellt; nach einer zeitgenössischen Schätzung waren beispielsweise in Lyon 60 Prozent aller Wohnungen weit überbesetzt. In Rußland war es noch ärger; hier hausten die Arbeiter mit ihren Familien vielfach in primitiven, völlig überfüllten Barackenlagern, besonders dort, wo sich neue Industrien im Aufbau befanden.

Was aber konnten die Arbeiter selbst tun, um ihre soziale und gesellschaftliche Lage zu verbessern? Die gewerkschaftlichen Organisationen der Arbeiterschaft steckten um 1890 noch weithin in den Kinderschuhen. In der großen Mehrzahl der europäischen Länder wurde der industriellen Arbeiterschaft das Recht zur Koalition zwecks Erkämpfung besserer Arbeitsbedingungen und höherer Löhne grundsätzlich nicht mehr bestritten, wenn auch vielerorts noch gesetzliche Einengungen oder Beschränkungen des Streikrechts bestanden. Nur in Rußland war und blieb ein solcher Zusammenschluß von Arbeitern vorerst streng verboten. Der Arbeiter stand außerhalb der Gesellschaft; im Falle eines Kontraktbruchs war er strafrechtlicher Verfolgung ausgesetzt, während er im umgekehrten Falle, sofern also der Arbeitgeber ihm Lohnzahlungen vorenthielt, diesen bestenfalls privatrechtlich verklagen konnte — ein Weg, der allerdings praktisch nicht gangbar war. Infolgedessen war es den Unternehmern leicht möglich, ihre Arbeiter durch ein rigoroses System von Bußen und Lohnreduzierungen für den Fall von Unregelmäßigkeiten in strikter Botmäßigkeit zu halten. Wann immer es zu Arbeitskonflikten kam, stand ihnen die Polizei, und wenn diese nicht ausreichte, das Militär bereitwillig zur Seite. In ohnmächtiger Verzweiflung und tiefster Erbitterung gegen Unternehmer, Polizei und Staatsbehörden blieb den Arbeitern nur die Möglichkeit zu illegaler Organisation innerhalb der Betriebe selbst, deren Größenordnung sich freilich dazu anbot.

Im übrigen Europa hingegen beobachten wir seit dem Ende der achtziger Jahre sprunghafte Fortschritte in der Entwicklung gewerkschaftlicher Arbeitervertretungen. Weit an der Spitze stand hier die englische Gewerkschaftsbewegung. Sie konnte bereits auf eine lange Tradition zurückgreifen, welche Sidney und Beatrice Webb 1894 in einem aufsehenerregenden Buche, *History of Trade Unions*, erstmals einer breiteren Öffentlichkeit anschaulich schilderten. Dank einer Reihe erfolgreicher Streikaktionen, insbesondere des großen Londoner Dockarbeiterstreiks vom Jahre 1889 unter der geschickten Führung von John Burns und Tom Mann, gelang den Gewerkschaften der Einbruch in das Heer der ungelernten Arbeiterschaft. Dem entsprach eine Steigerung der Zahl gewerkschaftlich organisierter Arbeiter von 750 000 im Jahre 1888 auf anderthalb Millionen im Jahre 1892. Schon im Jahre 1890 proklamierte der *Trade Unions Congress* im Bewußtsein wachsender Stärke die Forderung nach dem Achtstundentag. Und trotz einiger Rückschläge während der wirtschaftlichen Krisenjahre 1892 bis 1894 wuchsen die Mitgliederzahlen, das Vermögen und die Macht der englischen Gewerkschaften im folgenden Jahrzehnt ziemlich kontinuierlich. Im Jahre 1900 waren über 2 Millionen Arbeiter gewerkschaftlich organisiert, eine Zahl, die sich bis 1914 dann noch einmal verdoppelte. Die große Mehrheit der jeweils nach Gewerbezweigen aufgebauten Gewerkschaftsverbände besaß in dem jährlich zusammentretenden *Trade Unions*

Congress eine starke Zentralorganisation, die seit der Jahrhundertwende zugleich zur Basis der sich entwickelnden politischen Arbeiterbewegung wurde.

Auch in Frankreich beobachten wir in den neunziger Jahren ein starkes Anwachsen der Gewerkschaften, doch nahmen hier die Dinge von Anfang an einen anderen Verlauf. Den Kristallisationskern für die gewerkschaftliche Bewegung gaben hier die schon seit den achtziger Jahren bestehenden ›Arbeiterbörsen‹ ab, die sich, mit Unterstützung der jeweiligen kommunalen Behörden, der Vermittlung von Arbeitsstellen an ihre Mitglieder widmeten. Daraus erklärt sich die überaus starke Zersplitterung der französischen Gewerkschaftsbewegung; 1890 waren knapp 200 000 Arbeiter in über tausend verschiedenen Gewerkschaften organisiert; bis 1895 stieg diese Zahl auf 419 000, verteilt auf 2163 einzelne Gewerkschaften. Im Durchschnitt kamen also auf jede Gewerkschaft etwa 200 Mitglieder. Zwar bemühte man sich schon früh um eine Zusammenfasssung der bunten Mannigfaltigkeit der französischen Arbeiterorganisationen, aber die 1886 gegründete *Fédération des syndicats et groupes corporatifs* und die 1892 gebildete *Fédération des Bourses de Travail* erfaßten jeweils nur einen kleinen Teil der organisierten Arbeiterschaft. Gleiches gilt von der 1895 auf einem Kongreß in Limoges ins Leben gerufenen *Confédération Générale du Travail,* die ähnlich wie der englische *Trade Unions Congress* als Dachorganisation für die einzelnen Gewerkschaftsverbände und Arbeiterbörsen fungieren sollte; noch 1902 vermochte die CGT nur für etwa ein Fünftel der inzwischen 614 000 organisierten Arbeiter zu sprechen. Dann freilich folgte ein steiler Aufstieg; 1912 repräsentierte die CGT 600 000 von etwa anderthalb Millionen organisierter Arbeiter. Entscheidender als die organisatorische Zersplitterung der französischen Gewerkschaftsbewegung war ihre Uneinigkeit über die zu verfolgende Taktik. Man stimmte zwar darin überein, daß die gewerkschaftliche Bewegung in voller Unabhängigkeit von den politischen Gruppen vorgehen solle; aber die Mehrheit der Gewerkschaften lehnte es ab, auf diesem Wege bis zur *ultima ratio* des revolutionären Generalstreiks voranzuschreiten, wie ihn die *Fédération des Bourses de Travail* bereits 1892 und die CGT 1895 zum Programm erhoben hatten. Dennoch vermochte die besser organisierte und schlagkräftigere syndikalistische Richtung bis 1910 die sozialpolitische Entwicklung in Frankreich in entscheidendem Maße zu bestimmen. Erst in den letzten Jahren vor dem Weltkriege gewann die Mehrheit, welche sich auf die Methoden des Arbeitskampfes im engeren Sinne zu beschränken willens war, das Übergewicht.

Im Deutschen Reich stand die Entwicklung der Gewerkschaftsbewegung, anders als in Großbritannien und in Frankreich, ganz im

Abb. 7: Streikbewegung im rheinisch-westfälischen Industriegebiet 1889. Zusammenstoß zwischen jugendlichen Arbeitern und Militär

Schatten der Entwicklung der Sozialdemokratischen Partei. Die ›Freien Gewerkschaften‹, der die übergroße Mehrzahl aller organisierten Arbeiter angehörte, bekannten sich offen zur sozialistischen Idee und fühlten sich als integraler Bestandteil der politischen Arbeiterbewegung. Auch hier gaben erfolgreiche Massenstreiks den Anstoß zu einer kräftigen Aufwärtsbewegung. Der große Bergarbeiterstreik im Ruhrgebiet von 1889, der in der Folge auch auf das Aachener Revier, das Saargebiet und schließlich auch auf das oberschlesische Kohlenrevier übergriff, endete dank der Sympathien der breiten Öffentlichkeit für die Sache der Arbeiterschaft und des vermittelnden Eingreifens der preußischen Regierung mit einem wichtigen Teilerfolg. So konnte die 1890, in einem günstigen Augenblick, gegründete *Generalkommission der Freien Gewerkschaften Deutschlands* ihre Mitgliederzahl binnen eines Jahres um mehr als das Doppelte auf 277 000 steigern. Jedoch erwies sich dieser Aufschwung nicht als dauerhaft. Namentlich während der wirtschaftlichen Rezession 1891 bis 1894 vermochten die noch schwachen gewerkschaftlichen Organisationen keinerlei Erfolge zu erringen, und demgemäß gingen die Mitgliederzahlen wieder zurück. Erst 1896 übertrafen diese mit 329 000 wieder den 1891 erreichten Stand. Dann aber setzte ein stetiger Aufstieg ein; 1904 überschritt die Mitgliederzahl der in der *Generalkommission der Freien Gewerkschaften* zusammengeschlossenen Einzelverbände die Millionengrenze, um schließlich 1913 die stattliche Ziffer von 2573000 zu erreichen, mit einem Gewerkschaftsvermögen von 80 Millionen Mark. Demgegenüber hatten die nichtsozialistischen Gewerkvereine, insbesondere die noch aus den Zeiten Schulze-Delitzschs stammenden *Hirsch-Dunkkerschen Gewerkvereine,* die zum Liberalismus hinneigten, einen schweren Stand. Sie vermochten nur ein schmales Stück des Kuchens für sich zu behaupten. Ihre Mitgliederzahl schwankte zwischen 45000 Arbeitern im Jahre 1891 und 122000 im Jahre 1906. Bedeutender waren die ›Christlichen Gewerkschaften‹. Während die älteren evangelischen Arbeitervereine zunehmend an Einfluß verloren und zahlenmäßig nicht eigentlich ins Gewicht fielen, gelang es den christlichen Gewerkschaften katholischer Prägung, die sich seit 1894 gemäß der Enzyklika Leos XIII. *Rerum Novarum* vom Jahre 1891 zu entwickeln begannen, bis 1913 immerhin 342000 Mitglieder zu gewinnen. Sie erfreuten sich der tatkräftigen Unterstützung der katholischen Kirche und insbesondere der großen Massenorganisation des politischen Katholizismus, des *Volksvereins für das katholische Deutschland.*

Dieser Pluralismus gewerkschaftlicher Organisationen von jeweils verschiedener ideologischer Observanz bestimmte die Entwicklung des Gewerkschaftswesens auch in den anderen Ländern Mitteleuropas, so beispielsweise in der Schweiz, wo sich relativ früh zahlenmäßig kleine, aber nicht unbedeutende Gewerkschaften bildeten, und in Österreich-Ungarn. Freilich spaltete sich dort die sozialistische Gewerkschaftsbewegung, die sich 1893 nach dem Muster der deutschen ›Freien Gewerkschaften‹ eine Zentralorganisation schuf, schon nach wenigen Jahren in nationale Gewerkschaftsverbände auf. Bereits 1897 wurde eine selbständige tschechische Gewerkschaftskommission sozialistischer Prägung ins Leben gerufen, die Ende 1911 immerhin 75000 Mitglieder besaß, während ihrer deutschen Schwesterorganisation 422000 Arbeiter angehörten. In Österreich-Ungarn spielten die christlichen Fachgewerkschaften eine größere Rolle als im Deutschen Reich; sie vermochten sogar ihren internationalen Charakter zu erhalten. Sie brachten es bis zum Jahre 1912 auf 82000 Mitglieder, eine angesichts der relativen Rückständigkeit der Donaumonarchie auf industriellem Gebiete nicht eben unansehnliche Zahl.

Ungleich diffuser war die Entwicklung der Gewerkschaftsbewegung in Italien. Hier kreuzten sich deutsche, österreichische und französische Einflüsse. Wie in Frankreich gab es in zahlreichen Industriestädten Norditaliens Arbeiterbörsen, die von politisch-parlamentarischen Kampfformen nach deutschem Muster ebensowenig etwas wissen wollten wie von den Methoden des reinen, unpolitischen Arbeitskampfes und die syndikalistischen Gedankengängen höchst zugänglich waren. Daneben bestanden zahlreiche kleinere Arbeiterklubs und Gewerkvereine von höchst unterschiedlicher Art und Ausrichtung. Erst seit 1902, nachdem der Rückschlag der Reaktionsperiode nach 1898 überwunden war, kam es zur Gründung einer Zentralorganisation der italienischen Gewerkschaften, des *Segretariato Centrale per le camere del lavoro e per la resistenza,* welches, wie schon das Wort *resistenza* zeigt, noch stark unter dem Einfluß syndikalistischer Ideen stand. 1906 bildete sich das *Segretariato Centrale* um in die *Confederazione Generale del Lavoro* und trennte sich gleichzeitig von der syndikalistischen Richtung, die mit geringem Erfolg im darauffolgenden Jahre eine Konkurrenzorganisation gründete, das *Comitato nazionale della resistenza.* Diese Wandlungen in der organisatorischen Form liefen auf einen Sieg der gemäßigten Richtung hinaus, die den Gewerkschaften primär die Aufgabe zuschrieb, die materielle Lage der Arbeiterschaft mit den Waffen des Arbeitskampfes zu verbessern. Das deutsche Modell gewerkschaftlicher Organisation in Anlehnung an die sozialistische Parteibewegung setzte sich so gegenüber dem französischen erfolgreich durch. Die *Confederazione Generale* vermochte ihre Mitgliederzahl von 190 000 Arbeitern im Jahre 1907 auf 383 000 im Jahre 1911 zu steigern, eine im europäischen Vergleichsmaßstab bescheidene, aber angesichts der relativen wirtschaftlichen Rückständigkeit Italiens dennoch stattliche Ziffer, die freilich in den letzten Jahren vor dem Kriege nicht ganz gehalten werden konnte.

Rußland aber bildete die große Ausnahme in dieser gesamteuropäischen Entwicklung. Hier konnte eine Organisation der Arbeiterschaft nur in der Illegalität und darüber hinaus jeweils nur in einem engen örtlichen Rahmen stattfinden. Der starke Drang der Arbeiterschaft nach kollektiven Zusammenschlüssen zeigte sich in einer Serie erbitterter Streiks, die freilich nahezu sämtlich erfolglos blieben. Unter solchen Umständen geriet die russische Gewerkschaftsbewegung von vornherein in ein politisches Fahrwasser. Besorgt über diese Entwicklung, unternahm die zaristische Bürokratie seit 1901 den Versuch, von seiten des Staates gesteuerte Arbeiterorganisationen zu begründen. Der eigentliche Vater dieser Idee, Oberst Zubatow, der Leiter der Moskauer Sicherheitspolizei, hoffte, die russische Arbeiterschaft auf diese Weise von den gefährlichen politischen Fragen ablenken und ihre Energien auf das ungefährlichere Gebiet rein ökonomischer Interessen ableiten zu können. Jedoch mußte dieses Experiment schon nach wenigen Jahren abgebrochen werden, da sich die neugeschaffenen Organisationen vom Gängelband der staatlichen Autoritäten loszureißen begannen und überdies die Unternehmerschaft darauf mit steigendem Unwillen reagierte. Nach der großen Streikwelle der Revolution von 1905 wurde dann der russischen Arbeiterschaft 1906 endlich das Recht zur Bildung von

Arbeiterkoalitionen gewährt, dieses aber zugleich erheblichen Beschränkungen unterworfen, welche eine wirklich freie Entwicklung eines starken Gewerkschaftswesens verhinderten. Insbesondere blieb jede überlokale Verbindung zwischen Arbeitern untersagt. Damit wurde der Schaffung von Fachgewerkschaften auf großräumiger Basis von vornherein ein Riegel vorgeschoben. Trotz dieser ungünstigen Bedingungen waren 1907 245 000 Arbeiter, etwa ein Siebtel der gesamten russischen Arbeiterschaft, in insgesamt 652 Verbänden organisiert (von denen jedoch kein einziger mehr als 5000 Mitglieder besaß, viele dagegen winzig klein waren) – eine Ziffer, die in den folgenden Jahren angesichts der erneut einsetzenden Repressionspolitik nicht gehalten werden konnte. Aufgrund der Beengung ihres Tätigkeitsfeldes durch Unternehmer und Polizei vermochten die russischen Gewerkschaften nur geringe Bedeutung zu gewinnen; an ihrer Stelle dienten spontan gewählte Fabrikkomitees, die Räte, und von den Vertretern der einzelnen Fabriken jeweils *ad hoc* gebildete Streikkomitees als organisatorische Basis der russischen Arbeiterschaft im Kampf gegen ihre Klassengegner und die zaristische Autokratie.

Trotz aller imponierenden Organisationsleistungen gelang es den Gewerkschaften bis 1914 nicht, mehr als nur einen Bruchteil der gesamten Arbeiterschaft zu erfassen. Und trotz der Bildung von Zentralverbänden und Dachorganisationen fehlte es noch an genügender Geschlossenheit; wenn man sich, wie wir, vorwiegend an den Mitgliederzahlen der großen zentralen Vereinigungen orientiert, tritt die große Zahl von kleinen, meist wenig effektiven Verbänden, die bunte Vielfalt und Zersplitterung der gewerkschaftlichen Bewegung nur undeutlich hervor. Ebenso wird das stete Auf und Ab, die starke Fluktuation der Mitgliederschaft nicht sichtbar, wie sie für diese Phase der Entwicklung der Gewerkschaftsbewegung so überaus charakteristisch war. Der Aufbau des Gewerkschaftswesens vollzog sich vor dem Hintergrund erbittert durchgefochtener Streiks, von denen ein erheblicher Teil mit empfindlichen Niederlagen der Arbeiterschaft endete und durch welche einzelne Gewerkschaftsorganisationen schwer angeschlagen und nicht selten völlig zertrümmert wurden. Noch waren die finanziellen Reserven der Gewerkschaftsverbände viel zu gering, um deren Mitgliedern eine zureichende Streikunterstützung über längere Zeit hinweg zu sichern; nur die Bereitschaft zu höchsten Entbehrungen bis hart an den Rand äußerster physischer Not und ein starkes Solidaritätsbewußtsein ermöglichten es in dieser heroischen Phase der Arbeiterbewegung, einen großen Streik erfolgreich durchzustehen.

Denn die Unternehmerschaft blieb nicht untätig. Sie ging ihrerseits teils zum Präventivangriff, teils zum Gegenangriff über. Die

Kampfformen und Kampfmethoden in diesem Ringen zwischen den Unternehmern und der organisierten Arbeiterschaft waren in den einzelnen Industrieländern Europas höchst verschieden. Im Ziel aber waren sich die Unternehmer einig: der Gewerkschaftsbewegung sollte der Weg zur Macht mit allen Mitteln verlegt und ihr Einfluß auf die Arbeiterschaft gebrochen werden. Selbst in England, wo man sich in einigen Industriezweigen bereits damit abgefunden hatte, sich mit Gewerkschaftsvertretern an einen Tisch zu setzen, regten sich bei den Unternehmern Bestrebungen, die gewerkschaftlichen Organisationen wieder gänzlich zu zerschlagen. Man begann Streikbrecherkolonnen zu bilden und gründete 1893 sogar eine *National Free Labour Association,* um so die Arbeiterschaft dem Einfluß der Gewerkschaften zu entziehen. In Deutschland dienten die von den Unternehmern finanzierten sogenannten ›gelben Gewerkschaften‹ einem ähnlichen Zweck.
Darüber hinaus schufen sich die Unternehmer besondere Arbeitgeberverbände für die einzelnen Industriezweige, wie den *Gesamtverband deutscher Metallindustrieller* (1891) oder die *Shipowners Federation* (1890) in England, um gewerkschaftlichen Kampfmaßnahmen kollektiv begegnen zu können. Sie antworteten damit auf die Taktik der Gewerkschaften, statt ganzer Betriebszweige jeweils nur einzelne Betriebe zu bestreiken und diese trotz geringer finanzieller Reserven mit geballter Kraft in die Knie zu zwingen. So verlängerten sich die Kampffronten zwischen Unternehmern und Arbeiterschaft immer mehr, zum Nachteil der letzteren, die den Unternehmern als Gesamtheit organisatorisch und finanziell naturgemäß stets unterlegen war. Aber die Unternehmer ließen es nicht dabei bewenden, den Gewerkschaften die Strategie des getrennten Zuschlagens zu entwinden. Sie gingen vielmehr nicht selten ihrerseits dazu über, Streiks förmlich zu provozieren oder lokale Streiks mit der Waffe der allgemeinen Aussperrung zu beantworten, um die Gewerkschaften finanziell auszubluten. Diese neue Taktik erforderte die Bildung immer größerer Unternehmerverbände. So entstand 1898 in England ein Gesamtverband der englischen Unternehmerverbände, mit der ausdrücklichen Zwecksetzung, sich bei Streiks gegenseitig in weitestem Umfange beizustehen. Und der Crimmitschauer Ausstand vom Winter 1903/1904 gab den Anstoß zu einem Zusammenschluß der gesamten deutschen Unternehmerschaft. Einem Aufruf des *Zentralverbandes deutscher Industrieller* folgend, verpflichteten sich alle deutschen Unternehmer, den bestreikten Textilfabriken in Crimmitschau bis zur endgültigen Niederzwingung des Streiks finanzielle Unterstützung zu leisten. Im folgenden Jahre vereinbarten die beiden zentralen deutschen Arbeitgeberorganisationen, die *Hauptstelle deutscher Arbeitgeberverbände* und der *Verein deutscher Arbeitgeberverbände,* daß man sich im

Falle von Streiks gegenseitig zu Hilfe kommen werde.[50] Gestützt auf eine solche starke organisatorische Basis, nahmen die Unternehmer auf breiter Front den Kampf gegen die Gewerkschaften auf.

Die zunehmende wirtschaftliche Konzentration tat ein übriges, um die Position der Arbeiterschaft im Arbeitskampf zu verschlechtern. Namentlich auf dem europäischen Kontinent verwandelten sich die Großbetriebe gleichsam in uneinnehmbare Festungen, zumal hier die Unternehmer ein ganzes Bündel von indirekten Methoden anzuwenden verstanden, um die Arbeiter an ihre Betriebe zu ketten, wie die Gewährung von Werkswohnungen, Kohledeputaten, besonderen Sozialleistungen und dergleichen mehr. Inmitten der sich herausbildenden egalitären Industriegesellschaft vermochten sich dergestalt Inseln patriarchalischer Unternehmerherrschaft zu behaupten, wie beispielsweise das Industrieimperium des saarländischen Großindustriellen Stumm. Aus den Arbeitern solcher Betriebe rekrutierten sich denn auch überwiegend die sogenannten ›wirtschaftsfriedlichen‹ — ›gelben‹ — Gewerkschaften, die, mehr oder minder im Solde der Unternehmer stehend, in Deutschland als Gegenorganisation gegen die ›Freien Gewerkschaften‹ ein wenig ruhmreiches Leben fristeten. Hier ersetzte ein pathetischer Nationalismus die klassenkämpferische Gesinnung und verdeckte mühsam die mangelnde Solidarität mit der übrigen Arbeiterschaft.

Insgesamt also war die Position der gewerkschaftlich organisierten Arbeiterschaft um die Jahrhundertwende nichts weniger als gut. Liberale Sozialreformer wie Lujo Brentano oder Max Weber legten sich ernsthaft die Frage vor, ob die Gewerkschaften im Zeitalter des Großbetriebs und übermächtiger Arbeitgeberverbände überhaupt noch die Chance hätten, sich mit den traditionellen Methoden des Arbeitskampfes durchzusetzen. In der Tat wiesen die Zeichen der Zeit nicht eben in diese Richtung. Die Zahl der verlorenen Streiks oder von Streiks, deren schließliches Ergebnis in keinem sinnvollen Verhältnis zu den gebrachten Opfern stand, mehrte sich beängstigend, obwohl die seit Ende der neunziger Jahre wieder fühlbar steigenden Lebenshaltungskosten die Arbeiterschaft dazu zwangen, Lohnerhöhungen zu erkämpfen, wollte man auch nur den bereits erreichten sozialen Besitzstand behaupten. Vom April bis November 1898 streikten in Südwales 90 000 Bergarbeiter, bis sie barer Hunger zur Wiederaufnahme der Arbeit unter demütigenden Bedingungen zwang. Im gleichen Jahre brach in Frankreich ein großer Massenstreik der Bauarbeiter und Eisenbahner infolge des Eingreifens der Staatsbehörden schon in den Anfängen zusammen und diskreditierte das Ansehen der CGT auf Jahre hinaus. Auch Rußland wurde Ende der neunziger Jahre von einer Serie von großen Massenstreiks erschüttert, die zeitweise die gesamte Textilindustrie lahmlegten, ohne doch die Lage der Arbeiterschaft tiefgreifend zu verbessern. Zwar sah sich die zaristische Regierung angesichts dieser einer vulkanischen Eruption gleichenden Streikbewegung veranlaßt, die tägliche Arbeitszeit auf 11 1/2 Stunden zu begrenzen. Die Unternehmer aber verweigerten nennenswerte Lohnerhöhungen um so mehr, als sie im Falle von Arbeitskonflikten auf die Hilfe der Staatsbehörden zählen konnten.

Unter solchen Umständen begann der Erfolg oder Mißerfolg von Streiks überall in Europa wesentlich von der Haltung der jeweiligen Staatsorgane und der Öffentlichkeit abzuhängen. Angesichts der starken Stellung der durch finanzkräftige Unternehmerverbände unterstützten Arbeitgeber war ein Sieg im allgemeinen nur dann zu erringen, wenn die öffentliche Meinung den Streikenden zu Hilfe kam oder die Staatsgewalt zu ihren Gunsten eingriff. Schon der bereits erwähnte Londoner Dockarbeiterstreik vom Jahre 1889 hatte nur deshalb zu einem erfolgreichen Abschluß geführt werden können, weil die Öffentlichkeit für die Arbeiterschaft Partei genommen hatte. Ähnliches gilt für den Bergarbeiterstreik im Ruhrgebiet. Ende der achtziger Jahre stand die öffentliche Meinung in Europa den Forderungen der Arbeiterschaft auf sozialpolitischem Gebiete im allgemeinen relativ wohlwollend gegenüber. Wilhelm II. hatte sich, getrieben von einem starken Bedürfnis nach Popularität, diese Strömung zunutze machen wollen, als er in seinen sozialpolitischen Erlassen vom Jahre 1890 eine neue Ära der Sozialpolitik verhieß. Und der *Internationale Sozialpolitische Kongreß*, der 1891 in Genf auf Anregung Bismarcks zusammengetreten war, hatte sich gleichfalls für umfassende Reformen in diesem Bereich ausgesprochen. Schon um die Mitte der neunziger Jahre aber bekam die Arbeiterschaft neuen Gegenwind aus Staat und Gesellschaft zu spüren. Überall verstärkten sich die Neigungen, das Streikrecht der Arbeiter behutsam wieder einzuengen. Am schroffsten traten diese neuen Tendenzen in Deutschland hervor. Allerdings fand ein *Gesetz zum Schutze der Arbeitswilligen*, das dank einer voreiligen Rede Wilhelms II. in Bad Oeynhausen am 8. September 1898 noch vor seiner Veröffentlichung den Namen ›Zuchthausvorlage‹ erhielt, im Reichstage keine Mehrheit. Und ebenso kamen Versuche, durch die Errichtung besonderer Arbeiterkammern und die Einführung eines obligatorischen Schlichtungsverfahrens den Elan der Gewerkschaftsbewegung zu brechen, nicht über erste Anfänge hinaus. Dafür aber begann die Rechtsprechung nun den § 153 der Gewerbeordnung, welcher alle diejenigen mit Gefängnisstrafen bis zu drei Monaten bedrohte, die »andere durch Anwendung körperlichen Zwangs, durch Drohungen, durch Ehrverletzung oder durch Verrufserklärung« dazu zu veranlassen suchten, an Koali-

tionen teilzunehmen, sowie den § 253 des Strafgesetzbuches[51] in extensiver Weise zuungunsten der Gewerkschaften auszulegen. Selbst harmlose Übergriffe von Streikposten wurden hart bestraft, während Maßregelungen von Arbeitgebern, welche vorzeitig aus der Streikfront ausgebrochen waren, straflos blieben. Auch andere Länder, wie z. B. Holland und einige Kantone der Schweiz, suchten der Streikbewegung jener Jahre durch Verschärfung der rechtlichen Bedingungen des Arbeitskampfes entgegenzutreten. Schlimmer noch gestaltete sich die Lage in Großbritannien. Hier wurde, vorbereitet durch die Rechtsprechung untergeordneter Gerichte, durch ein höchstrichterliches Urteil der Law Lords vom 22. Juni 1901 festgestellt, daß die Gewerkschaften und ihre Führer für durch Streiks verursachte Schäden und finanzielle Verluste haftbar gemacht werden könnten — eine für die Sache der Gewerkschaften katastrophale Entscheidung. Aufgrund dieses Urteils, welches die Fundamente der bisherigen gewerkschaftlichen Arbeit in Frage stellte, mußten die englischen Gewerkschaften bis 1905 5 Millionen Mark Schadenersatz an bestreikte Gesellschaften leisten! Erst die *Trade Disputes Act* vom Jahre 1906 stellte den alten Rechtszustand wieder her.
So war es nicht verwunderlich, daß die Unruhe in der Arbeiterschaft in den ersten Jahren des neuen Jahrhunderts wieder zunahm. Die Kluft zwischen dem Proletariat und den bürgerlichen Schichten schien sich eher noch zu erweitern als zu schließen; unter den Arbeitern erhielten die radikalen Gruppen vermehrten Zulauf. Im Jahre 1905 erreichte die Welle der Streiks nahezu überall in Europa einen neuen Höhepunkt. Den Anfang machte im Januar 1905 ein gewaltiger Bergarbeiterstreik im Ruhrgebiet, an dem sich von insgesamt 224 000 Bergarbeitern nicht weniger als 190 000 beteiligten. Fast gleichzeitig brach in Petersburg ein Massenstreik aus, der sich binnen weniger Tage zu einer Massenbewegung bisher unbekannten Ausmaßes ausweitete. Am 9. Januar 1905 — dem ›blutigen Sonntag‹ — marschierte ein riesiger Demonstrationszug zum Winterpalais des Zaren, wo eine relativ maßvoll gehaltene Petition übergeben werden sollte, die einen Katalog der dringlichsten sozialen Forderungen der russischen Arbeiterschaft enthielt. Als die Menge sich, einer religiösen Massenprozession gleich, vor dem Palaste des Zaren versammelt hatte, wurde sie von Truppeneinheiten brutal zusammengeschossen und auseinandergetrieben; es kam zu einem ungeheuren Blutbad unter den wehrlosen Menschen. Dieser unglaubliche Vorfall zog eine mächtige Welle von Proteststreiks im ganzen Lande nach sich, die den Anstoß für die Revolutionsbewegung gab, welche das zaristische Regime im Herbst 1905 zum Erlaß des Oktobermanifestes zwang.
Das russische Beispiel aber wirkte beflügelnd auf die radikalen

Abb. 8: Petitionszug der Arbeiter mit Zarenbild zum Winterpalais in Petersburg am ›Blutigen Sonntag‹ des Jahres 1905

Gruppen der europäischen Arbeiterbewegung. Namentlich in Frankreich erfuhr der Syndikalismus eine Neubelebung. Seit 1906 sah sich Clemenceau als Innenminister einer linksgerichteten bürgerlichen Regierung genötigt, die Welle von Streikaktionen, die mehr und mehr syndikalistische Züge anzunehmen begann, mit harten Maßnahmen, gelegentlich sogar durch den rücksichtslosen Einsatz von Militär, zu brechen. Ihren Höhepunkt erreichten die syndikalistischen Streiks mit dem großen Eisenbahnerstreik vom Oktober 1910, den Briand durch Einsatz der Armee und durch die Mobilisierung aller zum Heeresdienst verpflichteten Eisenbahnarbeiter unterdrückte. Die englische Regierung hatte zunächst mehr Glück mit der Streikwelle, die das Land seit 1907 heimsuchte, da sich Lloyd George als meisterhafter Vermittler zwischen den Sozialpartnern erwies. Gleichwohl blieben auch Großbritannien syndikalistische Streiks nicht erspart; 1911 und 1912 kam es zu einer Serie von Streiks extremen Umfangs, die mit einer ungewöhnlichen Häufung von Gewaltakten verbunden waren und zu schweren, blutigen Zusammenstößen zwischen den Streikenden und Polizei und Militär führten. Auch in Deutschland erreichte die Zahl der Streiks 1912 einen absoluten Höhepunkt; während dieses Jahres traten fast eine halbe Million von Arbeitern der verschiedensten Industriezweige in den Ausstand. Ungeachtet aller Unterdrückungsmaßnahmen brach auch in Rußland 1912 eine neue große Streikwelle los, die das zaristische Regime nur durch brutalste Gewaltanwendung unter Kontrolle zu bringen vermochte. Das Ausmaß der Streikbewegung jener Jahre und die Kampfleidenschaften, die dabei in beiden Lagern zutage traten, bilden ein untrügliches Zeichen dafür, daß die Klassengegensätze in den europäischen Industriestaaten im letzten Jahrzehnt vor 1914 nach wie vor außerordentlich scharf und die Arbeiter von einer vollen Integrierung in die bestehende Gesellschaft auch in Westeuropa noch weit entfernt waren.

Andererseits bestärkte diese Entwicklung der Dinge die Regierungen in ihrer Neigung, die sozialen Spannungen mit Hilfe sozialpolitischer Reformen so gut es ging abzumildern. Die wesentlich vom Bildungsbürgertum getragene sozialreformerische Bewegung, welcher in Deutschland, aber nicht nur für Deutschland, der *Verein für Sozialpolitik* die Argumente geschmiedet hatte, gewann in den letzten anderthalb Jahrzehnten vor 1914 gewaltig an Boden. Das von liberalen Sozialreformern wie Lujo Brentano verfochtene Prinzip, daß man den Gewerkschaften in ihrem Kampf um eine angemessene Beteiligung der Arbeiterschaft am Sozialprodukt völlige Freiheit geben, ja ihnen notfalls mit gesetzlichen Maßnahmen zu Hilfe kommen müsse, um die Chancengleichheit zwischen Arbeitern und Unternehmern wiederherzustellen, setzte sich zwar nicht uneingeschränkt durch, aber man begann doch einzusehen, daß man ohne die Gewerkschaften nicht werde auskommen können. In Frankreich regelte ein besonderer *code du travail* 1912 die Arbeitsverhältnisse neu; in England gab man 1913 den Gewerkschaften das Recht zurück, einen Teil der Beiträge ihrer Mitglieder für politische Zwecke zu verwenden, und in Deutschland beseitigte man wenigstens das Verbindungsverbot für politische Vereine. Überall wurden darüber hinaus Sozialversicherungssysteme eingeführt, wie in Großbritannien mit der *National Insurance Act* vom Jahre 1911, oder die bestehenden Sozialversicherungen auf eine neue, umfassendere Grundlage gestellt, in Deutschland durch die Reichsversicherungsordnung von 1911, in Frankreich durch die Begründung einer allgemeinen Alters- und Invaliditätsversicherung 1910. Zudem begannen die Kommunen, teilweise in Verbindung mit den Gewerkschaften, städtische Arbeitsnachweise zur Bekämpfung der Arbeitslosigkeit einzurichten. Die Versicherung gegen Arbeitslosigkeit aber blieb ein Projekt der Zukunft; nur England führte schon 1911 eine Pflichtversicherung für einige Gewerbezweige ein, die besonders starke saisonale Schwankungen in der Beschäftigungszahl aufwiesen. So unzureichend dieses System sozialer Gesetzgebung im allgemeinen noch war, es ist nicht zu übersehen, daß man in Europa im Begriff stand, die Schwelle der Entwicklung zum Wohlfahrtsstaat zu überschreiten. Erst im Weltkriege freilich setzte sich diese Tendenz dann unter dem Druck der in Bewegung geratenen gesellschaftlichen Kräfte vollends durch.

Dennoch wird man nicht verkennen dürfen, daß vor 1914 in den großen Industriezentren Europas Massenarmut nach wie vor als ein fast selbstverständliches Phänomen galt, das man nicht beseitigen, sondern nur lindern könne. Aber weit schlimmer noch stand es mit jenen Gruppen der Gesellschaft, die noch nicht in den Bann der industriellen Entwicklung hineingezogen waren, deren wirtschaftliche Existenzgrundlage aber dennoch untergraben worden war. Dazu gehörte insbesondere die immer noch riesengroße, aber namenlose Zahl der Heimarbeiter, deren unbeschreibliches Elend die gebildete Welt erschütterte, als eine große Ausstellung in Berlin im Jahre 1908 dieses an zahlreichen Beispielen offenbar machte. Dazu gehörten ferner die Landarbeiter sowie die Kleinbauern und Häusler, die an den Fortschritten der Sozialgesetzgebung so gut wie keinen Anteil gehabt hatten und an welchen die Steigerung des Lebensstandards im allgemeinen gänzlich vorübergegangen war. Ihr ohnehin gedrückter sozialer Status wurde durch die industrielle Entwicklung und deren Begleiterscheinungen zunächst noch beträchtlich verschlechtert. Die Erhebungen, welche der *Verein für Sozialpolitik* 1892 über die soziale Lage und die Ernährungs- und Wohnverhältnisse der Landarbeiter in den ostelbischen Gebieten Preußens durchführte, förderten schlechthin erschütternde Ergebnisse zutage, und es läßt sich leicht ermessen, daß die Not dieser sozialen Schicht in den weiten agrarischen Gebieten des europäischen Südostens und Südens, wo fast überall ein Latifundiensystem größten Ausmaßes die sozialen Verhältnisse bestimmte, noch ungleich drückender gewesen sein muß. Die Möglichkeiten des ländlichen Proletariats, seine soziale Situation zu verbessern, waren äußerst begrenzt. Anders als die Industriearbeiterschaft besaßen die Landarbeiter in aller Regel nicht einmal das Recht, geschweige denn die faktische Möglichkeit, Koalitionen zur Erzwingung günstigerer Arbeitsbedingungen zu bilden; vielfach waren sie noch immer gestrengen Gesindeordnungen unterworfen, die ihre persönliche Freiheit erheblich einschränkten. Ihre einzige Chance bestand in der Flucht in die neuen Industriezentren, sofern sie nicht an Ort und Stelle eine Beschäftigung in der Industrie fanden; aber nicht immer gab es die Möglichkeit dazu. Namentlich in Südeuropa, aber auch im europäischen Osten und Südosten blieben die vorindustriellen, meist höchst primitiven Sozialstrukturen in weiten Regionen unverändert erhalten. Selbst in unserer Gegenwart sind sie noch nicht gänzlich von dem neuen industriellen System abgelöst und aufgesogen worden.

Das Nebeneinander von hochindustriellen und patriarchalisch-feudalen Produktionsformen und sozialen Schichtungen aber war schon rein für sich genommen ein Krisenfaktor erster Ordnung. Die Instabilität der politischen Systeme, die sich in einer Phase des Übergangs zu demokratischeren Formen der Herrschaft befanden, wurde durch die überaus starken Spannungen innerhalb des sozialen Gefüges noch gesteigert. Die rapide Industrialisierung mit ihren wirtschaftlichen und sozialen Begleiterscheinungen überforderte, so scheint es, die Führungsschichten jener Epoche. Zu viel war gleichzeitig zu tun, und nicht immer waren brauchbare Rezepte zur Lösung der drängenden Probleme zur Hand. Angesichts der steten Beschleunigung des Prozesses gesellschaftlichen Wandels, welcher ein bisher unbekanntes Element der Unsicherheit mit sich brachte, neigten alle Gruppen der Gesellschaft zu hartnäckiger Verteidigung ihres Besitzstandes, mit geeigneten, allzuoft aber auch ungeeigneten Mitteln. Umgekehrt suchte die Arbeiterschaft ihr Heil vielfach allzu ausschließlich im Generalstreik und erhoffte alles von einer gewaltsamen sozialen Revolution. Erst allmählich setzte sich in Mittel- und Westeuropa der Gedanke endgültig durch, daß man die Emanzipation der Arbeiterschaft auch in schrittweisem geduldigen Vorgehen erreichen könne. Umgekehrt vermochten die herrschenden Schichten ihre panische Angst vor der ›roten Gefahr‹ nur nach und nach zu überwinden. In Rußland hingegen kam es zu einem absoluten *deadlock* in der sozialen Entwicklung, der schließlich nur eine gewaltsame Lösung zuließ. Die überaus schroffen Gegensätze zwischen den sich in immer neuen Kombinationen befehdenden sozialen Gruppen, die fast sämtlich auf die Hilfe des Staates spekulierten, um ihre sozialen Positionen zu behaupten oder zu verbessern, bilden den gesellschaftlichen Hintergrund der schweren Konfikte und Spannungen, welche die europäische Staatenwelt sowohl auf innenpolitischem wie auf außenpolitischem Gebiet erschütterten und schließlich in der Katastrophe des Ersten Weltkrieges ihre äußerste Zuspitzung erlangten. Ihnen müssen wir uns in den folgenden Abschnitten zuwenden.

B. Die politischen Formationen

1. Die innere Entwicklung der europäischen Staaten 1885–1906

I. KONSERVATIVISMUS UND FORTSCHRITT IM WIDERSTREIT: DIE WESTEUROPÄISCHEN STAATEN

Die innenpolitische Entwicklung in den einzelnen Staaten Europas in der Periode von 1885 bis 1906 zeigt nichts weniger als ein einheitliches Bild. Die Mannigfaltigkeit der gesellschaftlichen und verfassungspolitischen Verhältnisse könnte kaum größer sein, ebenso wie die Unterschiede in der wirtschaftlichen und sozialen Entwicklung. Gleichwohl kann man eine Reihe von allgemeinen Aussagen treffen. So finden wir ein deutliches Gefälle von West nach Ost hinsichtlich der Ausbreitung demokratischer Formen der Herrschaft; dies läßt sich in Beziehung setzen zu der sich gleichzeitig vollziehenden Durchdringung der einzelnen Länder mit industriellen Produktionsmethoden und kapitalistischen Wirtschaftsformen. Jedoch war fast überall – ungeachtet des wirtschaftlichen Fortschritts – die Eigenart der gesellschaftlichen und politischen Ausgangslage ausschlaggebend für die Richtung und die Dynamik der jeweiligen politischen Entwicklungen. Überall gerieten die überkommenen politischen Systeme in Bewegung; die herrschenden Eliten wurden von einer merkwürdigen Unruhe erfaßt. Zwar vermochten sich die konservativen Führungsschichten – wie verschiedenen Charakter diese unter den jeweils unterschiedlichen Verhältnissen in den einzelnen Ländern auch besaßen – bis in die ersten Jahre des neuen Jahrhunderts hinein im allgemeinen an der Macht zu behaupten; aber gleichzeitig formierten sich auf der Linken starke Kräfte, die auf eine Umwandlung von Verfassung und Staat drängten. In den verfassungspolitisch fortgeschritteneren Ländern waren dies in erster Linie die Radikalen, welche sich auf ein Programm konsequenter sozialer Demokratie verlegten, in den rückschrittlicheren Ländern meist die Sozialisten, bisweilen gar anarchistische Gruppen. Die liberale Mitte, soweit eine solche bestand oder sich zu entwickeln vermochte, wurde teils zwischen diesen beiden Flügelgruppen zerrieben, teils war sie zu relativer politischer Einflußlosigkeit verurteilt. Im Zuge dieser Auseinandersetzungen kam es vielfach zu Versuchen der Gruppen der Rechten, durch eine rückwärts gerichtete Revidierung der Verfassungsverhältnisse oder doch zumindest durch ein erbittertes Festhalten an innerlich bereits überholten Rechtsansprüchen die eigene bedrohte Macht-

stellung zu verteidigen. Überall aber erwies sich, daß mit derartigen Mitteln wenig zu erreichen war, ebenso aber auch, daß demokratische Reformen, wie vor allem die Ausdehnung des Wahlrechts auf breitere Volksschichten, durchaus nicht nur der Linken zugute kamen und damit noch keineswegs größere politische Stabilität gewährleistet war.
Dies bestätigt sich namentlich, wenn wir die innere Entwicklung in Großbritannien und in Frankreich betrachten, also in jenen Ländern, in welchen die Postulate der modernen Demokratie bereits in der Mitte der achtziger Jahre im wesentlichen erfüllt waren. Die grundlegende Erweiterung des englischen Wahlrechts auf alle männlichen Staatsbürger, die eine eigene Haushaltung besaßen, im Jahre 1884 — allerdings unter Beibehaltung des *plural vote*, das Grundbesitzeigentümern überall dort die Ausübung des Wahlrechts zugestand, wo sie über Liegenschaften verfügten, sowie der Mehrer-Wahlkreise in den großen Industriestädten, die eine angemessene Vertretung der (hier meist konservativen) Minorität sicherstellen sollten — konnte es nicht verhindern, daß die Konservativen in den folgenden anderthalb Jahrzehnten fast ununterbrochen an der Regierung blieben, während der Liberalismus, gespalten und tief verwirrt, zu politischer Ohnmacht verurteilt war. Die ersten Wahlen aufgrund des erweiterten Wahlrechts hatten 1885 zwar zu einem liberalen Sieg geführt, zugleich jedoch 82 irische Abgeordnete ins Parlament gebracht. Dieser von Parnell geführten Gruppe der irischen Abgeordneten fiel die Funktion des Züngleins an der Waage zu, und sie waren daher imstande, die gesamte Gesetzgebungsmaschinerie Englands weitgehend lahmzulegen, um so ihrer Forderung Nachdruck zu verleihen, daß Irland die Unabhängigkeit, zumindest aber das Recht zur Selbstverwaltung unter der Oberherrschaft der britischen Krone gewährt werden müsse. Gladstones Versuch vom Jahre 1885, durch Gewährung der *Home Rule* an Irland diesen alten Zankapfel der britischen Innenpolitik zu beseitigen, führte zu einer folgenschweren Spaltung im liberalen Lager. Die *Liberal Unionists* unter Führung Chamberlains, die es unter dem Einfluß der steigenden Flut des Imperialismus ablehnten, einen Teil der Rechte des britischen Parlamentes zugunsten einer irischen Volksvertretung aufzugeben, sagten sich von Gladstone und der Liberalen Partei los. Die *Home Rule Bill* fiel 1886 im Parlament durch und Gladstone sah sich gezwungen, an das Volk zu appellieren. Jedoch endeten die Neuwahlen von 1886 mit einer Katastrophe für den Liberalismus. Lord Salisbury, der Führer der Tories, kam wieder ins Amt, gestützt auf 316 Konservative und 78 *Liberal Unionists*, während Gladstones Gefolgschaft auf 191 Abgeordnete zusammengeschrumpft war. Schlimmer noch als die numerische Niederlage war, daß mit Chamberlain ein beträchtlicher

Teil der bislang liberal eingestellten Geschäftswelt, außerdem aber die alten Whigs unter Führung Lord Hartingdons, nunmehr ins Lager der Konservativen überwechselten.

Die Frage der Gewährung der Selbstverwaltung an Irland war gleichsam das Scheidemittel, welches eine Umgruppierung der politischen Kräfte in Großbritannien herbeiführte. Dahinter standen freilich wesentlich grundsätzlichere Probleme als jenes, ob man der permanenten Revolution der irischen Landpächter gegen ihre Herren mit freiheitlichen Mitteln oder mit staatlichem Zwange begegnen sollte. Es ging letzten Endes um die Frage, in welchem Umfang man die Mittel staatlicher Gewalt im gesellschaftlichen Bereich einsetzen dürfe, und außerdem um die Zukunft des britischen Empire. Gladstone und der ältere englische Liberalismus wünschten weder eine weitere Ausdehnung des staatlichen Machtapparates noch eine ehrgeizige imperialistische Politik. Die Konservativen, und mit ihnen die *Liberal Unionists,* wollten beides, und so sah sich Gladstone sehr gegen seine Neigung nach links gedrängt. Das ganze Establishment stand gegen ihn, und er scheute sich nicht, dies gegenüber seinen Gegnern im Unterhaus auch offen auszusprechen: »Wir unterschätzen oder verachten keineswegs die Kräfte, die uns entgegenstehen. Ich habe sie beschrieben als die Kräfte der herrschenden Klasse und ihrer Anhänger, und das ist, allgemein gesehen, absolut zutreffend [. . .] Sie haben Macht, Sie haben Reichtum, Sie haben gesellschaftlichen Rang, Sie haben einen gesellschaftlichen Status, Sie haben Organisation —! Was haben wir? Wir glauben, daß wir das Herz des Volkes für uns haben [. . .] Die zurückebbende Flut ist mit Ihnen, und die aufkommende Flut wird mit uns sein.«[52]

Jedoch wenigstens fürs erste war eher die Ebbe als die Flut auf seiten der Liberalen Partei. Diese wurde nun, wie beispielsweise das *Newcastle Programme* von 1891 zeigt, mehr und mehr eine radikale Partei, ohne doch damit genügend Wähler anziehen zu können. Die Konservativen aber setzten erfolgreich auf die Karte des Imperialismus, welcher durch die neuen Massenblätter wie etwa die 1896 gegründete Daily Mail popularisiert und nach Kräften angeheizt wurde, und verteufelten ihre liberalen Gegner als »little Englanders«. Als die Liberalen dann 1892 noch einmal für drei Jahre zur Macht kamen, blockierte das *House of Lords* systematisch die liberale Gesetzgebung, insbesondere eine wieder eingebrachte *Home Rule*-Vorlage. Dennoch mochte sich das liberale Kabinett entgegen dem Rat Gladstones nicht zum offenen Kampfe gegen die Peers entschließen. Auch Roseberys liberaler Imperialismus, der seit dem Rücktritt Gladstones im April 1894 ungehemmt zum Zuge kam, vermochte das Schicksal der Liberalen nicht zu wenden; die Wahlen von 1895 bescherten der Liberalen Partei eine neue vernichtende Niederlage.

So bestimmte im Innern konservative Legislation das Feld, die sich nicht eben durch große Kühnheit auszeichnete, sondern nur das Notwendigste in Angriff nahm. Neben einer Neuordnung der Selbstverwaltung kam es 1897 zur Einrichtung einer Unfallversicherung für Arbeiter. Ansonsten aber beherrschte die Außenpolitik das Denken der britischen Öffentlichkeit. Im Vordergrund stand dabei die Buren-Frage, die nach der mißglückten *Jameson Raid* (vgl. unten S. 163) eine besondere Zuspitzung erfahren hatte. Trotz allen Manövrierens der untereinander heillos zerstrittenen liberalen Führer, wie es namentlich in der parlamentarischen Untersuchung über die Beteiligung Chamberlains an der *Jameson Raid* zutage trat, wuchs sich die Auseinandersetzung über die britische Buren-Politik 1901 zu einer erneuten Katastrophe für die liberalen Kräfte aus. Die Liberalen, gespalten in die den Buren wohlgesonnene Richtung Campbell-Bannermans auf der einen und die *Liberal Imperialists* unter Führung von Rosebery, Asquith und Grey auf der anderen Seite, wurden von einer nationalistischen Welle ohnegleichen förmlich hinweggeschwemmt.
Andererseits machten sich jetzt die Folgen von anderthalb Jahrzehnten weitgehender Stagnation in der inneren Politik, wie sie im wesentlichen die Konservativen zu verantworten hatten, zunehmend geltend. Am deutlichsten zeigte sich dies an der Haltung der Arbeiterschaft. Unter dem Einfluß der antigewerkschaftlichen Rechtsprechung seit Ende der neunziger Jahre sagten sich nunmehr die Gewerkschaften endgültig von den alten etablierten Parteien los; im Februar 1900 wurde das *Labour Representation Committee* mit dem Ziel gegründet, eine selbständige parlamentarische Vertretung der Arbeiterschaft im Unterhause zu erreichen. Zwar brachte das LRC, die Kernzelle der späteren Labour Party, in den Unterhauswahlen des Jahres 1901 nur zwei Abgeordnete durch, und auch diese nur mit Unterstützung der Liberalen, aber ein Anfang war gemacht. Nach dem Abschluß des Burenkriegs, dessen unglücklicher militärischer Verlauf viele Mängel in der politischen und militärischen Organisation Großbritanniens aufgedeckt hatte, bemächtigte sich der breiten Massen zunehmende Unzufriedenheit mit der Politik der Konservativen, und auch die *Education Act* von 1902, die eine gründliche, längst überfällige Reform des Schulwesens brachte, vermochte diese Unzufriedenheit nicht zu mildern. Die Kampagne der Liberalen zugunsten größerer *efficiency* und umfassender Sozialreformen, welche den breiten Schichten der *Imperial race* ein menschenwürdigeres Dasein verschaffen sollten, fand jetzt allgemein positiven Widerhall. Den Todesstoß versetzte freilich Chamberlain selbst der Sache der Konservativen, als er seit 1903 das Projekt eines imperialen Zollverbandes zu propagieren begann. Die Verletzung des geheiligten Prinzips des Freihandels entfremdete den Konser-

vativen nicht nur große Teile der Geschäftswelt, sondern insbesondere die breiten Massen, denen die Liberalen die Folgen der von Chamberlain geforderten Vorzugszölle in schwärzesten Farben schilderten: sie sagten eine Verteuerung des Brotes und der Grundnahrungsmittel voraus. Die *Unionists* versuchten in letzter Minute, die Gunst der Arbeiterschaft durch die *Unemployed Workmen Act* von 1905 noch einmal zurückzugewinnen. Aber ihre Bemühungen blieben vergeblich. 1906 wurden die Liberalen in einem geradezu überwältigenden Wahlsieg zur Macht getragen. Die neue liberale Regierung Campbell-Bannerman schickte sich an, durch eine ganze Serie umfassender gesetzgeberischer Maßnahmen die politische Struktur Englands tiefgreifend zu verändern und die zahlreichen Reste aristokratischer Privilegien schrittweise abzubauen. Sie befand sich dabei freilich auch unter dem Druck der neuentstandenen Labour Party, welche in den 50 Wahlkreisen, in denen sie Kandidaten aufgestellt hatte, 37 Prozent aller Stimmen auf sich hatte vereinigen können und, wenn auch mit liberaler Unterstützung, 29 Abgeordnete ins Unterhaus gebracht hatte, ein unter damaligen Bedingungen glänzender Erfolg. Ein Wendepunkt war erreicht, England stand an der Schwelle zur Demokratie.

Die Entwicklung in Frankreich weist auf den ersten Blick wenig Ähnlichkeiten mit jener in England auf, und doch gibt es grundsätzliche Parallelen. Die Ausgangslage war in beiden Ländern freilich außerordentlich verschieden. Während in England, nicht zuletzt dank der Integrationskraft der Monarchie, die Autorität des Staates und die Stabilität des Verfassungssystems niemals ernstlich in Gefahr gerieten, wurde die Dritte Republik seit dem Ende der achtziger Jahre von einer ganzen Serie schwerer Krisen und Skandale erschüttert, welche sie bis hart an den Rand ihres völligen Zusammenbruchs führten. Die Dritte Republik war wesentlich eine Schöpfung des liberalen Honoratiorenbürgertums. Es gab kein stabiles Parteiensystem englischen Musters; es fehlte den Parteien an einer straffen Organisation, und die Grenzen zwischen ihnen blieben fließend. Persönlichkeiten und nicht so sehr Programme bestimmten den Gang der Dinge, und politischer Frontwechsel der führenden Politiker war ein weitverbreitetes Phänomen. Nur die Radikalen besaßen ein einigermaßen fest umrissenes Programm. Sie verlangten eine gründliche Reform des in der Tat recht konservativen französischen Zweikammersystems mit seinen auf Lebenszeit gewählten Senatoren, ein rein weltliches Erziehungssystem, eine egalitäre Steuergesetzgebung und schließlich umfassende Sozialreformen. Die schärfsten Gegner der bestehenden Verfassungsordnung aber standen auf der Rechten. Die Konservativen, bei denen die alten Traditionen des Legitimismus, des Bonapartismus und des Orleanismus in einer den Zeit-

läuften mehr oder minder angepaßten Form fortlebten, lehnten in ihrer überwiegenden Mehrheit die Republik und die parlamentarische Regierungsform aufs schärfste ab und plädierten teils für die Restituierung der Monarchie, teils für ein bonapartistisches System, oder aber für eine Kombination beider Regierungsformen. Die Rechte besaß in den Kreisen der Gesellschaft, vor allem im Hochadel, starken Rückhalt; ihre Bestrebungen fanden darüber hinaus Unterstützung namentlich seitens des Offizierskorps, das in der Dritten Republik vornehmlich das schmachvolle Ergebnis der Niederlage von 1870/1871 sah und sich gleich einem Staat im Staate weiterhin an den Idealen des *Second Empire* orientierte. Außerdem konnte sie auf die tatkräftige Unterstützung des hohen Klerus und der zahlreichen Kongregationen zählen, welch letztere schon deshalb großen Einfluß besaßen, weil sie praktisch das Erziehungssystem Frankreichs beherrschten. Zwischen beiden Lagern befand sich die republikanische Mitte, die vor allem von dem dem Ideal des *Laissez faire* verpflichteten Besitzbügertum getragen wurde, nicht eben in beneidenswerter Lage. Die leitende Maxime ihrer Politik bildete immer noch das Prinzip des *juste milieu*. Im Namen gesellschaftlicher Stabilität und wirtschaftlichen Prosperität verteidigten die Republikaner das bestehende System sowohl gegen Rechts wie gegen Links, das Schmähwort des Opportunismus dabei nicht scheuend. Auf wirtschaftlichem und sozialem Gebiet verfolgte die republikanische Mitte im wesentlichen eine Politik, die den Interessen des Großbürgertums entsprach und weder den Bedürfnissen noch den Wünschen der breiten Massen der Bauern und des städtischen Kleinbürgertums sowie der Arbeiterschaft sonderliche Aufmerksamkeit schenkte.
Wie schwach das Verfassungssystem der Dritten Republik im Bewußtsein der breiten Massen der französischen Nation verankert war, zeigt sich darin, daß sich der ›Boulangismus‹ zu einer ernsten Gefahr für den Bestand der demokratischen Ordnung auswachsen konnte. Die boulangistische Bewegung war eine Koalition ganz heterogener Gruppen, die unter der gemeinsamen Flagge eines ebenso fanatischen wie neurotischen und vordergründigen Nationalismus segelten. Der steile Aufstieg des Generals Boulanger, eines brillanten, eleganten und gutaussehenden Offiziers, zum Haupt dieser politischen Bewegung, die eine Revision der Verfassung im bonapartistischen Sinne verlangte, war freilich zum guten Teil die Folge schwerwiegender Fehlkalkulationen der republikanischen Politiker selbst, namentlich Clemenceaus, der den populären General 1886 als Kriegsminister ins Kabinett geholt hatte. Boulanger hatte sich 1887 durch eine forsche Politik in der sogenannten Schnaebele-Affäre, die zeitweilig die Gefahr eines deutsch-französischen Krieges heraufbeschwor, sowie durch

eine Reihe von Maßnahmen zugunsten der Armee in die Rolle eines neuen Nationalheros, eines neuen Bonaparte, heraufgespielt, oder besser, es war seiner Umgebung, insbesondere Déroulède, gelungen, ihn als einen solchen aufzubauen. Die Regierung, beunruhigt über diese Entwicklung, entließ Boulanger 1889 als Kriegsminister und trieb ihn so zur offenen Kampfansage an die Dritte Republik. Boulanger wurde zum Syndikus aller unzufriedenen Gruppen der Gesellschaft, und seine Polemik gegen die Korruption und die Geldgier des Systems fand, in Verbindung mit seiner leidenschaftlichen Beschwörung der nationalen Größe Frankreichs, weithin Anklang. Boulangers Agitation fand außerordentlich günstige Bedingungen vor. Der Zusammenbruch der *Société du Canal de Panama* unter einigermaßen düsteren Begleitumständen, der 400 000 kleinen französischen Sparern ihr ganzes Vermögen kostete, und der Skandal um den Schwiegersohn des amtierenden Staatspräsidenten Grévy, welcher einen schwungvollen Handel mit höchsten Orden betrieben hatte, warfen in der Tat ein schlechtes Licht auf die republikanischen Politiker. Im Bewußtsein der Franzosen war die demokratische Republik eng mit dem Ideal strikter moralischer Integrität verbunden, während die Monarchie als Hochburg moralischen Verfalls und maßloser Verschwendungssucht galt. Die Entdekkung, daß auch die Inhaber höchster republikanischer Staatsämter von der Sucht persönlicher Bereicherung auf Kosten der Allgemeinheit nicht frei waren, wirkte wie ein Schock und begünstigte den Boulangismus, der sich als Haupt des Kampfes der breiten Volksmassen gegen den räuberischen Kapitalismus der herrschenden Schichten gerierte, ohne doch vor einem Bündnis mit den Gruppen der äußersten Rechten zurückzuschrecken. Boulanger ließ sich in einem freiwerdenden Wahlkreis nach dem andern mit triumphalen Stimmenzahlen wählen, freilich mit erheblicher Unterstützung royalistischen Geldes und der royalistischen Presseorgane. Die Gefahr, daß Boulanger bei den bevorstehenden allgemeinen Wahlen in allen Wahlkreisen gleichzeitig kandidieren und diese dergestalt in ein Plebiszit zu seinen Gunsten umfunktionieren könnte, wurde zu einer Realität. Aber im entscheidenden Augenblick, nach einem neuen gewaltigen Erfolg in den Wahlen im 7. Arrondissement von Paris, die auch die republikanischen Politiker als bedeutsamen Testfall betrachtet hatten, im Juni 1889, schreckte der General davor zurück, zu kämpfen. Die Regierung aber änderte mit Unterstützung der republikanischen Mehrheit der Kammer kaltblütig das Wahlrecht und nahm Boulanger damit die Möglichkeit, durch gleichzeitige Kandidatur in sämtlichen Wahlkreisen gleichsam legal zur Macht zu kommen; darüber hinaus traf sie Vorbereitungen, um gegen Boulanger und seine Anhänger gerichtlich vorzugehen. Dieser aber, statt auf den

Elysee-Palast zu marschieren, tat gar nichts und floh schließlich nach Belgien. Ihres Oberhauptes beraubt, brach die boulangistische Bewegung über Nacht in sich zusammen und zerfiel wieder in ihre heterogenen Bestandteile. Die Wahlen vom Sommer 1889 endeten mit einer vernichtenden Niederlage der Gegner der Republik. Als Boulanger sich 1891 am Grabe seiner Geliebten in Brüssel das Leben nahm, war der Boulangismus als politische Gefahr in alle Winde zerstoben und der Bestand der Dritten Republik endgültig gesichert.
Unter der Präsidentschaft des der großbürgerlichen Geschäftswelt entstammenden Sadi Carnot, der mehr wegen seines großen Namens als wegen seiner persönlichen Verdienste an die Spitze des Staates gestellt worden war, trat dann eine gewisse Stabilisierung der Verhältnisse ein. Auch die katholische Kirche, welche der Dritten Republik bislang unversöhnlich gegenübergestanden hatte, lenkte ein; die Bulle Leos XIII. *Inter multiplices sollicitudines* vom Jahre 1892 ermöglichte die Versöhnung der Katholiken mit der Republik. Dennoch hielt der hohe französische Klerus an seiner starren Ablehnung des bestehenden Systems fest und stimmte in die nationalistische und antisemitische Agitation der Rechten gegen die Republik ein, wie sie jetzt auch in ehemals strikt konservativ-legitimistischen Kreisen der französischen Gesellschaft zunehmend an Anhang gewann. Als 1892 die Hintergründe des Zusammenbruchs der Panamakanal-Gesellschaft aufgedeckt wurden, kam es zu einer neuen schweren Krise der Dritten Republik, stellte sich doch heraus, daß eine ganze Reihe von prominenten Politikern in die betrügerischen Machenschaften der Gesellschaft verwickelt gewesen war. Diese Vorgänge schufen einen günstigen Nährboden für die nationalistischen und antisemitischen Parolen von Barrès und Drumont. Drumonts Zeitung *La Libre Parole* erhob die Befreiung Frankreichs von der jüdischen Hochfinanz zu ihrem Programm und gab das Stichwort aus: ›Frankreich den Franzosen‹.
Obgleich die Wahlen des Jahres 1893 der Rechten erneut eine herbe Enttäuschung brachten, verschärfte sich ihre Opposition gegen das ›System‹ in den nächsten Jahren noch beträchtlich. Auch im entgegengesetzten Lager verstärkten sich die gegen den Bestand der Dritten Republik gerichteten Strömungen. Die Arbeiterschaft wurde von steigendem Unwillen über ihre gedrückte soziale Lage erfaßt. Die Zahl der sozialistischen Abgeordneten in der Ersten Kammer stieg von 12 auf 50 Abgeordnete. Auch außerhalb der parlamentarischen Körperschaften schlug die Arbeiterschaft einen härteren Kurs ein. Eine Serie anarchistischer Attentate und erbitterter Massenstreiks erschütterte die bürgerliche Welt.
Der aufgehäufte Zündstoff kam dann in der sogenannten Drey-

fus-Affäre zu einer plötzlichen Entladung. Ende September 1894 war der französische Artilleriehauptmann Dreyfus, ein Offizier jüdischer Abstammung, wegen Landesverrats verhaftet worden. Angeblich sollte er dem deutschen Militärattaché von Schwartzkoppen geheime Aufstellungen über die französische Artilleriebewaffnung übermittelt haben. Von dem Tage an, an welchem die Verhaftung von Dreyfus bekannt wurde – übrigens unter Mitwirkung des Generalstabs, der Drumonts *Libre Parole* entsprechende Informationen zugespielt hatte – brach eine ungeheure Kampagne gegen das ›jüdische Kartell‹ innerhalb der französischen Gesellschaft los. In Dreyfus' Landesverrat sah die französische Rechte und mit ihr das französische Offizierskorps den handgreiflichen Beweis für die angebliche den nationalen Interessen Frankreichs zuwiderlaufende verschwörerische Tätigkeit der Juden. Insbesondere die Armee, deren höheres Offizierskorps noch aus den Zeiten des *Second Empire* stammte und seinen Nachwuchs nahezu ausschließlich durch Kooptation rekrutierte, stand antisemitischen Auffassungen nahe. Die autoritäre Mentalität der französischen Offiziere war den demokratischen Grundsätzen des Landes diametral entgegengesetzt; man verachtete die Dritte Republik als das Regime eines materialistischen, nur auf gute Geschäfte bedachten Geldbürgertums, und, da die Juden innerhalb des französischen Wirtschaftslebens eine ungewöhnlich hohe Zahl von Schlüsselpositionen innehatten, nicht zuletzt des Judentums. Insofern verknüpfte sich die antisemitische Agitation gegen den jüdischen Landesverräter Dreyfus von Anfang an mit den Problemen der politischen und gesellschaftlichen Verfassung Frankreichs.

Die Rechte nahm den Fall Dreyfus zum Ausgangspunkt einer publizistischen Offensive großen Stils gegen das bestehende politische System, und unter dem Einfluß dieser lautstarken Agitation fanden sich der Generalstab und das Kriegsministerium nur zu schnell dazu bereit, in Dreyfus den alleinigen Täter zu sehen, obwohl die Anklage auf äußerst schwachen Füßen stand. Entgegen allen Regeln des Militärstrafprozeßrechts wurde den Richtern des Kriegsgerichts ein angeblich aus Gründen der nationalen Sicherheit streng geheimes Dossier mit belastenden Dokumenten zugespielt, die sich später teils als gefälscht, teils als überhaupt nicht auf Dreyfus bezüglich erwiesen. So wurde der Offizier demonstrativ degradiert, aus der Armee verstoßen und ungeachtet aller Unschuldsbeteuerungen auf die Teufelsinsel deportiert.

Damit hätte die Affäre ein Ende haben können. Doch hörte eine kleine Gruppe von Freunden des Verurteilten nicht auf, an dessen Unschuld zu glauben. Sie setzten alles daran, eine Revision des Prozesses zu erreichen, und fanden dabei Bundesgenossen namentlich in den Kreisen der linken Intelligenz, die naturgemäß der Armee ohnehin nicht eben wohlgesinnt war. Überdies sikkerten allmählich neue Tatsachen durch, welche die Schuld Dreyfus' in einem zweifelhaften Lichte erscheinen ließen. Entscheidender war, daß der neue Chef der französischen Abwehr, ein Oberstleutnant Picquart, 1896 neue Dokumente entdeckte, die mit Gewißheit bewiesen, daß nicht Dreyfus, sondern ein Major Esterhazy mit Schwartzkoppen in Verbindung gestanden hatte. Doch zog es der französische Generalstab vor, diesen neuen Informationen nicht weiter nachzugehen und lieber Gras über die Dinge wachsen zu lassen, teils, weil man unter dem Einfluß der Suggestionskraft der Anti-Dreyfus-Kampagne immer noch an dessen Schuld glaubte, teils, weil man dem unvermeidlichen Eklat aus dem Wege gehen wollte, den eine Neuaufrollung des Prozesses gegen Dreyfus sowie dessen eventuelle Freisprechung für die Armee bedeutet haben würde. In falsch verstandener Staatsräson stellte man die Erhaltung des Ansehens der Armee über das persönliche Schicksal eines einzelnen jüdischen Offiziers. Aber schlimmer noch: man produzierte flugs neue, ebenfalls gefälschte Dokumente, aus denen die Schuld von Dreyfus nunmehr unzweifelhaft hervorzugehen schien. Desgleichen entband man den unbequemen Mahner Picquart von seinem Posten und schob ihn ins ferne Algerien ab.

Gegen diese Verschwörung des Generalstabs zur Verhinderung einer Wiederaufnahme des Kriegsgerichtsverfahrens gegen Dreyfus vermochte die kleine Gruppe der ›Dreyfusards‹ lange nichts auszurichten. Alle Versuche, eine Revision des Prozesses in Gang zu bringen, scheiterten. Erst als Emile Zola mit einem offenen Brief an den Präsidenten der Republik, der am 14. Januar 1898 in der Pariser Zeitschrift *L'Aurore* erschien, die Öffentlichkeit wachrüttelte, kamen die Dinge in Bewegung. Zolas Schrift erregte ungeheures Aufsehen; endlich waren die näheren Umstände der Verurteilung von Dreyfus ins volle Licht der Öffentlichkeit gerückt. Der französischen Nation bemächtigte sich eine ungeheure Erregung. Frankreich spaltete sich in zwei Lager, die Gegner und die Befürworter einer Revision. In einer Atmosphäre eines ebenso extremen wie verletzlichen Nationalismus, der alle Züge einer Massenneurose trug, gewann die Frage, ob hier ein Justizirrtum vorliege oder nicht, riesenhafte Dimensionen. Die gesamte Rechte und mit ihr die Armee und die übergroße Mehrheit der Mächtigen in Staat und Gesellschaft betrachteten eine Entscheidung zugunsten der Revision als mit der Ehre der Armee und des Landes unvereinbar. Zumindest im Bewußtsein der herrschenden Eliten stand in dieser Sache nicht mehr nur das Prestige der Armee auf dem Spiele, sondern auch die Staatsautorität und die Geltung der bestehenden Sozialordnung. In der gesamten

Presse der Rechten und der bürgerlichen Mitte brach eine hemmungslose Kampagne gegen die ›Dreyfusards‹ los, in der sich ein maßloser Nationalismus austobte. Umgekehrt warf die Linke, die sich jetzt geschlossen auf die Seite der Freunde von Dreyfus stellte, der Regierung vor, das Land der Reaktion ausliefern zu wollen. Es kam zu gewaltigen Straßendemonstrationen, die vielfach in Schlägereien ausarteten.
In einer derartigen Atmosphäre blieb Zolas kühnem Vorstoß zunächst jeder Erfolg versagt. Vielmehr lieferten Regierung, Offizierskorps und Justiz den Dreyfusards eine Abwehrschlacht von beispielloser Zähigkeit, in welcher man es nicht verschmähte, alle Register politischer Einschüchterung und juristischer Schliche zu ziehen. Unter großer Anteilnahme der Öffentlichkeit wurde Zola sowohl in erster als auch in zweiter Instanz wegen Beleidigung der Armee verurteilt. Jedoch kamen im Zuge der Auseinandersetzungen immer neue Einzelheiten ans Licht, die schließlich den Kriegsminister Cavaignac veranlaßten, seinerseits eine Überprüfung der Belastungsdokumente einzuleiten. Sie ergab, daß ein Oberst Henry, der Nachfolger Picquarts im Generalstab, dieselben gefälscht habe. Am 30. August 1898 wurde Henry verhaftet; am folgenden Tage beging er, nachdem er ein Geständnis abgelegt hatte, im Gefängnis Selbstmord.
Der Eklat war da, der Chef des Generalstabes trat zurück, die Armee mußte sich schwerwiegende Vorwürfe gefallen lassen. Gleichwohl gab sie ihre Taktik der Einigelung auch jetzt nicht auf. Die Kriegsminister lösten einander in rascher Folge ab, weil keiner von ihnen es angesichts der Stimmung in der Armee wagte, die vollen Konsequenzen aus der neuen Sachlage zu ziehen. Die Agitation gegen die Dreyfusards erreichte im Spätherbst 1898 einen neuen Höhepunkt: die *Ligue des Patriotes* organisierte große nationalistische Straßendemonstrationen. Dennoch war die Revision nun nicht mehr aufzuhalten. Am 14. Dezember 1898 gab die Regierung Brissot den Weg dafür frei, und zwei Monate später beschloß der Kassationsgerichtshof, dem Revisionsgesuch der Madame Dreyfus stattzugeben. Damit näherte sich die Affäre ihrem Ende — gleichwohl steigerte sie sich jetzt zu einer revolutionären Situation. Die Widerstände gegen die Revision waren auf der Rechten und innerhalb des Regierungslagers immer noch so stark, daß zwei Regierungen über der Aufgabe scheiterten, die Wiederaufnahme des Verfahrens durchzuführen und die Armee wieder zur Räson zu bringen. Der überraschende Tod des Staatspräsidenten Faure, der mit der Rechten sympathisiert und die Revision zu hintertreiben versucht hatte (Mitte Februar 1899), und die Wahl eines Mannes der linken Mitte zu seinem Nachfolger trieben dann die Entwicklung auf die Spitze. Die Boulangisten und Bonapartisten sammelten sich zu einem letzten verzweifel-

ten Angriff auf die Republik; ein Putschversuch der *Ligue des Patriotes* Déroulèdes scheiterte freilich kläglich. Gewaltige Massendemonstrationen der Nationalisten und noch gewaltigere Gegendemonstrationen der Arbeiterschaft ließen die Situation kritisch erscheinen. Erst die Ende Juni 1899 gebildete Regierung Waldeck-Rousseau, eine Regierung der nationalen Konzentration, welcher so gegensätzliche Männer wie der General Gallifet und der Sozialist Millerand angehörten, vermochte der Autorität des Staates wieder Geltung zu verschaffen – um so mehr, als die Franzosen um das Zustandekommen der für das Jahr 1900 in Paris geplanten Weltausstellung besorgt waren.
Die Lage war jedoch immer noch so verfahren, daß für nüchterne Einsicht vorläufig kein Raum war. Befangen in einem Denken, in dem sich unbedingte Hingabe an die soldatischen Traditionen und Treue gegenüber den militärischen Autoritäten mit einem neurotischen Nationalismus verbanden, verweigerte das Kriegsgericht im Sommer 1899 Dreyfus wiederum den Freispruch, obwohl inzwischen Esterhazy vom sicheren Londoner Exil aus zugab, daß er der Schuldige gewesen sei. Nur die rasche Begnadigung durch den Präsidenten der Republik brachte den Fall endgültig zum Abschluß.
Die wichtigste Folge der Dreyfus-Affäre war die Sprengung der bisherigen politischen Mitte. Während die älteren konservativen Kräfte schwer angeschlagen waren und nun ganz von der neuen Bewegung eines ›integralen Nationalismus‹ aufgesogen wurden, gab sich jetzt die nichtsozialistische Linke im *Parti radical et radical-socialiste* eine neue Organisation und bildete zusammen mit den Sozialisten einen Block der Linken, der dann bei den Wahlen 1902 eine starke Mehrheit erhielt. Schon das Kabinett Waldeck-Rousseau hatte einen neuen Kurs in der inneren Politik eingeleitet, der die tieferen Wurzeln der Dreyfusbewegung zu beseitigen suchte. Er hatte es sich zur Aufgabe gesetzt, die Sonderstellung der Armee im Staate zu beseitigen und den Einfluß der katholischen Kirche auf das Erziehungswesen zu brechen. Das nach den Wahlen zur Macht gelangte radikale Ministerium Combes führte diesen Kurs mit größter Schärfe fort; die Kongregationen erhielten ein Unterrichtsverbot und wurden zum überwiegenden Teile aufgelöst.
Die antiklerikale Politik der französischen Regierung führte 1903 zum Abbruch der Beziehungen zum Vatikan und schließlich zur völligen Trennung von Kirche und Staat. Diese wurde in dem Gesetz vom 5. Dezember 1905 auch formell vollzogen. Die Proteste Papst Pius' X. verhallten ungehört. Die laizistisch gesonnene republikanische Linke Frankreichs war entschlossen, den jahrhundertealten Einfluß der katholischen Kirche auf die breiten Massen, der sich vorwiegend im antidemokratischen Sinne gel-

tend gemacht hatte, nunmehr mit allen Mitteln zu brechen. Sie hoffte, dergestalt für eine radikaldemokratische Politik freie Bahn zu schaffen, welche den Staat in ein Instrument zur Lösung der sozialen Probleme und zur Realisierung der Idee der Solidarität umschmieden wollte. Und trotz des zähen Widerstandes des Vatikans, der den französischen Katholiken jegliche Kooperation mit den Staatsbehörden im Rahmen der neugeschaffenen Kultgesellschaften verbot, drang sie damit durch. Bei den Wahlen von 1906 erhielt die radikalsozialistische Linke erneut eine große Mehrheit. Es war der alte Clemenceau, der jetzt ein Kabinett voll bedeutender Namen bildete, welches Dreyfus endgültig rehabilitierte und eine neue Phase in der inneren Politik Frankreichs einleitete.

Verglichen mit England und Frankreich nahm die innere Entwicklung in Belgien, dem industriell am weitesten fortgeschrittenen Lande unter den kleineren Staaten Europas, einen wesentlich anderen Verlauf. Auch hier ließ sich ein stetiges Ansteigen der demokratischen Kräfte beobachten, doch leistete hier das katholische, konservativ gesinnte Großbürgertum — begünstigt durch die besondere soziale Struktur des Landes — einer Beteiligung der breiten Massen an den politischen Entscheidungen zähen und auf lange Zeit hinaus erfolgreichen Widerstand. Schon 1884 hatte die katholisch-konservative Partei die seit 1831 ununterbrochen regierenden Liberalen in der Macht abgelöst. Ihre Mehrheit in der Ersten Kammer und im Senat erwies sich dank eines Zensuswahlsystems, das nur 137000 Bürgern das Wahlrecht zugestand, in den folgenden zwei Jahrzehnten als nahezu unüberwindlich, zumal sie bei den politisch noch weitgehend passiven katholischen flämischen Bauern starken politischen Rückhalt fand. Die regierende katholisch-konservative Partei sorgte, wie groß die Proteste der Liberalen auch sein mochten, dafür, daß die katholische Kirche wieder bestimmenden Einfluß auf die Schulen erhielt. Auf wirtschaftlichem Gebiet führte sie freilich den *laissez-faire*-Liberalismus ihrer Vorgänger fast unverändert fort.

Unter solchen Umständen wurde Belgien zum klassischen Lande des Klassenkampfes. Mit den üblichen Methoden des parlamentarischen Kampfes war hier angesichts der erdrückenden Mehrheit der regierenden Partei nichts auszurichten; daher konzentrierten sich alle politischen Energien auf eine Reform des bestehenden extrem plutokratischen Wahlrechts. Da sich die herrschenden Gruppen jeder Änderung desselben hartnäckig widersetzten, blieb schließlich nur die Waffe des Generalstreiks. Die Sozialisten nutzten sie. 1886 kam es zum erstenmal zu schweren Arbeiterunruhen im Lande, die nur durch Truppeneinsatz niedergeworfen werden konnten. Die Krise des großbürgerlichen Klassenstaats war offenbar. Und doch veranlaßten erst neue, besser organisierte

Abb. 9: Brüssel 1894: Die Sozialisten feiern ihre Stimmengewinne

Wahlrechtsdemonstrationen gewaltigen Umfangs in den Jahren 1890 bis 1892 das Parlament zum Einlenken. Die Wahlrechtsreform, die dann nach erneuten Massenstreiks 1893 endlich durchgeführt wurde, brachte jedoch nur höchst unbefriedigende Resultate. Zwar war die Zahl der Wähler um das Zehnfache vermehrt worden, gleichzeitig aber hatte man durch die Einführung eines komplizierten Pluralwahlsystems die Parteiherrschaft der Katholiken in aller Form zementiert. So gelangten bei den Wahlen von 1894 wiederum 104 Katholiken; dagegen nur 14 Liberale und 34 Sozialisten, welch letztere ausschließlich in den Industriebezirken Walloniens gewählt worden waren, in die Kammer. Schlimmer noch war, daß die katholische Partei ihre vorherrschende Position in den Kommunen zu rücksichtsloser Manipulation des Kommunalwahlrechts mißbrauchte. Dadurch wurden die Städte, soweit sie noch im agrarischen Einflußbereich lagen, den Katholiken ausgeliefert, zum Schaden der Sozialisten und der Liberalen. Durch das Schulgesetz von 1895 taten die Katholiken ein weiteres, um die laizistische Linke bis aufs Blut zu reizen.

Seit der Jahrhundertwende verbanden sich die Sozialisten und die Liberalen zu gemeinsamer Aktion, um dieses in Wahrheit oligarchische System zu brechen. Ihr Kampf richtete sich vor allem gegen das herrschende Wahlrecht, das sie durch das allgemeine

gleiche und direkte Wahlrecht ersetzt sehen wollten. Sie drangen damit freilich nur in beschränktem Maße durch; die regierende Mehrheit ließ sich allein dazu herbei, die plutokratische Wirkung des bestehenden Wahlsystems durch Einführung des Listenwahlverfahrens ein wenig abzumildern. Der seit 1901 von der Sozialistischen Partei ins Werk gesetzten großen Streikbewegung zugunsten der Durchsetzung des allgemeinen gleichen und direkten Wahlrechts blieb dagegen jeder Erfolg versagt. In der Entwicklung der belgischen Arbeiterbewegung trat ein gewisser Stillstand ein; das Wählerreservoir der Sozialisten war in diesem Lande, das einen so starken traditionalistischen Sektor aufwies, schon seit der Jahrhundertwende relativ erschöpft. Dagegen vermochten die Liberalen, getragen von einer steigenden demokratischen Welle, seit 1906 gegen die konservative Parteiherrschaft der katholischen Bourgeoisie wieder an Boden zu gewinnen.
Auch in den Niederlanden beobachten wir den Aufstieg von klerikalen Parteien, die mit vereinter Kraft seit 1881 die Vorherrschaft des Liberalismus brachen, im Rahmen eines konstitutionellen Systems mit einem ähnlich hohen Zensuswahlrecht. Aber hier kam es , vor allem wegen der größeren sozialen Homogenität des Landes, nicht zu der schroffen Verhärtung der Fronten, die man in Belgien beobachten kann. In Holland fehlten die starken sozialen Gegensätze, und so gelangten die Liberalen in den Jahren 1891 bis 1899 noch einmal zur Macht. Sie vermochten ein Programm maßvoller Reformen, u. a. die Einführung der progressiven Einkommen- und Vermögenssteuer von 1892/1893, durchzusetzen. Dann freilich übernahmen die klerikalen Parteien wieder die Regierung, ohne doch annähernd so scharfe Widerstände gegen sich heraufzubeschwören wie in Belgien. Auch hier verlangte man das allgemeine gleiche und direkte Wahlrecht, aber niemand machte diese Forderung zum Kern eines außerparlamentarischen Kampfprogramms.

II. PERMANENTE VERFASSUNGSKRISEN IN SÜDEUROPA: SPANIEN, PORTUGAL UND ITALIEN

Während sich in Westeuropa die parlamentarischen Regierungsformen überall behaupteten, obwohl sie ihren ursprünglich stark großbürgerlichen Charakter mehr und mehr verloren und breite Schichten, die bisher politisch passiv gewesen waren, in das politische Geschehen eintraten, gelang dies in den südeuropäischen Ländern nirgends. Spanien, Portugal und Italien hatten verhältnismäßig früh die Formen und Methoden des liberal-konstitutionellen Systems übernommen. Doch diese schlugen hier nirgends wirklich Wurzeln und blieben, soweit man nicht, wie in Portugal, wieder ganz und gar in die Methoden der autoritären Monarchie zurückfiel, weitgehend eine dekorative Fassade, hinter der sich die mehr oder minder oligarchische Herrschaft relativ kleiner Gruppen von Politikern verbarg, die ihrerseits teils bei den traditionellen Gewalten, teils in der dünnen Schicht des merkantilen Bürgertums einen gewissen Rückhalt fanden. Angesichts der sehr rückständigen sozialen Verhältnisse war die Integrierung der breiten Massen in dieses System überaus schwierig. In Spanien und Portugal mißlang der Versuch, das bestehende konstitutionelle System den Bedingungen der Massengesellschaft anzupassen, vollkommen; in Italien wurde er nur nach Überwindung großer Hindernisse verwirklicht, und auch dort, wie die weitere Entwicklung zeigen sollte, nicht mit dauerhaftem Erfolg.

Spanien besaß seit 1876 eine konstitutionelle Verfassung von höchst fortschrittlichem Zuschnitt. Angesichts der extremen Armut und der rückständigen sozialen Verhältnisse im Lande war jedoch der Parlamentarismus hier von vornherein nicht mehr als ein Kampf von politischen Klientelen. Die jeweiligen Regierungsmehrheiten kamen durch systematische Wahlmanipulation zustande, und die herrschenden konservativen und liberalen Parlamentariergruppen unterwarfen sich willig den Spielregeln dieses Systems, welches faktisch die Vorherrschaft einer schmalen besitzenden Schicht garantierte. Bis 1897 vermochte Cánovas del Castillo, gestützt auf die Grundbesitzer und das industriell aktive Bürgertum, eine Politik der konservativ-liberalen Diagonale zu führen, obwohl ihm dies durch ständige anarchistische Unruhen nicht eben leicht gemacht wurde. Es gelang ihm sogar, 1890 das allgemeine Wahlrecht einzuführen sowie ein umfassendes bürgerliches Rechtssystem zu schaffen. Hinter dieser demokratischen Fassade verbarg sich jedoch ein extrem oligarchisches System, in dem die jeweiligen lokalen Machthaber, die sogenannten Kaziken, und die Zivil- bzw. Militärgouverneure der einzelnen Regionen alle politischen Fragen nach Belieben zu manipulieren vermochten. Der Krieg von 1898, in dessen Verlaufe Spanien die Reste seines früheren riesigen Kolonialreiches verlor, legte die ganze Schwäche dieses politischen Systems bloß und rief eine namentlich von den Intellektuellen getragene geistige Erneuerungsbewegung auf den Plan, die freilich an den politischen und sozialen Verhältnissen im Lande vorerst wenig zu ändern vermochte. Vielmehr brachte der Krieg die konservativen Kräfte, die vornehmlich von der katholischen Kirche und von der Krone und ihrer Umgebung getragen wurden, erneut zur Macht. Silvela und Maura versuchten ein höchst orthodoxes konservatives Reformprogramm durchzuführen; gleichzeitig aber gingen sie in schärfster Form gegen die Linke und die syndikalistische Arbeiterschaft vor. Dadurch wurden die Liberalen, die sich an den westeuropäischen Verhältnissen, namentlich dem französischen Modell, orientierten, nach links gedrängt und schließlich zum Bündnis mit der syndikalistischen Arbeiterschaft getrieben. Auch Maura war nicht imstande, der ständigen Unruhe im Lande und der Welle anarchistischer Anschläge und Attentate Herr zu werden. Die herrschenden extremen sozialen und politischen Gegensätze ließen die Zukunft des Landes in einem nicht eben günstigen Lichte erscheinen.

In Portugal bestand ebenfalls eine tiefe Kluft zwischen dem konstitutionellen Verfassungsrecht, das, gemessen an den damaligen Verhältnissen, als fortschrittlich bezeichnet werden muß, und der Verfassungswirklichkeit. Auch hier hatte eine kleine Gruppe von Politikern, teils konservativer, teils großbürgerlicher Richtung, das Heft in der Hand, eine Gruppe, die sich dem Ansturm des demokratischen Radikalismus und der anarchistischen Strömungen nur mit Gewalt zu erwehren wußte.

Etwas erfreulicher gestaltete sich die Entwicklung des parlamentarischen Systems in Italien. Anders als die iberischen Länder stand der italienische Nationalstaat seit seiner Gründung in unversöhnlichem Gegensatz zur katholischen Kirche, und dadurch wurde die ohnehin schmale gesellschaftliche Basis des italienischen Parlamentarismus noch mehr eingeschränkt. Es wirft ein bezeichnendes Licht auf die oligarchische Natur des italienischen parlamentarischen Systems jener Jahrzehnte, daß in einem so ausgeprägt katholischen Lande der bewußt katholische Volksteil an der politischen Willensbildung so gut wie keinen Anteil nehmen durfte, da der Papst den Gläubigen die aktive Mitarbeit an dem laizistischen Staate untersagt hatte. In der Tat war das großbürgerliche konstitutionelle System, wie es Cavour 1866 dem neugeschaffenen italienischen Nationalstaat gegeben hatte, im Laufe der Jahre zu einem oligarchischen Regime kleiner Gruppen von Politikern degeneriert, die dank des beschränkten Wahlrechts und der rückständigen sozialen Verhältnisse die politische Macht untereinander kreisen ließen. Die unzureichende Verankerung dieses politischen Systems im Lande selbst fand ihren Ausdruck in periodisch aufflackernden sozialen Unruhen und in tiefer Unzufriedenheit innerhalb der breiten Massen der Landarbeiterschaft wie unter dem in den Industriestädten des Nordens sich zusammenballenden Proletariat.

Das konservative Regime Crispis, der mit einigen Unterbrechungen von 1887 bis 1896 regierte, versuchte es mit einer Politik der Repression nach Bismarckschem Muster. Eine Serie anarchistischer Attentate wurde von Crispi 1893 zum Anlaß genommen, um die noch in ihren Anfängen stehende sozialistische Bewegung rigoros zu unterdrücken. In den sogenannten ›Maigesetzen‹ vom Jahre 1894 wurden alle sozialistischen Vereine und Organisatio-

nen verboten. Eine große Zahl von sozialistischen Abgeordneten wurde verhaftet; einige wurden eingekerkert, andere zu einem Zwangsaufenthalt in abgelegenen Gebieten verurteilt und ihnen so die Möglichkeit zu politischer Aktivität genommen. Diese Verfolgungen vermochten freilich den Fortschritt der sozialistischen Bewegung in Italien nicht aufzuhalten. Ungeachtet der Repressionsmaßnahmen der Regierung gelang es dem *Partito Socialista Italiano*, die Zahl seiner Sitze von ursprünglich 5 auf 20 zu steigern. Auch die ebenfalls nach Bismarckschem Muster 1898 eingeführte obligatorische Unfallversicherung sowie die staatliche Alters- und Invalidenversicherung konnten die Arbeiterschaft nicht von ihrer Ablehnung des bestehenden Gesellschaftssystems abbringen, zumal die Regierung zahlreiche Streiks mit Waffengewalt niederschlug.
Freilich war das Regime Crispis durch das Fiasko der von ihm eingeleiteten ehrgeizigen imperialistischen Expansionspolitik in der Schlacht bei Adua, in der ein italienisches Heer durch die Truppen des Kaisers von Abessinien vernichtend geschlagen worden war, schon 1896 in eine schwere Krise geraten, welche der Linken, die von dergleichen kostspieligen Experimenten nichts wissen wollte, starken Auftrieb gab. Auch Crispis Nachfolger Rudinì versuchte sich in imperialistischen Experimenten, hoffte er doch auch für Italien ein Stück chinesischen Territoriums zu ergattern, ein Unterfangen, das jedoch ebenfalls fehlschlug. Darüber hinaus kam es 1898 infolge einer schlechten Ernte, aber auch wegen des seit Anfang der neunziger Jahre mit Frankreich ausgetragenen Zollkriegs zu einer schweren Brotteuerung im Lande, die den Anstoß zu der Welle revolutionärer Unruhen gab, welche sich von Süditalien mit rapider Geschwindigkeit ausbreitete und Anfang Mai in einer regelrechten Aufstandsbewegung in der Lombardei gipfelte. Gegenüber der revolutionären Mailänder Arbeiterschaft, die vom 3. bis 9. Mai 1898 die Herrschaft in der Industriemetropole an sich riß, war die Polizei zunächst machtlos; erst nach blutigen Kämpfen konnte der Aufstand von Einheiten der regulären Armee niedergeworfen werden.
Obwohl natürlich sozialistische und anarchistische Ideen, zumeist höchst undifferenzierter Art, zur Auslösung der Aufstandsbewegung beigetragen hatten, hatte die junge sozialistische Partei Italiens damit nichts zu tun. Sie wurde von der Bewegung, die ihren ersten Anstoß durch Brotunruhen erhalten hatte und dann wie ein Lauffeuer von einem Ort zum nächsten übersprang, ebenso überrascht wie das Bürgertum und die Staatsbehörden. Es handelte sich um eine spontane Massenbewegung im klassischen Sinne, die aus bloßen Demonstrationen gegen die Lebensmittelteuerung erwachsen war und der klare politische Zielsetzungen ebenso wie eine einheitliche Leitung vollkommen fehlten. Dennoch

war der Schock in den herrschenden Schichten ungeheuer. Dunkle, undefinierbare Gewalten hatten sich aus der Tiefe der Gesellschaft erhoben und sich der Staatsautorität offen entgegengestellt. Unter dem Eindruck dieser Vorgänge berief König Umberto I. den General Pelloux an die Spitze einer konservativen Regierung, die nun mit äußerster Schärfe gegen die wirklichen oder vermeintlichen Führer des Aufstands vorging. Über alle großen Städte in Oberitalien wurde der Belagerungszustand verhängt, und Militärgerichte urteilten mit drakonischer Härte über jene, die sie als Rädelsführer der Revolte ansahen. Hunderte von Politikern der Linken, insbesondere Sozialisten, aber auch führende Katholiken, denen man verschwörerische Tätigkeit gegen den italienischen Staat vorwarf, wurden ins Gefängnis geworfen. Eine Welle der Reaktion, getragen von den konservativen Kräften, vor allem aber der Armee und dem königlichen Hofe, ging durch das Land. Freilich weckte das militärische Regime – erst im August 1898 stellten die Militärgerichte ihre Tätigkeit wieder ein – immer stärkere Mißstimmung im Volke. Als die Armee 1899 Anstalten machte, mit Hilfe von Ausnahmegesetzen zu regieren, welche die Grundpfeiler der italienischen Freiheit in Gefahr zu bringen drohten, regte sich nicht nur auf der politischen Linken, sondern auch im Bürgertum starker Unwillen. Die Parteien der äußersten Linken, die Sozialisten, die Republikaner und die Radikalen, schlossen sich zu einer Koalition zusammen, die unter dem Namen *Estrema Sinistra* bekannt wurde und der es durch systematische Anwendung parlamentarischer Obstruktionstaktiken gelang, die Annahme dieser Ausnahmegesetze zu verhindern, welche die Einschränkung einer ganzen Reihe von Grundrechten, die Reglementierung unliebsamer Presseorgane und die Auflösung politischer Vereine der Linken vorsahen. Pelloux nahm schließlich seine Zuflucht zu einem königlichen Erlaß, in dem die Ausnahmegesetze einfach für geltendes Recht erklärt wurden; doch wurde dieser im Februar 1900 für verfassungswidrig erklärt. Die Ermordung König Umbertos I. im Juli 1900 war der letzte Nachklang dieser Periode erbitterter innenpolitischer Kämpfe, in denen die radikale Linke sich wegen ihres unnachgiebigen und tapferen Eintretens für die verfassungsmäßigen Rechte des Bürgers die Bewunderung weiter Kreise des politisch nicht unmittelbar engagierten Bürgertums erwarb.

Mit dem Sturze von Pelloux und dessen Ersetzung durch das gemäßigte liberale Ministerium Zanardelli im Februar 1901 begann eine neue Phase der inneren Politik Italiens, die durch einen allmählichen Abbau der scharfen innenpolitischen Fronten gekennzeichnet war. Die Schlüsselposition im Kabinett Zanardelli, das Innenministerium, hatte ein Mann inne, der mehr als irgend jemand sonst die Geschicke Italiens in der kommenden Dekade

bestimmen sollte, Giovanni Giolitti. Er gehört zu den großen, aber zugleich zu den umstrittensten Männern der neueren italienischen Geschichte. Giolitti war als Verwaltungsbeamter zur Politik gekommen, und eine persönliche Hingabe an den piemontesischen Staat, den er in gleichsam hegelianischer Weise zum normativen Leitwert seines politischen Handelns erhob, verlieh seiner höchst sublimen parlamentarischen Taktik den sicheren Fixpunkt. Politischen Ideologien gleich welcher Art stand Giolitti innerlich fremd gegenüber, und eine Bestandsaufnahme seiner politischen Grundüberzeugungen ergibt nicht gerade ein reichhaltiges Resultat, wie man ihm denn auch immer wieder nachgesagt hat, daß er ein — freilich genialer — Opportunist gewesen sei. Giolitti war nüchtern, pragmatisch und gemessen in seinem Auftreten; seine Worte waren stets wohlberechnet und taktisch bis ins kleinste durchdacht. Soweit sich hinter seinen immer aufs konkreteste Detail zielenden Äußerungen ein allgemeiner Grundsatz entdecken läßt, war es jener, die breiten Massen des ländlichen und industriellen Proletariats im Rahmen einer sozialen Monarchie an den Staat heranzuführen. Giolittis Politik war stets die eines Pragmatikers, der sich von dem Sinn für das Erreichbare leiten ließ, freilich unter souveräner Ausnutzung der jeweiligen parlamentarischen Situation. Ihm lag es nicht, für große politische Ideale auch dann zu kämpfen, wenn ein Sieg noch nicht in Reichweite war; vermochte er zu einem bestimmten Zeitpunkt mit seinen Zielen nicht durchzudringen, dann trat er lieber ins zweite Glied zurück und überließ anderen das Heft, bis die Zeit für ihn reif war. Insofern gehört er nicht zu den ganz Großen der Politik; aber er war gerade der Mann, den Italien damals brauchte. Denn er war mehr als andere dazu fähig, ohne Rücksicht auf traditionelle Fraktions- und Parteiengrenzen innerhalb des noch immer weitgehend oligarchisch zusammengesetzten italienischen Parlaments Mehrheiten zu schmieden und damit eine konstruktive Politik der konservativ-liberalen Diagonale zustande zu bringen; dabei war es unerheblich, ob er, wie vom November 1903 bis März 1905, vom Mai 1906 bis Dezember 1909 und vom März 1911 bis März 1914, Ministerpräsident war, oder ob er formell oder tatsächlich außerhalb der Regierung stand.
Es ist schwer, ein gerechtes Urteil über Giolittis Innenpolitik zu fällen. Ihre großen Leistungen liegen vornehmlich auf dem Gebiet der Wirtschaft und der Verwaltung. Auch Giolitti vermochte der tiefen sozialen Gegensätze und der Unruhe der breiten Massen nicht Herr zu werden, die im September 1904 in einem Generalstreik zum Ausdruck kamen, welcher ganz Italien ergriff und nur nach umfassendem Truppeneinsatz beendet werden konnte. Giolittis Politik war fast notwendig eine Strategie des steten Ausbalancierens entgegengesetzter Interessen, im Rahmen des

überkommenen politischen Systems. 1903 hat er einmal die Grundsätze seiner Politik in die charakteristische Rahmenformel gekleidet: »Freiheit für alle in den Grenzen der bestehenden Gesetze«[53]. Es war zum guten Teil seinem Wirken zuzuschreiben, daß sich das Verhältnis der Katholiken zum italienischen Nationalstaat langsam zu entspannen begann und Pius X. in seiner Enzyklika vom 11. Juni 1905 den katholischen Gläubigen wenigstens die Teilnahme an den Wahlen, wenn schon nicht die Bildung einer katholischen Partei, gestattete. Auch Giolittis meisterhaftes Taktieren konnte den fundamentalen Mangel des italienischen parlamentarischen Systems nicht überwinden, nämlich seine unzureichende Integrationskraft in einem Lande, in dem noch immer das Analphabetentum stark verbreitet war und vor allem die Massen der Landarbeiter im Süden noch ganz und gar in Lebensformen dahinvegetierten, die von barem Elend gezeichnet waren und feudalistischen Hörigkeitsverhältnissen gleichkamen.

III. DAS DEUTSCHE REICH NACH DEM STURZE BISMARCKS

Mit dem Sturze des Reichskanzlers Otto von Bismarck im März 1890 trat das Deutsche Reich in eine neue Periode seiner inneren Entwicklung ein, in der die starken Gegensätze innerhalb der Nation, zugleich aber auch die beträchtlichen Spannungen innerhalb des Verfassungssystems offen hervortraten. Zwanzig Jahre lang hatte der ›Eiserne Kanzler‹, wie ihn die Zeitgenossen damals zu nennen begannen, das Reich mit souveräner, wenn auch gelegentlich höchst eigenwilliger Hand gelenkt. Es war Bismarck stets ein leichtes gewesen, seine zahlreichen Gegner in den Parteien und in den regierenden Kreisen in Schach zu halten oder immer wieder zu überspielen. Sein gewaltiges persönliches Prestige als Gründer des Reiches verlieh ihm eine quasi plebiszitäre Position, die es ihm ermöglichte, über die außerordentlichen Befugnisse noch hinausgreifend, die die Reichsverfassung in der Hand des Reichskanzlers und preußischen Ministerpräsidenten vereinte, sich die absolute Gefolgschaft der Beamtenschaft zu sichern und jeglichen Ansatz zur Opposition seitens der bundesstaatlichen Regierungen im Keime zu ersticken. Die Wirkungen, die von seiner Person auf das Reich ausgingen, waren groß, auch wenn er im Laufe der Jahre die erbitterte Feindschaft nicht nur der Arbeiter, sondern auch großer Teile der Katholiken und des linken Liberalismus auf sich gezogen hatte. Im März 1890 aber war dies alles dahin. Den Zeitgenossen erschien der Sturz des Reichsgründers wesentlich als eine Folge seines persönlichen Gegensatzes zu Wilhelm II., der gewillt war, die Zügel der Regierung nunmehr selbst in die Hand zu nehmen. In der Tat haben Differenzen persönlicher Art dabei eine wesentliche Rolle gespielt. Bismarck mißfiel von Anfang an die sprunghafte, nach Popularität haschende Natur Wilhelms II., während dieser sich durch das starre und autoritäre Verhalten des Reichskanzlers zunehmend verletzt fühlte. Im Grunde handelte es sich um die Rivalität zweier Persönlichkeiten, die beide eine charismatische Führungsstellung gegenüber dem deutschen Volke für sich beanspruchten. Deshalb war ein Bruch zwischen beiden Männern von vornherein unvermeidlich.

Jedoch konnte Wilhelm II. es nicht wagen, den Kanzler ohne schwere Gefährdung seines eigenen Ansehens zum Rücktritt zu veranlassen, solange dieser noch fest im Sattel saß. Insofern müssen die eigentlichen Ursachen von Bismarcks Sturz im Scheitern seiner eigenen inneren Politik gesucht werden. In der Tat war die Krise des Frühjahrs 1890, welche Bismarcks Abgang voranging, bereits in der Entwicklung der späten achtziger Jahre angelegt. Die rücksichtslose Taktik, mit welcher der Kanzler die Parteien gegeneinander auszuspielen sich angewöhnt hatte, hatte nicht nur die Nationalliberalen korrumpiert, sondern auch steigende Erbitterung in allen politischen Lagern geschaffen. Der Reichstag zeigte sich nicht mehr so willfährig gegenüber den Wünschen der Regierung wie früher. Das bewährte Rezept Bismarcks, die Heeresvorlagen zum Gegenstand eines Wahlkampfes zu machen und dergestalt den Nationalismus der bürgerlichen Schichten vor den Wagen der Regierung zu spannen, hatte dem Kanzler im außenpolitischen Krisenjahr 1887 zwar noch einmal eine Regierungsmehrheit beschert, das sogenannte ›Kartell‹ der konservativen Parteien und der Nationalliberalen, während die Sozialdemokratie und die Freisinnigen arge Verluste hatten hinnehmen müssen. Jedoch erwies sich die Gefolgschaft sogar der Kartellparteien nicht mehr als bedingungslos. Im Januar 1890 weigerten sie sich, der von Bismarck gewünschten Umwandlung des Sozialistengesetzes in ein Dauergesetz, unter Aufrechterhaltung auch des berüchtigten Ausweisungsparagraphen, der die Möglichkeit zur unbefristeten Ausweisung unliebsamer sozialdemokratischer Politiker bot, ihre Zustimmung zu geben. Dennoch wäre das Sozialistengesetz in einer abgemilderten Fassung zu retten gewesen, hätte sich Bismarck rechtzeitig zu Konzessionen herbeigelassen. Der Sinn des Kanzlers aber ging in die entgegengesetzte Richtung; er wollte die Dinge lieber auf die Spitze treiben, als auch nur ein Jota nachzugeben, und erging sich in düsteren Andeutungen, daß man im Fall der Ablehnung zum Mittel des offenen Kampfes greifen und die Rechte des Reichstags einschränken werde. Charakteristischerweise erwartete man damals in weiten Kreisen sowohl innerhalb wie außerhalb der Regierung, daß die Sozialdemokratie bei einer Aufhebung der Sozialisten-

gesetze unverzüglich zu revolutionären Aktionen schreiten werde. Bismarck aber dürfte eine solche Wendung der Dinge begrüßt haben. Er wollte die Zuspitzung der Verhältnisse, um den widerspenstigen Reichstag zur Räson zu bringen und ihm gegebenenfalls ein noch schärferes Sozialistengesetz aufzuzwingen.
Wilhelm II. jedoch war nicht bereit, seine Regierungszeit mit einem großen verfassungspolitischen und sozialen Konflikt zu beginnen, dessen Ausgang ungewiß war und der jedenfalls nicht zugunsten des persönlichen Prestiges des Monarchen ausgeschlagen wäre. Der Kaiser intervenierte und verlangte die offizielle Preisgabe des sogenannten Ausweisungsparagraphen, welche das Sozialistengesetz noch gerettet haben würde, sowie die Ergänzung des Sozialistengesetzes durch ein Programm positiver Sozialreformen. Letzteres sollte insbesondere umfangreiche Maßnahmen zum Schutz des Arbeiters umfassen, etwas, das Bismarck bisher bewußt vernachlässigt hatte, weil er jeden Eingriff in das Arbeitsverhältnis seitens des Staates prinzipiell für schädlich hielt, würde doch dadurch die Begehrlichkeit des Arbeiters nur gesteigert. Innerlich widerstrebend, erklärte sich der Kanzler dazu bereit, ein derartiges Arbeiterschutzprogramm, wie es dann in den Sozialpolitischen Erlassen vom 4. Februar 1890 offiziell angekündigt wurde, in die Wege zu leiten, aber er tat dies offenbar nur, um einen endgültigen Bruch mit Wilhelm II. zu vermeiden. Dagegen blieb er in der Frage einer Abmilderung des Sozialistengesetzes unnachgiebig; infolgedessen fiel die Vorlage im Reichstag durch. Bismarck hatte nichts anderes erwartet, aber sein Versuch, die Öffentlichkeit gegen die Pflichtvergessenheit der Parteien des Reichstages zu mobilisieren, die den zersetzenden Bestrebungen der Sozialdemokratie freie Bahn gelassen hätten, schlug vollkommen fehl. Die Reichstagswahlen vom 20. Februar 1890 endeten für die Regierung mit einer politischen Katastrophe. Trotz der noch geltenden Sozialistengesetze verdoppelte die Sozialdemokratie ihre Stimmenzahl auf 1,4 Millionen = 19,7 Prozent der Wahlberechtigten. Nur dank der Eigenarten des geltenden Wahlsystems, das die zumeist konservativ wählenden ländlichen Wahlkreise bevorzugte, blieb die Zahl der sozialdemokratischen Sitze auf 35 beschränkt; bei arithmetischer Stimmenverteilung wäre die Sozialdemokratie die stärkste Partei im Reichstag geworden. Auch die Linksliberalen steigerten ihre Stimmenzahl erheblich, während die Kartellparteien eine vernichtende Niederlage hinnehmen mußten; eine Regierung, gestützt auf das ›Kartell‹, war hinfort ausgeschlossen. In der gegebenen Konstellation kam das Wahlergebnis einer schweren persönlichen Schlappe Bismarcks gleich und bestärkte Wilhelm II. in seinem grundsätzlich bereits gefaßten Entschluß, »die Pferde zu wechseln«. Es kam verschärfend hinzu, daß auch Bismarcks Außen-

politik in den dem Kaiserlichen Hofe nahestehenden militärischen und politischen Kreisen zunehmend scharfer Kritik ausgesetzt war.
Bismarck selbst aber war nicht bereit zu gehen, obwohl ihm jetzt sein eigener Sohn dazu riet. Vielmehr war er zum Äußersten entschlossen; er entwickelte Wilhelm II. ein förmliches Kampfprogramm gegen das Parlament und die Parteien der Linken. Dem neuen Reichstag sollte eine neue, noch ungleich schärfere Sozialistengesetzvorlage, dazu aber eine riesige Heeresnovelle präsentiert werden. Sofern das Parlament sich dem Willen der Regierung nicht füge, sollte es mit allen tauglichen Mitteln bis hin zur *ultima ratio* des Staatsstreichs und der Änderung des Wahlrechts bekämpft werden. Im Augenblick, in dem seine eigene Machtstellung sich als ernstlich bedroht erwies, wollte Bismarck dergestalt auf die Methoden zurückgreifen, die ihn einst im preußischen Verfassungskonflikt zur Macht getragen hatten. Fraglos spielte dabei eine wesentliche Rolle, daß sich Bismarck unentbehrlich machen wollte; zugleich aber wollte der Kanzler ein letztes großes Gefecht wagen, um sein Werk, wenn auch unter Aufgabe wesentlicher Bestandteile, vor dem Ansturm der Demokratie und des Sozialismus zu retten. All dies war zuviel für Wilhelm II., der Bismarck schließlich am 16. März zum Rücktritt zwang, nach letzten Auseinandersetzungen über die deutsche Politik gegenüber Rußland, die dem scheidenden Kanzler einen bequemen und späterhin agitatorisch wertvollen Vorwand für seinen Rücktritt boten, nämlich das Argument, der Kaiser habe von ihm militärische Maßnahmen gegen Rußland verlangt.
Mit größter Erbitterung mußte Bismarck feststellen, daß die meisten der Ministerkreaturen, die er sich im Laufe der Jahre herangezogen hatte, unbeeindruckt auf ihren Amtssesseln sitzen blieben und sich der neuen Sonne, Wilhelm II., zuwandten. Auch bei den Parteien rührte sich kaum eine Hand zugunsten des scheidenden Kanzlers. Es bestand Einigkeit darüber, daß die Ära Bismarcks abgelaufen sei und neue politische Wege eingeschlagen werden müßten. Die bekannte Karikatur des Kladderadatsch, nach welcher der Lotse das Reichsschiff verlassen habe und dieses nun hilflos unbekannten Klippen entgegenfahre, entsprach nicht der vorwaltenden Stimmung sowohl in den Kreisen der Regierung als auch der Parteiführer. Vielmehr war allgemein eine gewisse Erleichterung zu verspüren. Nur wenige der Zeitgenossen gaben sich allerdings Rechenschaft über die Tragweite des kailichen Sieges über den alten Bismarck. Schon während seiner letzten Amtsjahre hatte der Kanzler die Zügel seiner Regierung gelegentlich schleifen lassen und die einzelnen Ressorts im Reiche und in Preußen zeitweise sich selbst überlassen. Jetzt, nach seinem Rücktritt, traten die zentrifugalen Tendenzen im preußisch-

deutschen Regierungssystem vollends hervor. Insbesondere der Gegensatz zwischen dem nach wie vor von den Konservativen beherrschten Preußen und dem Reiche wurde nun zu einem Problem erster Ordnung. Bismarck hatte das komplizierte dualistische System, welches die Hegemonie Preußens innerhalb des Reiches garantieren sollte, ursprünglich konstruiert, um dem Kanzler in seinem Kampfe mit dem Reichstage einen starken konservativen Rückhalt zu verschaffen und gegenüber eventuellen Parlamentarisierungsgelüsten ein für allemal eine unübersteigbare Schranke aufzurichten. Was aber, wenn Preußen seine eigenen Wege zu wandeln begann? Unter den seit 1890 bestehenden Umständen schlug dieses System den Nachfolgern Bismarcks zum Nachteil aus. Die Macht des Reichstages war im Laufe der Jahre stark gestiegen, und diese Entwicklung ließ sich schlechterdings nicht mehr zurückdrehen, wenn auch Staatsstreichpläne im Denken der leitenden Politiker immer wieder eine Rolle gespielt haben. Die Reichskanzler sahen sich gezwungen, zwischen zwei parlamentarischen Körperschaften von extrem verschiedener politischer Zusammensetzung zu balancieren und dabei stets ihre Glaubwürdigkeit aufs Spiel zu setzen. Der Monarch aber, dem theoretisch die Pflicht oblag, zwischen den widerstreitenden Tendenzen innerhalb des Regierungsmechanismus zu vermitteln, erwies sich dieser Aufgabe nicht gewachsen. Schlimmer noch: diese Divergenzen innerhalb der Regierung selbst ermöglichten es Wilhelm II., in großem Umfang auf die politischen Entscheidungen Einfluß zu nehmen, ohne dabei den Umweg über seine verantwortlichen Ratgeber zu wählen. Für den Reichskanzler wurde es eine immer wichtigere Aufgabe, sich des Vertrauens des Monarchen zu versichern und dessen jugendlicher Impulsivität wenigstens einigermaßen Zügel anzulegen. Angesichts des — infolge des Triumphes über Bismarck außerordentlich gestiegenen — Selbstbewußtseins Wilhelms II. war dies jedoch ein nahezu unlösbares Problem.

Noch in einem anderen Punkte offenbarten sich die negativen Folgen der zwanzigjährigen Herrschaft Bismarcks. Der Kanzler hatte nie daran gedacht, sich beizeiten nach einem geeigneten Nachfolger umzusehen. Ja, Männer wie Theodor Barth und Max Weber haben ihm mit einem gewissen Recht vorgehalten, daß er die Entwicklung von politischen Führerpersönlichkeiten im Keime erstickt habe. In der Tat sah sich Wilhelm II. gezwungen, einen ausgesprochenen Außenseiter zum Reichskanzler zu berufen, der über keinerlei politische Erfahrung im eigentlichen Sinne des Wortes verfügte, den General Leo von Caprivi. Seine einzige Qualifikation bestand darin, daß er sich nach einer erfolgreichen Karriere als Infanterieoffizier ungewöhnlich rasch mit den ihm bislang völlig fremden Problemen der kaiserlichen Marine zurechtgefunden hatte, nachdem ihm 1888 deren Leitung übertragen worden war, und daß er es verstanden hatte, im Reichstage eine gute Figur zu machen. Caprivi war ein harter Kopf, eine Eigenschaft, die ihm niemand anderes als Bismarck selbst attestiert hat. Er besaß Stehvermögen, auch gegenüber dem Monarchen selbst, und war darüber hinaus weder politisch festgelegt noch der preußischen Aristokratie als solcher zugehörig. Sein pragmatischer Sinn verband sich mit grundsätzlicher Offenheit gegenüber den Argumenten und Forderungen aller Gruppen der Gesellschaft. Obwohl Caprivi die Leidenschaft des geborenen großen Politikers ebenso abging wie aller persönliche Ehrgeiz, erwies er sich als relativ geeignet für die Aufgabe, das Erbe Bismarcks zu verwalten. Zu mehr reichte es nicht, aber mehr wäre auch nicht möglich gewesen.

Caprivi war sich von Anfang an im klaren darüber, daß die bisherige Innenpolitik Bismarcks, die die wechselseitige Ausspielung der Parteien gegeneinander und die rücksichtslose Ausnützung jedes taktischen Vorteils seitens der Regierung gegenüber dem Reichstage zur Methode erhoben und im Verhältnis zu diesem immer kühle Distanz gehalten hatte, nicht fortgeführt werden könne. Dem neuen Reichskanzler war es um einen Abbau des gegenseitigen Mißtrauens zwischen der Regierung und den Parteien zu tun. Er bemühte sich um einen Kurs der mittleren Linie oder vielmehr der wechselseitigen Konzessionen an die verschiedenen politischen Gruppen, mit dem Ziel, einen möglichst weitgehenden Ausgleich der starken innenpolitischen Gegensätze zu erreichen. Anfänglich fand diese Strategie in allen Lagern viel Wohlwollen, zumal Caprivi sich bereitfand, mit den Parteien des Reichstages und namentlich mit dem Zentrum, das nunmehr eine politische Schlüsselstellung innehatte, von Fall zu Fall in Verhandlungen einzutreten und ihren Bedenken und Vorschlägen jeweils partiell entgegenzukommen. So gelang es Caprivi zunächst, eine ganze Reihe von Gesetzesvorlagen ebenso wie die kleine Heeresvorlage vom Jahre 1892 erfolgreich durch den Reichstag zu bringen. Je mehr aber seine Politik des ›neuen Kurses‹ zu konkreten Maßnahmen voranschritt, desto mehr wuchsen die Widerstände namentlich auf seiten der Konservativen, und damit die Reibungen im Regierungslager selbst. Eine besondere Rolle spielte dabei Preußen. Hier trat die neue Regierung mit einem ganzen Bündel von Reformvorlagen hervor, die darauf berechnet waren, die bestehenden krassen Anachronismen im politischen und gesellschaftlichen System wenigstens so weit zu beseitigen, wie dies mit dem Einverständnis der konservativen Schichten möglich war, um so der stark linksgerichteten Reichstagsmehrheit die ärgsten Angriffspunkte zu nehmen. Caprivis Grundgedanke war dabei, durch vorsichtigen Abbau extremer

Positionen die Voraussetzung für eine »Einigung aller staatstragenden Kräfte« zu schaffen, die auch er angesichts der anschwellenden sozialdemokratischen Stimmenzahlen für unbedingt erforderlich erachtete.

Jedoch machte Caprivi seine Rechnung ohne Preußen. Hier erwuchs ihm in Johannes von Miquel, der im Sommer 1890 auf Wilhelms II. persönlichen Wunsch hin zum preußischen Finanzminister ernannt wurde, ein großer Gegenspieler. Miquels großes Werk war die grundlegende Reform des Steuerwesens in Preußen, namentlich die Einführung einer — freilich nur sehr beschränkt — progressiv gestaffelten Einkommensteuer auf der Grundlage der Selbsteinschätzung. Das neue Steuersystem hatte eine tief einschneidende Wirkung auf das preußische Dreiklassenwahlrecht; es spiegelte sehr viel präziser die starke Einkommensdifferenzierung wider, welche im Zuge der fortschreitenden Industrialisierung eingetreten war, und steigerte darüber hinaus die plutokratischen Wirkungen dieses Wahlsystems, das die Wahlberechtigten nach ihrer Steuerleistung in drei Klassen einteilte, die jeweils durch die gleiche Zahl von Abgeordneten vertreten wurden. Die damit verbundene Gefahr, daß die großgrundbesitzende Aristokratie zugunsten des wohlhabenden Großbürgertums an politischem Einfluß verlieren werde, wußte Miquel freilich durch großzügige Konzessionen an die Gutzbesitzer zu neutralisieren. Ebenso tat er alles, um den Bestrebungen seines Ministerkollegen Herfurth den Weg zu verlegen, durch den Erlaß einer modernen Landgemeindeordnung das anachronistische Nebeneinander von Landgemeinden und selbständigen Gutsbezirken im ostelbischen Preußen zu beseitigen. Gleichzeitig verstand es Miquel, eine Reform des preußischen Wahlrechts auf die lange Bank zu schieben. Die Bastionen der Konservativen in Preußen blieben unverändert erhalten, desgleichen die außerordentlichen Verzerrungen in der politischen Repräsentation des Landes, wie sie dieses höchst antiquierte Wahlrecht hervorbrachte.

Infolge dieser Entwicklung weitete sich der Gegensatz zwischen Preußen und dem Reiche in einem solchen Maße aus, daß schließlich Caprivi darüber selbst zu Fall kam. Der Kanzler suchte dem Dilemma, das sich hier ergab, zunächst auszuweichen, indem er 1892 die preußische Ministerpräsidentschaft niederlegte und das preußische Territorium hinfort Miquel und dem bisherigen preußischen Innenminister und persönlichen Freund Wilhelms II., Botho von Eulenburg, überließ, der nunmehr zum preußischen Ministerpräsidenten aufstieg. Dies war, wie sich bald erweisen sollte, eine verhängnisvolle Fehlentscheidung. Denn Eulenburg und Miquel schlugen nun in Preußen einen so konservativen Kurs ein, daß Caprivis Machtstellung im Reich dadurch untergraben wurde. Miquel inaugurierte seit 1894 eine Politik der »Sammlung aller produktiven Stände«, also ein Zusammengehen von Großindustrie und Feudalaristokratie gegen die Linke, insbesondere die Sozialdemokratie, unter ausgeprägt reaktionären Vorzeichen. Diese Politik lief auf eine Einigung aller Kräfte hinaus, die den politischen Kurs des Kanzlers im Reiche vom konservativen Standpunkt aus mißbilligten.

Dies war um so schwerwiegender, als Caprivi wegen seiner liberalen Handelsvertragspolitik, die eine Senkung insbesondere der Getreidezölle bedingte, von den Konservativen ohnehin aufs schärfste bekämpft wurde. Der Abschluß von Handelsverträgen mit zahlreichen europäischen Staaten in den Jahren 1892 bis 1894 war ein mutiger Schritt in eine richtige Richtung. Wie Caprivi zutreffend erkannte, konnte Deutschland nur dann eine große Zukunft erwarten, wenn es entschlossen den Weg zum Industriestaat beschritt; dieser aber führte notwendig über die Einfügung der deutschen Wirtschaft in das sich entwickelnde System der Weltwirtschaft. Jedoch erntete Caprivi mit dieser Politik die bittere Feindschaft der preußischen Konservativen. Diese schufen sich im *Bund der Landwirte* eine mächtige Interessenorganisation, welche die Handelsvertragspolitik mit einem gewaltigen agitatorischen Aufwand bekämpfte und ein Schreckensgemälde von dem bevorstehenden Zusammenbruch der deutschen Landwirtschaft an die Wand malte.

Unter solchen Umständen versagten das preußische Staatsministerium und schließlich auch Wilhelm II. selbst Caprivis Politik einer Vermittlung nach allen Seiten mehr und mehr ihre Unterstützung, obwohl der Kanzler 1893 einen beachtlichen Wahlsieg über die widerspenstige Linke errungen hatte. Schon seit einiger Zeit brütete man im preußischen Staatsministerium und in der Umgebung des Monarchen über Staatsstreichplänen, die eine Änderung des Reichstagswahlrechts und seine Angleichung an das preußische Dreiklassenwahlrecht zum Gegenstand hatten. Darüber hinaus gingen Wilhelm II. und Eulenburg, unterstützt namentlich von General Alfred Graf v. Waldersee, mit dem Gedanken eines neuen Sozialistengesetzes um. Da Caprivi sich weigerte, einen solchen harten Kurs mitzumachen, der im Widerspruch zu seiner Überzeugung stand, daß es notwendig sei, eine behutsame Politik des Ausgleichs in Anlehnung an die Mittelparteien im Reichstage zu führen, war sein politisches Schicksal besiegelt. Sein Rücktritt Ende Oktober 1894 machte das Feld frei für eine Dekade konservativer Herrschaft in Preußen und im Reiche, die zu den politisch unfruchtbarsten Perioden der Geschichte des Deutschen Reiches gehört.

Zu Caprivis Nachfolger wurde der damals bereits fünfundsiebzigjährige Fürst zu Hohenlohe-Schillingsfürst ernannt, ein süddeutscher Aristokrat von liberal-konservativer Prägung, dem freilich in erster Linie die Rolle einer bequemen Galionsfigur zugedacht war; seine Erscheinung sollte den Deckmantel für eine ausgesprochen reaktionäre innere Politik abgeben, als deren Exekutoren Graf Posadowsky im Reiche und Miquel und von Köller in Preußen ausersehen waren. Freilich widersetzte sich Hohenlohe dem Äußersten, der wiederholten Auflösung des Reichstages als Vorstufe zu einer gewaltsamen Änderung des Reichstagswahlrechts, und so endete diese Politik in einer ganzen Serie von spektakulären Fehlschlägen. Der Reichstag lehnte die Umsturzvorlage, eine Neuauflage der Bismarckschen Sozialistengesetze in etwas objektiverem Gewand, im Dezember 1894 mit überwältigender Mehrheit ab, und selbst das preußische Abgeordnetenhaus verweigerte einem Vereinsgesetz, welches als Ersatz für die Umsturzvorlage gedacht war und der Polizei umfangreiche Befugnisse gegenüber politischen Vereinen einräumte, seine Zustimmung. Die letzte Frucht dieser beispiellos sterilen Politik war das *Gesetz zum Schutze der Arbeitswilligen*, die sogenannte Zuchthausvorlage, die der Reichstag 1899 freilich ebenfalls zu Fall brachte.

Abb. 10: Großadmiral Alfred von Tirpitz

Die Herrschaft der konservativen Reaktion im Reiche und in Preußen, aber auch etwa in Sachsen, das 1896 zur Abwehr der sozialistischen Bewegung gleichfalls das Dreiklassenwahlrecht eingeführt hatte, erfuhr eine gewisse Abschwächung, als 1897 zwei neue Figuren in die politische Arena traten: der Konteradmiral Alfred von Tirpitz, als Chef des 1881 neugeschaffenen Reichsmarineamtes, und wenig später Bernhard von Bülow, der zum Staatssekretär des Äußeren ernannt wurde und dank seiner Meisterschaft, dem Monarchen zu schmeicheln und ihn für sich zu gewinnen, binnen weniger Monate alle Fäden in seiner Hand zu vereinen vermochte. Vergebens protestierte Hohenlohe, er habe keine Lust mehr, noch länger als Aushängeschild zu dienen und in

den Geschäften übergangen zu werden.[54] Bülow und Tirpitz inaugurierten die neue Ära der deutschen ›Weltpolitik‹ und appellierten damit erfolgreich an den Nationalismus der Mittelschichten, während die Konservativen an Einfluß verloren. Tirpitz gelang es 1898, die Annahme des sogenannten Flottengesetzes im Reichstage durchzusetzen, das die Grundlagen für den Aufbau einer deutschen Schlachtflotte legte. Diese Vorlage war freilich nur ein Anfang; bereits im folgenden Jahre ließ Tirpitz ihr eine Novelle folgen, welche das eigentliche Ziel seiner Flottenpolitik deutlich erkennen ließ: den Bau einer Flotte, welche so stark sei, daß auch England mit ihr politisch und militärisch werde rechnen müssen.
Die Flottenbegeisterung, die, gesteuert und angefacht durch die höchst geschickte Propaganda der Nachrichtenabteilung des Reichsmarineamtes, damals ganz Deutschland erfaßte und in Wilhelm II. ihren vornehmsten Exponenten fand, führte indirekt zum Abbruch des extrem konservativen Kurses in Preußen. Während das national gesinnte Bürgertum, unterstützt von Handel und Industrie, leidenschaftlich für den Flottengedanken eintrat, betrachteten die Konservativen das Flottenprojekt mit gemischten Gefühlen und suchten dabei neue steuerliche Zugeständnisse für die Landwirtschaft zu erpressen. Dies steigerte die allgemeine Erbitterung auch der bürgerlichen Schichten über die rücksichtslose Interessenpolitik der Konservativen ins Ungemessene, und als diese zweimal hintereinander, 1898 und 1901, die Vorlage für den Bau eines Mittellandkanals ablehnten, weil sie die Konkurrenz der überseeischen Getreideproduzenten vom Binnenmarkte fernhalten wollten, kam es gar zu einem spektakulären Bruch zwischen dem Kaiser, der sich persönlich für das Projekt eingesetzt hatte, und der konservativen Partei. Dieser antikonservativen Flutwelle fiel schließlich auch Miquel zum Opfer, zumal seine Sammlungspolitik die schroffen Interessengegensätze von Industrie und Landwirtschaft nicht zu überbrücken vermocht hatte.
Miquels Rücktritt war zugleich ein persönlicher Triumph für seinen großen Gegenspieler Bernhard von Bülow, der bereits seit Anfang 1900 auch formell die Nachfolge des greisen Kanzlers Hohenlohe angetreten hatte. Miquels Verschwinden von der politischen Bühne beendete fürs erste die Sonderstellung Preußens innerhalb des politischen Systems des deutschen Kaiserreiches und ermöglichte es Bülow, seine Politik des aalglatten Manövrierens oberhalb der Parteien, unterstützt durch eine geschickte Pressebeeinflussung, ungehindert fortzuführen. Mit der Erneuerung der Handelsverträge im Jahre 1902, die mit einer substantiellen Zollerhöhung für Getreide verbunden war, sowie mit der Fortsetzung der Ansiedlungspolitik in Preußen, die sich zwar in erster Linie gegen das Vordringen der Polen in Ostelbien richtete,

in Wahrheit aber nur die Güterpreise in die Höhe trieb, erkaufte sich Bülow das Wohlwollen der Konservativen, ohne jedoch die Industrie ganz und gar vor den Kopf zu stoßen. Freilich erforderte Bülows permanenter Jongleurakt ständige Konzessionen an das Zentrum, dessen Einverständnis mit einer derartigen, die Interessen der besitzenden Klassen begünstigenden opportunistischen Politik bei Lage der Dinge unentbehrlich war.

Diese Periode beständigen Lavierens kam zu einem abrupten Ende, als das Reichskolonialamt 1906 mit dem Zentrum in der Frage der Verwaltung der deutschen Kolonien in einen schweren Konflikt geriet. Angesichts der unnachgiebigen Haltung der Regierung brachte das Zentrum im Dezember 1906 kurzerhand die Nachtragskredite, die wegen eines Hottentottenaufstandes in Deutsch-Südwest-Afrika notwendig geworden waren, zu Fall. Bülow erblickte darin eine günstige Chance, um nach Bismarckschem Muster mit einem Wahlkampf unter nationaler Parole gegen das Zentrum und die Sozialdemokratie loszuschlagen, unter Ausnutzung der im liberalen Bürgertum noch immer starken Kulturkampfstimmung. Die ›Hottentottenwahlen‹ vom Januar 1907 erbrachten denn auch eine, wenngleich nur mäßige Verstärkung der Rechtsparteien sowie der Liberalen aller Richtungen, während die Zahl der Sitze der Sozialdemokratie von 81 auf 43 und ihr Stimmenanteil von 31,7 Prozent auf 29 Prozent fielen. Das Zentrum hingegen vermochte sich, allen Anfeindungen zum Trotz, gut zu behaupten.

Gleichwohl entschloß sich Bülow, getreu seiner Wahlkampfparole, hinfort gegen das Zentrum zu regieren, obwohl dies nur unter Hinzuziehung auch des linken Liberalismus möglich war. Es kam zur Bildung eines Blocks der liberalen und der konservativen Parteien, des sogenannten ›Bülow-Blocks‹. Erstmals in der inneren Geschichte des Deutschen Reiches erklärte sich ein Reichskanzler an eine bestimmte Parteienkonstellation gebunden, ein Schritt, welchen schon die Zeitgenossen als eine erste Annäherung an das parlamentarische System gedeutet haben. Das führende Zentrumsblatt *Germania* charakterisierte den neuen politischen Kurs, den die Reichspolitik einschlug, mit den Worten: »Parlamentarismus, gemäßigt durch Absolutismus«. Es schien, als ob das Deutsche Reich nach einer Periode höchst reaktionärer Innenpolitik nun endlich in die Bahnen einer fortschrittlichen Entwicklung eingetreten sei. Der Gang der Dinge sollte allerdings nur zu bald zeigen, daß es sich dabei im wesentlichen um ein Scheingebilde handelte. Die tiefen politischen und sozialen Gegensätze innerhalb des Deutschen Reiches waren lediglich für den Augenblick, keinesfalls aber auf die Dauer überbrückt worden.

Die politischen und sozialen Gegensätze wurden im Wilhelminischen Deutschland teilweise neutralisiert durch die starke, einigende Wirkung des Nationalgefühls. Eben dieser integrierende Faktor aber fehlte der österreichisch-ungarischen Monarchie. Vielmehr war hier gerade das Gegenteil der Fall. Die sich seit der Mitte des 19. Jahrhunderts entfaltenden nationalen Bewegungen der verschiedenen Völker der Monarchie wurden für den österreichisch-ungarischen Kaiserstaat mehr und mehr zu einem Existenzproblem erster Ordnung. Gegenüber diesem neuartigen Nationalismus vermochte der überkommene österreichische Reichspatriotismus immer weniger auszurichten, zumal dieser in erster Linie von den alten aristokratischen Herrenschichten und dem Großbürgertum getragen wurde, deren Vorrangstellung in Staat und Gesellschaft im Zuge des Vordringens des demokratischen Gedankens nicht mehr unbestritten war. Das Erwachen der Nationalitäten und die Ausbreitung der demokratischen Ideen steigerten sich wechselseitig. Mit dem Eintritt breiterer Schichten der Bevölkerung in die politische Arena gewann die Agitation der Nationalisten an Zugkraft, während gleichzeitig die soziale Stellung jener Gruppen untergraben wurde, welche traditionell die vornehmsten Stützen des Kaiserstaates bildeten, nämlich der internationalistisch orientierten Hocharistokratie, des Offizierskorps und der zentralistischen Bürokratie. Allerdings trugen die höchst komplizierten Verfassungsverhältnisse in den einzelnen Ländern der Monarchie ihren Teil dazu bei, die Gegensätze zwischen den einzelnen Nationalitäten und sozialen Gruppen zu verschärfen und die Autorität der Regierung zu schwächen.
Theoretisch versprach die Verfassung von 1867 allen Völkern der Monarchie die Gleichberechtigung; die gesellschaftliche und politische Wirklichkeit war weit entfernt davon. Es fing damit an, daß die Ungarn seit 1867 eine Sonderstellung im Reichsverband genossen, die es ihnen erlaubte, in der transleithanischen Reichshälfte alle nichtmagyarischen Nationalitäten rücksichtslos zu unterdrücken. Nur die auswärtigen Angelegenheiten, die Finanzen und die Angelegenheiten der Armee, auch diese freilich nur mit einigen Einschränkungen, unterstanden einer beiden Reichshälften gemeinsamen Leitung. Darüber hinaus mußte alle zehn Jahre der sogenannte ›Ausgleich‹ – ein umfassendes Bündel von gesetzlichen Bestimmungen wirtschaftlichen, finanziellen und auch allgemein politischen Inhalts, welche das Verhältnis beider Reichshälften zueinander im einzelnen regelten – erneut ausgehandelt und sowohl von der ungarischen Kammer, die dank eines höchst plutokratischen Zensuswahlrechts bis 1918 von der magyarischen Hocharistokratie beherrscht wurde, als auch vom Reichs-

rat, dem Gesamtparlament der zisleithanischen Länder der Monarchie, gebilligt werden. Dies war eine Quelle immer neuer innenpolitischer Krisen und Konflikte, welche namentlich in der zisleithanischen Reichshälfte eine kontinuierliche innere Politik fast unmöglich machten. Ein zentrales Parlament für die gesamte Monarchie gab es infolge des Eigenständigkeitsbestrebens der Ungarn nicht. Statt dessen erfüllten Delegationen des Reichsrats und des ungarischen Reichstags, die aus je 40 Mitgliedern des Unterhauses und 20 Mitgliedern des Oberhauses gebildet wurden, diese Funktion, ohne jedoch miteinander jemals anders als schriftlich zu verkehren – eine staatsrechtliche Anomalie erster Ordnung, die in der Praxis zu den größten Schwierigkeiten führte. Aber auch der Reichsrat, in den die 16 Kronländer der zisleithanischen Reichshälfte Abgeordnete entsandten, war eine höchst kompliziert zusammengesetzte Körperschaft. Die Abgeordneten zum Reichsrat wurden in vier verschiedenen Kurien gewählt: dem Großgrundbesitz, welchem 85 Sitze zustanden, den Städten, welchen 110 Sitze zukamen, den Handels- und Gewerbekammern, denen man 21 Sitze gewährt hatte, und schließlich den Landgemeinden mit 129 Sitzen. Es handelte sich also, gemessen an der Wahlordnung, um ein rein ständisches Vertretungssystem, das dennoch nicht verhindern konnte, daß der Streit der Nationalitäten seinen Einzug in den Reichsrat hielt. Daneben bestanden für die einzelnen Kronländer ähnlich konservativ zusammengesetzte Regionalparlamente. In diesem altertümlichen verfassungspolitischen Rahmen wurde der Streit zwischen den einzelnen nationalen Gruppen in immer heftigeren Formen ausgetragen.

Ein Blick auf die Nationalitätenstatistik vermag die ganze Schwere der Probleme zu veranschaulichen, vor welche Österreich-Ungarn angesichts der steigenden Flut des Nationalismus gestellt wurde. Das nationale Selbständigkeitsbestreben der Serben und der Italiener innerhalb der Donaumonarchie erhielt durch die Existenz von eigenen Nationalstaaten jenseits der Grenzen eine ständige Förderung. Insbesondere die serbische Irredenta war für die Monarchie ein ernstes Problem, und dieses wuchs sich zu einer Gefahr erster Ordnung für das Habsburgerreich aus, als Österreich-Ungarn 1908 Bosnien und die Herzegowina, Gebiete mit rein serbokroatischer Bevölkerung, auch formell annektierte. Hingegen war die Situation hinsichtlich der Polen in Galizien günstiger; die galizischen Polen genossen, verglichen mit ihren Landsleuten in Preußen und Rußland, innerhalb der österreichisch-ungarischen Monarchie ein hohes Maß an Selbständigkeit und waren daher den Habsburgern relativ wohlgesonnen. Aber abgesehen von den besonderen Schwierigkeiten, die aus der Tatsache erwuchsen, daß nur Teile einiger Nationen dem österreichisch-ungarischen

Staatsverbande angehörten, wurde jede befriedigende Lösung der Nationalitätenprobleme durch die ausgesprochene Gemengelage der einzelnen Volksgruppen nahezu unmöglich gemacht. Namentlich in Böhmen und Mähren, doch auch in Schlesien und Galizien, ebenso aber im ganzen Südosten der Monarchie lebten die verschiedensten Volksgruppen in einer bunten Streuung nebeneinander, welche die Bildung mononationaler regionaler Verwaltungseinheiten von noch so beschränktem Umfang, von wenigen Ausnahmen abgesehen, nirgends zuließ. Die Siedlungsgebiete,

Die Nationalitäten in Österreich-Ungarn im Jahre 1910

Deutsche	12 000 000 = 23,9 %
Ungarn	10 100 000 = 20,2 %
Tschechen	6 550 000 = 12,6 %
Slowaken	1 950 000 = 3,8 %
Kroaten	2 625 000 = 5,3 %
Serben	1 925 000 = 3,8 %
(mohammedanischen Glaubens)	
Serbokroaten in Bosnien	650 000 = 1,2 %
Polen	5 000 000 = 10,0 %
Ruthenen	4 000 000 = 7,9 %
Rumänen	3 200 000 = 6,4 %
Slowenen	1 300 000 = 2,6 %
Italiener	1 000 000 = 2,0 %

nach Robert A. Kann, The Multinational Empire. Bd. II. New York 1950, S. 305

in denen eine Nationalität stark vorherrschte, waren natürlich zahlreich, aber überall gab es fremdnationale Einsprengsel von mehr oder minder großer Geschlossenheit, die vielfach, wie z. B. die deutsche Volksgruppe in Siebenbürgen oder im Banat oder die Gruppe der magyarischen Szekler an der Siebenbürger Militärgrenze, ihre Existenz lange zurückreichenden geschichtlichen Ereignissen und Entwicklungen verdankten. Darüber hinaus bestand häufig eine Konvergenz zwischen Nationalität und sozialer Schichtung; die jeweils kulturell fortgeschrittenere Nationalität war zumeist auch die wirtschaftlich führende und konzentrierte sich in der Regel in den aufstrebenden Städten, während die andere auf dem flachen Lande dominierte. So besaß beispielsweise in Böhmen, und nicht ganz in gleichem Maße auch in Mähren, die deutsche Minderheit, freilich gemeinsam mit den Juden, eine wirtschaftliche und kulturelle Vorrangstellung. In Galizien hingegen saßen die Polen an den Hebeln der wirtschaftlichen Macht, während die Ruthenen auf dem flachen Lande das Nach-

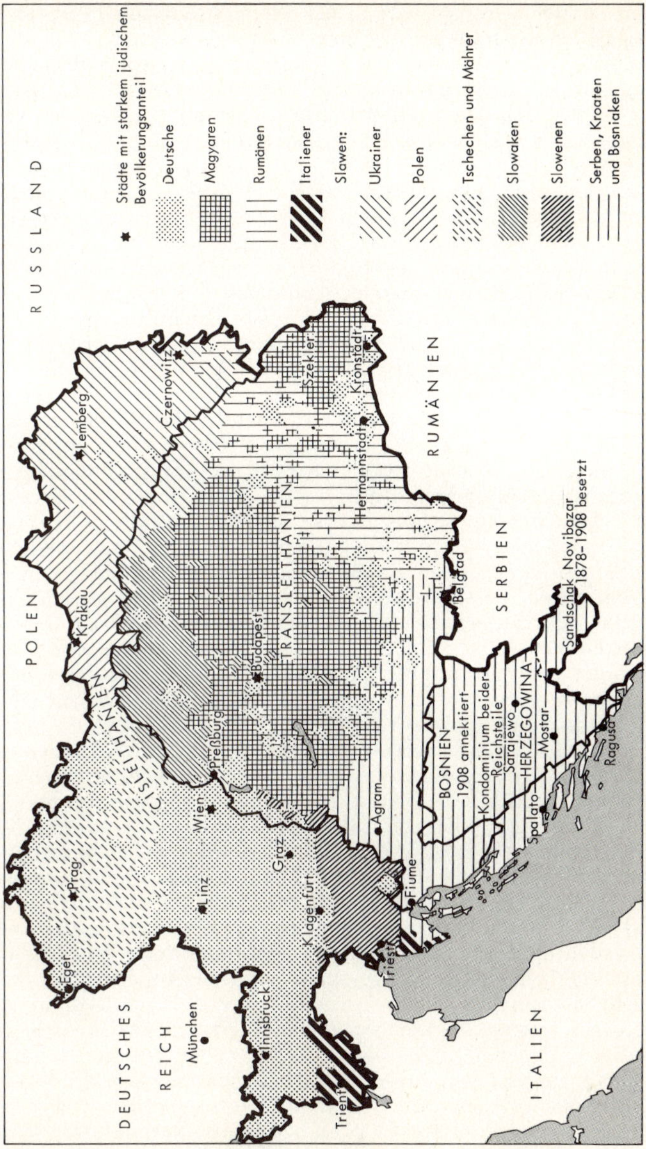

Abb. 11: Die Nationalitäten Österreich-Ungarns um 1900

sehen hatten. Unterschiede in der Religionszugehörigkeit traten vielfach noch verschärfend hinzu. In einer solchen Konstellation nimmt es nicht wunder, daß die nationalen Gegensätze in dem Augenblick, in dem der industrielle Kapitalismus sich anschickte, das relativ stabile agrarisch-feudale Ordnungsgefüge der vorindustriellen Gesellschaft zu sprengen, eine extreme Zuspitzung erfuhren.

Die Schwierigkeiten wurden durch den Umstand weiter gesteigert, daß seitens der einzelnen Völker der Monarchie zwei ganz verschiedene Formen nationaler Ansprüche erhoben wurden, die miteinander im Prinzip unvereinbar waren. Es war dies einerseits die Forderung nach nationaler Autonomie für jede ethnisch und kulturell eigenständige Gruppe, wie sie namentlich jene Völker der Monarchie erhoben, die, bisher ohne eine eigene intellektuelle Führungsschicht, eben erst als selbständige Einheit in die Geschichte eingetreten waren, wie beispielsweise die Slowenen oder die Slowaken. Zum andern aber war es das Verlangen nach Wiederherstellung jener historischen Rechte, welche einer Nation angeblich oder tatsächlich schon in der Vergangenheit zugewachsen waren, aufgrund des, wie man sich damals ausdrückte, ›historischen Staatsrechtes‹. Diese letztere Position wurde verständlicherweise von den ›historischen‹, in aller Regel politisch privilegierten Nationen eingenommen. Was die Ungarn angeht, so hatten sie dieses Postulat bereits 1867 in allen wesentlichen Punkten durchgesetzt und sich in der Bestimmung, daß alle zehn Jahre ein neuer Ausgleich ausgehandelt werden müsse, eine scharfe Waffe gesichert, um die Entwicklung der Dinge in der von ihnen gewünschten Richtung schrittweise weiter vorantreiben zu können. Eine gleichartige Rechtsstellung aber suchten insbesondere die Tschechen für sich zu erlangen. Die Wiederherstellung der alten Wenzelskrone, also des Königreiches Böhmen unter ausschließlich tschechischer Führung, das sogenannte ›böhmische Staatsrecht‹, blieb die Kernforderung des tschechischen Nationalismus während des gesamten Bestehens der Donaumonarchie. Mit ähnlichen Argumenten verteidigten schließlich auch die Polen ihre Vorzugsstellung innerhalb der zisleithanischen und die Kroaten ihre Sonderstellung in der transleithanischen Reichshälfte. Auch die deutsche Volksgruppe focht in gewissem Sinne auf der gleichen Linie, wenn sie den deutschen Charakter der habsburgischen Monarchie betonte und sich gleichsam als die historisch einzig legitime Staatsnation Österreich-Ungarns betrachtete. In der Tat besaß die deutsche Volksgruppe in der österreichisch-ungarischen Staatsverwaltung noch immer ein bemerkenswertes Übergewicht. Obwohl die Deutschen nur 23,9 Prozent der Gesamtbevölkerung Österreich-Ungarns ausmachten, hatten sie 1914 immer noch 56 Prozent aller Stellen in der Staatsverwaltung inne, in der zisleithanischen Reichshälfte allein gar 81 Prozent. Erst allmählich kamen daneben auch radikal-völkische Tendenzen zum Zuge, welche sich gegen den übernationalen Charakter des österreichisch-ungarischen Staates wandten und Anlehnung im Norden beim Deutschen Reiche suchten.

Namentlich im Falle Ungarns, aber im Grunde auch in Böhmen und Galizien, folgte aus dem Prinzip des historischen Staatsrechts die Minderberechtigung, ja die Unterdrückung der jeweiligen nationalen Minderheiten. Die rücksichtslose Magyarisierungspolitik in der zisleithanischen Reichshälfte, deren Erfolge sich in den Statistiken deutlich ablesen lassen, ist dafür ein notorisches Beispiel. Sie wurde getragen von einem völkischen Überlegenheitsbewußtsein, das den nichthistorischen Nationalitäten schlechthin die Fähigkeit absprach, eine eigene Kulturnation zu sein oder gar jemals zu werden. Namentlich die Slowaken hatten darunter schwer zu leiden. Aber auch die Polen zögerten nicht, ihre relative kulturelle und wirtschaftliche Überlegenheit gegenüber den Ruthenen nach Kräften auszuspielen. Hingegen war die große Zeit, in der das Deutschtum bevölkerungspolitische Gewinne auf Kosten der slawischen Nationalitäten machen konnte, zumindest im böhmisch-mährischen Raume vorbei. Angesichts des Ansturms des slawischen Nationalismus sah man sich vielmehr in die Defensive gedrängt. So begann die deutsche Volksgruppe, von hektischer Nervosität erfaßt, ihre überlieferten Privilegien und Bastionen auf nationalem Gebiet erbittert zu verteidigen, und dies um so hartnäckiger, je deutlicher erkennbar wurde, daß die Zentralgewalt nicht mehr, wie in früheren Zeiten, bereit war, ein für allemal auf ihre Seite zu treten.

Solange die politische Macht in den einzelnen Kronländern der Monarchie noch weitgehend in den Händen der Feudalaristokratie lag, wie namentlich in Ungarn, in Kroatien, in Galizien und schließlich auch in Böhmen und Mähren, was bis in die neunziger Jahre hinein im allgemeinen der Fall war, hielten sich die zentrifugalen Kräfte, die aus den Nationalitätengegensätzen erwuchsen, noch in tragbaren Grenzen. Eine energische Zentralverwaltung war imstande, sie durch geschicktes Taktieren zu neutralisieren, namentlich, indem man die Nationalitäten behutsam gegeneinander ausspielte. Mit solchen Methoden gelang es dem Grafen Eduard Taaffe, einem österreichischen Hocharistokraten, der sich als Jugendfreund des Kaisers Franz Joseph mehr als dessen Statthalter denn als konstitutioneller Ministerpräsident fühlte, sich für fast anderthalb Jahrzehnte, von 1879 bis 1893, im Sattel zu halten. Durch rücksichtslose Anwendung polizeistaatlicher Methoden und die zeitweilige Unterdrückung der Presse war es ihm möglich, die Entwicklung des bürgerlichen Liberalismus namentlich in den deutschen Kronländern lange hintan zu halten. Ebenso ging Taaffe nach Bismarckschem Muster 1886 mit scharfen Ausnahmegesetzen gegen die sozialdemokratische Bewegung vor, wodurch freilich deren Fortschreiten nicht ernstlich gehindert, wohl aber die Erbitterung der Arbeiterschaft gegen die bestehende Ordnung noch mehr geschürt wurde. Taaffes streng autoritäres, bürokratisches Regiment konnte sich nur deshalb so lange behaupten, weil er sich in seiner Politik auf die konservativen Elemente innerhalb der slawischen Nationalitäten zu stützen und so gleichsam einen ›eisernen Ring‹ um die liberal gesinnten deutschen Kronländer der Monarchie zu ziehen vermochte. Dies ging freilich nicht ohne Konzessionen an die slawischen Nationalitäten ab, Konzessionen, durch welche die traditionelle Vormachtstellung des Deutschtums innerhalb der zisleithanischen Reichshälfte langsam, aber spürbar unterhöhlt wurde.

Es war ein deutlicher Beweis für das Anwachsen der demokratischen Strömungen namentlich in den deutschen und den tschechischen Ländern der Monarchie, daß diese politische Strategie, die Taaffe selbst freilich mehr als ein ›Fortwursteln‹ betrachtete denn als zielbewußte, konstruktive Politik auf lange Sicht, sich seit Anfang der neunziger Jahre nicht mehr länger durchführen ließ. Das zeigte sich am Schicksal des von Taaffe ins Werk gesetzten böhmisch-mährischen Ausgleichs von 1890, der eines der Kernprobleme Österreich-Ungarns, den erbitterten nationalen Gegensatz der Deutschen und Tschechen in diesem Raume, einer Lösung zuführen sollte. Nach bewährter Methode hatte Taaffe den Ausgleich, der den tschechischen Klagen über die Minderberechtigung der tschechischen im Vergleich zur deutschen Sprache ein Stück weit entgegenkam, nur mit Vertretern der konservativ ausgerichteten alttschechischen Bewegung ausgehandelt und die von Kramář geführte, eben erst begründete demokratische und in den nationalen Fragen ungleich radikalere jungtschechische Bewegung dabei übergangen. Diese lief daraufhin gegen die Vereinbarung Sturm, und sie hatte damit riesigen Erfolg. Bereits in den Wahlen vom Jahre 1891 konnte die jungtschechische Bewegung dreiviertel aller tschechischen Sitze im böhmischen Landtag erobern. Mit dem Auftreten derartiger radikaler nationalistischer und demokratischer Bewegungen war die Voraussetzung für das Bündnis Taaffes mit den slawischen Nationalitäten entfallen; das Regime des ›eisernen Ringes‹ näherte sich seinem Ende. Zwei Jahre später stürzte dann Taaffe bei dem Versuch, den demokratischen Kräften durch eine höchst bescheidene Reform des altmodischen Kurienwahlrechts (s. o. S. 133) für den Reichsrat den Wind aus den Segeln zu nehmen, da er damit weder die Befürworter noch die Gegner einer Reform zu befriedigen vermochte.

Taaffes Nachfolger, Fürst Windischgrätz, brachte schließlich eine Wahlrechtsreform zustande, die alles in der Schwebe ließ. Der

Steuerzensus für die Kurien der Städte und der Landgemeinden wurde etwas herabgesetzt und dann dem Ganzen eine fünfte Kurie von insgesamt 72 Abgeordneten, also nicht einmal einem Fünftel der Gesamtzahl der Mitglieder des Reichsrats, hinzugefügt, welche nach den Grundsätzen des allgemeinen, gleichen Wahlrechts gewählt werden sollte. Die Absurdität dieses durch die tiefgreifenden sozialen Umschichtungen im Grunde bereits überholten ständischen Wahlsystems nach Kurien, das unter den gegebenen Umständen dem nationalistischen Kleinbürgertum besonders günstige Chancen einräumte und demgemäß den objektiven Interessen des habsburgischen Vielvölkerstaates eigentlich gar nicht mehr entsprach, wurde durch diese Teilrefom eigentlich erst voll in das Licht der Öffentlichkeit gerückt.
Die innenpolitische Entwicklung in der zisleithanischen Reichshälfte der österreichisch-ungarischen Monarchie wurde beherrscht durch die nationalen Gegensätze zwischen den deutschen und den tschechischen Parteien; diese Differenzen wurden längst nicht mehr nur innerhalb der Parlamente, sondern in steigendem Maße auch auf der Straße ausgetragen. Die beiderseitigen Ansprüche standen sich dabei unversöhnlich gegenüber. Während die Deutschen nicht nur auf der Aufrechterhaltung der traditionellen Vorrangstellung der deutschen Sprache in Verwaltung und Staat beharrten, sondern auch eine Aufteilung Böhmens und Mährens in nationale Kreise forderten, die ihnen wenigstens in einigen Gebieten die Mehrheit gebracht haben würde, verschanzten sich die Tschechen hinter dem Prinzip des ›böhmischen Staatsrechts‹; darüber hinaus konnten sie leicht nachweisen, daß sie in der Praxis der Verwaltung benachteiligt wurden. Da 1897 wieder einmal der Ausgleich mit Ungarn fällig war, für welchen die Zustimmung des Reichsrats verfassungsmäßig unentbehrlich war, eine Mehrheit ohne die Stimmen der Tschechen aber nicht erreichbar gewesen wäre, nahm Kaiser Franz Josef 1895 einen neuen Anlauf zur Bereinigung des deutsch-tschechischen Verhältnisses und berief zu diesem Zweck den polnischen Aristokraten und Verwaltungsfachmann Graf Badeni zum Ministerpräsidenten. Dieser unternahm den Versuch, in Böhmen und Mähren eine neue Regelung der Sprachenfrage in einem für die Tschechen günstigen Sinne durchzusetzen. Die Sprachenverordnungen Badenis vom Frühjahr 1897, die im gesamten böhmischen und mährischen Raum unterschiedslos die Zweisprachigkeit aller Behörden vorsahen, erwiesen sich freilich als Ausdruck einer noch weit kurzsichtigeren und dilettantischeren Politik, als es diejenige Taaffes gewesen war. Sie lösten eine Eruption von Nationalitätenhaß gewaltigen Ausmaßes aus. Zum erstenmal in der Geschichte Österreich-Ungarns wurde hier mit der Tradition gebrochen, derzufolge in der zisleithanischen Reichshälfte einheitlich die deut-

sche Sprache als Staatssprache galt. Bei Lage der Dinge wäre die Ausführung der Verordnungen auf eine weitgehende Tschechisierung der Beamtenschaft in Böhmen und Mähren hinausgelaufen, da es die Deutschen als Angehörige einer nach allgemeiner Überzeugung höherstehenden Kultur verschmähten, Tschechisch zu lernen. Darüber hinaus wären damit die deutschen Hoffnungen, eine Aufteilung des böhmischen Raumes in nationale Kreise zu erreichen, um dadurch den Minderheitenstatus der deutschen Volksgruppe in Böhmen zu kompensieren, ein für allemal begraben worden. Daher sah die deutsche Volksgruppe in den Sprachenverordnungen, obwohl, gemessen an den Bedürfnissen der Staatsverwaltung, vieles für sie sprach, eine förmliche Herausforderung und eine ernste Bedrohung ihres politischen Status. Im gesamten deutschen Siedlungsgebiet erhob sich eine gewaltige Volksbewegung. Überall kam es zu großen Demonstrationen und Gegendemonstrationen, deren die Staatsbehörden nur mit Mühe Herr zu werden vermochten. In Graz spielten sich Studentendemonstrationen solchen Ausmaßes ab, daß die Regierung Militär einsetzen mußte und bei Zusammenstößen mit den Truppen zwei Menschen zu Tode kamen. Die Tschechen beantworteten diese Demonstrationen mit den entsprechenden Gegenaktionen. Diese erreichten einen Höhepunkt im November 1897 in Prag, wo sich gewaltsame Exzesse großen Umfangs ereigneten. Im Reichsrat aber gingen die deutschen Parteien, da sie sich gegenüber den slawischen Gruppen in der Minderheit befanden, zu einer Politik systematischer Obstruktion über, durch die jegliche parlamentarische Arbeit unmöglich gemacht wurde. Die sozialdemokratische Partei, welche mühsam einen übernationalen Kurs zu steuern versuchte, hielt sich dabei zunächst noch zurück. Als aber die Regierung Badeni im November 1897 begann, die parlamentarische Obstruktion mit autoritären Methoden, namentlich durch die sogenannte ›Lex Falkenstein‹, welche den zeitweiligen Ausschluß der Abgeordneten der Oppositionsparteien ermöglichte, zu brechen, schlossen sich die Sozialdemokraten den deutschen Parteien an und erzwangen, buchstäblich mit gewaltsamen Mitteln, den Sturz der Regierung Badeni.

Österreich-Ungarn befand sich in einer schweren Verfassungskrise. Obwohl die kurzlebige Regierung Gautsch und die ihr im März 1898 folgende Regierung Thun die Opposition durch eine Abmilderung der Sprachenverordnungen zu beschwichtigen versuchten, setzten die deutschen Parteien während des ganzen Jahres ihren Kampf gegen diese mit unveränderter Energie fort. Sie organisierten Volkstage im ganzen Lande, die sich gegen die von Badeni und seinen Nachfolgern beabsichtigten Einschränkungen des Geltungsbereiches der deutschen Sprache leidenschaftlich verwahrten, darin unterstützt auch von der Akademikerschaft

Deutschlands; und die Studenten der Universität Prag taten ein übriges, um durch ostentatives Tragen der Farben in der Öffentlichkeit die Tschechen herauszufordern. Vor allem aber setzten die Deutschen ihre Obstruktion im Reichsrat systematisch fort; desgleichen verließen die deutschen Abgeordneten am 26. Februar 1898 demonstrativ den böhmischen Landtag. Die Tschechen blieben verständlicherweise nicht untätig. Sie antworteten mit entsprechenden Gegenmaßnahmen. Ende des Jahres 1898 kam es in Prag erneut zu großen Demonstrationen gegen die deutsche Volksgruppe, die zu schweren Ausschreitungen führten und die Verhängung des Ausnahmezustandes notwendig machten. Die verfassungsmäßige Ordnung im zisleithanischen Reichsteil war fürs erste zusammengebrochen. Auf beiden Seiten formierten sich jetzt radikale nationalistische Parteien, welche Ziele vertraten, die ohne eine Aufsplitterung der Donaumonarchie nicht verwirklicht werden konnten. Die Tschechen gründeten eine National-Sozialistische Partei, welche die Errichtung eines selbständigen tschechischen Staates propagierte. Und die deutschnationale Bewegung unter Führung des radikalen Antisemiten Schönerer begeisterte sich mehr und mehr für den Gedanken einer Anlehnung oder gar eines Anschlusses der deutschen Volksgruppe an das Deutsche Reich.

Angesichts der Funktionsunfähigkeit des Reichsrates konnte auch der verfassungsmäßig notwendige Ausgleich mit Ungarn nicht zustande gebracht werden. Die Staatskrise Österreich-Ungarns schien offen ausgebrochen. »Das alte Österreich«, so schrieb damals Viktor Adler, der Führer der österreichischen Sozialdemokratie, »ist in Scherben; man kann sie nicht leimen; man muß neue Lebensformen finden für die Völker, die dieses Land bewohnen.«[55] Die Regierung Thun weigerte sich, vor den Forderungen der deutschen Parteien einfach zu kapitulieren und die Sprachenverordnungen wieder aufzuheben, zumal dies mit Sicherheit tschechische Gegenaktionen unabsehbaren Ausmaßes nach sich ziehen mußte, und nahm schließlich ihre Zuflucht zu dem Notverordnungsparagraphen 14 der österreichischen Staatsverfassung von 1867. Anfänglich rechnete man namentlich in den Kreisen der deutschen Opposition damit, daß eine derartige autoritäre Regierungspraxis nicht von langer Dauer sein werde; tatsächlich ist Österreich-Ungarn, von wenigen Ausnahmen abgesehen, bis tief in den Ersten Weltkrieg hinein nie mehr anders regiert worden, da sich die Gegensätze der Nationalitäten als unüberbrückbar erwiesen. Die bürokratisch-autoritäre Regierungspraxis der folgenden Jahre aber entband alle Parteien vollends von jeglicher unmittelbaren Verantwortung für die Geschicke des Kaiserstaates und der einzelnen Länder und beförderte so indirekt deren weitere Radikalisierung. In den deutschen Kronländern kam dies namentlich der deutschnationalen Partei zugute, die jetzt eine

›Los-von-Rom‹-Bewegung ins Werk setzte, weil sich der katholische Klerus in seiner übergroßen Mehrheit in den Auseinandersetzungen über die Badeni-Verordnungen verhältnismäßig slawenfreundlich verhalten hatte. Auch mit Hilfe des Notverordnungsparagraphen 14 vermochte die Regierung Thun freilich auf die Dauer nicht gegen die vereinte Opposition der deutschen Parteien aufzukommen, die sich Pfingsten 1899 auf ein gemeinsames nationales Programm geeinigt hatten, welches u. a. die Erhaltung des Deutschen als innerer Amtssprache forderte, wenn auch mit Ausnahme der polnischen und italienischen Gebiete der Monarchie. So kehrte man denn Ende 1899 zum alten Rechtszustand zurück, was freilich nur dazu führte, daß nun die Tschechen ihrerseits zur Waffe der Obstruktion griffen. Die starke österreichische Sozialdemokratie, die bisher, wenn auch mit einiger Mühe, ihren internationalen Charakter bewahrt hatte, wurde nun ebenfalls in den Strudel der Nationalitätengegensätze hineingezogen, wie sehr sie auch anfänglich betonen mochte, daß diese ein Produkt der bürgerlichen Gesellschaftsordnung seien und die internationale Sozialdemokratie zumindest primär nicht tangierten. Jedoch gelang es den österreichischen Sozialdemokraten, sich auf dem Brünner Parteitag im Jahre 1899 auf ein Nationalitätenprogramm zu einigen, in dem die Umbildung Österreich-Ungarns »in einen demokratischen Nationalitäten-Bundesstaat« auf der Grundlage »national abgegrenzter Selbstverwaltungskörper« vorgeschlagen wurde, »deren Gesetzgebung und Verwaltung durch Nationalkammern, gewählt auf Grund des allgemeinen, gleichen und direkten Wahlrechtes besorgt wird«.[56] Dagegen war Karl Renner mit seinen noch wesentlich weiter reichenden Plänen einer Reorganisation Österreich-Ungarns auf der Basis des Personalitätsprinzips nicht durchgedrungen. Auch wenn das Brünner Programm einige der in der damaligen Tagespolitik umstrittensten Fragen wie jene der Schulen und der Regelung der Amtssprache außer acht ließ oder doch geschickt umging, darf es als die bei weitem konstruktivste Konzeption zur Lösung des österreichischen Staatsproblems gelten, die je entwickelt wurde. Ja mehr noch, das Brünner Programm ermöglichte es der österreichischen Sozialdemokratie, weiterhin rückhaltlos für die Erhaltung des österreichisch-ungarischen Gesamtstaates einzutreten und so gleichsam die Rolle einer österreichischen Staatspartei zu spielen. Allerdings kam es dann nach der Jahrhundertwende, namentlich über die Frage der Kampfmethoden zwecks Durchsetzung des allgemeinen, gleichen und direkten Wahlrechts, zu immer größeren Differenzen zwischen der Parteiführung in Wien und der Prager Parteiexekutive. Die tschechischen Sozialdemokraten, die selber unter dem Druck der neuerstandenen tschechischen National-Sozialistischen Partei standen, wollten in den nationalen Fragen nicht

länger hinter den tschechischen bürgerlichen Parteien zurückstehen, und so kam es zu einer zunehmenden Entfremdung zwischen der deutschen und der tschechischen Partei, obgleich ein formeller Bruch vorerst vermieden werden konnte.
Unter der Regierung Ernst von Körbers 1899 bis 1904 konnte dann die chronische Verfassungskrise, in der sich Österreich-Ungarn seit den Badeni-Wirren befand, noch einmal überbrückt und eine gewisse Stabilisierung der Verhältnisse erreicht werden. Körber, der als Verwaltungsbeamter an seine Aufgabe heranging, gelang es, unter reichlicher Benutzung des § 14, eine große Zahl von gesetzgeberischen Maßnahmen wirtschaftlicher und sozialpolitischer Art, wie die Einführung einer Alters- und Invaliditätsversicherung und die Beschränkung der Arbeitszeit für Bergleute auf neun Stunden täglich, zu verwirklichen. Er brachte es sogar fertig, unter geschickter Steuerung der öffentlichen Meinung, 1902 das Budget und die Ausgleichsverhandlungen mit Ungarn noch einmal auf normalem, parlamentarischem Wege zustandezubringen. Aber eine gute Verwaltung konnte eine konstruktive Politik, die nicht nur von den Bedürfnissen des Augenblicks bestimmt wurde, nicht ersetzen. Weder auf dem Gebiete der Nationalitätenfragen noch gegenüber den demokratischen Strömungen vermochte Körber irgendwelche Fortschritte zu erzielen. Die Probleme waren nur aufgeschoben, nicht gelöst, und am Horizont brauten sich bereits neue dunkle Wolken zusammen.

V. Russlands Übergang zum Scheinkonstitutionalismus

Nicht nur in den Augen der europäischen sozialistischen Parteien, sondern auch des europäischen Liberalismus galt der Zarismus als Hort und Exponent aller reaktionären Kräfte in Europa, und man wird sagen müssen, daß Alexander III. (1881–1894) und namentlich Nikolaus II. (1894–1917) alles taten, um diesen Ruf zu rechtfertigen. Insbesondere Nikolaus II. betrachtete unter dem Einfluß orthodoxer religiöser Ideen die Erhaltung der Selbstherrschaft mit allen, selbst den brutalsten Mitteln als seine eigentliche historische Aufgabe. Man wird allgemein sagen können, daß sich hier alle die konservativen und reaktionären Tendenzen, die wir in Europa in den achtziger und neunziger Jahren vielfach antreffen und die auf eine Repression der liberalen und sozialistischen Strömungen, bei gleichzeitiger Stärkung der Machtstellung der alten Herrenschichten, hinausliefen, bis in den Ersten Weltkrieg hinein zu behaupten vermochten. Freilich war das nur um den Preis immer neuer schwerer Erschütterungen der russischen Gesellschaft und nur mit Hilfe eines gewaltigen polizeilichen Repressionsapparates möglich.

Schon die achtziger Jahre hatten in Rußland die Abkehr von dem Reformkurs gebracht, den Alexander II. mit seinen Reformgesetzen der sechziger Jahre eingeschlagen hatte. Wenn man in wirtschaftlicher Beziehung die Angleichung an den europäischen Westen zumindest seit 1891 konsequent anstrebte, so galt dies für die politischen und gesellschaftlichen Verhältnisse in keiner Weise, es sei denn, man denkt an die Politik einer systematischen Russifizierung der zahlreichen nichtrussischen Völkerschaften des Zarenreiches, welche sich mit ähnlichen Tendenzen im übrigen Europa vergleichen läßt. Vielmehr wurden die schwachen Anfänge einer Übernahme westeuropäischer verfassungspolitischer Modelle, wie die – allerdings auf die Kernprovinzen des Russischen Reiches beschränkte – Errichtung regionaler Selbstverwaltungskörperschaften, der sogenannten *Semstwos* auf Kreis- und auf Gouvernementsebene, tunlichst wieder abgestoppt; desgleichen wurde die Entwicklung eines Schul- und Universitätswesens nach westlichem Vorbild, mit Autonomie für die Universitäten und dergleichen, gebremst sowie der Zugang zu den Gymnasien beschränkt, mit dem Argument, daß andernfalls nur noch mehr unzufriedene Elemente geschaffen würden. Ebenso kehrte man auf dem Gebiete des Pressewesens zu strengen Zensurmethoden zurück, und auch das Rechtswesen erfuhr eine Umgestaltung im reaktionären Sinne.

Von noch größerer Bedeutung war es, daß man daran ging, die Befugnisse der *Semstwos* wieder zu beschneiden. Gemäß der allgemeinen Tendenz der zaristischen Politik, wie sie schon in einem kaiserlichen Manifest Alexanders III. vom Jahre 1885 zum Ausdruck gekommen war, bemühte man sich nun, die wankende Stellung des Landadels von neuem zu festigen. So führte man 1889 anstelle der ›Friedensrichter‹, die bislang von den *Semstwos* gewählt worden waren und auf lokaler Ebene als Verwaltungsspitze und als Mittelsmänner zwischen Gutsherren und Bauern fungiert hatten, sogenannte ›Landkommandanten‹ ein, die durch die Gouverneure aus den Kreisen des bodenständigen Adels ernannt wurden. Auf diese Weise wurde dem Adel indirekt ein Teil der Befugnisse zurückgegeben, die er ehemals gegenüber seinen leibeigenen Bauern hatte ausüben können. Zugleich aber wurden die Wahlordnungen für die Gouvernementssemstwos so abgeändert, daß das adelige Element sowie die Beamtenschaft eine weitere Verstärkung erfuhren, während die Bauernvertreter nicht nur an Zahl reduziert, sondern deren Wahl obendrein von der Zustimmung der Gouverneure abhängig gemacht wurde. Ähnlich rigorose Eingriffe trafen auch die kommunalen Verwaltungskörperschaften. Durch eine radikale Anhebung des Zensus wurde nicht nur die Arbeiterschaft, sondern die gesamte bürgerliche Intelligenz weitgehend des Wahlrechts beraubt. Die Vertreter der freien

Berufe wurden aus den Selbstverwaltungskörperschaften gänzlich eliminiert.

Alle diese Maßnahmen vermochten freilich nicht zu verhindern, daß die Semstwokörperschaften zu Trägern eines gemäßigten Liberalismus wurden, welcher sich gegen die Alleinherrschaft der zaristischen Bürokratie wandte und den Gedanken einer allrussischen Vertretungskörperschaft konstitutioneller Prägung zu propagieren begann. Nicht nur ein Teil des niederen Landadels, sondern auch die in den Semstwoverwaltungen — die *Semstwos* hatten u. a. für das Erziehungs-, Sanitäts- und Straßenwesen in ihrem Bezirk zu sorgen und bestritten die dafür notwendigen Aufwendungen aus eigenen Steuern — beschäftigten bürgerlichen Intellektuellen gerieten in einen Gegensatz zur zaristischen Bürokratie, die ihren Vorschlägen und Anregungen mit einer Mischung von Unverständnis und Abneigung gegenüberstand. Infolgedessen begannen zahlreiche Mitglieder der *Semstwos* auf eine stärkere Beteiligung des Volkes an der Staatsverwaltung und auf deren Modernisierung gemäß westeuropäischen Mustern zu drängen.

Trotz aller behördlichen Gegenmaßnahmen wurde der Semstwoliberalismus — ein spezifisch russisches Phänomen — rasch zu einem bedeutsamen politischen Faktor. Bis in die ersten Jahre des 20. Jahrhunderts hinein vermochte die zaristische Bürokratie freilich derartiger Bestrebungen im ganzen Herr zu werden. Sah sich der Semstwoliberalismus ursprünglich zu Formen illegaler Organisation gezwungen, so wurde dies seit 1903 anders. Der im Sommer dieses Jahres von einigen liberalen Semstwopolitikern gegründete ›Befreiungsbund‹ fand großen Zulauf namentlich aus der russischen Intelligenz und den freien Berufen; die Regierung aber verzichtete auf scharfe Repressionsmaßnahmen, weil sie diese Bewegung nicht in revolutionäre Bahnen lenken wollte. Aus den Kreisen des ›Befreiungsbundes‹ erwuchs erstmals ein Entwurf einer neuen liberalen Verfassung für Rußland. Im Jahre 1904 wagte es der Semstwoliberalismus sogar, in Petersburg einen regelrechten Kongreß abzuhalten. Dieser konnte freilich infolge eines polizeilichen Verbots nur in privatem Rahmen zusammentreten. Dennoch fand die hier aufgestellte Forderung nach einer Volksvertretung für ganz Rußland und das Verlangen der Schaffung rechtsstaatlicher Verhältnisse nach westeuropäischem Muster in der russischen öffentlichen Meinung ein starkes Echo. Das offenbare Versagen des bestehenden Systems im gerade eben ausgefochtenen russisch-japanischen Kriege diente diesen Forderungen als ein kontrastreicher Hintergrund und verlieh ihnen eine außerordentlich große politische Brisanz. Obgleich die Klassengebundenheit dieses bürgerlich-liberalen Programms nur zu deutlich hervorschaute, war damit eine Parole ausgegeben, die so bald nicht mehr verstummen sollte.

Die allgemeine Unzufriedenheit mit dem zaristischen System, die durch die Nachrichten von den schweren Niederlagen der russischen Armee und der Flotte im Fernen Osten noch gesteigert wurde, kam dann nach dem beispiellosen Fehlgriff des ›Blutigen Sonntags‹ vom 9. Januar 1905 (nach westlichem Kalender 22. Januar; im Folgenden sind die Daten stets nach russischem Kalender angegeben) schlagartig zum Durchbruch. Eine Welle von Massenstreiks, welche freilich zunächst eine unpolitische Zielsetzung hatten, erfaßte das ganze Land. Zugleich aber geriet die Intelligenz und schließlich das gesamte Bürgertum in Bewegung. Die Universität Petersburg machte den Anfang; Professoren und Studenten traten in den Vorlesungsstreik und verlangten Verfassungsreformen. Am 7. Februar 1905 forderten die Petersburger Studenten in einer fast einstimmig angenommenen Resolution eine konstituierende Nationalversammlung sowie Pressefreiheit, das Recht der Versammlungsfreiheit und das Streikrecht. Und die Intellektuellen im ganzen Lande folgten ihnen; sie gründeten vielfach Berufsverbände, um deren Kongresse als politische Plattform für die Verkündung der Forderung nach einer konstitutionellen Verfassung benutzen zu können. Darüber hinaus bildeten sich zahlreiche politische Vereinigungen, die ebenfalls in dieser Richtung tätig wurden. Innerhalb der Regierung aber war man sich über den einzuschlagenden Kurs uneinig; während der Gouverneur von Petersburg für ein scharfes Vorgehen eintrat, rieten die übrigen Minister zu vorsichtigem Entgegenkommen, bis bessere militärische Nachrichten aus dem Fernen Osten eine Wende der Dinge auch im Innern ermöglichen würden. Ausdruck dieser Lage war Mitte Februar 1905 die fast gleichzeitige Publikation eines Manifestes gegen die Revolution und eines Ukas, der die Einführung einer Volksvertretung mit beratender Stimme versprach und die politischen Vereinigungen im Lande sowie die Semstwokörperschaften ausdrücklich dazu aufforderte, der Regierung dazu ihrerseits Vorschläge zu unterbreiten.
Jedoch blieben die erhofften günstigen Nachrichten vom japanischen Kriegsschauplatz aus; vielmehr endete der Krieg mit einer Kette schwerer Niederlagen, welche die inneren Mängel des russischen Staatsorganismus offen zutage treten ließen. Unter dem Eindruck dieser Vorgänge steigerte sich die revolutionäre Bewegung, der die Regierung nicht mit Gewalt in den Weg zu treten wagte, immer mehr. Die Führung fiel dabei dem Semstwoliberalismus zu. Seine Vertreter überreichten dem Zaren am 7. Juli im Peterhof eine Resolution, in der dieser an sein Versprechen vom März erinnert und erneut eine konstitutionelle Verfassung gefordert wurde. Ein Dekret vom 6. August, welches die Einberufung einer *Duma* aufgrund eines extrem konservativen ständischen Wahlrechts mit obendrein höchst beschränkten Befugnissen vorsah, verfiel

allgemeiner Ablehnung. Aber alle Proteste verfingen nicht, besondern nachdem sich die Regierung unter dem Eindruck der inneren Verhältnisse Anfang September zu Friedensverhandlungen mit Japan herbeigelassen hatte und so hoffen durfte, in absehbarer Zeit wieder freier atmen zu können.
Den entscheidenden Stoß erhielt die zaristische Autokratie, trotz aller Proteste aus dem Bürgertum, denen sich jetzt auch die Unternehmerschaft anschloß, erst von seiten der Arbeiter und der Bauern. Schon seit dem Frühjahr waren die Bauern zur Selbsthilfe und zum offenen Aufruhr gegen die Grundbesitzer übergegangen; sie plünderten die Herrensitze, zerstörten die Schuldbücher und bemächtigten sich in einigen Fällen sogar der herrschaftlichen Ländereien, ohne daß es der Staatsmacht angesichts der im Fernen Osten engagierten Truppen möglich gewesen wäre, diese Übergriffe sofort energisch zu unterdrücken. Diese Formen gewaltsamer Selbsthilfe erreichten im Oktober 1905 einen Höhepunkt. Den Ausschlag gab dann eine neue gewaltige Serie von Massenstreiks, insbesondere ein großer Eisenbahnerstreik, der am 8. Oktober 1905 losbrach und den Verkehr und die Energieversorgung im ganzen Lande, und mit dieser auch die bürokratische Regierungsmaschinerie, weitgehend lahmlegte. Im Zuge dieser Streikbewegung enstanden erstmals sogenannte Sowjets, Arbeitervertretungen, die gemäß den Formen einer primitiven unmittelbaren Demokratie aus Vertretern der Arbeiterschaft der einzelnen Fabriken gebildet waren. Von allen diesen Sowjets fiel dem am 13. Oktober 1905 gebildeten Petersburger Sowjet die Führung zu. Dieser wuchs binnen weniger Tage zu einer 250-köpfigen Vertretungskörperschaft für etwa 40 000 Fabrikarbeiter an und riß Mitte Oktober 1905 unter Führung eines jungen Linksintellektuellen namens Chrustalev-Nosar in der Hauptstadt praktisch die Macht an sich. Der Petersburger Sowjet wurde, fast wider Willen, so kann man sagen, zum führenden Organ der revolutionären Bewegung.
Wesentlich unter dem Druck dieser Entwicklung entschloß sich Nikolaus II. auf Anraten des Grafen Witte schweren Herzens und entgegen seinen Neigungen, am 17. Oktober 1905 zum Erlaß eines Manifestes, welches eine konstitutionelle Verfassung und die Bildung einer Volksvertretung aufgrund des allgemeinen Wahlrechts in Aussicht stellte. Zu dieser Entscheidung des Kaisers kam es vor allem deshalb, weil sich niemand fand, der bereit war, sich an die Spitze einer rücksichtslosen, durchgreifenden und vor Massenerschießungen nicht zurückschreckenden Militärdiktatur zu stellen, wie dies Witte als die einzig mögliche Alternative bezeichnet hatte. Dem Oktober-Manifest folgten Wochen ungeheurer Begeisterung und Erleichterung; man deutete das Verfassungsversprechen des Zaren namentlich bei den Liberalen bereits als den vollen

Abb. 12: Petersburg, Ende Oktober 1905: Meeting vor der Universität

Sieg der Revolution, als die prinzipielle Verwirklichung der Forderungen des demokratischen Liberalismus. Skeptischer blieb, und wie sich herausstellen sollte, mit Recht, die Arbeiterschaft. Am 18. Oktober nahm der Petersburger Sowjet eine Resolution an, in der es hieß: »Das kämpfende revolutionäre Proletariat kann seine Waffen nicht niederlegen, bevor die politischen Rechte des russischen Volkes nicht auf soliden Grundlagen ruhen, bevor nicht eine demokratische Republik errichtet ist, die den besten Weg für den weiteren Kampf des Proletariats um den Sozialismus darstellt.«[57]

Im Augenblick freilich waren die Organe der Staatsgewalt nahezu gelähmt; sie mußten das Regime des Petersburger Sowjets hinnehmen und zusehen, wie die Bauern fortfuhren, die Gutshäuser zu plündern. Die zunehmende Zersplitterung der revolutionären Kräfte in den folgenden Wochen aber bahnte dem Sieg der Reaktion wieder die Wege. Die Arbeiterschaft verbrauchte ihre Energien in einem vergeblichen Kampf um den Achtstundentag und drängte damit die Unternehmerschaft wieder in das Lager der Reaktion zurück. Von der liberalen Bewegung spaltete sich die sogenannte Oktabristen-Partei ab, welche vom Augenblick des Erlasses des Oktober-Manifestes an jede Weitertreibung der Revolution ablehnte. Dies nahm dem Ruf nach einer demokratischen

Konstituante, wie ihn vor allem die Konstitutionellen Demokraten unter Führung Miljukows erhoben, ein gut Teil seiner Durchschlagskraft. Auf der äußersten Rechten aber formierte sich eine ganze Reihe von Organisationen, die teils, wie namentlich die ›Schwarzen Hundertschaften‹, mit Hilfe der zaristischen Polizei Judenpogrome veranstalteten, durch welche die Volkswut auf andere Objekte abgelenkt werden sollte. Aber auch die Intellektuellen wurden zu beliebten Zielscheiben des Terrors dieser meist von Gutsbesitzern angeführten Horden, ohne daß die Staatsmacht schützend eingegriffen hätte.

Erst Ende November 1905 gewann die Regierung wieder Boden unter den Füßen. Sie verfügte mittlerweile wieder über größere Truppenmengen – am 5. September war der Frieden mit Japan abgeschlossen worden, und Anfang November hatten sich Truppenkontingente vom Fernen Osten aus den Weg nach Moskau entlang der Transsibirischen Bahn freigekämpft. Am 27. November gelang mit der Verhaftung Chrustalev-Nosars ein erster Schlag gegen den Petersburger Sowjet, und als dieser daraufhin einen Appell an die Bevölkerung richtete, in einen Steuerstreik einzutreten und ihre Sparguthaben abzuheben – eine Maßnahme, die den Abschluß der lebensnotwendigen Staatsanleihe zum Scheitern gebracht haben würde, über die gerade eben in Frankreich verhandelt wurde – antwortete Witte am 3. Dezember mit der Verhaftung von 200 Mitgliedern des Sowjets, darunter des gesamten Exekutivkomitees, und brachte dessen Arbeit damit zum Erliegen. Allerdings kam es in den folgenden Wochen sowohl in Moskau wie in zahlreichen Industriestädten der Provinz zu großen Massenstreiks, die in eine bewaffnete Aufstandsbewegung übergingen. Jedoch gelang es der Regierung, diese durch frisch herangeführte Truppen mit äußerster Härte niederzuwerfen. Darüber hinaus eröffnete Witte nun eine umfassende Pazifizierungskampagne, durch die die Ordnung auf dem flachen Lande wiederhergestellt werden konnte. Höchst grausame Strafexpeditionen, die mit der Einsetzung besonderer Feldgerichte einhergingen, welche rücksichtslos Todesurteile fällten, brachen schließlich den Widerstand der Bauernschaft. Anfang des Jahres 1906 war das Schlimmste vorbei – eine freilich nur äußerliche Ruhe, gepaart mit tiefster Niedergeschlagenheit auf seiten der breiten Massen, bestimmte die Lage.

Dennoch setzte man allgemein die größten Hoffnungen auf die *Duma*, welche im März/April 1906 nach einem indirekten, aber relativ allgemeinen Wahlrecht gewählt worden war. Die Entlassung Wittes, der für einen gemäßigten Kurs gegenüber der *Duma* eingetreten und willens gewesen war, das Verfassungsversprechen, wenn auch in noch so engen Grenzen, zu erfüllen, unmittelbar vor dem Zusammentritt der *Duma* am 27. April 1906 zeigte jedoch, daß der Sieg der Reaktion bereits entschieden war. Trotz des komplizierten indirekten Wahlrechts, welches die Gutsbesitzer und die Bauern begünstigte, erbrachten die Wahlen eine überwältigende Mehrheit für die Parteien der Revolution. 179 Kadetten, wie man die Konstitutionellen Demokraten nannte, 94 Bauernvertretern und 18 Sozialdemokraten beider Richtungen standen nur 17 Oktabristen sowie 15 weitere Vertreter der äußersten Rechten gegenüber. Angesichts einer solch kompakten Mehrheit für einen grundlegenden Staatsumbau gemäß westlichen Vorbildern wurden die Staatsgrundgesetze vom Mai 1906, welche der *Duma* nur ein höchst bescheidenes Mitwirkungsrecht an der Gesetzgebung einräumten, von vornherein als völlig unbefriedigend empfunden. Die Kluft zwischen Regierung und *Duma* erwies sich schon bei der ersten Gelegenheit als unüberbrückbar; der Zar weigerte sich, eine mit übergroßer Mehrheit von der Kammer gebilligte Adresse anzunehmen, und die Regierung wandte sich schroff gegen die darin geforderten Reformmaßnahmen. Nach einigen schwachen Verhandlungsversuchen stand der Entschluß Nikolaus' II. fest, die *Duma* bei erstbester Gelegenheit wieder aufzulösen. Insofern lag über den Beratungen der ersten *Duma*, die mutig an die Erörterung der großen Verfassungsprobleme, namentlich auch jenes der Rechtsstellung der Nationalitäten, heranging, ein gespenstischer Schatten.

Im Juli 1906 war es soweit; die *Duma* wurde wegen angeblicher Überschreitung ihrer Rechte gewaltsam geschlossen. Vergeblich richteten die Deputierten der Kadetten und der Bauernpartei von Vyborg aus einen Appell an die russische Nation, die Steuern zu verweigern und sich der Einberufung zum Militärdienst zu entziehen, bis die Rechte der *Duma* wiederhergestellt sein würden. Der neue Ministerpräsident Stolypin unterdrückte alle Regungen des Widerstandes mit rücksichtsloser Energie und entschloß sich nach einem halben Jahre des Lavierens zur Veranstaltung von Neuwahlen. Die im Februar 1907 gewählte neue *Duma* wies eine erhebliche Verstärkung der extremen Flügel auf Kosten der Mitte auf. Auch mit dieser *Duma* zu regieren weigerte sich Stolypin, und sie verfiel bereits am 3. Juli der Auflösung. Jetzt entschloß man sich, in offenem Bruch mit den eineinhalb Jahre zuvor erlassenen Staatsgrundgesetzen, zu einer radikalen Änderung des Wahlrechts. Dank eines extremen Zensuswahlsystems wurde nunmehr die kleine Gruppe der Gutsbesitzer und des Großbürgertums in solchem Maße begünstigt und wurden zugleich den nichtrussischen Nationalitäten so geringe Chancen eingeräumt, daß sich am 1. September 1907 das erwünschte Ergebnis einstellte: eine von der Rechten, namentlich den Oktabristen, völlig beherrschte Vertretung, die freilich nicht mehr als ein Feigenblatt für den hinfort ungehemmt herrschenden zaristischen Absolutismus war. Der große Versuch, die Selbstherrschaft des Zaren zu beseitigen und die russischen Verfassungsverhältnisse westeuropäischen Mustern anzugleichen, war gescheitert. Rußland bildete weiterhin das Schlußlicht innerhalb der verfassungspolitischen Entwicklung Europas.

2. Der Fieberwahn des Imperialismus 1885—1906

Gegen Ende der achtziger Jahre des 19. Jahrhunderts setzte eine grundlegende Wandlung im Charakter der europäischen Mächtebeziehungen ein. Der Fieberwahn des Imperialismus ergriff nun auch, wenngleich stufenweise und den handelnden Staatsmännern selbst kaum bewußt, die europäischen Kabinette. Ungeachtet des dem diplomatischen Dienst aller europäischen Staaten eigentümlichen Konservativismus, der das populäre Geschrei nach Kolonien und neuen Märkten in Übersee vielfach nur als unangenehme Störung der geheiligten Traditionen der diplomatischen Kunst empfand, zogen nun die kolonialen, die ›weltpolitischen‹ Probleme, um einen Begriff zu verwenden, der eben damals in Deutschland in Mode kam, in wachsendem Maße die Aufmerksamkeit der Öffentlichkeit auf sich, während die großen Fragen der europäischen Mächtepolitik dahinter zurücktraten, ohne doch deshalb an Gewicht und an Bedeutung zu verlieren. Die deutsche neurankeanische Schule beschrieb diesen Prozeß, nicht ohne ideologische Scheuklappen, als den Übergang vom europäischen Staatensystem zum Weltstaatensystem und folgerte daraus, daß auch Deutschland eine kraftvolle Weltpolitik betreiben müsse. Jedoch gab es in den letzten Jahrzehnten vor 1914 ein solches *universales* Staatensystem, das durch Herstellung von Gewaltenbalancen im großen und ganzen eine friedliche Entwicklung in Europa und der Welt hätte garantieren können, wie dies das *europäische* Staatensystem für nahezu ein Jahrhundert geleistet hatte, noch nicht. Vielmehr bestand das europäische Mächtesystem, in dem die Großmächte England, Frankreich, das Deutsche Reich, Österreich-Ungarn und Rußland die entscheidende Rolle spielten, weiterhin fort und mit ihm auch die überkommenen, nicht oder nur unzureichend gelösten Probleme der europäischen Politik. Dazu gehörten die Frage der Zukunft des Osmanischen Reiches, das während des 19. Jahrhunderts mehrfach von den Großmächten vor dem Zusammenbruch gerettet und künstlich konserviert worden war, ferner die umstrittene Frage der Schließung der Meerengen am Bosporus für Kriegsschiffe aller Nationen, wie sie die europäischen Mächte nach dem Krimkriege vereinbart hatten, sowie das Problem einer Neuordnung auf dem Balkan, das seit dem Berliner Kongreß vom Jahre 1878 die beteiligten Staaten niemals hatte zur Ruhe kommen lassen. Auch die Staatsmänner Europas dachten weiterhin in den traditionellen Begriffen der klassischen Mächtediplomatie. Ihre Bemühungen richteten sich in erster Linie auf die Herstellung einer Balance der Gewalten in Europa selbst, wenngleich sie diese möglichst zugunsten der eigenen Gruppe zu verändern trachteten. Aber infolge des Übergangs zu einer aktiven Politik überseeischer Erwerbungen, den die europäischen Mächte etwa seit 1890 allgemein vollzogen, wurden die vorhandenen politischen Reibungsflächen in Europa gleichsam in die weiten überseeischen Gebiete hinaus verlängert, und Auseinandersetzungen zwischen einzelnen Mächten über nicht selten relativ unbedeutende Territorien in Afrika oder in Asien hatten Rückwirkungen von außerordentlicher Tragweite auf das europäische Mächtesystem selbst. Der hektische Konkurrenzkampf der Kolonialmächte um überseeische Territorien trug in die Beziehungen der Staaten eine bislang unbekannte Schärfe hinein. Doch nicht genug damit, daß die Großmächte sich in weltpolitischen Fragen immer wieder aufs neue zerrauften: auch die Mächte zweiten Ranges wurden von den imperialistischen Tendenzen der Zeit erfaßt, und sie vor allem waren es, die schließlich den Anstoß zum Zusammenbruch des europäischen Mächtesystems im Ersten Weltkrieg gaben.

Einige europäische Staaten, so namentlich England und Frankreich, hatten schon lange eine Politik überseeischer Ausdehnung betrieben. Um 1885 etwa aber erfuhr dieser Prozeß der Ausbreitung der europäischen Zivilisation über den ganzen Erdball plötzlich eine ungeheure Beschleunigung; binnen weniger Jahre verwandelte er sich in ein förmliches Wettrennen der europäischen Mächte um noch ›freie‹ Gebiete in Übersee, an dem sich seit 1894 auch Japan und die Vereinigten Staaten beteiligten. Zugleich jedoch wandelte sich der Charakter der europäischen Kolonialherrschaft selbst: aus Kolonialismus wurde über Nacht Imperialismus. Bisher hatten die europäischen Mächte in aller Regel einzelnen großen Kolonisatoren oder Kolonialgesellschaften die Initiative überlassen und sich häufig nur zögernd dazu bereitgefunden, dem Handel die Flagge folgen zu lassen. In jedem Falle aber war man bestrebt gewesen, das eigene politische und militärische Engagement auf ein Minimum zu beschränken. Jetzt verkehrte sich dies Verhältnis ins Gegenteil. Vorangetrieben von einem zum Imperialismus gesteigerten Nationalismus, begannen die europäischen Mächte nunmehr zielbewußt auf den Erwerb neuer kolonialer Territorien hinzuarbeiten sowie bei der wirtschaftlichen Eroberung und Durchdringung unterentwickelter Länder durch eigenes Kapital und eigene Wirtschaftsunternehmungen Hilfestellung zu leisten – und zwar schon in den Anfangsstadien, und nicht, wie bislang, erst, wenn die Dinge bereits ein gewisses Reifestadium erreicht hatten. Zugleich aber erzwang allein schon die wachsende Rivalität der Großmächte eine Abkehr von den bisherigen Formen höchst loser, mehr oder minder extensiver Beherrschung der kolonialen Territorien von wenigen küstennahen Punkten aus. Ein erbitterter Kampf um den Besitz auch des Hinterlandes setzte ein und in Verbindung damit das Bestreben, die Grenzen der jeweiligen Territorien eindeutig festzulegen. Der Abschluß von Schutzverträgen mit den Häuptern zahlreicher eingeborener Stämme, Verträgen, deren rechtlicher Wert nicht selten höchst zweifelhafter Natur war, genügte jetzt nicht mehr, um Kolonialreiche zu begründen oder zu erweitern; es bedurfte nunmehr harter Verhandlungen mit den jeweils rivalisierenden Großmächten, um den eigenen papiernen Ansprüchen auf nicht selten noch ganz unerforschte Territorien völkerrechtliche Anerkennung zu verschaffen. Und je mehr die noch ›freien‹ Gebiete der Erde zusammenschmolzen, desto heftiger wurden die Auseinandersetzungen über diese Fragen; mehrfach geriet Europa dabei hart an den Rand eines allgemeinen Krieges.

Die Anfänge dieser Entwicklung gehen auf die frühen achtziger Jahre zurück. 1881 setzte sich Frankreich in Tunesien fest, zwei Jahre später in Annam, dem heutigen Vietnam, sowie am Kongo und in Somaliland am Golf von Aden. 1883 und 1884 erwarb Bismarck in einer überraschenden Aktion Schutzgebiete in Südost- und Südwest-Afrika sowie Togo und Kamerun. Von ungleich größerer Bedeutung sollte freilich die Okkupation Ägyptens durch England im Jahre 1882 werden. Diese war von Gladstone ursprünglich nur als eine Art von Strafexpedition gedacht gewesen, die er überdies gemeinsam mit Frankreich hatte unternehmen wollen, um die durch den nationalistischen Aufstand Achmed 'Arabis gefährdeten Interessen der europäischen Gläubiger in Ägypten zu sichern. Erst durch das Beiseitestehen Frankreichs, das von dem französischen Parlament erzwungen wurde, erhielt die Besetzung Ägyptens den Charakter einer einseitigen Aktion des britischen Imperialismus, etwas, was Gladstone selbst gerade hatte vermeiden wollen. In Frankreich aber reagierte man auf diesen Schritt Englands scharf und unversöhnlich; man sah die eigene traditionelle kulturelle Vorrangstellung am Nil bedroht und verlangte daher einen sofortigen Rückzug der Engländer. Auch in der Downingstreet hatte man ursprünglich keine dauernde Besetzung Ägyptens im Auge gehabt, und man fuhr auch jetzt fort, auf einen baldigen Rückzug hinzuarbeiten, in der richtigen Einsicht, daß die europäischen Mächte hier eine bequeme Möglichkeit haben würden, der englischen Politik immer wieder neue Schwierigkeiten zu bereiten; denn diese besaßen in der *Caisse de la Dette Publique* ein geeignetes Instrument, um auf die inneren Verhältnisse in Ägypten Einfluß zu nehmen. Jedoch wollte England einen Abzug seiner Truppen aus Ägypten von der doppelten Voraussetzung abhängig machen, daß die Ansprüche der europäischen Gläubiger an den ägyptischen Staat auch weiterhin gewährleistet sein würden und daß Großbritannien im Falle einer neuen Krise von den anderen europäischen Großmächten das Recht zu einer erneuten militärischen Intervention zugestanden würde. Dabei spielte die Sorge eine wesentliche Rolle, daß sich gegebenenfalls Frankreich selbst in Ägypten festsetzen könnte. Freilich machte 1885 die grausame Ermordung Gordons, der sich zu einem – von London allerdings nicht autorisierten – Feldzug gegen die Herrschaft des Mahdi aufgemacht hatte, unter den Händen der Derwische in Khartum Gladstone einen Strich durch die Rechnung; eine Welle nationalistischer Erregung erfaßte die englische Öffentlichkeit. Man forderte Rache, nicht Abzug. An eine Aufgabe Ägyptens, wo sich nunmehr eine englische Verwaltung häuslich einrichtete, obwohl die englische Herrschaft völkerrechtlich durch nichts gesichert war, war um so weniger zu denken, als Gladstone und sein konservativer Nachfolger Salisbury sich vergeblich bemühten, vom Sultan – dem nominellen Oberherrn des ägyptischen Khediven – und den Großmächten jene Garantien zu erhalten, welche die englische imperiale Politik für den Fall einer Wiederaufgabe Ägyptens aus strategischen Gründen für unabdingbar hielt.

Die ägyptische Frage wurde in der Folge zu einem beständigen Zankapfel insbesondere zwischen England und Frankreich. Und namentlich Bismarck verstand es mit viel Geschick, das ägyptische Feuer weiter zu schüren. Überhaupt war Bismarck seit 1885 bestrebt, die Aspiration der anderen Großmächte auf kolonialpolitischem Gebiet zu fördern und dergestalt die Spannungen im europäischen Mächtesystem an die Peripherie abzuleiten. Wenn Bismarck nach Maßgabe seiner Kräfte dazu beitrug, daß sich Frankreich und England über koloniale Fragen in die Haare gerieten, so war das freilich eine Strategie, die sich auf die Dauer gesehen gegen Deutschland selbst richten sollte.

Jedoch ließ seit 1885 die Neigung der Großmächte, sich an kolonialen Experimenten zu versuchen, vorübergehend noch einmal nach. In England erneuerte man die alte Praxis, privaten *Chartered Companies* wie der *Imperial British East Africa Company* (1888) und der *British South Africa Company* (1889) in der Aufschließung kolonialer Territorien den Vortritt zu lassen, und suchte auch hinsichtlich des Gegensatzes zu Rußland in Afghanistan einen Ausgleich zu erreichen. In Frankreich gelangten nach dem Sturze Jules Ferrys 1885 fürs erste Politiker zur Macht, welche jegliche Kolonialpolitik mit Mißtrauen betrachteten, weil die französische Nation dadurch nur von dem ›Loch in den Vogesen‹ abgelenkt würde. Und Bismarck war jetzt ebenfalls für kolonialpolitische Projekte nicht mehr zu haben, sondern empfahl dem Deutschen Reiche angesichts seiner bedrohten Lage in der Mitte Europas eine Politik weiser Selbstbeschränkung. Gemeinsam überließen die europäischen Großmächte unter Federführung Bismarcks im Jahre 1885 dem König der Belgier Leopold II., gegen gewisse Auflagen, wie der Aufrechterhaltung der ›offenen Tür‹, also des freien Zugangs für den Handel aller Nationen, den späteren belgischen Kongo zu privater Nutzung, ein Recht, welches der König freilich nur zu bald gröblich mißbrauchen sollte. Aber diese Ansätze einer Kooperation der Großmächte in kolonialen Fragen blieben Stückwerk; schon bald stellte sich wieder erbitterte Rivalität ein.

In den weltpolitischen Fragen herrschte in den Jahren von 1885 bis 1892 gleichsam Ruhe vor dem Sturm. Noch einmal traten die alten europäischen Probleme dominierend in den Vordergrund, so insbesondere das Meerengenproblem und die bulgarische Frage, über der es Anfang 1887 zu einer schweren Krise im deutsch-russischen Verhältnis kam. Männer wie Waldersee plädierten schon damals für einen Präventivkrieg gegen den östlichen Nachbarn. Bismarck vermochte die gefährdete hegemoniale Stellung des Deutschen Reiches jetzt nur noch durch ein höchst kunstvolles Doppelspiel diplomatisch zu stabilisieren. Mit Hilfe des Rückversicherungsvertrags vom Jahre 1887, der Rußland als Preis für die Verpflichtung zu wohlwollender Neutralität im Falle eines Krieges die diplomatische Unterstützung des Deutschen Reiches sowohl in den Balkan-Fragen wie in der Meerengenfrage versprach, gelang es ihm, den ›Draht‹ nach Petersburg noch einmal zu reparieren. Gleichzeitig aber setzte Bismarck seine ganze diplomatische Kunst ein, um durch eine Mittelmeerentente zwischen Österreich-Ungarn, England und Italien, die den ausschließlichen Zweck hatte, Rußland den Weg zu den Meerengen zu verlegen, eine eventuelle politische Realisierung der im Rückversicherungsvertrag gegebenen Zusagen von vornherein zu verhindern. Der Rückversicherungsvertrag war, wie Bismarck selbst wußte, ein äußerstes Auskunftsmittel. Da der Kanzler nurmehr geringes Vertrauen in die Loyalität der russischen Staatsmänner besaß, wollte er diese in eine ›Sackgasse‹ hineinlocken — ein taktischer Schachzug, der schwerlich auf die Dauer Erfolg haben konnte, aber zunächst einmal den Erfordernissen der deutschen Politik genügte. Die diplomatische Meisterschaft Bismarcks war gleichsam am Ende ihrer Möglichkeiten angelangt. Außerstande, angesichts des ungestümen Imperialismus der anderen Großmächte den rein defensiven Charakter seines ursprünglichen Bündnissystems aufrechtzuerhalten, was sich bereits bei der Erneuerung des Dreibundvertrages mit Italien im Februar 1887 gezeigt hatte, wollte Bismarck die imperialistischen Energien der anderen Mächte gegeneinander ausspielen, um selbst der lachende Dritte zu sein. Solange die anderen Mächte dieses Spiel nicht durchschauten, mochte das angehen, aber auf lange Frist war eine solche Taktik mit großen Risiken verbunden, barg sie doch die Gefahr in sich, daß die Glaubwürdigkeit der deutschen Politik erschüttert wurde.

Der Rücktritt Bismarcks im März 1890 war fraglos ein Ereignis von europäischer Tragweite; mit Bismarck verschwand ein Staatsmann von der diplomatischen Bühne Europas, der ein Vierteljahrhundert lang maßgeblich für die Aufrechterhaltung des klassischen Systems der europäischen Mächtepolitik gewirkt hatte. Es war Bismarcks Bestreben gewesen, durch eine vorsichtige, defensive und zugleich konservative Bündnispolitik ein Versinken des alten Europa in einem Strudel rivalisierender Nationalismen zu verhindern. Aber Bismarcks diplomatisches System beruhte auf der Prämisse, daß die Staatsmänner Europas nach Maßgabe kühner, wohlberechneter Staatsräson zu handeln imstande seien, ohne sich viel um die Meinung ihrer Völker zu kümmern. Eben dies aber war nunmehr immer weniger möglich; gerade die Regierungen der halbkonstitutionellen oder gar autokratisch regierten Staaten Europas, insbesondere das Deutsche Reich, Österreich-Ungarn und Rußland, und nicht nur ihre demokratischen Gegenspieler England, Frankreich und Italien, gerieten jetzt mehr und mehr in den Sog einer nationalistisch aufgeladenen öffentlichen Meinung. In einer solchen Situation verloren die persönlichen Beziehungen der leitenden Staatsmänner, auf die Bismarck so viel Wert gelegt hatte, immer mehr an Tragfähigkeit. Bei nüchterner Analyse ist der Schluß unabweisbar, daß die Bismarckschen Methoden der Außenpolitik zum Zeitpunkt seines Sturzes innerlich bereits die Grenze ihrer Möglichkeiten erreicht hatten. Auch das komplizierte System wechselseitiger Bündnisverflechtungen, welches Bismarck aufgebaut hatte, ließ sich jetzt nicht mehr ohne weiteres fortführen, allein schon deshalb, weil sich die robuste Dynamik der Imperialismen der einzelnen europäischen Mächte immer weniger in diese sorgfältig konstruierte Ordnung einfügen ließ.

Die Nichterneuerung des Rückversicherungsvertrages durch Bismarcks Nachfolger Leo von Caprivi im Jahre 1890 ist immer wieder als der große Wendepunkt in der Entwicklung der europäischen Bündnissysteme vor 1914 gedeutet worden, und sie war dies auch wirklich, aber in einem anderen Sinne, als es die Zeitgenossen und Bismarck selbst späterhin haben sehen wollen. Auch der Abschluß des Rückversicherungsvertrags hatte die Verschlechterung der deutsch-russischen Beziehungen, wie sie über der bulgarischen Frage eingetreten war, nicht eigentlich aufhalten können. Caprivi und seine Berater, namentlich Holstein, Kiderlen-

Wächter und Schleinitz, glaubten einen solchen Vertrag, der im Widerspruch wenn nicht zum Wortlaut, so doch zumindest zum Geiste der Dreibundverträge stand, nicht verlängern zu sollen, weil sie die negativen Auswirkungen eines eventuellen Bekanntwerdens des Vertrages auf die Haltung Österreich-Ungarns, Italiens und Englands fürchteten. Sie urteilten, daß ein solcher Vertrag Rußland ein bequemes Mittel in die Hand gebe, die Deutschen außenpolitisch immer wieder zu erpressen. Caprivi bekannte darüber hinaus, daß er sich nicht dazu imstande fühle, wie Bismarck ständig mit fünf Kugeln zu jonglieren. Er wollte in Zukunft eine gradlinige, klare, Vertrauen erweckende Außenpolitik treiben, die schlimmstenfalls auch das Licht der Öffentlichkeit nicht zu scheuen haben würde.

Freilich ging es Caprivi, Marschall, dem neuen Staatssekretär des Auswärtigen, und Holstein, der damals einflußreichsten Persönlichkeit im Auswärtigen Amt, nicht nur darum, den vielverzweigten Baum der Bismarckschen Außenpolitik ein wenig zurückzuschneiden. Sie beabsichtigten zwar, die Dreibundpolitik Bismarcks konsequent weiterzuführen. Zugleich aber planten sie, stärker noch, als Bismarck dies jemals erwogen hatte, England an den Dreibund heranzuziehen. Sie wollten gleichsam nur einen Satz Karten des Bismarckschen Bündnissystems weiterspielen und die anderen Karten, die damit nicht übereinstimmten, beiseitelegen. Diesem Ziel diente auch der Helgoland-Sansibar-Vertrag vom Herbst 1890, in dem das Deutsche Reich gegen die Aufgabe bedeutender kolonialer Anrechte in Südafrika die Insel Helgoland erwarb – ein Abkommen, das in der Folge vom *Alldeutschen Verband* und dem *Kolonial-Verein* wegen des darin ausgesprochenen Verzichts auf größere koloniale Erwerbungen scharf angegriffen wurde. Wenig später schloß Caprivi 1891 einen neuen Dreibundvertrag mit Italien ab, der von der Voraussetzung ausging, daß dieses als Brücke zu England von größtem Wert sei. Dagegen lehnte es die deutsche Regierung in konsequenter Westorientierung ab, den Rückversicherungsvertrag auch in einer erheblich abgeschwächten Fassung, wie sie der russische Außenminister Giers anbot, zu verlängern und trieb so die Russen in die Arme Frankreichs. Dieser Prozeß hatte freilich schon 1887 begonnen, als Bismarck die deutschen Börsen für russische Staatsanleihen sperrte und die russische Regierung dergestalt zwang, auf den französischen Kapitalmarkt auszuweichen. Dennoch verhielten sich die Russen gegenüber dem heftigen Werben der französischen Diplomatie anfänglich höchst zurückhaltend. Die amtliche russische Außenpolitik und namentlich der Zar selbst empfanden starke Abneigung gegenüber dem republikanischen Frankreich. Sie scheuten sich überdies, sich vorbehaltlos an dieses zu binden, weil sie fürchteten, auf diese Weise womöglich wegen Elsaß-

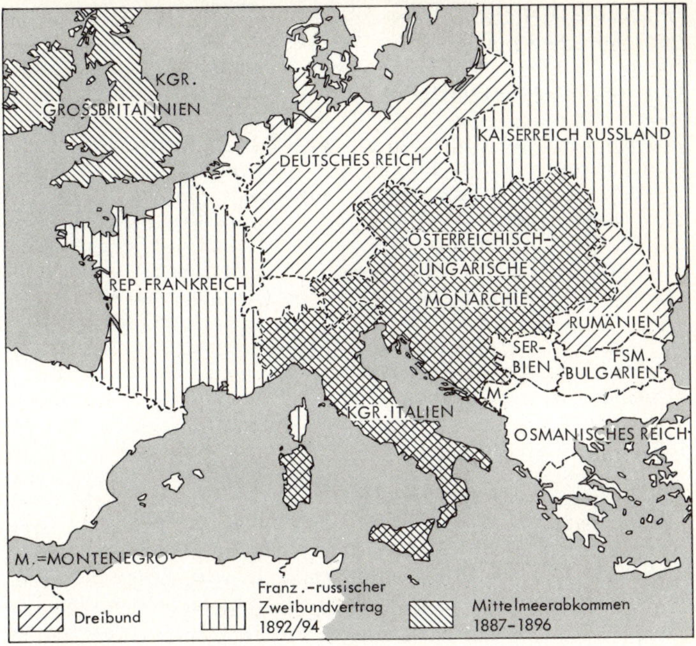

Abb. 13: Das europäische Staatensystem 1894

Lothringen in einen allgemeinen Krieg hineingezogen zu werden. Der russischen Politik war, nachdem seit 1890 die Aufschließung der weiten Gebiete Sibiriens und des Fernen Osten zielbewußt in Angriff genommen worden war, in vermehrtem Maße an einer Sicherung der eigenen Westgrenze gelegen. Darüber hinaus aber konnte Frankreich der ambitiösen russischen Politik auf dem Balkan wenig Unterstützung gewähren, während andererseits damit zu rechnen war, daß das Deutsche Reich den zu erwartenden Widerstand Österreich-Ungarns versteifen würde, sofern es im gegnerischen Lager stand. Nur zögernd ging die russische Regierung daher daran, mit Frankreich ein politisches Abkommen zu schließen, welches einen Ersatz für die fehlende vertragliche Sicherung gegenüber Deutschland bot. Einer Militärkonvention vom Jahre 1892 folgte, nach einem demonstrativen Besuch der russischen Mittelmeerflotte in Toulon, der die französische Öffentlichkeit in Begeisterungsstürme versetzte, erst Anfang 1894 ein formelles Bündnis. Freilich verbanden beide Partner mit diesem auch jetzt noch verschiedene Zielsetzungen;

während Frankreich darin eine ausschließlich gegen Deutschland gerichtete Waffe sah, hoffte die russische Diplomatie, daß das Bündnis mit Frankreich ihr zumindest indirekt auch eine Rückendeckung gegenüber England, dem großen Antipoden Rußlands, geben werde.
Für die deutsche Außenpolitik war das Zustandekommen des französisch-russischen Bündnisses, das im Kriegsfalle die unmittelbare Gefahr eines Zweifrontenkrieges in sich barg, von schwerwiegender Bedeutung. Zwar hätte die deutsche Politik angesichts der unverändert feindseligen Stimmung Rußlands im Falle eines Krieges wohl ohnedies mit dessen Gegnerschaft rechnen müssen; dennoch lief der Ausbruch Frankreichs aus der Isolierung, in der Bismarck das Land zwei Jahrzehnte lang gehalten hatte, auf eine beträchtliche Verschlechterung der Lage der Mittelmächte hinaus. Dies aber war um so schlimmer, als die Hoffnung Caprivis, daß man England enger an den Dreibund heranziehen könne, ohne sich selbst gegenüber Rußland und Frankreich in gefährlicher Weise zu engagieren, getrogen hatte; die englische Politik war zu konkreten Gegenleistungen nicht zu bewegen, namentlich nachdem 1892 Lord Rosebery das *Foreign Office* übernommen hatte. Der deutschen Politik konnte in der Tat nicht daran gelegen sein, Rußland auf dem Balkan oder in der Meerengenfrage mehr oder minder direkt entgegenzutreten, wie dies den Engländern vorschwebte. Freilich wäre eine engere vertragliche Verbindung Englands mit dem Dreibund vielleicht doch noch erreichbar gewesen, wenn nicht Holstein von dem Schreckgespenst verfolgt worden wäre, England lege es allein darauf an, sich vom Deutschen Reiche die Kastanien aus dem Feuer holen zu lassen.
Verhängnisvoll aber wurde es für die Lage des Deutschen Reiches, daß man wegen kolonialpolitischer Fragen minderen Ranges unversehens in einen scharfen Gegensatz zur englischen Politik geriet, während alle Versuche, durch Anknüpfung von Beziehungen sei es zu Frankreich, sei es zu Rußland den entstandenen Schaden zu reparieren und den Zweibundvertrag zu unterlaufen, ja womöglich gar auszuhöhlen, ohne Ergebnis blieben. Dies stand in unmittelbarem Zusammenhang mit dem erneuten Ausbrechen des imperialistischen Fiebers in den Hauptstädten Europas. Schon Ende der achtziger Jahre hatte Lord Salisbury den Gedanken einer Wiederaufgabe Ägyptens endgültig begraben und war in die Bahnen einer Politik der Arrondierung und Stabilisierung des Empire eingeschwenkt. Sein liberaler Nachfolger Rosebery verschrieb sich dieser Politik, ungeachtet des Widerstandes der großen Mehrzahl seiner liberalen Ministerkollegen, in noch stärkerer Weise und zugleich in impulsiver Form. Die 1892 angebahnte und 1894 definitiv gefällte Entscheidung, das Erbe der bankrotten *Imperial British East Africa Company* zu übernehmen und Uganda

zu annektieren, bedeutete einen Wendepunkt in der britischen imperialen Politik jener Jahrzehnte. Fortan ging die britische Regierung in aller Form daran, *»to peg out claims for posterity«*, mit anderen Worten, sich Gebiete von künftiger strategischer oder wirtschaftlicher Bedeutung sei es durch unmittelbaren Zugriff, sei es durch Vereinbarung mit anderen Mächten zu sichern. Die Hauptstoßrichtung des englischen Imperialismus galt der Region des oberen Nils; man hoffte auf diese Weise die eigene Herrschaft in Ägypten zu stabilisieren. 1895 proklamierte Sir Edward Grey im britischen Unterhaus den Sudan zu einem englischen Interessengebiet und wies darauf hin, daß man jeden Versuch seitens anderer Mächte, sich dort festzusetzen, als einen feindseligen Akt betrachten werde. Aber auch anderenorts blieb man nicht untätig; so suchte Rosebery 1894 in einem Separatvertrag mit Leopold II. England einen schmalen Landstreifen im Hinterland Deutsch-Ostafrikas vom Tanganjikasee nordwärts zu sichern, welcher dieses vom belgischen Kongo abgeschnitten, dafür aber eine Landbrücke zwischen Uganda und Britisch-Südafrika geschaffen hätte – eine notwendige Voraussetzung für den Bau der damals von Cecil Rhodes propagierten Bahnverbindung vom Kap nach Kairo.

Diese Politik stieß in erster Linie auf den Widerstand Frankreichs, das seit 1890 unter der Führung des neuen Kolonialministers Hanoutaux große Anstrengungen machte, die eigenen Besitzungen im Fernen Osten sowie insbesondere in Mittel- und Westafrika auszudehnen. Schon 1893 waren beide Mächte wegen des zukünftigen Schicksals von Siam, das die Franzosen zumindest teilweise in ihr fernöstliches Kolonialimperium einzubeziehen trachteten, an den Rand eines Krieges geraten. Desgleichen erhob Frankreich gegen den Separatvertrag Englands mit dem Kongo, in dem weite Gebiete Äquatorial-Afrikas einfach Leopold II. zugesprochen worden waren, energisch Einspruch. Das Deutsche Reich protestierte ebenfalls nachdrücklich, da es in diesem Vertrag übergangen worden war, zumal man in Berlin eine Umzingelung Deutsch-Ostafrikas durch britisches Territorium in keiner Weise erfreulich fand. Die deutsche Regierung war um so weniger geneigt, den Engländern in dieser Frage entgegenzukommen, als es gerade eben wegen einer Teilkonzession für den Bau der Bagdadbahn und in der Samoa-Frage mit den Engländern zu einem heftigen Zusammenstoß gekommen war. So erzwangen beide Mächte gemeinsam die Annullierung dieses Abkommens. Die deutsche Regierung benutzte diese Gelegenheit zu einem Versuch, die Gemeinsamkeit der Interessen Deutschlands und Frankreichs in kolonialen Fragen gegenüber England zur Basis eines Kontinentalbündnisses zu machen, welches dem russisch-französischen Vertrag wenigstens teilweise seinen bedrohlichen Charakter genommen haben würde. Doch zeigten die Franzosen der deutschen Regierung, ebenso wie vier Jahre später in der Burenfrage, die kalte Schulter. Es erwies sich als aussichtslos, die scharfen Gegensätze zwischen Frankreich und England in kolonialen Fragen zur Verbesserung der diplomatischen Lage Deutschlands auszunutzen; zu gut erkannte man in Paris die eigentlichen Absichten der deutschen Politik.

Auf weltpolitischem Felde sah sich das Deutsche Reich demgemäß Mitte der neunziger Jahre verhängnisvoll isoliert. Italien hatte sich zwar anläßlich der Erneuerung des Dreibundvertrages 1891 die diplomatische Unterstützung der Mittelmächte für seine ambitiösen mittelmeerischen Kolonialprojekte gesichert, war aber seinerseits keineswegs geneigt und außerdem viel zu schwach, um dem deutschen Partner in weltpolitischen Fragen wirksam Hilfestellung zu gewähren. Und Österreich-Ungarn war heillos in innere Schwierigkeiten und in Balkan-Probleme verstrickt; es konnte daher dem deutschen Partner nur beschränkt den Rücken stärken. Die Verbindung zu Rußland aber, mit welcher man die englische Politik allenfalls hätte beeindrucken können, war abgerissen. Freilich fehlte es den deutschen Staatsmännern an konkreten kolonialpolitischen Zielsetzungen; nur um die deutsche öffentliche Meinung zu befriedigen, hatten sie 1894 versucht, Samoa für Deutschland zu erwerben. Angesichts der für sie höchst enttäuschenden Unzugänglichkeit Englands in kolonialen Fragen verlegten sie sich nun darauf, der englischen Diplomatie, wo immer dies ging, und dies war namentlich in der ägyptischen Frage möglich, Schwierigkeiten zu bereiten, um ihr klarzumachen, daß man nicht ungestraft über legitime deutsche Interessen hinweggehen dürfe. Diese Taktik erreichte allerdings eher das Gegenteil des Erstrebten, zumal sie nicht mit den feinen, geschickten Methoden eines Bismarck, sondern eher mit den grobschlächtigen Praktiken Holsteins angewandt wurde. Darüber hinaus bemühte man sich nunmehr, den abgerissenen Draht nach Petersburg doch noch zu flicken, zumal Wilhelm II. schon aus dynastischen Gründen nach wie vor auf ein gutes Verhältnis zu Rußland großen Wert legte. Der Wiederanknüpfung engerer Beziehungen diente auch der Handelsvertrag mit Rußland vom Jahre 1894; jedoch empfanden die Russen die Bedingungen, die sie dem ungleich stärkeren Handelspartner hatten konzedieren müssen, als außerordentlich drückend. So erreichte man in Berlin hinsichtlich einer Verbesserung der Beziehungen zu Rußland einstweilen so gut wie nichts.

Was das Verhältnis zwischen Deutschland und England angeht, so brachte es die arrogante und unvorsichtige Diplomatie Lord Roseberys, im Verein mit der engstirnigen Überempfindlichkeit Holsteins, zuwege, daß man sowohl in Berlin wie in London von

immer tieferem Mißtrauen in die Absichten der anderen Seite erfaßt wurde. In Deutschland begann sich der Gedanke auszubreiten, daß England den weltpolitischen Bemühungen Deutschlands immer wieder rücksichtslos in den Weg trete und im übrigen nur darauf aus sei, Deutschland vor den Wagen der eigenen Politik zu spannen. Dies bekam Lord Salisbury zu spüren, als er 1895 angesichts der Armenier-Massaker in Anatolien mit dem kühnen Plan einer Aufteilung der Türkei unter die Großmächte hervortrat, um diesen ständigen Krisenherd der europäischen Politik durch eine Radikalkur zu beseitigen. Die deutsche Diplomatie witterte dahinter nur die Absicht, den Dreibund und Rußland aufeinanderzuhetzen, und brachte den Vorstoß Salisburys zum Scheitern, ohne ihn wirklich sachlich zu prüfen. Allerdings stand der englische Teilungsvorschlag nur begrenzt im Einklang mit den deutschen Plänen einer ausschließlich wirtschaftlichen Durchdringung der Türkei mit Hilfe des Bagdadbahnprojekts, das sich damals freilich noch in seinen Anfängen befand.
War es also um die deutsch-englischen Beziehungen ohnehin schon schlecht bestellt, so erreichten diese 1896 einen absoluten Tiefpunkt. Den Anlaß dazu gab die Burenfrage, die für die englische imperiale Politik seit der Entdeckung von Gold und Diamanten an der Rand immer bedeutungsvoller geworden war. Binnen weniger Jahre war Johannesburg zum wirtschaftlichen und industriellen Zentrum ganz Südafrikas herangewachsen. Es war nunmehr für das britische Empire eine Kardinalfrage geworden, ob es gelingen werde, den britischen Einfluß im Transvaal wieder zu steigern und diesen und die Republik Natal dem Empire wieder einzugliedern. Diesem Ziel diente die *Jameson Raid* vom Ende des Jahres 1895, welche Cecil Rhodes im Einverständnis mit Joseph Chamberlain ins Werk gesetzt hatte, um einen Aufstand der politisch rechtlosen Engländer in Johannesburg zu entfachen, der dann Großbritannien die erwünschte Gelegenheit zum Eingreifen geben sollte. In einem offiziellen Telegramm vom 3. 1. 1896 beglückwünschte Wilhelm II. Krüger zu der erfolgreichen Abwehr der *Raid*. Obwohl dieses Telegramm, gemessen an den ursprünglichen Absichten des Kaisers, relativ harmlos war, löste es in England eine Welle antideutscher Demonstrationen aus, die noch lange nachwirken sollte, um so mehr, als die deutsche Öffentlichkeit in ihrer Burenbegeisterung in noch schrofferer Tonart antwortete. Diese Ausbrüche nationalistischen Englandhasses waren freilich auch ein Ausdruck der Tatsache, daß sich das Deutsche Reich angesichts der Haltung Englands hinsichtlich der Entwicklungen in Afrika und im Fernen Osten mehr oder minder in die Rolle des Zuschauers gedrängt sah, während seine weltpolitischen Rivalen größere Aktivität als je zuvor an den Tag legten.

Italien holte sich zwar 1896 bei dem Versuch, ein Stück von Äthiopien zu annektieren, bei Adua blutige Köpfe und mußte seine kolonialen Aspirationen einstweilen zurückstellen. Dafür aber waren England und Frankreich um so reger. Seit 1895 war der Wettstreit zwischen den beiden Mächten um den Besitz des Hinterlandes ihrer jeweiligen westafrikanischen Territorien in voller Schärfe entbrannt. Mehrfach konnten militärische Zusammenstöße zwischen französischen Kolonialtruppen und Chamberlains *West Africa Frontier Force* nur im letzten Augenblick verhindert werden, bis sich dann Lord Salisbury im Frühjahr 1898 zu Verhandlungen mit Paris über die Abgrenzung der beiderseitigen westafrikanischen Besitzungen herbeiließ, um diese Streitfragen einer endgültigen Lösung zuzuführen. Seinen Höhepunkt erreichte der Konkurrenzkampf beider Mächte freilich im Ringen um den Besitz des Sudans. Während der französische Hauptmann Marchand sich seit 1896 von Französisch-Westafrika aus unter unbeschreiblichen Strapazen mit einer kleinen Streitmacht Faschoda am oberen Nil näherte, um dieses Land kraft des Rechtes der Eroberung für Frankreich in Besitz zu nehmen, stieß Lord Kitchener, formell in seiner Eigenschaft als Oberbefehlshaber der ägyptischen Armee, faktisch als Exponent des britischen Imperialismus, vom Norden aus zum oberen Nil vor, um den alten Rechtsanspruch Ägyptens auf den Sudan wieder zu realisieren und Marchands Mission zu vereiteln. Ein schwerer Konflikt mit Frankreich stand nun unmittelbar bevor. Gleichzeitig brauten sich auch über Südafrika dunkle Wolken zusammen; nachdem die Versuche, auf indirektem Wege einen Anschluß des Transvaal an das britische Empire zu erzwingen, gescheitert waren, drohte hier eine militärische Auseinandersetzung.

In dieser Konstellation reifte bei den englischen Staatsmännern der Entschluß, die traditionelle Politik der *splendid isolation* aufzugeben und sich nach geeigneten Bundesgenossen umzusehen. Wortführer einer derartigen Neuorientierung der englischen Außenpolitik war insbesondere Joseph Chamberlain, der im März 1898, beeinflußt von der Idee, daß die angelsächsische und die teutonische Rasse gemeinsam zur Führung in der Welt berufen seien, mit einem Bündnisangebot an Deutschland herantrat, freilich ohne dazu ausdrücklich von seinem Premier beauftragt zu sein. Der unmittelbare Zweck dieser überraschenden Offerte dürfte gewesen sein, die Position Englands in den Verhandlungen mit Frankreich über die westafrikanischen Fragen zu stärken; darüber hinaus aber wollte man sich für die bevorstehenden Auseinandersetzungen um den Sudan und in Südafrika der höchst wertvollen Rückendeckung Deutschlands versichern. So eröffnete sich für die deutsche Regierung überraschend die Aussicht, durch eine Bindung Englands an den Dreibund die französisch-

russische Entente wirksam zu paralysieren, und zugleich die Chance, nunmehr Weltpolitik in Anlehnung an England zu betreiben, beides Lösungen, um die sich die deutsche Diplomatie späterhin ebenso zäh wie vergeblich bemühen sollte. Dennoch schlug die deutsche Regierung, wesentlich unter dem Einfluß Holsteins, das englische Anerbieten aus, und zwar nicht nur, weil sie mit einigem Recht dessen Ernsthaftigkeit anzweifelte, sondern vor allem, weil sie glaubte, England sei es dabei nur darum zu tun, einen Festlandsdegen gegen Rußland zu gewinnen. Bülow, der neue deutsche Staatssekretär des Äußeren, ging von der verhängnisvollen Vorstellung aus, daß England »den Kampf ums Dasein« mit Rußland »auf die Dauer« nicht werde vermeiden können; »andere Alliierte als Deutschland und bessere Freunde als Deutschland« werde es dabei ohnehin nicht finden.[58] Man beschloß, England noch eine Weile im eigenen Saft schmoren zu lassen, statt schon jetzt offen auf seine Seite zu treten, und erhoffte sich von einer derartigen Taktik größere Aussichten auf künftige Erwerbungen auf kolonialem Gebiete. Ja mehr noch, Wilhelm II. versuchte die englische Offerte in Petersburg als Druckmittel zu verwerten, um eine Verbesserung der deutsch-russischen Beziehungen, womöglich gar eine Wiederherstellung des Vertragsverhältnisses zwischen beiden Kaiserreichen zu erreichen – ein Versuch, der jedoch vollkommen fehlschlug und obendrein die deutsche Regierung in London schwer kompromittierte. Holstein hingegen empfahl in gründlicher Überschätzung der deutschen Machtstellung einen Kurs der freien Hand nach allen Seiten und tröstete sich mit dem Argument, daß »Deutschland weniger als die anderen Mächte darauf angewiesen« sei, »Anlehnung außerhalb zu suchen, daß es vielmehr bei richtig geleiteter deutscher Politik diese Anlehnung immer von selber finden« werde, »weil die anderen Mächte uns nötiger brauchen als wir sie.«[59]
Obwohl die Chance für eine grundlegende Verbesserung des deutsch-englischen Verhältnisses damit fürs erste verspielt war, gelang es, ein Abkommen mit England zustande zu bringen, welches Deutschland die Anwartschaft auf einen Teil des portugiesischen Kolonialbesitzes für den Fall zusicherte, daß Portugal, wie man damals allgemein erwartete, sich wegen finanzieller Schwierigkeiten zur Verpfändung seiner Kolonien an andere Mächte bereitfinden sollte. Der Angola-Vertrag vom 30. August 1898 sah für diesen Fall eine Aufteilung von Angola, Mozambique und Timor unter beide Mächte vor, unter Ausschluß aller anderen Konkurrenten. Allerdings war der Vertrag unter der Voraussetzung zustande gekommen, daß Deutschland die Buren ihrem Schicksal überließ und fortan auf jegliche Einflußnahme in Südafrika verzichtete. Jedoch gelang es Deutschland nicht, diesen Wechsel auf eine ungewisse Zukunft einzulösen; Portugal wandte

sich in seinen Geldverlegenheiten an Frankreich und nicht an England und Deutschland, und auch die Engländer zeigten an einer Realisierung des Vertrags keinerlei Interesse.
Dies hing mit dem Umstand zusammen, daß inzwischen eine entscheidende Wende in den englisch-französischen Beziehungen eingetreten war, welche es der englischen Regierung weniger notwendig erscheinen ließ, auf Deutschland Rücksicht zu nehmen. Wenige Wochen nach Abschluß des Angola-Vertrages war es zu dem erwarteten Zusammenstoß Frankreichs und Englands im Sudan gekommen. Am 10. Juli 1898 hatte Marchand Faschoda erreicht und dort die Trikolore gehißt. Nach dem von den europäischen Kolonialmächten bislang allgemein geübten Besitznahmerecht gehörte die Region des oberen Nils Frankreich. Die englische Regierung weigerte sich jedoch, sich mit diesem *fait accompli* abzufinden; vielmehr erhielt Lord Kitchener, der sich in beschwerlichem Vormarsch auf Khartum befand, den Auftrag, so schnell wie möglich seinerseits nach Faschoda vorzudringen, um dort, ungeachtet der voraussichtlichen Anwesenheit einer französischen Streitmacht — noch waren keine definitiven Nachrichten über Marchands Erfolg nach Europa gelangt —, kraft des Rechtes der Eroberung ein britisch-ägyptisches Kondominium im Sudan zu proklamieren. Am 25. September 1898 erreichte Kitchener endlich Faschoda und forderte Marchand und seine kleine Truppe zum sofortigen Abzug auf; Marchand weigerte sich und erklärte, er werde dies nur auf Befehl der französischen Regierung tun. Die Krise war da. Leidenschaftliche Empörung erfaßte die ganze französische Nation angesichts der britischen Forderung, unverzüglich den Sudan aufzugeben und Marchand, den nationalen Helden, zurückzurufen. Ein Krieg zwischen beiden Mächten schien unvermeidbar. Doch gab Frankreich, unzureichend gerüstet und infolge der Dreyfus-Affäre in zwei Lager gespalten, nach fünf Wochen hitziger Erregung auf Delcassés Rat hin schließlich nach. Obwohl sich die schwere Demütigung von Faschoda tief in das Bewußtsein der französischen Nation eingegraben hatte, lenkte Delcassé die französische Außenpolitik in den folgenden Jahren zielbewußt in die Bahnen einer umfassenden Verständigung mit England in kolonialen Fragen. Der Sudan-Vertrag vom Jahre 1899 war die erste Frucht dieser Politik. Frankreich verzichtete darin auf jeglichen politischen Einfluß in Ägypten und im Sudan und erhielt dafür ganz Westafrika als eigene Interessensphäre zugesprochen. Die Deutschen aber hatten das Nachsehen. Nunmehr war es nicht mehr nötig, den von seiten Englands ohnehin mit Unbehagen abgeschlossenen Angola-Vertrag zu respektieren. Am 14. Oktober 1899 erneuerte Lord Salisbury die aus dem 16. Jahrhundert stammenden englischen Garantien für den portugiesischen Kolonialbesitz und gewann die

Portugiesen darüber hinaus zu wohlwollender Neutralität in dem bevorstehenden Krieg gegen den Transvaal.
Endete also die freilich nur mit halbem Herzen betriebene deutsche Weltpolitik in Afrika mit einem glatten Fiasko, so war Deutschland in dem zweiten großen Zentrum des Ringens um überseeische Territorien, im Fernen Osten, wenigstens etwas erfolgreicher. Namentlich die Frage der Zukunft Chinas stand dabei im Vordergrund. Hier hatte sich das Deutsche Reich seit 1897 in die vorderste Kampffront begeben. Die erzwungene Pachtung Tsingtaus Ende 1897 gab den Startschuß für die Aufteilung des chinesischen Raumes unter die Großmächte; zugleich bildete sie den Auftakt der deutschen Weltpolitik, welcher Bülow im Dezember 1897 im Reichstag die Leitlinie vorschrieb: »Wir wollen niemanden in den Schatten stellen, aber wir verlangen auch unseren Platz an der Sonne.«[60] Schon 1894/1895 hatte Japan dem schwachen chinesischen Reich einige Beutestücke entrissen, und ebenso hatte Rußland bereits seit einigen Jahren Anstalten gemacht, Korea wirtschaftlich zu durchdringen. Der deutsche Vorstoß aber löste einen allgemeinen Sturmlauf auf China mit dem Ziele der Erlangung von Handelsstützpunkten, Konzessionen und Interessensphären aus. Rußland nahm Port Arthur, Frankreich Hainan, und England, welches das Eindringen der anderen Mächte in den für die englische Textilindustrie Lancashires höchst wichtigen chinesischen Raum mit größtem Unbehagen betrachtete, zähneknirschend Wei-hai-wei. Jetzt traten auch die USA auf den Plan; im spanisch-amerikanischen Krieg von 1898 zertrümmerten sie das spanische Kolonialreich und annektierten Kuba, Puerto Rico, Hawaii, Guam und – zur großen Enttäuschung der deutschen Regierung, die darauf bereits ihr Auge geworfen und eine Flotteneinheit in den Fernen Osten entsandt hatte – auch die Philippinen. Nur ein Stück von Samoa und die Karolinen fielen für Deutschland ab, ein höchst mageres Ergebnis im Vergleich zu den stattlichen Gewinnen, mit denen seine Konkurrenten aus dem Wettlauf der letzten Jahre um die wenigen noch immer herrenlosen Gebiete der Erde hervorgegangen waren.
Die Entwicklung im Fernen Osten, insbesondere das russische Vordringen in die Mandschurei, ließ den russisch-englischen Weltgegensatz, den Salisbury gerade eben abzubauen sich bemüht hatte, erneut aufklaffen. Gleichzeitig brach der Burenkrieg aus, den England allerdings diplomatisch höchst sorgfältig vorbereitet hatte. Da das Deutsche Reich sich einer Einflußnahme auf die Burenfrage schon 1898 weitgehend begeben hatte, beschloß es nun, freilich in Erwartung einer künftigen Honorierung seines Wohlverhaltens, sich strikt neutral zu verhalten, obwohl die deutsche Öffentlichkeit leidenschaftlich für die Sache der Buren Partei nahm. Ja mehr noch, im November 1899 fuhr Wilhelm II., be-

gleitet von Bülow, ungeachtet der anglophoben Stimmung in Deutschland zu einem offiziellen Staatsbesuch nach England. Ihm wurde ein ungewöhnlich herzlicher Empfang zuteil; die Chancen für eine deutsch-englische Annäherung schienen plötzlich wieder erheblich gestiegen.
Großbritannien befand sich in diesem Augenblick in einer höchst kritischen weltpolitischen Situation. In Südafrika leisteten die Buren den englischen Truppen unerwartet zähen und erfolgreichen Widerstand, und die Operationen beanspruchten die militärischen Kräfte Großbritanniens in weit höherem Maße, als man erwartet hatte. Gleichzeitig aber geriet England im Fernen Osten mit Rußland, welches mit beharrlicher Zähigkeit daran ging, die gesamte Mandschurei in seine Hand zu bringen, an den Rand eines Krieges. Und schließlich fehlte es auch in Frankreich nicht an Stimmen, die nun ›Rache für Faschoda‹ forderten, obgleich die französische Regierung selbst wenig Neigung zeigte, sich für die Sache der Buren einzusetzen. Infolgedessen erschien das Deutsche Reich vielen Engländern als der gegebene Partner der englischen Politik, wenn auch Premierminister Salisbury selbst kaum dahin tendierte, sich gegenüber irgendeiner anderen Macht definitiv die Hände zu binden. Chamberlain erneuerte seinen Vorschlag eines deutsch-englischen Bündnisses und suchte dafür wenig später in einer vielbeachteten Rede in Leicester auch öffentlich Stimmung zu machen. England, Deutschland und die Vereinigten Staaten von Amerika, Völker verwandter Rasse, so meinte er, seien gemeinsam zur Führung in der Welt berufen und müßten daher auch in der gegebenen weltpolitischen Situation zusammenarbeiten.
Abgesehen davon, daß die deutsche Diplomatie an die Ernsthaftigkeit des in der Tat nicht definitiven englischen Bündnisangebots auch jetzt nicht recht glauben mochte, befürchtete man mit einem gewissen Recht, daß man mit einem derartigen Bündnis den Zorn Rußlands auf sich ziehen werde; und im Fall eines bewaffneten Konflikts hätte ja in der Tat Deutschland zuerst die Last eines russischen Angriffs zu tragen gehabt. Zugleich aber war man überzeugt, daß sich bei längerem Zuwarten die weltpolitische Situation Deutschlands noch verbessern würde und dann von England größere Zugeständnisse erlangt werden könnten. Hingegen griff man die Anregungen der englischen Diplomatie, zunächst einmal zu regionalen Abkommen über Fragen weltpolitischer Art wie China, die Bagdadbahn und Marokko zu kommen, bereitwillig auf. Doch wurde daraus zunächst nicht viel, weil es im Januar 1900 infolge der ungerechtfertigten Aufbringung mehrerer deutscher Schiffe in südafrikanischen Gewässern zu einem schweren diplomatischen Konflikt, vor allem aber zu einem Proteststurm gegen das englische Verhalten in der deut-

schen Öffentlichkeit kam, den die Reichsleitung flugs auszunutzen verstand, um eine neue große Flottenvorlage im Reichstag durchzubringen. Der beschleunigte Aufbau einer großen deutschen Schlachtflotte, die bei Lage der Dinge nur als Waffe gegen England in Frage kam, förderte naturgemäß nicht eben die Bereitschaft der Engländer, den politischen Interessen des Deutschen Reiches in stärkerem Maße als bisher Rechnung zu tragen, mochte auch Tirpitz in seiner ›Risikotheorie‹ das Gegenteil behaupten. Vielmehr weckte der Flottenbau, insbesondere in der englischen öffentlichen Meinung, immer stärkeres Mißtrauen in die Ziele der deutschen Politik und reduzierte die ohnehin nicht eben starke Neigung, mit dem Deutschen Reich zu einer weitreichenden politischen Verständigung zu gelangen, nahezu auf den Nullpunkt. So blieben die hoffnungsvollen Ansätze einer deutsch-englischen Annäherung, die in Gesprächen über eine eventuelle Aufteilung Marokkos und über eine Beteiligung englischen Kapitals an der Bagdadbahn einen ersten Niederschlag gefunden hatten, zunächst ohne konkrete Ergebnisse. Allerdings war die Neigung Deutschlands, sich in dem südlichen Teil Marokkos politisch festzusetzen, zum damaligen Zeitpunkt gering. Man war nur mit halbem Herzen imperialistisch und wollte sich eigentlich nur den Weg für künftige Möglichkeiten offenhalten, statt schon jetzt energisch zuzugreifen, wie es wohl möglich gewesen wäre. Im März 1900 erfuhren die deutsch-englischen Beziehungen überdies eine zusätzliche Abkühlung, da die deutsche Regierung in London in den Verdacht geriet, die von russischer Seite an Deutschland und Frankreich herangetragenen Pläne einer gemeinsamen Intervention im Burenkrieg nicht konsequent zurückgewiesen, sondern ihrerseits aufgegriffen und weiterverfolgt zu haben. Diese Annahme war unbegründet und auf gezielte französische Indiskretionen zurückzuführen; doch war die englische Regierung nun nicht mehr dazu bereit, dem Deutschen Reich als Lohn für sein Stillhalten in der Burenfrage andernorts entgegenzukommen.

Jedoch zwang die Entwicklung der Dinge in China die Engländer, auch weiterhin die Freundschaft des Deutschen Reiches zu suchen. Im Sommer 1900 wurde China von großen Unruhen erschüttert, die sich gegen die europäischen Eindringlinge richteten – die Zeitgenossen sprachen, in naiver Dogmatisierung ihres Kolonialherrenstandpunktes, vom ›Boxeraufstand‹. Obwohl die Bewegung der Boxer ziemlich rasch durch eine internationale Armee niedergeworfen wurde, deren deutscher Oberbefehlshaber Graf Waldersee zu spät auf dem Schauplatz eintraf, um noch entscheidend auf den Gang der Dinge einwirken zu können, kam es in der Folge zu erheblichen internationalen Verwicklungen. Denn Rußland benutzte die Gelegenheit, um seine Machtstellung in der Mandschurei noch weiter auszubauen, und ließ deutlich die Tendenz er-

kennen, das ganze nördliche China seinem wirtschaftlichen und politischen Einfluß zu unterwerfen. Dies erbitterte die englische Diplomatie, die eine weitere Zerstückelung Chinas, verbunden mit dem fortschreitenden Ausschluß des internationalen und insbesondere des englischen Handels, mit allen Mitteln zu verhindern trachtete. Unter diesen Umständen kam es im Oktober 1900 zu dem Abschluß des sogenannten Jangtse-Vertrags zwischen Deutschland und England, in dem sich beide Mächte verpflichteten, in ihren jeweiligen Einflußsphären das Prinzip der ›offenen Tür‹ aufrechtzuerhalten, sowie »ihre Politik darauf zu richten, den Territorialbestand des chinesischen Reiches unvermindert zu erhalten«[61]. Sofern andere Mächte gleichwohl versuchen sollten, sich territoriale Vorteile in China zu verschaffen, sollten sich England und Deutschland im vorhinein über geeignete gemeinsame Schritte zur Wahrung ihrer Interessen verständigen.
Dieser Vertrag hätte ein wichtiger Meilenstein auf dem Wege eines Zusammengehens Englands und Deutschlands in weltpolitischen Fragen werden können; doch wurde er statt dessen zur Quelle neuer Zerwürfnisse. Die englische Politik verband mit diesem Vertrag vor allem die Zielsetzung, einem weiteren Vordringen Rußlands im Fernen Osten Einhalt zu gebieten. Bülow aber weigerte sich, eine entsprechende Auslegung anzuerkennen. So war dieser Vertrag schon nach wenigen Monaten ein toter Buchstabe geworden. Auf deutscher Seite hegte man die übertriebene Besorgnis, man solle für England nur die Kastanien aus dem Feuer holen, und wollte sich in den fernöstlichen Fragen nicht gegen Rußland engagieren. Vor allem aber wollte man den strategischen Vorteil der ›freien Hand‹ zwischen den beiden Mächtegruppen nicht aufgeben, in der Erwartung, daß ein solcher Kurs binnen weniger Jahren reiche Frucht tragen werde. Namentlich Holstein rechnete damals ziemlich fest mit einem englisch-russischen Kriege, in dem Deutschland dann der lachende Dritte sein werde. Die Engländer aber waren verstimmt über die Unstetigkeit der deutschen Politik, die Freundschaft versprach, aber im kritischen Augenblick stets davor zurückschreckte, diese zu praktizieren.
Gleichwohl fanden im März 1901 noch einmal deutsch-englische Bündnisverhandlungen statt. Ihr Ausgangspunkt war das englische Bemühen, für den Fall des damals drohenden russisch-japanischen Krieges die Neutralität Deutschlands zu erreichen. Freiherr von Eckardstein, damals Erster Sekretär der deutschen Botschaft in London, ergriff die Gelegenheit zu dem Versuch, im Alleingang eine deutsch-englische Defensivallianz zuwege zu bringen. Er spiegelte dem Auswärtigen Amt vor, der englische Außenminister Landsdowne habe ihm ein formelles Bündnis angeboten, während in Wahrheit er selbst die Initiative dazu ergriffen hatte, in Verletzung strikter Anweisungen seiner vor-

gesetzten Behörde. Holstein wähnte sanguinisch seine These vollauf bestätigt, daß Deutschland den Schlüssel zur Situation in der Hand habe und nur zuwarten müsse, bis England ›komme‹, und entschied, in völliger Verkennung der Sachlage, zugunsten eines dilatorischen Kurses. In der Annahme, daß England angesichts des drohenden Konflikts mit Rußland nichts anderes übrigbleiben werde, als früher oder später mit einem neuen, ungleich reicher dotierten Angebot an Deutschland heranzutreten, erhob man in Berlin den Einwand, ein ausschließlich deutsch-englisches Defensivbündnis sei nicht ausreichend; England müsse dann schon in aller Form dem Dreibund beitreten – eine Forderung, der die englische Regierung schwerlich zu entsprechen in der Lage war. Als dann Landsdowne im Dezember 1901 den Gedanken eines allgemeinen Abkommens zurückwies und statt dessen Abkommen über konkrete Einzelfragen vorschlug, reagierte man in Berlin zugleich erstaunt und erleichtert. Dies war freilich die Folge eines schwerwiegenden Fehlkalküls der deutschen Diplomatie. Bülow und Holstein überschätzten die Stärke der deutschen Position innerhalb des Mächtekonzerts in außerordentlichem Maße. Sie glaubten, daß angesichts des sich verschärfenden Gegensatzes zwischen England und Rußland die Zeit für Deutschland arbeite. So blieb die deutsche Politik einstweilen auf dem hohen Roß sitzen und lehnte wenig später auch russische Bündnisfühler ebenso wie entsprechende Anregungen Frankreichs kühl ab. Für Deutschland, so meinte Holstein noch im März 1902, liege, soweit man gegenwärtig sehen könne, »kein Grund vor, die Politik der freien Hand aufzugeben«[62]. Diese Einstellung erwies sich bald als verhängnisvoll, um so mehr, als die anderen Mächte von der hochfahrenden und nicht selten schroffen Tonart der deutschen Diplomatie in zunehmendem Maße abgestoßen wurden.

So begannen sich die anderen Mächte nunmehr untereinander zu arrangieren. Es kam zu einer ganzen Reihe zweiseitiger Abkommen über koloniale und weltpolitische Fragen, bei denen Deutschland übergangen wurde und zumeist der politische Verlierer war. Am wenigsten nachteilig für die deutsche Machtstellung war der Bündnisvertrag, den England nach dem Scheitern der deutsch-englischen Verhandlungen 1902 mit Japan abschloß, als Ersatz für die ausgebliebene deutsche Rückendeckung, überdies verstimmt durch anglophobe Reden Bülows im Reichstage, die freilich nur für den Konsum auf dem inneren Markt bestimmt gewesen waren. Schlimmer war, daß es Frankreich nun gelang, sowohl mit Italien wie mit England Verbindungen anzuknüpfen, die zunächst ausschließlich der diplomatischen Vorbereitung einer stufenweisen Inbesitznahme Marokkos galten, die aber im Endresultat gleichwohl die Stellung der Mittelmächte innerhalb des europäischen Konzerts beeinträchtigten. Schon im Jahre 1900 hatte Italien mit Frankreich ein geheimes Abkommen geschlossen, das Italien freie Hand für den künftigen Erwerb von Tripolis, Frankreich entsprechende Freiheit in bezug auf Marokko gewährte, obwohl ein derartiges Abkommen mit dem Geist des Dreibundvertrages nicht eben in Einklang stand. Im Spätherbst 1902 trieb die italienische Diplomatie das Doppelspiel auf einen Höhepunkt, indem sie den Dreibundvertrag mit Deutschland und Österreich-Ungarn verlängerte, gleichzeitig aber Frankreich in Form eines Notenwechsels zusicherte, daß Italien für den Fall, daß jenes von einer oder mehreren Mächten angegriffen oder auf eine Herausforderung hin zur Verteidigung seiner Ehre oder seiner Sicherheit zu einer Kriegserklärung gezwungen sein werde, seinerseits strikte Neutralität bewahren werde. Obwohl diese beiden Abkommen ihrem reinen Wortlaut nach nicht miteinander in Widerspruch standen, war damit eine erste schwere Bresche in den Dreibund geschlagen.

Weniger direkt, dafür aber um so nachhaltiger wurde die deutsche Position geschwächt durch den Abschluß der *Entente Cordiale* zwischen England und Frankreich vom Jahre 1904. Diese war in ihrem Inhalt eigentlich eher eine Detente, die seitens der englischen Politik ausschließlich auf den Abbau der noch vorhandenen Gegensätze in kolonialen Fragen gerichtet war. Die *Entente Cordiale* führte im Grunde nur das Abkommen vom Jahre 1899 fort. Gegen Anerkennung seines politischen Status in Ägypten versprach England den Aspirationen Frankreichs auf Marokko diplomatische Unterstützung. Obgleich dieses Abkommen die Fragen der europäischen Politik überhaupt nicht erwähnte und insofern keinesfalls als Basis einer gegen Deutschland gerichteten Kombination betrachtet werden konnte, war sein Zustandekommen doch einem schweren Schlag gegen das Deutsche Reich gleichzusetzen, das ja nur wenige Jahre zuvor England gegenüber ausdrücklich auf sein Mitspracherecht bei einer eventuellen endgültigen Regelung der marokkanischen Frage hingewiesen hatte. Offiziell gab sich die deutsche Regierung gelassen; intern aber reagierte insbesondere Holstein höchst beunruhigt: »Jetzt haben wir die Bescherung. England und Frankreich werden uns schwerlich angreifen [...], aber wir sind außerstande, irgendwelche überseeischen Erwerbungen zu machen. Ich verlange solche Erwerbungen nicht, aber eine Masse Menschen schreien danach und wundern sich, daß für Deutschland nichts abfällt [...] Gegen England und Frankreich ist keine überseeische Politik möglich.«[63]

Es war ein schwacher Trost, daß wenigstens das Bagdadbahnprojekt seit 1903 erhebliche Fortschritte gemacht hatte, obwohl es in zunehmendem Maße auf den Widerstand Rußlands stieß und insofern die politischen Schwierigkeiten für Deutschland noch vermehrte.

Der Abschluß der *Entente Cordiale* schreckte die deutsche Diplomatie aus der Selbstzufriedenheit auf, die sie bis dahin zur Schau getragen hatte. Man entdeckte plötzlich, daß die Politik der ›freien Hand‹ sich sowohl hinsichtlich der europäischen Machtstellung Deutschlands wie in bezug auf seine weltpolitischen Hoffnungen nicht ausgezahlt hatte. So unternahm man nun den Versuch, die drohende Isolierung Deutschlands durch eine Bündnisofferte an Rußland abzuwenden. Die Chancen dafür waren insofern günstig, als der Ausbruch des russisch-japanischen Krieges im Frühjahr 1904 dem Deutschen Reich im Augenblick eine Schlüsselposition innerhalb des europäischen Mächtesystems gab. In London sah man mit großem Mißtrauen nach Deutschland hinüber; man beobachtete mit einiger Mißbilligung, daß es der russischen Flotte im russisch-japanischen Krieg technische Hilfestellung leistete. Umgekehrt verbreitete sich in Deutschland eine wachsende Mißstimmung gegenüber der englischen Politik, der man vorwarf, daß sie über die Interessen Deutschlands in Übersee immer wieder schnöde hinweggehe. Auf beiden Seiten war man außerordentlich gereizt und gab jeweils dem Rivalen die Hauptschuld an den eigenen Schwierigkeiten. Die Engländer betrachteten die deutsche Flotte mit zunehmender Besorgnis, und selbst Admiral Fisher erwog, ob es nicht besser sei, *»to Copenhagen the German fleet«*, bevor es dafür zu spät sei.[64] Auf beiden Seiten des Kanals erfaßte die Furcht vor einem Überraschungsangriff breite Kreise und beschäftigte sogar die amtliche Politik. So lag es nahe, daß die deutsche Reichsleitung die scharfen Spannungen zwischen Rußland und England, welche nach dem Doggerbankzwischenfall vom 21. Oktober 1904 — in dichtem Nebel hatte die auf dem Wege nach dem Fernen Osten befindliche russische Ostseeflotte einige englische Fischerboote für japanische Einheiten gehalten und versenkt — hart an den Rand eines großen Krieges geführt hatten, dazu ausnutzte, um der russischen Regierung den Abschluß eines Kontinentalbündnisses zwischen Deutschland, Rußland und Frankreich vorzuschlagen, mit dem Nahziel, den russisch-japanischen Konflikt zu isolieren, und dem Fernziel, der russisch-französischen Allianz von 1894 ihren bedrohlichen Charakter zu nehmen. Doch führten die Verhandlungen zu keinem konkreten Ergebnis, da sich die Russen beharrlich weigerten, ihrem Partner eine derartige Allianz zu oktroyieren, während die Franzosen alles taten, um deren Zustandekommen zu hintertreiben.

In Petersburg und Paris abgewiesen, entschloß sich die deutsche Reichsleitung zu einer diplomatischen Offensivaktion, durch die die gegen Deutschland gerichteten Bündniskombinationen durchbrochen und zugleich demonstriert werden sollte, daß man Deutschland in weltpolitischen Fragen nicht ungestraft übergehen dürfe. Als Ansatzpunkt wählte man Marokko, wo Frankreich, gestützt auf die Verträge mit Italien, England und ein ergänzendes Abkommen mit Spanien, begonnen hatte, sich häuslich einzurichten, obwohl es dazu auch nach dem Wortlaut der *Entente Cordiale* völkerrechtlich kein Mandat besaß, vielmehr der Sultan von Marokko nach wie vor als alleiniger Herrscher im Lande galt. Die französisch-englische Kombination sollte an ihrem schwächsten Punkt aus den Angeln gehoben werden, zu einer Zeit, in der Rußland, der Bündnispartner Frankreichs, durch den unglücklichen Verlauf des Krieges mit Japan schwer angeschlagen, zu militärischer Hilfeleistung außerstande war. Nicht eigentlich aus weltpolitischen Motiven also, sondern aus Prestigegründen und aufgrund von bündnispolitischen Erwägungen inszenierten Holstein und Bülow den theatralischen Coup der Landung Wilhelms II. in Tanger am 31. März 1905. Auf diese Weise sollte die Souveränität des Sultans von Marokko eine weithin sichtbare Aufwertung erfahren — ein Schachzug, mit dessen Hilfe man die französischen Pläne wirksam zu durchkreuzen hoffte. Die deutsche Reichsleitung war entschlossen, Frankreich die Früchte der *Entente Cordiale* nicht ernten zu lassen. Man rechnete damit, daß die englisch-französischen Beziehungen diese Belastung nicht überleben würden und auch die französisch-russische Bindung eine Schwächung erfahren werde. Formal gesehen war das deutsche Eintreten für den politischen *status quo* in Marokko diplomatisch und völkerrechtlich wohlbegründet, zumal Frankreich sich durch völliges Übergehen Deutschlands in der marokkanischen Frage eine Blöße gegeben hatte. So gelang es, freilich nur unter Androhung militärischer Maßnahmen, Frankreich zum teilweisen Nachgeben zu veranlassen und insbesondere den Sturz des französischen Außenministers Delcassé, des Exponenten einer englandfreundlichen Politik am Quai d'Orsay, zu erzwingen.

In übermütiger Stimmung gab sich die deutsche Politik jedoch mit diesem Teilerfolg nicht zufrieden; sie wollte Frankreichs Demütigung vollständig machen. Frankreichs marokkanische Politik sollte dem Schiedsspruch einer Konferenz aller Signatarmächte des Madrider Vertrages vom Jahre 1880 unterworfen werden. Bülow erwartete zuversichtlich, daß die große Mehrzahl der europäischen Mächte, vor allem aber die Vereinigten Staaten, auf dieser Konferenz der deutschen Forderung beitreten würden, daß allen europäischen Nationen in Marokko auf wirtschaftlichem und politischem Gebiet gleiche Rechte zustünden und die Souveränität des Sultans nicht zugunsten einer einzelnen Nation beschnitten werden dürfe. Jedoch wurden die deutschen Forderungen von den meisten anderen Mächten als unaufrichtig empfunden, und sie waren es auch tatsächlich, insofern als das Eintreten für den Sultan ja nur den Weg für eine zukünftige Beteiligung

Deutschlands an der marokkanischen Beute offenhalten sollte. Namentlich England reagierte höchst unwillig auf die kleinliche, machiavellistische Taktik der deutschen Diplomatie. Statt die *Entente Cordiale* zu sprengen, wie Holstein gehofft hatte, erreichte man das Gegenteil, nämlich deren Umformung zu einer auch die Fragen der europäischen Politik einbeziehenden Entente. Erstmals kam es zu englisch-französischen militärischen Absprachen über gemeinsame Operationen für den Fall eines Krieges gegen die Mittelmächte. Sir Edward Grey, der Außenminister des eben zur Macht gelangten liberalen Kabinetts Campbell Bannerman, scheute zwar vor förmlichen politischen Abmachungen mit Frankreich zurück, steuerte aber die englische Außenpolitik gleichwohl zielbewußt auf einen profranzösischen Kurs. Bereits jetzt begann sich in Umrissen die bündnispolitische Situation abzuzeichnen, die den Mittelmächten 1914 zum Verhängnis wurde: die Verbindung Englands mit Frankreich und — auf dem Umwege über Paris — auch mit Rußland.

In dieser nicht eben erfreulichen Situation unternahm Wilhelm II. höchstpersönlich einen neuen Versuch, mit Rußland eine Defensivallianz abzuschließen. Es gelang ihm, anläßlich eines Zusammentreffens mit Nikolaus II. in der Bucht von Björkö die Unterschrift des Zaren unter ein derartiges Vertragsdokument zu erhalten, das freilich durch die Beschränkung seines Geltungsbereiches auf Europa von vornherein nur begrenzten Wert besaß. Jedoch gingen sowohl die russische wie die deutsche Diplomatie in der Folge über den Vertrag von Björkö hinweg, als habe es diesen nie gegeben, zumal sich die französische Regierung weigerte, einem solchen Abkommen beizutreten. Dieses in der europäischen Geschichte letzte Beispiel selbstherrlicher persönlicher Diplomatie endete so mit einem Fiasko und ließ auf beiden Seiten tiefe Mißstimmung zurück.

Wie sehr sich Deutschland infolge seiner unsteten, zwischen den verschiedenen Lagern hin- und herpendelnden und dabei sowohl lautstarken wie wenig glaubwürdigen Diplomatie in eine Sackgasse hineinmanövriert hatte, zeigte sich mit erschreckender Deutlichkeit auf der internationalen Marokkokonferenz, die auf deutschen Wunsch hin im Januar 1906 in Algeciras zusammentrat. In krassem Gegensatz zu den optimistischen Erwartungen des Fürsten Bülow sah sich das Deutsche Reich auf der Konferenz schließlich nahezu vollkommen isoliert; nur Österreich-Ungarn gewährte ihm seine uneingeschränkte Unterstützung. Zwar gelang es, den *status quo* in Marokko formell noch einmal zu konservieren, aber die Übertragung der Polizeirechte an Frankreich und, in der spanischen Interessensphäre, an Spanien, gab beiden Mächten eine wirksame Handhabe für eine stufenweise politische und wirtschaftliche Annexion dieses Landes.

Deutschlands Versuch, den Arrangements der anderen Mächte in kolonialen Fragen in den Weg zu treten, obwohl es selbst zum damaligen Zeitpunkt zu einer entschlossenen Politik kolonialer Erwerbungen schon aus finanziellen Gründen nicht imstande war, endete so in seiner ›Auskreisung‹ aus der Reihe der anderen Großmächte. Als dann England und Rußland im folgenden Jahre einen umfassenden Interessenausgleich über Persien abschlossen, wurde vollends sichtbar, wie illusionär die Annahme Holsteins gewesen war, daß man angesichts der unüberwindlichen Feindschaft des britischen Löwen und des russischen Bären mit einer Politik der ›freien Hand‹ sich wechselweise beiden Partnern unentbehrlich machen und für seine Hilfe jeweils stattliche Trinkgelder in Empfang nehmen könne. Nicht eine offene und zielbewußte imperialistische Politik also, sondern eine unstete und schwankende Prestigepolitik brachte die Isolierung der Mittelmächte zuwege. Das wachsende Mißtrauen der anderen Großmächte gegenüber den Zielen und der Aufrichtigkeit der deutschen Politik aber wurde mehr und mehr zu einer Bedrohung für den europäischen Frieden; denn fortan neigte man allerorten dazu, deutschen Wünschen auch dort entgegenzutreten, wo sie gerechtfertigt waren, und förderte so die Neigung Deutschlands, diese mit Hilfe verstärkten militärischen Drucks und eines gesteigerten militärischen Potentials dennoch durchzusetzen, was notwendig die Gefahr kriegerischer Entwicklungen von unübersehbarem Ausmaß mit sich brachte. Nicht zufällig endete auch die zweite Haager Konferenz vom Jahre 1907 ohne jedes greifbare Ergebnis. Die deutsche Regierung lehnte den Gedanken einer Begrenzung der Rüstungen und einer Einschränkung der nationalen Souveränität durch ein Schiedsgerichtssystem oder dergleichen nicht ohne Grund besonders lautstark ab, obwohl auch die anderen Mächte dazu kaum Bereitschaft zeigten. Denn von einer Einfrierung der Rüstungen auf dem Stande von 1907 und einer damit verbundenen Zementierung der Machtpositionen der Großmächte hatte das Deutsche Reich am wenigsten einen Vorteil zu erwarten. Während die anderen Großmächte ihre kolonialen Imperien auszubauen und nicht eigentlich noch weiter zu vergrößern trachteten, lag für Deutschland der Durchbruch zur großen Kolonialmacht noch in der Zukunft. Die Frage war, ob das auf friedlichem Wege möglich sein werde. Noch war man in dieser Hinsicht in Berlin optimistisch, aber auch Bülow mußte einsehen, daß sich die allgemeine politische Situation bedenklich zuungunsten Deutschlands verschoben hatte, und er empfahl nunmehr eine Verständigung mit England über eine Reduzierung der beiderseitigen Flottenrüstungen, um wenigstens *einen* potentiellen Konfliktherd auszuräumen. Das Mißtrauen der anderen Mächte in die deutsche Politik aber war außerordentlich gestiegen und der Spielraum für die deutsche Weltpolitik damit sehr gering geworden. Diese Einschränkung der Bewegungsfreiheit galt freilich bis zu einem gewissen Grade auch für die anderen Großmächte. Im Verlaufe von zwei Jahrzehnten erbitterten Konkurrenzkampfes um den Erwerb überseeischer Territorien hatten sich die Spannungen innerhalb des europäischen Mächtesystems in solchem Maße verschärft und war der Druck der nationalistischen Mittelschichten auf die Regierungen derartig gestiegen, daß jeder Versuch, die bestehenden Machtverhältnisse zu ändern, das Risiko eines allgemeinen europäischen Krieges in sich barg. Noch aber bestand die Hoffnung, daß Europa auf diesem Wege rechtzeitig vor dem Absturz in den Abgrund einhalten werde.

3. Das Vordringen des demokratischen Prinzips in Europa 1906–1914

I. DER SIEGESZUG DES RADIKALEN LIBERALISMUS IN ENGLAND

Schon längst hatten die breiten Massen stufenweise und bisweilen ganz unmerklich überall in Europa den Eintritt in die politische Arena vollzogen. Freilich hatte sich dies in der Verfassungswirklichkeit noch fast nirgends niedergeschlagen. Vielmehr hatten die herrschenden Eliten, die sich in der Regel aus dem Adel und dem Großbürgertum rekrutierten und in ihrer Politik diesen ihren Ursprung selten verleugneten, eine deutliche Tendenz an den Tag gelegt, sich gegen die andrängenden Massen zu gemeinsamer Abwehr zusammenzuschließen. Im Bunde mit den traditionellen Staatsgewalten war es ihnen zunächst weitgehend gelungen, den noch schwachen und in sich gespaltenen demokratischen Kräften den Weg zur Teilnahme an der Macht zu verlegen. Seit der russischen Revolution vom Jahre 1905, deren große Anfangserfolge überall in Europa, je nach dem Parteistandpunkt mit überschwenglichen Hoffnungen oder mit Sorge und Unruhe, beobachtet wurden, änderte sich diese Sitution schlagartig. Bisher hatte sich der Prozeß der Demokratisierung der europäischen Gesellschaften gleichsam unterschwellig vollzogen, zumal die Aufmerksamkeit namentlich der bürgerlichen Schichten ganz von der imperialistischen Idee absorbiert worden war. Jetzt aber kamen die demokratischen Tendenzen offen zum Durchbruch. Es begann eine Periode des Ringens um den Abbau der traditionalistischen Bastionen in Staat und Gesellschaft und um eine unmittelbarere Beteiligung der breiten Volksmassen an den politischen Entscheidungen.

In England hatten die Konservativen und die *Liberal Unionists* im Zeichen eines aggressiven Imperialismus nach außen und einer retardierenden Politik im Innern zwei Jahrzehnte lang den Liberalismus zu politischer Ohnmacht verurteilt und die Machtstellung der traditionellen Herrschaftseliten, in der die großen, alten, freilich inzwischen mit der Hochfinanz und der Großindustrie immer enger verbundenen Familien der Hocharistokratie den Ton angaben, erfolgreich konserviert, wenn auch um den Preis einer Reihe von Konzessionen an die breiten Massen. In den Wahlen vom Januar 1906 aber erteilte die englische Wählerschaft dieser Politik eine demonstrative Absage, wie sie deutlicher schwerlich hätte ausfallen können. 377 Liberalen standen jetzt nur noch 132 Konservative und 25 *Liberal Unionists* gegenüber; der neue, noch im Burenkrieg erbittert angefeindete Premierminister Campbell Bannerman verfügte also über eine stattliche Mehrheit im Unterhaus und war daher in der Lage, die von ihm ins Auge gefaßte Politik umfassender Reformen in Staat und Gesellschaft ohne Umschweife ins Werk zu setzen. Allerdings wiesen die Mehrheitsverhältnisse im *House of Commons* zwei Schönheitsfehler auf. Die irischen Nationalisten hatten nicht weniger als 83 Abgeordnete ins Parlament gebracht und pochten mit vermehrtem Nachdruck auf die Verwirklichung der seit Gladstone von liberaler Seite immer wieder in Aussicht gestellten Selbstverwaltung für Irland. Das war ein heißes Eisen, da dieser Plan in England nach wie vor höchst unpopulär war. Ungleich bedeutsamer war jedoch die Tatsache, daß nunmehr nicht weniger als 54 Labour-Vertreter dem *House of Commons* angehörten; 29 davon waren Mitglieder des *Labour Representation Committee*. Auch wenn die Mehrzahl der Labour-Abgeordneten nur dank enger Zusammenarbeit mit der *Liberal Party* ins Parlament gelangt war, bildeten sie dennoch im Unterhaus sofort eine eigene Gruppe und nahmen, im Unterschied zu früheren Gewohnheiten, demonstrativ auf den Bänken der Opposition Platz. Die *Labour Party* war geboren und damit eine neue politische Kraft entstanden, welche sich anschickte, mit den Liberalen in einen Konkurrenzkampf um die Gunst der breiten Massen der englischen Wählerschaft einzutreten. Für die neue liberale Regierung kam es nun also darauf an, einerseits entschlossen mit zwei Jahrzehnten konservativer Parteiherrschaft im Lande abzurechnen, andererseits aber der *Labour Party* durch eine großzügige Politik sozialer Reformen den Rang abzulaufen.

Außenpolitisch war das Wahlergebnis eine Option gegen den Imperialismus der letzten Jahre und zugleich gegen Chamberlains Projekt eines imperialen Zollvereins. Da Campbell Bannerman dem liberalen Imperialisten Grey das *Foreign Office* überließ, wurde das Steuer jedoch nicht ganz so schroff herumgerissen, wie man vielerorts befürchtet hatte. Immerhin entschloß sich Campbell Bannerman, trotz leidenschaftlicher Proteste seitens der Konservativen, das an den Buren begangene Unrecht durch die Gewährung voller Selbstverwaltung an den Transvaal und die Orange-River-Kolonie wiedergutzumachen, ein Schritt von bemerkenswerter Weitsicht, den die Buren ihrerseits zu honorieren wußten. Nur drei Jahre später schlossen sich dann die einstigen Burenrepubliken mit der Kap-Kolonie zur Südafrikanischen Union zusammen, und diese sollte in der Folge eines der dem Mutterlande am engsten verbundenen Dominions innerhalb des Empire werden. Im Vordergrund standen jedoch die innenpolitischen Fragen, insbesondere die Sozialpolitik. In der *Trade Disputes Act* vom Jahre 1906 wurde die so verhängnisvolle *Taff Vale*-Entscheidung vom Jahre 1901 (s. o. S. 96) aufgehoben und den Gewerkschaften ihre alte Rechtsstellung zurückgegeben. Desgleichen wurde eine ganze Reihe kleinerer sozialpolitischer Reformen in Angriff genommen, wie die Errichtung von staatlichen Arbeitsvermittlungen in den großen Industriestädten. Darüber hinaus bemühte man sich intensiv, dem Problem des *sweating,* der Beschäftigung von Arbeitern zu extrem niedrigen Lohnsätzen in Heimarbeit oder in Kleinstbetrieben, zu Leibe zu rücken. Eine umfangreiche Gesetzesvorlage, welche eine gründliche Reform des bestehenden Schulsystems ins Auge faßte und zudem die Benachteiligung der protestantischen Denominationen gegenüber der Anglikanischen Kirche beseitigen sollte, wie sie das konservative Schulgesetz von 1902 gebracht hatte, fiel jedoch einem Veto des *House of Lords* zum Opfer. Ebenso erging es einem Gesetz, durch welches das System des *plural vote* beseitigt werden sollte, das die besitzenden Klassen ungebührlich begünstigte, konnte doch bislang jeder Wahlberechtigte in allen Wahlkreisen, in denen er Besitz oder Liegenschaften sein eigen nannte, gleichermaßen wählen. Das *House of Lords,* in dem nach altem Herkommen alle erblichen Peers zu sitzen das Recht hatten, war zwar längst nicht mehr nur eine Vertretung des hochadligen Großgrundbesitzes; auch die Hochfinanz, die Industrie und die Wirtschaft waren darin stark vertreten, teils infolge der weitgehenden Verschmelzung der alten aristokratischen mit der neuen industriellen Elite, teils aufgrund zahlreicher Nobilitierungen. Gleichwohl gab es darin nur eine Handvoll liberaler Peers; die übergroße Mehrheit war mit der Konservativen Partei gesellschaftlich und personell aufs engste verbunden. Lansdowne und Balfour, die Führer der Konservativen Partei, scheuten nicht davor zurück, die Machtstellung, die das *House of Lords* gemäß altem Herkommen im Rahmen der ungeschriebenen *British Constitution* besaß, zu rein parteipolitischen Zwecken zu mißbrauchen, obwohl dies nicht eben den politischen Traditionen Englands entsprach. So begann das Oberhaus, ähnlich wie schon in den Jahren 1893 bis 1895, systematisch die liberale Gesetzgebung zu blokkieren, freilich mit Ausnahme der sozialpolitischen Vorlagen, deren Zurückweisung äußerst unpopulär gewesen wäre. In der Tat sahen die englischen Oberschichten, und mit ihnen die Lords, die Vorrangstellung, die sie während des gesamten 19. Jahrhunderts innerhalb des bestehenden parlamentarischen Systems erfolgreich hatten behaupten können, durch die Politik des Kabinetts Campbell Bannerman ernstlich bedroht. Das Budget Asquiths für das Finanzjahr 1907/1908 gab, so schien es, einen Vorgeschmack von dem, was zu erwarten war, legte es doch der Verteilung der Steuerlast erstmals das Prinzip sozialer Gerechtigkeit zugrunde; während die niedrigen Einkommen weniger stark veranlagt wurden, zog Asquith die Steuerschraube hinsichtlich der Besteuerung der großen Vermögen etwas kräftiger an. Die Steuersätze waren freilich noch immer lächerlich niedrig, aber dennoch sahen die besitzenden Schichten darin den ersten Schritt auf dem Wege zu einer Steuergesetzgebung, welche nicht bloß fiskalischen Zwecken diene, sondern eine egalitäre Vermögensverteilung herbeizuführen bestrebt sei.

Unter solchen Umständen nahm der Konflikt zwischen der Regierung und dem *House of Lords* immer schroffere Formen an. Damit aber stellte sich nunmehr die grundsätzliche Frage, ob das Oberhaus überhaupt berechtigt sei, die Gesetzgebung einer liberalen Regierung, die im Unterhaus über eine starke Mehrheit verfügte, so gut wie vollständig zu blockieren, ohne doch gegenüber der Nation politische Verantwortung zu tragen. Schwerlich konnte die liberale Regierung die Obstruktionspolitik der Peers auf die Dauer hinnehmen, wollte sie sich nicht selbst politisch zugrunde richten. Schon 1907 gab Campbell Bannerman zu bedenken, ob es nicht an der Zeit sei, das Vetorecht des *House of Lords* in irgendeiner Form zu beschränken. Er schlug vor, für den Fall der Ablehnung einer Gesetzesvorlage durch das Oberhaus eine gemeinsame Kommission beider Häuser zu berufen, welche die Aufgabe haben sollte, einen Kompromiß auszuarbeiten. Würde auch dieser Kompromißbeschluß von den Peers verworfen, so solle die ganze Prozedur noch einmal wiederholt werden. Führe auch dies zu keiner Lösung, so solle schließlich der Wille der Commons obsiegen. Dieser höchst maßvolle Vorschlag für eine Einschränkung des Vetorechts des *House of Lords* fand jedoch bei den Konservativen keine Gnade. So blieb die Frage einer Änderung der verfassungsrechtlichen Stellung oder doch wenigstens der Zusammensetzung des *House of Lords* auch weiterhin auf der Tagesordnung. Aufgebracht über die ständige Obstruktionspolitik der Peers, begann man auf liberaler Seite nach einem Gesetzgebungsprojekt Ausschau zu halten, das geeignet sein würde, den großen Kampf mit dem *House of Lords* zu wagen. Die Konservativen waren klug genug, das Projekt einer staatlichen Altersversorgung, welches Asquith, der im April 1908 die Nachfolge Campbell Bannermans angetreten hatte, nach langen, hitzigen Debatten im August 1908 erfolgreich im Unterhaus durchgebracht hatte, nicht anzutasten; damit hätten sie der Regierung ein zu günstiges Kampfterrain eingeräumt. Doch erforderte dieses neue System einer Altersversorgung, die anders als in Deutschland ausschließlich aus staatlichen Mitteln, ohne jede Beitragsleistung seitens der Arbeiter selbst oder auch der Unternehmer, finanziert werden sollte, eine beträchtliche Erhöhung der Steuern. Lloyd George, nunmehr Schatzkanzler (*Chancellor of the Exchequer*) und fraglos die stärkste Persönlichkeit im Kabinett Asquith, entschloß sich, das kommende Budget so zu gestalten, daß die Peers es als eine Herausforderung auffassen mußten, und er sparte nicht mit provokativen Äußerungen, die darauf berechnet waren, das *House of Lords* in die Falle einer Ablehnung dieses Budgets hineinzulocken. Am 29. April 1909 legte Lloyd George dem *House of Commons* den Haushaltsplan für das Finanzjahr 1909/1910 vor und begründete ihn mit einer großen, viereinhalbstündigen Rede. Es war in der Tat ein revolutionäres Budget, welches völlig neue Wege einschlug. Während Lloyd George eine Verringerung der Steuerlast für die niedrigen Einkommen vorsah und erstmals eine Steuerermäßigung für Kinder einführte, wurde die Progression der Einkommensteuer erheblich gesteigert; darüber hinaus wurden Einkommen über 5000 £ mit einer progressiv steigenden Übersteuer belegt. Auch die Progression der Erbschafts- und der Schenkungssteuer wurde beträchtlich verstärkt. Ferner sah Lloyd George eine Zuwachssteuer für Land sowie eine — allerdings sehr niedrige — Steuer auf unbebauten Grundbesitz vor. Obwohl diese Steuern, an heutigen Verhältnissen gemessen, immer noch sehr niedrig gehalten waren, trafen sie nun in der Tat vornehmlich die großen Vermögen und vor allem auch die riesigen Ländereien der alten aristokratischen Familien. Dementsprechend brach von seiten der Konservativen und des Establishments ein gewaltiger Proteststurm gegen dieses ›sozialistische‹ Budget los, eben das, was Lloyd George von Anfang an beabsichtigt hatte. Und nachdem das Unterhaus das Budget am 11. November 1909 gebilligt hatte, lehnten es die Peers Ende November 1909 ab — hinweggerissen von einer emotionalen Welle der Panik, schien ihnen doch das ehrwürdige gesellschaftliche System Englands auf dem Spiel zu stehen. Dies war ein flagranter Bruch des alten, wiewohl zu keiner Zeit schriftlich fixierten verfassungsrechtlichen Grundsatzes, daß das *House of Lords* niemals reine Finanzgesetze ablehnen und dergestalt die Staatsmaschinerie stillegen dürfe. Damit war der von den Führern der Liberalen Partei längst ersehnte offene Konflikt da, in einer Frontstellung, welche für sie günstiger kaum sein konnte. Denn nun konnten die Liberalen, und nicht die Lords, als die wahren Verteidiger des althergebrachten englischen Verfassungsrechts auftreten und eine Einschränkung der Rechte des *House of Lords* als Mittel zur Wahrung der Konstitution fordern. Und so stimmte das Unterhaus mit großer Mehrheit einer Resolution des Premierministers Asquith zu, derzufolge die Lords sich durch die Ablehnung des Budgets einer »Verletzung der Verfassung und einer Usurpation der Rechte der Commons« schuldig gemacht hätten.

König Eduard VII. hatte sich vergeblich bemüht, eine derartige Zuspitzung des Konflikts zwischen den Lords und der liberalen

Regierung zu verhindern. Jetzt blieb ihm nichts anderes übrig, als Asquith seine Zustimmung zu einer Auflösung des Unterhauses zu geben. Der Appell Asquiths an die Wählerschaft fiel freilich nicht ganz so glänzend aus, wie er sich dies wohl gewünscht hatte, aber gleichwohl kam das Wahlergebnis einer schweren Schlappe für die Sache der Konservativen und des *House of Lords* gleich. 275 Liberale, 40 Labour-Abgeordnete und 82 irische Nationalisten standen in ziemlich geschlossener Front 273 Konservativen gegenüber. Asquith setzte jetzt nicht nur die Annahme des Budgets auch im *House of Lords* durch, sondern ging offen zum Angriff über. Er brachte im *House of Commons* eine *Parliamentary Bill* ein, in welcher noch einmal ausdrücklich festgelegt wurde, daß das *House of Lords* nicht das Recht habe, reine Finanzvorlagen abzulehnen. Darüber hinaus aber enthielt die *Parliamentary Bill* die Bestimmung, daß das Veto des *House of Lords* hinfort nur noch suspensive Kraft haben solle; nach zweimaliger Ablehnung solle die Macht der Peers erlöschen, Gesetzesvorlagen der Commons zu blockieren. Die Konservativen parierten mit dem Vorschlag, das gemessen an den sozialen Verhältnissen und den legislativen Bedürfnissen gleichermaßen höchst altertümlich zusammengesetzte *House of Lords* gründlich zu reformieren, um so dessen Rechtsanspruch auf das absolute Veto neu zu legitimieren. Doch wurde daraus nichts, da die Regierung daran verständlicherweise im Augenblick keinerlei Interesse hatte.

In der Folge kam es sowohl in den parlamentarischen Körperschaften wie hinter den Kulissen zu intensiven Bemühungen, doch noch einen Kompromiß zustande zu bringen, zumal der plötzliche Tod Eduards VII. am 6. Mai 1910 zeitweilig einen politischen Burgfrieden notwendig machte. Jedoch gelang die Aushandlung eines Kompromisses um so weniger, als die Konservativen dem *House of Lords* unter allen Umständen das Recht erhalten wollten, Vorlagen, welche grundsätzlich verfassungspolitischen Charakter trugen, ablehnen zu dürfen. Als sie mit diesem Vorschlag nicht durchdrangen, verfielen sie auf den nicht eben konservativen Gedanken, derartige Vorlagen im Konfliktsfalle einem Volksreferendum zu unterwerfen. Auch hier spielten interessenpolitische und parteipolitische Gesichtspunkte eine ausschlaggebende Rolle. Man wollte sich auf solche Weise eine Handhabe wahren, um wenigstens die bevorstehende *Home Rule*-Vorlage noch zu Fall bringen zu können, der die Liberalen, jetzt auf die Unterstützung der irischen Partei angewiesen, nun nicht mehr länger aus dem Wege gehen konnten. Die Kurzsichtigkeit und die Eigensüchtigkeit der Konservativen, denen es an einer entschlossenen Führung mangelte, hätten kaum größer sein können.

Nachdem eine erneute Auflösung der Commons im Dezember

1910 keinerlei Veränderungen in den Stärkeverhältnissen der Parteien erbracht hatte, sah sich das *House of Lords* angesichts der Gefahr, daß die Regierung andernfalls Zuflucht zu einem riesigen Peers-Schub nehmen werde, im Februar 1911 gezwungen, seinen Widerstand aufzugeben. Trotz größten inneren Unbehagens akzeptierte man nun die *Parliamentary Bill*, die die Beseitigung des absoluten Vetorechts des Oberhauses in aller Form festlegte. Eine große Schlacht war geschlagen, und der Sieg gehörte den Kräften des Fortschritts. Freilich überschätzten alle Parteien die Höhe des Kampfpreises, um dessentwillen England für mehr als zwei Jahre in zwei erbittert miteinander streitende Lager gespalten worden war. Das suspensive Veto, das den Lords verblieben war, erwies sich in der Folge als eine außerordentlich scharfe Waffe, mit der schwere Breschen in die Gesetzgebung der Liberalen geschlagen werden konnten. Denn eine Verschiebung von Gesetzesvorlagen um zwei Jahre kam vielfach einer Torpedierung dieser Vorlagen gleich; zumindest aber konnte man mit Hilfe des suspensiven Vetos die Regierungsmehrheit an rascher, energischer Tat hindern, was politisch für diese nicht eben förderlich war. Gleichwohl besaß die Beschneidung der Rechte der Lords eine symbolische Bedeutung, welche über ihre verfassungsrechtlichen Auswirkungen weit hinausging. Das alte, überkommene System der englischen Politik, in dem eine weitgehend homogene aristokratische Elite das Land *in trust for the people* regiert hatte, gehörte der Vergangenheit an. Nunmehr konnten die breiten Massen nicht länger von der aktiven Beteiligung an den großen politischen Entscheidungen abgehalten werden.
Der Triumph über das *House of Lords* war ein großer Sieg für die liberale Regierung. Für die Zukunft aber war damit noch nichts gewonnen; vielmehr harrten neue schwere Probleme der Lösung. Dazu gehörte vor allen Dingen die irische Frage, die ein halbes Jahrhundert hindurch die englische Innenpolitik vergiftet hatte. Darüber hinaus aber galt es, der Arbeiterschaft endlich ein menschenwürdigeres Dasein zu verschaffen. Lloyd George krönte die energischen Anstrengungen der Liberalen, die immer noch miserable Lage der arbeitenden Massen mit Hilfe eines umfangreichen Bündels sozialer Gesetze zu verbessern, 1911 mit der Einführung einer umfassenden Sozialversicherungsordnung, die sich zum großen Teil an dem deutschen Vorbild orientierte. Auf diese Weise vermochte die Liberale Partei der *Labour Party* zunächst wirksam das Wasser abzugraben. Dennoch gelang es nicht, die wachsende Unruhe in der Arbeiterschaft, die teilweise sinkenden Reallöhnen zuzuschreiben war, zu beschwichtigen. Seit 1911 wurde England von einer großen Welle von Massenstreiks erschüttert, die vielfach syndikalistischen Charakter annahmen, und Lloyd George hatte alle Hände

voll zu tun, um immer wieder zwischen Arbeitnehmern und Arbeitgebern zu vermitteln und dergestalt eine Katastrophe zu verhüten. Die Regierung Asquith bemühte sich unter diesen Umständen weiterhin um den Ausbau der sozialen Gesetzgebung, in enger Fühlungnahme mit den Gewerkschaften, denen beispielsweise 1913 ausdrücklich das Recht zugesprochen wurde, einen Teil der Beiträge ihrer Mitglieder für politische Zwecke zu verwenden; damit wurde ein Zustand wiederhergestellt, der seit 1909 von der Rechtsprechung in Zweifel gezogen worden war. Dennoch kam die Gärung in der Arbeiterschaft nicht zum Stillstand. Noch im Juli 1914 befürchtete Lloyd George für den Fall einer gleichzeitigen Revolte der Arbeiterschaft und des irischen Nationalismus das Schlimmste.

Denn auch in der irischen Frage sahen sich die englischen Liberalen in ihrem Bestreben, England gemäß freiheitlichen Grundsätzen zu modernisieren, bald vor eine potentiell revolutionäre Situation gestellt. Nicht nur die Konservativen und das *House of Lords* bekämpften die *Government of Ireland Bill,* die Asquith im April 1911 im Unterhaus eingebracht hatte, sondern auch jener Teil der irischen Bevölkerung, der in Ulster, dem nördlichsten Teil Irlands, lebte. Ulster war seit dem 17. Jahrhundert in besonders starkem Maße englischen Einflüssen ausgesetzt gewesen, und die Bewohner dieses Landesteiles waren anders als ihre Konnationalen im Süden größtenteils protestantisch und wollten daher nicht der Herrschaft der katholischen Mehrheit in Irland ausgeliefert werden, sondern bei Großbritannien bleiben. Die *Government of Ireland Bill* sah hingegen für das gesamte Irland eine eigene Regierung und ein eigenes Parlament vor, deren Befugnisse allerdings erheblichen Beschränkungen unterworfen waren. Insbesondere für alle imperialen Fragen sollte auch weiterhin das Mutterland allein zuständig und daher Irland auch in Zukunft in Westminster vertreten sein. Jedoch formierte sich in Ulster unter Führung Sir Edward Carsons eine Massenbewegung gegen die *Home Rule,* und als die Regierung sich, ihrerseits unter dem Druck der irischen Partei Redmonds stehend, gleichwohl nicht dazu bereit fand, Ulster von der vorgesehenen Regelung auszunehmen, begann Carson eine Privatarmee aufzubauen, um seinen Forderungen Nachdruck zu verschaffen. Die irischen Nationalisten im Süden zogen nach, und so entwickelte sich in Irland bald eine bürgerkriegsähnliche Situation. Vergebens suchte Asquith durch teilweises Einlenken die Lage zu entspannen. Beide Parteien, sowohl die irischen Nationalisten wie die Gefolgsleute Carsons, weigerten sich, eine abgeschwächte *Home Rule* zu akzeptieren.

Dies alles hätte freilich noch angehen können. Jedoch fand der irische Nationalitätengegensatz eine Verlängerung in der englischen Innenpolitik, da sich die Konservativen in aller Form auf die Seite Ulsters schlugen und Carson in seinen auf unverhüllte Rebellion abzielenden Plänen offen unterstützten. Unter diesen Umständen lief die endgültige Verabschiedung der *Government of Ireland Bill* durch die Commons im Januar 1914, nach Ablauf der Einspruchsmöglichkeiten der Lords, auf einen Pyrrhussieg der Regierung hinaus. Der Widerstand der extremen Gruppen sowohl in Irland, denen das Gebotene nicht genug war, wie in Ulster, das einen Anschluß an das übrige Irland nach wie vor hartnäckig ablehnte, versteifte sich zu Drohungen mit dem bewaffneten Aufstand. Als die Regierung schließlich im März 1914 Miene machte, ihrem Willen mit Gewalt Achtung zu verschaffen, weigerten sich zahlreiche in Irland stationierte Offiziere der britischen Armee, einem eventuellen Befehl zum militärischen Vorgehen gegen Carson und seine Gefolgsleute nachzukommen. Obwohl dieses Verhalten an Landesverrat grenzte, fand es nicht nur bei den Konservativen lauten Beifall, sondern auch die Billigung höchster militärischer Stellen. England befand sich in einer schweren inneren Krise. In geheimen Verhandlungen bemühte sich Georg V. persönlich, die Lage zu meistern, ohne doch eine weitere Radikalisierung der Verhältnisse in Irland verhindern zu können. Noch Mitte Juli 1914 suchte man in London verzweifelt nach einer friedlichen Lösung, bis dann der Ausbruch des Weltkriegs alle Parteien dazu zwang, die irische Frage einstweilen auf Eis zu legen. Erst der Weltkrieg sollte die Verwirklichung des Selbstbestimmungsrechts für die Iren bringen, nunmehr gegen den Willen des englischen Parlaments und der englischen Krone.

II. Triumph und Stagnation der demokratischen Staatsidee im kontinentalen Westeuropa

Im Spätherbst 1906 bildete Georges Clemenceau in Frankreich ein Kabinett, das von einer breiten Mehrheit der Radikalsozialisten getragen war und darüber hinaus auf die Unterstützung der Sozialisten zählen konnte. Schon allein der Name Clemenceau war ein Programm. Seit den achtziger Jahren hatte Clemenceau für die demokratische Republik gekämpft, bis er wegen der Panama-Affäre des Jahres 1892 zeitweilig seinen politischen Einfluß verlor, um dann in der Dreyfus-Affäre ein brillantes Comeback zu erleben. Clemenceaus Wahl zum Ministerpräsidenten symbolisierte den Triumph des Radikalsozialismus über seine Gegner auf der Rechten, und Clemenceaus ausgeprägt antiklerikale Gesinnung bürgte für eine konsequente Fortführung des bisherigen streng laizistischen Kurses. Die politische Rechte war endgültig zertrümmert und der katholische Klerus in die Defensive gedrängt.

Die Konsolidierung der Dritten Republik gegenüber ihren Feinden von gestern war abgeschlossen, und alle Voraussetzungen waren gegeben, um durch eine entschlossene Politik demokratischer und sozialer Reformen das überkommene Honoratiorenregime der Dritten Republik in eine moderne soziale Demokratie überzuführen. Dies wurde allgemein mit Enthusiasmus erwartet. Kein Geringerer als Anatole France schrieb damals an Clemenceau: »Die Aufgaben, welche die Republik bis zur Gegenwart erfüllt hat, waren ein Kinderspiel gegenüber denjenigen Aufgaben, die ihr nun auferlegt sind. Eine neue Ordnung der Dinge wird entstehen.«[65] Namentlich die sozialen Fragen waren in der vergangenen Periode erbitterter ideologischer Kämpfe ungebührlich vernachlässigt worden; weder die Unfallversicherung vom Jahre 1901 noch die Kranken- und Altershilfe, welche das Kabinett Waldeck-Rousseau im Jahre 1905 eingeführt hatte, konnten einen Vergleich mit der Entwicklung im übrigen Europa aushalten. So umfaßte die Regierungserklärung Clemenceaus vom 5. November 1906 neben der Forderung nach völliger Laizierung des Schulwesens eine ganze Reihe von Programmpunkten sozialen Charakters, wie die Einrichtung einer allgemeinen Altersversorgung der Arbeiter, die Reduzierung des Arbeitstages auf zehn Stunden, die Ausdehnung der Unfallversicherung auch auf die ländlichen Arbeiter, deren soziale Lage besonders ungünstig war, und schließlich – ein altes radikalsozialistisches Desiderat – die Einführung einer progressiven Einkommensteuer, die überdies, sofern sich das als notwendig erweisen sollte, durch eine reine Vermögenssteuer ergänzt werden sollte. Mit Briand als Kultusminister, Caillaux als Finanzminister, Léon Bourgeois im Außenministerium, Viviani an der Spitze des neugeschaffenen Arbeitsministeriums und Picquart, dem dereinstigen Opfer des Generalstabs in der Dreyfus-Affäre, als Kriegsminister, verfügte Clemenceau, der selbst das Innenministerium beibehielt, über eine eindrucksvolle Regierungsmannschaft zur Durchsetzung dieses Reformprogramms. Jedoch erwies sich bald, daß auch diese starke radikalsozialistische Regierung nur geringe Durchschlagskraft besaß. Anders als in England scheute man in Frankreich vor dem Gedanken zurück, die Mittel des Staates konsequent zur Hebung der Lebenshaltung der Arbeiterschaft und zur Lösung der großen sozialen Probleme einzusetzen. Vielmehr waren die Radikalsozialisten, auch wenn sie sich der Parole verschrieben hatten, daß es links von ihnen niemanden mehr geben dürfte, den traditionellen individualistischen und besitzbürgerlichen Vorstellungen der französischen Mittelschichten weitgehend verhaftet und für eine Politik der Ausdehnung der Staatsmacht über die vom klassischen Liberalismus gesetzten Grenzen hinaus nur in begrenztem Umfang zu haben. Immer noch gehörte das Prinzip der uneingeschränkten Aufrechterhaltung des Privateigentums zu den prononciertesten Postulaten auch der bürgerlichen Linken in Frankreich.

Es ist für diese Konstellation charakteristisch, daß Clemenceau, der Repräsentant der kleinen Geschäftsleute und der Bauern, in dem Augenblick, als er die bestehende Sozialordnung, sei es durch die syndikalistische Bewegung, sei es durch die Tumulte der Winzer im Süden, bedroht sah, rücksichtslos zu deren Verteidigung schritt. Aus einem langjährigen oppositionellen Politiker wurde fast über Nacht ein Repräsentant der Staatsräson. Clemenceau bekämpfte die syndikalistische Streikwelle, die Frankreich in den Jahren 1907 bis 1909 erfaßte und in deren Verlauf sich jetzt auch Sabotage- und Gewaltakte häuften, mit allen ihm zur Verfügung stehenden Mitteln und scheute weder vor der Verhaftung der Führer der *Confédération Générale du Travail* noch vor dem Einsatz von Militär zurück. Er nannte sich gelegentlich selbst den *premier flic de France,* den ersten Polizisten Frankreichs. Auch gegenüber der Beamtenschaft, welche eine Verbesserung ihrer sozialen und rechtlichen Lage verlangte, vertrat Clemenceau konsequent das Prinzip der Staatsautorität, und er widersetzte sich ihren Forderungen nach gewerkschaftlicher Vertretung ihrer Interessen: »Keine Regierung wird jemals akzeptieren, daß die Angestellten der öffentlichen Dienste den Arbeitern in den privaten Betrieben gleichgestellt werden«[66]. Als 1909 die Postbeamten in einen großen Streik traten, unterdrückte Clemenceau diesen rücksichtslos; der Staat müsse von seinen Beamten jederzeit unbedingte Gefolgschaft verlangen dürfen.

Clemenceau erwarb sich dergestalt im Bürgertum großes Ansehen als Vorkämpfer für die Aufrechterhaltung der bestehenden Ordnung gegenüber Anarchie und sozialer Revolution, während die Sozialisten nunmehr von ihm abrückten. Unter diesen Umständen wurde aus dem sozialen Reformprogramm, welches Clemenceau am Anfang seiner Regierung verkündet hatte, nicht allzu viel. Das wenige, was den scharfen Interessengegensätzen in der Kammer und dem Widerstand des Senats nicht zum Opfer fiel, wie die Einführung des Zehnstundentags und die Altersversorgung für Eisenbahner, verfehlte seine Wirkung auf die Arbeiterschaft vollkommen. So nahm in den arbeitenden Schichten die Unruhe immer stärker zu, und die Ansicht, daß von den Parlamentariern allemal nichts zu erwarten sei und man sich selbst helfen müsse, gewann erneut an Boden. Die Syndikalisten, welche auf eine entscheidende Machtprobe zwischen dem organisierten Proletariat und der mit dem Bürgertum verbündeten Staatsmacht hinarbeiteten, witterten Morgenluft.

Auch gegenüber der katholischen Kirche kam die Regierung Clemenceau nicht recht weiter. Es erwies sich, daß in diesen Dingen der Erlaß von gesetzlichen Regelungen ungleich leichter war als deren Durchsetzung in der Praxis. Angesichts der fortgesetzten Obstruktionspolitik des Vatikans gegen eine Trennung von Kirche und Staat, wie sie das Gesetz vom 5. Dezember 1905 vorsah, war Briand als Kultusminister gezwungen, die Nichtachtung der staatlichen Legislation durch einen großen Teil des französischen Klerus stillschweigend zu tolerieren, hätte doch ein rigoroses Einschreiten zur Schließung vieler Kirchen geführt und unübersehbare Widerstände im Lande hervorgerufen. Mit dem Gesetz vom 2. Januar 1907, in dem der Staat auf die Kontrolle religiöser Veranstaltungen wieder weitgehend verzichtete, suchte Briand den bestehenden rechtlosen Zustand nachträglich zu legalisieren und der katholischen Kirche goldene Brücken zu bauen. Jedoch schlug der Vatikan die hier zu einer Verständigung auf begrenzter Basis angebotene Hand aus, zum Schaden des französischen Klerus und der französischen Kirche, welche nun einen großen Teil ihres Vermögens endgültig einbüßte. Es war für die Regierung ein magerer Trost, daß nach und nach eine wachsende Gruppe des französischen Klerus selbst die Vorteile der neuen Regelung erkannte und ihrerseits das Prinzip einer ›freien Kirche im freien Staate‹ aufgriff, um es zum Nutzen der katholischen Kirche zu verwenden.

Die antiklerikale Einstellung war das stärkste einigende Band, welches die sonst höchst inhomogene französische Linke zusammengehalten hatte. Jetzt aber verlor die Frage des Verhältnisses von Kirche und Staat nach und nach ihren alten, explosiven Charakter. Die materiellen Fragen traten wieder beherrschend in den Vordergrund, und infolgedessen traten innerhalb des Blocks der Linken immer größere Meinungsverschiedenheiten auf. Dies zeigte sich insbesondere in der Frage der progressiven Einkommensteuer. Zwar gelang es Caillaux, der selbst den Kreisen der französischen Hochfinanz entstammte und auf diesem Gebiete als erstklassiger Fachmann gelten konnte, eine entsprechende Vorlage durch die Kammer zu bringen. Jedoch blockierte der Senat deren Verwirklichung, ohne daß die Regierung den Willen noch auch die Möglichkeit gehabt hätte, um gegen diesen Beschluß anzugehen. Auf diese Weise blieb das große Projekt eines modernen sozialen Besteuerungssystems bis zum Juli 1914 in der Gesetzgebungsmaschinerie stecken, obgleich die von Caillaux vorgesehene Progression nicht über 4 % für Einkommen von über 100 000 Franc jährlich hinausging und damit als außerordentlich maßvoll gelten durfte. Willig unterstützte ein Teil des französischen Radikalismus den Widerstand der großbürgerlichen Schichten gegen eine derartige, die höheren Vermögen stärker heranziehende Steuerreform, wiewohl nur so die Finanzen des französischen Staates langfristig auf eine gesunde Grundlage gestellt und die Mittel für eine ausreichende Altersversorgung der Arbeiter hätten beschafft werden können. Caillaux aber wurde zum Objekt leidenschaftlichen Hasses seitens der Rechten und des Establishments.

Unter diesen Umständen zerbrach die alte Allianz zwischen den Radikalsozialisten und den Sozialisten; die gigantische Mehrheit, über die Clemenceau anfangs hatte verfügen können, zerfiel nach und nach in ihre einzelnen Bestandteile. Die vollen Konsequenzen dieser Entwicklung sollte freilich erst Briand erfahren, der im Spätherbst 1909 die Nachfolge Clemenceaus antrat, welcher über einer zweitrangigen Frage in der Kammer gestürzt worden war, da seine autoritären Regierungsmethoden weithin auf Widerstand gestoßen waren. Sowohl die Sozialisten wie die gemäßigten Republikaner warfen nun die Frage einer Reform des traditionellen Mehrheitswahlrechts auf, das den lokalen Interessen einen ungewöhnlich großen Einfluß auf das französische Parteileben gewährte und zur Provinzialisierung des parlamentarischen Lebens maßgeblich beigetragen hatte. Das Proportionalwahlrecht galt allgemein als demokratischer als das geltende Mehrheitswahlrecht. Gleichwohl waren die Radikalsozialisten, die unter dem bisherigen System gut gefahren waren, einer Wahlrechtsreform großenteils abgeneigt; gerade sie repräsentierten am stärksten die lokalen und regionalen Kräfte im französischen politischen Leben.

Die Wahlen von 1910 wurden wesentlich über der Frage einer Reform des Wahlrechts ausgefochten. Sie endeten mit einem Rückschlag für die Radikalsozialisten und die äußerste Rechte, einem Sieg der Sozialisten und der gemäßigt rechtsstehenden Republikaner. Damit fand das Ende des Kampfes um den Bestand der Dritten Republik, der die Linke zu einem einheitlichen Auftreten gezwungen hatte, seinen Niederschlag auch in den Parteigruppierungen im Parlament, und es wurde nunmehr schwierig, starke Regierungsmehrheiten zustande zu bringen. Eine Periode unstabiler, einander rasch ablösender Regierungen setzte ein, und man schob das Projekt des Proportionalwahlrechts, das vielleicht zu einer Straffung der Parteiverhältnisse hätte führen können, vor sich her. Angesichts der unfruchtbaren Tätigkeit der parlamentarischen Körperschaften, in denen die verschiedenen Interessengruppen jegliche entschlossene Aktion gegenseitig blockierten, entfalteten die außerparlamentarischen Kräfte immer stärkere Aktivität, und zwar sowohl auf der Rechten wie auf der Linken. Die *Action Française*, welche bereits 1908 in eine Tageszeitung umgewandelt worden war, wurde nicht müde, gegen das parlamentarische System zu Felde zu ziehen. Die beträchtliche Erhöhung der Diäten der Abgeordneten im Jahre 1908 hatte im Lande großen Unwillen hervorgerufen, und die verwirrenden Vorgänge in der Kammer trugen ebenfalls nicht zur Förderung ihres Ansehens bei. Entscheidend aber war, daß die syndikalistische Bewegung zur Offensive überging. Im Oktober 1910 kam es zu einem großen Eisenbahnerstreik, der die Verkehrsverbindungen im ganzen Lande lahmlegte und den Auftakt für einen allgemeinen Massenstreik abgeben sollte. Briand unterdrückte den Eisenbahnerstreik unter Hinweis auf die Bedürfnisse der nationalen Sicherheit des Landes durch Mobilisierung der zum Heeresdienst verpflichteten Eisenbahner, und es gelang ihm, für diese Politik hart am Rande der Legalität eine imposante Mehrheit in der Kammer zu erhalten.

Doch der Versuch Briands, nun ein neues, gemäßigteres Kabinett zu bilden und unter nationalem Vorzeichen eine Wiederannäherung zwischen den radikalen und den gemäßigten Republikanern zustande zu bringen, erwies sich als verfrüht. Noch war die Kraft des traditionellen Radikalismus zu stark, um einen derartigen Kurs zuzulassen, welcher die alten Parteiengegensätze zu verschleifen suchte, und so wurde einstweilen mit schwachen radikalen Regierungen weitergewirtschaftet. Erst als im Juni 1911 Caillaux, ein unbedingter Radikaler, zugleich aber ein ungewöhnlich umsichtiger Politiker, die Ministerpräsidentschaft übernahm, erhielt Frankreich wieder »eine Regierung, die regiert«. Es gelang Caillaux, Frankreich erfolgreich durch die zweite Marokkokrise zu steuern, und dies war nicht zuletzt sein persönliches Verdienst. Aber eben das wurde ihm zum Verhängnis. Als durchsickerte, daß Caillaux hinter dem Rücken seines eigenen Außenministers Verhandlungen mit dem deutschen Botschafter von der Lancken aufgenommen hatte, weil er unter allen Umständen eine Verständigung mit Deutschland hatte erreichen und einen Krieg hatte verhindern wollen, nutzte Clemenceau im Januar 1912 diese Tatsache, um die Regierung Caillaux zu stürzen. Außenpolitische Gesichtspunkte drängten jetzt die traditionellen innenpolitischen Probleme mehr und mehr in den Hintergrund; da man einem Kriege mit Deutschland gerade eben mit einiger Mühe entronnen war, beherrschten die Fragen der nationalen Verteidigung nunmehr die innenpolitische Szene. Diese Entwicklung führte zu einem scharfen Rechtsruck. Poincaré, ein Mann der Mitte, bildete jetzt ein ›großes‹ Kabinett mit Männern der gemäßigten Linken, wie Briand, Delcassé und Léon Bourgeois, welches alle sozialen Reformen ebenso wie die Frage einer Wahlrechtsreform einstweilen ganz zurückstellte, dafür aber versprach, dem Lande »das Gefühl der Sicherheit zu geben«.

Damit setzte eine Periode der inneren Entwicklung Frankreichs ein, die beherrscht war von steigendem Nationalismus und zunehmender Kriegsleidenschaft. Poincaré benutzte die neue nationalistische Welle geschickt, um sich die Gefolgschaft der an sich ganz und gar zersplitterten Kräfte des Bürgertums zu sichern; nur die Sozialisten und die Anhänger Caillaux' versagten sich ihm. Obwohl das Mißtrauen der radikalen Linken gegenüber Poincarés Politik ständig zunahm, da dieser in den sozialen Fragen völlig untätig blieb, gelang es Poincaré dennoch, sich im Januar 1913 die Präsidentschaft der Republik zu erkämpfen, freilich nicht zuletzt deshalb, weil er sich für das Proportionalwahlrecht eingesetzt hatte, das sowohl auf der äußersten Linken wie auf der Rechten populär war. In der Folge erwies sich Poincaré als Meister in der Aufgabe, vom Elysée-Palast aus auch die Ereignisse im Palais Bourbon zu dirigieren und Regierungen seiner Wahl zustande zu bringen. Zwar vermochte Poincaré den Sturz Briands über der Frage des Proportionalwahlrechts, das im Senat keine Mehrheit gefunden hatte, nicht zu verhindern. Aber das auf Briand folgende Kabinett Barthou erfüllte gehorsam Poincarés wichtigste Forderung, nämlich einer unwilligen Kammer die dreijährige Dienstpflicht aufzuzwingen; diese wurde im August 1913 gegen den Widerstand eines großen Teils der Radikalsozialisten verwirklicht. Die Wogen der Leidenschaft gingen in dieser Frage außerordentlich hoch. Die Sozialisten und der linke Flügel der Radikalsozialisten, die seit Oktober 1913 unter der Führung von Caillaux standen, verabscheuten nicht nur die dreijährige Dienstpflicht, die den pazifistischen Traditionen des französischen Radikalismus ganz und gar zuwiderlief, sondern auch den militanten Nationalismus, welcher dahinter stand. Vergebens plädierte Jaurès für ein nationales Milizsystem, das an die Stelle der vom Generalstab befürworteten stehenden Armee, welche allein zu großen Offensivschlägen fähig sei, treten solle. Trotz der angespannten außenpolitischen Lage war die Abneigung gegen die dreijährige Dienstpflicht in der Kammer so groß, daß die folgenden Regierungen zu allerhand Winkelzügen greifen mußten, um deren Wiederaufhebung zu verhindern.

Da im Frühjahr 1914 Neuwahlen bevorstanden, versuchte Briand mit Hilfe der Gründung einer *Fédération des Gauches,* die freilich eher eine Vereinigung der rechten Mitte genannt werden müßte — aber im damaligen Frankreich mußten sich alle Politiker wenigstens ›links‹ nennen, wollten sie nicht scheitern —, die anwachsende Welle der Linken abzufangen. Doch wurde dies ein katastrophaler Fehlschlag. Die Wahlen vom April und Mai 1914 brachten einen überwältigenden Sieg der Radikalsozialisten sowie der Sozialisten beider Richtungen. Die Gegner der dreijährigen Dienstpflicht und die Anhänger der von den großbürgerlichen Schichten so sehr bekämpften progressiven Einkommensteuer waren nunmehr definitiv in der Mehrheit. Dennoch gelang es Poincaré, der seine Prärogativen als Präsident im optimalen Maße zu nutzen wußte, — jetzt freilich nur mit größter Mühe — eine Regierung zustande zu bringen, welche wenigstens fürs erste das Gesetz über die dreijährige Dienstpflicht aufrechtzuerhalten bereit war. Nachdem ein Versuch Ribots, auf dieser Grundlage eine Regierung zu bilden, mißlungen war, schaffte es in einem zweiten Anlauf Viviani, eine Mehrheit in der Kammer zu erhalten. Das Kabinett Viviani stand auf recht schwachen Füßen; gleichwohl schien nun die Periode der Sterilität, wie sie die innere Politik Frankreichs seit 1906 bestimmt hatte, vorüber zu sein. Zumindest das Projekt einer progressiven Einkommensteuer wurde nun endlich energisch in Angriff genommen. Jedoch schuf der Ausbruch des Weltkrieges eine neue Situation, die der radikalen Linken nicht die volle Ausnutzung ihres Wahlerfolges erlaubte. Die Welle des nationalen Enthusiasmus, die im August 1914 das ganze Land erfaßte, ließ für den Augenblick die schweren Versäumnisse der vergangenen Jahre auf innen- und sozialpolitischem Gebiete vergessen. Erst nach dem Kriege sollten diese sich, freilich dann mit ungleich größerer Gewalt, fühlbar machen.

Weit stärker noch als in Frankreich wurde in Belgien und in Holland der Durchbruch der demokratischen Staatsidee infolge des zähen Widerstandes der großbürgerlichen Gruppen gegen den Radikalismus und den Sozialismus aufgehalten. Während in Frankreich die Kraft des Katholizismus als politischer Bewegung spätestens seit 1905 gebrochen war, vermochten die klerikalen Parteien sowohl in Belgien wie in Holland ihre Vorherrschaft bis 1913 unangefochten zu behaupten. In Belgien hatten die Sozialisten, unterstützt von der liberalen Partei, seit 1902 einen erbitterten, aber im wesentlichen vergeblichen Kampf gegen das bestehende Pluralwahlrecht geführt, das die Herrschaft des katholischen Bürgertums verewigt hatte. Im Frühjahr 1913 brachte dann eine neue, fast generalstabsmäßig vorbereitete Generalstreikbewegung, die dank der mustergültigen Organisation der Arbeiterschaft durchgestanden werden konnte, den endgültigen Durchbruch. Die Einführung des allgemeinen Wahlrechts war nun nicht mehr aufzuhalten. Das Parlament suchte Zeit zu gewinnen, aber schließlich kapitulierte es. Allerdings nahm der Ausbruch des Weltkrieges auch in Belgien der Linken die Chance, die Früchte dieses Sieges zu ernten.

Im kleinen Luxemburg kam es 1912 ebenfalls zu einem entscheidenden Sieg der vereinigten Linken, welche sich bisher erfolglos gegen die Herrschaft der klerikalen Parteien aufgebäumt hatte. Der Widerstand der Großherzogin Marie Adelheid gegen die Bestrebungen der Linken führte zu einer Verfassungskrise, die die Institution der Monarchie selbst ernstlich in Gefahr brachte.

Auch in den Niederlanden fand 1913 eine Periode ununterbrochener klerikaler Parteiherrschaft, die sich auf ein freilich nicht allzu eng bemessenes Zensuswahlrecht stützen konnte, ihr Ende. Nach zwanzig Jahren politischer Ohnmacht gelangte die Linke endlich wieder zum Zuge. Es entsprach dies einem allgemeinen Trend in Europa; überall begann man sich plötzlich mit Riesenschritten der demokratischen Staatsordnung anzunähern, mochten auch die politische Ausgangslage und die sozialen Verhältnisse in den einzelnen Ländern höchst verschieden sein.

III. DIE POLITIK DES AUFSCHUBS IM DEUTSCHEN REICHE UND IN ÖSTERREICH-UNGARN

Im Frühjahr 1906 erklärte sich der deutsche Reichskanzler Fürst Bülow erstmals in der Geschichte des Deutschen Reiches an eine bestimmte Parteikonstellation gebunden, den Block der konservativen und liberalen Parteien. Schon die Zeitgenossen sahen in dieser politischen Neuerung eine erste Annäherung an das parlamentarische System, und man erwartete, daß nun eine Periode fortschrittlicher Politik im Innern einsetzen werde. Bülow stellte denn auch den Liberalen ein freiheitliches Vereinsgesetz und eine Reform des Dreiklassenwahlrechts in Preußen in Aussicht; jedoch blieb unsicher, wieweit es ihm möglich sein werde, beides bei den Konservativen durchzusetzen. Das Vereinsgesetz kam tatsächlich zustande, wenn auch mit erheblichen Schönheitsfehlern; zu ihnen gehörte namentlich der sogenannte Sprachenparagraph, der den Polen den Gebrauch ihrer Muttersprache in öffentlichen Versammlungen verbot. Wohin die Reise ging, zeigte eine fast gleichzeitig in Preußen durchgebrachte Novelle zur Ansiedlungsgesetzgebung in den polnischen Gebieten, welche die Möglichkeit zur Enteignung polnischen Großgrundbesitzes vorsah, eine Bestimmung, die den Grundsätzen des Rechtsstaats zuwiderlief. Bülows neuestes Experiment erwies sich bald als ein ebenso kurzlebiger Versuch wie alle früheren, die fortschrittlichen Kräfte in Deutschland mit schönklingenden Worten und geringfügigen Konzessionen abzuspeisen, um die überfällige Reform des politischen und gesellschaftlichen Systems weiterhin aufzuschieben und die Vormachtstellung der konservativen Schichten im Staate im wesentlichen uneingeschränkt aufrechtzuerhalten.
Der deutsche Liberalismus aber war zu zerplittert und zu stark an konkurrierende materielle Interessengruppen gekettet, als daß er von sich aus die Kraft gehabt hätte, die konservativen Bastionen zu stürmen und eine Koalition der Linken »von Bassermann bis Bebel« zu bilden, wie dies Friedrich Naumann damals forderte. Die Furcht vor der revolutionären Phrase der Sozialdemokratie steckte den bürgerlichen Schichten noch so tief in den Knochen, daß sie lieber bei den alten konservativen Kräften Schutz suchten, als es auf einen offenen Konflikt mit ihnen ankommen zu lassen.

Dies offenbarte sich in aller Deutlichkeit, als es Ende 1908 wegen eines Interviews Wilhelms II. im *Daily Telegraph* unter dem Titel *The German Empire and England* zu einer schweren Verfassungskrise kam. Das *Daily Telegraph*-Interview enthielt ein ganzes Bündel von Äußerungen höchst problematischen Charakters und war ein Meisterstück politischer Unklugheit und Taktlosigkeit. So beteuerte Wilhelm II. darin u. a., daß er im Unterschied zum deutschen Volke höchst freundschaftliche Gefühle für England hege, und führte zum Beweise dieser Tatsache an, daß er anläßlich des Burenkrieges eine französisch-russische Intervention zugunsten der Buren verhindert und den Engländern gar einen von ihm selbst ausgearbeiteten Feldzugsplan geliefert habe. Dieses Interview hatte Bülow, der in Norderney zur Kur weilte, vor der Veröffentlichung ordnungsgemäß vorgelegen, war von diesem jedoch ungelesen freigegeben worden. Es weckte in den europäischen Hauptstädten unangenehmes Aufsehen; in Deutschland hingegen löste es einen Sturm der Entrüstung gegen das persönliche Regiment Wilhelms II. aus, dem sich die Parteien bis hin zu den Konservativen nicht zu entziehen vermochten.

Dieses unglückliche Interview war eigentlich nur der Funke, der in das Pulverfaß fiel, denn schon seit Jahren hatte sich in der deutschen öffentlichen Meinung eine zunehmende Beunruhigung über das öffentliche Hervortreten und die impulsiven Eingriffe des Kaisers in den Gang der politischen Geschäfte breitgemacht; ihre ungünstigen Rückwirkungen auf die außenpolitische Lage Deutschlands waren allmählich jedermann zum Bewußtsein gekommen. Was man freilich nicht wußte, war, daß Wilhelm II. gelegentlich gegen seinen eigenen Willen von seinen Ratgebern vorgeschoben worden war, so namentlich im Jahre 1905, als er in demonstrativer Weise in Tanger landete und den Sultan seiner Freundschaft versicherte. So hatte sich vielerorts starke Erbitterung aufgestaut; schon 1906 hatte Max Weber an Friedrich Naumann geschrieben: »Das Maß von Verachtung, welches uns als Nation im Ausland [. . .] nachgerade – mit Recht! das ist das Entscheidende – entgegengebracht wird, weil wir uns dieses Regime dieses Mannes gefallen lassen, ist nachgerade ein Machtfaktor von erstklassiger weltpolitischer Bedeutung geworden [. . .] Wir werden ›isoliert‹, weil dieser Mann uns in dieser Weise regiert und wir es dulden und beschönigen.«[67] Jetzt, nach Algeciras, machte sich diese Besorgnis in verstärktem Maße geltend, und so kam es im Reichstage zu scharfer Kritik an der Person und dem politischen Verhalten des Kaisers. Unaufrichtig und seiner eigenen Verfehlung bewußt – denn in diesem Fall hatte sich ja Wilhelm II. ganz und gar korrekt verhalten, während der Kanzler sich einer schweren Unterlassung schuldig gemacht hatte – wagte es Bülow nicht, Wilhelm II. reinen Wein über die Stärke dieses vulkanischen Unmutsausbruches der Nation einzuschenken, und Wilhelm II. verstand demgemäß gar nicht, warum man denn nun allerseits so aufgebracht über ihn war. Angesichts der geschlossenen Front aller Parteien einschließlich der Konservativen sah sich Bülow am 11. November 1908 veranlaßt, Wilhelm II. der öffentlichen Kritik im wesentlichen preiszugeben und seine eigene Position zu retten, indem er selbst auf die Seite der Kritiker des persönlichen Regiments trat und die Versicherung abgab, daß dergleichen nicht wieder vorkommen werde: »Meine Herren, die Einsicht, daß die Veröffentlichung dieser Gespräche in England die von Seiner Majestät dem Kaiser erwartete Wirkung nicht hervorgerufen, in unserem Lande aber tiefe Erregung und schmerzliches Bedauern verursacht hat, wird [...] Seine Majestät den Kaiser dazu führen, fernerhin auch in Privatgesprächen jene Zurückhaltung zu beobachten, die im Interesse einer einheitlichen Politik und zur Wahrung der Autorität der Krone gleich unentbehrlich ist. Wäre dem nicht so, so könnte weder ich noch einer meiner Nachfolger die Verantwortung tragen.«[68] Diese Erklärung des Kanzlers wertete Wilhelm II. verständlicherweise als förmlichen Verrat seitens seines ersten Ministers. Andererseits löste sie die sachlichen Probleme in keiner Weise. Dennoch gaben sich die Reichstagsparteien schließlich mit dieser rein verbalen Zusicherung zufrieden. Vergebens mahnte Max Weber: »Die politische Struktur ist daran schuld: nichts, gar nichts, ist gebessert.«[69] Zwar verlangte die große Mehrheit der Parteien konstitutionelle Sicherheiten und forderte nunmehr ein Ausführungsgesetz zum Artikel 14 der Reichsverfassung, in welchem die Verantwortlichkeit des Reichskanzlers endlich konkretisiert werden sollte. Aber die Parteien waren hoffnungslos gespalten über der Frage, in welcher Form man dies bewerkstelligen könne. Während die Konservativen jegliche Einschränkung der Prärogativen des Kaisers und Königs von Preußen auch jetzt prinzipiell ablehnten, plädierten die Nationalliberalen für die Einführung der justizförmigen Verantwortlichkeit. Nur der Linksliberalismus und die Sozialdemokratie, jener in verhüllter Form, diese offen und grundsätzlich, verlangten den Übergang zum parlamentarischen System nach westeuropäischem Muster. Das Zentrum aber ging geschickt den verfassungsrechtlichen Grundfragen aus dem Wege, indem es die Verantwortlichkeit des Kanzlers auch für jene Akte des Kaisers festgestellt sehen wollte, bei welchen eine Gegenzeichnungspflicht verfassungsmäßig nicht vorlag, insbesondere im Bereich der kaiserlichen Kommandogewalt. Aus all diesen Vorschlägen aber wurde nichts. Nachdem die erste Erregung abgeflaut war, blieb alles beim alten. Der Fehlschlag dieser Bemühungen, aus der *Daily Telegraph*-Affäre verfassungsrechtliche Konsequenzen zu

ziehen, erwies die politische Schwäche des Reichstages, der aus eigener Kraft nicht zu handeln vermochte, aber auch die Brüchigkeit des Bülowschen Systems gouvernementaler Mehrheitsbildung, welches Naumann damals treffend »ein auf ein gegenseitiges Mißtrauen aufgebautes System der Amtserhaltung des Reichskanzlers« genannt hat.[70]
Im Frühjahr 1909 brach dann der Bülow-Block mit erheblichem Getöse zusammen, als die konservativen Parteien und der Liberalismus in der Frage der Reichsfinanzreform aneinandergerieten und sich das Zentrum geschickt als der gegebene Partner der Rechten anbot. Bülow hatte mit dem Block der konservativen und liberalen Parteien so etwas wie eine Übertragung des Miquelschen Rezeptes der Sammlung auf das Reich versucht, allerdings mit einer hier unvermeidlichen Erweiterung nach links hin. Jetzt aber traten über der Frage einer Ausdehnung der Erbschaftssteuer auf Ehegatten und Deszendenten die bestehenden Interessengegensätze zwischen Agrariern einerseits, Handel und Industrie andererseits erneut mit äußerster Schärfe hervor. Die Konservativen sahen in der Nachlaßsteuer eine Existenzgefährdung für den großen Grundbesitz, mochte das Reichsschatzamt ihnen in Einzelfragen auch noch so sehr entgegenkommen. Sie schlugen statt dessen als Alternative eine Besteuerung des Immobilienkapitals vor, und zwar in Form einer Wertzuwachssteuer. Darüber hinaus entfesselten sie mit Hilfe des Bundes der Landwirte eine wilde Agitation gegen die Nachlaßsteuer, die die Regierung vorgeschlagen hatte. Die Nationalliberalen hingegen schufen sich im Hansabund eine neue Interessenorganisation, die sich gegen die einseitige Besteuerung des kommerziellen und industriellen Vermögens zur Wehr setzte, wie sie die Konservativen beabsichtigten. Ungeachtet der Geringfügigkeit der umstrittenen Steuerbeträge wuchs sich diese Auseinandersetzung zu einem Kampf zwischen den Verfechtern des Prinzips des Industriestaats auf der einen Seite und des Agrarstaats auf der anderen Seite aus, und in diesem Ringen gelang es den Konservativen, das Zentrum zu sich hinüberzuziehen. Das Zentrum und die Konservativen zwangen dem Reichstag ihre eigenen Steuergesetze auf. Es war ein Sieg der Konservativen im Bunde mit dem Zentrum gegen die Regierung, zugleich aber eine Demonstration der Macht des Reichstages, freilich in einer höchst absurden politischen Frontstellung. Bülows politisches Schicksal war damit besiegelt, zumal Wilhelm II. schon seit der *Daily Telegraph*-Affäre sein Vertrauen in ihn verloren hatte. Bülows Rücktritt wurde freilich noch bis Ende Juni 1909 hinausgezögert, um den Eindruck zu vermeiden, daß der Reichstag erstmals einen Kanzler gestürzt habe.
Um die völlig verfahrene innenpolitische Lage zu retten und das

Reich vor dem Hinabgleiten in das parlamentarische System zu bewahren, wurde nach einigem Zögern der bisherige Staatssekretär des Reichsamts des Innern, Theodor von Bethmann Hollweg, zum neuen Kanzler ausersehen, weil er, obwohl außenpolitisch ganz unerfahren, als geschickter Innenpolitiker galt. Bethmann Hollweg entschloß sich, in Anlehnung an Bismarcks Vorbild, zu einem gouvernementalen Kurs ›oberhalb der Parteien‹, welcher in erster Linie die Behauptung und Stärkung der Staatsautorität und die Zurückdrängung des Einflusses der parlamentarischen Körperschaften auf die Reichspolitik zum Ziele hatte. Schon in seiner ersten Reichstagsrede wies es der neue Kanzler ausdrücklich von sich, sich bei der Führung seiner Politik auf eine bestimmte Parteienkonstellation stützen zu wollen: »So entschieden es die Parteien von jeher abgelehnt haben, Regierungsparteien zu sein [...] ebensowenig wird in Deutschland jemals eine Regierung Parteiregierung sein können.«[71] Bethmann Hollweg entschied sich für eine Politik, welche ihre eigentliche politische Stütze in der Staatsbürokratie suchte und es vorzog, sich für die Regierungsvorlagen von Fall zu Fall Mehrheiten im Parlament zu sichern.

Freilich bedeutete dies nicht automatisch eine Option für die Parteien der Rechten. Vielmehr sah es Bethmann Hollweg als seine Aufgabe an, durch vorsichtiges Entgegenkommen nach allen Seiten eine allmähliche Milderung der bestehenden politischen Gegensätze herbeizuführen, ohne doch die Regierung als eine *pouvoir neutre* mehr als unvermeidlich von den Wünschen und dem Willen der Parteien abhängig zu machen. Diese »Politik der Diagonale«, wie sie Bethmann Hollweg in Anlehnung an eine Formulierung aus Treitschkes *Politik* selbst genannt hat, mußte freilich stärker, als es dem Kanzler selbst lieb sein konnte, auf die traditionellen Stützen des preußisch-deutschen Staates Rücksicht nehmen, die konservative Beamtenschaft, das Offizierskorps und schließlich den Monarchen und seine höfische Umgebung. Die Nebenregierung des Admirals von Tirpitz beispielsweise mußte der Kanzler jetzt mehr oder minder tolerieren. Freilich hoffte Bethmann Hollweg, für seine bürokratisch-autoritäre Politik der mittleren Linie die Unterstützung der nicht unmittelbar parteipolitisch gebundenen Teile der Mittelschichten, insbesondere des Bildungsbürgertums, zu gewinnen, welches herkömmlicherweise für eine Politik der ›Sachlichkeit‹ oberhalb des Parteiengezänks überaus empfänglich war.

Die ersten Schritte dieser »Politik der Diagonale« brachten jedoch keineswegs die erwünschte Milderung der innenpolitischen Gegensätze. Trotz der Reichsversicherungsordnung von 1910 und trotz einer gewissen Mäßigung des Kampfkurses der Regierung gegenüber der Sozialdemokratie beharrte die Arbeiterschaft auf ihrer scharfen Ablehnung der bestehenden Staatsordnung, und ihre Erbitterung steigerte sich zu Ausbrüchen des Volkszorns, als die Regierung 1910 mit einer ungewöhnlich zahmen, völlig unzureichenden Reform des preußischen Dreiklassenwahlrechts hervortrat. Die Konservativen strichen diese Vorlagen gleichwohl noch so zusammen, daß schließlich Bethmann Hollweg selbst die Lust daran verlor und nichts daraus wurde. Umgekehrt erregte die elsaß-lothringische Verfassungsreform vom Jahre 1911, welche dem Reichsland das allgemeine, gleiche, direkte und geheime Wahlrecht gewährte, die erbitterte Feindschaft der Konservativen. Obgleich der Kanzler während der Beratung über die elsaß-lothringische Verfassungsreform unmißverständlich erklärte, daß diese Regierungsvorlage keinesfalls als ein erster Schritt zur Liberalisierung des Verfassungssystems des Wilhelminischen Reiches gedeutet werden dürfe, sahen die Konservativen darin ein gefährliches Präzedens. Bethmann Hollweg glaubte dennoch für sich in Anspruch nehmen zu können, daß die Regierung, ungeachtet aller Konzessionen an die Parteien des Reichstages, bei dieser Gelegenheit ihre Unabhängigkeit und Selbständigkeit wieder einmal unter Beweis gestellt habe, etwas, »was nach dem bedenklichen Hinabgleiten zum Parlamentarismus, das einzureißen drohte, unbedingt notwendig war«[72].

Da Bethmann Hollweg auch auf außenpolitischem Felde keine *fortune* hatte und namentlich das Fiasko, mit dem der Panthersprung nach Agadir 1911 geendet hatte, seine politische Stellung erheblich schwächte, gelang es ihm nicht, den Erdrutsch nach links bei den Reichstagswahlen vom Januar 1912 abzuwenden. Der Wahlausgang kam, vom Standpunkt der konservativen Führungsschichten Preußens und Deutschlands aus gesehen, einer Katastrophe gleich. Die konservativen Parteien, und gleichermaßen auch die Nationalliberalen, also die Parteien des Besitzes, mußten beträchtliche Verluste hinnehmen, in geringerem Umfang auch das Zentrum, während die Sozialdemokratie mit 110 Abgeordneten und 34,8% aller abgegebenen Stimmen mit Abstand zur stärksten Partei in Deutschland aufstieg. Die allgemeine Erbitterung über die engstirnige Interessenpolitik der Konservativen, die teils seitens des Zentrums, teils seitens der Nationalliberalen immer wieder Hilfestellung erfahren hatten, war in einer nicht zu übersehenden Weise zum Ausdruck gelangt.

Bethmann Hollweg sah ein, daß aufgrund der Ergebnisse der Reichstagswahlen das Steuer der Politik etwas mehr nach links gedreht werden müsse, aber er war auch jetzt nicht bereit, von der verfassungsrechtlich unabhängigen Stellung der kaiserlichen Regierung gegenüber dem Reichstag auch nur um ein Jota abzugehen: »Ein Kanzler, der nur vom Kaiser und König von Preußen abhängig ist, ist das notwendige Gegengewicht gegen das freieste Wahlrecht, das Fürst Bismarck seinerzeit dem deutschen

Volke unter ganz bestimmten Voraussetzungen gegeben hat.«[73] Und als der Reichstag Anfang Mai 1912 beschloß, hinfort im Rahmen seiner Geschäftsordnung Anfragen an die Regierung sowie Beschlußfassungen über Erklärungen der Regierung zuzulassen — eine wichtige, folgenreiche Neuerung —, ließ Bethmann Hollweg ausdrücklich erklären, daß die Regierung darin keine Erweiterung der staatsrechtlichen Befugnisse des Reichstages sehe. Auch unter den veränderten Umständen beschloß Bethmann Hollweg, unbeirrt an seiner »Politik der Diagonale« festzuhalten, eine Entscheidung, die ihm allerdings angesichts der parteipolitischen Zersplitterung im Reichstage leicht gemacht wurde. Aber er sah ein, daß eine einseitig die konservativen Interessen begünstigende Politik notwendig zu einer Katastrophe führen werde und der Versuch gemacht werden müsse, breitere Volksschichten an den Staat heranzuführen. Für eine derartige Politik bestanden insofern gewisse Erfolgschancen, als ihr die integrierende Kraft des nationalen Gedankens zu Hilfe kam. Dies zeigte sich denn auch bei der Beratung der beiden Heeresvorlagen von 1912 und 1913. In dieser Situation wagten es die Konservativen nicht mehr, sich der Nachlaßsteuer wiederum offen entgegenzustemmen, und so wurden die für die Finanzierung der erneuten Heeresvermehrungen benötigten Steuern zum erstenmal vorwiegend den besitzenden Schichten auferlegt. Angesichts der bei vielen Angehörigen des Bürgertums mehr denn je verbreiteten Furcht vor der Sozialdemokratie konnte der Kanzler darüber hinaus immer noch mit der Zustimmung einer großen Mehrheit rechnen, wenn er sich gegen sozialdemokratische Attakken auf die Regierung in schärfster Tonart zur Wehr setzte, ganz abgesehen davon, daß dergleichen für die Stellung des Kanzlers bei Hofe nur günstig sein konnte. Bei solchen Gelegenheiten zeigte sich sehr deutlich die relative Machtlosigkeit der Sozialdemokratie innerhalb des damaligen politischen Systems. Ihre zahlenmäßige Stärke nützte ihr wenig, da sie die bürgerlichen Parteien nur dazu trieb, ihrerseits Schutz bei den bestehenden Gewalten zu suchen, während die Regierung die sozialdemokratische Fraktion gleichsam als nicht existent behandelte und auch weiterhin sorgfältig die Einbringung von Vorlagen vermied, die nur mit Hilfe der sozialdemokratischen Stimmen hätten verwirklicht werden können.

Aus dieser politischen Konstellation resultierte also paradoxerweise zunächst eine Stärkung der traditionellen Faktoren. Das zeigte sich in aller Deutlichkeit anläßlich der Zabern-Affäre vom Spätherbst 1913. Diese war ausgelöst worden durch Mißgriffe eines Leutnants von Forstner gegenüber elsässischen Rekruten in dem kleinen elsässischen Städtchen Zabern. Einige Bürger, denen diese Vorgänge zu Ohren gekommen waren, machten ihrer

Abb. 14: ›Simplicissimus‹-Karikatur von Th. Th. Heine auf die Zabern-Affäre

Empörung gegenüber der Truppe in Zurufen und Beschimpfungen Luft. Daraufhin ließ Forstner, gedeckt von seinem Regimentschef, Oberst von Reuter, wahllos eine große Zahl von überwiegend unbeteiligten Passanten festnehmen und über Nacht einsperren, unter Umgehung der dazu allein befugten Zivilbehörden. Diese ungesetzliche Verhaftungsaktion entfachte den schon lange schwelenden Gegensatz zwischen der elsaß-lothringischen Bevölkerung und dem preußischen Militär zu hellen Flammen; die gesamte reichsländische Presse nahm einmütig gegen das schwerlich zu rechtfertigende Verhalten der Militärs Stellung. Zugleich aber sah sich die elsaß-lothringische Zivilverwaltung ge-

genüber der ihr unterstellten Bevölkerung aufs schwerste bloßgestellt.
Durch eine sofortige öffentliche Maßregelung der beteiligten Offiziere hätte der Zwischenfall gleichwohl ohne politische Folgen aus der Welt geschafft werden können. Aber die Militärbehörden weigerten sich, dies zu tun; im Interesse der Wahrung des Ansehens der Armee glaubten sie die Selbstjustiz Forstners und Reuters decken zu müssen. Sie gaben ihrerseits den Zivilbehörden die Schuld, die nicht rechtzeitig Maßnahmen zur Sicherung von Ruhe und Ordnung ergriffen hätten. Dieses Verhalten war nur mit der fast neurotischen Empfindlichkeit des Offizierskorps gegen jede Kritik seitens der breiteren Öffentlichkeit zu erklären. Man fühlte sich gegenüber den andrängenden demokratischen Strömungen innerlich in der Defensive und meinte diesen daher mit um so festerer Haltung entgegentreten zu müssen. Korpsgeist und die Überzeugung, daß im Umgang mit den Elsaß-Lothringern, ebenso wie ganz allgemein gegenüber der Linken, allemal nur forsches Auftreten helfe, siegten über nüchterne Einsicht.
Wilhelm II. aber schlug sich von vornherein auf die Seite des Militärs, ohne die zuständigen politischen Instanzen auch nur anzuhören. Obgleich die Zabern-Affäre bereits einen hochpolitischen Charakter angenommen hatte, behandelte der Kaiser diese als »streng militärische Ressortangelegenheit«. Damit weitete sich der an sich unbedeutende Zwischenfall zu einem grundsätzlichen Konflikt zwischen ziviler und militärischer Gewalt aus und warf zugleich die hochpolitische Frage nach dem Geltungsbereich der kaiserlichen Kommandogewalt auf. Bethmann Hollweg hatte allen Grund, über die Zabern-Ereignisse aufgebracht zu sein, denn sie drohten nicht nur seine im Jahre 1911 inaugurierte Politik liberalen Entgegenkommens im Reichslande ihres Erfolges zu berauben, sondern führten darüber hinaus zu einer höchst unerwünschten Verschärfung der deutsch-französischen Beziehungen. Dennoch wagte der Kanzler es nicht, sich öffentlich von dem Verhalten der Militärs zu distanzieren. Obwohl er innerhalb der Regierungsmaschinerie alles tat, um Remedur zu schaffen und eine Maßregelung der verantwortlichen Offiziere zu erreichen, stellte er sich im Reichstage demonstrativ vor die Armee und erklärte: »Der Rock des Königs muß unter allen Umständen respektiert werden.«[74] Der Reichstag antwortete darauf mit einem Mißtrauensvotum, das mit der überwältigenden Mehrheit von 293 zu 54 Stimmen zustande kam. Bethmann Hollweg nahm jedoch dieses Mißtrauensvotum, dem von seiten der Parteien der Linken erstmals der Sinn einer verfassungsrechtlichen Neuerung gegeben wurde, nicht sonderlich ernst. Das Vertrauen des Monarchen sowie die Loyalität der Beamtenschaft und des Offizierskorps wogen in seinem politischen Kal-

kül ungleich schwerer als Beschlüsse einer unter sich uneinigen Mehrheit des Reichstages. Wie groß auch die Empörung der deutschen Öffentlichkeit über die Zabern-Vorgänge und ihr politisches Nachspiel sein mochte, Bethmann Hollweg kam verhältnismäßig glimpflich aus der Affäre heraus. Sein Argument, die bürgerlichen Parteien hätten mit der Sozialdemokratie gemeinsame Sache gemacht und dadurch die nationalen Interessen verletzt, verfehlte seine Wirkung insbesondere auf die Nationalliberalen und das Zentrum nicht und bewog beide Parteien schließlich zum Einlenken. Die bürgerlichen Parteien gaben sich am Ende mit der bloßen Zusicherung zufrieden, daß eine Überprüfung der Rechtsgrundlagen militärischer Eingriffe in den Zuständigkeitsbereich der Zivilbehörden stattfinden werde, und erklärten, daß es ihnen ferngelegen habe, die kaiserliche Kommandogewalt anzutasten. Deutschland konnte, so erwies sich, noch erfolgreich mit gouvernementalen Methoden regiert werden; die kontrollfreie Sphäre der kaiserlichen Kommandogewalt war behauptet, die Machtstellung des konstitutionellen Obrigkeitsstaates noch einmal stabilisiert worden.

Freilich sollte sich Bethmann Hollwegs Kapitulation vor der kaiserlichen Kommandogewalt in der Zabern-Affäre bitter rächen. Die militärischen Instanzen gingen aus der Krise mit gesteigertem Selbstbewußtsein hervor, in der Gewißheit, in einem zukünftigen Konflikt nicht nur den Kronprinzen, sondern auch den Kaiser auf ihrer Seite zu haben. So wurde es für den Kanzler immer schwerer, auf Entscheidungen militärischen Charakters, auch wenn diese hochpolitischer Natur waren, Einfluß zu nehmen. Die politische Basis für Bethmann Hollwegs gouvernementalen Kurs oberhalb der Parteien war schmaler geworden; noch stärker als bisher mußte er auf die traditionellen Machtfaktoren im Staate, die Bürokratie und das Offizierskorps und schließlich die Hofkreise, Rücksicht nehmen, ohne doch auf deren Unterstützung wirklich zählen zu können. Die Konservativen begannen damals mit Bethmann Hollwegs baldigem Sturz zu rechnen, und er ist sich seiner Stellung bis zum Kriegsausbruch niemals mehr sicher gewesen. Dennoch vermochte er es durch geschmeidiges Taktieren und gelegentliches energisches Zugreifen, seine Gegner immer wieder zu überspielen. Seiner »Politik der Diagonale« gelang es, die Risse und Fugen im Wilhelminischen Verfassungssystem stets von neuem zu kitten oder doch wenigstens zu verdecken, zumal sich die Parteien des Reichstages unentschlossen zeigten. Dadurch aber wurde im Grunde alles nur noch schlimmer. Auf lange Sicht hat es sich nicht ausgezahlt, daß Bethmann Hollweg alles daran setzte, der Öffentlichkeit gegenüber das Wilhelminische Regierungssystem als heil und intakt und funktionsfähig zu präsentieren, obwohl die Aufsplitterung der Macht zwischen Kaiser,

Militär und den verschiedenen Instanzen im Reich sowie in Preußen und in den übrigen Bundesstaaten eine einheitliche politische Führung aufgrund klarer politischer Konzeptionen längst zu einer Unmöglichkeit gemacht hatte.

Die Entwicklung der Donaumonarchie im letzten Jahrzehnt vor 1914 glich in mancher Hinsicht jener des Deutschen Reiches. In Österreich-Ungarn setzte 1906 ebenfalls eine Periode der inneren Politik ein, die eine Liberalisierung der Verfassungsverhältnisse verhieß; am Ende aber nahm man hier gleichfalls Zuflucht zu einem bürokratischen Regime oberhalb der Parteien, das den großen politischen Fragen möglichst aus dem Wege ging. Auch in Österreich-Ungarn ließ sich der Eintritt breiterer Volksschichten in die Politik nicht aufhalten, sondern nur verzögern. Angesichts der großen sozialen und wirtschaftlichen Disproportionalitäten in den verschiedenen Ländern der Monarchie wurden im Zuge der Zurückdrängung der zumeist habsburgisch gesinnten aristokratischen Eliten zentrifugale Kräfte von beachtlicher Größenordnung freigesetzt, die sich zu einer immer stärkeren Belastung für den österreichisch-ungarischen Gesamtstaat auswuchsen. Die innenpolitische Krise, in die Österreich-Ungarn seit dem Sturz der Regierung Koerber 1904 geriet, nahm nicht zufällig von jenem Teil der Monarchie ihren Ausgang, in dem von jeher die Tendenz zur Loslösung von Wien am größten war, nämlich Ungarn. In der transleithanischen Reichshälfte hatte sich, anders als in den meisten anderen Ländern der Monarchie, die magyarische Aristokratie dank eines außerordentlich beschränkten Wahlrechts, das nur ein Viertel der erwachsenen männlichen Bevölkerung zur Wahl zuließ, an der Macht zu halten gewußt. Ihre Vorherrschaft garantierte zugleich die politische Unterdrükkung der nichtmagyarischen Nationalitäten, mit Ausnahme der Kroaten, die einen Sonderstatus innehatten, der ihnen ein begrenztes Maß von Selbstverwaltung gewährte. 1905 gewann innerhalb der magyarischen Gentry die radikal nationalistische Richtung das Übergewicht, während die ehrwürdige ›liberale‹, eigentlich aber eher whiggistische Partei Tiszas, die wesentlich vom hocharistokratischen Großgrundbesitz getragen wurde und gegenüber dem Kaiser als unbedingt loyal gelten konnte, in die Minderheit geriet. Eine Koalition der Parteien der nationalen Unabhängigkeit unter Führung des jüngeren Kossuth forderte nun eine umfassende Revision des Ausgleichs von 1867; Ungarn sollte hinfort noch größere Selbständigkeit innerhalb des Kaiserstaates genießen als bisher. Vor allem aber verlangte man jetzt die Bildung einer selbständigen ungarischen Armee mit eigener magyarischer Kommandosprache. Diese Forderung, die der Aufgabe eines der wichtigsten Bindeglieder gleichkam, welche den

Vielvölkerstaat noch zusammenhielten, beantwortete Kaiser Franz Joseph mit der Berufung des Generals Fejérváry zum Ministerpräsidenten, der den ungarischen Reichstag mit diktatorischen Maßnahmen zur Räson zu bringen suchte, darüber hinaus aber mit der Ankündigung, gegebenenfalls das allgemeine, gleiche, direkte und geheime Wahlrecht in Ungarn einzuführen. Dies hätte zur Folge gehabt, daß die bisherige Prädominanz der magyarischen Gentry in der transleithanischen Reichshälfte in sich zusammengestürzt wäre und mit ihr das absolute Übergewicht der Ungarn über die nationalen Minderheiten. Den übrigen Nationalitäten Transleithaniens, die nicht weniger als 47% der Gesamtbevölkerung ausmachten, bisher aber nur mit einer Handvoll Abgeordneter im ungarischen Reichstag vertreten waren, wäre dann die Chance zu einer angemessenen politischen Vertretung gegeben worden. Für eine konservative Monarchie wie die Österreich-Ungarns war es ein gefährliches Spiel, dergestalt den Teufel mit Beelzebub austreiben zu wollen, aber die Drohung hatte den gewünschten Erfolg. Die ungarischen Parteien lenkten ein, und es konnte doch noch einmal eine beiderseits befriedigende Lösung gefunden werden.
Obwohl also der Vorschlag einer Einführung des allgemeinen Wahlrechts in Ungarn bald wieder in der Versenkung verschwand, war er Wasser auf die Mühlen der von der Sozialdemokratie und den tschechischen bürgerlichen Parteien ins Leben gerufenen Wahlrechtsbewegung, welche seit Jahren das allgemeine, gleiche, direkte und geheime Wahlrecht für den Reichsrat der zisleithanischen Reichshälfte forderte. Der Sieg der russischen Oktoberrevolution gab dieser Bewegung einen letzten, mächtigen Anstoß. Unter dem Druck gewaltiger Wahlrechtsdemonstrationen in allen größeren Städten des Landes, insbesondere in Wien und Prag, sah sich Kaiser Franz Joseph im November 1905 genötigt, eine entsprechende Reform des Wahlrechts zuzugestehen. Jedoch trug die Regierung Beck Vorsorge, durch geschickte Ziehung der Wahlkreisgrenzen die ›historischen‹ Nationen, vor allem aber die Deutschen, Rumänen und Italiener, auf Kosten der jungen Nationen zu bevorzugen, um so die Folgen des allgemeinen Wahlrechts behutsam abzumildern. Dennoch aber mußte, gemessen an den Verhältnissen des bisherigen Kurienwahlrechts, das die besitzenden Schichten erheblich begünstigt hatte, namentlich die deutsche Volksgruppe große Einbußen hinnehmen, während die jungen Nationen erstmals in die Lage versetzt wurden, ihre nationalen Forderungen im Reichsrat wirkungsvoll zu vertreten. In sozialer Hinsicht brachte das neue Wahlrecht eine tiefgreifende Wandlung der gesamten politischen Szene. Die bisher privilegierten Gruppen der Aristokratie und des Großbürgertums verschwanden über Nacht fast gänzlich von der

Bildfläche. Die Sozialdemokratie zog mit 86 von insgesamt 516 Mandaten als stärkste Partei in das neue Parlament ein; doch wurde ihr diese Stellung wenig später von den Christlich-Sozialen streitig gemacht, die es nach ihrer Vereinigung mit der Katholischen Volkspartei auf 90 Abgeordnete brachten. Obgleich also die großen Massenparteien unter den neuen Bedingungen verhältnismäßig günstig abgeschnitten hatten, gab es in dem neuen Reichsrat nicht weniger als 28 verschiedene Fraktionen, und es war nicht daran zu denken, aus diesen Fraktionen regierungsfähige Mehrheiten zu bilden. Gleichwohl begrüßte man die Wahlreform allgemein, namentlich in den Kreisen der Sozialdemokratie, als einen ersten, verheißungsvollen Schritt auf dem Wege zur Schaffung eines demokratischen Nationalitätenstaates. Die große Hoffnung von Männern wie Viktor Adler, daß die Gewährung des allgemeinen, gleichen Wahlrechts, verbunden mit dem Abbau des bürokratischen Zentralismus, zu einer Milderung der Nationalitätengegensätze führen werde, erfüllte sich jedoch nicht. Zwar hatten die radikalen nationalistischen Flügelparteien erhebliche Verluste hinnehmen müssen, aber trotzdem lebte der Streit der Nationalitäten bald wieder auf. Vor allem blieb die Reform des Reichsrats Stückwerk, solange das altertümliche Kurienwahlrecht für die einzelnen Landtage, die ja die eigentlichen Brutstätten des Nationalitätenhasses darstellten, unverändert fortbestand. In manchen Regionen der Monarchie gelang es zwar, im Rahmen der bestehenden Verfassungsverhältnisse eine Milderung der Nationalitätengegensätze herbeizuführen. So hatte man bereits im Herbst 1905, noch während der Wahlrechtskampf auf seinem Höhepunkt stand, in Mähren einen nationalen Ausgleich zustande gebracht. Hier hatte man alle Kurien außer der ersten in nationale Sektionen gegliedert und die Sitze im Verhältnis von 73 zu 40 auf die beiden Volksgruppen verteilt, eine Regelung, die sowohl den Deutschen wie den Tschechen eine angemessene Vertretung im Landtag und, was noch wichtiger war, im Landesausschuß sicherte. Zu ähnlichen Lösungen griff man dann später, 1910, auch in der Bukowina und 1914 in Galizien. Jedoch scheiterten Versuche der Regierung Beck, auch in Böhmen einen *modus vivendi* zu finden; in den Kernlanden der Monarchie bestanden die nationalen Gegensätze unvermindert fort. Allerdings wurden die vielversprechenden Ansätze zu einer Liberalisierung des Vielvölkerstaates unter stärkerer Heranziehung der einzelnen Nationalitäten, wie sie Gautsch und nach ihm Beck seit 1905 zuwege gebracht hatten, schon bald wieder abrupt abgebrochen. Bereits im November 1908 fiel die Regierung Beck der vereinten Opposition der hochkonservativen Kreise und des Thronfolgers Erzherzog Franz Ferdinand zum Opfer und machte einem bürokratisch-autoritären Regime Platz, welches zu den alten Traditionen eines deutschbestimmten Zentralismus zurückkehrte. Die zugestandenermaßen geringen Chancen für eine Föderalisierung des Reichsverbandes, unter Anerkennung der legitimen nationalen Forderungen der einzelnen Völker, wurden dergestalt vertan, ohne daß man auch nur einen ernsthaften Versuch in dieser Richtung unternommen hatte. Der Nationalitätenkampf hielt in unverminderter Schärfe an und machte schließlich jedes verfassungsmäßige Regieren unmöglich. Graf Stürgkh, der im November 1911 die Ministerpräsidentschaft der zisleithanischen Reichshälfte antrat, war freilich ohnehin ein entschiedener Gegner des Parlamentarismus. Nur zu bereitwillig griff er zu dem Notstandsparagraphen 14 der Gesamtstaatsverfassung von 1867, um sein Regierungsprogramm ohne jede Mitwirkung der konstitutionellen Körperschaften zu verwirklichen. Er scheute sich nicht, 1913 den böhmischen Landtag, der infolge der Obstruktionspolitik der deutschen Parteien schon seit längerer Zeit arbeitsunfähig war, aufzulösen und die Länder der Wenzelskrone hinfort von Wien aus zu verwalten. Und als die Tschechen daraufhin mit systematischer Obstruktion im Reichsrat antworteten, vertagte Stürgkh diesen im März 1914 auf unbestimmte Zeit; erst im Mai 1917 sollte der Reichsrat wieder zusammentreten. Auch in Ungarn setzten sich seit 1910 die traditionellen Kräfte wieder durch. 1913 übernahm Graf Tisza erneut die Regierung und lenkte die Geschicke der transleithanischen Reichshälfte mit starker und autokratischer Hand.

Auf diese Weise wurde der Nationalitätenstreit mehr und mehr in den außerparlamentarischen Raum verdrängt. Er wurde in zunehmendem Maße auf der Straße und in der Presse und schließlich gar im Untergrund ausgetragen. Am bedrohlichsten gestaltete sich zunächst die Entwicklung der kroatischen Frage. Aus Enttäuschung über den Ausgang der Krise von 1905, von der sich die kroatischen Parteien eine Erweiterung der Selbständigkeit Kroatiens sowie dessen Vereinigung mit Dalmatien erhofft hatten, kam es im Agramer Landtag zur Bildung einer serbisch-kroatischen Koalition, welche die Vereinigung aller Südslawen innerhalb der Monarchie anstrebte. Die Annexion von Bosnien und der Herzegowina 1908 führte zu einer weiteren Radikalisierung dieser Bewegung, der man vom benachbarten Serbien aus lautstark Beifall spendete. Versuche der Regierung, die Führer der serbokroatischen Bewegung wegen angeblichen Hochverrats zu diskreditieren, mißlangen gründlich und schütteten nur neues Öl ins Feuer. So entstand in Kroatien und Slowenien eine nahezu revolutionäre Situation; terroristische Aktionen und Attentate häuften sich. Die Zentralregierung wußte sich der nationalrevolutionären Bewegung schließlich nur noch durch Einsetzung eines diktatorisch regierenden Kommissars zu erwehren. Noch ungleich

schlimmer war die Entwicklung in Bosnien und der Herzegowina. Dort schürte die 1911 gegründete Geheimorganisation *Schwarze Hand* vom benachbarten Serbien aus systematisch die nationalrevolutionären Tendenzen namentlich unter der Jugend und unter den Studenten. Eine ganze Serie von Attentaten gegen hohe österreichische Beamte demonstrierte deutlich die Unzufriedenheit der bosnischen Bevölkerung mit der österreichischen Herrschaft.
Auch die Tschechen wurden zunehmend ungeduldiger. Seit dem Slawenkongreß in Prag vom Jahre 1908 hatte die neoslawische Bewegung unter den Tschechen gewaltigen Auftrieb erfahren. Noch setzten freilich nur einzelne radikale Elemente auf die Karte Rußlands, wie namentlich Klofáč, der Führer der tschechischen national-sozialistischen Partei, der im Januar 1914 der russischen Regierung den Aufbau einer Untergrundorganisation anbot, die auf breiter Basis für eine Lösung der slawischen Frage unter russischer Führung agitieren und im Falle des damals bereits erwarteten Weltkrieges die österreichische Mobilmachung sabotieren sollte. Die große Mehrheit der Tschechen hingegen hielt noch uneingeschränkt am Prinzip des österreichisch-ungarischen Gesamtstaates fest. Kramářs Erwartungen richteten sich auf das Ziel, Österreich-Ungarn von einer slawischen Majorität regiert zu sehen, nicht aber auf eine Zerstörung der Donaumonarchie. Und auch Masaryk und Beneš faßten damals nur die Gleichstellung der Tschechen mit den anderen Nationalitäten innerhalb des Gesamtstaates ins Auge. Die galizischen Polen dachten ebenfalls noch nicht ernsthaft an eine Loslösung vom Habsburgerreich. Darüber hinaus durfte sich die Monarchie in allen Ländern der Loyalität der zahlenmäßig sehr starken klerikalen Parteien erfreuen. Auch die Sozialdemokratie war, obgleich es 1911 zur Bildung einer selbständigen tschechischen Parteiorganisation gekommen war, grundsätzlich gewillt, den Gesamtstaat zu erhalten, so scharf sie auch die bestehenden politischen und gesellschaftlichen Verhältnisse bekämpfte.
Bei Lage der Dinge konnte eine gründliche Neuordnung, welche der Donaumonarchie noch einmal eine Lebensfrist hätte geben können, nur von oben, nur aus den Kreisen der regierenden Bürokratie kommen. Hier aber herrschte das Mittelmaß, regierten Männer, die im ›Fortwursteln‹ ihre einzige Chance sahen und denen es sowohl an Entschlossenheit wie an Weitblick fehlte. Der Thronfolger Franz Ferdinand jedoch, dessen Triaspläne möglicherweise eine befriedigende Lösung der brennenden Nationalitätenprobleme hätten bringen können, war, nicht ohne eigene Schuld, in allen Lagern unbeliebt, und als er am 28. Juni 1914, nicht zuletzt dank der unglaublichen Leichtfertigkeit der zuständigen Sicherheitsorgane, anläßlich eines feierlichen Staatsbesuchs in Sarajewo von den Kugeln eines bosnischen Nationalisten ge-

tötet wurde, weinte man ihm selbst in höchsten Kreisen der Monarchie nur wenige Tränen nach. Infolge der Erstarrung der traditionellen Führungsschicht befand sich die Donaumonarchie in einem Zustande der Agonie, und als man diesen im Juli 1914 durch eine waghalsige Außenpolitik zu überwinden versuchte, gewannen die zentrifugalen Kräfte endgültig die Oberhand über den ehrwürdigen österreichisch-ungarischen Reichspatriotismus.

IV. DIE ENTWICKLUNGEN AN DER PERIPHERIE EUROPAS

Während im Herzen Europas die demokratischen Kräfte im letzten Jahrzehnt vor dem Ersten Weltkrieg den herrschenden konservativen Eliten nur schrittweise Boden abzugewinnen vermochten, gelang ihnen im europäischen Norden schon damals der entscheidende Durchbruch. Freilich bestanden in den skandinavischen Ländern, wenn man von Finnland einmal absieht, welches dem russischen Joch nahezu wehrlos ausgeliefert war, für den Sieg der Demokratie besonders günstige Voraussetzungen. Schon ungewöhnlich früh hatten die skandinavischen Staaten konstitutionelle Verfassungen von sehr fortschrittlichem Zuschnitt erhalten (Schweden 1809, Norwegen 1814 und Dänemark 1848), die den Rahmen für eine kontinuierliche politische Entwicklung setzten. Auch die relativ große soziale Homogenität der skandinavischen Völker begünstigte eine evolutionäre Entwicklung; die breiten Massen der Bauern ebenso wie die an Zahl anfangs noch geringe Arbeiterschaft überließen dem Bürgertum, das überall durch ein allerdings nicht allzu krasses Zensuswahlrecht begünstigt war, auf lange Zeit hinaus willig die politische Vorherrschaft. Freilich wurde die tatsächliche Macht im Staate bis zur Jahrhundertwende meist von Beamtenregierungen ausgeübt, die, von den Monarchen aus eigener Machtvollkommenheit berufen und niemals in ihrer Gesamtheit ausgewechselt, sich mehr dem Staate als einer bestimmten Klasse verpflichtet fühlten. Diese Beamtenkabinette bewiesen eine erstaunliche Stabilität; sie hielten zwar in der Regel enge Fühlung mit den parlamentarischen Kräften, behaupteten sich jedoch häufig auch gegenüber feindlichen Mehrheiten. Die politischen Parteien waren unter den obwaltenden Umständen kaum mehr als Fraktionen, welche sämtlich der schmalen Oberschicht angehörten und im Prinzip die gleichen Interessen vertraten. Sie besaßen weder eine Massengefolgschaft noch bemühten sie sich darum. Da sowohl die Könige von Schweden, die seit der schwedisch-norwegischen Union vom Jahre 1814 auch über Norwegen herrschten, wie die Könige von Dänemark von ihren monarchischen Prärogativen nur vorsichtigen Gebrauch machten und bestrebt waren, im Einvernehmen mit der bürgerlichen Oberschicht zu regieren, näherten sich die politischen Verhältnisse in allen skandinavischen Staaten in der Praxis mehr und mehr dem englischen Muster an. Am weitesten vorangeschritten war in dieser Hinsicht Norwegen; hier bestand schon seit 1884 ein rein parlamentarisches System.

Mit dem Vordringen der Industrialisierung aber veränderte sich auch in den skandinavischen Staaten die so friedliche politische Szene. Nicht nur bildeten sich seit Ende der achtziger Jahre überall sozialistische Parteien; auch die bürgerlichen Parteigruppen spalteten sich nun in eine konservative Rechte und in eine radikale, reformistische Linke, die sich der demokratischen Idee verschrieb und systematisch in den breiten Massen Anhang zu gewinnen suchte. In Norwegen gelang es der *Vänstre* (d. i. Linke) bereits im Jahre 1897, das allgemeine Wahlrecht für die Wahlen zum *Storting* durchzusetzen. Nur vier Jahre später kam, nach Jahrzehnten einer bürokratischen Regierung konservativen Zuschnitts, auch in Dänemark die radikale Linke an die Macht, obgleich sie diese zunächst nicht lange festzuhalten vermochte, da sie sich über die zu verfolgende Politik selbst nicht einig war. In Schweden hingegen saßen die konservativen Kräfte fest im Sattel; auch behinderte hier das geltende Zensuswahlrecht, welches nur etwa 8 Prozent der gesamten Bevölkerung das Stimmrecht gewährte, die Entwicklung einer demokratischen Linken. Daher vermochte sich hier der konservative Politiker Boström, gestützt auf wechselnde parlamentarische Mehrheiten und im Besitz eines festen Rückhalts an der Krone, von 1892 bis 1901 und dann noch einmal von 1902 bis zum Frühjahr 1905 im Amte zu behaupten. Jedoch wurde auch in Schweden die Wahlrechtsfrage rasch zum Angelpunkt der innenpolitischen Entwicklung. Die Linke organisierte 1901 eine breite Volksbewegung im Lande zugunsten eines ›demokratischen Durchbruchs‹; es gelang ihr aber zunächst nicht, die konservativen Kräfte zu einer radikalen Reform des Wahlrechts zu zwingen. Die Konservativen bestanden, um nicht von der großen Zahl der Wählerschaft hinweggeschwemmt zu werden, auf der Einführung zumindest des Verhältniswahlrechts, während die liberalen Parteien zu keinerlei Kompromiß bereit waren und das allgemeine Wahlrecht ohne jede Einschränkung verlangten.

Die politische Aktivierung breiterer Schichten, die in den Wahlrechtskämpfen ihren sichtbarsten Ausdruck fand, war überall begleitet von einem Anschwellen des Nationalismus. Dies trat in der Entwicklung des norwegisch-schwedischen Verhältnisses besonders deutlich hervor. In der schmalen, überwiegend konservativen Oberschicht, aus der bis in die neunziger Jahre hinein die Regierungen Norwegens hervorgegangen waren, besaß die Gesamtstaatsidee zahlreiche Anhänger, zumal sie mit dem monarchischen Gedanken verschwistert war. Je mehr aber die traditionellen Führungseliten die Macht mit Politikern teilen mußten, die sich vom Willen der breiten Massen des Volkes getragen wußten, desto mehr gewann ein robuster Nationalismus das Übergewicht über die Idee des monarchischen Gesamtstaates. Der Gegensatz zwischen den fortgeschritteneren politischen Strukturen Norwegens und den konservativen Verhältnissen in Schweden trat verschärfend hinzu. Schon 1885, als der schwedische Reichstag erstmals den Anspruch erhob, auch in den außenpolitischen Fragen mitzureden, die bisher Gegenstand der königlichen Prärogative gewesen waren, war in Norwegen Widerspruch gegen die schwedische Prädominanz in der auswärtigen Politik laut geworden. Die Norweger, die über einen für eine kleine Nation außerordentlich bedeutsamen Außenhandel verfügten, verlangten insbesondere die Einrichtung eines eigenen konsularischen Systems, das nicht vom Willen der schwedischen Mehrheit abhängig war. Die politische und wirtschaftliche Bedeutung, die die norwegische Linke einem selbständigen Konsulatswesen zumaß, ließ die Realitäten weit hinter sich. Die Frage, ob es eigene norwegische Konsulate geben solle oder nicht, wurde bald zu einem Programmpunkt, in welchem die höchst verschiedenartigen Kräfte und Tendenzen des norwegischen Nationalismus konvergierten, der sich insbesondere aus einem radikalen Gegensatz zu den politischen und kulturellen Traditionen der einstigen Herrennation Schweden nährte. In den neunziger Jahren war es der schwedischen Regierung Boström noch möglich gewesen, in Zusammenarbeit mit den konservativen Kräften in Norwegen immer wieder einen *modus vivendi* zu finden und so den drohenden Bruch zwischen beiden Ländern hinauszuschieben. Mit dem großen Wahlsieg der *Vänstre*, der radikalen Linken, die die Herstellung voller staatlicher Selbständigkeit gegenüber dem einstigen Kolonialherren Schweden auf ihre Fahne geschrieben hatte, im Jahre 1903 änderte sich jedoch die Lage grundlegend. Die *Vänstre* war nicht bereit, sich wiederum mit halben Lösungen zu begnügen, sondern steuerte auf die volle Selbständigkeit Norwegens auch auf dem Gebiete der auswärtigen Politik zu. Neben der Frage des norwegischen Konsulatswesens wurde jetzt auch das unlösbare Problem der Verantwortlichkeit des gemeinsamen, bisher immer schwedischen Außenministers gegenüber dem norwegischen *Storting* aufgeworfen. Man war entschlossen, den Streit über diese Probleme nunmehr rückhaltlos auszutragen, selbst wenn es deswegen zum Kriege zwischen Schweden und Norwegen kommen sollte. Jedoch gewannen zunächst noch einmal die besonneneren Elemente die Oberhand. Zwei Jahre lang verhandelte die gemäßigt-konservative Regierung Hagerup mit den Schweden über eine Umgestaltung der Union, ohne jedoch zu einem befriedigen-

den Ergebnis zu gelangen. Über dem Entwurf eines neuen Konsulatsgesetzes kam es schließlich zum Bruch; am 7. Juni 1905 kündigte das norwegische *Storting* in einer Adresse an König Oskar II. die Union mit Schweden. In Stockholm wurde eine Regierung der nationalen Konzentration gebildet, die anfangs mit dem Gedanken extremer Gegenmaßregeln spielte; doch fügte man sich schließlich in das Unabänderliche und verlangte nur eine Volksabstimmung in Norwegen, um die Trennung zu legalisieren, eine Forderung, der die norwegische Regierung bereitwillig entsprach. Am 8. August 1905 stimmten die Norweger mit überwältigender Mehrheit für die Trennung, und im Oktober wählten sie anstelle Oskars II. den Prinzen Carl von Dänemark als Håkon VII. zum neuen König von Norwegen.
Dieser Triumph des demokratischen Nationalismus über seine konservativen Widersacher in Norwegen ebenso wie in Schweden hatte bedeutende Auswirkungen weit über Skandinavien hinaus. Allerdings vermochte die *Vänstre* in Norwegen ihre kompakte Mehrheit in den Jahren nach 1905 nicht zu behaupten; ein Teil der Linken schwenkte wieder nach rechts ab und ermöglichte so die Bildung gemäßigt rechtsstehender Regierungen. Dafür aber gewann die Sozialdemokratie zunehmend an Bedeutung. Sie beteiligte sich 1908 erstmals an der bürgerlichen Linksregierung des Republikaners Gunnar Knudsen, der jedoch bereits im folgenden Jahre wieder zurücktrat. Die Regierungen der gemäßigten Rechten, die 1909 bis 1913 die Geschicke des Landes leiteten, hatten freilich nicht viel mehr Glück; sie sahen sich wachsender Opposition aus den Reihen der Arbeiterschaft ausgesetzt. 1912 kam es gar zu einem syndikalistischen Generalstreik im ganzen Lande. 1913 übernahm dann die radikale Linke endgültig die Macht. Mit Unterstützung der Sozialdemokraten beseitigte die Regierung Knudsen, die sieben Jahre lang amtieren sollte, das Vetorecht des Königs sowie die letzten Beschränkungen des allgemeinen Wahlrechts, das hinfort auch den Frauen zugestanden wurde, und schlug den Weg zu einer Politik weitreichender Sozialreformen ein.
Auch in Dänemark gewannen die demokratischen Kräfte seit 1905 definitiv die Oberhand. Seit dem Regierungsantritt König Friedrichs VIII. im Jahre 1906 wurde das parlamentarische System allgemein anerkannt. Jedoch hatten die Regierungen der bürgerlichen Linken, die sich im *Folketing* auf eine breite, freilich keineswegs einheitliche Mehrheit stützen konnten, mit dem Widerstand der von der Rechten beherrschten Ersten Kammer (der *Landsting*) zu rechnen, und so gewann neben Fragen der Sozialpolitik und der Wehrpolitik das Problem einer Änderung der Verfassung im demokratischen Sinne immer größere Bedeutung. Ein erster Anlauf der Radikalen Partei unter Führung von Theo-

dor Zahle, die sich 1903 von der *Vänstre* abgespalten und als radikale demokratische Reformpartei konstituiert hatte, dem Lande mit sozialdemokratischer Unterstützung eine neue Verfassung zu geben, scheiterte 1910 am Widerstand des *Landsting*. Nach drei Jahren der Herrschaft gemäßigt-konservativer Parteien kam dann Zahle 1913 an der Spitze einer Koalition der Radikalen Partei und der Sozialdemokraten erneut zur Macht und setzte jetzt, wenn auch erst nach Überwindung beträchtlicher innerer Widerstände, eine Verfassungsreform durch, welche Männern und Frauen gleichermaßen das allgemeine Wahlrecht gewährte, darüber hinaus aber die Demokratisierung auch des *Landstings* vorsah. Am 5. Juni 1915 unterzeichnete König Christian X. das neue Grundgesetz. Damit war ein entscheidender Schritt auf dem Wege der Umwandlung Dänemarks in eine parlamentarische Monarchie demokratischen und sozialen Zuschnitts vollzogen.

In Schweden hingegen leisteten die Konservativen dem Ansturm der demokratischen Kräfte zähen, hinhaltenden Widerstand. Zwar konnten die Liberalen unter Führung von Staaff bereits im Herbst 1905 einen knappen Wahlsieg über ihre konservativen Gegner erringen, aber es gelang ihnen nicht, gegen die Opposition der Rechten, welche in der Ersten Kammer über eine Mehrheit verfügte, eine weitreichende Reform des Wahlrechts durchzusetzen. Erst 1907 wurde mit Zustimmung aller großen Parteien das Wahlrecht geändert; es blieb hinfort nur wenig hinter dem allgemeinen Wahlrecht zurück. Die ersten Wahlen nach dem neuen System, aufgrund dessen sich die Wählerschaft in Schweden verdoppelte, brachten im Jahre 1911 den erwarteten politischen Erdrutsch. Die Liberalen gewannen mit 102 Abgeordneten eine stattliche Mehrheit, die jedoch zur Alleinregierung nicht ausreichte. Infolgedessen fiel den Sozialdemokraten, die mit 64 Abgeordneten genauso viele Sitze im Reichstag errungen hatten wie die Rechte, eine Schlüsselstellung zu. So kam es auch in Schweden seit 1911 zu politischer Zusammenarbeit zwischen den Liberalen und der Arbeiterschaft, eine Zusammenarbeit, die insbesondere in einer umfassenden Sozialgesetzgebung ihren Niederschlag fand. Im Frühjahr 1914 erfolgte dann, ausgelöst durch erbitterte Auseinandersetzungen über den Umfang der schwedischen Rüstungen, ein neuer scharfer Rechtsruck. Als am 6. Februar 1914 30000 Bauern vor dem königlichen Schlosse gegen die Wehrpolitik der liberalen Regierung Staaff protestierten, die die nationalen Interessen des Landes ungenügend wahre, berief König Gustav nach heftigen Streitigkeiten eine nichtparlamentarische Regierung unter Hjalmar Hammerskjöld, die dem Willen des Monarchen gemäß gegen die liberale Mehrheit im Reichstag eine Verstärkung der Rüstungen in Angriff nahm. Der Ausbruch des

Ersten Weltkrieges ermöglichte dann eine friedliche Lösung des Konflikts zwischen Krone und Parlament. Erst nach einem neuen großen Wahlsieg der Liberalen und der Sozialdemokraten im Sommer 1917 schlug man auch in Schweden endgültig den Weg zur parlamentarischen Demokratie ein.

In verfassungspolitischer Hinsicht bildeten die skandinavischen Staaten in den Jahren vor 1914 Musterländer des heraufziehenden demokratischen Parlamentarismus. Im europäischen Süden, insbesondere auf der Iberischen Halbinsel, nahmen sich jedoch die Verfassungsverhältnisse auf den ersten Blick noch ungleich avantgardistischer aus. Aber es fehlte hier ganz und gar an dem notwendigen Maß von gesellschaftlicher Homogenität, um die Erfolge der demokratischen Bewegung in dauerhafte Gewinne umzumünzen. Vielmehr führten hier die scharfen sozialen Gegensätze zu immer neuen Pendelausschlägen zwischen der extremen Rechten und der radikalen Linken. Autoritäre Diktaturen und extrem republikanische Regierungen wechselten einander ab, ohne jedoch die drängenden sozialen Fragen einer befriedigenden Lösung zuzuführen. Unter diesen Umständen erfaßte der Siegeszug der demokratischen Idee in Südeuropa nur die Oberfläche des politischen und gesellschaftlichen Lebens.

In Spanien wurde die bürgerliche Linke, ähnlich wie in Frankreich und in den skandinavischen Staaten, angesichts der Repressionspolitik des konservativen Regimes Maura seit 1906 zum Bündnis mit der Arbeiterschaft getrieben; diese aber folgte hier nicht wie im übrigen Europa sozialdemokratischen, sondern syndikalistischen Doktrinen. Nationalistische Tendenzen, freilich separatistischer Prägung, kamen hinzu und verliehen der Opposition gegen die Krone und gegen die herrschenden konservativen Cliquen eine ätzende Schärfe. Die politischen Auseinandersetzungen gelangten zu einem Höhepunkt, als 1909 in Katalonien eine Aufstandsbewegung losbrach, in der sich syndikalistische, nationalistische und radikal-demokratische Tendenzen miteinander verbanden. Zwar gelang es Maura, die Rebellion in Katalonien blutig niederzuwerfen. Doch erzwangen die Liberalen daraufhin den Rücktritt des verhaßten Diktators, dessen Versuche, die radikale Linke gleichermaßen mit legalen und illegalen Methoden zu unterdrücken, in weiten Kreisen Mißstimmung erzeugt hatten.

Aber auch die Liberalen vermochten in dem immer wieder von chaotischen Unruhen erschütterten Lande keine stabile Ordnung zu schaffen. Der schroff antiklerikale Kurs, den sie 1909 nach französischem Vorbild einschlugen, um eine der wichtigsten Stützen der Konservativen, nämlich den katholischen Klerus, zu schwächen und zugleich eine Einheitsfront der progressiven Kräfte herzustellen, gab Anlaß zu leidenschaftlichen Auseinandersetzungen im ganzen Lande, die schließlich zur Abwendung

der gemäßigteren großbürgerlichen Elemente von der liberalen Partei führten. Die 1910 zur Macht gelangte Regierung des radikalen Liberalen Canalejas, der ein Mann vom Schlage Lloyd Georges war, suchte einen neuen Weg einzuschlagen. Sie bemühte sich, durch eine Politik energischer Sozialreformen die radikalen Republikaner der Monarchie zurückzugewinnen und die bürgerliche Mitte auf ein politisches Reformprogramm zu einigen. Doch blieb ihr, zumal Canalejas selbst 1912 von einem Anarchisten ermordet wurde, ein dauerhafter Erfolg versagt. Nur die zeitweilige Milderung der scharfen politischen und sozialen Gegensätze im Lande im Gefolge der wirtschaftlichen Hochkonjunktur, welche Spanien nach Ausbruch des Ersten Weltkrieges erfaßte, verhinderte den völligen Zusammenbruch des bestehenden politischen Systems, in dem liberale Politiker zwar regierten, aber weder die brennenden Probleme des Augenblicks, zu denen insbesondere die katalonische Frage gehörte, zu lösen noch durchgreifende Reformen zu verwirklichen vermochten.
In Portugal bestand eine noch ungleich tiefere Kluft zwischen dem geltenden konstitutionellen Verfassungsrecht und der politischen Wirklichkeit. Auch in diesem Land sahen die herrschenden Gruppen keinen anderen Ausweg, als sich des demokratischen Radikalismus, der sich hier nicht nur gegen den katholischen Klerus und die regierenden Koterien, sondern auch gegen den Bestand der Monarchie selbst richtete, mit Gewaltmethoden zu erwehren. 1906 griff João Franco zu dem äußersten Auskunftsmittel einer radikalen Beschneidung der Zahl der *Cortes*-Abgeordneten, um so die Voraussetzung für die Errichtung einer ›Verwaltungsdiktatur‹ zu schaffen, ohne doch die Verfassung als solche formell umzustürzen. Dieser Schritt führte zu einem erbitterten Verfassungskampf zwischen der Krone und der republikanischen Linken, der im Januar 1908 mit der Ermordung König Carols I. einen fatalen Höhepunkt erreichte. Die Attentäter wurden von den breiten Massen als Märtyrer gefeiert, ihre Gräber mit Blumen übersät. Nur zwei Jahre später wurde dann die Monarchie endgültig hinweggefegt. Die Revolution von 1910 brachte die bisher gewaltsam unterdrückte republikanische Linke an die Macht. Portugal wurde zur Republik erklärt, und die neue Regierung erließ unverzüglich ein ganzes Bündel demokratischer Reformgesetze, die zumeist am französischen Vorbild orientiert waren. Jedoch vermochten auch die demokratischen Regierungen, die nunmehr die Geschicke Portugals lenkten, der großen sozialen Probleme des Landes, das immer wieder von wilden Streiks heimgesucht wurde, nicht Herr zu werden und mußten bald ebenfalls zu mehr oder minder diktatorischen Maßnahmen ihre Zuflucht nehmen, um sich gegenüber der syndikalistischen Streikbewegung einerseits, den monarchistischen Gegenputschen andererseits zu

behaupten. Jeder politische Fortschritt erstickte dergestalt in einem Chaos heilloser sozialer Konflikte.
Auch in Italien standen die Politiker vor einer schier unlösbaren Aufgabe. Der Gegensatz zwischen dem Norden und dem Süden, zwischen den herrschenden bürgerlichen Schichten und der Arbeiterschaft, vor allem aber den Landarbeitermassen, die am Rande des Existenzminimums dahinvegetierten, war im Zuge der Industrialisierung zunächst noch größer geworden. Dennoch gelang es in Italien, das parlamentarische System ohne schwere Krisen in das Zeitalter der Massendemokratie zu überführen. Dies war im wesentlichen das Verdienst Giovanni Giolittis, der von allen italienischen Politikern seiner Zeit am meisten Weitblick besaß und der sich dank seiner unübertroffenen Meisterschaft auf parlamentarischem Felde nicht ganz und gar im Netz tagespolitischer Interessen einfangen ließ, sondern diese zur Durchsetzung grundlegender Reformen auszunutzen verstand.
Die primäre Zielsetzung der Politik Giolittis galt der Behauptung der bestehenden Staatsordnung. Dies aber erforderte, wie der große Piemontese klar erkannte, eine stärkere Verankerung der Monarchie und der parlamentarischen Institutionen im Volke. So richteten sich die Bemühungen Giolittis in erster Linie auf die Aussöhnung der Arbeiterschaft mit dem Staate, im Rahmen einer sozialen Monarchie. Die im Mai 1906 gebildete neue Regierung Giolitti nahm unverzüglich zahlreiche Reformvorlagen in Angriff und wußte diese im wesentlichen auch durchzusetzen, wie beispielsweise ein Gesetz über die Garantie der Sonntagsruhe und eine wesentliche Verbesserung der Altersversorgung der Arbeiter. Freilich scheiterte Giolitti im Dezember 1909 bei dem Versuch, sein Reformwerk mit der Einführung der progressiven Einkommensteuer zu krönen, und so machte er, seiner uns schon bekannten Taktik entsprechend, für eineinviertel Jahre farblosen Kabinetten unter Führung von Sonnino und Luzzatti Platz. Im März 1911 war Giolitti wieder zur Stelle, diesmal mit Gesetzgebungsprojekten von bemerkenswerter Kühnheit. Noch im gleichen Jahre setzte er die Verstaatlichung des gesamten italienischen Versicherungswesens durch; die Einkünfte daraus sollten der Altersversorgung der Arbeiter zufließen. Ungleich bedeutsamer aber war Giolittis Entschluß, Italien das allgemeine, gleiche und direkte Wahlrecht zu geben. Die bestehenden Verhältnisse auf sozialem Gebiete und insbesondere auf dem Gebiete des Schulwesens entsprachen nicht eben den idealen Vorstellungen von demokratischer Staatsbürgerschaft; dennoch wagte Giolitti den Sprung über den Rubikon. Seinen Gegnern auf der Rechten, die auf die große Zahl von Analphabeten besonders im Süden hinwiesen und bezweifelten, ob unter solchen Umständen eine derartige umfassende Erweiterung des Stimmrechts gerechtfertigt sei, hielt Giolitti den

Glauben an die erzieherische Kraft des allgemeinen Wahlrechts entgegen. Er widersetzte sich denn auch konsequent allen Versuchen, die vollen Auswirkungen des allgemeinen Wahlrechts abzumildern, wie beispielsweise durch die Einführung des Proportionalwahlrechts. Er ließ sich nur dazu herbei, das Wahlalter für die des Lesens und Schreibens Unkundigen auf dreißig Jahre heraufzusetzen.

Diese entschlossene Politik einer Öffnung des italienischen Nationalstaates, der bis dahin überwiegend von einer zahlenmäßig kleinen bürgerlichen Elite beherrscht worden war, nach links hin wurde von der sozialistischen Arbeiterschaft zumindest zeitweise honoriert. Seit 1906 begann die Streikwelle abzuebben, und die Sozialdemokratie lenkte nach deutschem Vorbild in die Bahnen des legalen, parlamentarischen Kampfes ein. Auch die Führer der italienischen Arbeiterbewegung gaben zu, daß sich das Los der Werktätigen erheblich gebessert habe. Auf dem Kongreß der italienischen Sozialdemokratie zu Modena im Jahre 1911 bekannte Rinaldo Rigola, der Sekretär der *Confederazione Generale del Lavoro:* »Die Zeiten sind vorüber, in denen Marx sagen konnte, daß die Proletarier in ihrem Kampfe gegen die Bourgeoisie nichts als ihre Ketten zu verlieren hätten. Heute kann man im Gegenteil sagen, daß sie etwas zu verteidigen haben und nicht die Absicht haben, dies durch unbesonnene und zügellose Agitationen aufs Spiel zu setzen.«[75]

Jedoch forderte Giolitti mit dem libyschen Feldzug des Jahres 1911 erneut die leidenschaftlichen Proteste der Sozialisten heraus und entfesselte auf der anderen Seite eine Flutwelle des Nationalismus, die sein politisches Werk nur wenige Jahre später in ernste Gefahr bringen sollte. An sich war die Eroberung Libyens in weiten Kreisen des italienischen Volkes höchst populär; man begrüßte nicht nur den Eintritt Italiens in die Reihe der großen Mächte, der damit vollzogen schien, sondern rechnete auch damit, daß Libyen in eine italienische Siedlungskolonie umgewandelt werden könne, welche in der Lage sei, die große Zahl der jährlich nach Übersee auswandernden Italiener aufzunehmen und sie so dem italienischen Volke und Staate zu erhalten. Darüber hinaus hoffte man, daß Libyen ein Entlastungsventil für die wirtschaftlichen und sozialen Probleme im Mutterlande abgeben könne, eine Idee, die vereinzelt selbst bei der Arbeiterschaft Anklang fand. Dies alles erwies sich in der Folge als eine ungemein kostspielige Fehlrechnung. Der italienisch-türkische Krieg zog sich wider Erwarten außerordentlich in die Länge und wuchs sich zu einer schweren finanziellen Belastung für das Land aus. Schlimmer noch als die materiellen Folgen des Krieges aber waren die politischen Auswirkungen. Während die Sozialdemokratie sich wieder radikalisierte und 1912 gar die reformistische Richtung

offiziell aus der Partei ausschloß, formierte sich, begünstigt durch das imperialistische Fieber jener Jahre, welches D'Annunzio von Paris aus mit seinen nationalistischen Canzonen nach Kräften schürte, eine radikale nationalistische Rechte, die das demokratische System ablehnte und zu Teilen auch vor der Bereitschaft zur Gewaltanwendung gegenüber der bürgerlichen Mitte nicht mehr zurückschreckte. Freilich brachten die Wahlen von 1913, bei denen erstmals 8,6 Millionen statt wie bisher nur 3,3 Millionen Italiener zu den Wahlurnen zugelassen wurden, noch einmal einen großen Sieg der bürgerlichen Mitte. Jedoch war dies wesentlich auf die Unterstützung der katholischen Wählerschaft zurückzuführen. Giolitti selbst hatte es angesichts des rauheren innenpolitischen Klimas vor den Wahlen für notwendig erachtet, die Kräfte der ›Ordnung‹ zu mobilisieren. In einem geheimen Wahlabkommen, dem sogenannten *Patto Gentiloni,* versprachen die Katholiken denjenigen liberalen Kandidaten ihre Stimmen zu geben, die sich in freilich nichtöffentlicher Form dazu bereit erklärt hatten, den Wünschen des Katholizismus wohlwollende Beachtung zu schenken. Nicht weniger als 228 der insgesamt 370 liberalen Abgeordneten verschiedener politischer Ausrichtung, welche Giolittis Mehrheit bildeten, verdankten ihr Mandat diesem klugen Schachzug. Jedoch war das Bündnis mit den Katholiken ein krasser Bruch mit den antiklerikalen Traditionen des italienischen Nationalstaates. Als der *Patto Gentiloni* unmittelbar nach den Wahlen allgemein bekannt wurde, erhielt Giolittis politische Glaubwürdigkeit einen schweren Stoß. Er habe die Wahl von 1913 ebenso ›gemacht‹ wie alle früheren, hieß es nun allgemein, und der sozialistisch orientierte Florentiner Historiker Salvemini erneuerte seine flammenden Anklagen gegen die Politik Giolittis, welche in Wahrheit die Diktatur eines einzigen Mannes zu verewigen trachte und darob den Parlamentarismus korrumpiere.
Unter diesen Umständen geriet Giolittis bisher unangefochtene Machtstellung seit dem Sommer 1913 ins Wanken, obwohl er nach wie vor über eine große Mehrheit in der Kammer verfügte. Die Sozialisten verschärften ihren Kampf gegen das Giolittianische System, und die antiklerikale Linke entzog ihm gleichfalls die Unterstützung. Entscheidend aber war, daß die Rechte, die Giolitti mit extrem nationalistischen Parolen attackierte, immer größeren Zulauf erhielt und Hilfstruppen aus anderen Lagern zu mobilisieren vermochte. Insbesondere die Katholiken machten Miene, sich mit den Kräften des Nationalismus gegen Giolitti zu verbinden. Als es dann im März 1914 über einem neuen Zivilstandsgesetz, welches die obligatorische Zivilehe vorsah und daher von den Katholiken leidenschaftlich abgelehnt wurde, zu einer Kabinettskrise kam, trat Giolitti, ohne eigentlich eine parlamentarische Niederlage erlitten zu haben, sang- und klanglos zurück. Harte

politische Kämpfe gegen eine starke Front von politischen Widersachern lagen ihm nicht; er verzichtete im vorhinein auf eine Kraftprobe. Giolitti mag gehofft haben, daß ihm angesichts der parlamentarischen Mehrheitsverhältnisse die Macht bald wieder zufallen werde. Tatsächlich ging mit seinem Rücktritt eine ganze Ära zu Ende, und mit dieser die Vorherrschaft des Liberalismus in der italienischen Innenpolitik.
Die Berufung des konservativen Politikers Salandra zum neuen Ministerpräsidenten kam einem scharfen Rechtsruck gleich, obwohl die Mehrheitsverhältnisse im Parlament davon vorläufig unberührt blieben. Salandra verfügte über die uneingeschränkte Unterstützung der Katholiken, die sich nunmehr in ihrer übergroßen Mehrheit nach rechts ausrichteten. Er setzte außenpolitisch auf die Karte eines imperialistischen Nationalismus, während er sich im Innern vornehmlich gegen die Linke wandte. Eine Welle anarchistischer Unruhen, die im Juni 1914 in weiten Teilen Italiens die Staatsbehörden eine ›rote‹ Woche lang schachmatt setzten, obwohl sich die Sozialdemokratie und die Gewerkschaften öffentlich gegen diese Bewegung erklärt hatten, gab der Regierung Salandra die erwünschte Gelegenheit, sich den erschreckten bürgerlichen Schichten als Inkarnation der öffentlichen Ordnung zu präsentieren. In der Folge führte Salandra eine Politik, welche vor allem darauf abzielte, eine neue Regierung Giolitti, die womöglich endgültig die Schleusen des sozialen Wandels geöffnet und der Arbeiterschaft ihren vollen Anteil am Staate gegeben hätte, unter allen Umständen zu verhindern. Sowohl im Lager der Linken wie im Lager der Rechten wuchs der Einfluß der extremistischen Gruppen, während die bürgerliche Mitte, wenngleich zahlenmäßig immer noch stark, politisch gelähmt war.

Auch auf dem Balkan war die politische Entwicklung überschattet von einem immer stärker anwachsenden Nationalismus. Hier waren die innenpolitischen Verhältnisse in großem Umfang abhängig von den außenpolitischen Ereignissen. Das Schicksal der Balkanvölker war aufs engste mit dem Verlauf des Desintegrationsprozesses verwoben, der das Osmanische Reich schon lange befallen hatte, bisher aber von den Großmächten immer wieder gebremst worden war. Erst der Zusammenbruch des türkischen feudalen Herrschaftssystems in den europäischen Gebieten des Osmanischen Reiches machte hier endgültig den Weg für den Sieg der demokratischen Staatsidee frei.
In den bereits konsolidierten Balkanstaaten Griechenland, Rumänien, Serbien und Bulgarien bestanden, dem Geist des Zeitalters gemäß, schon seit dem zweiten Drittel des 19. Jahrhunderts konstitutionelle Verfassungen, welche die Macht der Monarchen teilweise erheblich einschränkten. Aber angesichts der

Rückständigkeit der sozialen Verhältnisse waren diese Verfassungen kaum mehr als Fassaden, hinter denen sich die Herrschaft kleiner Gruppen von Politikern von zumeist großbürgerlicher Herkunft verbarg, die einander von Zeit zu Zeit ohne grundstürzende politische Kämpfe in der Regierung ablösten. Die in höchst lockerer Form organisierten Parteien besaßen nur geringe Fühlung zu den meist außerordentlich armen bäuerlichen Massen. Diese waren politisch so gut wie einflußlos und fügten sich apathisch in die bestehenden Verhältnisse. In der großen Mehrzahl der Balkanstaaten bestanden Zweiparteiensysteme von konservativen und liberalen Parteien, die äußerlich dem englischen Muster glichen, tatsächlich aber extrem oligarchischen Charakter besaßen, namentlich in Griechenland und Rumänien.

In Bulgarien waren die Verhältnisse komplizierter, da das Land rechtlich immer noch von der Pforte abhängig war; Ostrumelien war sogar bis zu seiner endgültigen Vereinigung mit Bulgarien 1887 eine türkische Provinz, deren Verwaltung freilich seit 1885 von Fürst Alexander wahrgenommen wurde. Auch in Bulgarien wechselten im Rahmen der liberalen Verfassung von 1879 konservative und liberale Parteien, die eigentlich eher Koterien waren, einander in der Macht ab. Aber das bestehende konstitutionelle System war nur höchst schwach im Volke verankert, wie sich 1887 erwies, als die russische Regierung mit geringer Mühe eine Aufstandsbewegung gegen Fürst Alexander ins Werk setzte und auf diese Weise den Rücktritt des Battenbergers erzwang. Auch unter König Ferdinand, der noch im gleichen Jahre durch eine bulgarische Nationalversammlung auf den Thron erhoben wurde, gestalteten sich die Dinge nicht sehr viel anders. Allerdings hielten nun konservative Politiker wie Stambulow (1887—1895) und Stoilow (1895—1899) bis in die ersten Jahre des neuen Jahrhunderts hinein das Heft fest in der Hand und ließen die liberalen Kräfte nicht zum Zuge kommen.

Sozial am rückständigsten waren die Zustände in Rumänien. Sie glichen in mancher Hinsicht denjenigen Rußlands. Hier herrschte eine kleine Kaste von Großgrundbesitzern im Bunde mit dem Großbürgertum mit harter Hand über die bäuerlichen Massen und das ländliche Proletariat, ohne von deren Notlage überhaupt Kenntnis zu nehmen. Erst der große Bauernaufstand vom März 1907 in der Moldau mahnte die Herrschenden daran, daß die Verhältnisse auf dem flachen Lande unerträglich waren und schleunigst Abhilfe geschaffen werden mußte. Repression aber erschien der Regierung notwendiger als Reform; der Bauernaufstand wurde mit unglaublicher Brutalität niedergeworfen, und selbst besonnene Männer wie der Historiker Jorga wurden der Parteinahme für die soziale Revolution beschuldigt. Die Agrarreformen, welche die neugebildete Nationalliberale Partei in den darauffolgenden Jahren durchführte, waren völlig unzureichend; dies war freilich angesichts der Tatsache, daß die großgrundbesitzende Klasse mit den Legislatoren weitgehend identisch war, nicht eben erstaunlich. Die fortschreitende Industrialisierung und die steigende Ölproduktion brachten wachsenden Wohlstand ins Land, aber dieser ging an der großen Masse der Bauern und Landarbeiter spurlos vorüber. Man begnügte sich damit, für die Landarbeiter einen Minimallohn gesetzlich festzulegen, um wenigstens den ärgsten Formen der Ausbeutung einen Riegel vorzuschieben. Aber die feudalen Verhältnisse auf dem flachen Lande blieben unverändert.

Auch in Montenegro kam die innere Politik in Bewegung. 1905 erließ Fürst Nikolaus eine Konstitution, aber angesichts der extremen Armut dieses kleinen Bergbauernvolkes konnte von einem Verfassungsleben westeuropäischen Musters nicht gesprochen werden.

Am weitesten der westeuropäischen Entwicklung angeglichen waren die politischen Verhältnisse in Serbien. Hier bestand seit 1889 eine konstitutionelle Verfassung höchst fortschrittlichen Zuschnitts. Doch gelang es König Alexander Obrenović, die Macht im Staate weitgehend wieder an sich zu ziehen. Seit 1893 steuerte er einen extrem konservativen Kurs, der insbesondere gegen die radikalen Parteien im Lande gerichtet war, deren Führer Pašić jedoch mit Erfolg auf die Karte eines demokratischen Nationalismus setzte. Im Jahre 1901 erwies es sich als nicht mehr länger möglich, ganz und gar gegen den Willen der radikalen Parteien zu regieren, und so erließ Alexander eine neue, in ihren Einzelbestimmungen allerdings immer noch höchst konservative Verfassung, die der Linken erstmals wieder eine politische Chance einräumte. Jedoch kam diese Konzession zu spät, um das angeschlagene Prestige Alexanders zu retten, dessen Verschwendungssucht die Mittel des armen Landes bei weitem überstieg und dessen eheliche Verbindung mit einer Bürgerlichen von zweifelhaftem Ruf ihn auch die Loyalität des königsfreundlichen Offizierskorps gekostet hatte. Differenzen über die äußere Politik kamen hinzu; während Alexander nach Österreich-Ungarn hinneigte, war die Radikale Partei russophil eingestellt. Als Alexander 1903 gar einen Staatsstreichversuch unternahm, der der königstreuen Partei ein politisches Übergewicht verschaffen sollte, war das Maß voll. Von einer Gruppe verschwörerischer Offiziere unter Führung von Dimitrijević wurde die gesamte Königsfamilie ermordet und die Dynastie Obrenović ausgelöscht. Eine Nationalversammlung setzte die alte Verfassung von 1889 wieder in Kraft und wählte Peter Karadjordjević zum neuen König von Serbien. Dieser besaß die Unterstützung der Radikalen und verfolgte fortan eine nationalserbisch ausgerichtete Politik. Im Innern aber übernahmen die Nationalradikale Partei unter Pašič und die Selbständige Radikale Partei die Führung, im Zeichen des erstarkten serbischen Nationalbewußtseins. Serbien war nun für seine historische Rolle, das Piemont für die Vereinigung aller Südslawen in einem gemeinsamen Nationalstaate zu werden, verfassungspolitisch gerüstet. Und schon im Zollkrieg mit Österreich-Ungarn, der 1906 wegen der Zollverträge mit Bulgarien ausbrach, bewiesen die serbischen Politiker Stehvermögen und Umsicht. Freilich hatten sie in der Folge nicht nur mit der Gegnerschaft der Donaumonarchie zu rechnen, sondern auch mit der radikalen südslawischen Bewegung im eigenen Lande, die sich in Geheimgesellschaften wie der *Narodna Odbrana* oder der 1911 neu begründeten *Ujedinjenje ili smrt* (›Einheit oder Tod‹) organisierte, welche der Regierung das jugoslawische Programm aufzuzwingen versuchten, das die Vereinigung nicht nur aller Serben, sondern auch aller Kroaten und Slowenen in einem einzigen Staate vorsah.

Den entscheidenden Anstoß für die Wandlung der inneren Verhältnisse auf dem Balkan gab jedoch der fortschreitende Zerfall der türkischen Herrschaft in den europäischen Gebieten des Osmanischen Reiches seit der Jahrhundertwende. Auch im Osmanischen Reich war 1876 eine Verfassung konstitutionellen Typs erlassen worden, doch hatte der Sultan Abd ul Hamid sie schon bald wieder suspendiert und war zu seinen autoritären Herrschaftsmethoden zurückgekehrt. Das despotische Regiment der türkischen Herrenschicht in der europäischen Türkei wurde nicht nur durch deren Bestechlichkeit gemildert, sondern darüber hinaus auch durch die Tatsache, daß das Osmanische Reich angesichts seiner hohen Verschuldung an europäische Gläubiger seit Anfang der achtziger Jahre unter der finanziellen Vormundschaft der europäischen Großmächte stand. Das gab diesen die Möglichkeit, zugunsten der europäischen Nationalitäten innerhalb des Osmanischen Reiches zu intervenieren und die Beseitigung wenigstens der gröbsten inneren Mißstände zu verlangen. Aber auch die Großmächte waren außerstande, die barbarischen Armeniermassaker der Jahre 1894/1895 zu unterbinden oder die mazedonische Frage einer befriedigenden Lösung zuzuführen. Zwar versuchten Rußland und Österreich-Ungarn nach dem großen mazedonischen Aufstand von 1903, der von den Türken mit höchst brutalen Methoden niedergeworfen worden war, dem Sultan im Vertrag zu Mürzsteg ein Reformprogramm für Mazedonien aufzuzwingen, doch wußten die türkischen Provinzgouverneure die Forderungen der Mächte immer wieder zu hintertreiben. Selbst die Einrichtung einer internationalen Gendarmerie in Mazedonien blieb ohne Wirkung. Der Widerstand der einheimischen Bevölkerung gegen die türkische Herrschaft aber machte sich in immer zahl-

reicheren terroristischen Attentaten Luft. Besonders die 1906 in Sofia begründete *Innermazedonische Revolutionäre Organisation* (IMRO) schürte unter den Mazedonen bulgarischer Nationalität systematisch den nationalrevolutionären Kampf gegen ihre türkischen Herren, nach dem Muster der bulgarischen Haiduken.
Von den in Mazedonien stationierten türkischen Armeeverbänden, die der Mißwirtschaft der regierenden Kreise nicht weniger überdrüssig waren als die Mazedonier selbst, nahm dann die jungtürkische Revolution ihren Ausgang. Unter Führung der Obersten Enver und Niazi marschierten am 23. Juli 1908 mazedonische Truppenverbände auf Konstantinopel und setzten der autokratischen Herrschaft des Sultans Abd ul Hamid ein Ende. Die Verfassung von 1876 wurde eilends wieder in Kraft gesetzt und ein neues Parlament einberufen, dem nun auch Vertreter der bislang unterdrückten europäischen Nationalitäten angehörten. Als die konservativen Kreise am Hofe im April 1909 den Versuch einer Gegenrevolution wagten, wurde Abd ul Hamid kurzerhand abgesetzt und sein Bruder Reschad als Mehmed V. zum neuen Herrscher des Osmanischen Reiches berufen. Mehmed aber war eine Puppe in den Händen des regierenden jungtürkischen Komitees *Einheit und Freiheit,* in dem Enver Pascha bald eine führende Rolle übernehmen sollte.
Anfänglich bestand begründete Aussicht, daß das neue jungtürkische Regime auch gegenüber den europäischen Nationalitäten eine liberale Haltung einnehmen werde, hatte es doch die Befreiung der Völker des Osmanischen Reiches vom autokratischen Joche des Sultans auf sein Programm geschrieben. Dies erwies sich aber bald als eine gröbliche Täuschung. Die neuen Machthaber waren eher noch intoleranter als ihre korrupten Vorgänger und faßten eine weitgehende Aufhebung der Sonderrechte und Privilegien der nichtmohammedanischen Gruppen innerhalb des Osmanischen Reiches ins Auge. Der engstirnige Nationalismus der jungtürkischen Führerschicht, der in diesen Fragen nur zu deutlich zutage trat, provozierte zwangsläufig nationalistische Gegenbewegungen unter den europäischen Volksgruppen des Osmanischen Reiches. Das zeigte sich in der Folge besonders deutlich am Beispiel der Albaner, die ursprünglich der türkischen Herrschaft wohlgesonnen waren, aber nun durch eine töriche Repressionspolitik in das Lager der Gegner der Türkei getrieben wurden.
Nicht nur wegen der Veränderungen in der Türkei bildet das Jahr 1908 eine entscheidende Wendemarke hinsichtlich der politischen Verhältnisse auf dem Balkan, sondern auch, weil Österreich-Ungarn als Antwort auf die jungtürkische Revolution die von ihm seit 1878 treuhänderisch verwalteten, aber völkerrechtlich immer noch zum Osmanischen Reiche gehörenden Provinzen Bosnien und Herzegowina jetzt formell annektierte — sehr zur Erbitterung

der Serben, die damit einen wesentlichen Teil serbokroatischen Territoriums endgültig ihrem Zugriff entzogen sahen. Dieser Schritt gab den Anstoß zu neuen nationalrevolutionären Entwicklungen. Die Balkanvölker wurden von einer neuen Welle des Nationalismus erfaßt, die sich auf die Vollendung des nationalen Befreiungswerks des 19. Jahrhunderts richtete und nun auch die breiten Volksschichten ergriff, welche bisher die Politik mehr oder minder passiv über sich hatten ergehen lassen. König Ferdinand von Bulgarien proklamierte die Selbständigkeit seines Landes vom Sultan und schuf so die außenpolitische Voraussetzung für eine politische Konsolidierung Bulgariens. Die stärksten Auswirkungen hatten die Vorgänge im Osmanischen Reiche jedoch in Griechenland. Die kretische Unabhängigkeitsbewegung unter Führung von Venizelos sprang unversehens auf das Mutterland über. Da das offizielle Griechenland in der kretischen Frage untätig blieb, kam es im Herbst 1908 zu einem Staatsstreich. Eine Junta von Offizieren, deren Appell an die nationale Einheit der griechischen Nation bei den breiten Massen, die bisher politisch abseits gestanden hatten, großen Widerhall fand, fegte voll nationalistischer Begeisterung das bisherige politische System hinweg. Die Seele dieser Bewegung war Venizelos, der dann 1910, nachdem er seine kretische Staatsangehörigkeit formell niedergelegt hatte, zum griechischen Premier gewählt wurde. Die ersten Wahlen nach dem Umsturz brachten eine triumphale Bestätigung der Politik von Venizelos; seine Anhänger gewannen nicht weniger als 150 von insgesamt 181 Sitzen im Parlament. Die alten Parteien verschwanden über Nacht spurlos von der politischen Szenerie. Venizelos begann unverzüglich damit, die überkommenen Verhältnisse in Griechenland von Grund auf umzugestalten und das Land in eine moderne demokratische Monarchie umzuwandeln. Er sah darin die notwendige Vorbedingung für eine Rückgewinnung der noch unter türkischer Herrschaft stehenden griechischen Gebiete.

Auch in Rumänien kam seit 1908 Bewegung in die innere Politik. 1909 gelangte hier der linksliberale Politiker ›Jonel‹ Bratianu, der sich auf die wachsende Mittelklasse stützte, an die Regierung. Als König Carol I. im Winter 1910, unzufrieden mit dem Anwachsen der demokratischen Strömungen im Lande, einen Regierungswechsel erzwang und der von ihm eingesetzten konservativen Regierung Carp durch Wahlfälschungen großen Stils eine Mehrheit zu verschaffen wußte, setzte Bratianu auf die Karte einer gründlichen Reform des extremen Zensuswahlrechts, das bisher allein der Oberschicht ein politisches Mitspracherecht gewährt hatte, und faßte darüber hinaus eine strukturelle Umwandlung der Verfassungsverhältnisse Rumäniens nach westeuropäischem Vorbild ins Auge. In den folgenden Jahren kam es zwischen Bratianu, der die Massen hinter sich hatte, und König Carol I. zu einem zähen Ringen um die Macht im Staate. Als der Erste Weltkrieg ausbrach, war eine endgültige Entscheidung noch nicht gefallen; doch war bereits erkennbar, daß den demokratischen Kräften die Zukunft gehören werde. Gegen den Willen Carols I. setzte Bratianu die vorläufige Neutralität Rumäniens durch, entgegen dem Bündnisvertrag mit den Mittelmächten vom Jahre 1883, der freilich der Öffentlichkeit nicht bekannt war.

Der erste Balkankrieg vom Jahre 1912 brachte die Erfüllung der nationalen Wünsche der Balkanstaaten gegenüber der Türkei. Der große Triumph des Balkanbundes (Serbien, Bulgarien, Griechenland und Montenegro – s. u. S. 255) ließ indessen den fanatischen Nationalismus unter den Balkanvölkern nur um so höher auflodern. Die nationalen Egoismen wandten sich nun gegen Österreich-Ungarn, zugleich aber steigerten sie sich zu einem erbitterten Bruderkrieg. Die Selbstzerfleischung der Balkanstaaten im zweiten Balkankrieg von 1913 hinterließ tiefe Wunden im politischen Bewußtsein der beteiligten Völker; auf Jahrzehnte hinaus wurde dadurch eine politische Zusammenarbeit der jungen Nationen Südosteuropas erschwert. Die bestehenden scharfen Gegensätze gaben den Großmächten reichlich Gelegenheit, die Balkanstaaten gegeneinander auszuspielen. Auch innenpolitisch war das Resultat der Balkankriege zwiespältig. Die Verfassungs- und Sozialreformen der Jahre seit 1908 wurden großenteils ihrer positiven Auswirkungen beraubt. Nahezu überall bestand ein labiles Gleichgewicht zwischen der Macht der Monarchen und den von den jungen radikal-liberalen Parteien getragenen Regierungen, welches eine Stabilisierung der politischen Verhältnisse auf längere Dauer vorerst nicht zuließ. Ein leidenschaftlicher, von imperialistischen Beimischungen nicht freier Nationalismus beherrschte fortan nicht nur die Staatenbeziehungen im europäischen Südosten, sondern auch die innere Politik der einzelnen Balkanstaaten.

Dies gilt nicht zuletzt auch für die Türkei. Hier war mit der Ermordung des Großwesirs Mahmud Schevket, des letzten Repräsentanten der alten konservativen Herrenschicht innerhalb der engeren Führungsgruppe des Osmanischen Reiches, im Juni 1913 die Bahn für die Jungtürken gänzlich frei geworden. Das Triumvirat Talaat, Djemal und Enver Pascha, welches nun uneingeschränkt über die Geschicke des Osmanischen Reiches verfügte, bemühte sich in Anlehnung an das Deutsche Reich um eine Regeneration des Heeres und der Verwaltung. Sie wollten der Türkei ihre einst so stolze und angesehene Stellung unter den europäischen Großmächten zurückgewinnen. In Verfolgung dieses Ziels sahen sie sich freilich in zunehmendem Maße genötigt, auf die autokratischen Methoden ihrer Vorgänger zurückzugreifen. So triumphierten am Ende die Kräfte des Nationalismus über die schwachen Ansätze zu einer Liberalisierung des Osmanischen Reiches. Inmitten einer Periode inneren Umbaues wagten die Jungtürken dann im Oktober 1914 die Teilnahme am Ersten Weltkrieg, einen Sprung ins Dunkle, der mit dem Zusammenbruch des Osmanischen Reiches enden sollte.

V. DER SIEG DER REAKTION IN RUSSLAND

Die russische Revolution von 1905 hatten die Zeitgenossen als grandiosen Auftakt der neuen Epoche der Geschichte Rußlands empfunden. Dennoch endete sie mit einer nahezu vollständigen Niederlage der Kräfte des Fortschritts. Die kärglichen Reste einer freiheitlichen Verfassung, welche als einziges Resultat der Revolution übriggeblieben waren, verhüllten nur schlecht den autokratischen Charakter des zaristischen Regierungssystems. Ein in höchstem Maße plutokratisches Wahlrecht machte die *Duma* zu einem gefügigen Werkzeug der Regierung; je 230 Großgrundbesitzer oder 1000 großbürgerliche Eigentümer waren ebenso durch einen Abgeordneten vertreten wie je 60000 Bauern oder 125000 Arbeiter! Gestützt auf dieses System eines extremen Scheinkonstitutionalismus gelang es dem Ministerpräsidenten Stolypin mit geringer Mühe, auch der Reste der revolutionären Bewegung Herr zu werden. Die Arbeiterschaft, die Bauern und die bürgerliche Intelligenz fügten sich fürs erste resigniert in das Unabänderliche. Mit einem gewissen Recht konnte Stolypin im August 1907 einem Korrespondenten der französischen Zeitung *Le Matin* erklären: »In Rußland gibt es keinerlei Revolution.«[76] Freilich fand auch Stolypin, daß er nicht ohne ein Minimum von Unterstützung seitens des Volkes regieren könne. Und so versuchte er, durch eine großangelegte Agrarreform eine neue Schicht von bäuerlichen Eigentümern zu schaffen, die im Gegensatz zu den in den Genossenschaften lebenden Bauern aus eigenem Interesse heraus eine Stütze der bestehenden Ordnung abgeben würden. Darüber hinaus aber setzte er zielbewußt auf die Karte eines großrussischen Nationalismus, einer Politik, für die er der Zustimmung der in der *Duma* vertretenen dünnen Oberschicht des russischen Volkes gewiß sein konnte. Die nichtrussischen Nationalitäten wurden einer rücksichtslosen Russifizierungspolitik unterworfen. Als 1911 gleichwohl die Semstwoverfassung in den westlichen Provinzen des Reiches eingeführt werden sollte, sorgte Stolypin für ein Wahlrecht, welches die zumeist russischen, ruthenischen oder ukrainischen Bauern und Beamten zum Nachteil der in aller Regel polnischen Gutsherren bevorzugte, um so den Einfluß der polnischen Nationalität herabzumindern. An dieser Regelung nahmen nicht nur die Polen, sondern auch die extrem

konservativen Kreise im Staatsrat und bei Hofe, die mit den polnischen Großgrundbesitzern sympathisierten, lebhaft Anstoß. Stolypin vermochte diese Reform daher nur mit Hilfe eines Ukas des Zaren, in offener Verletzung der Verfassung, zu verwirklichen. Seinem bereits abzusehenden Sturz kam dann am 1. September 1911 die Kugel eines Attentäters zuvor, der vermutlich im Solde der zaristischen Polizei stand.
Mit dem Tode Stolypins war der letzte Staatsmann des zaristischen Rußland dahingegangen, dem man politisches Format nicht absprechen konnte, so problematisch seine Politik auch gewesen sein mag. Längst war der Zar dem Einflusse des moskowitischen Mönches Rasputin erlegen und nüchternen politischen Ratschlägen nicht mehr zugänglich. So fiel die Macht nun in die Hände höchst mittelmäßiger Bürokraten, die sich, beständigem Intrigenspiel ausgesetzt, gegenüber den Tendenzen am Zarenhofe nicht mehr durchzusetzen vermochten. Während dergestalt die bürokratische Staatsmaschinerie Rußlands immer mehr degenerierte, formierten sich unter der Oberfläche, die infolge des unverminderten polizeilichen Terrors noch verhältnismäßig ruhig war, neue revolutionäre Kräfte. Die Unruhe der Bauern, die sich im Zuge der Durchführung der Stolypinschen Agrarreformen großenteils dem Schicksal völliger Proletarisierung entgegengehen sahen, war riesengroß, und die Erbitterung der Arbeiterschaft kannte keine Grenzen. Die gewaltigen Streiks der Jahre 1912 und 1913 gaben einen Vorgeschmack künftiger Entwicklungen. Auch die bürgerliche Intelligenz wurde von tiefem Pessimismus erfaßt, und nicht wenige Intellektuelle wurden ins sozialistische Lager getrieben. Damals schrieb Lenin, der 1912 die endgültige Trennung der *Bolschewiki* von den *Menschewiki* durchgesetzt hatte, die Worte nieder: »Ohne siegreiche Revolution wird es in Rußland keine Freiheit geben. Ohne Sturz der Zarenmonarchie durch den Aufstand des Proletariats und der Bauernschaft wird es in Rußland keine siegreiche Revolution geben.«[77] Lenin wußte wie kein anderer, daß die Verzweiflung der breiten Massen über die stupide Gewaltherrschaft der zaristischen Bürokratie erst den Nährboden schuf, auf dem die kommunistische Idee sich auszubreiten vermochte. »Gerade diese allgemeine Rechtlosigkeit im russischen Leben, gerade die Hoffnungslosigkeit und Unmöglichkeit des Kampfes für einzelne Rechte, gerade diese Unverbesserlichkeit der zaristischen Monarchie und ihres ganzen Regimes« hätten »in den Massen das revolutionäre Feuer entzündet«[78], so meinte er im Hinblick auf die Massenerschießungen, mit denen die zaristische Polizei im April 1912 einen Streik in den Goldgruben an der Lena brutal unterdrückt hatte. Noch war es freilich für eine revolutionäre Erhebung zu früh; das zaristische System mußte sich erst vollends selbst zugrunde richten.

4. Europa im Strudel militanter Nationalismen 1906—1914

Seit 1906 trat überall in Europa vorübergehend eine gewisse Abkühlung der imperialistischen Leidenschaften ein. Hatten die Völker bislang die großen Auseinandersetzungen über den Erwerb überseeischer Territorien mit hektischer Erregung verfolgt, so rückten nun die innenpolitischen Probleme zeitweilig wieder in den Vordergrund. In England wandte sich die im Frühjahr 1906 zur Macht gelangte liberale Regierung Campbell-Bannerman den brennenden sozialen und verfassungspolitischen Problemen zu, welche in der voraufgegangenen Periode des Imperialismus vernachlässigt worden waren. Die englische Regierung war daher daran interessiert, die drückenden Rüstungslasten — die Folge von zwei Jahrzehnten einer ambitiösen Außenpolitik — zu verringern und die internationalen Verpflichtungen Englands möglichst zurückzuschneiden. In Frankreich war die Situation ähnlich; der traditionell pazifistisch eingestellten republikanischen Linken war die Beseitigung des gesellschaftlichen Einflusses der katholischen Kirche weit wichtiger als alle außen- und weltpolitischen Probleme. Nach dem bösen Fehlschlag, mit dem die deutsche Marokko-Aktion vom Jahre 1905 geendet hatte, verlagerte auch der deutsche Reichskanzler Fürst Bülow den Schwerpunkt seiner Aktivität auf die innere Politik. Auch Rußland mäßigte seine imperialistischen Ambitionen. Sein Drang nach dem Fernen Osten hatte durch die Niederlage im Krieg gegen Japan einen starken Dämpfer erhalten. Die Revolution von 1905 und ihre Nachwirkungen hatten das Staatsgefüge Rußlands in solchem Maße erschüttert, daß fürs erste an die Fortführung einer expansiven Außenpolitik nicht mehr zu denken war. Dennoch kam Europa nicht zur Ruhe. Vielmehr wurden im Zuge des Anwachsens der demokratischen Kräfte in verstärktem Maße nationalistische Energien freigesetzt, die in die auswärtigen Beziehungen der Mächte ein neues Moment äußerster Aggressivität hineintrugen.

Am deutlichsten trat dies in der Entwicklung der deutsch-englischen Flottenrivalität der Jahre 1906 bis 1909 hervor. Hatte das deutsche Flottenbauprogramm bis dahin schwerlich als eine ernstliche Bedrohung der englischen Seeherrschaft gelten können, so änderte sich dies im Jahre 1906. Im Februar des gleichen

Jahres war in England die *Dreadnought*, das erste einer Reihe neuer Schlachtschiffe von bisher unbekannter Größe und Kampfkraft, vom Stapel gelaufen. Mit dem Übergang zum *Dreadnought*-Bau aber schmolz die gewaltige numerische Überlegenheit der englischen Flotte gleichsam in sich zusammen; denn nun eröffnete sich für die anderen Seemächte die Möglichkeit, den gewaltigen Vorsprung Englands auf maritimem Gebiete durch den Bau eigener Großkampfschiffe dieses neuen Typs, denen alle Schiffe älterer Bauart weit unterlegen waren, in kurzer Zeit aufzuholen. Tirpitz nahm diese Chance wahr; die dritte deutsche Flottenvorlage, welche nach einer breitangelegten Agitation des Flottenvereins (die Gelder dazu kamen von der Schwerindustrie) Ende März 1906 vom deutschen Reichstage mit überwältigender Mehrheit angenommen wurde, sah bereits den Bau von Schlachtschiffen des *Dreadnought*-Typs vor. Erstmals schien die englische Vormachtstellung zur See ernstlich bedroht. England nahm die Herausforderung, die im deutschen Flottenbau lag, an. Eine Periode maritimen Wettrüstens setzte ein. Die englische Admiralität war entschlossen, den gewaltigen Vorsprung Englands auch unter den neuen Verhältnissen zu behaupten. Tirpitz aber wollte die Gefahrenperiode, während der die deutsche Flotte noch nicht stark genug war, um einem eventuellen britischen Überfall standhalten zu können, durch eine tunlichste Beschleunigung des eigenen Flottenbaues möglichst rasch hinter sich bringen.

Anfänglich hatte die Regierung Campbell-Bannerman die Hoffnung gehabt, eine wegen der großen finanziellen Lasten, die mit diesem Wettrüsten verbunden waren, innenpolitisch wünschenswerte Reduzierung des eigenen Flottenbaues mit Hilfe einer Vereinbarung über allseitige Rüstungsbeschränkungen zu erreichen. Doch hatten die entsprechenden Anregungen der britischen Regierung auf der Haager Friedenskonferenz vom Jahre 1907 ebenso wie diplomatische Fühlungnahmen in Berlin zu keinerlei positiven Ergebnissen geführt. Tirpitz und Wilhelm II. waren nicht dazu bereit, das deutsche Flottenbauprogramm England zuliebe auf halbem Wege abzustoppen oder auch nur einzuschränken, um so weniger, als beide unter dem Druck der ebenso lautstarken wie wirksamen Propaganda des Flottenvereins standen, der die Vorlage von 1906 als vollkommen ungenügend bezeichnet hatte. Nach dem unglücklichen Ausgang der deutschen Marokko-Aktion hatte sich in Deutschland in weiten Kreisen die Meinung festgesetzt, daß England den weltpolitischen Aktionen Deutschlands immer wieder in den Weg treten werde, wenn ihm nicht durch den Bau einer starken deutschen Schlachtflotte der nötige Respekt gegenüber den deutschen Interessen eingeflößt werde. Tirpitz seinerseits aber scheute sich nicht, die günstige Stimmung in der deutschen Öffentlichkeit für neue Flottenrüstungen nach Kräften auszunutzen. Insbesondere lag ihm daran, für einen möglichst raschen Ersatz der älteren Schiffe zu sorgen, weil auf diese Weise der immer noch große Abstand gegenüber England auf relativ unauffällige Weise verringert werden konnte. Daher begann das Reichsmarineamt schon im Spätsommer 1907 eine neue Flottenvorlage vorzubereiten, welche die Herabsetzung der Lebensdauer der Schiffe auf 20 Jahre vorsah, was einer Steigerung des Bautempos auf je vier große Schiffe pro Jahr bis 1912 gleichkam. In England aber wurde man unruhig, nicht allein in der Admiralität, sondern insbesondere in der Öffentlichkeit. Die englische Presse wertete die neue deutsche Flottenvorlage, die am 18. November 1907 veröffentlicht wurde, in ihrer übergroßen Mehrheit als ein Alarmzeichen; sie beweise, daß Deutschland danach strebe, die englische Vorherrschaft zur See zu brechen. Die öffentliche Meinung verlangte nunmehr eine energische Steigerung des englischen Flottenbaues. William T. Stead, der einflußreiche Herausgeber der *Pall Mall Gazette*, lieferte der englischen Flottenagitation den populären Slogan *»two keels to one«*; für jedes Schiff, das Deutschland auf Kiel lege, solle England deren zwei bauen. Gleichwohl begnügte sich die englische Regierung, auch wenn es hinter den Kulissen zu heftigen Konflikten mit dem Chef der Admiralität, Lord Fisher, kam, im Frühjahr 1908 mit einer mäßigen Erweiterung der *naval estimates*. Die Erregung der englischen Öffentlichkeit wurde noch gesteigert, als Wilhelm II. am 18. Februar 1908 mit einem ebenso törichten wie wohlgemeinten Brief an Lord Tweedmouth, den *First Lord of the Admirality*, neues Öl ins Feuer goß und damit das vorhandene Mißtrauen in die Absichten Deutschlands noch stärker schürte. Unter den gegebenen Umständen sah sich Asquith, der englische Premier, im März 1908 dazu veranlaßt, im Namen der Regierung die formelle Erklärung abzugeben, daß man sich auch weiterhin an den *two powers standard* gebunden fühle, nach welchem die englische Flotte immer so stark sein solle wie jene der beiden nachfolgenden Seemächte zusammengenommen; gegebenenfalls werde man durch entsprechende Neubauten dafür sorgen, daß die befürchtete deutsche Überlegenheit in großen Schiffen nicht eintrete.

Diese Erklärung befriedigte für den Augenblick selbst die leidenschaftlichsten Vorkämpfer einer radikalen Verstärkung der britischen Flotte. Dennoch blieb die Flottenfrage auch weiterhin auf der Tagesordnung. Während die englische Admiralität Pläne für eine beträchtliche Beschleunigung des britischen Flottenbaues ausarbeitete — McKenna, der Nachfolger Lord Tweedmouths, dem der Brief Wilhelms II. zum Verhängnis geworden war, und Fisher dachten an vier bis sechs große Schiffe jährlich —, suchte die englische Regierung Deutschland für ein Abkommen über eine beiderseitige Reduzierung der Flottenrüstungen zu gewinnen, ein Unterfangen, welches freilich von Wilhelm II. rundweg abgelehnt wurde. Der Kaiser meinte, daß ihm »ein gutes Verhältnis zu England um den Preis des Ausbaues der Flotte Deutschlands nicht erwünscht« sei, und lehnte jegliche Einflußnahme der englischen Politik auf den deutschen Flottenbau ab: »Die deutsche Flotte ist gegen niemand gebaut und auch nicht gegen England! Sondern nach unserem Bedürfnis! Das ist ganz klar im Flottengesetz gesagt [...] Dies Gesetz wird bis ins letzte Tüttelchen ausgeführt; ob es den Briten paßt oder nicht, ist egal! Wollen sie den Krieg, so mögen *sie* ihn *anfangen,* wir fürchten ihn nicht.«[79] Und als am 10. August 1908 der englische Sonderbotschafter Sir Charles Hardinge dem Kaiser den englischen Standpunkt in der Flottenfrage in aller Offenheit darlegte, bestritt der Kaiser emphatisch, daß in Deutschland irgend jemand den Gedanken des Konkurrenzbaues gegenüber England hege.

All dies war freilich keinesfalls geeignet, in England beruhigend zu wirken. Im Gegenteil, man nahm jetzt allgemein das Schlimmste an. Die Admiralität gelangte aufgrund irreführender Informationen von interessierter Seite über die Kapazitäten der deutschen Schiffswerften zu der Überzeugung, daß Tirpitz entschlossen sei, weit über die im Flottengesetz öffentlich festgelegten Planungen hinaus Schiffe auf Kiel zu legen, so daß Deutschland womöglich schon 1912 mehr große Schiffe des *Dreadnought*-Typs zur Verfügung haben werde als England. Unter diesen Umständen verlor der *two powers standard* seinen Sinn; es konnte sich jetzt nur noch darum handeln, den *one power standard* gegenüber Deutschland allein aufrechtzuerhalten. So kam es in England zu einem regelrechten *navy scare,* welcher im März 1909 seinen Höhepunkt erreichte. Alle Realitäten hinter sich lassend, befürchtete man jetzt nicht nur, daß Deutschland binnen weniger Jahre wesentlich mehr moderne große Schiffe – und solche zählten im Bewußtsein der Zeitgenossen allein – haben werde als England, sondern rechnete gar mit einem deutschen Überraschungsangriff. Unter dem Druck einer nahezu hysterischen Agitation: »*We want eight, and we won't wait*«, also acht Schiffe jährlich gegenüber den vier in Deutschland im Bau befindlichen Schiffen, hatte die liberale Regierung einen schweren Stand. Man faßte für den Fall, daß die pessimistischen Prognosen der Admiralität hinsichtlich deutscher Bauprojekte weit über den Rahmen des bestehenden Flottengesetzes hinaus zutreffen sollten, eine beträchtliche Erweiterung des eigenen Bauprogramms ins Auge.

England sah sich an seiner Achillesferse getroffen. Das flottenbegeisterte und nach weltpolitischen Erfolgen dürstende Deutsche Reich aber wollte auf den planmäßigen weiteren Ausbau der eigenen Flotte nicht verzichten. Subjektiv waren Wilhelms II. Versicherungen, daß die deutsche Flotte sich nicht gegen England richte, durchaus zutreffend; diese war für ihn mehr ein Renommierspielzeug als ein Mittel der Politik. Auch für die deutschen Mittelschichten war die Flotte in erster Linie ein Symbol nationaler Weltgeltung; sie verstanden gar nicht, warum die Engländer nicht bereit seien, ihnen dieses zu gönnen. Tatsächlich aber begann sich der deutsche Flottenbau zu einer ernsten Gefahr für die politische Gesamtsituation Deutschlands auszuwachsen, namentlich nachdem die *Daily Telegraph*-Affäre von 1908 eine neue Verschärfung in die deutsch-englischen Beziehungen hineingetragen hatte (s. o. S. 159). Demgemäß versuchte Bülow im Frühsommer 1909, Tirpitz nun doch für ein Abkommen mit England über eine beiderseitige Rüstungsbeschränkung auf maritimem Gebiete zu gewinnen. Bülow wollte ein solches Abkommen freilich an die Voraussetzung knüpfen, daß England gegenüber dem Deutschen Reiche künftig eine freundlichere Politik betreibe. An den Schöpfer der deutschen Schlachtflotte aber richtete der Kanzler die ebenso berechtigte wie unter den damaligen Umständen fast blasphemische Frage, ob eine in ihrer Zielsetzung defensive Flottenpolitik, die das Schwergewicht auf den Bau von leichten Kreuzern und Unterseebooten lege, nicht den deutschen politischen Bedürfnissen angemessener sei als der Bau einer großen Schlachtflotte. Doch wollten sich Tirpitz und Wilhelm II. ihr so populäres Lieblingskind weder von den Engländern noch von den eigenen Diplomaten abhandeln lassen. Bülow aber war nicht Staatsmann genug, um es deswegen auf eine innenpolitische Kraftprobe ankommen zu lassen, bei der die öffentliche Meinung voraussichtlich auf seiten seiner Gegenspieler stehen würde.

Inzwischen waren im europäischen Südosten neue Entwicklungen eingetreten, welche die Aufmerksamkeit der deutschen Reichsleitung, ebenso wie jene der Regierungen aller anderen Großmächte, in höchstem Maße auf sich zogen und von den Problemen der deutsch-englischen Flottenrivalität ablenkten. Ende Juni 1908 war es im Osmanischen Reiche, wie wir bereits dargelegt haben, zu einer Revolution gekommen. Die jungtürkische Bewegung, unzufrieden mit dem bisherigen korrupten und gegenüber den europäischen Großmächten stets nachgiebigen Regime des Sultans, zwang Abd ul Hamid, eine konstitutionelle Verfassung zu erlassen und einen Mann ihrer Wahl an die Spitze der Regierung zu stellen. Damit geriet das höchst prekäre türkische Herrschaftssystem namentlich in den europäischen Gebieten des Osmanischen Reiches in eine Krise. Was sollte aus den europäischen Territorien werden, in denen die Türken

bislang in äußerst despotischer Weise regiert hatten? In einem einheitlichen Nationalstaat modernen Musters, wie ihn die Jungtürken anstrebten, war für diese Gebiete mit einem jeweils besonderen Rechtsstatus eigentlich kein Platz mehr. Welche Form sollte das Vasallenverhältnis Bulgariens gegenüber dem Sultan erhalten, wenn dieser sich in einen konstitutionellen Monarchen verwandelte, und was sollte mit den seit dem Berliner Vertrag von 1878 von Österreich-Ungarn verwalteten, staatsrechtlich aber immer noch zum Osmanischen Reiche gehörenden Gebieten Bosnien, der Herzegowina und dem Sandschak Novibazar geschehen? Die südslawische Bewegung witterte Morgenluft, wenn in Konstantinopel die Kräfte des demokratischen Nationalismus zum Zuge kamen, so war gleiches auch in den europäischen Provinzen des Osmanischen Reiches zu erhoffen!
Aus entgegengesetzten Motiven heraus wurde man auch in Österreich-Ungarn unruhig; die südslawische Frage, soviel war sicher, war nunmehr in ein neues, akutes Stadium eingetreten. Noch im Vorjahre hatte die österreichisch-ungarische Regierung energisch den Plan des Baus einer Eisenbahnlinie durch den Sandschak Novibazar betrieben, welche die verkehrstechnischen Voraussetzungen für eine wirtschaftliche Durchdringung ganz Mazedoniens durch Österreich-Ungarn schaffen sollte; es war daran gedacht, diese Bahnlinie späterhin bis nach Saloniki fortzuführen. Von der Verfolgung dieser ehrgeizigen finanzimperialistischen Pläne hatte man sich in Wien weder von Italien und Rußland noch durch die leidenschaftlichen Proteste des unmittelbar betroffenen Serbien abhalten lassen, das seine Hoffnungen auf einen Zusammenschluß des gesamten serbokroatisch besiedelten Gebietes in einem geschlossenen Nationalstaate dahinschwinden sah. Mit einem Schlage war nun diese Politik in Frage gestellt. Entschlossen riß Aehrenthal, der österreichische Außenminister, das Steuer herum. Man entschied sich dafür, unter Rückgabe des Sandschak an die Türkei baldmöglichst Bosnien und die Herzegowina zu annektieren, um den Hoffnungen der Serben auf eine Vereinigung mit ihren Konnationalen jenseits der Drina endgültig den Garaus zu machen. Von dem Eisenbahnprojekt durch den Sandschak war plötzlich nicht mehr die Rede.
Der deutschen Unterstützung für die geplante Annexion Bosniens und der Herzegowina konnte sich Aehrenthal ziemlich sicher sein. Angesichts des Ausgangs der Konferenz von Algeciras und der starken deutsch-englischen Spannungen konnte Deutschland es sich nicht leisten, seinen einzigen zuverlässigen Bundesgenossen in dieser Angelegenheit im Stich zu lassen. Bülow war der Ansicht, daß man der Donaumonarchie in diesem Punkte unbeirrt die ›Nibelungentreue‹ halten müsse, obgleich

die österreichisch-ungarische Aktion geeignet war, den deutschen Einfluß in Konstantinopel ernstlich zu beeinträchtigen. Kritischer war die Frage, welche Haltung Rußland und Italien einnehmen würden. Nach dem russisch-österreichischen Balkanvertrag von 1897 war Österreich-Ungarn verpflichtet, für den Fall, daß eine Veränderung des *status quo* auf dem Balkan eintrete, sich zuvor mit Rußland ins Einvernehmen zu setzen. Ebenso hatte Italien aufgrund des Dreibundvertrages für diesen Fall ein Recht auf vorherige Konsultation und gegebenenfalls auf Kompensationen. Darüber hinaus bedurfte die geplante Annexion von Bosnien und der Herzegowina völkerrechtlich der Sanktion aller Signatarmächte des Berliner Vertrages von 1878, die ja der Donaumonarchie damals gemeinsam die Verwaltung dieser Provinzen übertragen hatten. Aehrenthal aber glaubte sein Ziel auf einfachere Weise erreichen zu können. Er lud den russischen Außenminister Iswolski am 26. September 1908 zu einer Konferenz nach Buchlau ein und erlangte von diesem die Zusage, daß Rußland sich einer demnächst in einem günstigen Augenblick zu vollziehenden Annexionserklärung hinsichtlich Bosniens und der Herzegowina, bei gleichzeitiger Aufgabe des Sandschak Novibazar, nicht widersetzen werde. Dafür versprach Aehrenthal, einer Öffnung der Meerengen für russische Kriegsschiffe, wie man sie in Petersburg nunmehr dringend wünschte, da man nach dem Verlust von Port Arthur den größten Teil der russischen Flotte ins Schwarze Meer verlegen wollte, diplomatische Unterstützung zu gewähren. Iswolski hatte freilich verlangt, daß eine Konferenz der Großmächte den österreichischen Schritt förmlich sanktionieren müsse. Doch hatte Aehrenthal diesen Punkt geschickt umgangen, weil ihm eine Internationalisierung des Problems nichts weniger als erwünscht war. Iswolski reiste anschließend nach Italien weiter, um sich mit dem italienischen Außenminister Tittoni zu treffen, und informierte diesen über die in Buchlau erwogenen Schritte der beiden Großmächte gegenüber dem Osmanischen Reiche. Dem russischen Außenminister schwebte dabei offenbar eine Art von konzertierter Aktion Rußlands, Österreich-Ungarns und Italiens zur Lösung des schon lange schwebenden Problems der europäischen Besitzungen der Türkei vor, freilich erst nach einer entsprechenden Abstimmung mit den übrigen Großmächten. Aber noch während Iswolski in London verhandelte, um sich seinen Anteil an der Beute zu verschaffen, ging Österreich-Ungarn überraschend zur Tat über, und ihm eilte Fürst Ferdinand von Bulgarien, der von Wien über die bevorstehende Annexionserklärung informiert worden war, noch voraus, indem er am 5. Oktober 1908 von sich aus das bisherige Abhängigkeitsverhältnis von der Pforte für nichtig erklärte und die volle staatliche Souveränität Bulgariens proklamierte. Iswolski aber, dem die Engländer in der Meerengenfrage die kalte Schulter gezeigt hatten, sah sich vollkommen überfahren; in der Tat war Rußland völlig ausmanövriert und hatte das Nachsehen. In Petersburg reagierte man, über Iswolskis Absprache mit Aehrenthal unzureichend informiert, mit äußerster Schärfe. Gleichzeitig brach in Serbien ein wilder Proteststurm gegen die Annexion los. In Belgrad traf man militärische Vorbereitungen und forderte für den Fall, daß die Großmächte im Sinne Österreich-Ungarns entscheiden sollten, territoriale Kompensationen. Die nationalrevolutionäre südslawische Bewegung, die bisher im Osmanischen Reich ihren Hauptgegner gesehen hatte, richtete nunmehr ihre Spitze gegen Österreich-Ungarn, welches, wie man urteilte, die nationalen Interessen der Serben mit Füßen trete. Rußland war in einer mißlichen Lage. Es betrachtete sich als Protektor der kleineren Völker auf dem Balkan. Jedoch hatte Iswolski in Buchlau die serbischen Interessen im vorhinein aufgegeben. Eine gänzliche öffentliche Preisgabe Serbiens aber mußte eine schwere Einbuße des politischen Einflusses Rußlands auf dem Balkan nach sich ziehen. Andererseits war man in Petersburg wegen des schlechten Zustandes der eigenen Rüstungen und der kritischen Lage im Innern des Landes nicht imstande, es auf einen großen Krieg ankommen zu lassen, um so weniger, als das Deutsche Reich, übrigens entgegen dem Rat Wilhelms II., kompromißlos auf die Seite Österreich-Ungarns trat. In Berlin war man verärgert über die Annäherung zwischen Rußland und England, wie sie im Vorjahr in einem Besuch Eduards VII. in Reval demonstrativ zum Ausdruck gekommen war, und wollte daher seinen östlichen Nachbarn die eigene Macht einmal deutlich fühlen lassen. Auch Frankreich ließ erkennen, daß es wegen der bosnischen Frage nicht in einen Weltkrieg verwickelt zu werden wünsche. So blieb der russischen Diplomatie nichts anderes übrig, als darauf zu bestehen, daß die Annexionsfrage nicht von Österreich-Ungarn im Alleingang entschieden, sondern von den Großmächten gemeinsam geregelt werden müsse. Jedoch vermochte sie selbst mit dieser Forderung nicht durchzudringen. Von Deutschland unter schärfsten diplomatischen Druck gesetzt, erklärte sich Rußland schließlich mit der Annexion Bosniens und der Herzegowina noch vor einer internationalen Konferenz einverstanden und veranlaßte auch Serbien zum Nachgeben. Darüber hinaus mußte sich Serbien, um einen drohenden Waffengang mit Österreich-Ungarn abzuwenden, wie ihn Aehrenthal zwecks »Aushebung des serbischen revolutionären Nestes« schon länger ins Auge gefaßt hatte und wie ihn der österreichische Generalstabschef Conrad von Hötzendorff im Einverständnis mit sei-

nem deutschen Kollegen Helmut von Moltke jetzt oder später für unvermeidlich hielt, zähneknirschend dazu bequemen, nicht nur die Annexion als unwiderruflich anzuerkennen, sondern auch Österreich-Ungarn gegenüber ein Versprechen künftigen Wohlverhaltens abzugeben. Ebenso blieb der Türkei nichts anderes übrig, als sich mit den neuen Verhältnissen auf dem Balkan abzufinden.
So endete die bosnische Krise mit einem bemerkenswerten diplomatischen Erfolg der Mittelmächte und einer schweren Demütigung Rußlands. Aber so zufrieden man in Wien und in Berlin im Augenblick auch sein durfte, einerseits, weil man einen Riß in das russisch-französische Bündnis gebracht hatte, andererseits, weil die österreichisch-ungarische Vormachtstellung auf dem Balkan einmal wieder befestigt worden war, die Folgen der Krise waren nichts weniger als erfreulich. In Petersburg blieb eine tiefe Verstimmung gegenüber dem Deutschen Reiche zurück, das der russischen Diplomatie im kritischen Augenblick mit ungewöhnlicher Schärfe entgegengetreten war, obgleich unmittelbare deutsche Interessen dabei überhaupt nicht berührt gewesen waren. In höchsten russischen Kreisen setzte sich nunmehr der Eindruck fest, daß eine aktive Balkanpolitik, wie sie die panslawistischen Gruppen in Rußland selbst immer nachdrücklicher forderten, stets Deutschland zum Hauptgegner haben werde. Nikolaus II. sprach gar davon, daß »der Zusammenstoß mit dem Germanentum in der Zukunft unausweichlich sei, und daß man sich auf denselben vorbereiten müsse«.[80] Österreich-Ungarn aber mußte hinfort mit der unversöhnlichen Feindschaft der radikalen nationalrevolutionären Bewegung in Serbien und insbesondere in Bosnien rechnen. Diese richtete ihre ganzen Hoffnungen auf den Zusammenbruch des österreichischen Gesamtstaates und suchte dafür nach Bundesgenossen, wo immer sie diese finden konnte; in dem russischen Gesandten in Belgrad Hartwig fand sie dann bald einen einflußreichen Fürsprecher. Darüber hinaus aber erfuhr der Dreibund eine weitere Aushöhlung. Empört darüber, daß Österreich-Ungarn es in der bosnischen Frage ganz übergangen hatte und seine Wünsche, die sich namentlich auf die Rechtsstellung Montenegros bezogen, keine Berücksichtigung gefunden hatten, schloß Italien im Oktober 1909 in Racconigi einen Geheimvertrag mit Rußland, der sich direkt gegen die österreichisch-ungarische Balkanpolitik richtete. Beide Mächte verpflichteten sich, auf die Erhaltung des politischen *status quo* auf dem Balkan hinzuwirken. Sollte es jedoch gleichwohl zu politischen Veränderungen kommen, so solle die beiderseitige Politik sich am Nationalitätsprinzip unter Ausschluß jeder fremdnationalen Herrschaft orientieren. Italien versprach ferner eine wohlwollende Haltung in der Meer-

engenfrage, Rußland sagte diplomatische Unterstützung für den eventuellen Erwerb von Tripolis und der Cyrenaika zu. Die Ausgangspositionen für eine künftige Neuaufrollung des Balkanproblems waren damit bezogen; sowohl Rußland wie Italien waren entschlossen, die österreichisch-ungarische Vormachtstellung in diesem Gebiet durch Förderung der nationalen Bestrebungen der südslawischen Völker zu untergraben, um dergestalt einer Verwirklichung ihrer eigenen imperialistischen Ziele näherzukommen. Für die Donaumonarchie, die im Innern ohnedies seit längerem mit schweren Nationalitätenkonflikten zu kämpfen hatte, barg diese Entwicklung ungeheure Gefahren in sich. Sollte es zwischen der südslawischen irredentistischen Bewegung einerseits, Rußland und Italien andererseits zu einem dauerhaften Bündnis kommen, so waren die Tage der Donaumonarchie gezählt.

Glücklicherweise setzte jedoch Ende 1909 eine gewisse Beruhigung in den Beziehungen der großen Mächte ein. Österreich-Ungarn gelang es, wieder ein einigermaßen erträgliches Verhältnis zu Rußland herzustellen, nachdem Sasonow, ein ruhiger und besonnener Politiker, an die Stelle des unglücklichen Iswolski getreten war. Auch die Beziehungen der Mittelmächte zu Italien verbesserten sich wieder, als im Frühjahr 1910 San Giuliano Tittoni als Außenminister ablöste. San Giuliano glaubte die imperialistischen Ziele Italiens eher im Bunde mit den Mittelmächten erreichen zu können als im Bunde mit Frankreich und Rußland. Jedoch müsse, wie sich der italienische Außenminister gelegentlich ausdrückte, der Dreibund in eine »Erwerbsgemeinschaft« umgestaltet werden. Und im Deutschen Reiche war Bülow, dessen leichtfertige, nur auf publizistisch auswertbare Augenblickserfolge gerichtete Außenpolitik die anderen Mächte mehr als notwendig gegen Deutschland aufgebracht hatte, im Juni 1909 zurückgetreten. Sein Nachfolger Bethmann Hollweg, ein Neuling auf außenpolitischem Felde, bemühte sich, in richtiger Einschätzung der ungünstigen außenpolitischen Gesamtlage der Mittelmächte, um einen allmählichen Abbau der Gegensätze zwischen den Großmächten. Durch eine aufrichtige, geradlinige Außenpolitik, die alle Winkelzüge und Schliche nach Art Bülows mied, hoffte er das Vertrauen der anderen Mächte in die Absichten der deutschen Politik, welches im Laufe der letzten Jahre stark gelitten hatte, wieder befestigen zu können.

In Vordergrund stand dabei für Bethmann Hollweg das Bemühen, die dunklen Wolken, die das deutsch-englische Verhältnis verdüsterten, zu vertreiben und zu einem Abkommen über eine Begrenzung der beiderseitigen Flottenrüstungen zu gelangen, wie es schon Bülow in den letzten Monaten seiner Amtszeit vorgeschlagen hatte. Bethmann Hollweg erschien eine politische Annäherung an England als der einzige reale Ausweg aus der bedrohten außenpolitischen Lage, in die das Deutsche Reich infolge seiner unsteten Politik der ›freien Hand‹ geraten war. So setzte er sich vom Tage seines Amtsantritts an energisch für ein Flottenabkommen mit England ein, obwohl er wußte, daß eine derartige Politik alles andere als populär sein werde: »Damit, daß Alldeutsche, Flottenverein usw. ein gewaltiges Geschrei erheben, muß gerechnet werden. Das kann indessen nicht davon abhalten, das an sich Richtige zu tun [...].«[81] Allerdings wollte auch Bethmann Hollweg ein Entgegenkommen in der Flottenfrage von einer grundsätzlichen Neuorientierung der englischen Politik abhängig machen; er verlangte als Gegenleistung Englands nichts Geringeres als ein politisches Abkommen, das einem Neutralitätsversprechen für den Fall eines kontinentalen Krieges möglichst nahe kam. Tirpitz hingegen, der sich zur Überraschung des neuen Kanzlers höchst kooperativ zeigte, verband mit einem Flottenabkommen die Absicht, England auf ein Kräfteverhältnis beider Flotten von 3:2 festzulegen, was dem Deutschen Reiche auf geraume Zeit einen geruhsamen, risikolosen weiteren Ausbau der Flotte ermöglicht und zugleich das englische Prinzip des *two keels to one* untergraben haben würde. Beides erwies sich indes für die englische Regierung als völlig unannehmbar, zumal das deutsche Gegenangebot, nämlich eine bloße Verlangsamung des Flottenbaues bei voller Aufrechterhaltung des Flottengesetzes, höchst mager war. Das *Foreign Office* witterte hinter den deutschen Vorschlägen ausschließlich die Absicht, England aus seinen Ententen herauszusprengen und Deutschland für eine aggressive Politik auf dem Kontinent freie Hand zu verschaffen. So blieben die sich vom August 1909 bis zum Sommer 1911 hinziehenden deutsch-englischen Verhandlungen ohne konkretes Ergebnis. Einzig eine Vereinbarung über einen gegenseitigen Nachrichtenaustausch in Fragen des Flottenbaues, wie sie die Engländer schon seit 1907 angeregt hatten, kam zustande. Jedoch gelang es trotz des vorläufigen Scheiterns weiterreichender Vereinbarungen, wenigstens das Mißtrauen der englischen Diplomatie in die Aufrichtigkeit der deutschen Politik abzubauen. Aber die gegen England gerichtete aggressive Zielsetzung der deutschen Flotte ließ sich als politisches Faktum ebensowenig aus dem Wege räumen wie die leidenschaftliche Abneigung, die beide Völker gegeneinander empfanden und die auf beiden Seiten des Kanals die bizarrsten Blüten des Nationalhasses hervorbrachte.

Auch gegenüber Rußland bemühte sich die deutsche Diplomatie, die von der bosnischen Krise zurückgebliebenen Spannungen wenigstens teilweise zu beseitigen. Anläßlich der Entrevue

Wilhelms II. und Nikolaus' II. in Potsdam am 4. und 5. November 1910 fanden eingehende politische Gespräche zwischen den verantwortlichen Staatsmännern statt, deren Ergebnisse Bethmann Hollweg mit größtem Optimismus erfüllten. Bethmann Hollweg gab der russischen Regierung die bindende Zusage, daß Österreich-Ungarn bei etwaigen expansiven Plänen auf dem Balkan nicht auf deutsche Hilfe werde rechnen können; dafür wurde Sasonow die Erklärung abgenötigt, daß Rußland eine aggressive Politik Englands gegenüber Deutschland nicht unterstützen werde. Darüber hinaus einigte man sich auf das Prinzip der Erhaltung der territorialen Integrität der Türkei auch gegenüber den kleineren Balkanstaaten sowie über einen Interessenausgleich im Nahen Osten. Jedoch hatte man auch hier, ähnlich wie in den Flottenverhandlungen mit England, den Bogen der eigenen Erwartungen überspannt. Ungeachtet energischen Drängens der deutschen Regierung kam es nicht zu einer schriftlichen Fixierung der getroffenen Vereinbarungen, sehr zum Bedauern des deutschen Staatssekretärs des Äußeren Kiderlen-Wächter, welcher gehofft hatte, mit einem solchen Abkommen Rußland in London kompromittieren und so einen Spalt in die sich anbahnende englisch-russische Entente treiben zu können. Nur ein Abkommen über Persien und die Bagdadbahn kam zustande, und auch dies nur nach langwierigen Verhandlungen, die erst im folgenden Jahre zum Abschluß gebracht werden konnten. Tatsächlich war Rußland lediglich darauf aus, für ein paar Jahre außenpolitisch Ruhe zu bekommen, um die Verhältnisse im Innern stabilisieren zu können. Der Gedanke an eine grundsätzliche Änderung der Zweibundpolitik lag den russischen Staatsmännern hingegen vollkommen fern. So lösten sich die sanguinischen Hoffnungen Bethmann Hollwegs auf eine grundlegende Verbesserung der deutsch-russischen Beziehungen, welche vielleicht auch England zu größerem Entgegenkommen gegenüber den deutschen Wünschen veranlaßt haben würde, rasch wieder in ein Nichts auf. Das deutsch-russische Verhältnis blieb weiterhin schlecht; beide Seiten waren nach wie vor von tiefem Mißtrauen in die Absichten des Partners erfüllt. Die Russophobie breiter Schichten in Deutschland ebenso wie die panslawistischen und antideutschen Strömungen im großrussischen Bürgertum waren stärker als die schwachen Versuche der Staatsmänner beider Länder, mit den Methoden rationalen politischen Kalküls Brücken zwischen den beiden Nationen zu schlagen, welche einander entgegengesetzten Bündnissystemen angehörten. Allerdings war Rußland durch die Nachwirkungen der Niederlage von 1905 noch stark geschwächt, so daß es einstweilen noch nicht wieder als ernsthafter Gegenspieler der Politik der Mittelmächte aufzutreten imstande war, obwohl man sich fieberhaft bemühte, mit Hilfe großzügig gewährter französischer Anleihen die eigene Wirtschaft zu fördern und insbesondere die eigenen Rüstungen zielbewußt voranzutreiben. Die deutsche Diplomatie, die seit Juni 1910 von dem neuen Staatssekretär des Äußeren Kiderlen-Wächter, einem willensstarken und klugen, aber höchst eigenwilligen Manne, in dessen Charakter sich schwäbische Verschlagenheit mit preußischer Forschheit verband, in höchst autokratischer Weise geleitet wurde, nahm diese momentan günstige Konstellation zum Anlaß, um einen noch offenstehenden Posten in den deutsch-französischen Beziehungen zu regeln, nämlich die Marokkofrage, und dabei zugleich »einen tüchtigen Happen kolonialen Territoriums in Mittelafrika«[82] einzuheimsen.

Seit der Konferenz von Algeciras hatte Frankreich seine Politik der Durchdringung Marokkos, unter formeller Aufrechterhaltung der Souveränität des Sultans ʿAbd al-ʿAziz, zielbewußt fortgesetzt; es war dabei mehrfach wegen Fragen untergeordneter Natur mit Deutschland in Konflikt geraten. Im Februar 1909 hatte man sich dann in Berlin, zumal Wilhelm II. es für sinnlos hielt, sich wegen dieses als relativ wertlos erachteten Landes immer wieder mit den Franzosen und Briten zu überwerfen, dazu durchgerungen, mit Frankreich einen Vertrag abzuschließen, der diesem faktisch die politische und wirtschaftliche Vorherrschaft in Marokko zubilligte, wogegen die Pariser Regierung sich bereit fand, den vorhandenen ökonomischen Interessen Deutschlands ungehinderte Betätigung und eine angemessene Beteiligung an den Konzessionen und wirtschaftlichen Projekten des marokkanischen Staates zuzusichern. Dennoch kam die marokkanische Frage auch in der Folgezeit nicht zur Ruhe. In Deutschland entfachten die Alldeutschen, im Bunde mit der einzigen größeren Firma, die in Marokko wirtschaftlich ernsthaft engagiert war, den Gebrüdern Mannesmann, eine leidenschaftliche Pressekampagne gegen den deutsch-französischen Vertrag vom Februar 1909, der als einseitige Preisgabe der deutschen Interessen in Marokko gebrandmarkt wurde. Überdies wurde aus der in diesem Vertrage vorgesehenen Kooperation deutscher und französischer Firmen bei der Nutzung marokkanischer wirtschaftlicher Möglichkeiten nichts Rechtes; es kam vielmehr wiederholt zu beträchtlichen Reibereien, so insbesondere über eine angemessene Beteiligung deutscher Firmen an den marokkanischen Eisenbahnbauten, welche zu erheblicher Verärgerung auf deutscher Seite führten.

Auch vom französischen Standpunkt aus konnte der bestehende Zustand nicht restlos befriedigen. Die stufenweise Aushöhlung der Bestimmungen der Algecirasakte war bereits so weit vorangetrieben, daß früher oder später eine völkerrechtliche Anerkennung der französischen Vorherrschaft in Marokko nicht mehr zu umgehen war. Der Anstoß dazu kam von Vorgängen innerhalb Marokkos selbst. Ende April 1911 war in Fez ein Aufstand gegen den Sultan von Marokko ausgebrochen. Was sollte werden, wenn ʿAbd al-ʿAziz, welcher die französische Vorherrschaft bisher, wenn auch gezwungenermaßen, formell legitimiert und völkerrechtlich gedeckt hatte, gestürzt und ein Regime marokkanischer Häuptlinge an seine Stelle treten würde? Um den Zusammenbruch der Herrschaft des Sultans zu verhindern und damit zugleich die Rechtsbasis für die eigene Vorherrschaft im Lande zu retten, sah sich die französische Regierung veranlaßt, Ende April 1911 mit militärischen Kräften auf Fez zu marschieren und den Aufstand zu unterdrücken; man nutzte freilich die Gelegenheit aus, um das Land nunmehr fest in die eigene Hand zu bekommen.

Die Besetzung von Fez bedeutete, so sehr diese Frankreich auch durch seine bisherige, von den Mächten stillschweigend tolerierte Politik aufgezwungen wurde, völkerrechtlich eindeutig eine Verletzung der Algecirasakte und bot daher dem Deutschen Reiche eine Handhabe, die marokkanische Frage wieder aufzuwerfen. Man war sich in Berlin darüber im klaren, daß man, wenn man überhaupt noch etwas aus Marokko herausholen wollte, jetzt sofort handeln müsse. Kiderlen-Wächter zögerte nicht lange; schon Anfang Mai faßte die deutsche Regierung den Plan, durch Entsendung je eines Kriegsschiffs in die marokkanischen Häfen Mogadir und Agadir, unter dem Vorwand, deutsche Interessen schützen zu müssen, Frankreich zu Verhandlungen zu zwingen. Auch wenn man auf deutscher Seite zunächst nach außen hin den Eindruck erweckte, daß man an eine Aufteilung Marokkos denke, bei welcher der südliche Teil des Landes an Deutschland fallen solle, gingen die wahren Absichten der Reichsleitung von vornherein in eine andere Richtung. Durch die Drohung, sich gegebenenfalls in Südmarokko häuslich niederzulassen, wollte man Frankreich dazu bringen, seinerseits den ganzen französischen Kongo, als Kern eines zukünftigen deutschen Mittelafrika, an das Deutsche Reich abzutreten. Dieser Vorstoß in der Marokkofrage, wie ihn Kiderlen-Wächter einzuleiten sich anschickte, war die einzige wirklich konsequente Aktion der deutschen Weltpolitik vor 1914. Während Bülow und Holstein ihre weltpolitische Aktivität ziel- und planlos auf den ganzen Erdball ausgedehnt und das Deutsche Reich an den verschiedensten Punkten der Erde politisch engagiert hatten, ohne jeden Versuch einer Konsolidierung dieser weit verstreuten Besitzungen, hoffte Kiderlen-Wächter mit der Erwerbung des französischen Kongo die Grundlage für ein geschlossenes mittelafrikanisches Kolonialreich zu legen, das man späterhin durch die Erwerbung Angolas

und des belgischen Kongo zu ergänzen hoffte. Deutsch-Ostafrika, Deutsch-Südwestafrika und Kamerun wären dann zu Eckpfeilern eines stattlichen Kolonialimperiums geworden. In dieser Hinsicht unterschied sich Kiderlen-Wächters politische Konzeption vorteilhaft von der unsteten Prestigepolitik seiner Vorgänger; dennoch aber wiederholte er das Marokkoexperiment Holsteins vom Jahre 1905 ziemlich getreu und beging dabei ziemlich die gleichen Fehlrechnungen wie jener. Kiderlen-Wächter beabsichtigte, durch Ausräumung des marokkanischen Zankapfels das deutsch-französische Verhältnis zu bereinigen und damit zugleich eine wichtige Voraussetzung für eine Besserung der deutsch-englischen Beziehungen zu schaffen, wie sie insbesondere Bethmann Hollweg am Herzen lag. Jedoch erreichte er das genaue Gegenteil: eine Zementierung der englisch-französischen Entente und eine verhängnisvolle Verschärfung im Verhältnis zu England.
Dies war freilich zum guten Teil die Folge der bombastischen, zugleich aber höchst machiavellistisch kalkulierten Taktik, die Kiderlen-Wächter zu wählen für gut befand, für die er übrigens nur mit Mühe die Zustimmung des Kanzlers und des Kaisers hatte erlangen können, welch letzterer von Marokko nach wie vor nichts wissen und wegen dieses Gebietes schon gar nicht das Risiko internationaler Verwicklungen eingehen wollte. Innenpolitisch hatte Kiderlen-Wächter die deutsche Aktion gut, ja, wie sich erweisen sollte, allzu gut vorbereitet. So hatte er durch Vermittlung eines Dr. Regendanz, eines Beauftragten der Hamburg-Marokko-Gesellschaft Max Warburgs, dafür gesorgt, daß eine Reihe von Firmen eine Eingabe an das Auswärtige Amt richteten, in welcher die Wahrung der bedeutenden wirtschaftlichen Interessen deutscher Unternehmungen in Marokko gefordert wurde. Tatsächlich hatten diese Firmen die Eingabe unterschrieben, ohne auch nur deren Inhalt zu kennen, im Vertrauen darauf, daß das Auswärtige Amt dies wünsche; das einzige Unternehmen, das wirklich ernsthaft in Marokko engagiert, aber mit der deutschen Regierung verfeindet war, die Gebrüder Mannesmann, hatte man dabei geflissentlich übergangen! Auch die Presse war vom Auswärtigen Amt auf die bevorstehende Aktion vorbereitet und dazu ermuntert worden, kräftig für ein deutsches Südmarokko einzutreten. Kiderlen-Wächter hatte sich darüber hinaus nicht gescheut, sogar mit dem Vorsitzenden des *Alldeutschen Verbandes*, Claß, in Verbindung zu treten, der im kritischen Moment eine ungemein erfolgreiche Broschüre mit dem Titel *Westmarokko deutsch* erscheinen ließ; ihm war es freilich gelungen, Claß dazu zu bestimmen, wenigstens die schlimmsten Verrücktheiten, wie die Forderung nach der Annexion von Longwy-Briey für den Fall, daß es zum

Kriege mit Frankreich kommen sollte, noch im letzten Augenblick aus den Druckfahnen zu streichen.
In Deutschland war man also auf eine deutsche Marokko-Aktion gefaßt. Die anderen Mächte aber wurden von der Entsendung des deutschen Kanonenbootes *Panther* am 1. Juli 1911, inmitten einer Regierungskrise in Frankreich, vollkommen überrascht und empfanden diesen Schritt als einen unangemessen groben und noch dazu theatralischen Faustschlag auf den Tisch; die offizielle deutsche Begründung, daß man das durch die Unruhen gefährdete Leben deutscher Staatsangehöriger im südlichen Marokko schützen müsse, fand nirgends Glauben. Zwar hatte Kiderlen-Wächter bereits am 20. und 22. Juni 1911 in Gesprächen mit dem französischen Botschafter Cambon in Kissingen angedeutet, daß die deutsche Regierung, sofern Frankreich seine Vorherrschaft in Marokko weiter auszudehnen beabsichtige, ein französisches Kompensationsangebot erwarte; aber der entsprechende Bericht Cambons war eben erst in Paris eingetroffen und hatte noch keine Beantwortung gefunden, da man mit den Fragen der Regierungsbildung einstweilen vollauf beschäftigt war. Allerdings bestand in Paris ohnehin nur höchst geringe Neigung, Deutschland für die Ausweitung des eigenen politischen Einflusses in Marokko einen Preis zu zahlen, zumal man davon ausging, daß Berlin Frankreich bereits in dem Vertrag vom Frühjahr 1909 freie Hand gegeben habe. Die Entsendung des *Panther* aber mahnte die französischen Staatsmänner in äußerst krasser Form daran, daß man es diesmal in Berlin ernst meine und sich mit dilatorischen Verhandlungen und mageren Versprechungen nicht zufriedengeben werde. Kiderlen-Wächter wollte wegen Südmarokko oder einer entsprechenden Kompensation in Mittelafrika keinen Krieg, aber er ging davon aus, daß Frankreich sich nur dann, wenn man auf deutscher Seite äußerst hart auftrete, zu einem auch vor dem deutschen Volke vertretbaren Angebot herbeilassen werde: »Es ist die letzte Gelegenheit, ohne zu fechten — etwas Brauchbares in Afrika zu erhalten.«[83] Das war ein gefährliches Spiel hart am Rande eines großen europäischen Krieges, bei dem die deutsche Diplomatie allerdings auf die unbedingte Unterstützung der deutschen öffentlichen Meinung zählen konnte. Die Ankunft des *Panther* in Agadir wurde in Deutschland allgemein begeistert begrüßt; die *Rheinisch-Westphälische Zeitung*, ein Blatt der Schwerindustrie, schrieb sogar: »Vor Agadir liegt nun ein deutsches Kriegsschiff! Die Verständigung mit uns über die Aufteilung Marokkos steht den Franzosen noch frei, wollen sie nicht, dann mag der ›Panther‹ die Wirkung der Emser Depesche haben.«[84]
Die französische Reaktion auf diesen deutschen Vorstoß war

zunächst äußerst schroff; in der ersten Aufwallung des Unmuts erwog man, ebenfalls ein Schiff nach Agadir zu entsenden, ein Schritt, der vermutlich einen Krieg unabwendbar gemacht hätte. Dann aber rang man sich zu einer nüchternen Sicht der Dinge durch und entschloß sich, in Verhandlungen mit der deutschen Regierung einzutreten. Wenn Kiderlen-Wächter gehofft hatte, daß die französische Diplomatie nunmehr mit einem konkreten Angebot hervortreten werde und die Angelegenheit rasch zu einem Abschluß gebracht werden könne, noch bevor die anderen Mächte die Möglichkeit haben würden, ihrerseits zu intervenieren, so sah er sich freilich enttäuscht. Die französische Diplomatie verhielt sich, obwohl die Lage Frankreichs nicht eben günstig war, reserviert und höchst zugeknöpft. Die Verhandlungen nahmen von vornherein den Charakter eines diplomatischen Stellungskrieges an. Entgegen seiner ursprünglichen Absicht wurde Kiderlen-Wächter schließlich dazu gezwungen, seinerseits mit der Forderung nach Abtretung des gesamten französischen Kongo herauszurücken, statt ein französisches Angebot abzuwarten. In Paris war man auf Kompensationswünsche dieser Größenordnung einfach nicht vorbereitet und leistete daher den deutschen Forderungen hartnäckigen Widerstand. Kiderlen-Wächter meinte Mitte Juli 1911, es werde noch »sehr kräftig aufgetreten werden müssen«[85], wenn man die Franzosen zum Nachgeben bringen wolle – ein Ausspruch, der Wilhelm II. in höchste Erregung versetzte, weil er internationale Verwicklungen und womöglich einen europäischen Krieg um jeden Preis vermeiden wollte. In der Tat wuchs, je mehr sich die Verhandlungen in die Länge zogen, die Gefahr einer Intervention Englands und vielleicht auch Rußlands zugunsten ihres Ententepartners. Da Kiderlen-Wächter die englische Regierung über die wahren Absichten der deutschen Politik im dunkeln ließ, um nicht das Faustpfand Südmarokko vorzeitig zu entwerten, war man in London höchst beunruhigt. Man argwöhnte, daß Deutschland eine Flottenstation in Agadir errichten wolle, ein Gedanke, den man innerhalb wie außerhalb der Regierung als alarmierend empfand, obwohl rein militärisch ein solcher Hafen keine große Bedeutung gehabt hätte. Hinzu kam die Befürchtung, Deutschland wolle seine Hegemonialstellung auf dem europäischen Kontinent in eine offene Vorherrschaft verwandeln. Als die deutschen Forderungen am 18. Juli in London bekanntwurden, beurteilte man diese als einen Versuch, Frankreich demütigende Bedingungen aufzuzwingen und dadurch die *Entente Cordiale* zu sprengen. Am 21. Juli 1911 gab Lloyd George in einer Rede im *Mansion House* in London, die zuvor mit Asquith und Grey abgesprochen war, in verhüllter, aber gleichwohl unmißverständlicher Form zu erkennen, daß England im Kriegsfalle nicht abseits stehen werde. Vergeblich bemühte sich die deutsche Regierung, den bedrohlichen Charakter der Rede Lloyd Georges, der bisher als Anhänger einer Verständigung mit Deutschland gegolten hatte, in der dem Auswärtigen Amt nahestehenden Presse hinwegzudisputieren; in Deutschland brach ein Sturm der Entrüstung über Großbritanniens Haltung los, welches sich wieder einmal den legitimen weltpolitischen Bestrebungen des Deutschen Reiches in den Weg gestellt habe. Die französische Regierung aber war angesichts der Rückendeckung durch England, die nun auch in französisch-englischen Generalstabsbesprechungen über die Entsendung und den Einsatz eines Expeditionsheeres auf dem europäischen Kontinent ihren Niederschlag fand, weniger denn je dazu bereit, gegenüber dem Deutschen Reiche nachzugeben und sich zu Konzessionen nennenswerten Umfangs herbeizulassen.

Auf beiden Seiten bemächtigte sich der öffentlichen Meinung eine gewaltige nationalistische Erregung, die durch die verschiedensten politischen Agitationsverbände nach Kräften geschürt wurde. Sie machte es den Regierungen schwer, ihre Ausgangspositionen zu räumen und einen Kompromiß zu finden. Kiderlen-Wächters vorsichtige Versuche, für die Idee der Erwerbung des Kongo unter Verzicht auf Marokko Stimmung zu machen, mißlangen vollständig; die deutsche Presse bestand jetzt einhellig darauf, daß man Südmarokko, zumindest aber das Sus-Gebiet, bekommen müsse. Die Pressestimmen, die es wegen Marokko auf einen großen europäischen Krieg ankommen lassen wollten, mehrten sich beängstigend, und als die *Post* und Hardens *Zukunft* Ende Juli gar die Gerüchte über den unbedingten Friedenswillen Wilhelms II. aufgriffen und dem Kaiser vorwarfen, daß er vor den anderen Mächten feige zurückweiche, stieg auch in höchsten Kreisen die Bereitschaft, notfalls einen Krieg zu riskieren. Umgekehrt aber stand auch die französische Regierung unter dem Druck ihrer eigenen nationalistischen Presse, welche jegliche Konzessionen auf kolonialem Gebiete emphatisch ablehnte und Deutschland das Recht absprach, in die marokkanischen Dinge hineinzureden.

So kam es Ende Juli zu einer gefährlichen Zuspitzung der Lage. In England veranlaßte man, über die Möglichkeit eines plötzlichen Überfalls der deutschen Flotte besorgt, die teilweise Mobilisierung der Hochseeflotte; darüber hinaus trafen die Generalstäbe Englands und Frankreichs Abreden für den Fall eines Krieges. Die Verhandlungen zwischen Frankreich und Deutschland kamen nicht vom Fleck; beide Partner rekriminierten, daß man die vereinbarte Vertraulichkeit der Verhandlungen nicht gewahrt habe. Kiderlein-Wächter selbst war tief deprimiert: »Unser Ansehen ist heruntergewirtschaftet, im äußersten Falle müssen wir fechten.«[86] Er wollte auch jetzt keinen Krieg, aber er sah für Deutschland nur dann eine Chance, mit Ehren aus der Sache herauszukommen, wenn man die französischen Staatsmänner wissen ließ, daß man jetzt wirklich zum Äußersten entschlossen sei. Infolgedessen stand Europa Anfang August und dann noch einmal Anfang September 1911 am Rande eines großen Krieges.

Dann aber begann man auf beiden Seiten einzulenken. In Deutschland war es eine Börsenpanik, in Frankreich die Mitteilung des russischen Botschafters in Paris, Iswolski, daß Rußland eine friedliche Regelung der Krise wünsche, da die Marokkofrage dessen »vitale Interessen« nicht berühre[87], die den Anstoß dazu gab. Hinter dem Rücken seines eigenen Außenministers knüpfte der französische Ministerpräsident Caillaux Verbindungen zur deutschen Regierung an, und auch Kiderlen-Wächter ließ sich jetzt zu erheblichen Konzessionen herbei. In langwierigen Verhandlungen, bei denen auf beiden Seiten zäh gerungen wurde, einigte man sich schließlich, namentlich im Hinblick auf die nationalistische Presse beider Länder, auf ein Abkommen, das äußerlich einem Gebietsaustausch glich. Deutschland erhielt einen Teil des französischen Kongo mit einem von der deutschen Regierung im Hinblick auf zukünftige Entwicklungen hoch bewerteten direkten Zugang zum belgischen Kongo, mußte dafür aber einen Teil der deutschen Kolonie Togo an Frankreich abtreten, sehr zum Ärger des Reichskolonialamts, dessen Chef von Lindequist demonstrativ zurücktrat. Am 4. November 1911 wurden die Verträge über Marokko und den Kongo unterzeichnet. Die Krise war noch einmal friedlich beigelegt worden, allerdings in einer Weise, die man nicht eben als großen deutschen Erfolg bezeichnen konnte.

Auf beiden Seiten des Rheins nahm die öffentliche Meinung die Verträge über Marokko und den Kongo mit äußerstem Mißfallen zur Kenntnis. Caillaux, dem für das schließliche Zustandekommen einer friedlichen Regelung ein erhebliches Verdienst gebührte, wurde im Januar 1912 wegen seiner angeblich deutschfreundlichen Haltung gestürzt, als Einzelheiten über seine geheimen, hinter dem Rücken des Quai d'Orsay geführten Verhandlungen bekanntwurden. An seine Stelle trat Poincaré, der nun ein Kabinett der nationalen Konzentration bildete, welches seine Hauptaufgabe darin sah, Frankreich auf eine eventuelle militärische Auseinandersetzung mit den Mittelmächten so gut wie möglich vorzubereiten. In Deutschland aber brach ein Sturm der Entrüstung gegen die Regierung Bethmann Hollweg los, welche die nationalen Interessen des Reiches ganz ungenügend gewahrt habe. Jetzt rächte es sich, daß die Presseabteilung des Auswärtigen Amtes den Deutschen anfänglich mit

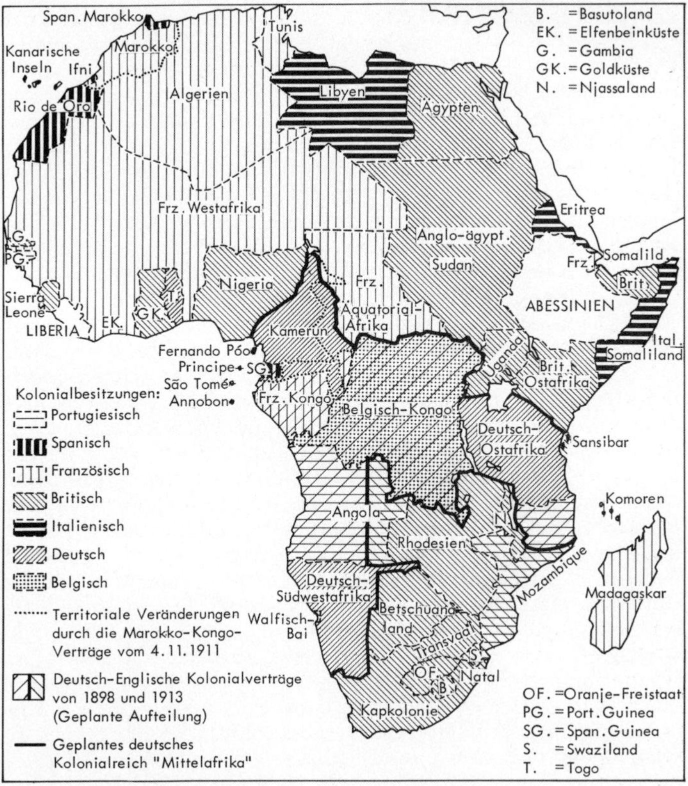

Abb. 15: Afrika vor dem Ersten Weltkrieg

der Idee der Erwerbung Südmarokkos den Mund wässerig gemacht hatte; im Reichstage mißbilligten alle Parteien mit Ausnahme der Sozialdemokratie die Politik der Regierung. Der konservative Parteiführer Heydebrandt von der Lasa aber gab seinen Ausführungen im Reichstage eine schroff antienglische Wendung: »Wir wissen jetzt, wo der Feind steht.«[88] Was half es, daß der Reichskanzler sich in aller Form gegen derartige kriegshetzerische Reden verwahrte! Breite Kreise des deutschen Volkes waren nunmehr überzeugt, daß allein England die deutsche Politik in der Marokkofrage zum Scheitern gebracht habe und daß nur eine stärkere Rüstung zur See künftige demütigende Niederlagen auf weltpolitischem Gebiete abwenden könne.

Die deutsche Weltpolitik war, das hatte der Ausgang der zweiten Marokkokrise gezeigt, in der Tat in eine Sackgasse geraten. Gegen den Willen Englands und Frankreichs waren mit diplomatischen Mitteln keine nennenswerten Erwerbungen in Übersee zu machen. Es blieben nur zwei Möglichkeiten offen: Entweder versuchte man trotz aller Differenzen in der Vergangenheit ein freundschaftliches Verhältnis zu England herzustellen, um dessen Unterstützung für eine Politik maßvoller kolonialer Erwerbungen zu erlangen. Oder aber man entschied sich, die Berücksichtigung der eigenen weltpolitischen Wünsche seitens der anderen Großmächte mit Hilfe einer Politik gesteigerten Rüstungsdrucks, mit anderen Worten, einer Politik des ›kalten‹, oder wie Hans Delbrück damals sagte, ›trockenen‹ Krieges zu erzwingen.[89] Diese zweite Alternative wurde damals in weiten Kreisen der deutschen Öffentlichkeit außerordentlich populär. Tirpitz nutzte diese Stimmung dazu aus, um Regierung und Reichstag eine neuerliche Verstärkung der deutschen Flotte vorzuschlagen, durch welche das 1908 für die Jahre 1909 bis 1912 beschlossene ›Vierertempo‹ verewigt werden sollte; er begründete diesen Schritt mit dem agitatorisch höchst wirksamen Argument, daß nach dem Fehlschlag der deutschen Marokkopolitik eine stärkere Marine unbedingt erforderlich sei, »um Weltpolitik zu treiben«[90].
Bethmann Hollweg und Kiderlen-Wächter sahen deutlich die Gefahren, die eine solche Politik gesteigerten Rüstungsdrucks in der damaligen weltpolitischen Situation in sich barg. Sie suchten daher, ohne auf einen weiteren Ausbau der deutschen Rüstung namentlich zu Lande ganz zu verzichten, nach einem Wege, der geeignet war, Deutschland Schritt für Schritt wieder aus der unerquicklichen Lage herauszuführen, in die es sich im vergangenen Jahrzehnt selbst hineinmanövriert hatte. Tirpitz' neuerlichen Flottenplänen brachten sie daher stärkstes Mißfallen entgegen; sie waren im Gegenteil fest entschlossen, nunmehr einen Ausgleich mit England herbeizuführen, mochte diese Politik auch in der breiten Öffentlichkeit nicht eben populär sein. Die Chancen eines Erfolges waren an sich nicht ungünstig, denn so groß im *Foreign Office* das Mißtrauen gegenüber den Zielen der deutschen Außenpolitik auch war, welcher man das Streben nach der uneingeschränkten Hegemonie auf dem Kontinent unterstellte, man sah doch ein, daß man dem wirtschaftlich aufstrebenden Deutschen Reich nicht den Weg in eine weltpolitische Zukunft ganz verlegen dürfe, ohne die gemäßigten Kreise in die Arme der militant nationalistischen Kräfte zu treiben. Auch der russischen Diplomatie waren derartige Gedankengänge nicht fremd.[91]
Tirpitz aber wollte nicht darauf verzichten, die Erbitterung der deutschen öffentlichen Meinung über den Fehlschlag der deut-

schen Marokko-Aktion zur Verwirklichung einer neuen Flottenvermehrung auszunutzen, und da er für seine Pläne die enthusiastische Unterstützung des Kaisers fand, kam es im Winter 1911/1912 zu einem Machtkampf zwischen der politischen Leitung und der Marine. Bethmann Hollweg war außerstande, die Einbringung einer neuen Flottennovelle einfach zu verhindern. So verlegte er sich darauf, diese, nachdem er ihr durch Abzweigung eines Teiles der Mittel für das Heer die schärfsten Zähne bereits gezogen hatte, durch ein gewagtes außenpolitisches Manöver zu Fall zu bringen oder ihr doch wenigstens ihren außenpolitisch bedrohlichen Charakter zu nehmen. Er entschloß sich, die bevorstehende Novelle als Anlaß für die Aufnahme von Verhandlungen mit England über eine Reduzierung des beiderseitigen Flottenbaues und ein politisches Abkommen zu benutzen. Bethmann Hollweg hoffte, auf diese Weise seine eigene politische Konzeption gegen den Willen der Marine doch noch durchzusetzen.

Durch Vermittlung des Leiters der HAPAG, Ballin, und des britischen Bankiers von Cassell, der über gute Beziehungen zu den englischen Regierungskreisen verfügte, gelang es Anfang 1912 unerwartet rasch, deutsch-englische Verhandlungen in Gang zu bringen. Freilich war der englischen Regierung ebenfalls daran gelegen, mit Deutschland über eine beiderseitige Rüstungsbeschränkung zur See ins Gespräch zu kommen, um einer weiteren drastischen Erhöhung des eigenen Flottenetats aus dem Wege zu gehen, oder doch zumindest, um gegenüber der Linken darauf verweisen zu können, daß man den aufrichtigen Versuch gemacht habe, sich mit den Deutschen zu verständigen. Nach einigem Hin und Her entschloß sich die britische Regierung, zwar nicht Sir Edward Grey oder Winston Churchill, wie Wilhelm II. gehofft hatte, aber den Kriegsminister Lord Haldane nach Berlin zu entsenden, damit dieser im persönlichen Gespräch mit den Verantwortlichen die Basis für ein eventuelles Abkommen mit Deutschland erkunde, welches neben einer Vereinbarung über die Flottenfrage auch die kolonialen und die politischen Probleme umfassen sollte. Jedoch war man in Berlin heillos zerstritten über das Ausmaß der Forderungen, welche man für den Fall eines teilweisen Verzichts auf die Flottennovelle an England stellen sollte. Tirpitz, der mit Recht argwöhnte, daß das Ganze nur inszeniert worden sei, um die Novelle doch noch zu Fall zu bringen, verlangte nicht mehr und nicht weniger als ein umfassendes Neutralitätsabkommen sowie eine Festlegung der beiderseitigen Flottenstärken auf ein Verhältnis 2:3, eine Relation, die die englische Admiralität für ganz und gar unannehmbar ansah. Auch Bethmann Hollweg ging davon aus, daß eine Reduzierung des deutschen Flottenbaues nur dann zu vertreten sei, wenn die englische Politik gegenüber dem Deutschen Reich einen freundschaftlichen Kurs einschlage. Aber er war doch mit einem geringeren Preis zufrieden und wollte darüber hinaus seinerseits mehr dafür zahlen als Tirpitz und der Kaiser. Für ein bedingtes Neutralitätsabkommen, das einer Neuorientierung der englischen Politik gleichgekommen wäre, hätte er am liebsten die ganze Novelle aufgegeben; aber das durfte er nicht allzu laut sagen, wollte er nicht seine eigene politische Stellung gefährden. Dennoch ließen sich die Besprechungen mit Haldane relativ günstig an. Haldane gab zu erkennen, daß die englische Regierung bereit sei, in den kolonialen Fragen großzügig zu verfahren; und auch über die Grundzüge einer politischen Formel, die zwar keine Neutralitätsverpflichtung Englands enthielt, aber Bethmann Hollweg als Basis für ein politisches Abkommen durchaus annehmbar erschien, konnte eine Annäherung der Standpunkte erreicht werden. In den Verhandlungen über die Flottenfrage mit Tirpitz und Wilhelm II., an denen die ›Zivilisten‹ charakteristischerweise nicht teilnahmen, zeigte sich Haldane unerwartet konziliant. Er gab sich, allerdings erst nach hartnäckigen Verhandlungen, mit einer bloßen Verlangsamung des Bautempos, bei prinzipieller Aufrechterhaltung der Novelle, zufrieden. Wilhelm II. und Tirpitz waren hocherfreut; sie glaubten, das politische Bündnis mit England ohne eine ernsthafte Beschneidung des deutschen Flottenbaues bereits in der Tasche zu haben.

In London war man über die weiche Verhandlungstaktik, die Haldane in Berlin an den Tag gelegt hatte (in der Tat hatte ihn selbst das deutsche Auswärtige Amt insgeheim dazu ermutigt, in der Flottenfrage energischer aufzutreten und von Tirpitz mehr zu verlangen!), weniger glücklich. Die Reaktion der Admiralität auf den Text der deutschen Flottennovelle, den Bethmann Hollweg dem britischen Kriegsminister mitgegeben hatte, war höchst negativ. Churchill, der neue Marineminister, und die Admiralität entdeckten in der Novelle einen Pferdefuß, der Haldane ganz entgangen war und den sie für weit schlimmer hielten als die darin vorgesehenen Neubauten, nämlich die geplante Aufstellung eines dritten Geschwaders, durch welches die permanente ›Indiensthaltung‹ und damit die Kriegsbereitschaft der deutschen Flotte beträchtlich gesteigert worden wäre; für den Fall der Verwirklichung dieser Pläne werde man in England entsprechende, höchst kostspielige Maßnahmen ergreifen müssen, um die dauernde Kriegsbereitschaft eines größeren Teils der englischen Heimatflotte zu gewährleisten und so vor einem deutschen Überraschungsangriff sicher zu sein. Und im *Foreign Office* witterte man hinter dem deutschen Wunsch nach einer politischen Vereinbarung, die einem englischen Neutralitätsversprechen für den Fall eines kontinentalen Krieges nahekam, den Versuch, England aus seinen Ententen herauszulösen, ohne daß es entsprechende Gegenleistungen erhielt. So fiel die Antwort der englischen Regierung auf die mit Haldane erörterten und von diesem, wie es schien, relativ wohlwollend aufgenommenen deutschen Vorschläge sehr reserviert, ja negativ aus. Es erwies sich, was Bethmann Hollweg und Kiderlen-Wächter allerdings von vornherein klargewesen war, daß die englische Regierung ohne eine substantielle Reduzierung der Novelle, gegebenenfalls sogar ohne einen völligen Verzicht auf diese, für ein politisches Abkommen weitreichenden Charakters überhaupt nicht zu haben war.

Tirpitz und Wilhelm II., aufgebracht darüber, daß die Engländer aus der von ihnen so kunstvoll gesponnenen Schlinge wieder herausgeschlüpft waren, kochten vor Zorn und pochten auf die Einhaltung der angeblich von Haldane definitiv gemachten Zusagen; und als die Engländer hart blieben, verlangten sie die sofortige Ankündigung der Novelle. Bethmann Hollweg aber war nicht bereit, den eben erst angeknüpften Faden zu England, der namentlich im kolonialpolitischen Bereich hoffnungsvolle Anerbietungen der englischen Regierung gebracht hatte, sofort wieder abreißen zu lassen. Vielmehr bemühte er sich weiterhin mit äußerster Zähigkeit, ein Abkommen zustande zu bringen, welches dem Deutschen Reich die englische Neutralität zumindest für den Fall eines unprovozierten Angriffs von dritter Seite zugesichert hätte. Er und Kiderlen-Wächter hofften sehnlichst auf ein entsprechendes englisches Angebot, das ihnen eine Handhabe gegeben hätte, die Novelle doch noch ganz oder teilweise zu Fall zu bringen. Ein entsprechender Schritt der englischen Regierung ließ hingegen auf sich warten. Umgekehrt versteifte sich der Widerstand des Kaisers und des Staatssekretärs des Reichsmarineamtes gegen eine Reduzierung der Novelle. Tirpitz ließ darüber hinaus hinter dem Rücken des Kanzlers in der Presse Stimmung für die bevorstehende Novelle machen. Die Kanzlerschaft Bethmann Hollwegs stand infolgedessen einige Tage auf des Messers Schneide. Nur ein uneingeschränktes Neutralitätsabkommen mit England hätte schließlich noch ausgereicht, um der Sache des Kanzlers gegen die vereinte Opposition der Marine, des Kaisers und der deutschen öffentlichen Meinung zum Siege zu verhelfen. Zur großen Enttäuschung Bethmann Hollwegs aber blieb selbst das Angebot einer nur bedingten Neutralität Englands für den Fall eines kontinentalen Krieges, wie es dem ursprünglichen Vorschlag Haldanes entsprochen haben würde, aus; die Formel, die Grey schließlich am 17. März 1912 der deutschen Regierung übermittelte, war zu allgemein, um den Kanzler und Kiderlen-Wächter zu befriedigen, da die beiden deutschen Staatsmänner die Neutralität Englands vor allem für den Fall sicherstellen wollten, daß ein wegen Balkanfragen ausbrechender Krieg Deutschland und Österreich-Ungarn gegen Rußland und Frankreich engagieren würde. So endeten die deutsch-englischen Verhandlungen vom Frühjahr 1912 mit einem Mißerfolg. Auch wenn auf beiden Seiten die Tür für künftige Verhandlungen insbesondere über koloniale Fragen weiterhin offen blieb, war doch in Berlin die Enttäuschung groß; der erhoffte Ausbruch aus dem Ring der Tripleentente war ausgeblieben. England war zwar zu einem Rapprochement bereit, nicht aber zu einem Abkommen, durch welches es seine bisherigen Bündnisse aufs Spiel gesetzt haben würde.

Die Konsequenz dieser Entwicklung war, daß erneut ein gewaltiges Wettrüsten einsetzte. Im April 1912 billigte der deutsche Reichstag nicht nur die Flottennovelle, sondern auch eine neue Heeresvorlage. Die anderen Mächte aber blieben nicht zurück. Frankreich und Rußland unternahmen neue Anstrengungen, ihre Rüstung zu Lande und zur See zu verbessern. Churchill, der englische Marineminister, war gewillt, den Deutschen die Nutzlosigkeit ihres Flottenbaues zu demonstrieren; für jedes neue deutsche Schiff beschlossen die Engländer, deren zwei zu bauen. Gleichzeitig entschied man sich dafür, die englische Mittelmeerflotte in die Heimatgewässer zurückzuziehen, um die Schlagkraft der *Home Fleet* zu steigern. Für den Fall eines Krieges zwischen der Tripleentente und dem Dreibund sollte der Schutz des Mittelmeeres allein der französischen Flotte überlassen bleiben, während England dafür die Sicherung der französischen Kanalküste zu übernehmen versprach. Auf dieser Basis schloß man im Juli 1912 ein Flottenabkommen mit Frankreich ab, das England im Kriegsfalle faktisch weitgehend festlegte, mochte die englische Regierung auch noch so sehr betonen, daß sie sich dadurch politisch nicht gebunden fühle. Der Notenaustausch zwischen Grey und Cambon vom November 1912, der der englisch-französischen militärischen Zusammenarbeit zur See und zu Lande schließlich ein politisches Fundament gab, sah zwar für den Fall eines ausbrechenden Krieges nur gegenseitige Konsultationen über die Art der zu ergreifenden Maßnahmen vor und kann insofern nicht als echter Bündnisvertrag gewertet werden; aber er begründete doch ein enges politisches Zusammengehen beider Mächte, das England im Kriegsfall schwerlich eine andere Wahl ließ als die Unterstützung seines Partners.

Im Endresultat hatte also die deutsche Marokkopolitik des Jahres 1911, statt dem Deutschen Reiche wieder größere Bewegungsfreiheit namentlich in weltpolitischen Fragen zu erkämpfen, zu einer Verfestigung der gegen die Mittelmächte gerichteten Ententen geführt. Die europäischen Großmächte standen einander in zwei, wenn auch untereinander keineswegs einheitlichen, Bündnisblöcken waffenstarrend gegenüber. Die europäischen Völker aber wurden in wachsendem Maße von einem leidenschaftlichen, bisweilen gar fanatischen Nationalismus erfaßt, der sich zunehmend gegen die nationale Eigenart und die Existenz des jeweiligen Nachbarlandes richtete. In allen Ländern Europas sahen sich die Regierungen gleichermaßen dem Druck einer lautstarken Agitation ausgesetzt, die eine kraftvolle und unnachgiebige Außenpolitik forderte. Dennoch wünschte man, von kleinen marginalen Gruppen abgesehen, nirgends einen Krieg herbei, und schon gar nicht die verantwortlichen Staatsmänner, welche die Konsequenzen einer unbesonnenen Außenpolitik besser zu überschauen vermochten als die meinungsbildenden Gruppen der Gesellschaft. Aber man war nun so stark gegeneinander engagiert, daß jede Veränderung innerhalb des europäischen Mächtesystems unmittelbar die Gefahr eines allgemeinen Krieges in sich barg.

Zu einer akuten Zuspitzung gelangten die Mächtegegensätze freilich erst, als im Gefolge der zweiten Marokkokrise das imperialistische Fieber auch auf Italien und die Balkanstaaten übersprang. Im Herbst 1911 sah Italien den Zeitpunkt gekommen, um sich, nachdem die Franzosen ein Protektorat über Marokko errichtet hatten, seinerseits in Tripolis und der Cyrenaika, dem heutigen Libyen, festzusetzen. Da sich der Sultan einer Abtretung dieser Gebiete widersetzte, eröffneten die Italiener Ende September 1911 den Krieg gegen das Osmanische Reich und machten Anstalten, nicht nur den Dodekanes zu besetzen, sondern auch die europäischen Besitzungen der Türkei anzugreifen. Warnungen Österreich-Ungarns, daß durch eine derartige Aktion das labile Gleichgewicht auf dem Balkan zusammenbrechen und eine krisenhafte Entwicklung ausgelöst werden könne, die voraussichtlich unübersehbare Folgen haben würde, verfingen nicht. Im Laufe der Operation erwies sich die militärische Schwäche des Osmanischen Reiches in geradezu drastischer Weise. Den Großmächten aber waren durch ihre geheimen Verträge mit Italien die Hände gebunden, und so standen sie untätig beiseite. Dies war besonders irritierend für das Deutsche Reich, das an einer Aufrechterhaltung der Machtstellung der Türkei besonders stark interessiert war und das darüber hinaus befürchten mußte, militärisches und politisches Prestige zu verlieren, hatte es doch der Türkei beim Aufbau ihrer Armee technische Hilfe geleistet. Aber die geheimen Bestimmungen des Dreibundvertrages ließen der deutschen Regierung keine andere Wahl. Freilich bestand in Berlin ebenso wie in den anderen Hauptstädten Europas ohnedies keine große Neigung, sich weiterhin aktiv für die Erhaltung des Osmanischen Reiches ein-

zusetzen. Die Krankheit des Mannes am Bosporus war, so schien es, in das Stadium unheilbaren Siechtums übergetreten.
Während die Großmächte Gewehr bei Fuß standen, schon deshalb, weil sie andernfalls unentwirrbare Verwicklungen befürchteten, sahen die Balkanstaaten nun ebenfalls ihre Stunde gekommen. Die offensichtliche militärische Ohnmacht des Osmanischen Reiches lud geradezu dazu ein, diesem nunmehr die ihm noch verbliebenen europäischen Gebiete zu entreißen und das nationale Einigungswerk des 19. Jahrhunderts auf dem Balkan zu vollenden. Die Balkanstaaten fühlten sich zu einem derartigen Vorgehen um so mehr berechtigt, als die Gravamina über grenzenlose Mißwirtschaft und brutale Repressionsmaßnahmen in den europäischen Gebieten der Türkei niemals verstummt waren und den Großmächten immer wieder Anlaß zu Beschwerden in Konstantinopel gegeben hatten. Überdies war damit zu rechnen, daß die Jungtürken, die die Türkei in einen modernen, zentral gelenkten Einheitsstaat verwandeln wollten, den bestehenden Sonderrechten der nichttürkischen Bevölkerungsgruppen in der europäischen Türkei über kurz oder lang ein Ende bereiten würden. Die Neigung der Balkanstaaten, insbesondere Bulgariens und Serbiens, aber auch Griechenlands und Montenegros, die bisherigen unhaltbaren Zustände in diesen Gebieten nicht länger zu tolerieren und ihre jeweiligen Konnationalen in den eigenen Staat heimzuholen, war größer denn je zuvor und wuchs mit dem Eintreffen immer neuer Siegesnachrichten der Italiener unwiderstehlich an.
Rußland aber befand sich angesichts dieser Entwicklung in einer mißlichen Lage. Getreu seiner historischen Rolle als Beschützer der Christen des Balkans hätte es eigentlich den nationalen Emanzipationskampf der kleineren Völker des Balkans gegenüber dem Osmanischen Reiche rückhaltlos unterstützen müssen, zumal auch die öffentliche Meinung im eigenen Lande nachdrücklich eine derartige Politik befürwortete. Jedoch hatte man in Petersburg nicht das geringste Interesse an einem Krieg der Balkanstaaten gegen die Türkei; man trug sich vielmehr, auch nach dem Scheitern der Verhandlungen Tscharikows mit der Pforte im Jahre 1911, mit dem Gedanken, sich auf dem Wege gütlicher Einigung bestimmenden Einfluß auf die Meerengen zu verschaffen. So richteten sich die Bestrebungen der russischen Diplomatie nach wie vor darauf, ein Bündnis der Balkanstaaten unter Einschluß der Türkei gegen Österreich-Ungarn zustande zu bringen, dem man zu Recht oder zu Unrecht expansive Ambitionen in Richtung auf Saloniki zuschrieb. Rußland wagte es jedoch in der gegebenen Situation nicht, den Bestrebungen der Balkanstaaten auf Befreiung ihrer unter türkischem Joch lebenden Konnationalen offen entgegen-

zutreten. Ganz im Gegenteil: Um seinen politischen Einfluß nicht zu verlieren, ließ man sich auf ein gefährliches Spiel ein und versprach den Balkanstaaten bei der Verfolgung ihrer nationalen Ziele uneingeschränkte Unterstützung. Man versuchte jedoch gleichzeitig, die aggressiven Energien des Balkanbundes auf Österreich-Ungarn abzulenken, was insofern möglich war, als allgemein damit gerechnet wurde, daß die Donaumonarchie bei erstbester Gelegenheit versuchen werde, sich erneut des Sandschak Novibazar zu bemächtigen und dergestalt einen Keil zwischen Serbien und Montenegro zu treiben. Am 13. März 1912 schlossen Serbien und Bulgarien unter russischer Patronage den sogenannten Balkanbund, ein Bündnis, welches sich seinem publizierten Wortlaut nach vor allem gegen eine eventuelle Wiederbesetzung des Sandschak Novibazar durch Österreich-Ungarn richtete, das aber in Wahrheit einem Angriffsbündnis gegen die Türkei gleichkam. Diesem Bündnis traten dann im Mai Griechenland und im August schließlich auch Montenegro bei. Freilich entspannen sich schon bei Abschluß des Balkanbundes erbitterte Auseinandersetzungen über die Aufteilung der zu erwartenden Beute. Es zeigte sich bereits jetzt, daß keiner der Balkanstaaten bereit war, sich mit den von der eigenen Nationalität besiedelten Gebieten zufriedenzugeben. Auch hier gerieten die imperialistische Idee und das Nationalitätsprinzip in Widerstreit, obwohl man zugeben muß, daß angesichts der nationalen Gemengelage und der ungeklärten nationalen Zugehörigkeiten im südlichen Balkan — vielfach war hier die Bindung an eine bestimmte Religion wichtiger als die ethnischen und sprachlichen Kriterien — eine präzise Abgrenzung der Territorien aufgrund des Nationalitätsprinzips nicht durchführbar war. Rußland wurde in diesem Bündnisvertrag zugleich als Protektor der Balkanstaaten und als Schiedsrichter zwischen ihnen angerufen. Es begab sich damit in eine äußerst dubiose Rolle hinein. Allerdings versuchte die russische Diplomatie, die Balkanstaaten wenigstens einstweilen von einem Kriege gegen die Türkei zurückzuhalten, was sich freilich bald als ein Ding der Unmöglichkeit erwies. Als Poincaré anläßlich eines Staatsbesuchs in Petersburg im August 1912 von den russischen Staatsmännern in die Vorgänge auf dem Balkan eingeweiht wurde, erkannte er sofort, daß der Balkanbund keineswegs, wie Sasonow und Iswolski ihn glauben machen wollten, defensiven, sondern aggressiven Charakter trug, aber er scheute dennoch davor zurück, Rußland für den Fall eines allgemeinen europäischen Krieges, der daraus entstehen würde, rundweg die Unterstützung Frankreichs zu versagen. Die öffentliche Meinung Frankreichs, so meinte Poincaré gegenüber Iswolski, werde es allerdings der französischen Regierung nicht erlauben, sich »in reinen Balkanangelegenheiten für ein militärisches Vorgehen zu entscheiden, wenn nicht Deutschland daran beteiligt sei und durch seine eigene Initiative einen *casus foederis* schaffe«[92]. Als wenn ihm nicht der Wortlaut des längst publizierten Zweibundvertrages bekannt gewesen wäre, der Deutschland in einem solchen Falle verpflichtete, der Donaumonarchie zu Hilfe zu kommen. Mit anderen Worten: Poincaré ließ die aggressive Umdeutung des ursprünglich rein defensiv gefaßten russisch-französischen Zweibundvertrages von 1894 durch Rußland mehr oder weniger stillschweigend passieren und erweiterte so das französisch-russische Bündnis auf einen Kriegsfall, welcher sich aus einem Zusammenstoß Rußlands und Österreich-Ungarns wegen Balkanfragen ergeben werde. Poincaré tat dies freilich vorwiegend in dem Bestreben, den Zusammenhalt der Tripleentente gegenüber dem Dreibund, koste es was es wolle, zu festigen. Aus diesem Grunde gab er seinem russischen Kollegen auch Kenntnis von dem eben abgeschlossenen englisch-französischen Flottenabkommen, ein Umstand, der ebenfalls nicht geeignet war, die Russen zur Vorsicht zu mahnen. Mit der Haltung Englands konnte die russische Diplomatie nicht ganz so zufrieden sein. Grey wie Georg V. versicherten zwar dem russischen Außenminister Sasonow anläßlich eines Besuches in Balmoral am 24. September 1912 übereinstimmend, daß England Frankreich und Rußland im Falle eines von Deutschland begonnenen Krieges zu Hilfe kommen werde, aber in der Balkanfrage verhielt sich Grey reserviert.

So ging die russische Regierung mit einem einigermaßen schlechten Gewissen in die bevorstehende Balkankrise hinein, die sie selbst hatte inszenieren helfen. Vermutlich, um sich in den anderen Hauptstädten Europas in ein günstiges Licht zu setzen, regte man im letzten Augenblick eine gemeinsame Demarche der Großmächte bei den Balkanstaaten an, um diese doch noch am Losschlagen zu hindern. In einer in der ersten Oktoberwoche des Jahres 1912 den Balkanstaaten von Rußland und Österreich-Ungarn im Auftrag sämtlicher Großmächte zugestellten Note hieß es, daß der territoriale *status quo* auf dem Balkan keinerlei Änderung erfahren dürfe. Jedoch mißachteten die Balkanstaaten diese bei Lage der Dinge wirklichkeitsfremde Deklaration mit einigem Recht. Nur wenige Tage später, am 17. Oktober 1912, eröffneten sie die militärischen Operationen gegen die Türkei, die eben vor dem endgültigen Friedensschluß mit Italien stand. Die rasch folgenden schweren militärischen Niederlagen der Pforte ließen bald keinen Zweifel mehr daran zu, daß die europäische Herrschaft des Osmanischen Reiches nicht länger aufrechterhalten werden konnte. Schon am 4. November 1912 mußte die türkische Regierung die Großmächte

um Vermittlung eines Friedens mit den Balkanstaaten ersuchen. Die großen Erfolge namentlich der Bulgaren, die binnen weniger Wochen Adrianopel nahmen und im Begriff standen, selbst Konstantinopel zu erobern, veranlaßten die russische Regierung zu der Erwägung, ob man nicht nunmehr den Türken zu Hilfe kommen und Truppen am Bosporus landen solle; denn der Gedanke, die Bulgaren im Besitz der Meerengen zu wissen, weckte in Petersburg die schlimmsten Befürchtungen. Doch vermochten die Türken schließlich selbst das Äußerste abzuwenden und die Bulgaren bei Tschadalda aufzuhalten. Aber die europäischen Gebiete der Türkei waren, mit Ausnahme eines schmalen Landstreifens nördlich der Dardanellen, unrettbar verloren.
Damit war die 1909 nur mühsam noch einmal ohne europäischen Konflikt geregelte Balkanfrage aufs neue aufgeworfen und das europäische Staatensystem an einem seiner von jeher empfindlichsten Punkte in Bewegung geraten. Der Hauptgewinner war, neben den Balkanstaaten, die am Ziel ihrer heißesten Wünsche waren, Rußland, dessen Einfluß auf dem Balkan im Augenblick auf einem Höhepunkt stand und das sich seinem Ziele, der Gewinnung des bestimmenden Einflusses auf die Meerengen, um einiges näher gekommen sah. Für Österreich-Ungarn hingegen brachte die Entwicklung eine ernstliche Einbuße seiner Machtstellung im Südosten mit sich. Jeder Gedanke an eine offensive Balkanpolitik imperialistischen Charakters mußte fortan definitiv aufgegeben werden; die Erhaltung des bestehenden Zustandes trat beherrschend in den Vordergrund. Denn der ungeheure Aufschwung des slawischen Nationalbewußtseins im Gefolge des erfolgreichen Krieges gegen die Türkei zog zwangsläufig ein erneutes Anwachsen der irredentistischen Strömungen in den südslawischen Gebieten der Monarchie nach sich. Darüber hinaus aber war zu erwarten, daß namentlich Serbien und Montenegro sich jetzt mit ganzer Kraft gegen Österreich-Ungarn wenden würden.
In den Hauptstädten Europas wäre man bei Lage der Dinge nicht überrascht gewesen, wenn Österreich-Ungarn Ende Oktober 1912 unverzüglich den Sandschak Novibazar wieder besetzt und auf diese Weise seine südslawischen Besitzungen gegenüber den vereinten serbischen und montenegrinischen Ansprüchen abgesichert hätte. Aber in Wien hatte man im Hinblick auf die großen inneren Schwierigkeiten in Bosnien und der Herzegowina diesen Gedanken von vornherein fallengelassen. Man wollte nicht noch mehr Slawen haben. Desgleichen hatte man, freilich unter dem diplomatischen Druck des deutschen Bundesgenossen, starken Neigungen widerstanden, selbst in die Kampfhandlungen einzugreifen und Serbien daran zu hindern, die Früchte seines Sieges zu ernten. Jedoch war man in

Wien fest entschlossen, Serbien den Weg an die Adria zu verlegen und zu diesem Zwecke ein selbständiges Albanien ins Leben zu rufen. Darüber hinaus trug man sich mit der Idee, Serbien sowie Montenegro zu einem weitgehenden wirtschaftlichen Anschluß an die Donaumonarchie zu zwingen und sie damit einer indirekten Kontrolle zu unterwerfen.

Da auch Italien energisch für die Schaffung eines unabhängigen Albanien eintrat und die englische Regierung diesen Vorschlag gleichfalls nicht ungünstig aufnahm, gewährte die deutsche Diplomatie der Donaumonarchie in diesem Punkte ihre unbedingte Unterstützung, obwohl sowohl Wilhelm II. als auch Bethmann Hollweg in einem serbischen Hafen an der Adria an sich »absolut keine Gefahr für Österreichs Prestige«[93] sahen. Nicht Nibelungentreue veranlaßte die deutsche Diplomatie zu dieser Haltung, sondern die nüchterne Überlegung, daß man Österreich-Ungarn jetzt nicht ganz und gar im Stich lassen dürfe, wolle man nicht das bestehende Bündnis aufs Spiel setzen. Rußland aber trat in den Verhandlungen der Großmächte mit seinem gesamten Gewicht dafür ein, daß Serbien zumindest einen eigenen Zugang an die Adria erhalte. In dieser Frage stießen die russische und die österreichische Balkanpolitik direkt aufeinander, und so kam es Anfang November 1912 zu einer schweren internationalen Krise. In Wien war man über das immer stärkere Einströmen serbischer Truppen nach Albanien im Zuge der noch nicht abgeschlossenen Operationen gegen die Türkei höchst beunruhigt, da auf diese Weise die von Österreich-Ungarn ins Auge gefaßte Lösung im negativen Sinne präjudiziert zu werden drohte, und es mehrten sich daher in der Donaumetropole die Stimmen zugunsten eines sofortigen militärischen Eingreifens in den Krieg. Die Wiederberufung Conrad von Hötzendorffs zum Chef des Generalstabes war dafür ein deutliches Symptom. In Rußland aber schritt man zu Teilmobilmachungen, mit denen man wohl nur die eigene Verhandlungsposition zu stärken beabsichtigte, die aber dennoch einen bedrohlichen Charakter trugen. Österreich-Ungarn antwortete mit entsprechenden militärischen Gegenmaßregeln. Die Gefahr eines europäischen Krieges war unmittelbar gegeben.

Die deutsche Diplomatie war während der Krise bemüht, in enger Zusammenarbeit mit England, das gleichfalls an den Balkanfragen nicht unmittelbar interessiert war, eine friedliche Regelung zustande zu bringen, ohne doch den eigenen Bundesgenossen preiszugeben. Die Taktik der deutschen Regierung war dabei keineswegs frei von Nebenabsichten. Vielmehr hoffte Kiderlen-Wächter auf diesem Wege zugleich die ersehnte Verbesserung der Beziehungen zu London zu erreichen: »Sicher ist, daß ein praktisches Zusammengehen mit England in einer wichtigen Frage der allgemeinen Politik heilsamer als alle Verbrüderungsfeste und papierenen Abreden auf unsere Beziehungen zu den Vettern jenseits des Kanals einwirken würde.«[94] So tat die deutsche Regierung ihr möglichstes, um die namentlich Ende November wieder aufflackernden Kriegsneigungen in Österreich-Ungarn zu dämpfen. Aber diese Politik hatte eine feste Grenze, über die Kiderlen-Wächter und Bethmann Hollweg nicht hinauszugehen willens waren: die Großmachtstellung Österreich-Ungarns sollte keine Beeinträchtigung erfahren, allein schon deshalb nicht, weil dies einer Schwächung der eigenen politischen Gruppe gleichgekommen wäre. Diesen Gesichtspunkt vertrat Bethmann Hollweg in seiner Reichstagsrede am 2. Dezember 1912 in vielleicht ein wenig zu kriegerischen Formulierungen. Grey wertete die Ausführungen des deutschen Kanzlers vor allem wegen ihrer schroff antirussischen Tendenz als ›Fanfare‹ und ließ dem deutschen Botschafter in London in aller Offenheit erklären, daß England, sollte es infolge einer österreichischen militärischen Aktion in Serbien zu einem europäischen Kriege kommen, schwerlich stiller Zuschauer werde bleiben können, weil es aus Gründen des europäischen Gleichgewichts »unter keinen Umständen eine Niederwerfung der Franzosen«[95] hinnehmen könne. Diese Warnung war freilich gar nicht nötig, und ihr Inhalt überraschte die deutschen Staatsmänner keineswegs sonderlich, während Wilhelm II. von einem Anfall von Kriegspanik erfaßt wurde. In Berlin war man vielmehr aufrichtig an einer Lösung der Krise durch Verhandlungen interessiert, für die dann im Dezember 1912 in der Londoner Botschafterkonferenz eine geeignete Basis gefunden wurde. Es gelang der deutschen Diplomatie schließlich auch, im Zusammenspiel mit der englischen Regierung eine friedliche Regelung der Krise zustande zu bringen. Namentlich dank der konsequenten deutschen Unterstützung fand der österreichisch-ungarische Vorschlag, einen selbständigen albanischen Staat zu errichten und Serbien einen Hafen an der Adria zu verweigern, schließlich die Zustimmung aller Großmächte. Damit war der wichtigste Punkt der österreichischen Forderungen erfüllt, die Abdrängung Serbiens von der Adria.

Jedoch erwies sich die Durchführung der Beschlüsse der Londoner Botschafterkonferenz gegenüber dem vereinten Widerstand Serbiens und Montenegros, die sich verständlicherweise nicht nachträglich einen Teil ihrer Kriegsbeute wieder entreißen lassen wollten, als ungemein schwierig. In den folgenden Monaten entspannen sich über die Einzelheiten der Grenzziehung des neuen Fürstentums Albanien heftigste diplomatische Fehden, in deren Mittelpunkt insbesondere das Schicksal der türkischen Festung Scutari stand, welche die Montenegriner mit serbischer Hilfe immer noch belagerten, obwohl die Österreicher und Italiener sie gemäß den Beschlüssen der Londoner Konferenz dem neuen albanischen Staate zugeschlagen wissen wollten. Auch eine Blockade der montenegrinischen Küste durch die Flotte der Großmächte mit dem Ziel, die Respektierung der Beschlüsse der Londoner Botschafterkonferenz zu erzwingen, führte zu keinem Ergebnis. Weder wollten die Montenegriner Scutari, das am 23. April 1913 endlich gefallen war, wieder herausgeben, noch fanden sich die Serben dazu bereit, das albanische Territorium zu räumen. Unter diesen Umständen faßte man in Wien einen militärischen Schlag, sei es gegen Montenegro allein, sei es gegen Montenegro und Serbien gemeinsam, nunmehr doch ernstlich ins Auge, um zu verhindern, daß die im Kreise der Großmächte ausgehandelte Regelung durch *faits accomplis* der Serben und Montenegriner gänzlich untergraben und Österreich-Ungarn als der Hereingefallene dastehen würde. Glücklicherweise bedurfte es dessen nicht mehr, da sich die Balkanstaaten schließlich Anfang Mai den vereinten Vorstellungen der Großmächte beugten. Am 30. Mai 1913 kam es in London zum Abschluß eines Präliminarfriedens zwischen dem Balkanbund und der Türkei, in dem den Großmächten die Errichtung eines selbständigen Staates Albanien und die Festlegung seiner Grenzen überlassen wurde.

Damit war jedoch die Angelegenheit keineswegs bereinigt. Nicht nur stand das Fürstentum Albanien vorläufig bloß auf dem Papier; auch die Einigkeit unter den Balkanstaaten selbst war dahin. Sie zerstritten sich untereinander um die Verteilung der Kriegsbeute. Im Juni 1913 griff Bulgarien die bisherigen Bundesgenossen Serbien und Griechenland an. Es hatte seine Kräfte freilich überschätzt; der zweite Balkankrieg wuchs sich für Bulgarien zu einer Katastrophe aus, zumal auch Rumänien und die Türkei in die Kämpfe eingriffen. Ersteres entriß Bulgarien die Dobrutscha, letzteres eroberte Adrianopel zurück; Serbien und Griechenland aber beraubten Bulgarien des größten Teils der Gewinne aus dem ersten Balkankrieg. Serbien schob dabei seine südliche Grenze bis weit nach Mazedonien hinein vor; es vergrößerte sein Territorium fast auf das Doppelte und durfte sich als den eigentlichen Sieger des zweiten Balkankrieges betrachten.

Der Ausgang dieses Konfliktes wurde in Wien als politisches Unglück erster Ordnung betrachtet, sah man doch, der wohlmeinenden Ratschläge der deutschen Regierung ungeachtet, sich mit Serbien gutwillig zu verständigen, in diesem Land eine beständige Gefahr für die Donaumonarchie. Nur mit Mühe hatte die deutsche Diplomatie Österreich-Ungarn von einem bewaffneten Eingreifen in den zweiten Balkankrieg zwecks Beschränkung des

Abb. 16: Die Entwicklung auf dem Balkan 1912/1913

territorialen Zuwachses Serbiens abhalten können. Nach Abschluß der Kämpfe ersuchte Österreich-Ungarn Deutschland erneut um Unterstützung für einen Versuch, Bulgarien wenigstens nachträglich zu Hilfe zu kommen. In einer gemeinsamen Intervention sollten die Großmächte eine Revision des Friedens von Bukarest vom August 1912 zugunsten Bulgariens erzwingen. Doch die deutsche Regierung war dafür ebensowenig zu haben wie die englische. In Berlin und in London abgewiesen, mußte sich die österreichische Diplomatie schließlich zähneknirschend mit den neuen Verhältnissen auf dem Balkan abfinden.

Weder Rußland noch Österreich-Ungarn glaubten freilich an eine Dauer des bestehenden Zustandes. Beide Großmächte strebten nun in verstärktem Maße danach, ihre eigenen Positionen auf dem Balkan weiter auszubauen und die kleineren Mächte politisch in ihren Bannkreis zu ziehen. Der beiderseitige Kon-

kurrenzkampf um den Aufbau eines Satellitensystems nahm in den folgenden Monaten immer schärfere Formen an; Rußland setzte dabei vor allem auf die Karte der großserbischen nationalrevolutionären Bewegung und betrieb darüber hinaus die Vereinigung von Serbien und Montenegro, während Österreich-Ungarn Bulgarien, den Verlierer des zweiten Balkankrieges, zum Eckpfeiler einer auf die politische Isolierung Serbiens abzielenden Kombination zu machen suchte. Die Wiener Regierung stieß in diesem Punkte jedoch auf zunehmenden Widerstand seitens der deutschen Diplomatie, welche statt dessen eine Koalition der konservativen Monarchien Rumäniens, Griechenlands und der Türkei »als Bollwerk gegen das Slawentum«[96] anstrebte. Angesichts der engen Beziehungen namentlich Griechenlands, aber auch Rumäniens zu Serbien einerseits, des schroffen Gegensatzes zwischen Rumänien und Bulgarien andererseits, setzte diese Kombination einen Verzicht auf die Einbeziehung Bulgariens und statt dessen eine Verständigung mit Serbien voraus. Daher wurde die deutsche Regierung nicht müde, Österreich-Ungarn beständig auf den Weg des Ausgleichs mit seinem serbischen Nachbarn zu verweisen, ohne jedoch in Wien damit den geringsten Erfolg zu haben. Die deutsche wie die österreichisch-ungarische Balkanpolitik dieser Jahre waren gleichermaßen irreal. Die scharfen Gegensätze der Balkanstaaten untereinander sowie gegenüber der Türkei ließen ein Gelingen der deutschen Absichten nicht zu, ganz abgesehen davon, daß die Zeit für eine Diplomatie, welche mit den Monarchen und nicht mit den Völkern rechnete, abgelaufen war. Umgekehrt waren die Chancen für eine politische Isolierung Serbiens, die die Möglichkeit einer militärischen ›Abrechnung‹ Österreich-Ungarns mit dem Balkanstaat ohne großen Krieg geboten hätte, denkbar gering. Dennoch hielt man am Ballhausplatz in Wien unbeirrt an diesem Hauptziel der österreichisch-ungarischen Balkanpolitik fest.
Der schwelende Brandherd auf dem Balkan aber wirkte aufs unheilvollste auf die europäischen Mächtebeziehungen zurück. In den Hauptstädten Europas rechnete man allgemein mit einem neuen Ausbruch der Balkankrise, und überall wollte man sich so gut wie möglich auf die dann zu erwartenden Auseinandersetzungen vorbereiten. Angesichts der Verschlechterung der Gesamtlage der Mittelmächte infolge der Balkankriege beschloß man in Deutschland im Frühjahr 1913 eine neue, gewaltige Heeresvermehrung. Frankreich zog nach, indem es zur dreijährigen Dienstpflicht überging; eine andere Lösung ließen seine geringen Menschenreserven nicht zu. Darüber hinaus drängte die französische Diplomatie in Petersburg immer energischer auf den beschleunigten Ausbau der russischen Rüstungen und insbesondere der russischen Westbahnen, deren strategische Bedeutung

für den Fall eines Krieges mit den Mittelmächten außerordentlich groß war; im Frühjahr 1914 gewährte Frankreich seinem Bündnispartner zu diesem Zwecke eine neue, große Anleihe.
Im Denken und Fühlen der europäischen Völker wuchs die Bereitschaft, in Verfolgung der eigenen machtpolitischen oder weltpolitischen Ziele nötigenfalls auf die *ultima ratio* des Krieges zurückzugreifen. In Deutschland sprach Friedrich von Bernhardi in seinem vielgelesenen Buch *Deutschland und der nächste Krieg* nicht nur vom »Recht zum Kriege«, sondern, unter Berufung auf Luther, Clausewitz und Treitschke, geradezu von der »Pflicht zum Kriege«. Und in Frankreich erklärte Lyautey, einer der großen Prokonsuln des französischen Imperialismus, in einem Vortrag an der *École des Sciences Politiques* unter dem frenetischen Beifall der Studenten: »Was ich an der heutigen Jugend so schätze, ist die Tatsache, daß sie den Krieg nicht scheut, weder das Wort, noch die Tatsache.«[97] Neben die idealistische Verklärung des Krieges, welcher die Völker aus ihrer satten Zufriedenheit herausreiße und ihnen neue, große heroische Aufgaben stelle, trat bei den Einsichtigeren ein lähmender Fatalismus. Der Gedanke, daß ein großer europäischer Krieg früher oder später unvermeidlich kommen werde, war weit verbreitet, und nicht wenige Publizisten erwogen, ob es nicht besser sei, bei erstbester Gelegenheit loszuschlagen, als in dauernder Furcht vor dem Kriege zu leben und ständig wachsende Rüstungslasten auf sich zu nehmen. In Rußland drängten immer größere Kreise auf eine baldige Abrechnung mit dem ›Erzfeind‹ des Slawentums Österreich-Ungarn und seinem deutschen Verbündeten. In Deutschland fand die populäre Idee, daß eine große, weltgeschichtliche Auseinandersetzung des Germanentums mit dem Slawentum bevorstehe, selbst in allerhöchsten Kreisen Zustimmung. In Frankreich aber lebte, in Auswirkung der Zabernkrise, der Geist der ›Revanche‹ wieder auf. Die wechselseitige Abneigung des deutschen und des englischen Volkes wurde durch die wirtschaftliche Rivalität ebenso gefördert wie durch die bei beiden vorhandene Furcht voreinander. Während man in England der deutschen Politik den Willen zur Errichtung einer deutschen Hegemonie, zuerst in Europa und dann in der Welt, unterstellte, träumte man in Deutschland davon, über kurz oder lang die englische Suprematie zur See brechen und den Durchbruch zur Weltstellung erreichen zu können. Immer mehr Menschen bekannten sich zu der Ansicht, daß man eine angemessene Berücksichtigung der deutschen Interessen in Übersee, nachdem die Bemühungen der letzten Jahre fehlgeschlagen waren, nunmehr durch rückhaltlosen Einsatz aller verfügbaren militärischen Machtmittel des Deutschen Reiches erzwingen und dabei notfalls auch vor einem großen Kriege nicht zurückschrecken solle.

Unter solchen Umständen blieb den Bemühungen der deutschen Regierung, in Fortsetzung der deutsch-englischen Kooperation während der Balkankrise 1912/1913 eine Annäherung an England herbeizuführen, nur ein geringer innenpolitischer Spielraum. Unter außenpolitischen Aspekten waren die Aussichten dafür, daß dieser englandfreundliche Kurs zum Erfolg führen werde, nicht ungünstig. In Großbritannien war man durchaus bereit, dem Deutschen Reich in weltpolitischen Fragen nach Möglichkeit entgegenzukommen. Darüber hinaus bot sich Deutschland der englischen Diplomatie in der Frage der Zukunft des Osmanischen Reiches als natürlicher Bundesgenosse an, waren doch beide Mächte, wenn auch aus verschiedenen Motiven heraus, grundsätzlich an einer Erhaltung des politischen *status quo* im Vorderen Orient interessiert, während Rußland immer ungestümer darauf drängte, so oder so die Kontrolle der Meerengen zu erlangen. Überdies geriet England seit 1912 mit Rußland wiederholt über Persien hart aneinander, und Poincaré hatte alle Hände voll zu tun, um die Ententepartner immer wieder miteinander zu versöhnen. Es bestand also, trotz der deutsch-englischen Flottenrivalität, an die man sich jedoch auch jenseits des Kanals zu gewöhnen begonnen hatte, durchaus eine reale Chance, die Engländer wieder näher an den Dreibund heranzuziehen und die gefährlich weit gediehene gegenseitige Verklammerung der beiden antagonistischen Bündnissysteme in Europa an einem entscheidenden Punkte zu lockern. Freilich war hier – das hatte der Ausgang der deutsch-englischen Verhandlungen vom Frühjahr 1912 deutlich gezeigt – wenn überhaupt, dann nur auf lange Sicht etwas zu erreichen. Jeder direkte Versuch, die Engländer von ihren Ententepartnern loszulösen, war angesichts des englischen Mißtrauens in die Absichten der deutschen Politik aussichtslos. Nur eine mit langen Fristen rechnende Politik, die zunächst einmal eine Verständigung über die zwischen Deutschland und England offenen weltpolitischen Fragen herbeiführte, konnte hier eine Änderung bewirken. Bethmann Hollweg war entschlossen, diesen Weg einzuschlagen, obwohl er eigentlich rascher, demonstrativer weltpolitischer Erfolge bedurft hätte, um die für einen militanten Kurs agitierenden Gruppen in Deutschland wirksam in Schach zu halten. Er und seine Mitarbeiter waren überzeugt, daß die weltpolitische Stellung Deutschlands nur durch eine geduldige, behutsame Politik, die sich aller lautstarken Deklamationen in der Öffentlichkeit enthielt, dafür aber zäh und unbeirrt an der Verwirklichung der eigenen weltpolitischen Ziele arbeitete, verbessert werden könne, während stetes Säbelgerassel, wie es vor allem die Alldeutschen und der Wehrverein empfahlen, nur dazu führen werde, daß sich die anderen Mächte noch enger gegen die Mittelmächte zusammenschlössen. »In einer solchen Zeit«, so schrieb damals Riezler, der Privatsekretär Bethmann Hollwegs, über die Möglichkeiten der deutschen Politik, »gehört der Sieg der stetigen, zähen, langsamen Arbeit, die einen kleinen Erfolg nach dem anderen in Stille zu erringen weiß, den äußeren Erfolg nicht zu früh ernten will, ihre Bewegungen mit Kraft, aber ohne Heftigkeit ausführt.«[98]

Bethmann Hollweg errang mit dieser Taktik zunächst bemerkenswerte Erfolge. So gelang es, mit England Verhandlungen über ein neues Abkommen hinsichtlich der Zukunft der portugiesischen Kolonien anzuknüpfen, welches an die Stelle des obsoleten Angola-Vertrages vom Jahre 1898 treten sollte (s. o. S. 165 f.). Am 20. Oktober 1913 wurde der neue Vertrag vorläufig paraphiert; er sicherte Deutschland für den Fall, daß Portugal wegen finanzieller Schwierigkeiten zur Aufgabe seiner Kolonien gezwungen sein würde, einen weit größeren Anteil an dem portugiesischen Kolonialbesitz zu, als es im alten Angola-Vertrag vorgesehen gewesen war. Allerdings kam es zu erheblichen Meinungsverschiedenheiten über der Forderung Greys, den neuen Vertrag zusammen mit dem Angola-Vertrag von 1898 und dem Windsor-Vertrag von 1899 zu veröffentlichen. Die deutsche Regierung wandte mit Recht ein, daß die Chancen einer Realisierung dieses Vertrages, der ja in der Tat nur einen Wechsel auf eine ungewisse Zukunft darstellte, dadurch erheblich verschlechtert würden. Vor allem aber befürchtete man in Berlin, daß sich bei Bekanntwerden der englischen diplomatischen Schachzüge nach Abschluß des Angola-Vertrags vom Jahre 1898 in der deutschen Öffentlichkeit ein neuer wilder Proteststurm gegen das ›perfide Albion‹ erheben werde. Die deutsche Regierung habe dann den Vorwurf zu gewärtigen, daß sie sich von den Engländern ein zweites Mal habe düpieren lassen. Bethmann Hollweg zog es daher vor, den Portugal-Vertrag einstweilen unratifiziert zu lassen und seine Einzelheiten vor der deutschen Öffentlichkeit geheimzuhalten, obwohl dies unter innenpolitischen Gesichtspunkten nicht eben ratsam war. Mit noch ungleich größerer Geheimhaltung umgeben waren die deutsch-englischen Verhandlungen über eine eventuelle zukünftige Erwerbung des belgischen Kongo durch Deutschland, die im April 1914 aufgenommen wurden und bis Kriegsausbruch noch nicht zu einen definitiven Ergebnis gediehen waren. In beiden Fällen riskierten die Engländer freilich wenig, wenn sie koloniale Territorien befreundeter Länder auf dem Papier dem Deutschen Reiche zusprachen, ohne eine konkrete Verpflichtung zur Realisierung dieser Abkommen einzugehen, geschweige denn, etwas aus ihrem eigenen riesigen Kolonialbesitz herauszurücken. Umgekehrt war der augenblickliche Wert dieser Vereinbarungen für die deutsche Regierung höchst gering; man konnte noch nicht einmal davon

Gebrauch machen, um den wildesten Schreiern nach überseeischen Erwerbungen den Mund zu stopfen. Jedoch glaubte man einen Anfang gemacht zu haben, der zu der Hoffnung berechtigte, daß man auf lange Sicht auch in anderen weltpolitischen Fragen, so namentlich in jenen, die China betrafen, gemeinsam mit England werde vorgehen und so dem Deutschen Reiche doch noch zu einem stattlichen Kolonialbesitz werde verhelfen können.

Von weit unmittelbarerer Bedeutung waren die deutsch-englischen Verhandlungen über die Bagdadbahn, die seit dem Februar 1913 geführt wurden und schließlich am 15. Juli 1914, unmittelbar vor Ausbruch des Weltkrieges, erfolgreich zum Abschluß gebracht werden konnten. Die deutsche Bagdadbahn-Gesellschaft verzichtete auf das Recht zum Bau der Endstrecke bis Basra am Persischen Golf und nahm darüber hinaus davon Abstand, am Persischen Golf Häfen oder Industrieanlagen anzulegen. Für diese Anerkennung der britischen Vorherrschaft in der betreffenden Zone versprach die britische Regierung, der Fertigstellung der Bahn nunmehr keine Hindernisse mehr in den Weg zu legen. Damit war, zumal es im Februar 1914 gelungen war, auch Frankreichs Widerstände gegen den Bau der Bagdadbahn auszuräumen, endlich der Weg frei für dieses größte Projekt des deutschen Imperialismus vor 1914. Auch sonst zeigte sich die deutsche Regierung gegenüber den englischen Wünschen in nahöstlichen Fragen jetzt außerordentlich willfährig. So überließ die Deutsche Bank auf Anraten des Auswärtigen Amtes in einem Vertrage vom 19. März 1914 einer vom *Foreign Office* protegierten Finanzgruppe die Mehrheit der Beteiligung an türkischen Erdölkonzessionen am Persischen Golf und begnügte sich selbst mit nur 25 %, obwohl sie rechtens eine fünfzigprozentige Beteiligung hätte beanspruchen können. Ausschlaggebend war dabei hier wie sonst das Bestreben, den Engländern nach Möglichkeit entgegenzukommen, um dafür deren Wohlwollen in den Fragen der allgemeinen Politik zu erlangen. Bethmann Hollweg hoffte auf diese Weise, den Ring der Tripleentente wenn nicht zu sprengen, so doch zu lockern.

Es gab freilich einen konkreten Anlaß, sich um England zu bemühen. Denn die Orientkrise, das war allen verantwortlichen Staatsmännern vollauf klar, war nur für den Augenblick, nicht auf die Dauer gelöst; und mit der Möglichkeit eines baldigen Zusammenbruchs des Osmanischen Reiches mußte gerechnet werden. Die Frage einer eventuellen Aufteilung der Türkei begann die europäischen Kabinette in steigendem Maße zu beschäftigen. Deren Ausgang hing davon ab, ob die englische Politik dann Rußland oder den Mittelmächten den Rücken stärken werde. An sich war Deutschland an einer Aufteilung des Osmanischen Reiches unter die Großmächte zum damaligen Zeitpunkt nicht interessiert. Man bemühte sich vielmehr, die Türkei in Watte zu packen und ihre Einheit möglichst lange aufrechtzuerhalten, einerseits, weil man die eigenen wirtschaftlichen Projekte ungestört fortzuführen wünschte, zum anderen aber, weil die materiellen Mittel für die Errichtung eines deutschen Protektorats in Kleinasien und im vorderen Mesopotamien im gegebenen Augenblick nicht zur Verfügung standen. So traf sich die deutsche Politik in dem Bestreben nach der Erhaltung des Osmanischen Reiches mit den Wünschen Englands.

Hingegen erschien es Rußland nunmehr als eine imperative Notwendigkeit, sich bestimmenden Einfluß auf die Meerengen zu sichern. Die Entsendung einer deutschen Militärmission unter der Führung des Generals Liman von Sanders nach Konstantinopel im Spätherbst 1913 erweckte unter diesem Aspekt in Petersburg größtes Mißfallen. Eine Wiedererstarkung der Türkei wünschte man hier nur unter der Bedingung, daß diese sich dem russischen Einfluß unterwerfe, und man nahm daher an einer Wiederaufrüstung des türkischen Heeres unter deutscher Anleitung lebhaften Anstoß. Als dann Liman von Sanders im Februar 1914 gar zum Befehlshaber des ersten türkischen Korps ernannt wurde, das in Konstantinopel stationiert war, kam es zu scharfen russischen Protesten. Die Russen witterten hinter dieser Maßnahme die Absicht, daß Deutschland sich für alle Eventualitäten die militärische Kontrolle der Meerengen sichern wolle, eine Annahme, die freilich ganz unbegründet war. Es kam darüber zu einer schweren internationalen Krise, die Deutschland und Rußland hart an den Rand eines Krieges heranführte. Der deutschen und der türkischen Regierung gelang es dann jedoch, eine Lösung zu finden, bei der Deutschland das Gesicht wahrte und die russischen Befürchtungen wenigstens teilweise ausgeräumt wurden. Liman von Sanders wurde zum türkischen Marschall befördert und dadurch automatisch von seinem Korpskommando abgelöst. Die russische Politik sah sich zur Annahme dieses Kompromisses allerdings auch deshalb gezwungen, weil eingehende Beratungen aller Ressorts vom 21. Februar 1914 ergeben hatten, daß Rußland für eine gewaltsame Annexion der Meerengen im Augenblick militärisch noch zu schwach war und seine Rüstungen noch nicht ausreichend vorangetrieben waren. Bei dieser Gelegenheit erklärte der russische Außenminister Sasonow, daß die Meerengenfrage voraussichtlich nur während eines europäischen Krieges eine Lösung finden werde. Dieser Folgerung aus der Liman-von-Sanders-Krise aber entsprach eine folgenschwere Verschärfung der russischen Politik gegenüber den Mittelmächten. Seit dem Frühjahr 1914 begann man sich in Rußland systematisch auf einen großen Krieg mit Deutschland und Österreich-Ungarn vorzubereiten, wie man ihn nunmehr für früher oder später unabwendbar hielt. Allerdings wünschte man einen solchen Krieg, wenn möglich, noch drei bis vier Jahre hinauszuschieben. Infolgedessen intensivierte man nicht nur die Beziehungen zu den Balkanstaaten, die man am liebsten in einem gegen Österreich-Ungarn gerichteten Bündnissystem zusammengeschlossen hätte, sondern auch, unter emsiger Assistenz der französischen Diplomatie, die Bemühungen, England in konkreter Form in das französisch-russische Bündnis einzubeziehen.

Diese Entwicklung fand ihre innenpolitische Entsprechung in einem rapiden Anwachsen der antideutschen Stimmung in der russischen öffentlichen Meinung. Die traditionell prodeutsche Gruppe am Hofe des Zaren wurde mehr und mehr in die Defensive gedrängt, und der Nachfolger Stolypins, Ministerpräsident Kokowzow, sah sich wegen seiner angeblich ›schwächlichen‹ und tatenscheuen Außenpolitik immer stärkeren Vorwürfen ausgesetzt. In Deutschland aber wurde man hellhörig, und die deutsche Presse reagierte mit ähnlich scharfer Kritik an Rußland. In militärischen Kreisen registrierte man aufmerksam die Zunahme der kriegerischen Tendenzen in der russischen öffentlichen Meinung. Insbesondere aber beobachtete man mit wachsendem Argwohn den zügigen Ausbau der russischen Westbahnen, mit deren Vollendung die wichtigste Voraussetzung für ein Gelingen des Schlieffen-Plans (vgl. unten S. 293), nämlich eine langsame russische Mobilmachung, hinfällig geworden wäre. Diese Besorgnis steigerte sich schließlich zu der Annahme, daß man für das Jahr 1916/1917 mit einem russischen Angriffskrieg rechnen müsse. Die politische Leitung widersetzte sich freilich energisch derartigen extremen Interpretationen der russischen Politik, aber privatim vermochte auch der Kanzler seine Beunruhigung über die Entwicklung der Dinge in Rußland nicht zu unterdrücken: »Rußland macht Sorgen. Seine Politik ist ganz undurchsichtig, weil man nicht weiß, wer momentan den ausschlaggebenden Einfluß hat, und weil dieser Einfluß raschem Wechsel unterworfen ist. So hoffe ich, daß die augenblicklich starke panslawistische aggressive Strömung doch noch der Vernunft weichen wird. Aber ich bin nicht ohne Bedenken.«[99]

Ein Artikel des Petersburger Korrespondenten der *Kölnischen Zeitung*, eines Oberleutnants Ulrich vom 2. März 1914, in dem ziemlich unverhüllt die Behauptung aufgestellt wurde, daß Rußland nach Fertigstellung seiner gegenwärtigen Rüstungen einen Krieg gegen Deutschland beabsichtige, löste dann eine erbitterte deutsch-russische Pressefehde aus. Man ist geneigt anzunehmen, daß das Auswärtige Amt auf diese Weise versucht hat, durch Presselancierungen nach dem Muster der Krieg-in-Sicht-Krise vom Jahre 1875 den russischen Rüstungsmaßnahmen und den panslawistischen Bestrebungen in der russischen Öffentlichkeit gleichsam eine Schelle umzuhängen, um Klarheit über die Absichten der russischen Politik zu erhalten; doch haben sowohl Bethmann Hollweg wie sein Pressechef Hammann damals auf das nachdrücklichste bestritten, mit der Urheberschaft des Artikels das geringste zu tun gehabt zu haben. Wilhelm II. jedenfalls identifizierte sich voll und ganz mit den Schlußfolgerungen des Korrespondenten der *Kölnischen Zeitung:* »Ich als Militair hege nach allen Meinen Nachrichten nicht den allergeringsten Zweifel, daß Rußland den Krieg systematisch gegen uns vorbereitet; und danach führe Ich Meine Politik.«[100]

Die Reaktion der russischen Regierung war wenig geeignet, die deutschen Besorgnisse zu zerstreuen. Sie gab, ihrerseits unter dem Druck einer frenetisch erregten öffentlichen Meinung stehend, in einem halbamtlichen Artikel die Erklärung ab, daß Rußland kriegsbereit sei und Drohungen von außen nicht länger zu fürchten habe. Der deutschen öffentlichen Meinung bemächtigte sich eine Art von antirussischer Massenhysterie. In militärischen Kreisen beschäftigte man sich nunmehr ernsthaft mit dem Gedanken eines Präventivkrieges gegen Rußland und Frankreich, solange das Zarenreich mit seinen Rüstungsmaßnahmen noch nicht fertig und der Schlieffen-Plan, aufgrund dessen man Frankreich binnen sechs Wochen niederzuwerfen hoffte, also noch durchführbar war. Ende Mai oder Anfang Juni 1914, noch bevor das Attentat in Sarajewo die europäischen Staatsmänner aus ihrer Sommerpause aufschreckte, legte der deutsche Generalstabschef Hellmut von Moltke dem Staatssekretär des Äußeren von Jagow den Gedanken nahe, ob es angesichts der gewaltigen russischen Rüstungen, die in zwei bis drei Jahren beendet sein würden, nicht besser sei, »einen Präventivkrieg zu führen, um den Gegner zu schlagen, solange wir den Kampf noch einigermaßen bestehen können«[101]. Und Ende Juni 1914 beschäftigte sich auch Wilhelm II. mit der Frage, ob »es nicht besser wäre, loszuschlagen, anstatt zu warten«, bis die russischen Rüstungen abgeschlossen sein würden.[102] Es ist jedoch gewiß, daß Bethmann Hollweg ebenso wie Jagow die Idee eines Präventivkrieges entschieden ablehnte. Der Kanzler hielt, soweit die spärlich fließenden Quellen hier einen sicheren Schluß zulassen, den Anhängern eines Präventivkrieges das Argument entgegen, daß man die unzweifelhaft bestehende Phase der Bedrohung der deutschen Machtstellung durch das erstarkende Rußland mit möglichster Zurückhaltung durchstehen müsse, bis die sich langsam bessernden Beziehungen zu England eine genügende Tragfähigkeit erhalten haben würden. Sei dies erst einmal erreicht, so werde ein europäischer Krieg vermieden werden können; darüber hinaus könne dann das Deutsche Reich in die kommenden Auseinandersetzungen, sei es über die zukünftige Ordnung des Balkans, sei es hinsichtlich des

weiteren Schicksals des Osmanischen Reiches, mit Zuversicht hineingehen.
Die Nachricht von geheimen englisch-russischen Verhandlungen über den Abschluß einer Flottenkonvention, die das Auswärtige Amt im Mai 1914 durch einen in der russischen Botschaft in London beschäftigten Agenten zugespielt erhielt, bedeutete unter diesen Umständen für Bethmann Hollwegs politischen Kurs eine Katastrophe. Seine Position gegenüber den Befürwortern eines Präventivkrieges war entscheidend geschwächt, sein Hauptargument, daß man auf die Unterstützung Englands rechnen könne und daher einen Angriff Rußlands nicht zu befürchten habe, war ihm aus der Hand geschlagen. Vielmehr gewann man in Berlin den Eindruck, als ob England nun selbst dazu beitrage, die russischen Kriegsneigungen zu fördern. Der Ring um die Mittelmächte schien sich endgültig zu schließen. Nicht nur die Aussicht auf eine künftige erfolgreiche deutsche Weltpolitik in Anlehnung an England erschien verschüttet, auch die Hegemonialstellung des Deutschen Reiches auf dem europäischen Kontinent war jetzt unmittelbar bedroht.
Sir Edward Grey hatte den Gesprächen über ein Flottenabkommen mit Rußland, in die er sich nur auf Drängen Frankreichs eingelassen hatte, freilich keinen aggressiven, nicht einmal einen bindenden Charakter zugemessen und war denn auch nur zu bereit, diese sofort abzubrechen, nachdem die deutsche Presse in gezielten Artikeln darauf aufmerksam gemacht hatte. Grey hatte eigentlich nur vermeiden wollen, die Russen durch eine Ablehnung zu verärgern, zumal die russische Regierung willens war, die englische Verhandlungsbereitschaft hinsichtlich eines Flottenabkommens durch ein entsprechendes Entgegenkommen in den persischen Fragen zu honorieren. Grey hatte aber keineswegs die Absicht, seinen Kurs der ›freien Hand‹ aufzugeben. Er täuschte sich allerdings hinsichtlich des Ausmaßes, in dem er sich Frankreich und Rußland gegenüber *de facto* bereits verpflichtet hatte, und verrechnete sich gründlich in seiner Erwartung, daß England einen Zusammenstoß der beiden Mächteblöcke gerade dadurch werde abwenden können, daß es beide Seiten über seine voraussichtliche Haltung im ungewissen ließ.
Die deutsche Regierung sah sich vor die Alternative gestellt, ob sie versuchen solle, die drohende Isolierung der Mittelmächte mit diplomatischen Mitteln abzuwenden, oder ob sie zu einem Präventivkrieg ihre Zuflucht nehmen solle, dessen siegreichen Ausgang der deutsche Generalstab im gegebenen Augenblick noch glaubte garantieren zu können. Daher bemühte man sich in Berlin, Klarheit über die englische Haltung zu gewinnen. Ungeachtet seiner großen Enttäuschung über das Verhalten der englischen Regierung – man erhielt in Berlin erstmals genauere In-

formationen über die bestehenden Vereinbarungen zwischen Frankreich und England – richtete der Kanzler am 16. Juni 1914 durch den deutschen Botschafter in London, Lichnowsky, einen dringenden Appell an Sir Edward Grey. Er warb um vertrauensvolle Zusammenarbeit beider Mächte und regte insbesondere ein gemeinsames Vorgehen Deutschlands und Englands für den Fall eines Wiederausbruchs der Balkankrise an. Eben war der Bericht Lichnowskys über die recht magere und, wie man in Berlin jetzt zuverlässig wußte, nicht ganz aufrichtige Antwort des britischen Außenministers in den Händen Bethmann Hollwegs, als das Attentat von Sarajewo die deutsche politische Leitung vor eine völlig neue Situation stellte und sie zu weitgehenden Entschlüssen zwang. Die Trübung des deutsch-englischen Verhältnisses aber ließ ihr nur noch wenig Spielraum gegenüber jenen Kräften, die das starke deutsche militärische Potential auf Biegen oder Brechen zum Zweck der Steigerung der Macht des Deutschen Reiches in Europa und der Welt einsetzen wollten und auch vor einem großen Kriege nicht mehr zurückschreckten.

5. Der Erste Weltkrieg: Die Todeskrise des alten Europa

I. JULIKRISE UND KRIEGSAUSBRUCH 1914

Am 28. Juni 1914 wurden der Erzherzog Franz Ferdinand und seine Gattin bei einem feierlichen Umzug durch die Straßen Sarajewos, der Hauptstadt der Provinz Bosnien, von dem bosniakischen Studenten Princip ermordet. Das Attentat von Sarajewo platzte mitten hinein in eine ohnehin gewitterschwüle politische Atmosphäre; es brachte den schon lange schwelenden Gegensatz zwischen Österreich-Ungarn und Serbien zu hellem Aufflammen. Das Attentat war bloß das vorläufig letzte Glied einer Kette von terroristischen Aktionen in den südslawischen Gebieten der Monarchie, Aktionen, durch die die Unrechtmäßigkeit der Herrschaft der Habsburger in Bosnien und der Herzegowina vor aller Welt demonstriert werden sollte. Tatsächlich war die Lage in den südslawischen Gebieten Österreich-Ungarns bereits seit geraumer Zeit zunehmend unhaltbarer geworden. In Wien war man schon seit längerem zu der Ansicht gelangt, daß ein friedlicher Ausgleich zwischen dem südslawischen Irredentismus und dem übernationalen österreichischen Staate nicht mehr zu erreichen sei. Die österreichisch-ungarische Diplomatie hatte gerade eine große Denkschrift fertiggestellt, in der man um die Unterstützung des deutschen Bundesgenossen für einen neuen Versuch warb, Serbien auf dem Balkan politisch zu isolieren, als Vorstufe zu einer mehr oder minder gewaltsamen Zähmung des serbischen Irredentismus. Die Kugeln Princips eröffneten überraschend die Möglichkeit, dieses Programm ohne Umschweife in die Wirklichkeit umzusetzen.
In Wien war man von vornherein fest davon überzeugt, daß Serbien bei dem Attentat die Hand im Spiele gehabt habe. Zum Unglück für die Donaumonarchie war man jedoch außerstande, handfeste Beweise für die Mitwirkung serbischer Staatsangehöriger zu erbringen, gutenteils dank gröblicher Fehler der zuständigen Ermittlungsorgane. Princip und seine Helfershelfer, soweit man diese zu fassen bekam, waren sämtlich Bosniaken; nur ihre Waffen – soviel stand fest – waren serbischen Ursprungs. Heute wissen wir, daß das Attentat im wesentlichen das Werk einer radikalen nationalistischen Geheimorganisation, der *Ujedinjenje ili smrt* (s. o. S. 222), gemeinhin ›Schwarze Hand‹ genannt, gewesen ist, die ihrerseits mit einer Gruppe jugendlicher bosnischer Nationalisten in Verbindung stand. Trotz führender Beteili-

Abb. 17: Das Attentat von Sarajewo (28. Juni 1914). Der Attentäter Princip (rechts) wird abgeführt

gung serbischer Geheimdienstoffiziere handelte es sich um eine politische Richtung, welche der Politik der amtierenden Regierung Pašić scharf ablehnend gegenüberstand und dieser einen schärferen Kurs in der nationalen Frage aufzwingen wollte. Pašić erhielt jedoch bereits Anfang Juni Kenntnis von den Attentatsplänen und unternahm allerdings höchst unzureichende Versuche, deren Ausführung noch zu verhindern. Im nachhinein wird man sagen müssen, daß diese Tatsache, die lange von einem dichten Schleier umgeben war, Österreich-Ungarns späteres Vorgehen in einem günstigeren Lichte erscheinen läßt. Denn wenn eine Regierung ihre eigene nationale Opposition nicht davon abzuhalten vermag, in einem Nachbarstaate illegale Gewaltakte vorzunehmen, kann man diesem das Recht zu gewaltsamer Intervention auch unter Verletzung von Souveränitätsrechten nicht ganz und gar bestreiten. Jedoch waren diese Umstände damals nicht bekannt, und was die österreichisch-ungarischen Behörden an Belegen für die Mitverantwortlichkeit des offiziellen Serbien beizubringen vermochten, war nicht sehr überzeugend.

Gleichwohl brach in der österreichischen Presse ein ungeheurer Entrüstungssturm über die gefährlichen Machenschaften der serbischen Nationalisten los. Man konnte sich nicht genug damit tun, die subversiven und kulturfeindlichen Bestrebungen der südslawischen nationalrevolutionären Bewegung zu brandmarken. Die öffentliche Meinung namentlich in den deutschen Ländern der Monarchie forderte unverzüglich ein scharfes Vorgehen gegen Serbien. Auch die Regierung in Wien hielt nun den Zeitpunkt für eine durchgreifende Lösung der serbischen Frage im Sinne Österreich-Ungarns für gekommen. Einer gebührenden Bestrafung von Königsmördern würden, so meinte man zuversichtlich am Ballhausplatz, die europäischen Großmächte schwerlich in den Weg treten.

Graf Berchtold, und mit ihm die große Mehrheit der verantwortlichen Politiker und Militärs der Monarchie, allen voran Conrad von Hötzendorff, waren entschlossen, die günstige Situation zu einem Kriege gegen Serbien zu nutzen, wie man ihn seit 1908 immer wieder erwogen hatte, aber vor allem wegen der Haltung des Deutschen Reiches stets wieder hatte aufgeben müssen. Nur Tisza, der ungarische Ministerpräsident, widersetzte sich zunächst energisch einem kriegerischen Kurs, der, wie er mit Recht befürchtete, die staatsrechtliche Vorrangstellung Ungarns und seine prekäre Herrschaft über die nichtmagyarischen Nationalitäten in der transleithanischen Reichshälfte in Gefahr zu bringen geeignet war. Konkrete Kriegsziele hatte man in Wien nicht, oder, wenn doch, so blieben diese aus Rücksicht auf Ungarn unausgesprochen, welches jegliche Vermehrung des slawischen Elements innerhalb der Donaumonarchie ablehnte. Im Vordergrund stand die Überzeugung, daß Österreich-Ungarn sein sinkendes Prestige bei den Balkanvölkern ebenso wie gegenüber den eigenen Nationen nur durch einen militärischen Kraftbeweis wiederherstellen könne. Was bei einem siegreichen Ausgang des Feldzuges mit Serbien

geschehen solle, darüber gingen die Meinungen weit auseinander. Berchtold dachte an eine Verkleinerung Serbiens zugunsten seiner Konkurrenten auf dem Balkan, Hötzendorff an eine Einbeziehung ganz Serbiens in den österreichisch-ungarischen Staatsverband. Freilich waren für den Fall einer militärischen Aktion gegen Serbien schärfste Gegenreaktionen Rußlands zu erwarten, und die Möglichkeit, daß darüber ein allgemeiner europäischer Krieg ausbrechen werde, war nicht von der Hand zu weisen. Jedoch zog man es in Wien mit der Leichtfertigkeit einer innerlich bereits überlebten Führerschicht vor, von einer nüchternen Kalkulation der möglichen Folgen eines solchen Schrittes abzusehen. Man stellte es von vornherein als gewiß in Rechnung, daß Rußland, sofern Deutschland es nur genügend unter Druck setze, sich ebenso wie 1908 mit Säbelrasseln begnügen und stillhalten werde.
Da man der Haltung des Deutschen Reiches in Wien entscheidende Bedeutung zumaß, entschloß man sich, am 5. Juli 1914 den Grafen Hoyos in einer Sondermission nach Berlin zu entsenden, um die Unterstützung der deutschen Regierung für die geplante Strafexpedition gegen Serbien sicherzustellen. Die österreichisch-ungarische Strategie war ebenso eindeutig wie kurzsichtig: Krieg gegen Serbien, unter deutscher Rückendeckung, selbst auf die Gefahr eines großen europäischen Krieges hin. Gegenüber dieser letzteren Eventualität stellte man sich freilich mehr oder minder blind und nahm auch in den eigenen Aufmarschplänen darauf keine Rücksicht. Obwohl man vertraglich verpflichtet war, Italien ins Vertrauen zu ziehen und ihm gegebenenfalls Kompensationen anzubieten, lehnte man es von vornherein ab, mit Rom über die eigenen Pläne zu sprechen und, soweit nötig, dessen Unterstützung sicherzustellen. Der deutsche Bundesgenosse allein, so nahm man zuversichtlich an, werde größeres Unheil abzuwenden wissen.
Damit wurde dem Deutschen Reich die Entscheidung über Krieg und Frieden zugeschoben, mochte sich die deutsche Diplomatie auch noch so sehr gegen diese Logik der Tatsachen sträuben. In Berlin gab man sich von vornherein keiner Illusion darüber hin, daß ein Angriff Österreich-Ungarns auf Serbien zu einem großen europäischen Kriege führen könne, und so neigte man im Auswärtigen Amt, in Übereinstimmung mit dem bisherigen Kurs der deutschen Balkanpolitik, zunächst dazu, Österreich-Ungarn von unüberlegten Maßnahmen zurückzuhalten. Der deutsche Botschafter in Wien, von Tschirschky, durfte also zu Recht annehmen, daß er im Sinne seiner Regierung handele, wenn er in den ersten Julitagen jede Gelegenheit benutzte, um die Österreicher »vor übereilten Schritten« gegenüber Serbien zu warnen, obwohl er persönlich einen energischen Schlag Österreich-Ungarns für angemessen erachtete. Jedoch bahnte sich in eben jenen Tagen

eine grundlegende Änderung der deutschen Haltung in der serbischen Frage an. Bereits am 3. Juli kommentierte Wilhelm II. einen Bericht Tschirschkys in höchst impulsiver Weise: »Jetzt oder nie [...] Mit den Serben muß aufgeräumt werden, und zwar bald.«[103] In der Tat war man in Berlin inzwischen zu der Ansicht gekommen, daß man sich einer österreichisch-ungarischen militärischen Aktion gegen Serbien nicht in den Weg stellen solle, auch auf die Gefahr hin, daß dies zu einer allgemeinen europäischen Konflagration führe. Nicht ›Nibelungentreue‹ und noch weniger dynastische Solidarität waren die entscheidenden Motive für diese folgenschwere Entscheidung, sondern höchst komplizierte Erwägungen hinsichtlich der allgemeinen politischen und militärischen Situation der Mittelmächte. Bethmann Hollweg hielt diese für äußerst kritisch; die eigene Bündnisgruppe werde immer schwächer, jene der Gegner immer stärker. Eine ausschlaggebende Rolle spielte dabei die Furcht vor dem erstarkenden Rußland. Zwar teilten Bethmann Hollweg und seine Berater nicht die Ansicht der Militärs, daß für 1916 oder 1917 mit einem russischen Angriffskrieg gerechnet werden müsse, doch auch sie waren beunruhigt über die wachsende Macht Rußlands, wie eine — freilich erst Ende Juli 1914 gefallene — Äußerung des Kanzlers zeigt, welche Riezler seinem Tagebuch anvertraute: »Rußlands gewaltige Ansprüche und gewaltige Sprengkraft. In wenigen Jahren nicht mehr abzuwehren, zumal wenn die jetzige europäische Konstellation bleibt.«[104] Die Militärs hingegen waren noch zusätzlich besorgt darüber, daß mit dem Fortschreiten der russischen Rüstungen und des Ausbaues der russischen Westbahnen die Voraussetzungen des Schlieffen-Plans mehr und mehr untergraben würden. Ihr Argument, daß man den Krieg gegen Rußland und Frankreich, wenn überhaupt, dann möglichst bald führen müsse, gewann in einem Augenblick, in dem man überall in Europa das Herannahen eines großen europäischen Krieges zu spüren vermeinte, vermehrtes Gewicht. Bethmann Hollwegs Hoffnung, dem gesteigerten Druck Rußlands und Frankreichs auf die Mittelmächte durch eine Politik der Annäherung an England entgegenzuwirken, aber hatte gerade eben einen schweren Stoß erhalten. Wie die englisch-russischen Flottenverhandlungen zeigten, war England im Begriff, definitiv ins Lager der gegnerischen Gruppe überzuwechseln.

Unter diesen Umständen mehrten sich in Berlin die Argumente zugunsten eines Präventivkrieges, zumal der Generalstab zuversichtlich erklärte, zum gegebenen Zeitpunkt einen großen europäischen Krieg noch siegreich bestehen zu können. Bethmann Hollweg war ein entschiedener Gegner des Präventivkrieges; er wollte einen großen Krieg nicht ohne äußerste Not führen. Aber er konnte in der gegebenen Situation nicht mehr wagen, gerade das Gegenteil zu tun und Österreich-Ungarn, koste es was es wolle, von seinem gefährlichen serbischen Abenteuer zurückzuhalten. Wenn die Militärs in ihrer Beurteilung Rußlands recht haben sollten, dann war es unverantwortlich, die Gunst der Stunde einfach vorübergehen zu lassen. So entschloß sich Bethman Hollweg »nach anfänglichem Zögern« zu einem mittleren Kurs: ein lokaler österreichisch-serbischer Krieg, wie er damals in Berlin mit einiger Sicherheit erwartet wurde, sollte zum Prüfstein des russischen Kriegswillens gemacht werden, mit anderen Worten, der Kanzler wollte es auf einen großen Krieg ankommen lassen, ohne es jedoch förmlich darauf anzulegen. Dieses Motiv hat der deutsche Staatssekretär des Äußern, von Jagow, vierzehn Tage später ganz offen ausgesprochen: »Ich will keinen Präventivkrieg, aber wenn der Kampf sich bietet, dürfen wir nicht kneifen.«[105]

Österreich-Ungarn sollte dabei die Rolle des *agent provocateur* spielen, indem es aus eigener Initiative heraus gegen Serbien vorginge. In diesem Sinne gab Wilhelm II. am 5. Juli 1914 der österreichisch-ungarischen Regierung die Zusicherung deutscher Unterstützung auch für den Fall, daß sich aus einem österreichisch-serbischen Krieg weitere Verwicklungen ergäben. Der Donaumonarchie wollte man die Entscheidung hinsichtlich der serbischen Aktion selbst überlassen; doch sollte sie, wenn überhaupt, dann möglichst bald zuschlagen, um die durch das Attentat von Sarajewo geschaffene günstige psychologische Situation auszunutzen. Sollte Rußland die österreichische ›Strafexpedition‹ gegen Serbien zum Anlaß nehmen, einen großen europäischen Krieg auszulösen, so wollte man in Berlin den Dingen ihren Lauf lassen, im Bewußtsein, einen solchen Krieg jetzt noch gewinnen zu können. Freilich nahm man in der deutschen Hauptstadt ziemlich zuversichtlich an, daß Rußland ebenso wie 1908 schließlich doch zurückweichen werde, zumal seine Rüstungen noch nicht abgeschlossen waren, sofern sich Deutschland nur rückhaltlos hinter Österreich-Ungarn stelle. Bestand Rußland gleichwohl auf einer militärischen Intervention zugunsten seines Schützlings Serbien, so war zu erwarten, daß sowohl Frankreich wie England, die beide an den Balkanfragen nur ein untergeordnetes Interesse hatten, sich diesem Vorgehen nicht anschließen würden. Dann aber ergab sich die höchst erwünschte Gelegenheit, um Rußland vor der Weltöffentlichkeit als zum Kriege treibende Macht zu brandmarken. In diesem Falle bestand gute Aussicht, daß es gelingen werde, den österreichisch-serbischen Konflikt zu lokalisieren und gleichzeitig die Entente »über dieser Aktion auseinander zu manövrieren«[166]. Außerdem würde dann die Kriegspartei in Rußland einen wirksamen Dämpfer erhalten, etwas, was dem deutschen Kanzler auch im Hinblick auf die Haltung der eigenen

Militärs wünschenswert sein mußte. Kam es gleichwohl doch noch zum großen Kriege, so besser jetzt als später. Dieser politischen Strategie wurde die gesamte innere Politik untergeordnet. Das Auswärtige Amt sorgte dafür, daß die deutsche Presse in die österreichisch-ungarische Erregung über die ›serbischen Wühlereien‹ einstimmte, bemühte sich aber gleichzeitig darum, alles zu vermeiden, was als Symptom deutschen Kriegswillens hätte gedeutet werden können.

Es ist im nachhinein leicht, sich über dieses in der Tat höchst bedenkliche Kalkül der deutschen Regierung moralisch zu entrüsten. Aber die Aussichten dafür, daß diese diplomatische Offensive, die den kleinen Krieg gegen Serbien einschloß und hart am Rande des großen Krieges entlangsteuerte, gelingen würde, waren ursprünglich gar nicht einmal so schlecht. Sie wurden freilich von Anbeginn beeinträchtigt durch den Umstand, daß Österreich-Ungarn die bevorstehende Aktion gegen Serbien immer wieder hinauszögerte, teils, weil man sich noch nicht einig war, teils, weil die militärischen Vorbereitungen noch nicht weit genug vorangetrieben waren. Infolgedessen geriet die deutsche Regierung ganz gegen ihre Neigung in Wien in die Rolle des Drängenden; einen militärischen Schlag gegen Serbien ein oder zwei Wochen nach Sarajewo hätten die Großmächte vermutlich hingenommen, einen von langer Hand geplanten Krieg, nachdem die erste Erregung über das Attentat verklungen war, mit Sicherheit nicht. In Wien aber ließ man sich sehr viel Zeit; erst am 14. Juli beschloß man endgültig, den Kriegspfad zu beschreiten. In Berlin war man wenig erbaut zu hören, daß erst vom 10. August an mit militärischen Operationen gegen Serbien zu rechnen sei.

Welche Haltung aber nahmen die anderen Großmächte angesichts des herannahenden Gewitters ein? Die russische Regierung beurteilte die durch das Attentat von Sarajewo ausgelöste Krise von vornherein als äußerst ernst. Der Außenminister Sasonow sah durchaus, daß die psychologische Situation für einen Gegenzug Österreich-Ungarns auf dem Balkan ungewöhnlich günstig war. Er riet daher in Belgrad, vorerst alle Schritte zu vermeiden, die auf Österreich-Ungarn in irgendeiner Weise provozierend hätten wirken können, und veranlaßte die Einstellung der geheimen Verhandlungen über eine Vereinigung Serbiens mit Montenegro. Man wollte Österreich-Ungarn nicht noch zusätzliche Ansatzpunkte für eine erneute Aufrollung der Balkanfragen geben. Im übrigen aber war man in Petersburg von Anfang an fest entschlossen, eine österreichische Aktion, welche die Integrität und Souveränität Serbiens antasten würde, unter keinen Umständen zuzulassen. Schon Mitte Juli faßte man eine Teilmobilisierung als geeignetes Mittel ins Auge, um gegebenenfalls auf Österreich-Ungarn Druck auszuüben. In Rußland war man in der Tat noch nicht mit den eigenen Rüstungen fertig, aber man fühlte sich gleichwohl einem großen Krieg jetzt durchaus gewachsen. Namentlich die militärischen Kreise hatten sich seit dem Frühjahr 1914 an den Gedanken eines Krieges gegen die Mittelmächte gewöhnt. Sie drängten daher, im Hinblick auf die im Umriß bekannten deutschen Kriegsplanungen, von vornherein auf eine frühzeitige Gesamtmobilisierung. Nicht Österreich-Ungarn, sondern Deutschland war in ihren Augen der eigentliche Gegner.

Frankreich hingegen war, trotz des ungemein gestiegenen Vertrauens in die eigene militärische Stärke, im Juli 1914 nicht eben kriegswillig. Die schweren inneren Auseinandersetzungen über die Aufrechterhaltung der dreijährigen Dienstpflicht ebenso wie die im Gang befindliche Umgruppierung der französischen Heeresorganisation ließen einen Krieg zum gegebenen Augenblick auch aus rein militärtechnischen Gründen nicht als wünschenswert erscheinen. Außerdem war die französische Regierung in den entscheidenden Wochen der Krise politisch gelähmt, da Präsident Poincaré und Ministerpräsident Viviani zu Staatsbesuchen in Petersburg, Stockholm und Kopenhagen unterwegs waren. Jedoch waren Frankreich weitgehend die Hände gebunden, seitdem Poincaré 1912 stillschweigend den Bündnisfall auf einen Krieg ausgedehnt hatte, der wegen eines Balkankonflikts ausbrechen würde. Darüber hinaus aber scheint der französische Präsident während seines Aufenthalts in Petersburg vom 14. bis 23. Juli 1914 Sasonow zu einer unnachgiebigen Haltung gegenüber einer eventuellen Aktion Österreich-Ungarns gegen Serbien förmlich ermuntert, ja, dem russischen Außenminister die Gefolgschaft Frankreichs für den Fall kriegerischer Verwicklungen ausdrücklich zugesagt zu haben. In Frankreich wollte man zwar einen großen europäischen Krieg vermeiden, war aber von Anfang an nicht dazu bereit, deswegen das eigene Bündnis aufs Spiel zu setzen. Mehr noch: zumindest Poincaré hat, soweit die spärlichen Quellen einen sicheren Schluß zulassen, selbst eine bloß diplomatische Niederlage Rußlands in der serbischen Frage als untragbare Schwächung der eigenen Bündnisgruppe angesehen.

In London war man vollauf mit innenpolitischen Problemen, insbesondere dem drohenden Bürgerkrieg in Irland beschäftigt. Man schenkte dem österreichisch-serbischen Konflikt daher zunächst nur geringe Aufmerksamkeit, war aber anfangs durchaus bereit, der Donaumonarchie das Recht auf eine gewisse Genugtuung zuzugestehen, zumal man für die Serben keinerlei Sympathien empfand. Das Einverständnis der englischen Diplomatie mit den österreichisch-ungarischen Gegenmaßnahmen fand jedoch an dem Punkt seine Grenze, an dem die Gefahr auftauchte, daß sich daraus ein allgemeiner europäischer Krieg entwickeln könne. Daher war man bemüht, dem österreichischen Vorgehen Schranken auf-

zuerlegen, um so einem Eingreifen Rußlands die Grundlage zu entziehen. Sollte es jedoch zum großen Kriege kommen, so war man im *Foreign Office* von vornherein entschlossen, auf seiten des Zweibunds in den Kampf einzugreifen, um eine Niederwerfung Frankreichs, dem man sich zwar formell nicht bindend, faktisch aber unwiderruflich verpflichtet hatte, unter allen Umständen zu verhindern. Jedoch war es noch ungewiß, ob sich für diese Politik eine Mehrheit im Kabinett und im Parlament finden würde. Jedoch vermied man es nicht nur aus Rücksicht auf die zu erwartende Opposition im Innern, die eigene Haltung von vornherein offen darzulegen, sondern auch, weil man einerseits nicht Rußland und Frankreich geradezu zum Kriege ermuntern, andererseits nicht Deutschland zu Verzweiflungsschritten treiben wollte. Als die Krise dann hereinbrach, versuchte man mit freilich geringer Energie, die beiderseitigen Kriegsmaschinen zu bremsen und zwischen den Mächten zu vermitteln.
Ungeachtet deutlicher Vorwarnungen aus Petersburg, daß Rußland eine militärische Aktion Österreich-Ungarns gegen Serbien unter keinen Umständen tolerieren werde, richtete die Donaumonarchie, im Vertrauen auf die Unterstützung ihres mächtigen deutschen Bundesgenossen, am 23. Juli 1914 ein überaus scharfes, auf 48 Stunden befristetes Ultimatum an Serbien, in dem volle Genugtuung für das Attentat und Maßnahmen gegen die rechtsradikale Bewegung im Lande unter Beteiligung österreichisch-ungarischer Staatsorgane gefordert wurden. Der ungemein schroffe Wortlaut der österreichischen Note machte in den Hauptstädten Europas einen höchst ungünstigen Eindruck, auch dort, wo man der österreichisch-ungarischen Erregung über die serbischen Vorgänge mit einem gewissen Maß von Verständnis begegnete. Die deutsche Regierung aber geriet sofort in ein Zwielicht, weil sie diesem Schritt Österreich-Ungarns im vorhinein energische diplomatische Unterstützung hatte zuteil werden lassen, jedoch gleichwohl vorgab, die österreichische Note an Serbien vorher nicht gekannt zu haben, was zwar formal zutreffend, der Sache nach aber unrichtig war. Wie könne, so urteilten die Diplomaten der Ententemächte übereinstimmend, das Deutsche Reich einen Blankoscheck von derartig weittragender Bedeutung unterschreiben, wenn es damit nicht eigene sinistre Pläne verbinde?
Dennoch schienen die ersten Reaktionen der anderen Großmächte, namentlich Englands, die Erwartung Bethmann Hollwegs zu bestätigen, daß es gelingen könne, die Ententemächte über der Frage zu trennen, ob man einen österreichisch-serbischen Krieg hinnehmen oder, wie Rußland dies wollte, ihn mit Waffengewalt verhindern solle. Der geschickte Gegenzug Serbiens mit seiner Antwortnote vom 25. Juli, in der auf Anraten der Entente-

mächte, namentlich Rußlands, die österreichischen Forderungen so gut wie vollständig angenommen und nur in einigen Punkten gewisse Vorbehalte angemeldet wurden, änderte jedoch die Situation grundlegend, eine Tatsache, die freilich in Wien und Berlin zunächst nicht zureichend erkannt wurde. Hier hielt man vielmehr unbeirrt an dem vorbereiteten politischen Kurs fest. Österreich-Ungarn brach am 28. Juli die Beziehungen zu Serbien ab; die deutsche Regierung aber lehnte Anregungen Englands ab, die Regelung der serbischen Frage einer Konferenz der Großmächte zu übertragen, teils, weil man in Berlin seit Algeciras vor derartigen Kongressen begründete Abneigung hatte, vor allem jedoch, weil man, zumindest zu diesem Zeitpunkt, nicht dazu bereit war, dem österreichischen Bundesgenossen in den Arm zu fallen. Denn dann wäre der zwiefache Zweck der diplomatisch-militärischen Offensive der Mittelmächte nicht mehr erreichbar gewesen: Rußland in aller Form vor die Gretchenfrage ›Krieg oder Frieden‹ zu stellen und zugleich die Entente einer Belastungsprobe zu unterwerfen, der diese voraussichtlich nicht gewachsen sein würde. Die Krise durchstehen, so hieß vorerst die deutsche Devise. Den steigenden Unwillen der anderen Mächte über das zweideutige Verhalten der deutschen Diplomatie ließ man zunächst relativ unbeachtet.
Erst am 27. Juli abends entschloß sich Bethmann Hollweg unter dem Eindruck der günstigen Reaktion der öffentlichen Meinung Europas auf die serbische Antwortnote, zugleich aber unter dem Einfluß dringender englischer Vorstellungen, man möge in Wien zur Mäßigung raten und Österreich-Ungarn zur Aufnahme von Verhandlungen, sei es mit Rußland allein, sei es mit allen Großmächten, veranlassen, zu einer Änderung des politischen Plans der Mittelmächte. Er riet nunmehr der österreichisch-ungarischen Regierung energisch, unverzüglich mit Rußland in zweiseitige Verhandlungen einzutreten und sich mit Petersburg über das Ausmaß und die Zielsetzungen der bevorstehenden militärischen Aktion gegen Serbien zu einigen, unter Verzicht auf weitgesteckte Operationen. Zugleich sollte Österreich-Ungarn erneut die eindeutige Erklärung abgeben, daß an eine Annexion serbischen Gebiets nicht gedacht sei. Diese Schwenkung der deutschen diplomatischen Taktik fand am 28. Juli morgens auch seitens Wilhelms II. nachdrückliche Unterstützung. Der Kaiser rief bei der Lektüre der serbischen Antwortnote aus: »Damit fällt jeder Kriegsgrund fort« und meinte, daß sich Österreich-Ungarn auf die Besetzung Belgrads sowie einiger anderer strategischer Punkte beschränken solle. Ein derartiges »Faustpfand Belgrad« gewähre Österreich-Ungarn die ersehnte militärische Satisfaktion und bilde zugleich eine Garantie für die vollständige Erfüllung seiner Forderungen.[107] In den folgenden Tagen unternahm die deutsche

Regierung alles, was in ihrer Macht stand, um Wien zu einer entsprechenden Modifikation seines politischen Kurses zu bestimmen. Aber teils, weil man sich in Berlin durch eigene frühere Äußerungen bereits im entgegengesetzten Sinne festgelegt hatte, vor allem jedoch infolge der Schwerfälligkeit und Uneinsichtigkeit der Wiener Diplomatie, die nun blindlings auf den Krieg mit Serbien zusteuerte, blieb diesen Bemühungen zunächst jeglicher Erfolg versagt.

Dennoch hätte Bethmann Hollweg mit dieser Taktik, die den Anregungen der englischen Regierung wenigstens teilweise entsprach, doch noch durchdringen können, wenn nicht die russische Teilmobilmachung gegen Österreich-Ungarn und die ihr unmittelbar folgende österreichische Gesamtmobilmachung vom 29. Juli die eigenen Militärs auf den Plan gerufen hätte. Diese hielten nunmehr weitere Verhandlungen der Mächte für zwecklos und waren gewillt, unter dem Druck der Prämissen des Schlieffen-Plans unverzüglich loszuschlagen, ganz gleich, was die Diplomaten noch weiter tun würden. Seit dem Mittag des 29. Juli mußte Bethmann Hollweg einen zähen Kampf mit den eigenen Militärs um Zeitgewinn führen, und er wurde dabei zu schwerwiegenden Konzessionen gezwungen, welche die Aussicht auf ein Gelingen der eigenen politischen Strategie ernstlich beeinträchtigten. Sowohl die deutsche Demarche nach Petersburg vom 29. Juli mittags, die die unverzügliche Einstellung der russischen Mobilmachungsvorbereitungen verlangte, wie auch das Neutralitätsangebot an England vom Abend des gleichen Tages waren Schritte, die die deutsche Politik in ein höchst ungünstiges Licht setzten und namentlich in London als Beweis des deutschen Kriegswillens aufgefaßt wurden. Dennoch hat Bethmann Hollweg am 29. und 30. Juli 1914 weiterhin mit äußerster Zähigkeit auf eine Verwirklichung seines ursprünglichen Planes hingearbeitet, welcher die Isolierung des österreichisch-serbischen Krieges und die Bloßstellung Rußlands zum Ziele hatte. Am Morgen des 31. Juli stellten sich endlich gewisse Anzeichen für ein Gelingen des deutschen Kalküls ein, obwohl man sich in Wien den deutschen Vorschlägen gegenüber nach wie vor taub stellte. Ein englisches Vermittlungsangebot, das auf der Linie der ›Faustpfandidee‹ Wilhelms II. lag und ein begrenztes militärisches Vorgehen Österreich-Ungarns gegen Serbien hinzunehmen bereit war, schien nun den erwünschten Ausweg aus der Krise zu eröffnen. Doch zum gleichen Zeitpunkt traf in Berlin die Nachricht von der russischen Gesamtmobilmachung ein. Damit setzte, nachdem es am Vortage durch eine persönliche Intervention Wilhelms II. beim Zaren noch einmal gelungen war, einen Aufschub der russischen allgemeinen Mobilmachung zu erreichen, was freilich die russischen Militärs unverzüglich für technisch undurchführbar er-

Abb. 18: Berlin, 1. August 1914: Der kaiserliche Mobilmachungsbefehl wird Unter den Linden öffentlich verlesen

klärten, der verhängnisvolle Automatismus der Mobilmachungen ein, der nun den Politikern in den Hauptstädten Europas jeglichen Spielraum für weitere Verhandlungen raubte und sie zwang, den Dingen ihren Lauf zu lassen. Namentlich Frankreich hätte seinen Bundesgenossen dazu veranlassen können, diesen folgenschweren Schritt erst dann zu tun, wenn alle diplomatischen Mittel erschöpft sein würden; Paléologue, der französische Botschafter in Petersburg, tat — wie es scheint, unautorisiert — das genaue Gegenteil. England aber, auf dessen Haltung Bethmann Hollweg gerade in diesem Punkte gewisse Hoffnungen gesetzt hatte, scheute vor entsprechenden Vorstellungen in Petersburg zurück, einerseits, weil man sich über die Tragweite der Mobilmachungsorder nicht im klaren war, zum andern, weil man, besorgt ob des deutschen Weltmachtstrebens, die eigenen Ententen nicht aufs Spiel setzen wollte.

Seit dem Morgen des 31. Juli war die deutsche Politik, unter dem Druck der Erfordernisse des Schlieffen-Plans, uneingeschränkt auf Krieg zum frühestmöglichen Zeitpunkt eingestellt. Die deutsche Regierung ließ daher umgehend Ultimaten an Rußland und

Frankreich ergehen, welche am 1. August mittags die Kriegserklärung gegen Rußland zur Folge hatten. Da jedoch die Bestätigung der Übergabe der entsprechenden Note durch den deutschen Botschafter in Petersburg, Graf Pourtalès, ausblieb und man argwöhnte, daß diese von der russischen Post abgefangen worden und gar keine Kriegserklärung erfolgt sei, machte man in Berlin aus der Not eine Tugend und erklärte den Krieg aufgrund von angeblichen russischen Grenzverletzungen für eröffnet. Der deutschen Öffentlichkeit wurde die Tatsache, daß Deutschland selbst die erste Kriegserklärung abgegeben hatte, verschwiegen und Rußland die alleinige Kriegsschuld zugeschoben, was im Hinblick auf die Haltung der Sozialdemokratie von einigem Nutzen war. Im Westen setzte sich, nachdem am Nachmittag des 1. August ein letzter Funke von Hoffnung zerstoben war, daß England bei einem deutschen Stillhalten gegenüber Frankreich neutral bleiben werde, die deutsche Kriegsmaschine am 2. August endgültig in Bewegung.

Der deutsche Einmarsch in Belgien gab dann Sir Edward Grey das erwünschte Argument, um den Kriegseintritt Englands auf seiten Frankreichs und Rußlands im Kabinett und im Parlament durchzusetzen. Am 4. August erklärte England dem Deutschen Reich den Krieg. Erst im Laufe der nächsten acht Tage trat auch zwischen Österreich-Ungarn und den Ententemächten der Kriegszustand ein – ein Zeichen dafür, in welchem Maße in den letzten Tagen der Krise die Initiative an Berlin übergegangen war.

In Deutschland entstand, durch die amtliche Propaganda wirkungsvoll vorbereitet und gesteuert, die Legende vom schnöden Überfall der Ententemächte auf das friedliche Deutsche Reich. Die breiten Massen, von nationalistischer Begeisterung erfüllt, glaubten sie bereitwillig. In Wahrheit war eine höchst sublim kalkulierte diplomatische Offensive fehlgeschlagen, welche den lokalen österreichisch-serbischen Krieg als Hebel hatte benutzen wollen, um das »erstarrte europäische Koalitionssystem« aufzubrechen und so dem großen europäischen Krieg, den man in näherer oder fernerer Zukunft auf sich zukommen sah, noch einmal zu entgehen. Nicht weitgesteckte politische Zielsetzungen, sondern der Wunsch, durch eine »Politik äußersten Risikos« die Isolierung der Mittelmächte zu durchstoßen, ihre gefährdete kontinentale Machtstellung zu stabilisieren und – was auch im Hinblick auf künftige weltpolitische Erwerbungen von großer Bedeutung war – wieder freieres Wasser zu gewinnen, bestimmte die Erwägungen der deutschen Politik in der Julikrise 1914. Bei einiger Bereitschaft zur Konzilianz hätten die anderen Mächte gleichwohl den Ersten Weltkrieg noch abwenden können. Tatsächlich setzten diplomatische Gegensätze von relativ geringer Größenordnung, die unter anderen Umständen leichthin ohne

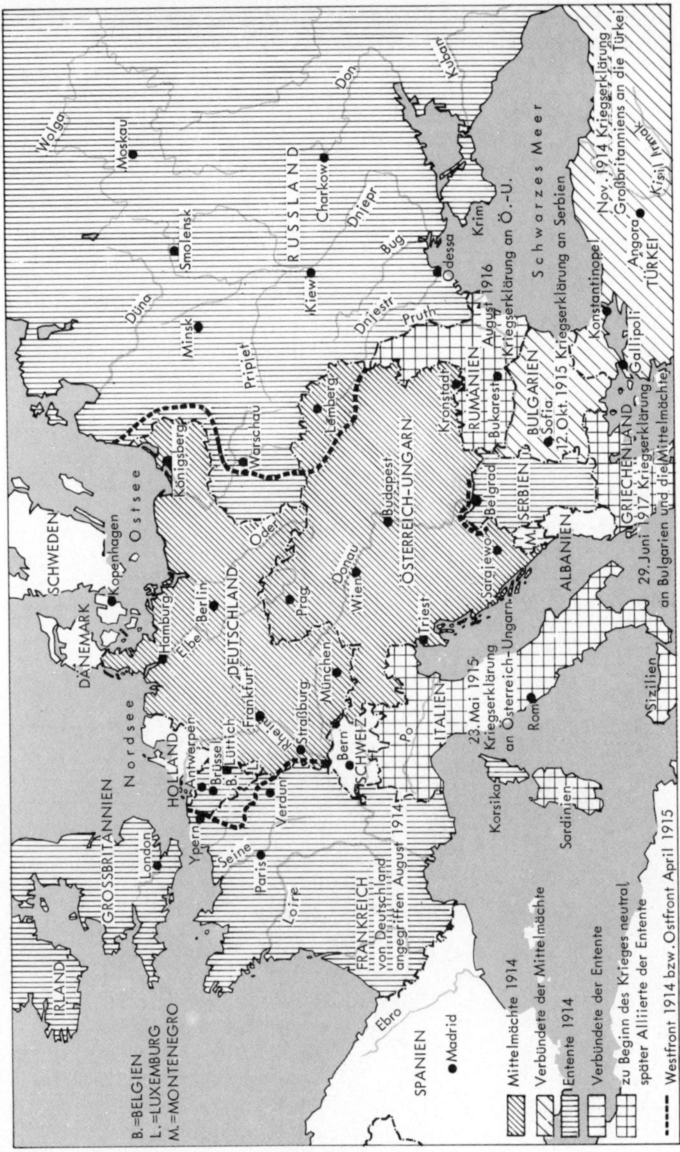

Abb. 19: Die kriegführenden Mächte 1914

großen Krieg hätten geschlichtet werden können, eine Welt in Flammen, weil man einander schon länger waffenstarrend gegenüberstand und auf allen Seiten auf das Signal zum Losschlagen wartete.

II. DIE ERÖFFNUNGSPHASE DES KRIEGES: VOM KRIEGSAUSBRUCH BIS ZUM DEZEMBER 1914

Die Völker Europas zogen in den ersten Augusttagen 1914 in übergroßer Mehrheit mit fast religiöser Begeisterung in den Krieg. Der Kampf für das Vaterland schien dem Leben, das man bisher geführt hatte, plötzlich einen neuen, unendlich reicheren Inhalt zu geben. Eine Woge nationalistischer Kriegsbegeisterung erfaßte die Massen und schwemmte überall jene Gruppen hinweg, die sich gegen den Krieg gewandt hatten, oder ließ sie doch zumindest fürs erste verstummen. Dieser Durchbruch nationalistischer Leidenschaften veränderte die politischen Formationen in grundlegender Weise. Nicht nur im Deutschen Reich, auch in Frankreich beschwor man fortan den ›Geist des 4. August‹, der ein neues Moment nationaler Solidarität quer durch alle Parteien und sozialen Schichten hindurch hervorgebracht hatte. Die große Sensation des Augenblicks war die Haltung der Sozialisten, welche sich nahezu in allen kriegführenden Ländern loyal hinter die

Abb. 20: August 1914: Deutsche Reservisten auf der Fahrt nach Westen

eigene Regierung stellten, obwohl sie ihren Willen zum Frieden noch in den letzten Tagen der Krise unzweideutig unter Beweis gestellt hatten. Die Beschlüsse des Stuttgarter Kongresses der Zweiten Internationale vom Jahre 1907, denen zufolge sich die sozialistischen Parteien aller Länder gemeinsam einem Kriege widersetzen sollten, blieben, nach kärglichen Ansätzen zu Verhandlungen zwischen der deutschen und der französischen Sozialdemokratie, ein bloßes Stück Papier. Keine der sozialistischen Parteien wagte es in der Stunde der Gefahr, sich dem Ruf des eigenen Vaterlandes zu entziehen.
Die bürgerlichen Schichten, noch im Banne der antisozialistischen Propaganda der vergangenen Jahrzehnte, waren über diesen Beweis der nationalen Zuverlässigkeit der Sozialisten überrascht, die Regierungen keineswegs. In Frankreich verzichtete man auf die Durchführung der im sogenannten *Carnet B* für den Kriegsfall vorgesehenen Verhaftung der sozialistischen und syndikalistischen Arbeiterführer, und im Deutschen Reich sorgte Bethmann Hollweg dafür, daß die Stellvertretenden Kommandierenden Generäle von entsprechenden Maßnahmen Abstand nahmen. Die Feindschaft der Sozialdemokratie gegenüber dem Zarismus, die sich bis auf Marx und Engels, die Väter des Marxismus, zurückverfolgen läßt, erleichterte den sozialistischen Parteien der Mittelmächte den schweren Entschluß, sich mit den bürgerlichen Parteien zu gemeinsamer Verteidigung des eigenen Landes zusammenzufinden. In Deutschland kam noch ein weiteres Moment hinzu, nämlich die Aussicht, durch nationale Bewährung Seite an Seite mit den anderen Schichten des Volkes die Mauern des Gettos endlich zu sprengen, in welchem die sozialdemokratische Bewegung immer noch eingeschlossen war. In Frankreich ermordete ein nationalistischer Heißsporn am Abend des 31. Juli 1914 Jean Jaurès, den bedeutendsten Führer des demokratischen Sozialismus und einen der mächtigsten Vorkämpfer der Idee des europäischen Friedens, aber dies hatte auf den Verlauf der Dinge keinen Einfluß. Am Grabe von Jaurès beschlossen die französischen Sozialisten, dem Ruf der eigenen Nation Folge zu leisten. Gustave Hervé schrieb am 1. August im *La guerre sociale*: »Sie haben Jaurès ermordet, wir werden darüber nicht Frankreich ermorden.«[108]
Auch die Gewerkschaften, die sich noch unmittelbar vor Ausbruch des Weltkrieges vielfach höchst streiklustig gebärdet hatten, schwenkten in allen kriegführenden Staaten, mit Ausnahme Rußlands, in die nationale Einheitsfront ein. Dabei spielte vielfach der Gesichtspunkt eine Rolle, daß man die so mühsam aufgebauten gewerkschaftlichen Organisationen nicht unnütz aufs Spiel setzen wollte. Außerdem hielt man den Generalstreik in der gegebenen Situation für eine stumpfe Waffe, weil man nach

Abb. 21: Jean Jaurès spricht auf einer Kundgebung anläßlich des Stuttgarter Kongresses der Zweiten Sozialistischen Internationale vom Jahre 1907

Kriegsausbruch allgemein große Arbeitslosigkeit erwartete. Aber entscheidend war doch, daß der Sog der nationalistischen Kriegsbegeisterung auch die Arbeiterschaft mit sich riß und den wenigen entschlossenen Kriegsgegnern keine Chance ließ, für ihre Ansichten eine Massengefolgschaft zu gewinnen.
Dank der sorgfältigen Regie der deutschen und der österreichisch-ungarischen Regierung betrachtete man sich im Lager der Mittelmächte nicht weniger als den unschuldig Überfallenen als im Lager der Entente. Infolgedessen kam es im Augenblick des Kriegsausbruchs in allen kriegführenden Staaten zu enthusiastischen Bekundungen der Solidarität der Bevölkerung mit der Regierung, ungeachtet der Zugehörigkeit zu bestimmten Parteien oder sozialen Schichten. Die Regierungen wußten diese Stimmung zugunsten der Stärkung ihrer Autorität zu nutzen; zugleich aber bemühten sie sich darum, ein größtmögliches Maß von innerer Einigkeit herbeizuführen. Wilhelm II. erklärte in seiner Rede zur Eröffnung des Deutschen Reichstags am 4. August, ein Wort aufgreifend, das er bereits zwei Tage zuvor in leicht

modifizierter Form vom Balkon des Berliner Schlosses einer riesigen Menschenmenge zugerufen hatte: »Ich kenne keine Parteien mehr, ich kenne nur noch Deutsche.« Die Idee des Burgfriedens war geboren. Nur einen Tag später proklamierte der französische Präsident Raymond Poincaré in Frankreich die Idee der *union sacrée,* der heiligen Einigung aller Parteien und sozialen Schichten Frankreichs zum Zwecke der gemeinsamen Verteidigung des Vaterlandes, und er fand damit in allen politischen Lagern begeisterte Zustimmung.

Etwas komplizierter lagen die Dinge hingegen in England. Sowohl die *Labour Party* wie ein starker Flügel der Liberalen Partei wandten sich zunächst entschieden gegen eine Beteiligung Englands am kontinentalen Kriege. Gewaltige Massendemonstrationen in Westminister in den ersten Augusttagen mahnten die Regierung, einen Friedenskurs zu steuern, und auch die City wollte nichts von einer Intervention wissen. Die Nachricht von der Verletzung der belgischen Neutralität durch Deutschland brachte dann am 3. August einen vollständigen Umschwung der Stimmung im Lande; selbst die *Labour Party* versagte der Regierung am folgenden Tage nicht mehr die Unterstützung. Mit ungewöhnlicher Schnelligkeit stellte sich nun auch in England ein Zustand innerer Einigkeit her. Schon eine Woche vor Kriegsausbruch hatte der Premierminister Asquith einen innenpolitischen Waffenstillstand gefordert; jetzt verschloß sich keine Partei mehr diesem Appell zur Einigkeit. Das bedeutete im Augenblick vor allem die Einstellung des heftigen Parteienkampfes über der Ulsterfrage. Obwohl die *Unionists* Asquiths Kompromißentscheidung leidenschaftlich ablehnten, wonach der *Home-Rule*-Vorlage Gesetzeskraft verliehen, ihre Anwendung jedoch bis nach dem Ende des Krieges verschoben werden sollte, unterstützten doch sämtliche Parteien die jetzt notwendig gewordenen Kriegsmaßnahmen.

Auch in Österreich-Ungarn verlief die Mobilisierung mit bemerkenswerter Ruhe und Ordnung. Ein Aufstand in den slawischen Ländern der Monarchie, wie man ihn in manchen Kreisen Rußlands erhofft hatte, trat nicht ein. Die österreichisch-ungarische Armee, die als einziges Staatsorgan der Donaumonarchie trotz ihrer deutschen Kommandosprache wirklich international aufgebaut war, erwies sich, von wenigen Ausnahmen abgesehen, zunächst als durchaus zuverlässig und loyal. Die große Frage war natürlich, wie sich die Tschechen verhalten würden. Klofáč, der Führer der tschechischen National-sozialistischen Partei, der ursprünglich eine Partisanenbewegung in den tschechischen Gebieten der Monarchie hatte organisieren wollen, blieb einflußlos und wurde bereits im September 1914 wegen Hochverrats verhaftet. Kramář, der Führer der Jungtschechen, wagte es zwar, den ausbrechenden Krieg mit den Worten des deutschen Kanzlers Bethmann Hollweg aus dem Jahre 1913 als einen Kampf zwischen Deutschen und Slawen zu charakterisieren, aber er schreckte doch vor offener Parteinahme für Rußland zurück. Die große Mehrheit der tschechischen Parteien hingegen verhielt sich loyal – die Katholiken, weil sie aus religiösen Gründen den Sieg des österreichisch-ungarischen Staates wünschen mußten, die Sozialisten, weil sie ebenso wie ihre deutschen Genossen das System des Zarismus verabscheuten und weil ihnen der Gedanke an den Aufbau des Sozialismus in einem Bündel vereinzelter Nationalstaaten vorläufig ganz und gar absurd erschien. Noch war das politische und militärische Prestige der Mittelmächte zu groß, als daß der Gedanke an eine Loslösung der slawischen Gebiete von der Monarchie ernstlich in Betracht gezogen worden wäre; Masaryk, der Führer der Tschechischen Realistenpartei, blieb mit seiner Idee der Gründung eines selbständigen tschechoslowakischen Staates zunächst völlig ohne Einfluß. Die österreichischen Polen setzten sogar konsequent auf einen Sieg der Mittelmächte über Rußland. Von österreichischem Boden aus organisierte Pilsudski seine polnischen Legionen, welche die Befreiung ihrer Brüder jenseits der Grenze vom Joche des Zarismus im Bunde mit den Mittelmächten erstrebten. Nur die Haltung der Südslawen ließ zu wünschen übrig; hier gab es eine radikale Minderheit, die die Vereinigung aller Jugoslawen in einem selbständigen Staat anstrebte. Im ganzen jedoch blieb jegliche offene Opposition der slawischen Völker gegen die Kriegspolitik der Donaumonarchie einstweilen aus, was freilich durch den Umstand erleichtert wurde, daß der Reichsrat schon seit dem März 1914 nicht mehr zusammengetreten war und auch jetzt von seiner Einberufung Abstand genommen wurde.

Selbst in Rußland löste der Krieg zunächst eine Flutwelle des Nationalismus aus, die weit über die politisch privilegierten großbürgerlichen Schichten hinausging und sogar die breite Masse der Bauern und der Arbeiterschaft nicht unberührt ließ. Schon am 26. Juli 1914 beschloß die *Duma* mit überwältigender Mehrheit, sich »auf den Ruf des Souveräns hin zur Verteidigung des Landes, seiner Ehre und seiner Besitzungen« bereit zu finden. Nur die wenigen Sozialisten beider Richtungen sowie eine Splittergruppe der bürgerlichen Linken, die sogenannten *Trudoviks*, schlossen sich davon aus. Aber auch unter ihnen waren die Ansichten über den Krieg keineswegs einheitlich; einige waren durchaus für einen reinen Verteidigungskrieg zu haben. Was die *Menschewiki* und die *Bolschewiki* betraf, so bestand für sie keine reale Chance, eine Massenbewegung gegen den Krieg zu inszenieren, zumal die zaristische Polizei bald dazu überging, alle Personen, die als politisch verdächtig galten, zu verhaften und nach Sibirien zu verschicken. Ein Generalstreik in Baku brach angesichts des nationalistischen Fiebers bei Kriegsausbruch sang- und klanglos in sich zusammen. In den großen Städten kam es zu riesigen Loyalitätskundgebungen für den Zaren. Noch einmal gewann die Parole ›ein Leben für den Zaren‹ eine magische Anziehungskraft auf die Massen des russischen Volkes.

Überall also brachte der Krieg zunächst eine Stabilisierung der inneren Verhältnisse. Ohne Zögern bewilligten die Parlamente die notwendigen Mittel für den Krieg, um dann ins zweite Glied zurückzutreten und der Exekutive das Feld zu überlassen. In Frankreich ging die Initiative weitgehend auf den Generalstabschef Joffre über, zumal die Bedrohung und Besetzung französischen Territoriums durch deutsche Truppen diesem bald Gelegenheit gab, in einem beträchtlichen Teile Frankreichs auch alle Verwaltungsbefugnisse an sich zu ziehen. Dennoch ließen sich die Politiker in Frankreich nicht ganz beiseite drängen. Ende August veranlaßte die kritische militärische Lage den Ministerpräsidenten Viviani, die Basis seiner Regierung nach links hin zu verbreitern. Théophile Delcassé, der alte Gegenspieler Deutschlands, übernahm das Außenministerium, und mit Jules Guesde und Marcel Sembat traten nunmehr auch zwei Sozialisten in das Kabinett ein — eine sichtbare Bekräftigung der *union sacrée*.

In England hingegen vermochte sich die liberale Parteiregierung Asquith einstweilen zu behaupten, zumal jetzt auch die irischen Nationalisten ihr die Unterstützung nicht mehr versagten. Jedoch trug Asquith der Volksstimmung insofern Rechnung, als er den populären Sieger des ägyptischen Feldzugs vom Jahre 1898, Lord Kitchener, der den *Unionists* nahestand, zum Kriegsminister ernannte.

In Deutschland ging die Abdankung der politischen Parteien zugunsten der Exekutive, insbesondere aber der Militärs, noch erheblich weiter. Hier übertrug das Belagerungsgesetz den Stellvertretenden Generalkommandos in weitem Umfang die vollziehende Gewalt. Sie, und nicht die politische Leitung, verfügten über die Handhabung der Zensur und entschieden, ob man Männer der äußersten Linken verhaften oder, was im politischen Effekt ziemlich aufs gleiche hinauskam, zum Heeresdienst einziehen solle; sie konnten jederzeit in die Verwaltungsakte der Zivilbehörden eingreifen. Unter solchen Umständen waren der Tätigkeit der politischen Instanzen und der politischen Parteien von vornherein enge, wenngleich im einzelnen nicht genau fixierte Grenzen gesetzt. Überdies bewilligte der Reichstag am 4. August in feierlicher Sitzung einstimmig die Kriegskredite und verzichtete für die Dauer des Krieges freiwillig in weiten Bereichen auf die Ausübung des Gesetzgebungsrechts. Die Regierung hatte noch weitergehen und den Reichstag einfach ›schließen‹ wollen; am

Ende wurde dieser nur bis zum 2. Dezember vertagt. Die Parlamentarier räumten der Exekutive bereitwillig das Feld, bis die Waffen über die weitere Entwicklung entschieden haben würden. Die Regierung aber versuchte, für die Zeit des Krieges die gesamte innere Politik künstlich stillzulegen. Die Zensur untersagte nicht nur alle offene oder versteckte Kritik an der Regierung, sondern auch scharfe Angriffe auf andere Parteien, welche geeignet schienen, den Burgfrieden zu gefährden.

In Österreich-Ungarn stellten sich alle diese Probleme zunächst nicht, da hier das Verfassungsleben schon seit dem März 1914 weitgehend zum Stillstand gekommen war. Hier regierte Graf Stürgkh mit Hilfe der zentralistischen Bürokratie aufgrund des Notverordnungsparagraphen 14 ohne jede Fühlungnahme mit den breiten Volksschichten und ohne jegliches Empfinden für deren Bedürfnisse und Stimmungen. Stürgkh betrachtete sich als den Erfüllungsgehilfen der militärischen Behörden, auch als diese sich, in übergroßem Mißtrauen in die Loyalität der slawischen Bevölkerung in den Grenzgebieten der Monarchie, zu zahlreichen völlig unvertretbaren Übergriffen und ungerechtfertigten Strafmaßnahmen hinreißen ließen.

In Rußland hingegen war die zaristische Bürokratie ohnehin allmächtig; es bedurfte keiner besonderen Maßnahmen, um die unbedingte Gefolgschaft der schmalen politischen Oberschicht zu gewährleisten, die die Regierung an nationalistischer Kriegsleidenschaft eher noch übertraf. Von seiten der Massen aber war zunächst nichts Ernstliches zu befürchten.

Es war in gewisser Weise nur natürlich, daß die Politiker zunächst einmal ins zweite Glied zurücktraten. Denn die künftige politische Entwicklung hing primär vom Ausgang der auf allen Seiten von langer Hand vorbereiteten militärischen Operationen ab, und so richtete sich die Aufmerksamkeit der europäischen Völker in den folgenden Monaten nahezu ausschließlich auf das Geschehen auf den Schlachtfeldern. Hier aber rissen fürs erste die Mittelmächte das Gesetz des Handelns an sich. Rein zahlenmäßig waren sie, trotz der vergleichsweise überdimensionierten Rüstung des Deutschen Reiches, ihren Gegnern weit unterlegen. Einem Feldheer von 3,8 Millionen Mann standen 5,7 Millionen auf seiten der Entente gegenüber, von denen freilich etwa 400 000 Mann nicht für Operationen auf freiem Felde geeignet waren. Dennoch war man auf deutscher Seite überaus optimistisch. Man rechnete fest damit, daß Deutschland dank seiner höchst leistungsfähigen militärischen Organisation rascher als seine Gegner zuschlagen und die Entscheidung erzwingen könne, ehe die Hauptmasse der feindlichen Kräfte sich auf dem Schlachtfelde geltend machen werde. Dieses Vertrauen gründete sich insbesondere auf den deutschen Kriegsplan, mit dessen Hilfe man Frankreich binnen

etwa sechs Wochen entscheidend zu schlagen hoffte, noch bevor die russische Kriegsmaschinerie auf volle Touren gekommen sein würde. Der deutsche Aufmarschplan im Westen, der von dem jüngeren Moltke nur leicht modifizierte Schlieffen-Plan, sah eine gewaltige Umfassungsoffensive der deutschen Armeen, mit dem Schwerpunkt auf dem rechten Flügel, durch Belgien und Luxemburg hindurch nach Nordfrankreich hinein vor. Nach, wie man hoffte, raschem Vormarsch bis zur Somme und zur Oise beabsichtigte man, in einem großen, Paris westlich umfassenden Bogen nach Südosten einzuschwenken, die französischen Armeen in das Festungsdreieck Verdun, Metz, Belfort abzudrängen und in einem neuen, ungleich gewaltigeren Sedan vernichtend zu schlagen. Die Größe dessen, was auf dem Spiele stand, ließ die deutschen Militärs die Verletzung der Neutralität Belgiens als ein notwendiges Übel betrachten. Jeder enger begrenzte Aufmarsch, welcher die Neutralität Belgiens und Luxemburgs respektiert hätte, hätte sich nach Ansicht der Militärs bereits in dem hügeligen, schwer passierbaren Gelände der Ardennen festgelaufen und niemals die Chance einer raschen, endgültigen Schlachtentscheidung geboten.
Nach der handstreichartigen Besetzung Luxemburgs am 2. August begann am 3. August planmäßig der Vormarsch im Westen, während man im Osten nur verhältnismäßig schwache Sicherungskräfte zurückgelassen hatte. Die Belgier weigerten sich, die Zusicherung territorialer Integrität nach Ende der Kampfhandlungen als Basis wohlwollender Neutralität zu akzeptieren. Doch ihr tapferer Widerstand half ihnen nicht viel; bereits am 16. August fiel Lüttich, und den Vormarsch der deutschen 1. Armee Kluck vermochten die Belgier ebensowenig aufzuhalten. Auf französischer Seite hatte man eine derartig weit angelegte Umfassungsbewegung in keiner Weise erwartet. Dennoch setzte man zuversichtlich auf den eigenen Kriegsplan, eine Offensive nach Lothringen hinein, die, wäre sie gelungen, den in Belgien operierenden deutschen Armeen die rückwärtigen Linien abgeschnitten hätte. Es kam in Lothringen zu schweren Kämpfen, in denen die Franzosen erhebliche Geländegewinne erzielen konnten; einen Durchbruch jedoch erreichten sie nicht. So befand sich in den Tagen nach dem 20. August das Kriegsglück in der Schwebe. Die Grenzschlachten im Westen verliefen für Deutschland im großen und ganzen höchst erfolgreich. Von Belgien aus operierend, trieb das deutsche Heer die französischen Armeen und das englische Expeditionskorps vor sich her. Ein Gelingen des großen Kriegsplans schien sich abzuzeichnen.
Herbe Nachrichten kamen jedoch aus dem Osten. Die österreichisch-ungarische Offensive gegen das kleine Serbien war an der Drina vollständig zusammengebrochen. Aber schlimmer noch,

eine russische Armee war in Ostpreußen eingedrungen, und der Kommandeur der deutschen 8. Armee von Prittwitz hatte keinen anderen Ausweg gesehen als den Rückzug hinter die Weichsel. Der Schock im deutschen Hauptquartier war nicht gering; weit früher und weit energischer als erwartet hatten die Russen ihre Offensive begonnen. Dem schleunigst zum neuen Befehlshaber im Osten ernannten General Ludendorff, der unter dem nominellen Oberbefehl des Generals von Hindenburg agierte, gelang es jedoch, die russische Narewarmee in der Schlacht bei Tannenberg vom 26. bis 30. August 1914 vernichtend zu schlagen. Der russischen Dampfwalze war fürs erste Einhalt geboten worden. Der Hindenburg-Mythos war geboren.
Alles aber hing vom weiteren Verlauf der Dinge im Westen ab. Hier befanden sich die deutschen Truppen weiterhin auf raschem Vormarsch; der deutsche rechte Flügel stand am 27. August bereits an der Oise. Überall wichen die Franzosen und Engländer zurück, doch war ein entscheidender Sieg noch nirgends errungen. Jetzt aber stellte sich heraus, daß die deutschen Armeen für eine Umfassungsoperation, die Paris westlich umging, wie dies der Schlieffen-Plan vorgesehen hatte, zu schwach waren. Auch die beiden Korps, die man nach Ostpreußen hatte abgeben müssen, hätten daran nichts Wesentliches geändert. Unabhängig voneinander beschlossen daher Kluck, der Führer der 1. Armee, und Moltke am 27. August ein Einschwenken des deutschen rechten Flügels nach Südosten, direkt auf Paris zu, statt zuzuwarten, bis man dieses in einem weiten Bogen hätte umfassen können — eine Entscheidung, die der Aufgabe des ursprünglichen Schlieffen-Planes gleichkam. Verfolgung und Zertrümmerung der weichenden Armeen, nicht aber eine große Vernichtungsschlacht gigantischen Umfanges war jetzt das strategische Ziel. Moltke selbst hoffte, die Entscheidung nunmehr durch eine gleichzeitige Offensive auf der gesamten Front, vor allem aber aus den lothringischen Stellungen heraus, erzielen zu können.
Ungeachtet der Modifizierung des ursprünglichen deutschen Kriegsplans war die Lage der französischen Armeen Ende August 1914 überaus kritisch. Die Spitzen des deutschen rechten Flügels standen 40 km vor Paris; am 2. September verließ die französische Regierung vorsorglich die Hauptstadt. Doch blieb man auf französischer Seite nicht untätig; eilends stellte man eine neue Armee zusammen, die dann den deutschen rechten Flügel von Nordwesten her in der Flanke zu packen versuchte. Am 4. September gab Joffre in einem denkwürdigen Armeebefehl das Kommando zum Gegenangriff auf der gesamten Front. In den folgenden Tagen standen die Dinge auf des Messers Schneide. Noch waren die deutschen Armeen in siegreichem Vormarsch; gleichwohl geriet der deutsche rechte Flügel nun in eine nicht ungefähr-

liche Lage. Zwar gelang es der 1. Armee unter Kluck, sich der in ihrer Flanke stehenden französischen Kräfte erfolgreich zu erwehren. Jedoch entstand dabei auf dem deutschen rechten Flügel zwischen der 1. und der 2. Armee eine 40 km breite Lücke, in die das englische Expeditionskorps höchst vorsichtig hineinzustoßen begann. In dieser kritischen Situation gab Moltke, über die tatsächliche Lage an der Front völlig unzureichend informiert, am 4. September abends zunächst den Befehl zum Halten und zur Frontstellung nach Osten und dann gar zur Zurücknahme der 2. Armee. Dies bedeutete die entscheidende Wende. Der große Angriff der deutschen Armee war abgeschlagen, an eine baldige Eroberung von Paris nicht mehr zu denken. Moltke, psychisch am Ende seiner Kräfte, sah in tiefstem Pessimismus die Zertrümmerung des ganzen deutschen rechten Flügels voraus; so riet er am 8. September gar zu einer Zurücknahme der gesamten Front bis an die Aisne. Doch wurde die endgültige Ausführung dieses Befehls einer Besichtigung der Lage an Ort und Stelle durch einen dazu vom großen Hauptquartier entsandten Oberstleutnant Hentsch vorbehalten. Dieser entschied, wesentlich unter dem Einfluß der Stimmung bei der Armee Bülow, für den Rückzug. Moltke selbst aber verlor die Nerven: »Es geht schlecht [. . .] Der so hoffnungsvoll begonnene Anfang des Kriegs wird in das Gegenteil umschlagen [. . .] Wir müssen ersticken in dem Kampf gegen Ost und West.«[109]

Das Scheitern des deutschen Feldzugsplans, auf den man so viel gesetzt hatte, war für die deutsche Kriegsführung von äußerst folgenreicher Bedeutung; wie sehr man sich deren in den Führungskreisen des Deutschen Reiches bewußt war, zeigt, daß man die Vorgänge der deutschen Öffentlichkeit verheimlichte. Noch freilich schien nicht alles verloren. General von Falkenhayn, der nach dem Debakel an der Marne an die Stelle Moltkes trat, setzte alles daran, um das Blatt im Westen doch noch zu wenden, zumal es Hindenburg und Ludendorff gelungen war, die Russen in der Schlacht an den Masurischen Seen zu besiegen und weit von den deutschen Grenzen abzudrängen. Schlimm war freilich, daß sich die österreichische Offensive in Galizien zu einer Katastrophe auswuchs; die Russen vermochten im Gegenangriff die österreichischen Armeen völlig zu zerschlagen. Erst an den Karpathenpässen konnte dem Vordringen der Russen Einhalt geboten werden.

Im Westen begann ein Wettlauf zur See, den freilich die Engländer und Franzosen, dank des Vorteils der inneren Linie, gewannen. Im Oktober erstarrte die gesamte Westfront, von den Vogesen bis zur Nordsee, im Stellungskrieg. Auch die Gegenoffensiven Joffres prallten unter großen Verlusten an den deutschen Fronten ab. Auf beiden Seiten machte man die überraschende Beobachtung, daß unter modernen Verhältnissen die Defensive die stärkere Form der Kriegführung bilde. Zum erstenmal brach nun innerhalb der deutschen militärischen Führung der Streit aus, ob man nicht besser den Schwerpunkt der Operationen nach Osten verlegen solle, wo noch eine offene Kriegführung über weite Räume hinweg möglich war. Falkenhayn entschied sich für den Westen, in der Überzeugung, daß gegenüber Rußland niemals ein für den Ausgang des Krieges ausschlaggebender Erfolg errungen werden könne. Mit der deutschen Ypernoffensive unternahm Falkenhayn einen letzten Versuch, den Sieg zu erzwingen; in immer erneut vorgetragenen, äußerst verlustreichen Angriffen opferte er die gesamte deutsche Reserve, blutjunge, meist unzureichend ausgebildete Truppen, um die Front wieder in Bewegung zu bringen. Am 18. November liefen sich die deutschen Angriffe endgültig im Schlamm fest; das Unternehmen mußte abgebrochen werden.

Auf den ersten Blick war die militärische Lage der Mittelmächte, zu denen inzwischen auch die Türkei gestoßen war, Ende des Jahres 1914 gleichwohl sehr gut. Man stand tief in Feindesland; ganz Belgien und Nordfrankreich befanden sich in deutscher Hand. Aber dieser Eindruck täuschte. Die Entscheidung im ersten Anlauf, auf die man alles gesetzt hatte, war ausgeblieben und Österreich-Ungarn gar in arger militärischer Bedrängnis. Die Militärs hatten nicht das geleistet, was sie bei Kriegsausbruch so zuversichtlich versprochen hatten, und so ging die Initiative nun wieder stärker auf die Politiker über.

Allerdings hatte die Diplomatie auch während der ersten Kriegsmonate, in denen sich alle Augen auf die dramatischen Ereignisse in Frankreich richteten, nicht stillgestanden. Schon unmittelbar nach Kriegsbeginn hatte ein erbittertes Ringen um die Neutralen eingesetzt. Nicht allzu überraschend kam den Mittelmächten die italienische Neutralitätserklärung vom 3. August, welche sich auf den Wortlaut des Dreibundvertrages berief, der den *casus foederis* nur für den Fall eines unprovozierten Verteidigungskrieges vorsah. Hingegen konnte die deutsche Regierung hinsichtlich der Türkei einen eigentlich unerwarteten diplomatischen Erfolg verbuchen. Obwohl man noch unmittelbar vor Ausbruch des Krieges ein Bündnis mit der Türkei als unzweckmäßig angesehen hatte, weil dieses korrupte und desorganisierte Staatswesen voraussichtlich eher eine Last als eine Hilfe sein würde, schloß man nun doch am 2. August 1914 einen Bündnisvertrag ab. Allerdings wartete die Türkei zunächst noch mit aktivem Eingreifen zu, auch wenn sie sehr zum Ärger der Engländer den beiden deutschen Kreuzern *Goeben* und *Breslau* Asyl gewährte. Die Ententemächte, deren Hoffnungen sich ausschließlich auf die Erhaltung der türkischen Neutralität richteten, kamen mit ihrem

Abb. 22: Die Fronten im Westen 1914

Angebot, die territoriale Integrität der Türkei zu garantieren, also alle Aufteilungspläne vorerst zurückzustellen – wozu man sich in Petersburg freilich nur sehr zögernd bereit gefunden hatte –, definitiv zu spät. Am 31. Oktober 1914 provozierten die *Goeben* und die *Breslau*, nunmehr formell unter türkischer Flagge, durch eine Beschießung Odessas die Kriegserklärung der Ententemächte an die Pforte.

Auf dem Balkan hingegen war die Lage verwickelter. Die starken Spannungen unter den Balkanstaaten stellten die Diplomatie beider Mächtegruppen in ihrem Bemühen, diese zu sich hinüberzuziehen, vor schwierige Aufgaben. Noch im August trat das kleine Montenegro auf die Seite Serbiens. Dagegen blieben Versuche der Alliierten, durch ein kompliziertes Tauschgeschäft Bulgarien zum Kriegseintritt gegen die Mittelmächte zu bewegen, vorerst erfolglos. Weder war der serbische Ministerpräsident Pašić sonderlich geneigt, gegen den Erwerb von Bosnien und der Herzegowina sowie des nördlichen Teils von Albanien die im zweiten Balkankrieg erworbenen mazedonischen Gebiete an Bulgarien wieder abzutreten, noch war man in Sofia bereit, ein derartiges Danaergeschenk aus den Händen der Alliierten anzunehmen. Vielmehr schloß Bulgarien am 6. September 1914 ein Defensivbündnis mit Österreich-Ungarn ab, wenngleich man sich hütete, schon jetzt gegen Serbien loszuschlagen.

Rumänien aber bildete den großen Unsicherheitsfaktor auf dem Balkan. Die Erwartungen, die man in Berlin an die deutschfreundliche Haltung des dem Hohenzollernhause verwandten Königs Carol I. geknüpft hatte, erwiesen sich als unbegründet; Rumänien zeigte keinerlei Neigung, den Bündnisvertrag vom Jahre 1883 zu honorieren und auf seiten der Mittelmächte in den Krieg einzutreten. Aber auch die Ententemächte machten ihre Rechnung hinsichtlich Rumäniens ohne den Wirt. Der rumänische Ministerpräsident Bratianu neigte zwar, in Übereinstimmung mit der öffentlichen Meinung, mehr den Ententemächten zu als den Mittelmächten, aber er war doch keinesfalls bereit, für das russische Anerbieten, Rumänien solle nach Kriegsende Siebenbürgen und die österreichischen Teile der Bukowina erhalten, zu einem Zeitpunkt, an dem die Mittelmächte noch auf der ganzen Linie als militärische Gewinner dastanden, Land und Krone in einen europäischen Krieg zu verwickeln, dessen Ausgang ungewiß war. Schließlich gelang es Bratianu, der taktisch meisterhaft operierte, von der Entente alle rumänischen Desiderata zugesichert zu bekommen, ohne sich doch auf einen Kriegseintritt zu einem bestimmten Zeitpunkt zu verpflichten. Beide Parteien wurden so hingehalten, bis eine Entscheidung fallen und sichtbar hervortreten werde, welche von beiden Mächtegruppen schließlich obsiege. In Berlin wurde man gleichwohl von zunehmender Sorge über die künftige Haltung Rumäniens erfaßt, insbesondere, als durchsickerte, daß Bratianu bereits am 23. September 1914 mit Italien ein gemeinsames Vorgehen für den Fall eines eventuellen Kriegseintritts auf seiten der Entente vereinbart hatte. In der Folge wandten beide Mächtegruppen ungeheure Geldsummen auf, um die rumänische öffentliche Meinung jeweils in ihrem Sinne zu beeinflussen, ohne daß sich dadurch an der Haltung des Landes Wesentliches geändert hätte. Für die Mittelmächte war die rumänische Frage freilich nicht nur wegen des rumänischen Öls und Weizens von großer Bedeutung, sondern vor allem wegen der Schiffahrtsverbindung über die Donau nach Konstantinopel.

In Griechenland war die Situation ähnlich wie in Rumänien. Während der mit einer Schwester Wilhelms II. verheiratete König Konstantin I. mit den Mittelmächten sympathisierte, vertrat der Premier Venizelos die Sache der Entente. Doch plädierten hier beide Mächtegruppen wegen des scharfen Gegensatzes, der nach wie vor zwischen Griechenland und der Türkei bestand, gleichermaßen zunächst nur für die Aufrechterhaltung der Neutralität des Landes. Erst nachdem die Türkei am 1. November 1914 in den Krieg eingetreten war, setzte die Entente Griechenland unter starken Druck, um es zum Kriegseintritt gegen die Mittelmächte zu bewegen; aber trotz zunehmender Anwendung von Repressalien vermochte sie dieses Ziel einstweilen nicht zu erreichen.

Hingegen konzentrierten die Ententemächte seit Kriegsausbruch ihre diplomatischen Bemühungen auf jene Macht, von der man am ehesten erwarten konnte, daß sie sich aktiv gegen die Mittelmächte wenden werde: auf Italien. Dieses hatte ja trotz seiner Zugehörigkeit zum Dreibund schon lange intime Beziehungen zu den Westmächten unterhalten. In Italien war man entschlossen, die Schlüsselposition, die man zwischen den Mächtegruppen einnahm, dazu auszunutzen, um seinerseits territoriale Gewinne, sei es von Österreich-Ungarn, sei es an der Adria, zu erlangen, gleichviel, ob durch aktive Teilnahme am Krieg oder durch wohlwollende Neutralität gegenüber einer der beiden Gruppen. Der regierende konservative Ministerpräsident Salandra hoffte durch eine solche expansive Politik unter nationalem Vorzeichen die konservativen Kräfte im Lande zu stärken und auch die Linke wieder enger an die Monarchie heranzuziehen. Freilich waren er und insbesondere der Außenminister San Giuliano sich noch keineswegs ganz sicher, auf welche Seite man sich schlagen solle. San Giuliano erwartete anfangs einen raschen Sieg der Mittelmächte, und es scheint, daß er sich den Weg hat offenhalten wollen, um sich ihnen gegebenenfalls im letzten Augenblick doch noch anzuschließen und dergestalt einen Anteil an der Beute zu erhaschen. Aber man zögerte dennoch nicht, schon seit dem 4. August 1914 intensiv mit Rußland und England über territoriale Erwerbungen für den Fall eines italienischen Kriegseintritts auf seiten der Entente zu verhandeln. Dabei waren die Italiener von Anfang an nicht eben bescheiden und die Alliierten nicht eben kleinlich. Neben dem Trentino, Triest und der dalmatinischen Küste stand auch Südtirol bereits damals auf der Liste der italienischen Wünsche. Doch scheiterten die Verhandlungen schließlich am Einspruch Rußlands, welches die alles andere als geringen italienischen Forderungen auf dem Balkan nicht zu akzeptieren bereit war, zumal sich Italien weigerte, schon jetzt einen bestimmten Termin für den eigenen Kriegseintritt festzusetzen. Die italienische öffentliche Meinung war einstweilen noch überwiegend gegen eine Beteiligung am Kriege eingestellt, und auch die starken wirtschaftlichen Bindungen Italiens an Deutschland und Österreich-Ungarn machten dergleichen keineswegs einfach. Erst nach dem für Deutschland unglücklichen Ausgang der Marneschlacht begann sich die Waage endgültig zugunsten einer Intervention auf seiten der Alliierten zu neigen. Der plötzliche Tod San Giulianos Mitte Oktober 1914 machte den Weg für eine entschlossene Interventionspolitik frei. Die am 10. November neugebildete Regierung Salandra-Sonnino verschrieb sich jetzt offen der Devise des *sacro egoismo*, und die Verhandlungen, die Sonnino im Dezember 1914 mit der österreichisch-ungarischen Regierung über eventuelle Kompensationen anknüpfte, waren im Grunde bereits der erste Schritt auf dem Wege zur Intervention. Da Italien jedoch noch nicht genügend gerüstet war, zog man es vor, zunächst weiterhin mit beiden Seiten zu verhandeln.

Die übrigen kleineren europäischen Mächte erklärten sich bei Kriegsbeginn für neutral, allen voran die Schweiz, Holland und die nordischen Staaten. In Schweden hatte man anfangs gezögert, ob man nicht gemeinsam mit Deutschland gegen Rußland losschlagen solle, doch entschied man sich dann für eine Politik wohlwollender Neutralität gegenüber den Mittelmächten. Nur Portugal entschloß sich im weiteren Verlauf zum Kriegseintritt, worüber man in Berlin gar nicht einmal so unglücklich war, da man schon längst ein Auge auf die portugiesischen Kolonien geworfen hatte.

In den Verhandlungen mit den neutralen Mächten, insbesondere mit Italien und den Balkanstaaten, hatten namentlich die Ententemächte nicht gezögert, in großem Stil über Territorien der Mittelmächte zu verfügen. In dieser Praxis, einzelnen neutralen Staaten als Anreiz für deren Kriegseintritt bestimmte Gebiete des einen oder anderen Gegners zu versprechen, warfen die kommenden Kriegszielauseinandersetzungen bereits ihre Schatten voraus. Keine der europäischen Großmächte hatte 1914 bestimmte Erwerbswünsche territorialer Art, um deren Erlangung man den Krieg gewollt oder auch nur herbeigesehnt hätte. Zwar spielte man in Österreich-Ungarn – obwohl man zu Anfang der Julikrise ausdrücklich erklärt hatte, daß an eine Annexion serbischen Territoriums nicht gedacht sei – mit dem Gedanken der direkten oder indirekten Angliederung Serbiens sowie Albaniens und anderer balkanischer Territorien an die Monarchie, aber im Vordergrund stand doch die Abwehr der südslawischen nationalrevolutionären Bewegung, die, wie man glaubte, in Belgrad wesentlichen Rückhalt finde. Ebensowenig besteht Anlaß, Bethmann Hollwegs spätere Aussage zu bezweifeln, daß das Deutsche Reich bei Kriegsausbruch kein Ziel gehabt habe, welches man nur durch einen Krieg hätte verwirklichen können. Am ehesten war dies auf russischer Seite der Fall. Das Streben nach der Beherrschung der Meerengen war unbestreitbar eines der wesentlichsten Motive der russischen Politik während der letzten Monate vor Kriegsausbruch. Aber zunächst stellte man in Petersburg gerade dieses Ziel zurück und versprach dem Osmanischen Reich die territoriale Integrität. Der Weltkrieg war keinesfalls das direkte Resultat eines deutschen ›Griffs nach der Weltmacht‹ oder des Konkurrenzkampfes der europäischen Imperialismen. Er war ausgelöst worden durch einen schon lange schwelenden Konflikt innerhalb des traditionellen europäischen Mächtesystems; allerdings standen die weltpolitischen Gegensätze dabei als verschärfende Faktoren im Hintergrund. Nachdem es aber einmal zum Kriege gekommen war, brachen sich die nationalistischen und imperialistischen Energien der Völker in wilder Eruption Bahn. So steigerte sich der Krieg von Anfang an in ein gnadenloses Ringen, das nur die völlige Niederwerfung des Gegners als legitimes Ziel gelten ließ. Der Vermittlungsvorschlag, den der amerikanische Oberst House Ende August 1914 im Auftrage Wilsons den europäischen Regierungen unterbreitete, wurde von allen Kombattanten mit ungefähr dem gleichen Argument abgelehnt: daß es für dergleichen Versuche noch zu früh sei und jetzt zunächst einmal die Waffen entscheiden müßten. England, Frankreich und Rußland verpflichteten sich am 4. September 1914 gegenseitig, während des gegenwärtigen Krieges keinen Separatfrieden zu schließen und ohne vorherige Verständigung untereinander auch keine Erklärungen über die Friedensbedingungen abzugeben. Dieses Abkommen sollte den Zusammenhalt der Ententemächte sicherstellen und die Voraussetzung für die Erreichung der alliierten Kriegsziele schaffen. In Frankreich faßte man von vornherein die Wiedergewinnung Elsaß-Lothringens ins Auge; man sah darin jedoch weniger ein Kriegsziel als vielmehr eine Desannexion. Ansonsten aber fehlte es dort noch an präzisen Zielsetzungen. Von Anfang an beherrschte der Gedanke der Sicherung Frankreichs vor einer erneuten deutschen Bedrohung alle Erwägungen der Politiker, und die einzige zuverlässige Garantie dafür sah man in der Beseitigung der deutschen Militärmacht und der Zerschlagung des Deutschen Reiches. Auch in der englischen Diskussion stand, neben dem Verlangen nach völliger Restitution Belgiens, die Forderung nach der Liquidierung des deutschen Militarismus im Vordergrund, unter dem Einfluß des wirkungsvollen Slogans: »*the war to end war*«. Freilich beschloß man schon Anfang August 1914 die Annexion der deutschen Kolonien. Aber sonst war man sich vorläufig nur in einem Punkte einig, dem Willen, den Krieg so lange fortzuführen, bis man dazu imstande sein werde, eine dauerhafte Friedensordnung in Europa zu begründen. Die Russen hingegen waren weit weniger zurückhaltend in ihren

Vorstellungen über die künftige Ordnung Europas. Schon Anfang September 1914 erklärte Sasonow in seinen *Zwölf Punkten* »die Zerstörung der deutschen Machtstellung und das Nationalitätenprinzip« zu Grundsätzen der russischen Kriegszielpolitik. Polen, dem man nach Kriegsausbruch ein gewisses Maß von Autonomie in Aussicht gestellt hatte, sollte Posen, Pommern und Schlesien sowie Westgalizien erhalten; Ostgalizien bis zum Njemen sollte direkt an Rußland fallen. Frankreich sollte auf jeden Fall Elsaß-Lothringen bekommen, Belgien den Aachener Raum, Dänemark Schleswig-Holstein. Hannover sollte wieder ein selbständiges Königreich werden. Darüber hinaus rechnete man mit dem Zerfall Österreich-Ungarns in drei selbständige Staaten: die österreichischen Kernlande sowie Böhmen und Ungarn. Am 17. September 1914 versprach der Großfürst Nikolai, der Oberbefehlshaber der russischen Streitkräfte, den Völkern Österreich-Ungarns in einer feierlichen Proklamation die Befreiung vom Joch des Kaiserstaates. Und Ende November 1914 ging Nikolaus II. in einem Gespräch mit dem französischen Botschafter Paléologue noch erheblich über diese Vorstellungen hinaus. Er verlangte nicht nur die gänzliche Verdrängung der Türken vom europäischen Kontinent sowie die Internationalisierung Konstantinopels, die ›natürliche‹ Karpathengrenze und einen selbständigen Pufferstaat Hannover, sondern gab allen Kriegszielen, die die Engländer und Franzosen für notwendig erachten würden, »vielleicht sogar die Annexion des Rheinlandes«, im vorhinein seine Zustimmung.

Dies waren in der Tat Kriegsziele von grandiosem Umfang, auch wenn man zugestehen muß, daß sie noch nicht die Form konkreter Planungen angenommen hatten und daher nicht auf die Goldwaage gelegt werden dürfen. Ohne einen vollständigen Sieg über die Mittelmächte wäre dergleichen niemals durchzusetzen gewesen. Noch aber waren die Ententemächte von einem Sieg weit entfernt, während die Mittelmächte zumindest bis zur Marneschlacht mit einer raschen Kriegsentscheidung rechneten, welche ihnen die Möglichkeit zu einer umfassenden Umgestaltung der politischen Verhältnisse in Europa nach ihren Vorstellungen zu erschließen schien.

Unter solchen Umständen schossen in Deutschland die Kriegszielprogramme noch ungleich wilder aus dem Boden als in den Ententestaaten. Jedoch ist bemerkenswert, daß die Zielsetzungen des deutschen Imperialismus unter dem Zwange der Belagerungssituation von 1914 eine grundlegende Änderung erfuhren. Die Ziele in Übersee, insbesondere das Projekt eines deutschen Mittelafrika, traten nun ganz zurück, auch wenn sie keineswegs in Vergessenheit gerieten. Statt dessen suchte man nun krampfhaft nach tauglichen Methoden, um der bedrohten Mittellage des

Deutschen Reiches in Europa abzuhelfen. An die Stelle des ›Griffs nach der Weltmacht‹, sofern man von einem solchen in der Situation vor 1914 überhaupt sprechen kann, trat die Idee der uneingeschränkten Herrschaft Deutschlands über den europäischen Kontinent. Durch direkte und indirekte Annexionen in Ost und West von mehr oder minder extremer Größenordnung wollte man die gefährdete Hegemonialstellung des Deutschen Reiches auf dem europäischen Festland für alle Zukunft sichern, um dann von dieser Basis aus den Kampf um einen Anteil an der Beherrschung des Erdballs mit größerer Aussicht als bisher führen zu können.

Abb. 23: Reichskanzler Theobald von Bethmann Hollweg

Freilich vermied es Bethmann Hollweg peinlich, sich in den Kriegszielfragen öffentlich festzulegen, was ihm schon bald den Ruf einbrachte, einen vorzeitigen ›flauen‹ Frieden ohne nennenswerte Annexionen anzustreben. Nun unterschieden sich die Vorstellungen des Kanzlers in der Tat erheblich von den schlechterdings uferlosen Kriegszielkatalogen der zahlreichen Eingaben, mit denen die Reichsbehörden von den verschiedensten Persönlichkeiten und Organisationen überschwemmt wurden; aber auch er dachte keineswegs daran, auf erreichbare Kriegsziele zu verzichten. Schon seit Ende August 1914 beschäftigten sich die zuständigen Ressorts mit Kriegszielplanungen für alle nur denkbaren Eventualitäten. Ihren ersten Höhepunkt fanden diese internen Beratungen bereits Anfang September 1914 mit der *Vorläufigen Aufzeichnung über die Richtlinien unserer*

Politik bei Friedensschluß, dem sogenannten Septemberprogramm. Auch das Septemberprogramm erklärte die »Sicherung des Deutschen Reiches nach West und Ost auf erdenkliche Zeit« zum eigentlichen Ziel des Krieges, wollte dieses aber nicht allein durch Annexionen – neben dem Erzgebiet von Longwy-Briey und dem Westabhang der Vogesen einschließlich Belforts dachte man an die flandrische Küste von Dünkirchen bis Boulogne –, sondern vor allem durch Formen indirekter Herrschaft erreichen. Namentlich Belgien sollte zu einem »Vasallenstaate« des Deutschen Reiches herabsinken. Außerdem wurde die Gründung eines mitteleuropäischen Wirtschaftsverbandes unter deutscher Führung ins Auge gefaßt, unter Einschluß von Frankreich, Belgien, Holland, Dänemark, Österreich-Ungarn, Polen und eventuell Italien, Schweden und Norwegen, um auf diese Weise »die wirtschaftliche Vorherrschaft Deutschlands über Mitteleuropa zu stabilisieren«[110]. Dieses kühne Projekt, das mit den voranstehenden Einzelzielen im Grunde nicht harmonierte, war von Bethmann Hollweg als Alternative zu allzu weitgehenden direkten Annexionen, die den Charakter des Deutschen Reiches als Nationalstaat beeinträchtigt haben würden, ins Spiel gebracht worden. Jedoch spiegelte sich darin zugleich die Belagerungssituation des Deutschen Reiches, das, durch die englische Flotte von seinen überseeischen Märkten abgeschnitten, nach wirtschaftlichen Kompensationen auf dem europäischen Kontinent Ausschau halten mußte.

Das Septemberprogramm ging von der Voraussetzung aus, daß der Zusammenbruch Frankreichs unmittelbar bevorstehe, während noch auf längere Zeit mit der Fortführung des Krieges von seiten Englands gerechnet werden müsse. Es war zu Teilen ein Kampfprogramm gegen England. Das Scheitern der Marneschlacht machte diesen sanguinischen Plänen freilich ein rasches Ende und führte in den verantwortlichen Kreisen zu erheblicher Ernüchterung. Dennoch dachte man auch jetzt nicht daran, die deutschen Kriegsziele wesentlich herabzuschrauben. Insbesondere war man nach wie vor entschlossen, Belgien politisch, militärisch und wirtschaftlich in der Hand zu behalten. In diesem Zusammenhang standen auch die Bemühungen, die flämische Bewegung tatkräftig zu fördern, in der Erwartung, daß der flämische Volksteil in Zukunft bei Deutschland Anlehnung suchen werde. Im Osten plante man die Begründung einer Reihe von mehr oder minder von den Mittelmächten abhängigen Randstaaten, um Rußland von den deutschen Grenzen abzudrängen. Darüber hinaus hegte man die Hoffnung, durch Revolutionierung der islamischen Völker das britische Empire empfindlich treffen zu können.

Nach dem Scheitern der deutschen Flandernoffensive im Spätherbst bewegte man sich mit diesen Plänen vollends im luftleeren Raum, ohne sich dies selbst voll einzugestehen, geschweige denn der deutschen Öffentlichkeit reinen Wein einzuschenken. Am 18. November 1914 gelangte der deutsche Generalstab zu dem Schluß, daß »eine völlige Besiegung unserer Gegner [...] in entscheidender Schlacht« als ausgeschlossen gelten müsse.[111] Ein für die Mittelmächte günstiger Friede könne jetzt nur noch durch die Sprengung der Entente erreicht werden. Demgemäß richteten sich die Bemühungen der deutschen Politik fortan vor allem darauf, eine der gegnerischen Mächte zu einem Separatfrieden zu bewegen.

III. Militärisches Patt und politische Stagnation: Kriegführung und äussere Politik vom Beginn des Jahres 1915 bis zum Spätherbst 1916

Die Krise der deutschen Kriegführung im November 1914, nach dem endgültigen Scheitern aller Durchbruchsversuche im Westen, führte zu einem tiefgreifenden Zerwürfnis zwischen der politischen und der militärischen Leitung. Während Falkenhayn mit einiger Naivität hoffte, daß ihm die Diplomatie durch Abschluß eines Sonderfriedens mit Rußland den Rücken frei machen könne, verlangte Bethmann Hollweg jetzt eine Verlagerung des Schwerpunktes der Operationen nach dem Osten und er fand in diesem Punkte Hilfestellung bei Hindenburg und Ludendorff, die eine offensive Kriegführung nach Polen hinein als die ideale Lösung der strategischen Probleme der Mittelmächte ansahen. Hier waren die Fronten noch nicht im Gewirr verschlammter Schützengräben und verminter Stacheldrahtverhaue erstarrt; hier schien eine bewegliche Kriegführung noch möglich. Falkenhayn aber glaubte nicht daran, daß in den weiten russischen Räumen jemals ein kriegsentscheidender Schlag gegen die russischen Armeen geführt werden könne. Vielmehr werde jedes weitere Vordringen nach Osten die ohnedies bereits bis zur Grenze des Erträglichen angespannten Kräfte der Mittelmächte vollends überbeanspruchen. Obwohl Falkenhayn danach strebte, zum frühestmöglichen Zeitpunkt erneut im Westen anzugreifen, zwangen ihn überwältigende politische Gründe, dem Drängen Bethmann Hollwegs einstweilen nachzugeben. Wollte man jemals zu einem Separatfrieden mit Rußland gelangen, so war dafür die erste Voraussetzung, daß diesem jegliche Hoffnung auf einen Eintritt Rumäniens und Italiens ins Lager der Entente genommen würde. Nur ein baldiger erfolgreicher Offensivschlag im Osten oder Südosten, der Österreich-Ungarn aus seiner schwer bedrängten Lage befreite, schien geeignet, die steigende Flut des Interventionismus in Italien einzudämmen und die Rumänen wirksam von einem Kriegseintritt abzuschrecken.

Gleichzeitig setzte die deutsche Regierung alle verfügbaren diplomatischen Mittel ein, um die italienische Gefahr abzuwenden. Während Fürst Bülow in Sondermission nach Rom entsandt wurde, um dort für die deutsche Sache zu werben, verlangte man von Wien, die Neutralität Italiens durch das Anerbieten von Kompensationen sicherzustellen, selbst wenn dies nicht ohne die Abtretung des Trentino abginge. Jedoch widersetzten sich die Österreicher den erpresserischen Forderungen der Italiener vorläufig mit äußerster Hartnäckigkeit. Als der Außenminister Graf Berchtold Anfang Januar 1915 unter deutschem Druck Anstalten machte, in der Frage des Trentino weich zu werden, wurde er durch den Grafen Burian ersetzt. Um die Österreicher dennoch zum Einlenken zu bewegen, bot die deutsche Regierung dem Bundesgenossen im März 1915 das polnische Kohlenrevier Sosnovice als Kompensation für den Verlust des Trentino an und erwog für den Fall, daß dies nicht genüge, sogar die Abtretung eines Teils von Schlesien an Österreich-Ungarn. Glücklicherweise brauchte die Reichsleitung auf dieses äußerste Angebot schließlich nicht mehr zurückzugreifen, das, wäre es damals bekanntgeworden, in der deutschen Öffentlichkeit einen Sturm der Entrüstung hervorgerufen hätte, da man sich in Wien am 9. März 1915 grundsätzlich zur Abtretung des Trentino an Italien bereit erklärte.

Jedoch umwarben auch die Ententemächte Italien mit steigender Energie, zumal sich immer deutlicher herausstellte, daß ein kriegsentscheidender Durchbruch im Westen vorerst nicht zu erreichen war. Joffres Offensive bei Arras im März 1915 blieb ebenso im Abwehrfeuer der deutschen Maschinengewehre liegen wie die gleichzeitige englische Offensive bei Neuve-Chapelle. In London war man schon Ende 1914 zu der Ansicht gelangt, daß mit einer Beendigung des *stalmate* im Westen vorerst nicht gerechnet werden könne, und entschloß sich daher, die Position der Mittelmächte von der Südostflanke aus, durch einen Angriff auf die Dardanellen, aufzurollen. Die englische Regierung hoffte, im Falle einer Bezwingung der Türkei Bulgarien ins Lager der Ententemächte hinüberziehen und zugleich Rumänien und Italien zum Losschlagen bewegen zu können. Während die Vorbereitungen für den Angriff auf die Dardanellen in vollem Gange waren, liefen die Bemühungen der Diplomatie der Ententemächte um Rumänien und Italien auf Hochtouren. Nur einen Tag nach der Landung eines starken englischen Expeditionskorps auf der Halbinsel Gallipoli, am 26. April 1915, unterzeichneten Frankreich, England, Rußland und Italien den Londoner Vertrag, der Italien für die bindende Zusage, binnen eines Monats aktiv in den Krieg einzugreifen, eine überreiche Beute verhieß. Nicht nur das Trentino sowie Görz und Gradisca und die Umwandlung Triests in eine

›Freie Stadt‹, was die Österreicher schließlich schweren Herzens angeboten hatten, wurde den Italienern versprochen, sondern darüber hinaus ganz Südtirol bis zur Brennergrenze, Istrien nebst den vorgelagerten Inseln und schließlich ein großer Teil Dalmatiens. Es war dies ein unerhört hoher Preis, den die italienische Diplomatie, Österreich-Ungarn und die Ententemächte gegeneinander ausspielend, herausgehandelt hatte; aber in der damaligen kritischen Lage war der Entente jedes Mittel recht, um den Eintritt Italiens ins eigene Lager zu erreichen. Die Mittelmächte, die unverzüglich Kenntnis von dem Vertragsabschluß erhalten hatten, unternahmen letzte, verzweifelte Versuche, den Kriegseintritt Italiens durch eine Erhöhung des österreichischen Kompensationsangebots doch noch abzuwenden. Sie setzten ihre Hoffnungen vor allem auf Giolitti, den Exponenten der neutralistischen Richtung, die, ungeachtet der ständig an Stärke zunehmenden nationalistischen Agitation, in der Kammer wie im Lande noch immer in der Mehrheit war; doch scheute Giolitti im entscheidenden Augenblick davor zurück, für seine Sache zu kämpfen. Am 23. Mai 1915 erklärte Italien Österreich-Ungarn den Krieg.

Damit ergab sich die Gefahr eines tödlichen Stoßes in die südliche Flanke der Donaumonarchie, deren Streitkräfte an der galizischen Front konzentriert waren. Dennoch gelang es den Mittelmächten, das Schlimmste zu verhüten. Ausschlaggebend dafür war der überraschend große Erfolg der am 2. Mai eröffneten Offensive Falkenhayns bei Gorlice. Ein riesiger Durchbruch wurde erzielt, der die russischen Armeen auf breiter Front zum Rückzug zwang. In harten Kämpfen mußten die Russen ganz Galizien und ganz Polen, ja darüber hinaus Kurland aufgeben. Erst im August kam die Front auf der Linie Riga, Wilna, Lemberg bis hinunter zur rumänischen Grenze endgültig zum Stillstand. Zwar war Rußland noch nicht besiegt, aber gleichwohl war die gefürchtete russische Dampfwalze zertrümmert und die russischen Armeen weit nach Osten zurückgedrängt. Rumänien aber schreckte angesichts dieser Entwicklung nun doch vor dem Eintritt in den Krieg zurück. Ebenso gelang es Österreich-Ungarn mit verhältnismäßig geringen Kräften, die im Juni 1915 einsetzenden Angriffe der Italiener an der Isonzofront erfolgreich abzuwehren.

Seit dem Sommer 1915 erneuerten die Mittelmächte ihre Versuche, mit Rußland Sonderfriedensverhandlungen anzuknüpfen. Aber ganz abgesehen davon, daß die deutschen Forderungen für den Fall des Zustandekommens solcher Verhandlungen nicht eben bescheiden ausgefallen wären, wiesen der Zar und seine Berater jeden Gedanken an einen Separatfrieden energisch zurück. Es bestand keine Aussicht, die operativen Erfolge gegenüber Rußland in kriegsentscheidende Tatsachen umzumünzen. Es blieb nur

der umgekehrte Weg, nämlich die Förderung der Revolutionierung des riesigen russischen Reiches, das unter den Belastungen des Krieges bereits beträchtlich ächzte.
Im alliierten Lager aber war die Ratlosigkeit groß. Die Gallipolioffensive hatte sich wider Erwarten als Fehlschlag erwiesen; trotz des Einsatzes starker Kräfte und einer großen Zahl von Flotteneinheiten, denen die Türken nichts Ernstliches entgegenzusetzen hatten, widerstanden die türkischen Linien allen Angriffen. Und auch die Landung eines britisch-französischen Expeditionskorps in Saloniki im Oktober 1915 kam zu spät, um die Entwicklung der Dinge auf dem Balkan noch zugunsten der Entente zu wenden. Denn inzwischen hatte eine großangelegte deutsch-österreichische Offensive gegen Serbien begonnen, und am 13. Oktober 1915 griff auch Bulgarien, das sich am 6. September 1915 den Mittelmächten in einem Bündnisvertrag angeschlossen hatte, der ihm die Zurückgewinnung der mazedonischen Gebiete zusicherte, in die Kämpfe ein. Nur wenige Wochen später befanden sich nahezu ganz Serbien, Montenegro und Albanien in deutscher und österreichischer Hand. Die Bedrohung der Südostflanke der Festung Mitteleuropa war erfolgreich abgewendet und der Weg nach Konstantinopel frei. Im Dezember 1915 sah sich die englische Regierung gezwungen, das verfehlte Gallipoliunternehmen endgültig zu liquidieren. Im Westen aber entschloß sich Joffre, noch einmal sein Glück in einer großen Offensive zu suchen, und die Engländer wagten nicht, ihm ihre Unterstützung zu versagen, wie wenig sie auch von einem solchen Versuch halten mochten. Die große französische Herbstoffensive vom 22. September bis 6. November 1915 in der Champagne wurde jedoch ein neuer gigantischer Fehlschlag.
Das Scheitern aller Bemühungen, die Fronten der Mittelmächte sei es im Westen, sei es am Isonzo, sei es im Südosten, ins Wanken zu bringen, veranlaßte die Ententemächte freilich nicht, eine Beendigung des Krieges auf dem Verhandlungswege anzustreben, wie man auf deutscher Seite hoffte, sondern bestärkte sie vielmehr in dem Willen, den Kampf bis zur völligen Niederwerfung der Mittelmächte fortzuführen. Anfang Dezember 1915 einigten sich England, Frankreich, Rußland und Italien, im Sommer des kommenden Jahres durch zeitlich aufeinander abgestimmte Offensiven auf allen drei Hauptkriegsschauplätzen die Widerstandskraft der Mittelmächte, die dann nicht mehr die Möglichkeit haben würden, ihre Reserven von einer Front an die andere zu werfen, endgültig zu brechen. Jedoch kam die deutsche Heeresleitung den Angriffsplänen der Westmächte im Februar 1916 mit einer großen Offensive auf Verdun, den Eckpfeiler des französischen Festungssystems im Osten, zuvor. Nach Falkenhayns Überzeugung war ein feldzugsentscheidender Durchbruch der

gegnerischen Linien im Westen solange aussichtslos, wie die Kampfkraft namentlich der französischen Armeen noch ungebrochen war. Er wollte daher die Franzosen an einer Stelle ihrer Front angreifen, die sie aus strategischen ebenso wie aus moralischen Gründen bis zum letzten Blutstropfen zu verteidigen gezwungen sein würden, obwohl sie rein taktisch gegenüber den Angreifern in einer ungünstigeren Lage waren. Falkenhayns Absicht war es, die Franzosen bei Verdun in eine gewaltige Abnutzungsschlacht zu verwickeln und sie so ›auszubluten‹, daß sie schließlich zur Aufnahme von Friedensverhandlungen gezwungen sein würden. Zugleich wollte er die französischen Streitkräfte zu Entlastungsoffensiven an anderen Stellen der Front veranlassen und insbesondere das englische Expeditionskorps zu einem vorzeitigen Angriff herauslocken, noch bevor dieses auf volle Kampfstärke gebracht sein würde. Auf solche Weise hoffte Falkenhayn, der sich an der Somme für die deutsche Westfront zusammenbrauenden Gefahr rechtzeitig die Spitze abbrechen zu können. Ja mehr noch, er rechnete damit, daß dann die Aussicht bestehe, im Zuge einer deutschen Gegenoffensive die Erstarrung der Westfront zu überwinden und im Bewegungskrieg doch noch eine strategische Entscheidung herbeizuführen. Im Vordergrund aber stand die Erwägung, daß Frankreich auch ohne eigentliche Schlachtentscheidung gezwungen sein werde, um Frieden zu bitten, da die an Volkskraft den Mittelmächten unterlegene französische Nation einen Aderlaß von solcher Größenordnung, wie Falkenhayn ihn herbeizuführen beabsichtigte, nicht werde ertragen können. Allerdings verlangte der deutsche Generalstabschef gleichzeitig den Übergang zum unbedingten U-Boot-Krieg, von dem er annahm, daß durch ihn die Versorgungslage, vor allem aber die Kampfmoral nicht nur Englands, sondern auch Frankreichs entscheidend getroffen werden könnte.
Falkenhayns Kalkül erwies sich in der Folge sowohl vom militärischen wie vom politischen Standpunkt aus als eine schwere Fehlrechnung. Schon nach wenigen Tagen geriet der deutsche Angriff auf Verdun ins Stocken, und seine Fortführung war mit weit höheren Verlusten verbunden, als man jemals erwartet hatte. Gleichwohl ließ Falkenhayn von seinem Vorhaben nicht ab; über Monate hinweg wurde um das Vorfeld und um die Außenforts der Festung Verdun erbittert gerungen, ohne daß den deutschen Truppen ein entscheidender Erfolg gelang. Und als dann Falkenhayn Anfang Juli 1916 unter dem Druck der Entwicklung an den übrigen Fronten den Befehl zum endgültigen Abbruch der Verdun-Offensive gab, waren es die Franzosen, die nun in immer neuen Angriffen das verlorene Terrain zurückzugewinnen suchten. Insgesamt betrugen die deutschen Verluste vor Verdun bis zum Spätherbst 1916 337 000 Mann, während

Abb. 24: Luftaufnahme des zur Festung Verdun gehörenden Forts Douaumont vor dem Angriff 1916

jene Frankreichs mit 377 000 Mann nur geringfügig höher waren. Trotz solch gigantischer Zahlen, die die deutschen und russischen Verluste bei Stalingrad im Zweiten Weltkrieg um ein Mehrfaches übersteigen, blieb der gewünschte Erfolg, die ›Ausblutung‹ Frankreichs, aus. Ebensowenig hatte man ein vorzeitiges Losschlagen der Engländer erreichen können.

Während man sich an der Westfront, so gut es ging, auf die bevorstehende englische Offensive vorzubereiten suchte, befiel die Mittelmächte im Osten neues, unerwartetes Unheil. Am 4. Juni 1916 begann General Brussilow bei Luck an der Nordostecke Galiziens einen Überraschungsangriff, der infolge des Versagens der örtlichen Führung die gesamte österreichische Front ins Wanken brachte. Binnen vierzehn Tagen gelang es Brussilow, über 200 000 Gefangene zu machen; ganze Regimenter liefen zu den Russen über, andere verschwanden spurlos in den galizischen Wäldern. Die österreichisch-ungarische Front mußte bis an die Karpathenpässe zurückgenommen werden. Schlimmer noch als der militärische Rückschlag war der moralische; das Ansehen Österreich-Ungarns hatte schwer gelitten, nicht nur in den Augen der Gegner und des deutschen Verbündeten, sondern auch bei den Völkern der Monarchie selbst.

Fast gleichzeitig brach am 1. Juli im Westen die große Sommeoffensive der Engländer und Franzosen los, nach einer einwöchigen

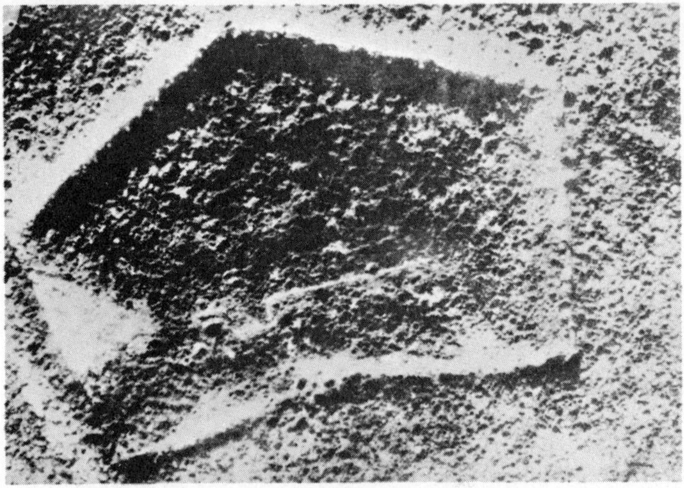

Abb. 25: Luftaufnahme von Fort Douaumont Ende 1917

Artillerievorbereitung von einer bis dahin unbekannten Konzentration der Feuerkraft. Trotz geringer, mit gewaltigen Verlusten erkaufter Geländegewinne blieb jedoch der von Joffre und Haig zuversichtlich erwartete Durchbruch aus. Vielmehr verwandelte sich die Sommeoffensive unversehens in eine zweite Abnutzungsschlacht riesigen Ausmaßes. Als die Engländer schließlich im November 1916 ihre kontinuierlichen Angriffe abbrachen, hatten sie mehr als 400 000 und die Franzosen 200 000 Mann verloren, dafür aber nicht mehr als maximal 12 km auf einer Breite von 50 km gewonnen, ohne jede Aussicht, diese Gewinne in strategisch entscheidende Tatsachen ummünzen zu können. Freilich war auch der Blutzoll, den die deutschen Armeen hatten zahlen müssen, sehr hoch. Die deutschen Verluste betrugen insgesamt etwa 455 000 Mann. In den Kämpfen an der Somme war die materielle Überlegenheit der Alliierten zum erstenmal in vollem Ausmaße hervorgetreten. Die Erfahrung, daß persönliche Leistungen und persönliche Tapferkeit gegen den Massenaufwand von Material auf die Dauer nicht ankommen könnten, hatte eine deprimierende Wirkung auf den Kampfgeist der deutschen Soldaten.

Während die deutschen Armeen im Westen in einem Abwehrkampf von beispielloser Härte standen, geriet die österreichische Front im Südosten unter dem Druck neuer russischer An-

griffe wiederum ins Wanken; nur mit deutscher Hilfe konnte sie schließlich doch noch gehalten werden. Angesichts des Versagens der Österreicher mehrten sich jetzt die Stimmen, die Hindenburg und Ludendorff den Oberbefehl an der gesamten Ostfront, einschließlich der österreichischen Frontabschnitte, zu übertragen wünschten. Bethmann Hollweg, der schon länger das Vertrauen in Falkenhayn verloren hatte und über dessen ständiges Hineinregieren in die Fragen der auswärtigen Politik zunehmend erbost war, wollte noch weitergehen und den Siegern von Tannenberg die Oberste Heeresleitung anvertrauen. Er glaubte, daß die ungeheure Popularität Hindenburgs und Ludendorffs nicht länger ungenutzt bleiben dürfe: »Mit Hindenburg könne« der Kaiser »einen enttäuschenden Frieden schließen, ohne ihn nicht.«[112] Im Juni 1916 wurde den beiden Feldherren, welche die Enscheidungen Falkenhayns schon seit längerer Zeit mit erbitterter Kritik verfolgt hatten und dabei auch vor direkten Appellen an Wilhelm II. nicht zurückgeschreckt waren, der Oberbefehl im Osten über alle deutschen sowie einen Teil der österreichisch-ungarischen Streitkräfte erteilt. Damit war die Stellung des deutschen Generalstabschefs, der sich dieser Entwicklung vergeblich entgegengestemmt hatte, vollends erschüttert. Als dann Rumänien, dessen Haltung Falkenhayn aufgrund irreführender Agentenberichte zu optimistisch eingeschätzt hatte, am 27. August 1916 überraschend doch noch in den Krieg eintrat, vermochte sich der Kanzler schließlich mit seinen Wünschen durchzusetzen. Bereits am folgenden Tage wurde Hindenburg und Ludendorff die Leitung der militärischen Operationen übertragen.
Es war ein schwacher Trost für Falkenhayn, daß es ihm gemeinsam mit Mackensen in den folgenden Monaten gelang, Rumänien in einer Doppeloffensive von Galizien und Bulgarien aus zu überrollen, obwohl die rumänischen Streitkräfte anfänglich über eine fast dreifache Übermacht verfügten. Am 6. Dezember 1916 konnten Falkenhayn und Mackensen ihre Erfolge mit dem Einmarsch in Bukarest krönen. Der Niederlage Rumäniens kam nicht nur unter militärischem Aspekt, sondern auch unter dem Gesichtspunkt der Versorgung der Mittelmächte mit Nahrungsmitteln und Öl größte Bedeutung zu. Nunmehr beherrschten die Mittelmächte den gesamten Balkan, mit Ausnahme Griechenlands. Für die schwachen alliierten Kräfte an der mazedonischen Front bestand keine Chance mehr, die Mittelmächte vom Süden her ernstlich in Bedrängnis zu bringen. Bedeutsamer noch war, daß nach dem Festlaufen der Brussilow-Offensive im August 1916, unter Verlust von einer Million Mann, die Kampfkraft Rußlands endgültig erlahmte. Die katastrophale wirtschaftliche Lage im Zarenreich, vor allem aber der fortschreitende Zusammenbruch des Verkehrswesens, ließen eine ausreichende Versor-

Abb. 26: Paul von Hindenburg und Erich Ludendorff

gung der russischen Armeen nicht länger zu, und damit sank deren militärische Stärke immer weiter ab.
Jedoch war trotz der großen Erfolge im Osten die Lage im Westen nach wie vor kritisch, und die deutschen Mannschaftsreserven wa-

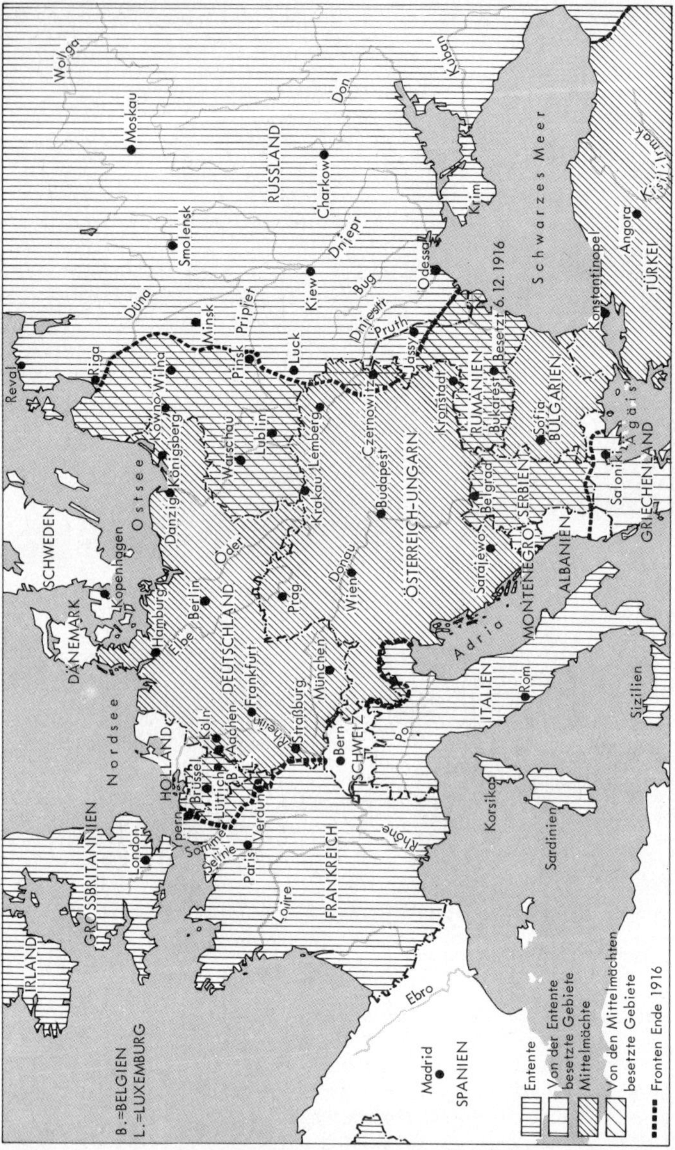

Abb. 27: Die kriegführenden Mächte und der Verlauf der Fronten Ende 1916

ren äußerst angespannt. Einem entscheidenden Sieg über die Westmächte waren die Mittelmächte, so günstig sich ihre Situation auch auf der Karte ausnahm, ferner denn je. Die neuen Herren der deutschen Kriegsmaschine, Hindenburg und Ludendorff, mußten sich eingestehen, daß sie die Furchtbarkeit der Kämpfe im Westen bisher erheblich unterschätzt hatten. Auch sie vermochten nicht die strategischen Reserven frei zu machen, die sie von Falkenhayn beständig gefordert hatten, um an irgendeiner Stelle der Front eine Entscheidung herbeizuführen, sondern mußten beständig Divisionen hin- und herschieben, um immer wieder die schlimmsten Löcher zu stopfen. Auf seiten der Alliierten bestand freilich ebenfalls kein Grund zum Jubel. Tiefe Enttäuschung über den Mißerfolg der eigenen Offensive mischte sich mit Depression über den Zusammenbruch Rumäniens, dem man nicht rechtzeitig zu Hilfe hatte kommen können. In beiden Lagern sah man sich nunmehr in verstärktem Maße nach neuen Kriegsmitteln um, um den Gegner dennoch niederzuringen. Die Alliierten hofften zuversichtlich, daß die englische Blockade zur Erschöpfung der Mittelmächte führen werde. Die deutsche Heeresleitung aber entdeckte jetzt ebenso wie Falkenhayn ein Jahr zuvor im unbeschränkten U-Boot-Krieg die geeignete Waffe, um die Entscheidung, die man zu Lande nicht mehr für erreichbar hielt, zur See zu erzwingen.

IV. DIE ALLIIERTE BLOCKADE, DER U-BOOT-KRIEG UND DIE VEREINIGTEN STAATEN VON AMERIKA

Schon bald nach Kriegsausbruch stellte sich heraus, daß der deutsche Schlachtflottenbau politisch und militärisch gleichermaßen eine grandiose Fehlinvestition gewesen war. Trotz einzelner hervorragender Waffentaten deutscher Schiffe in überseeischen und heimischen Gewässern vermochte die deutsche Flotte nicht zu verhindern, daß England die deutsche Flagge von den Weltmeeren vertrieb und fernab der deutschen Küsten einen engmaschigen Blockadegürtel errichtete, der dem Deutschen Reich und seinen Verbündeten den Zugang zu den Weltmärkten abschnitt.
Freilich waren die völkerrechtlichen Voraussetzungen für die Durchführung einer effektiven Seeblockade modernen Stils ganz unzureichend geklärt. Die Engländer hatten der Londoner Seerechtsdeklaration vom Jahre 1909 seinerzeit die Zustimmung verweigert, und als sich die amerikanische Diplomatie nach Ausbruch des Krieges um eine nachträgliche Anerkennung der Deklaration seitens aller Kombattanten bemühte, fand Großbritannien sich dazu nur mit wichtigen Einschränkungen bereit, während die deutsche Regierung wohlweislich unverzüglich versprach, sich

an deren Bestimmungen zu halten, vorausgesetzt, daß auch die anderen Mächte dies tun würden. Die Bedenken der Engländer richteten sich vor allem gegen die in der Londoner Deklaration enthaltene Liste absoluter und bedingter Kontrebande, eine Aufstellung, die noch ganz auf einen Krieg alten Stils zugeschnitten war und die wichtigen Rohstoffe, die für einen modernen Krieg notwendig waren, nur unzureichend erfaßte. Nahrungsmittel und Rohstoffe beispielsweise galten danach überhaupt nicht als Kontrebande. Überdies war in der Londoner Deklaration eine Seeblockade fernab der Küsten, die nicht einzelnen Häfen, sondern der gesamten Schiffahrt eines Landes galt, überhaupt nicht ins Auge gefaßt worden und ebensowenig das damit unlösbar verbundene Problem der Behandlung der neutralen Schiffahrt, auch soweit diese nicht direkt Häfen des Gegners anzulaufen beabsichtigte. Noch viel weniger aber hatte man die Möglichkeit eines Seekrieges mit Unterseebooten berücksichtigt.
Unter diesen Umständen gerieten die beiden Hauptkontrahenten auf diesem Gebiete, Großbritannien und das Deutsche Reich, fast unvermeidlich in Konflikt mit dem geltenden Völkerrecht zur See. Die Neutralen, insbesondere die Vereinigten Staaten, bestanden jedoch hartnäckig auf der Wahrung der Rechte der neutralen Schiffahrt und des neutralen Handels auch mit den kriegführenden Staaten selbst. Die Frage, wie man einen erfolgreichen Blockadekrieg gegen den feindlichen Handel, der sich ja zu einem beträchtlichen Teil und im Falle der Mittelmächte nahezu ausschließlich auf neutralen Schiffen vollzog, durchführen könne, ohne in schwerwiegende Konflikte mit den Neutralen zu geraten, war rein juristisch nicht zu lösen, sondern von Anfang an eng mit psychologischen, wirtschaftlichen und politischen Faktoren verknüpft. In diesem Punkte besaß England die bei weitem günstigere Ausgangsposition. Niemand konnte der englischen Flotte die Herrschaft über die Weltmeere streitig machen. Außerdem konnte es von Anfang an auf die Sympathien namentlich der Vereinigten Staaten rechnen, die gefühlsmäßig auf seiten der Alliierten standen und daher bereit waren, gelegentlich ein Auge zuzudrücken. Darüber hinaus bewies die englische Diplomatie in der Blockadefrage beträchtliches Geschick. Man hielt sich grundsätzlich an die Londoner Seerechtsdeklaration, ließ sich jedoch durch völkerrechtliche Bedenken nicht davon abhalten, die Kontrebandebestimmungen schrittweise zu verschärfen. Am 2. November 1914 erklärte die englische Admiralität die gesamte Nordsee zur Kriegszone und legte für die neutrale Schiffahrt bestimmte Routen fest, die es den Engländern erheblich erleichterten, alle Schiffe auf Kontrebande zu untersuchen. Diese Maßnahme war völkerrechtlich ebensowenig legal wie die Praxis, neutrale Schiffe zum Anlaufen englischer Häfen

zu zwingen, um deren Ladungen dort bequemer kontrollieren zu können. Aber den Engländern gelang es, die zahlreichen neutralen Proteste erfolgreich zu unterlaufen, einerseits, weil sie dafür Sorge trugen, daß den neutralen Schiffseignern und den Importeuren selbst kein direkter Schaden entstand, zum andern, weil sie vorerst davon Abstand nahmen, Waren, die den Tatbestand der Kontrebande erfüllten, auch dann zu beschlagnahmen, wenn diese an einen neutralen Empfänger gerichtet waren, obgleich man in vielen Fällen damit rechnen mußte, daß sie anschließend an Deutschland weitergeliefert werden würden. Nach und nach entwickelten die Engländer dann ein umfassendes Kontrollsystem, das den englischen Prisengerichten die notwendigen Informationen verschaffte, um auch solche Waren, die zwar an neutrale Empfänger deklariert, aber gleichwohl für Deutschland bestimmt waren, als Kontrebande beschlagnahmen zu können. So wurde die englische Blockade, obwohl sie einstweilen als noch recht lückenhaft gelten durfte, mit Beginn des Jahres 1915 langsam drückender.

Das Deutsche Reich hingegen verfügte, nachdem die eigenen Kreuzer von den Weltmeeren verschwunden waren und die deutsche Flotte untätig in Wilhelmshaven festlag, allenfalls über die U-Boot-Waffe, um der alliierten Blockade entgegenzuwirken. Obwohl die Zahl der verfügbaren U-Boote damals noch lächerlich gering war, brannte die Marineleitung nach den ersten spektakulären Erfolgen einzelner U-Boote gegen englische Kriegsschiffe darauf, England einer Unterseebootsblockade zu unterwerfen. Die Eigenart und Verletzlichkeit der U-Boot-Waffe aber erlaubte es von vornherein nicht, Seekrieg nach den Grundsätzen der Londoner Deklaration zu führen, wie dies die Engländer, trotz Durchlöcherung ihrer Einzelbestimmungen, bisher im Prinzip taten. Gemäß den Grundsätzen des Völkerrechts war nicht allein die warnungslose Versenkung von neutralen Schiffen illegal, sondern, wegen der damit verbundenen Gefahr für Passagiere und Besatzung, bereits die Praxis, Schiffe nach erfolgter Verwarnung und Durchsuchung auf hoher See zu vernichten. Die Bemühungen der deutschen Diplomatie, bei den Neutralen Verständnis für die Konsequenzen der Anwendung dieses neuartigen Kriegsmittels zu finden, blieben im wesentlichen erfolglos. Die den Mittelmächten zunehmend ungünstige Stimmung in den neutralen Ländern bestärkte diese vielmehr in ihrer Auffassung, daß der Einsatz der U-Boot-Waffe gegen die feindliche ebenso wie gegen die neutrale Handelsschiffahrt als inhuman und als krasse Verletzung des Völkerrechts zu betrachten sei.

Die Marineleitung ihrerseits setzte, zumal sie ja viel zu wenig U-Boote zur Verfügung hatte, um eine effektive Blockade Englands durchführen zu können, auf den Abschreckungseffekt, den die Ankündigung des U-Boot-Krieges auf die Neutralen haben werde. Man rechnete zuversichtlich damit, daß die neutrale Schiffahrt nach englischen und französischen Häfen ganz zum Erliegen kommen werde. Auf Drängen der Marineleitung erklärte die deutsche Regierung am 2. Februar 1915 die internationalen Gewässer rings um die britischen Inseln zu einer Kriegszone, in der vom 18. Februar an jedes Handelsschiff einen Angriff zu gewärtigen haben werde, ohne daß die Sicherheit von Besatzung und Passagieren in jedem Falle gewährleistet werden könne. Jedoch blieb die erwartete Wirkung dieses Schrittes ganz aus. Statt dessen häuften sich, noch vor Beginn des U-Boot-Krieges, geharnischte Proteste der Neutralen auf dem Schreibtisch des deutschen Staatssekretärs des Auswärtigen, von Jagow, allen voran eine amerikanische Note, die an Deutlichkeit nichts zu wünschen übrigließ und das deutsche Vorgehen als eine flagrante Verletzung des Völkerrechts brandmarkte. Bethmann Hollweg war daraufhin sofort entschlossen, wieder zurückzustecken, da man in einem Augenblick, in dem man sich nach Kräften darum bemühte, Italien und Rumänien aus dem Kriege herauszuhalten, keinesfalls einen ernsten Konflikt mit den USA riskieren durfte. Jedoch stieß der deutsche Kanzler auf den leidenschaftlichen Widerstand der Marineleitung, die — der Realitäten ungeachtet — felsenfest auf große Erfolge im U-Boot-Krieg hoffte. Überdies konnte man die Proklamation vom 2. Februar 1915 nicht einfach zurücknehmen, ohne das Gesicht zu verlieren, und so suchte man nach einer Kompromißlösung, durch die die neutrale Schiffahrt geschont würde, ohne daß der U-Boot-Krieg gegen England ganz aufgegeben werden müsse. Die U-Boot-Kommandanten wurden angewiesen, neutrale, insbesondere amerikanische Schiffe, unbehelligt zu lassen — eine Maßnahme, die sich freilich in der Praxis kaum durchführen ließ. Gleichzeitig aber erklärte die deutsche Regierung, daß man auf den Handelskrieg mit U-Booten wieder verzichten werde, sobald England sich seinerseits dazu bereit finde, die Zufuhr von Lebensmitteln und Rohstoffen nach Deutschland gemäß der Londoner Seerechtsdeklaration zu gestatten.

In der Tat traten die Amerikaner nur wenig später mit einem Vermittlungsvorschlag hervor, der vorsah, daß Deutschland gegen die Zusicherung freier Zufuhr von Lebensmitteln auf den U-Boot-Krieg ganz und gar verzichten solle. Jedoch waren die Engländer nicht bereit, sich auf einen derartigen Handel einzulassen. Am 1. März 1915 erklärte Sir Edward Grey offiziell, daß England hinfort alle Schiffe beschlagnahmen werde, welche Güter beförderten, die vermutlich für den Feind vorgesehen seien, diesem gehörten oder von diesem herrührten. Damit war die Rechtslage der Londoner Seerechtsdeklaration auch formell verlassen und die Blocka-

de schlechterdings auf alle für die Mittelmächte bestimmten Güter erweitert. Darüber hinaus aber begannen die Engländer, den gesamten neutralen Handel systematisch ihrer Kontrolle zu unterwerfen und jedweden Zwischenhandel auszuschließen. Sie gingen schließlich dazu über, den ganzen Einfuhrhandel der an die Mittelmächte angrenzenden neutralen Staaten zu kontingentieren und schlossen deswegen gar besondere Verträge mit Holland, Dänemark und der Schweiz ab. Mit zunehmender Kriegsdauer scherte sich England dergestalt immer weniger um die rechtlichen Grundlagen der Blockade, sorgte aber höchst umsichtig dafür, daß die betroffenen Neutralen nach Möglichkeit finanziell entschädigt wurden. Schließlich entwickelten die Engländer ein ausgeklügeltes System vorgängiger Kontrollen, die bereits in den Ausgangshäfen vorgenommen wurden und die schwerfällige und zeitraubende Methode der Aufbringung von Schiffen als Prise mehr und mehr entbehrlich machten.
In Deutschland aber stieg verständlicherweise die Erbitterung über die englische Blockade, und damit gewann der U-Boot-Krieg in der Öffentlichkeit ebenso wie bei den militärischen Instanzen immer mehr Anhänger, während die Reichsleitung sehr besorgt war, daß die deutsche diplomatische Position durch die Torpedierung neutraler Schiffe noch weiter verschlechtert werden könnte. In einem Augenblick außenpolitischer Hochspannung traf dann die Nachricht von der Versenkung des großen englischen Passagierdampfers *Lusitania* am 7. Mai 1915 ein. Von nahezu 2000 Besatzungsmitgliedern und Passagieren waren 1198, darunter 120 amerikanische Staatsbürger, mit in die Tiefe gerissen worden. Das Schiff fuhr unter englischer Flagge, es hatte sogar 170 t Munition geladen; insofern entsprach seine Versenkung den seitens des deutschen Admiralstabes erlassenen Richtlinien. Dennoch war dieses Ereignis eine Katastrophe für die deutsche Sache, mochte auch die deutsche Presse das Gegenteil schreiben. Die Versenkung der *Lusitania* wurde in den neutralen Staaten, vor allem aber in den USA als ein handgreiflicher Beweis für die Inhumanität der deutschen Kriegführung angesehen, und dem entsprach die Reaktion der amerikanischen Regierung, welche unter Androhung des Abbruchs der diplomatischen Beziehungen nicht mehr und nicht weniger als die Einstellung des uneingeschränkten U-Boot-Krieges und die Rückkehr zum reinen Kreuzerkrieg verlangte.
Der deutsche und der amerikanische Standpunkt in der U-Boot-Frage waren prinzipiell unvereinbar. Das Verlangen Wilsons, Deutschland solle den amerikanischen Staatsbürgern die sichere Reise auch in der Kriegszone sogar auf englischen oder französischen Schiffen garantieren, ließ sich mit den Methoden des U-Boot-Krieges schlechterdings nicht in Einklang bringen. Für die Haltung Amerikas waren in erster Linie humane Gesichtspunkte

von Bedeutung, deren Geltungskraft man heute, im Zeitalter der Atombombe, nur schwer nachvollziehen kann. Rein formal war die Art und Weise, in der der U-Boot-Krieg geführt wurde, mit dem geltenden Völkerrecht in der Tat nicht zu vereinbaren, da er immer wieder Nichtkombattanten in Lebensgefahr brachte. Hinter den humanen Aspekten stand jedoch auf seiten Amerikas das Interesse, den Handel mit den kriegführenden Mächten, insbesondere mit England, uneingeschränkt aufrechtzuerhalten, zumal dieser für die amerikanische Wirtschaft wachsende Bedeutung besaß. Außerdem wollte man eine radikale Wende des Kriegsverlaufs zuungunsten der Westmächte, denen man sich moralisch verbunden fühlte, nach Möglichkeit verhindern, ohne doch selbst in den Krieg eingreifen zu müssen.
Bei Lage der Dinge konnten alle deutschen Konzessionen in der U-Boot-Frage nur Halbheiten sein, durch die der Konflikt mit den USA hinausgeschoben, aber nicht ausgeräumt wurde. Keine deutsche Regierung konnte es sich leisten, auf den U-Boot-Krieg ganz und gar zu verzichten, da die deutsche öffentliche Meinung, aufgeputscht durch die Agitation der extrem annexionistischen und schwerindustriellen Kreise, immer leidenschaftlicher den uneingeschränkten U-Boot-Krieg forderte und jegliches Nachgeben gegenüber Amerika als unvertretbare Schwäche brandmarkte. Bethmann Hollweg wollte gleichwohl einen Bruch mit den Vereinigten Staaten unter allen Umständen vermeiden, und so setzte er im September 1915 die einstweilige Rückkehr zum reinen Kreuzerkrieg gemäß der Prisenordnung durch, ein Beschluß, der freilich von den darob höchst aufgebrachten Marinebehörden gar nicht erst in die Wirklichkeit umgesetzt wurde, da nach ihrer Ansicht die Risiken eines derartigen Einsatzes der U-Boote in keinem vertretbaren Verhältnis zu den zu erwartenden Erfolgen standen. Fürs erste kam der U-Boot-Krieg in der Nordsee praktisch zum Erliegen.
Die deutsche Regierung war jedoch außerstande, es auf die Dauer bei diesem Verzicht bewenden zu lassen. Die deutsch-amerikanischen Verhandlungen rissen nicht ab, aber es erwies sich als immer schwieriger, einen *modus vivendi* zu finden, der Deutschland die Führung eines wenn auch eingeschränkten U-Boot-Krieges ermöglichte, ohne einen Kriegseintritt Amerikas heraufzubeschwören. Inzwischen verstärkte sich innerhalb Deutschlands der Druck auf die politische Leitung zugunsten des unbeschränkten Einsatzes der U-Boot-Waffe zu einem möglichst baldigen Zeitpunkt. Als Ende des Jahres 1915 auch Falkenhayn den Übergang zum ›unbeschränkten U-Boot-Krieg‹ forderte, entschloß sich Bethmann Hollweg, den dilatorischen Mittelweg eines ›verschärften U-Boot-Krieges‹ zu gehen. Am 11. Februar 1916 wurde öffentlich angekündigt, daß hinfort bewaffnete Handelsschiffe wie Kriegsschiffe behandelt

und demgemäß ungewarnt angegriffen würden, eine Regelung, von der zu erwarten stand, daß sich die Neutralen damit allenfalls abfinden würden, zumal die von den Engländern in immer größerem Maße geübte Praxis, ihre Handelsschiffe zu bewaffnen, völkerrechtlich als fragwürdig gelten mußte. Die Marine, die zuversichtlich annahm, im Falle der Aufhebung aller Beschränkungen der U-Boot-Kriegführung England binnen vier bis sechs Monaten zum Frieden zwingen zu können, gab sich mit dieser Kompromißentscheidung freilich nicht zufrieden. Im Februar/März 1916 erreichten die Auseinandersetzungen über den ›unbeschränkten U-Boot-Krieg‹ einen neuen, dramatischen Höhepunkt. Trotz des leidenschaftlichen Widerstandes nicht nur der Marine, sondern auch des Generalstabs und der Mehrheit der Parteien gelang es Bethmann Hollweg, sich auf dem entscheidenden Kronrat vom 4. März 1916 noch einmal durchzusetzen; man beschloß, sich einstweilen auf die Führung eines ›verschärften U-Boot-Krieges‹ zu beschränken. Dem Argument des Kanzlers, daß der ›unbeschränkte U-Boot-Krieg‹, »wenn er mit einem Mißerfolg ende, *finis Germaniae* bedeute«[113], vermochte sich der Kaiser nicht zu entziehen. Tirpitz, der sich lautstark für den ›unbeschränkten U-Boot-Krieg‹ eingesetzt hatte, wurde zum Rücktritt gezwungen.

Der Sieg des Kanzlers war freilich nur temporärer Natur und überdies mit dem Versprechen erkauft worden, mit allen verfügbaren diplomatischen Mitteln der Eröffnung des ›unbeschränkten U-Boot-Krieges‹ zum frühestmöglichen Zeitpunkt freie Bahn zu verschaffen. Die ohnehin geringen Aussichten, die Neutralen auf diplomatischem Wege dazu zu bewegen, den uneingeschränkten U-Boot-Krieg zu tolerieren, schwanden jedoch vollends dahin, als es wegen der Versenkung des französischen Passagierdampfers *Sussex* am 24. März 1916 zu einer neuen schweren Krise in den deutsch-amerikanischen Beziehungen kam. In einer in ultimativem Ton gehaltenen amerikanischen Note verlangte Präsident Wilson am 18. April 1916 praktisch die völlige Einstellung des U-Boot-Krieges. Ungeachtet großer Widerstände entschloß sich Bethmann Hollweg erneut zu weitgehendem Nachgeben. Am 24. April 1916 wurde zum zweiten Male die Rückkehr zum reinen Kreuzerkrieg beschlossen. Darüber hinaus gab die deutsche Regierung in einer Note vom 4. Mai 1916 den Vereinigten Staaten die definitive Zusicherung, daß hinfort die neutrale Schiffahrt ganz geschont werde. Andererseits aber wurde in dieser Note die Erwartung ausgesprochen, daß die Vereinigten Staaten nunmehr ihrerseits Druck auf Großbritannien ausüben würden, damit dieses seine Blockade lockere. Dieser höchst vorsichtig formulierte deutsche Vorbehalt verfehlte jedoch gänzlich seine Wirkung. Wilson deutete die deutsche Note ungeachtet desselben als endgültigen Verzicht des Deutschen Reiches auf den U-Boot-Krieg. Die deutsche Regierung hingegen beanspruchte völlige Handlungsfreiheit in der U-Boot-Frage, sofern der amerikanische Präsident hinsichtlich einer Lockerung der Blockade durch England in London nichts erreichen sollte. Der diplomatische Spielraum war für beide Partner nun so gering geworden, daß im Falle einer Änderung der deutschen Haltung der Bruch mit Amerika nahezu unvermeidlich wurde.

Ende Mai 1916 trat überraschend das Thema des U-Boot-Krieges für einige Tage in den Hintergrund. Am 31. Mai 1916 kam es vor Jütland zu dem einzigen direkten Zusammenstoß der deutschen und der englischen Hochseeflotte während des Ersten Weltkrieges. Im Verlaufe der Seeschlacht am Skagerak erwies sich der hohe technische Standard der von Admiral Scheer mit großem taktischen Geschick, aber auch mit viel Glück geführten deutschen Flotte. Es gelang ihr, der englischen Flotte erheblich größere Verluste zuzufügen, als man selbst hinnehmen mußte, und sich dann im Schutze der Nacht von dem an Zahl und Feuerkraft weit überlegenen Gegner abzusetzen und in der Deutschen Bucht Schutz zu suchen. Die Engländer vergaben, teilweise infolge der überaus vorsichtigen Taktik Jellicoes, die Chance, die deutsche Flotte in offener Seeschlacht zu vernichten. Der Jubel auf deutscher und die Niedergeschlagenheit auf englischer Seite waren groß; aber an den Machtverhältnissen war im Grunde nichts geändert. Trotz aller Erfolge hatte sich erneut erwiesen, daß die deutsche Hochseeflotte keine Chance hatte, die englische Seeherrschaft zu brechen.

So blieb Deutschland auch weiterhin nur die Hoffnung auf die U-Boot-Waffe, und diese Hoffnung nahm angesichts der immer stärker fühlbaren Wirkungen der englischen Blockade namentlich auf die Lebenshaltung der schwer darbenden Zivilbevölkerung zunehmend hektischere Formen an. Mit wirksamen amerikanischen Schritten zugunsten einer Milderung der Blockade aber konnte nicht gerechnet werden. Im Gegenteil, am 7. Juni 1916 hatten die Alliierten die Londoner Deklaration auch formell gekündigt und die letzten Restriktionen der Blockade abgeworfen, ohne daß sich die Neutralen dagegen wirksam zur Wehr gesetzt hätten. Unter diesen Umständen ließ sich die bisherige nachgiebige Haltung der deutschen Regierung in der U-Boot-Frage nicht mehr aufrechterhalten. Sofern es nicht gelang, auf irgendeine Weise einen Ausweg aus der bestehenden kritischen Gesamtsituation der Mittelmächte zu finden, werde, wie sich Bethmann Hollweg selbst eingestand, der ›unbeschränkte U-Boot-Krieg‹ das Ende vom Lied sein müssen. So entschloß sich die deutsche politische Leitung Mitte August 1916, Wilson zu einer amerikanischen Friedensaktion zu ermutigen, die im günstigsten Falle allgemeine Friedensverhandlungen zur Folge haben und im minder günstigen Falle möglicherweise den Übergang zum ›unbeschränkten U-Boot-Krieg‹ ohne Bruch mit den Vereinigten Staaten erlauben würde.

Bisher hatte die deutsche Regierung den amerikanischen Bemühungen, zwischen den kriegführenden Mächten zu vermitteln und einen Verhandlungsfrieden herbeizuführen, kaum weniger mißtrauisch gegenübergestanden als die Alliierten. Die Friedenssondierungen des Obersten House vom Februar 1916 hatte man in Berlin ebenso ausweichend behandelt wie in London und Paris. Auch die große Rede Wilsons vom 27. Mai 1916, in welcher dieser erstmals die Parole eines Friedens »ohne Sieger und Besiegte« ausgegeben und den Vorschlag zur Gründung einer internationalen Organisation zur Verhütung künftiger Kriege gemacht hatte, war in Berlin kaum positiver aufgenommen worden als in London, mißtraute man doch Wilsons Absichten, die, wie man nicht ganz ohne Grund fürchtete, im Endeffekt auf eine Parteinahme für die Alliierten hinauslaufen würden. Damals freilich bestanden noch Hoffnungen auf eine baldige Niederringung Frankreichs mit Hilfe der Verdun-Offensive, und auch ein Sonderfriede mit Rußland schien noch im Bereiche des Möglichen zu liegen. Seit August 1916 aber begann sich deutlich abzuzeichnen, daß Deutschland trotz der gelungenen Abwehr aller alliierten Angriffe im Westen und trotz großer Erfolge im Osten einen kriegsentscheidenden Schlag zu Lande nicht mehr werde führen können, und demgemäß stiegen die Neigungen, es nunmehr mit dem angeblich unfehlbaren ›letzten‹ Mittel des uneingeschränkten Einsatzes der U-Boot-Waffe zu versuchen. Die einzige Chance, dieser Eventualität, welche der Kanzler als einen »Akt der Desperadopolitik« ansah, doch noch aus dem Wege zu gehen, lag in der Herbeiführung baldiger allgemeiner Friedensverhandlungen.

Jedoch ließen entsprechende Schritte des amerikanischen Präsidenten auf sich warten, während die innerdeutsche Agitation zugunsten des ›unbeschränkten U-Boot-Krieges‹ immer überhitztere Formen annahm. Im Oktober 1916 vermochte der deutsche Kanzler einen Vorstoß der Mehrheitsparteien des Reichstages nur abzuwehren, indem er erklärte, daß er nur *pro tempore* gegen den ›unbeschränkten U-Boot-Krieg‹ sei und sich in diesem Punkte in voller Übereinstimmung mit der neuen Obersten Heeresleitung befinde. Die Parteien konterten, indem sie einen Reichstagsbeschluß herbeiführten, der besagte, daß der ›unbeschränkte U-Boot-Krieg‹ geführt werden solle, sobald und sofern die Oberste Heeresleitung dafür eintrete. Die Berufung auf Hindenburg und Ludendorff war die letzte Rettungsplanke des Kanzlers; er wußte sehr viel genauer als die Parteien, wie wenig tragfähig diese war, hatte doch Ludendorff schon am 9. September 1916 den ›unbeschränkten U-Boot-Krieg‹ zwar für den gegenwärtigen Augenblick abgelehnt, aber gleichzeitig erklärt: »Sobald wir militärisch feststehen, wird er gemacht.«[114] Demgemäß bemühte sich die deutsche Diplomatie in den folgenden Wochen und Monaten immer energischer, Wilson zu einem Friedensvermittlungsangebot zu veranlassen, durch das die Kombattanten direkt an den Verhandlungstisch gebracht würden. Da Wilson unter dem Einfluß seines Beraters Oberst House, der befürchtete, daß die Westmächte auf eine Friedensinitiative der USA negativ reagieren würden, diese Aktion gleichwohl immer weiter hinauszögerte, entschloß sich die deutsche Regierung, unbeschadet weiterer Bemühungen um Wilson, eine eigene Friedensaktion vorzubereiten, um dergestalt »zwei Eisen im Feuer zu haben«. Nur durch die Dokumentation der eigenen Friedensbereitschaft und die Herbeiführung von Verhandlungen zwischen den kriegführenden Mächten konnte Bethmann Hollweg hoffen, den Übergang zum unbeschränkten U-Boot-Krieg und den dann mit Sicherheit zu erwartenden Kriegseintritt der Vereinigten Staaten noch abzuwenden.

V. Die innere Entwicklung in den kriegführenden Staaten und das Friedensangebot der Mittelmächte vom 12. Dezember 1916

Im Sommer 1915 hatten sich sowohl die Hoffnungen der Mittelmächte, im ersten Anlauf die militärische Entscheidung zu erzwingen, wie die alliierten Erwartungen, im Gegenstoß die Machtstellung der Mittelmächte zu brechen, in ein Nichts aufgelöst. Aufgrund der gewonnenen Erfahrungen richteten sich beide Seiten auf einen längeren Krieg ein und suchten ihre militärischen Anstrengungen aufs äußerste zu steigern. Die Intensivierung der Kriegführung aber zog die Notwendigkeit einer Straffung der politischen Leitung nach sich. Zugleich erzwangen die militärischen Bedürfnisse eine ständig zunehmende Ausweitung der Befugnisse des Staates im gesellschaftlichen Raum. Schritt für Schritt, aber unaufhaltsam, zog die Staatsgewalt immer neue Bereiche des Lebens an sich, die ihr bislang verschlossen geblieben waren. Als Hebel diente dabei zumeist das Bedürfnis, eine Steigerung der Munitionsproduktion herbeizuführen. Keine der kriegführenden Mächte war auf einen derartigen Munitionsbedarf eingestellt gewesen, wie er sich als Folge des Stellungskrieges ergeben hatte. Mit monotoner Gleichförmigkeit wurde gegen die Regierungen aller kriegführenden Länder der Vorwurf mangelnder Vorsorge und unzureichender Energie erhoben. In der Tat zeigten sich diese den gewaltigen Aufgaben, die ihnen mit wachsender Kriegsdauer gestellt wurden, anfänglich überhaupt nicht gewachsen. Dergestalt führten die Kriegsnotwendigkeiten nahezu

überall zu einem mehr oder minder tiefgreifenden Umbau der staatlichen Organisation.
In England gab ein Leitartikel in der *Times* vom 14. Mai 1915, in dem die katastrophale Munitionsversorgungslage geschildert und die Regierung aufs schärfste angegriffen wurde, den Anstoß zur Bildung einer Koalitionsregierung, der Vertreter der beiden großen englischen Parteien angehörten. Lloyd George, dem man ein besonders großes Maß an Energie zuschrieb, übernahm das neugeschaffene Munitionsministerium und stampfte binnen weniger Monate Hunderte von neuen Rüstungsbetrieben aus dem Boden. Darüber hinaus traf man Anstalten, um eine einheitlichere Kriegspolitik zu gewährleisten, indem man die Geschäfte in einem besonderen Kriegskomitee konzentrierte, dem nur die wichtigsten Minister angehörten. Die Initiative zur Steigerung der militärischen Anstrengungen ging nicht allein von der Regierung aus, sondern auch von den bürgerlichen Schichten selbst. So zwang das *House of Commons* dem noch widerstrebenden Premierminister Asquith am 2. Mai 1916 die allgemeine Wehrpflicht auf. Diese Entwicklung erreichte am 6. Dezember 1916 mit der Bildung eines neuen Kriegskabinetts unter Führung von Lloyd George ihren Höhepunkt. Das Regime Lloyd Georges brach zwar nicht rechtlich, aber der Sache nach vollständig mit den überlieferten Traditionen der englischen Politik. Dennoch beugten die Engländer sich willig der plebiszitären Herrschaft dieses großen, wenn auch in seinen Mitteln nicht eben wählerischen Mannes. Lloyd George regierte ohne jede Rücksicht auf die überkommene englische Parteienstruktur, gestützt auf die nationalistische Massenpresse, und wußte sich durch Heranziehung von Ministern aus allen Parteien sowie von nicht parteigebundenen Persönlichkeiten der Wirtschaft eine Mannschaft zu schaffen, die ihm bedingungslos zu folgen bereit war. Auch im Verhältnis zu den militärischen Instanzen sorgte er für den Primat der Politik.
In Frankreich hatte der Generalstab Anfang des Krieges große Befugnisse an sich gerissen; mit steigender Kriegsdauer begannen die Politiker immer stärker gegen die Allmacht der Militärs zu revoltieren. Zugleich aber forderte man im Innern eine energischere Politik. Briand, der am 25. Oktober 1915 die Nachfolge Vivianis angetreten hatte, mußte sich sagen lassen, daß er nicht hart genug sei und die Dinge treiben lasse. Nach den schweren Rückschlägen, die die Entente hatte hinnehmen müssen, kam es Ende 1916 in Frankreich zu einer Regierungskrise. Briand gelang es zwar, sich zu halten und ein neues Kabinett zu bilden, doch sah er sich nun ähnlich wie Lloyd George veranlaßt, die Zahl der Ministerposten radikal zu reduzieren, um ein Höchstmaß an Konzentration der Entscheidungen zu erreichen. Lyautey als neuer

Kriegsminister sollte dem Kabinett das nötige innenpolitische Prestige verleihen, Nivelle als Nachfolger Joffres eine neue Phase erfolgreicherer Kriegführung eröffnen. Beide Männer aber sahen sich in wachsendem Maße der argwöhnischen Kontrolle der Parlamentarier unterworfen.

In Deutschland hingegen nahm die Entwicklung, die allgemein auf eine Zusammenballung der Macht in wenigen Händen hinauslief, eine entgegengesetzte Richtung. Der in der Verfassung des Wilhelminischen Reiches angelegte Pluralismus der Machtverteilung auf eine Vielzahl von Instanzen verhinderte angesichts des völligen Versagens des Kaisers zunehmend eine straffe, einheitliche Führung der Politik. Nur mit äußerster Mühe und auf vielen Umwegen vermochte die Regierung den militärischen Instanzen ihre politischen Konzeptionen aufzuzwingen, und dies ging nicht ohne fortwährende bedenkliche Kompromisse und Konzessionen ab. Schon zwischen Falkenhayn und Bethmann Hollweg war es wiederholt zu schweren Konflikten über die Führung der allgemeinen Politik gekommen. Die Ernennung von Hindenburg und Ludendorff zu den neuen Herren der Obersten Heeresleitung am 28. August 1916 brachte dann den endgültigen Triumph der militärischen Instanzen über die Politiker. Hindenburg und Ludendorff, unzufrieden mit der angeblich schwächlichen Führung der Reichsgeschäfte durch Bethmann Hollweg, regierten in zunehmendem Maße direkt in die innere ebenso wie in die äußere Politik hinein, zumal sie dabei vielfach der Zustimmung einer Mehrheit der Parteien des Reichstages sicher sein konnten. Das Ziel Hindenburgs und Ludendorffs war es, die Kriegsanstrengungen Deutschlands auf das denkbare Maximum zu steigern, und in Verfolgung dieses Zieles nahmen sie weder auf innen- noch auf außenpolitische Gesichtspunkte Rücksicht. So zwangen sie der politischen Leitung im Dezember 1916 das sogenannte ›Hilfsdienstgesetz‹ auf, das die totale Mobilisierung aller vorhandenen Arbeitskräfte ermöglichen und dergestalt eine Steigerung der deutschen Rüstungsproduktion auf mehr als das Doppelte bewirken sollte. Dieses sogenannte ›Hindenburg-Programm‹ erwies sich jedoch bald als ein verhängnisvoller Fehler, weil es die schwierige Rohstofflage nicht genügend berücksichtigt hatte und insbesondere die vorhandenen Transportkapazitäten gewaltig überbeanspruchte. Die stetig an Schärfe zunehmenden Spannungen zwischen der politischen Leitung und der OHL ließen hinfort eine einheitliche Politik immer weniger zu und führten zu einer zunehmenden Schwächung der Autorität der Regierung Bethmann Hollweg.

In Österreich-Ungarn war die Lage freilich noch ungleich ungünstiger. Das bürokratische Regime des Grafen Stürgkh sah seine Aufgabe allein darin, die Bedürfnisse der Kriegführung zu

befriedigen. Es kümmerte sich nahezu überhaupt nicht um die Stimmungen und politischen Tendenzen in den breiten Volksmassen. Der völlige Stillstand des konstitutionellen Verfassungslebens wurde zwar von den deutschen Parteien gebilligt, die von einem Zusammentreten des Reichsrats, in dem die slawischen Völker der Monarchie eine Mehrheit besaßen, nur Nachteiliges zu erwarten hatten. Jedoch wurden die übrigen Nationalitäten auf diese Weise auf den Weg radikaler Opposition gegen den Kaiserstaat selbst verwiesen, eine Entwicklung, die durch die von Stürgkh gebilligte unsinnige Repressionspolitik der militärischen Behörden in den Grenzgebieten der Monarchie noch gefördert wurde. So bildeten sich sowohl in den südslawischen wie in den tschechischen Gebieten Österreich-Ungarns nationalrevolutionäre Bewegungen, deren Ziele sich mehr und mehr gegen den Bestand des Vielvölkerstaates selbst richteten.
Das *Südslawische Nationalkomitee,* das seit 1915 enge Beziehungen zu Serbien und den Alliierten angeknüpft hatte, vermochte freilich nur einen Bruchteil der Südslawen Österreich-Ungarns für sein radikales Programm der Errichtung eines selbständigen jugoslawischen Nationalstaates zu gewinnen. Dafür forderte die große Mehrheit der Kroaten nachdrücklicher denn je zuvor die volle Wiederherstellung der Selbständigkeit des historischen Kroatien innerhalb der Monarchie und berief sich dafür nun auch auf das Nationalitätsprinzip. Die Verwirklichung dieses Programms hätte eine radikale Umstrukturierung des bestehenden dualistischen Systems erfordert; es war jedoch höchst zweifelhaft, ob sich die Magyaren je dazu herbeilassen würden.
Ungleich bedrohlicher war die Aktivität der radikalen tschechischen Nationalisten, die sich bald in einer Geheimorganisation verdichtete, welche späterhin unter dem Namen *Mafie* bekannt wurde. Allerdings war die tschechische nationalrevolutionäre Bewegung in eine panslawistische und eine prowestliche Richtung gespalten. Während Kramář mit einem baldigen Siege Rußlands rechnete und die Selbständigkeit aller Balkanvölker unter russischer Oberherrschaft erreichen wollte, strebten Beneš und Masaryk einen selbständigen tschechoslowakischen Nationalstaat nach westeuropäischem Vorbild an. Da die österreichische Polizei zunehmend erfolgreicher gegen die *Mafie* vorging, verlagerte sich der Schwerpunkt der politischen Tätigkeit der tschechischen Nationalrevolutionäre mehr und mehr auf die Exilpolitiker. Im Frühjahr 1916 begründeten Masaryk und Beneš in Paris ein *Tschechisches Nationalkomitee,* das in den Ententeländern bald eine massive, wirkungsvolle Propaganda gegen den ›Völkerkerker‹ Österreich-Ungarn entfaltete.
Einstweilen stellten diese Bestrebungen noch keine akute, lebensbedrohende Gefahr für die Donaumonarchie dar, auch wenn

die Massendesertationen slawischer Regimenter an der russischen Front als ein beunruhigendes Symptom gelten mußten. Entscheidend war das völlige Versagen der Regierung hinsichtlich einer befriedigenden Regelung der allerdings außerordentlich schwierigen Nahrungsmittelversorgung. Stürgkh ließ es durchgehen, daß Graf Tisza in der transleithanischen Reichshälfte eine höchst eigensüchtige Versorgungspolitik trieb und sich weigerte, zur Versorgung Wiens und der großen Städte der zisleithanischen Reichshälfte in angemessener Weise beizutragen. Die allgemeine Erbitterung über die innenpolitischen Zustände fand am 21. Oktober 1916 in der Ermordung des Grafen Stürgkh durch den österreichischen Sozialisten Friedrich Adler symbolischen Ausdruck. Genau einen Monat später, am 21. November 1916, starb der alte Kaiser Franz Joseph, dem ungeachtet aller Mängel des Kaiserstaates weite Volkskreise treu ergeben gewesen waren. Sein Nachfolger Karl I. riß nervös das Steuer herum. Er versprach die Wiedereinberufung des Reichsrats, in der Hoffnung, die Loyalität auch der nichtdeutschen Völker der Monarchie noch einmal beleben zu können, ein Versuch, der sich freilich bald als aussichtslos herausstellen sollte, ganz abgesehen davon, daß die deutschen Parteien, die die volle Wiederherstellung ihrer früheren Vorrangstellung im Staate anstrebten, leidenschaftlich dagegen protestierten.
Weit kritischer noch war die Lage in Rußland. Hier litten die breiten Massen namenlos unter den Folgen der ebenso leichtfertigen wie völlig unfähigen Herrschaft einer Clique von Politikern, die letzten Endes mehr den Wünschen Rasputins und der Gattin des Zaren, Alexandra Fjodorowna, gehorchten als den objektiven Bedürfnissen des Landes. Die Desorganisation der Volkswirtschaft und der Zusammenbruch des Transportwesens nahmen seit Anfang 1916 immer beängstigendere Formen an, zumal die Regierung die Bemühungen der russischen Gesellschaft weitgehend sabotierte, durch Bildung von Kriegskomitees auf freiwilliger Basis von sich aus ein Mindestmaß von wirtschaftlicher Organisation aufzubauen. Nichts demonstriert deutlicher das Versagen der zaristischen Bürokratie als die Tatsache, daß selbst die hochkonservative *Duma* im Spätherbst 1916 die Einsetzung eines ›Kabinetts des Vertrauens‹ verlangte und aus nationalistischen Gründen für die Ablösung des Ministerpräsidenten Stürmer eintrat, dem man nicht nur völlige Unfähigkeit vorwarf, sondern überdies Neigungen zu einem Separatfrieden mit dem Deutschen Reiche unterstellte. Der Nationalismus der schmalen Oberschicht wandte sich jetzt gegen das zaristische Regime selbst; im November 1916 erzwang die *Duma* den Rücktritt Stürmers, ohne daß jedoch die Verhältnisse dadurch eine wesentliche Besserung erfahren hätten. Die Ermordung Rasputins, der in erster Linie

ternationale sozialistische Kommission zu Bern

Alle Zuschriften und Geldsendungen sind an Nationalrat ROBERT GRIMM in Bern (Postcheckrechnung Bern. III 1662) zu richten

mmission socialiste internationale à BERNE

La correspondance doit être adressée au citoyen ROBERT GRIMM, député à Berne

International Socialist Committee in BERNE

The correspondence has to be addressed: comrade ROBERT GRIMM, deputy, Berne

RN (Schweiz) | BULLETIN Nr. 5 | Ausgegeben am 10. Juli 1916

Das «BULLETIN» kann im Abonnement (12 Nummern) zum Preise von Fr. 10.– gegen Voreinsendung bezogen werden

Zweite internationale sozialistische Zimmerwalder Konferenz

n die Völker, die man zu Grunde richtet und tötet

Proletarier aller Länder vereinigt euch!

Zwei Jahre Weltkrieg! Zwei Jahre der Verwüstung! i Jahre der Blutopfer und des Wütens der Re- on!

Wer trägt die Verantwortung? Wer steht hinter n, welche die Brandfackel ins Pulverfass warfen? hat den Krieg seit langem gewollt und vorbereitet? Es sind die *herrschenden Klassen!*

Als wir Sozialisten aus kriegführenden und neu- n Ländern im September 1915 uns über den blu- Wirrwarr hinweg die Hände reichten und uns *Zimmerwald* mitten in den entfesselten Kriegsleiden- ften vereinigten, sagten wir in unserm Manifest: „*Die herrschenden Gewalten der kapitalistischen llschaft, in deren Händen das Geschick der Völker e, die monarchischen wie die republikanischen Re- ungen, die Geheimdiplomati-, die mächtigen Unter- nerorganisationen, die bürgerlichen Parteien, die talistische Presse, die Kirche — sie alle tragen das Gewicht der Verantwortung für diesen Krieg, her aus der sie nährenden und von ihnen geschützten llschaftsordnung entstanden ist und für ihre Inter- n geführt wird.*"

„Jede Nation", so sprach Jaurès einige Tage vor em Tode, «ist mit brennender Fackel durch die ssen Europas geeilt.»

* * *

Nachdem Millionen Männer ins Grab gesunken, ionen Familien in Trauer versetzt, Millionen zu wen und Waisen gemacht worden sind, nachdem en auf Ruinen gehäuft und unersetzliche Kultur- ke zerstört wurden, *ist dieser Krieg in eine Sack- e geraten.*

Trotz der Hekatomben von Opfern auf allen nten keine entscheidenden Resultate! Um diese nten auch nur zu erschüttern, müssten die Regie- gen neue Millionen Männer opfern.

Keine Sieger, keine Besiegten, oder vielmehr **s Besiegte,** das heisst: alle verblutend, alle rui- t, alle erschöpft, das wird die Bilanz dieses greuel- hen Krieges sein. Die herrschenden Klassen können feststellen, dass ihre phantastischen Träume von der erialistischen Weltherrschaft nicht in Erfüllung ge- gen sind.

Es hat sich von neuem gezeigt, dass einzig jene ialisten den Interessen ihrer Völker gedient haben, trotz der Verfolgungen und Verleumdungen dem nationalistischen Wahn entgegengetreten sind und einen *sofortigen Frieden ohne Annexionen* gefordert haben.

Vereinigt euch deshalb mit uns in dem Feldgeschrei: **Nieder mit dem Kriege! Es lebe der Frieden!**

Arbeiter in Stadt und Land!

Die Regierungen, die imperialistischen Cliquen und ihre Presse, sagen euch, man müsse durchhalten, um die unterdrückten Nationen zu befreien. Von allen Mitteln der Irreführung, die in diesem Kriege angewendet werden, ist dies das gröbste. Das wirkliche Ziel dieser allgemeinen Schlächterei ist für die einen, *die Sicherung dessen, was sie in Jahrhunderten zusammengerafft, in vielen Kriegen erobert haben;* die andern wollen *die Welt von neuem teilen,* um ihren Besitz zu vergrössern; sie wollen neue Gebiete annektieren, Völker zerschneiden und zerreissen, sie zu gewöhnlichen Knechten und Heloten erniedrigen.

Eure Regierungen und ihre Presse sagen euch, dass man den Krieg fortsetzen müsse, um den Militarismus zu vernichten.

Lasst euch nicht täuschen! *Der Militarismus einer Nation kann nur durch sie selbst ernichtet werden,* und in *allen* Ländern gilt es, ihn niederzuringen.

Eure Regierungen und ihre Presse sagen euch weiter, dass man den Krieg verlängern müsse, damit es der letzte sei.

Auch das ist eine Täuschung. *Niemals hat der Krieg den Krieg getötet.* Im Gegenteil. Er weckt Revanchegelüste, denn Gewalt gebiert Gewalt.

So werden eure Peiniger nach jedem Opfer neue von euch fordern und aus diesem infernalischen Ring führt auch der Weg der bürgerlichen Friedensschwärmer nicht heraus.

Nur ein wirksames Mittel gibt es, um Kriege in der Zukunft zu verhindern: **die Eroberung der politischen Macht und die Abschaffung des kapitalistischen Eigentums durch die arbeitenden Klassen.**

Der dauerhafte Friede wird erst die Frucht des siegreichen Sozialimus sein.

Proletarier!

Wer sind die, die euch die «*Durchhaltepolitik*» bis zum «Siege» predigen?

Abb. 28: Aufruf der Konferenz von Kienthal 1916

für die grotesken Zustände am Zarenhofe verantwortlich war, am 17. (nach westlichem Kalender 30.) Dezember 1916 durch den Fürsten Felix Jussupow wurde unter den gegebenen Umständen als nationale Befreiungstat empfunden. Diese verzweifelten Rettungsversuche kamen jedoch zu spät. Angesichts der Unnachgiebigkeit des Zaren, der nicht imstande war, die Lage realistisch zu beurteilen, bewegte sich Rußland unaufhaltsam dem Abgrund entgegen.
Einstweilen waren die Regierungen in allen kriegführenden Staaten noch Herr der Lage. Aber es ließ sich nicht übersehen, daß der nationale Enthusiasmus der ersten Kriegsmonate in den breiten Massen einer tiefen Kriegsmüdigkeit Platz gemacht hatte, in erster Linie in Deutschland, Österreich-Ungarn und Rußland, aber auch in Frankreich und Italien. Zu Anfang des Krieges hatte die Agitation der äußersten Linken gegen den Krieg und gegen die Unterstützung der Regierungen durch die sozialistischen Parteien in der Arbeiterschaft nur wenig Widerhall gefunden. Seit dem Herbst 1915 begann sich dies zu ändern. Allerdings war die äußerste Linke in ihrem Kampf gegen den Weltkrieg und gegen die Burgfriedenspolitik der sozialistischen Parteien der kriegführenden Länder stark zersplittert und über die einzuschlagende Taktik ganz und gar uneinig. Auf einer ersten Konferenz in Zimmerwald (Schweiz) vom 5. bis 8. September 1915 blieb Lenin mit seiner radikalen Forderung, eine ›Dritte Sozialistische Internationale‹ zu begründen und den Burgfrieden in einen revolutionären Krieg der arbeitenden Massen aller Länder gegen die herrschenden Klassen umzuwandeln, hoffnungslos in der Minderheit. Selbst die äußerste Linke schreckte zu diesem Zeitpunkt noch vor revolutionären Kampfmaßnahmen zurück. Dennoch blieben die Antikriegsparolen von Zimmerwald, die im April 1916 auf der Konferenz von Kienthal (Schweiz) eine erneute Bekräftigung erhielten, nicht ohne Auswirkung auf die Haltung der Arbeiterschaft in den kriegführenden Ländern. Am deutlichsten war dies in Deutschland zu beobachten. In der zweiten Dezemberwoche 1915 stimmten Liebknecht und 19 seiner Gefolgsleute im Reichstage erstmals offen gegen die Kriegskredite. Während sich die äußerste Linke, die dann unter dem Namen ›Spartakisten‹ bekannt werden sollte, am Neujahrstag 1916 ein eigenes Programm gab, in dem sie sich von der Sozialdemokratie schroff distanzierte, versuchte die Gruppe Liebknecht vergeblich, die sozialdemokratische Parteiorganisation von innen heraus zu erobern. Haase und seine Anhänger — Liebknecht selbst war inzwischen verhaftet worden — wurden im März 1916 aus der sozialdemokratischen Reichstagsfraktion ausgeschlossen und bildeten daraufhin eine eigene sozialistische Fraktion, die ›Sozialdemokratische Arbeitsgemeinschaft‹. Fortan konnte es sich die Parteiführung der deutschen

Sozialdemokratie nicht mehr leisten, in den Fragen der Kriegsziele nachgiebig zu sein und hinsichtlich innerer Reformen Geduld zu zeigen.
In Frankreich hingegen war auch der radikale Flügel der Sozialisten angesichts der äußeren Bedrängnis, in der sich das Land befand, nicht bereit, den Verteidigungskrieg als solchen in Frage zu stellen. Gleichwohl gewann die von Jean Longuet geführte Richtung, die die bedingungslose Unterstützung der Regierung bekämpfte und für einen Verständigungsfrieden eintrat, seit Dezember 1915 immer mehr Anhänger. Sie gewann schließlich solches Gewicht, daß es Sembat und Guesde Anfang 1917 vorzogen, ihre Ministerposten niederzulegen. Noch war die *union sacrée* nicht zerbrochen; doch das Vertrauen der sozialistischen Massen in die Regierung war ins Wanken geraten.
Am wenigsten von der Linken zu fürchten hatte die englische Regierung. In Großbritannien lehnten nur unbedeutende sozialistische Splittergruppen den Krieg konsequent ab. Die *Labour Party* hielt unbeirrt an ihrem bisherigen loyalen Kurs fest. Gleichwohl gewannen die Verfechter eines Verständigungsfriedens bei den Arbeitermassen immer stärker an Boden.
Was Rußland betrifft, so war es hier der zaristischen Polizei gelungen, die Organisationen der beiden sozialistischen Parteien weitgehend zu zerschlagen. Die Unzufriedenheit der Arbeiterschaft kam indessen in einer nicht abreißenden Serie von Streiks zum Ausdruck. Die *Bolschewiki* blieben dabei nicht untätig. Von der Emigration aus entfalteten sie eine immer emsigere Agitation, und es gelang ihnen seit Anfang 1916, auch im Lande selbst wieder eine illegale Organisation zu begründen und die Verzweiflung der breiten Massen für ihre revolutionären Ziele auszunutzen.
Trotz der wachsenden Friedenssehnsucht der Arbeiterschaft, die die Hauptlast des Krieges zu tragen hatte und namentlich im Lager der Mittelmächte schwer unter dem Lebensmittelmangel litt, beharrten die Regierungen aller kriegführenden Mächte weiterhin darauf, den Krieg bis zur völligen Niederwerfung des Gegners fortzuführen. Der Graben, der die herrschenden Schichten von den breiten Massen trennte, begann sich unter dem Einfluß der Kriegsnöte beträchtlich zu weiten. Erstere waren weniger denn je bereit, an ihren Kriegszielen Abstriche zu machen; im Gegenteil, die Erreichung eines Friedens, der dem Gegner die Kosten des Krieges aufbürdete, galt weithin als Voraussetzung für die Aufrechterhaltung der bestehenden Sozial- und Verfassungsordnung. Infolgedessen hielt man, ungeachtet der Kriegslage, in allen Lagern an weitgesteckten Kriegszielen fest.
Seit 1915 waren die Ententemächte auf dem mit dem Londoner Vertrag (s. o. S. 306) beschrittenen Pfad der Aufteilung der zu

erwartenden Kriegsbeute mittels geheimer Kriegszielverträge erheblich vorangeschritten. Im Sykes-Picot-Abkommen vom 16. Mai 1916 einigten sich Frankreich und England über die zukünftige Aufteilung des Osmanischen Reiches, und die sich daran anschließenden Verhandlungen mit Rußland und Italien führten gar zu einem Plan, der vorsah, das Territorium der Resttürkei nahezu ausschließlich auf den anatolischen Raum zu beschränken. In Frankreich wurde seit dem Juli 1916 die Forderung nach Abtrennung nicht nur Elsaß-Lothringens und der Saar, sondern auch des gesamten linken Rheinufers vom Deutschen Reiche nicht mehr nur innerhalb der regierenden Kreise in aller Öffentlichkeit diskutiert. Eine ›länger dauernde Besetzung‹ des Rheinlandes als Pfand für große Reparationszahlungen auf lange Jahre hinaus erschien nunmehr als das Minimum dessen, was im Falle eines Sieges von Deutschland verlangt werden müsse. Auch die Engländer wurden jetzt in ihren Forderungen konkreter. Zwar gingen innerhalb der englischen Regierung die Meinungen über die Frage, ob man die völlige Entmachtung und Zerstückelung des Deutschen Reiches anstreben oder einen wenngleich geschwächten deutschen Nationalstaat als Gegengewicht gegen Rußland bestehen lassen solle, immer noch erheblich auseinander. In jedem Falle aber war man entschlossen, die deutschen Kolonien zu annektieren und die bisherige Stellung Deutschlands auf den Weltmärkten zu brechen. Eine interalliierte Wirtschaftskonferenz, die im Juni 1916 in Paris zusammentrat, beschloß, dem Deutschen Reiche auch nach dem Kriege für absehbare Zeit die Meistbegünstigung zu versagen und den deutschen Handel auf Jahre hinaus Diskriminierungen zu unterwerfen. Die Anhänger eines gemäßigten Kurses, die wie Lord Lansdowne für einen baldigen Verhandlungsfrieden eintraten, befanden sich gegenüber den ›Scharfmachern‹ in hoffnungsloser Minderheit. Am 28. September 1916 brachte Lloyd George in einem vielbeachteten Interview für die *United Press* die Stimmung der überwiegenden Mehrheit der Engländer zum Ausdruck, wenn er erklärte: »*The fight must be to a finish — to a knockout.*«[115] Asquith beeilte sich, wenig später seinerseits zu erklären, daß England unter keinen Umständen bereit sei, einen »unehrenhaften Kompromißfrieden« zu schließen.

Auch im Lager der Mittelmächte war der Spielraum für einen Verhandlungsfrieden geringer geworden. Die Bemühungen Bethmann Hollwegs, eine öffentliche Erörterung der Kriegsziele zu unterbinden, um der Regierung für den Fall von Verhandlungen freie Hand zu wahren, waren vergeblich geblieben; im Oktober 1916 wurde die Diskussion der Kriegsziele schließlich endgültig freigegeben. Nach dem ersten Höhepunkt des Kriegszielfiebers im Mai 1915 war in Deutschland zwar zunächst eine gewisse Abkühlung der Gemüter eingetreten. Aber seit dem Frühjahr 1916 nahm die Agitation der Rechten zugunsten extremer Kriegsziele wieder zu, zum Teil aus innenpolitischen Gründen, verargte man doch der Regierung Bethmann Hollweg ihr streckenweises Entgegenkommen gegenüber der Sozialdemokratie. Es erwies sich für die Regierung als unmöglich, diesem Druck weiterhin standzuhalten, zumal die Annexionisten auch innerhalb der regierenden Kreise ständig weiteren Zuzug erhielten. Die Lage wurde ganz unerträglich, als es den Anhängern weitgesteckter Annexionen in West und Ost Ende 1916 gelang, auch die populären Volkshelden Hindenburg und Ludendorff auf ihre Seite zu ziehen.

Auch wenn die Vorstellungen Bethmann Hollwegs hinsichtlich der eventuell erreichbaren Kriegsziele Deutschlands, gemessen an den Forderungen der Rechten, als maßvoll gelten durften, bewegten sie sich ebenfalls in utopischen Bahnen. Als sich die deutsche politische Leitung im Oktober 1916 entschloß, ihrerseits mit einem Friedensangebot hervorzutreten, dachte sie keinesfalls daran, sich etwa mit dem *status quo ante* zu begnügen. Zwar hatte der Kanzler anfänglich eine detaillierte Festlegung der Bedingungen, die eventuellen Verhandlungen mit den Ententemächten zugrunde gelegt werden sollten, vermeiden wollen. Hindenburg und Ludendorff drangen jedoch auf eine vorgängige Fixierung der Kriegsziele der Mittelmächte, um den Kanzler zu binden und allzu große Nachgiebigkeit von vornherein zu verhindern. Darüber hinaus wollten sie ein wesentliches deutsches Kriegsziel vorab sichergestellt sehen, nämlich die Errichtung eines formell selbständigen, faktisch jedoch von den Mittelmächten abhängigen polnischen Staates, hoffte man doch auf polnische Rekruten. Diese Vorbedingung der Obersten Heeresleitung wurde dann auch in dem sogenannten Polenmanifest der Mittelmächte vom 5. November 1916 erfüllt, in dem die baldige Errichtung eines »selbständigen polnischen Staates« mit »erblicher Monarchie und konstitutioneller Verfassung« in Aussicht gestellt wurde. Aus langwierigen Verhandlungen der Regierungen der Mittelmächte untereinander und anschließend zwischen der deutschen politischen und militärischen Leitung ging ein ziemlich umfassendes Kriegszielprogramm hervor, das zur Grundlage des deutschen Friedensangebotes gemacht werden sollte. Es enthielt u. a. die Forderung nach Anerkennung des Königreichs Polen und sah Gebietserwerbungen Deutschlands in Kurland und Litauen sowie die Schaffung eines polnischen Grenzstreifens östlich der Grenzen Ostpreußens vor. Ein weiterer Kernpunkt betraf die Sicherstellung der indirekten Herrschaft des Deutschen Reiches über Belgien. Diese sollte mit Hilfe wirtschaftlicher, militärischer und politischer Sonderrechte und Privilegien erreicht werden, eine Frage, die man allerdings in Sonderverhandlungen mit König Albert von Belgien lösen wollte. Von Frankreich forderte man die Abtretung des Erzgebiets von Longwy-Briey gegen geringe territoriale Entschädigungen in Lothringen, sowie gegebenenfalls die Abtretung des französischen Kongo. Die Rückgewinnung der deutschen Kolonien war natürlich ebenfalls vorgesehen, doch sollten diese eventuell in einen globalen Gebietsaustausch im kolonialen Bereich einbezogen werden, durch welchen die Zersplitterung des deutschen Kolonialbesitzes hätte überwunden werden können. Auch die Forderungen der Verbündeten waren keineswegs bescheiden; Österreich-Ungarn verlangte u. a., daß hinfort Serbien, Montenegro und Albanien zu Vasallenstaaten der Donaumonarchie herabsinken sollten.

Angesichts der riesigen Kluft zwischen den Kriegszielen beider Mächtegruppen – hier Zementierung der Herrschaft der Mittelmächte auf dem europäischen Festland unter Errichtung eines Schutzgürtels von halbsouveränen Satellitenstaaten in Ost und West, verbunden mit dem energischen Ausgreifen nach Übersee, dort Zertrümmerung des Deutschen Reiches, weitgehende Aufsplitterung der Donaumonarchie sowie Aufteilung des Osmanischen Reiches und des deutschen Kolonialbesitzes unter die Ententemächte – bestanden von vornherein nur geringe Aussichten auf ein Zustandekommen von Friedensverhandlungen. Gemessen an der damaligen Kriegslage befanden sich die Mittelmächte Ende 1916 in einer vorteilhaften Position für die Aufnahme von Verhandlungen. Im Besitz zahlreicher Faustpfänder konnten sie es auf eine allgemeine Friedenskonferenz eher ankommen lassen als die Ententemächte. Es lag naturgemäß in ihrem Interesse, sich ihre günstige Ausgangsposition nicht durch eine vorzeitige Offenlegung ihrer Bedingungen schmälern zu lassen. Dem entsprach denn auch der Wortlaut des Friedensangebots der Mittelmächte vom 12. Dezember 1916. Es war in ziemlich anmaßender Tonart gehalten, erwähnte die Kriegsziele mit keinem Wort und stellte deren Erörterung einer Konferenz der kriegführenden Mächte anheim.

Wenn die Ententemächte an diesem Punkte einhakten und das deutsche Angebot von vornherein als einen nicht ernst gemeinten, bloß taktischen Schachzug zurückwiesen, weil es keinerlei konkrete Aussagen über die deutschen Bedingungen enthalte, so war dies freilich bloß ein bequemer Vorwand. In Wahrheit waren die Alliierten keinesfalls bereit, zu diesem Zeitpunkt in Verhandlungen über einen Kompromißfrieden einzutreten, selbst wenn die Deutschen den *status quo ante* angeboten hätten. Die Bemühungen der vorausgegangenen Monate, den amerikanischen Präsidenten Wilson von einer Friedensaktion abzuhalten, sprechen in dieser Hinsicht eine deutliche Sprache. Die Entente war viel-

mehr entschlossen, zunächst mit allen verfügbaren Mitteln eine Wende des Kriegsglücks herbeizuführen. Demgemäß ging man in der gemeinsamen Antwortnote vom 29. Dezember 1916, der intensive Beratungen der Ententemächte untereinander vorausgegangen waren, zur moralischen Offensive über. Man warf sich zum Beschützer der kleinen Nationen Europas auf und verlangte effektive Garantien, die eine Wiederholung der deutschen Aggression ein für allemal unmöglich machen sollten. Darüber hinaus erneuerten die Ententemächte ihre Forderung, daß die brutale Herrschaft des preußischen Militarismus über Europa beseitigt und die Rechte der von Deutschland und Österreich-Ungarn geknechteten Völker wiederhergestellt werden müßten.
Unter solchen Umständen blieb nicht nur dem Friedensangebot der Mittelmächte, sondern auch dem amerikanischen Vermittlungsvorschlag, mit dem Wilson dann am 18. Dezember 1916 doch noch hervorgetreten war, jeglicher Erfolg versagt. Freilich vergaben die Mittelmächte eine wesentliche Chance, zu Verhandlungen zu gelangen, indem sie Wilsons Forderung nach Offenlegung der beiderseitigen Kriegsziele rundheraus ablehnten und sich schließlich nur dazu bereit fanden, diesem die eigenen Kriegsziele ausschließlich zu seiner persönlichen Information mitzuteilen. Dieser Umstand erleichterte es den Ententemächten, sich ihrerseits mit allgemeinen Formulierungen aus der Schlinge zu ziehen. Im Kern war die Ablehnung der Ententemächte dennoch eindeutig mit dem Hinweis auf die Kriegslage motiviert: »Sie [d. h. die alliierten Mächte] glauben, daß es im gegenwärtigen Augenblick unmöglich ist, einen Frieden zu erreichen, der ihnen Reparationen, Restitutionen und solche Garantien bietet, wie sie sie angesichts der Aggression der Mittelmächte, deren Prinzip sich auf die Zerstörung der Sicherheit Europas richtete, erwarten dürfen.«[116]
Die Vereinigten Staaten hätten damals die Möglichkeit gehabt, die Westmächte auch gegen ihren Willen an den Verhandlungstisch zu zwingen, und Wilson selbst scheint dazu gegebenenfalls auch bereit gewesen zu sein. Insofern war es ein unverzeihlicher Fehler, daß sich die deutsche politische Leitung am 9. Januar 1917, noch während die Verhandlungen über den Friedensschritt des amerikanischen Präsidenten im Gange waren, dem gemeinsamen Druck der Obersten Heeresleitung und der Marine beugte und sich dazu bereit fand, den ›unbeschränkten U-Boot-Krieg‹ nunmehr endgültig zum 1. Februar 1917 zu eröffnen. Damit nahmen die Dinge diesseits und jenseits des Atlantik ihren unvermeidlichen Lauf. Die Vereinigten Staaten wurden nun unaufhaltsam in den Kreis der Entente hineingezogen, und es war nur noch eine Frage von Wochen, wann die bewaffnete Neutralität, die der amerikanische Präsident vorerst einzu-

nehmen beschloß, in aktive Teilnahme am Kriege umschlagen werde. In Deutschland aber setzte man zuversichtlich auf den ›unbeschränkten U-Boot-Krieg‹ als die ›letzte‹ und, wie die Marine versicherte, unfehlbare Karte. Man erwartete, England binnen sechs Monaten auf die Knie zwingen zu können, noch bevor die amerikanischen Streitkräfte in größerer Zahl in den Krieg würden eingreifen können. Mit dem bevorstehenden Kriegseintritt der Vereinigten Staaten näherte sich der Erste Weltkrieg, um mit den Worten von Clausewitz zu sprechen, in erheblichem Maße den Formen des »absoluten Krieges«, der nur noch die völlige Vernichtung des Gegners gelten läßt. Eine neue Stufe der Entwicklung war erreicht. Alle Mittelwege zwischen einem totalen Siegfrieden einerseits, einer völligen Niederlage der Mittelmächte andererseits waren jetzt so gut wie ungangbar geworden.

VI. DIE PERIPETIE DES KRIEGES: DAS JAHR 1917

Mit dem Scheitern des Friedensangebotes der Mittelmächte und dem Fehlschlag des Friedensvermittlungsversuchs des amerikanischen Präsidenten Wilson trat der Erste Weltkrieg in seine Entscheidungsphase ein. Auf beiden Seiten war man entschlossen, nunmehr auch die letzten verfügbaren Kräfte zu mobilisieren, um eine Entscheidung zu erzwingen, die den jeweiligen weitgesteckten Erwartungen entsprach. Nur Rußland befand sich am Rande des Zusammenbruchs. Die Westmächte bemühten sich daher fieberhaft, dem erlahmenden russischen Bundesgenossen neuen Kampfesmut einzuflößen. Auf einer interalliierten Konferenz in Petersburg, das man bei Kriegsbeginn wegen seines deutschen Namens in Petrograd umbenannt hatte, vom 3. bis 18. Februar 1917 einigte man sich auf eine gemeinsame Kriegführung im kommenden Sommer und konzedierte sich gegenseitig umfassendere Kriegsziele als je zuvor. Freilich hob die Aussicht auf einen baldigen Kriegseintritt der Vereinigten Staaten, die am 3. Februar 1917 die diplomatischen Beziehungen zum Deutschen Reiche abgebrochen hatten, die Siegeszuversicht der Entente erheblich. Vielerorts neigte man jetzt dazu, mit allen offensiven Aktionen so lange zuzuwarten, bis die USA aktiv auf dem Schlachtfelde eingreifen würden. Andererseits war es nicht ungefährlich, den Mittelmächten in der Zwischenzeit die Initiative zu überlassen. So entschlossen sich Poincaré und Lloyd George nach einigem Zögern, dem französischen Generalstabschef General Nivelle grünes Licht für die geplante große französisch-englische Frühjahrsoffensive im Westen zu geben, von der man hoffte, daß sie zu einem schlachtentscheidenden Durchbruch durch die deutschen Linien führen werde.

Auf seiten der Mittelmächte hingegen setzte man nunmehr ganz auf die Karte des ›unbeschränkten U-Boot-Krieges‹, um so mehr, als die Versenkungsziffern schon im Februar 1917 um 181 000 BRT über der vom Admiralstab in Aussicht gestellten monatlichen Versenkungsleistung von 600 000 BRT lagen und im April gar die Millionengrenze überschritten. Während die Marine, die Oberste Heeresleitung und große Teile der Bevölkerung sich überschwenglich der Erwartung hingaben, daß England spätestens im August 1917 gezwungen sein werde, um Frieden zu bitten, waren die leitenden Politiker vorsichtiger. Aber auch sie hofften, durch den ›unbeschränkten U-Boot-Krieg‹ die Versorgungsschwierigkeiten nicht nur in England, sondern auch in Frankreich und Italien so steigern zu können, daß die Entente es schließlich vorziehen werde, in Friedensverhandlungen einzutreten, statt den Ausbruch innerer Unruhen und womöglich gar den Abfall des einen oder anderen Partners zu riskieren. Die Oberste Heeresleitung rechnete ebenfalls nicht mehr mit einer rein militärischen Entscheidung des Völkerringens. Sie beschränkte sich überall auf die Defensive und nahm, um Menschen und Material einzusparen, am 5. Februar 1917 die Front im Westen auf eine zuvor sorgfältig ausgebaute, verkürzte Verteidigungslinie, die sogenannte ›Siegfriedstellung‹, zurück — eine Operation, die Nivelles Angriffsvorbereitungen empfindlich durchkreuzte. Die Oberste Heeresleitung und die politische Leitung waren sich einig in der Auffassung, daß jetzt der Sieg derjenigen Partei gehören werde, die die stärkeren Nerven habe und aushalte, bis die Gegner am Ende ihrer Kräfte angelangt sein würden.

Der tiefe Spalt zwischen dem leidenschaftlichen Siegeswillen der herrschenden Schichten, die sich jetzt extremeren Kriegszielerwartungen als je zuvor hingaben, und den aufs äußerste erschöpften breiten Massen konnte freilich durch nationalistisches Pathos und Durchhalteparolen nur noch mühsam überbrückt werden. Die Unzufriedenheit der Arbeiterschaft mit der politischen Führung erhielt zusätzliche Nahrung, als die Konservativen im Februar 1917 im preußischen Landtag zu offenem Angriff auf die demokratischen Parteien des Reichstages übergingen, um einer Reform des preußischen Dreiklassenwahlrechts von vornherein den Weg zu verlegen. Entscheidend aber war die katastrophale Versorgungslage in den großen Industriestädten, die infolge der Überbeanspruchung des Verkehrswesens im Februar und März 1917 zeitweilig äußerst ernste Formen annahm. Die ohnehin knapp bemessenen Lebensmittelrationen wurden erneut drastisch herabgesetzt; weithin mußten Kohlrüben Brot und Kartoffeln ersetzen. Unter solchen Umständen war es einigermaßen vermessen, auf den Zusammenbruch der Ententemächte infolge wachsender Versorgungsschwierigkeiten und innerer Unruhen zu hoffen. Aber nicht nur in Deutschland und Österreich-Ungarn, auch im Lager der Entente wuchsen die Entbehrungen und mit ihnen auch die Kriegsmüdigkeit der breiten Massen. In Italien legte der Kohlenmangel die Wirtschaft und das Verkehrswesen in weitem Umfang lahm. In Frankreich litt nicht nur die Zivilbevölkerung schwer unter den Folgen des Krieges; auch die Versorgung der Soldaten an der Front war äußerst kärglich, ungeachtet der ungeheuren Strapazen, denen diese ausgesetzt waren. Verglichen mit ihren Bundesgenossen lebten die Engländer Anfang des Jahres 1917 noch in Hülle und Fülle; aber bald machten sich auch hier die Wirkungen des ›unbeschränkten U-Boot-Krieges‹ in einschneidender Weise geltend und erzwangen umfangreiche Einfuhrbeschränkungen und strenge Rationierungsmaßnahmen.

In Rußland gab am 7. März (nach russischem Kalender 23. Februar) 1917 der Zusammenbruch der Brotversorgung Petrograds den letzten Anstoß zum Ausbruch einer gewaltigen Streikbewegung, die, nach vergeblichen Unterdrückungsversuchen, am 11. März (27. Februar) in offenen Aufruhr umschlug. Da die Soldaten zu den streikenden Arbeitermassen übergingen, war an eine Niederwerfung der Aufstandsbewegung nicht mehr zu den-

Abb. 29: Petrograd März 1917: Bewaffnete Arbeiter und Soldaten mit Panzerauto vor dem Taurischen Palais

ken. Diese griff vielmehr in Windeseile auf Moskau und nahezu alle größeren Städte des Landes über. Nach dem historischen Vorbild des Petersburger Sowjets vom Jahre 1905 bildete sich in Petrograd erneut ein Arbeiter- und Soldatenrat, der die Führung der revolutionären Bewegung an sich riß. In grenzenloser Verblendung hatte Nikolaus II. den für den 10. März (26. Februar) vorgesehenen Zusammentritt der *Duma* aufgeschoben, weil er in ihr, und nicht in der Verzweiflung der breiten Volksmassen die Quelle aller Unruhe sah. Dennoch versuchte die *Duma*, unter Führung ihres Präsidenten Rodzjanko, zu retten, was noch zu retten war. Am 15. (2.) März bildete sie, nach Absprache mit dem Petrograder Sowjet, aus ihren Reihen eine ›Provisorische Regierung‹ unter Führung des Fürsten Lwow, welche die baldige Einberufung einer konstituierenden Nationalversammlung in Aussicht stellte. Noch am selben Tage dankte der Zar zugunsten seines Bruders Michael und am folgenden Tage auch dieser ab. Das zaristische System war kampflos untergegangen.

Den Bemühungen der ›Provisorischen Regierung‹, durch einen radikalen Bruch mit der zaristischen Vergangenheit und den Übergang zu einer liberal-demokratischen Regierungsform den fortschreitenden Zerfall der russischen Staats- und Gesellschaftsordnung aufzuhalten, war jedoch nur geringer Erfolg beschieden. Allerdings war der Handlungsspielraum, der ihr verblieben war, bei Lage der Dinge äußerst begrenzt. Obwohl die ›Provisorische Regierung‹ ihre Legitimität vom Willen der von den hochkonservativen und großbürgerlichen Gruppen beherrschten *Duma* herleitete und zumindest ihr Vorsitzender, Fürst Lwow, noch vom Zaren in sein Amt berufen worden war, war sie doch ganz und gar von den Beschlüssen des Petrograder Sowjets abhängig. Dieser hatte die Arbeiter und Soldaten aufgefordert, im ganzen Lande Arbeiter- und Soldatenräte zu bilden und sich insbesondere der Waffen zu versichern, und verfügte daher über eine eigenständige Machtbasis, die die Regierung nicht anzutasten wagte. Der Dualismus zwischen der ›Provisorischen Regierung‹, die den Krieg gegen die Mittelmächte mit aller Energie fortzuführen beabsichtigte, und dem Petrograder Sowjet, in dem der Wunsch nach einem möglichst baldigen Frieden übermächtig war, verhinderte jegliche Stabilisierung der Staatsautorität. Der Petrograder Sowjet, in dem die *Menschewiki* und die Nationalrevolutionäre die große Mehrheit besaßen, beschloß zwar, die ›Provisorische Regierung‹ ungeachtet ihres bourgeoisen Charakters zu tolerieren, aber gleichzeitig versuchte er weiterhin die Rolle des Gralswächters der Revolution zu spielen. Bereits am 27. (14.) März richtete der Petrograder Sowjet einen Appell an die Völker der ganzen Welt, sich gegen das Joch der kapitalistischen Regierungen aufzulehnen und »in gemeinsamer Anstrengung der fürchterlichen Schlächterei« des Weltkrieges ein Ende zu bereiten[117] – ein Schritt, der Miljukow, dem Außenminister der neuen Regierung, nichts weniger als gelegen kam, überschütteten ihn doch die Alliierten daraufhin mit formellen Protesten.

Die fortschreitende Auflösung des russischen Staates, die in Verbrüderungsszenen zwischen den russischen und den deutschen Truppen ihren charakteristischsten Ausdruck fand, eröffnete den Mittelmächten überraschend neue Chancen auf einen entscheidenden militärischen Sieg. Andererseits brachten der Sturz des Zarismus und der Übergang Rußlands zur Demokratie, rein ideologisch gesehen, den Ententemächten eine große Erleichterung. Fortan konnte man den Weltkrieg ohne Einschränkung als Kampf gegen Autokratie und Unterdrückung führen. Die Ereignisse in Rußland beseitigten die letzten Hemmungen Wilsons, nunmehr aktiv in den Krieg gegen das Deutsche Reich einzutreten, obwohl die Entwicklung des U-Boot-Krieges ihm schon seit Wochen keinen anderen Ausweg mehr gelassen hatte. In seiner Kongreßbotschaft vom 2. April 1917, in die der Kongreß begeistert einstimmte, erklärte der amerikanische Präsident, daß das Eingreifen der Vereinigten Staaten in den Weltkrieg unumgänglich notwendig geworden sei, um »die Welt für die Demokratie sicher zu machen«[118]. Vier Tage später, am 6. April 1917, erklärten die USA dem Deutschen Reiche den Krieg. Jedoch vermied es Wilson von Anbeginn, sich mit den Kriegszielen der Ententemächte zu identifizieren, und bezeichnete die USA ausdrücklich nur als »assoziierte«, nicht aber »alliierte« Macht. Damit gewann der Krieg neue, welthistorische Dimensionen. Es ging fortan nicht mehr nur um den Triumph einer europäischen Mächtegruppe über die andere, nicht mehr um die Rivalitäten verschiedener Imperialismen, sondern um die Entscheidung über die zukünftige Gestaltung Europas. Die Frage der künftigen innenpolitischen Ordnung drängte die alte Diskussion über die territorialen, wirtschaftlichen und machtpolitischen Kriegsziele im engeren Sinne des Wortes in den Hintergrund.

Der Zweikampf der westlichen Demokratien gegen die halbkonstitutionellen Herrschaftssysteme Mitteleuropas aber verwandelte sich mit dem Aufkommen des Bolschewismus unversehens in einen Kampf zu dritt, noch dazu in einer völlig verzerrten Schlachtordnung; dies geschah nicht ohne Zutun der deutschen Politik. Seit der Februarrevolution waren die Westmächte bemüht, das schwache bürgerlich-liberale Regime der ›Provisorischen Regierung‹ zu stützen und Rußland weiterhin im Kriege zu halten. Die deutsche Regierung tat, freilich ohne volle Kenntnis der Konsequenzen, das Gegenteil. Sie förderte die fortschrei-

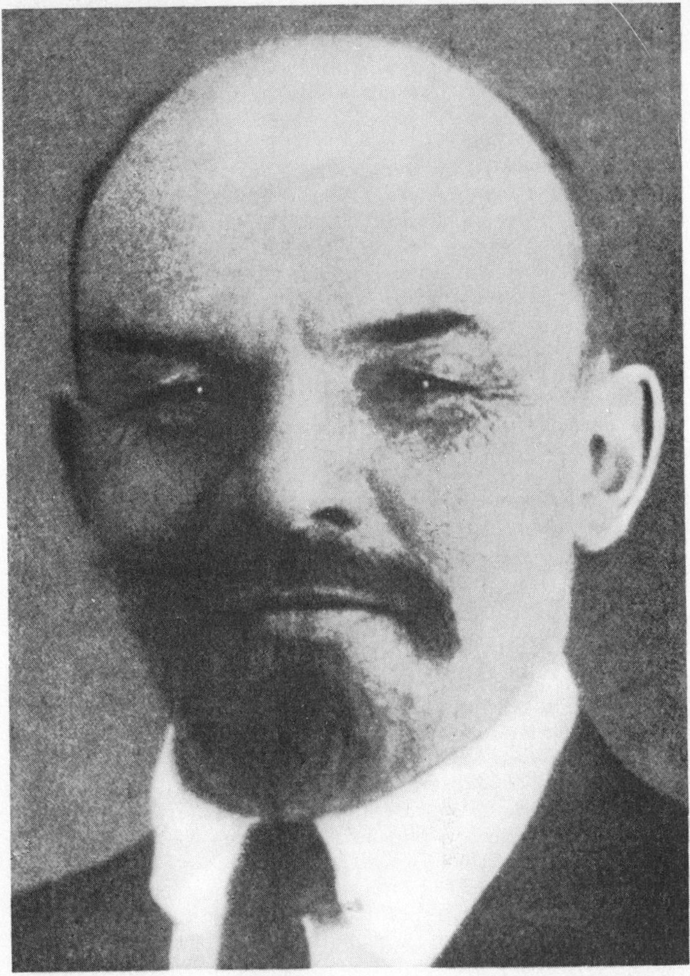

Abb. 30: Wladimir Iljitsch Lenin (eigentlich Uljanow)

tende Revolutionierung Rußlands nach Kräften. Ende März 1917 ließ sie Lenin und eine ganze Reihe seiner Gefolgsleute, von denen bekannt war, daß sie unter allen Umständen für eine sofortige Beendigung des Krieges eintreten würden, in versiegelten Wagen nach Schweden transportieren, von wo aus sie unverzüglich nach Rußland weiterreisten. Die Annahme deutscher Unterstützung war für Lenin ein großes Risiko, setzte er sich doch der Gefahr aus, als deutscher Agent verschrien zu werden und seinen Einfluß zu verlieren. Jedoch war ihm in einem Augenblick, in dem die Dinge in Rußland auf des Messers Schneide standen, jedes Mittel recht, um dem Schweizer Exil zu entkommen und selbst aktiv in den Verlauf der Ereignisse eingreifen zu können. Am Abend des 16. (3.) April 1917 traf Lenin in Petrograd ein. In seinen berühmten Thesen *Über die Aufgaben des Proletariats in der gegenwärtigen Revolution* vom 17. (4.) April 1917 gab er unverzüglich die Parole aus, der ›Provisorischen Regierung‹ jede Unterstützung zu entziehen, den imperialistischen Charakter ihrer Kriegspolitik zu entlarven und alle Macht nicht der bevorstehenden Konstituante, sondern den Räten zu geben, als erstem Schritt zur Eroberung der Macht durch die *Bolschewiki*. Die Rechnung Deutschlands ging vorerst auf. Mit Lenins Auftreten auf der russischen politischen Bühne neigte sich die Waage unwiderruflich zugunsten weiterer Revolutionierung. Als Miljukow es, entgegen den Beschlüssen des Petrograder Sowjets, Ende April 1917 wagte, sich ausdrücklich zu den Verpflichtungen zu bekennen, die Rußland gegenüber den Alliierten eingegangen sei, und durchblicken ließ, daß er die alliierten Kriegszielverträge weiterhin als gültig betrachte, erhob sich ein wilder Proteststurm, dem der Außenminister schließlich zum Opfer fiel. Am 15. (2.) Mai 1917 erneuerte der Petrograder Sowjet in einem Aufruf an die Sozialisten aller Länder seine Forderung eines »Friedens ohne Annexionen und Kontributionen«.

Ungeachtet der Friedenssehnsucht der breiten Massen der russischen Arbeiter und Bauern unternahm die ›Provisorische Regierung‹ in den folgenden Wochen und Monaten letzte Versuche, dem Zerfall der inneren Ordnung und der Auflösung der russischen Armeen Einhalt zu gebieten. Nur der Übergang zur Offensive, so meinte die Armeeführung, könne noch helfen. So unternahm man im Juni eine letzte große Kraftanstrengung in der sogenannten Kerenskij-Offensive, die jedoch nach geringen Anfangserfolgen zusammenbrach. Von nun an gewann der Ruf nach Frieden um jeden Preis und auf dem schnellsten Wege eine unwiderstehliche Anziehungskraft auf die russischen Soldaten. Rußland schied infolgedessen als ernstzunehmender militärischer Faktor aus dem Völkerringen aus. Die Ententemächte beobachteten diese Entwicklung der Dinge mit zunehmender Beunruhigung, zumal die mit so großen Hoffnungen begonnene Offensive Nivelles im Westen nach geringen Geländegewinnen Anfang Mai unter riesigen Verlusten gescheitert war. Andererseits hatten auch die Regierungen der Mittelmächte nur wenig Anlaß, optimistisch in die Zukunft zu schauen. Die erhofften politischen Wirkungen des ›unbeschränkten U-Boot-Krieges‹ ließen trotz immer neuer stolzer Versenkungsziffern auf sich warten, und man konnte sich leicht ausrechnen, daß die in Aufstellung befindlichen amerikanischen Truppen in absehbarer Zeit das prekäre Gleichgewicht der Kräfte an der Westfront entscheidend zuungunsten der Mittelmächte verschieben würden.

Unter diesen Umständen führten die Ereignisse der russischen Februarrevolution in allen kriegführenden Ländern zu einer beträchtlichen Verstärkung der pazifistischen Strömungen innerhalb der Arbeiterschaft. Der Appell des Petrograder Sowjets an das Proletariat aller kriegführenden Länder, sich gegen die regierenden Schichten zu erheben, fand zwar nur bei ganz unbedeutenden linksradikalen Gruppen eine positive Aufnahme. Jedoch machte sich jetzt, nachdem sich die Möglichkeit erfolgreicher revolutionärer Aktionen gegen den Krieg erwiesen hatte, die Kritik der arbeitenden Massen an den herrschenden politischen und sozialen Zuständen in Verbindung mit der Unzufriedenheit wegen der sich stetig verschlechternden Ernährungslage in einer großen Streikbewegung Luft. In zahlreichen Industriestädten Deutschlands und Österreich-Ungarns kam es im April 1917 zu Massenstreiks, die sich zwar in erster Linie gegen die katastrophalen Versorgungsverhältnisse richteten, aber doch zugleich die Unzufriedenheit der Arbeiter mit der offiziellen Kriegspolitik unüberhörbar zum Ausdruck brachten. Desgleichen begann die englische Arbeiterschaft gegen die rigorosen Maßnahmen Lloyd Georges zur Steigerung der englischen Rüstungsproduktion aufzumucken. Am schlimmsten jedoch war die Lage in Frankreich. Hier brachen im April und Mai nicht nur ausgedehnte Massenstreiks aus, mit denen die Arbeiterschaft gegen die weitere Fortführung des Krieges zum Zwecke der Verwirklichung weitgespannter Kriegsziele demonstrieren wollte, sondern vor allem schwere Meutereien an der Front, die sich nur deshalb nicht verhängnisvoll auswirkten, weil sie der deutschen Heeresleitung nicht in vollem Umfang bekannt wurden. Allerdings gelang es Pétain binnen weniger Wochen, dieser Bewegung, die sich vor allem gegen neue verlustreiche Angriffe auf die wohlbefestigten deutschen Linien richtete, durch eine Kombination von Konzilianz und Härte Herr zu werden und das Vertrauen des französischen Heeres in seine Führung wiederherzustellen.

Bei der Eindämmung der zahlreichen spontanen Streikaktionen, die zumeist ohne Mitwirkung der Gewerkschaften zustande ge-

Abb. 31: Groeners Aufruf an die Rüstungsarbeiter — gegen den Streik vom April 1917

kommen waren, leisteten die sozialistischen Parteien den Regierungen teilweise aktiv Hilfestellung. Dennoch erfaßte der von Rußland ausgehende Linksruck alle Flügel der sozialistischen Bewegung gleichermaßen. Der ursprünglich von den Sozialisten Hollands und der skandinavischen Länder ausgehende Vorschlag, einen internationalen Sozialistenkongreß nach Stockholm einzuberufen, um über Wege zur Wiederherstellung des Friedens zu beraten, wurde nunmehr von den sozialistischen Parteien aller kriegführenden Länder überaus positiv aufgenommen. Nur Lenin wollte von dergleichen Experimenten, die im Falle des Gelingens nur seine Konkurrenten, die *Menschewiki*, begünstigt hätten, nichts wissen. Die deutsche und die österreichisch-ungarische Regierung verhielten sich gegenüber dem Gedanken einer solchen Konferenz wohlwollend, zumal sie der Loyalität der Führer der Sozialdemokratie bis zu einem gewissen Grade sicher sein konnten. Natürlich hielten auch sie es nicht für opportun, Friedensverhandlungen durch Vermittlung der sozialistischen Parteien herbeizuführen, aber bei Lage der Dinge war ihnen an einer Förderung der Friedensbewegung in den Ländern der Entente außerordentlich gelegen. Aus den entgegengesetzten Gründen versagten Frankreich und nach anfänglichem Zögern schließlich auch England den Delegierten der sozialistischen Parteien die Pässe und verurteilten die Konferenz dergestalt zum Scheitern.

Gleichwohl wuchs seit dem Frühjahr 1917 nicht nur bei den Mittelmächten, sondern auch im Lager der Entente die Bereitschaft, eine Wende der Dinge mit Hilfe von Geheimverhandlungen zwischen den Kriegführenden herbeizuführen. Dies galt in besonderem Maße für Österreich-Ungarn. Karl I. und sein neuer Außenminister Czernin waren sich vollauf im klaren, daß nur ein baldiger Friedensschluß den drohenden Zerfall des Vielvölkerstaates würde aufhalten können. Umgekehrt hegten Lloyd George und Poincaré die Hoffnung, daß es gelingen könne, die Donaumonarchie mit Hilfe eines Separatfriedens von ihrem deutschen Bundesgenossen abzusprengen, um diesen dann um so sicherer zu besiegen. Karl I. und Czernin dachten freilich keineswegs an den Abschluß eines echten Sonderfriedens, sondern bestenfalls an einen Sonderfrieden als Vorstufe zu einem allgemeinen Frieden. Unter solchen Umständen standen die Friedenssondierungen, die Karl I. durch seinen im belgischen Heere dienenden Schwager Prinz Sixtus von Parma bei Poincaré vornehmen ließ, von vornherein unter einem ungünstigen Stern, ebenso wie die gleichzeitige Kontaktaufnahme des Grafen Mensdorff mit der Regierung nahestehenden Persönlichkeiten in London und des Barons Musulin mit Haguenin, einem Verbindungsmann Jules Cambons. Trotz erheblichen diplomatischen Drucks gelang es Czernin nicht, den deutschen Bundesgenossen zu einer wesentlichen Reduzierung seiner Kriegsziele im Westen zu bewegen. Auch das Angebot österreichischen Desinteressements an Polen und der Abtretung Galiziens an den neuen polnischen Staat vermochte die deutschen Staatsmänner nicht dazu zu veranlassen, in die Abtretung Elsaß-Lothringens einzuwilligen, die Frankreich zur wichtigsten Voraussetzung von Friedensgesprächen gemacht hatte. Bei einer solchen Lage der Dinge bedeutete es nur wenig, wenn Karl I. in einem persönlichen Schreiben an Poincaré die Unterstützung »der gerechten Ansprüche Frankreichs auf Elsaß-Lothringen« durch Österreich-Ungarn versprach.[119] Umgekehrt gelang es den Alliierten nicht, auf der Konferenz von St. Jean de Maurienne vom April 1917 die Zustimmung Italiens zu einem Sonderfrieden mit Österreich-Ungarn zu erlangen. Italien beharrte vielmehr unnachgiebig auf der vollen Erfüllung der Ansprüche, die ihm im Londoner Vertrag 1915 zugestanden worden waren.

Ebenso blieben die von Österreich-Ungarn mit größtem Nachdruck geförderten Bemühungen Deutschlands um Herbeiführung eines Separatfriedens mit Rußland vorerst ohne Ergebnis. Zwar erklärte sich Bethmann Hollweg in einem offiziösen Artikel in der *Norddeutschen Allgemeinen Zeitung* vom 15. April 1917 in höchst gewundenen Formulierungen dazu bereit, Rußland einen ehrenvollen Frieden auf der Grundlage der russischen Friedensformel zu gewähren, aber tatsächlich wollte man in Berlin keinesfalls auf eine Loslösung der Randstaaten von Rußland und deren Anschluß an die Mittelmächte verzichten. So blieben entsprechende Friedenssondierungen über Schweden und die Schweiz in den ersten Anläufen stecken.

Vielmehr gewannen jetzt jene Gruppen, die einen absoluten Siegfrieden mit entsprechenden Annexionen und Kontributionen anstrebten, ungeachtet der sich zuspitzenden innenpolitischen Lage noch einmal die Oberhand über die wachsende Zahl der zur Verständigung bereiten Politiker. In Deutschland diktierte die Oberste Heeresleitung im Bunde mit der Schwerindustrie der politischen Leitung und dem österreichischen Bundesgenossen immer maßlosere Kriegsziele. Als sich dann angesichts des offenbaren Fehlschlags des ›unbeschränkten U-Boot-Krieges‹ Anfang Juli 1917 eine Reichstagsmehrheit unter Führung von Matthias Erzberger zusammenfand, die eine baldige Beendigung des Krieges auf dem Verhandlungswege und darüber hinaus eine stärkere Beteiligung des Reichstags an den politischen Entscheidungen verlangte, nutzten Ludendorff und sein politischer Gehilfe Oberst Bauer die Gelegenheit aus, um Bethmann Hollweg zu stürzen. Bethmann Hollwegs Nachfolger Michaelis wagte schon gar nicht, der Obersten Heeresleitung energisch entgegenzutreten, und so blieb die berühmte ›Juliresolution‹ des deutschen Reichstages, in der sich dieser für die baldige Herbeiführung eines

Verständigungsfriedens ausgesprochen hatte, ein bloßes Stück Papier.
Der neue Staatssekretär des Äußeren, Richard von Kühlmann, der eine rein militärische Beendigung des Krieges nicht mehr für möglich hielt, führte einen nahezu aussichtslosen Kampf, um sich für seine Versuche, auf diplomatischem Wege ein Ende des Völkerringens zustande zu bringen, den nötigen Spielraum zu verschaffen. Wohl als erster deutscher Politiker an verantwortlicher Stelle sah Kühlmann ein, daß ein Friede ohne eine völlige Wiederherstellung des belgischen Staates nicht erreichbar sei. Aber er wagte es gleichwohl nicht, teils aus Gründen taktischer Natur, teils infolge der Widerstände bei Hofe und in militärischen Kreisen, eine entsprechende Erklärung abzugeben, als Papst Benedikt XV. Anfang August 1917 mit einem Friedensvermittlungsvorschlag an die kriegführenden Mächte herantrat. Während die Mittelmächte das Ersuchen des päpstlichen Nuntius Pacelli, der die Verhandlungen führte, die deutschen Kriegsziele offen darzulegen und sich in der belgischen Frage unzweideutig zu äußern, ausweichend beantworteten, würdigten die Westmächte die Papstnote überhaupt keiner Antwort; Wilson hingegen erklärte in aller Form, daß er es ablehne, mit den gegenwärtigen Herren Deutschlands in Verhandlungen einzutreten.
In Berlin glaubte man es sich leisten zu können, in der Friedensfrage äußerst behutsam und zugeknöpft zu Werke zu gehen, in Wien hingegen nicht. Die wirtschaftliche Lage der Donaumonarchie war katastrophal und der Versuch, die nichtdeutschen Völker noch einmal auf die österreichisch-ungarische Staatsidee zu verpflichten, fehlgeschlagen. Die programmatischen Erklärungen, die die Vertreter der einzelnen Nationen im neu eröffneten Reichsrat Ende Mai 1917 abgegeben hatten, ließen keinen Zweifel mehr daran zu, daß diese nur für den Fall der Gewährung voller Autonomie im Rahmen eines föderalistischen Systems für den Fortbestand der Monarchie zu haben waren. So unternahm Czernin im August 1917 einen neuen, verzweifelten Versuch, mit der Entente ins Gespräch zu kommen. Die Bedingungen, die Graf Armand im Auftrage des französischen Kriegsministers Painlevé, der bald darauf Ministerpräsident wurde, überbrachte — sie sahen u. a. die völlige Wiederherstellung Belgiens, die Abtretung Elsaß-Lothringens in den Grenzen von 1812 sowie die Neutralisierung der Rheinlande vor —, wären freilich in Berlin niemals durchzusetzen gewesen; in der Tat zielten die Franzosen denn auch auf den Abschluß eines Sonderfriedens mit Österreich-Ungarn. Unter solchen Umständen blieben die österreichisch-französischen Geheimverhandlungen ebenso ohne Ergebnis wie die gleichzeitigen Kontakte des deutschen Diplomaten von der Lancken mit Briand. Kühlmanns Annahme, daß die Engländer eher mit sich reden

lassen würden, erwies sich gleichfalls als Utopie. Seine Versuche vom Herbst 1917, mit Hilfe des spanischen Diplomaten Villalobar Verhandlungen mit der englischen Regierung anzuknüpfen, scheiterten kläglich. Auf beiden Seiten konnten sich die regierenden Kreise nach drei Jahren Krieg einen Frieden, der ausschließlich den *status quo ante* bringen würde, nicht mehr vorstellen.

In Frankreich setzte sich jetzt endgültig die Richtung durch, die den Weltkrieg rigoros bis zu einem vollständigen Sieg über die Mittelmächte durchkämpfen wollte. Eine Welle hemmungsloser Polemik gegen den Innenminister Malvy, der angeblich der defaitistischen Propaganda der pazifistischen Gruppen, insbesondere des *Bonnet Rouge*, freien Lauf gelassen hatte, trug im November den alten Clemenceau zur Macht, der nun praktisch eine Einmannherrschaft aufrichtete und die rücksichtslose Führung des Krieges und die Unterdrückung aller pazifistischen Regungen zur alleinigen Richtschnur seiner Politik erhob. Auch in Italien kam es nach dem großen Erfolg der deutsch-österreichischen Offensive bei Karfreit, die nur mühsam an der Piave aufgehalten werden konnte, im Oktober 1917 zu einer Zusammenfassung aller nationalen Kräfte. Selbst die gemäßigten Sozialisten, die bisher den Krieg leidenschaftlich bekämpft hatten, entzogen sich jetzt nicht mehr dem Aufruf der neuen Regierung Orlando zur gemeinsamen Verteidigung des Landes in einer Stunde äußerster Bedrohung.

Von schlechthin weltgeschichtlicher Bedeutung war jedoch, daß die Entwicklung in Rußland im Spätherbst 1917 in eine neue revolutionäre Phase einmündete. In den Wochen und Monaten nach dem Fehlschlag der Juli-Offensive war die Machtstellung der ›Provisorischen Regierung‹ ständig schwächer geworden. Anfang Juli 1917 übernahm Kerenskij die Ministerpräsidentschaft, und an die Stelle der bürgerlichen Mitglieder traten jetzt Repräsentanten des Petrograder Sowjets. Dennoch gelang es auch der nunmehr rein sozialistisch zusammengesetzten Regierung Kerenskij nicht, der fortschreitenden Radikalisierung der Massen Einhalt zu gebieten. Die Friedenssehnsucht des russischen Volkes ließ sich mit nationalen Durchhalteparolen immer weniger beschwichtigen, und es war nicht möglich, die landhungrigen Bauern weiterhin davon abzuhalten, sich auf eigene Faust der Besitzungen des Landadels zu bemächtigen, um so weniger, als die Wahlen für die Konstituante – sie sollte über eine umfassende Agrarreform beschließen – immer wieder hinausgeschoben worden waren. Die *Bolschewiki* gewannen dank ihres rücksichtslosen Eintretens für einen baldigen Friedensschluß immer größeren Anhang. Allerdings befanden sie sich gegenüber den *Menschewiki* und den Sozialrevolutionären in den Sowjets noch immer bei weitem in der Minderheit. Ein freilich mangelhaft vor-

Abb. 32: Regierungsfeindliche Demonstration unter Maschinengewehrfeuer am 18. (5.) Juli 1917 auf dem Newski-Prospekt in Petrograd

bereiteter Aufstandsversuch in Petrograd Anfang Juli scheiterte kläglich und diskreditierte die *Bolschewiki* zeitweise erheblich; Lenin selbst mußte, um einer Verhaftung zu entgehen, ins nahe Finnland fliehen. Dennoch besaßen die *Bolschewiki* gegenüber allen anderen Parteien der Linken den Vorteil unbedingter, rigoroser Entschlossenheit und einer strafferen Organisation. »Wir sind in der vorteilhaften Lage einer Partei«, so schrieb Lenin damals, »die inmitten unerhörter Schwankungen sowohl des *gesamten Imperialismus* als auch des ganzen Blocks der Menschewiki und der Sozialrevolutionäre ihren Weg genau kennt.«[120] Im August 1917 führte ein Versuch des Generals Kornilow, die revolutionäre Bewegung in der Hauptstadt zu unterdrücken und die Macht an sich zu reißen, zu einem vollständigen Umschwung der Lage zugunsten der *Bolschewiki*. Der Putsch, dem sich Kerenskij nicht anzuschließen wagte (obwohl er Kornilows Plan, die Sowjets, insbesondere aber die bolschewistische Bewegung gnadenlos zu zerschlagen, insgeheim begünstigt hatte), scheiterte am Widerstand der vom Petrograder Sowjet aufgestellten Roten Garden und an der fehlenden Bereitschaft der Truppen, sich für innenpolitische Ziele einsetzen zu lassen. Während das Ansehen der ›Provisorischen Regierung‹ eine neue schwere Einbuße erlitt, gelang es den *Bolschewiki* als den entschlossensten Gegnern der Reaktion, die

Mehrheit in den Sowjets von Petrograd, Moskau und einer Reihe anderer Industriestädte zu erlangen. Darufhin entschloß sich Lenin, in Ausnutzung dieser Konstellation, die voraussichtlich so bald nicht wiederkehren würde, zum bewaffneten Aufstand. »Hinter uns ist die Mehrheit der *Klasse*, der Avantgarde der Revolution, der Avantgarde des Volkes, die fähig ist, die Massen mitzureißen«[121], schrieb er einigermaßen euphemistisch an das widerstrebende Zentralkomitee der Partei, das sich schließlich am 23. (10.) Oktober seinem Willen beugte und einen entsprechenden Beschluß herbeiführte. Es gelang den *Bolschewiki*, sich des Militärrevolutionären Komitees des Petrograder Sowjets, das ursprünglich zur Abwehr von Putschversuchen ins Leben gerufen worden war, als eines Werkzeuges zu bedienen und so die Petrograder Garnison unter Ausschaltung des regulären Kommandoweges in ihre Gewalt zu bekommen. Eile war dringend geboten, denn am 7. November (25. Oktober) sollte in Petrograd der Zweite Allrussische Sowjetkongreß zusammentreten, und es war vorauszusehen, daß die *Menschewiki* und die Sozialrevolutionäre darin über eine gewaltige Mehrheit verfügen würden. Am frühen Morgen des 25. Oktober schlug das Militärrevolutionäre Komitee unter Leitung Trotzkijs los, besetzte nach einem sorgfältig ausgearbeiteten Plan sämtliche strategisch wichtigen Punkte der Hauptstadt und umstellte das Winterpalais, in dem die ›Provisorische Regierung‹ tagte. Jeglicher Widerstand kam zu spät; nur Kerenskij selbst gelang es, dem Zugriff der *Bolschewiki* zu entkommen.
Der Zweite Allrussische Rätekongreß sah sich bei seinem Zusammentritt am Abend des 7. November (25. Oktober) vor vollendete Tatsachen gestellt. Die leidenschaftlichen Proteste der *Menschewiki*, Sozialrevolutionäre und Bundisten gegen den bolschewistischen Putsch, durch den die proletarische Demokratie verraten worden sei, vermochten an den einmal geschaffenen Machtverhältnissen nichts mehr zu ändern. Die *Menschewiki* und die rechten Sozialrevolutionäre entschlossen sich, den Rätekongreß, in dem unter dem Druck der Rotgardisten keine offenen Verhandlungen mehr möglich waren, unter Protest zu verlassen. Dies kam den *Bolschewiki* freilich nur gelegen; mit äußerster Kaltblütigkeit benutzten sie den Rumpfkongreß, in dem sie nunmehr über die Mehrheit verfügten, um der bolschewistischen Machtergreifung nachträglich den Anschein der Legitimität zu verschaffen. Einstimmig gab der Zweite Allrussische Sowjetkongreß oder das, was davon noch übrig war, am 8. November (26. Oktober) seine Zustimmung zu drei von Lenin selbst verfaßten Dekreten, in denen den kriegführenden Völkern und Regierungen »ein sofortiger Friede ohne Annexionen und Kontributionen« angeboten und die entschädigungslose Übereig-

nung des Landes an die bäuerlichen Gemeinschaften sowie die Bildung eines ›Rats der Volkskommissare‹ beschlossen wurde, der bis zum Zusammentritt der Konstituante die gesamte Regierungsgewalt übernehmen sollte. Es versteht sich, daß dieser Rat nahezu ausschließlich aus Vertretern der *Bolschewiki* bestand und Lenin selbst darin den Vorsitz innehatte.

Damit war der Sieg des Bolschewismus in Rußland entschieden. Ein Versuch Kerenskijs, mit Hilfe von der Front abgezogener Truppen den *Bolschewiki* in Petrograd die Macht wieder zu entreißen, mißlang, da die Soldaten zum größten Teil zu den Aufständischen übergingen. Auch sonst erwies es sich angesichts der Friedenssehnsucht der Truppen als unmöglich, effektiven Widerstand gegen die Rotgardisten zu organisieren. So gelang es den *Bolschewiki* binnen weniger Tage, ohne großes Blutvergießen auch in Moskau und in den meisten anderen großen Städten des Landes die Macht zu übernehmen. Da die *Bolschewiki* vorgaben, den Zusammentritt der konstituierenden Nationalversammlung, der für den 5. Januar 1918 vorgesehen war, nicht behindern zu wollen, waren die breiten Massen geneigt, sich ihrer Herrschaft zunächst einmal zu fügen, während alle Gegenaktionen im allgemeinen Ruf nach Frieden untergingen. Lenin ließ sich freilich nicht davon abhalten, unverzüglich mit dem Aufbau der Sowjetmacht und der systematischen Ausschaltung aller seiner politischen Gegner zu beginnen.

Die wichtigste Aufgabe war jedoch die schleunigste Beendigung des Krieges, um dem Bolschewismus die so dringend benötigte Atempause zu verschaffen, bis die Revolution auch in den übrigen kriegführenden Ländern herangereift sein würde. So kam es, nachdem ein allgemeines Friedensangebot Trotzkijs an alle kriegführenden Mächte ungehört verhallt war, am 15. (2.) Dezember in Brest-Litowsk zum Abschluß eines Waffenstillstandes zwischen Rußland und den Mittelmächten. Die Hoffnung Trotzkijs, daß sich die Westmächte unter dem Druck der Arbeitermassen den Verhandlungen doch noch anschließen würden, blieb unerfüllt. Die alliierten und assoziierten Mächte vermochten sich nicht einmal auf eine gemeinsame Antwort an die neuen Herren Rußlands zu einigen. Im Obersten Hauptquartier der Alliierten herrschte eine düstere Stimmung. Man verschloß sich nicht der Tatsache, daß mit dem definitiven Ausscheiden Rußlands aus dem Kriege den Mittelmächten eine neue Chance zugewachsen war, das Völkerringen zu ihren Gunsten zu entscheiden, bevor sich die Übermacht der USA endgültig werde geltend machen können. Den Mittelmächten aber eröffnete sich die Aussicht, gestützt auf das wirtschaftliche Potential des weiten russischen Raumes sich des zu erwartenden gemeinsamen Ansturms Englands, Frankreichs und der USA erfolgreich zu erwehren.

Am 22. Dezember 1917 begannen in Brest-Litowsk die Friedensverhandlungen zwischen dem revolutionären Rußland und den Mittelmächten. In der Absicht, die Arbeiterschaft in den kriegführenden Ländern wachzurütteln und als Bundesgenossen gegen den Imperialismus zu gewinnen, hatten die *Bolschewiki* darauf bestanden, daß die Verhandlungen öffentlich geführt würden. Die sowjetische Delegation eröffnete die Friedenskonferenz mit dem Vorschlage eines allgemeinen Friedens ohne Annexionen und Kontributionen auf der Grundlage des ›Selbstbestimmungsrechts der Völker‹, wie ihn schon das *Dekret über den Frieden* vom 8. November 1917 enthalten hatte. Die neue revolutionäre Diplomatie der *Bolschewiki*, die sich mehr an die Völker selbst als an deren Regierungen wandte, stellte die Staatsmänner der kriegführenden Mächte vor unerwartete Probleme. Die uneingeschränkte Annahme der russischen Friedensformel hätte die Kriegszielpläne und Kriegszielverträge sowohl der Mittelmächte wie der Entente illusorisch gemacht, und die revolutionäre Interpretation des Selbstbestimmungsrechts durch die *Bolschewiki* war geeignet, die bestehende politische Ordnung in Mitteleuropa, zugleich aber auch die Kolonialherrschaft sämtlicher Großmächte aus den Angeln zu heben. Denn gemäß Lenins Vorstellungen sollte es schlechthin auf alle nationalen Gruppen Anwendung finden, denen, gleichviel ob in der Vergangenheit oder in der Gegenwart, das Recht freier demokratischer Entscheidung über ihre Zugehörigkeit zu einem bestimmten Staatsverbande vorenthalten worden sei. Dies bezog sich auch auf die kolonialen Völker.

Ungeachtet der gefährlichen Konsequenzen, die das russische Friedensprogramm für die innerstaatlichen Verhältnisse der Mittelmächte haben konnte, schlossen sich Deutschland, Österreich-Ungarn, Bulgarien und die Türkei am 25. Dezember 1917 der russischen Forderung nach einem sofortigen allgemeinen Friedensschluß »ohne gewaltsame Gebietserwerbungen und ohne Kriegsentschädigung« an, jedoch unter der Voraussetzung, daß sich auch die Ententemächte binnen einer bestimmten Frist diese Bedingungen zu eigen machen würden.[122] Zugleich trug man Vorsorge, die von den *Bolschewiki* aufgestellten Grundsätze behutsam einzuengen und insbesondere die Anwendung des ›Selbstbestimmungsrechts der Völker‹ auf das Staatsgebiet der Mittelmächte auszuschließen. Die Ententemächte hingegen zeigten erwartungsgemäß nicht die geringste Neigung, den Friedensverhandlungen beizutreten, obgleich man, um ihnen dies zu ermöglichen, die Verhandlungen in Brest-Litowsk vom 29. Dezember 1917 bis zum 8. Januar 1918 aussetzte. Doch war es den Staatsmännern der Entente jetzt nicht mehr möglich, über den gemeinsamen Friedensappell der beiden so ungleichen Partner stillschweigend hinwegzugehen. Am 5. Januar 1918 hielt Lloyd George vor einer Gewerkschaftskonferenz in London eine aufsehenerregende Rede, in der er die Sprengkraft der Formel vom ›Selbstbestimmungsrecht der Völker‹ zur Rechtfertigung der alliierten Kriegsziele heranzog; die heikle Frage eines Verzichts auf Annexionen und Kontributionen wußte er dabei geschickt zu umgehen. Lloyd George bestritt, daß die Entente jemals die Zertrümmerung des Deutschen Reiches oder die Zerstörung Österreich-Ungarns beabsichtigt habe. Gleichwohl verlangte er im Namen des ›Selbstbestimmungsrechts der Völker‹ nicht nur die völlige Wiederherstellung Belgiens, Serbiens, Montenegros und Rumäniens einschließlich der Erstattung der entstandenen Kriegsschäden, die Rückgabe Elsaß-Lothringens an Frankreich und die Errichtung eines selbständigen polnischen Staates unter Einschluß auch der polnischen Gebiete Preußens, sondern auch die Gewährung weitgehender Autonomie an die Völker der Donaumonarchie sowie die Befriedigung der territorialen Ansprüche Italiens und Rumäniens. Selbst die Abtretung der deutschen Kolonien begründete er mit ähnlichen Argumenten. Darüber hinaus forderte Lloyd George die Schaffung einer internationalen Organisation zur Sicherstellung des Weltfriedens und einer allgemeinen Abrüstung. Nur wenige Tage später trat dann auch Wilson, der befürchten mußte, daß die russische Friedenspropaganda seinen Bemühungen um die Schaffung einer demokratischen Friedensordnung in Europa den Wind aus den Segeln nehmen könnte, mit einem eigenen Friedensprogramm hervor, den sogenannten *Vierzehn Punkten*. Diese sahen die Abschaffung aller Geheimdiplomatie, die ›Freiheit der Meere‹ und die Neuordnung Europas in freier Selbstbestimmung aufgrund des Nationalitätsprinzips vor; allerdings stellte Wilson den Völkern Österreich-Ungarns und ebenso den nichttürkischen Völkern des Osmanischen Reiches nur »die freieste Gelegenheit zu autonomer Entwicklung« in Aussicht, eine Formulierung, die insbesondere die tschechischen Exilpolitiker mit einiger Bestürzung zur Kenntnis nahmen.[123] Wilsons Vorschläge gipfelten, ähnlich wie jene Lloyd Georges, in der Forderung der Errichtung eines Völkerbundes, der den großen wie den kleinen Nationen gleichermaßen wirkliche Sicherheit garantieren sollte.

Die *Vierzehn Punkte* Wilsons waren den Ententemächten in mehrfacher Hinsicht nicht eben angenehm, liefen sie doch auf eine Annullierung der alliierten Kriegszielverträge hinaus und beeinträchtigten die unumschränkte Ausübung der Seeherrschaft durch England. Für die Mittelmächte aber waren sie zum damaligen Zeitpunkt noch ganz und gar unannehmbar, da darin ausdrücklich die Abtretung Elsaß-Lothringens, der polnischen Gebiete

Preußens und des Trentino gefordert wurde, ganz abgesehen davon, daß der amerikanische Präsident die Demokratisierung des Deutschen Reiches zur Vorbedingung für die Aufnahme von Friedensgesprächen erhob. In der Tat zielte Wilsons Diplomatie darauf ab, die politische Linke innerhalb der Mittelmächte zur offenen Auflehnung gegen die bestehenden Herrschaftsordnungen zu veranlassen, eine Tendenz, die in den späteren Kriegsreden des Präsidenten immer deutlicher hervortrat. Noch aber war die Machtstellung der konservativen Führungseliten in Mitteleuropa ungebrochen, auch wenn sie sich jetzt zu gewissen Konzessionen an die breiten Massen herbeilassen mußten; zumindest in den nationalen Fragen konnten sie nach wie vor der willigen Unterstützung weiter bürgerlicher Schichten sicher sein. Ein Eingehen auf die Wilsonschen Forderungen hätte die Regierung Hertling, der im Oktober 1917 an die Stelle des unfähigen Michaelis getreten war, einfach hinweggefegt; und ebensowenig war Kaiser Karl bereit, die bürokratisch-autoritäre Staatsordnung Österreich-Ungarns preiszugeben und die Zukunft der Monarchie vom ungewissen Willen ihrer mehrheitlich slawischen Völker abhängig zu machen.
Hingegen bestand für die Mittelmächte die Chance, durch den Abschluß eines maßvollen Friedens im Osten den deutschen Friedenswillen vor aller Welt unter Beweis zu stellen und sich so eine günstige Ausgangsposition für einen Kompromißfrieden im Westen zu verschaffen, wie ihn die Linke in England ebenso wie in Frankreich jetzt nachdrücklich forderte. Jedoch dachten die Mittelmächte, vor allem Deutschland, nicht im entferntesten daran, auf eine Verwirklichung ihrer Kriegsziele im Osten zu verzichten. Vielmehr war man entschlossen, sich im Osten genehme Verhältnisse zu schaffen und insbesondere das wirtschaftliche Potential des russischen Raumes soweit wie möglich in die Hand zu bekommen, um, gestützt auf diese Basis, den Krieg im Westen mit vermehrter Energie fortführen zu können. In den Verhandlungen in Brest-Litowsk bemühte sich insbesondere Kühlmann, unter Berufung auf entsprechende Willensäußerungen der unter deutschem Besatzungsregime in Kurland, Litauen und Polen ins Leben gerufenen, bestenfalls die dünne Oberschicht repräsentierenden ›Landesräte‹, das ›Selbstbestimmungsrecht der Völker‹ gegen die *Bolschewiki* auszuspielen, mit dem Ziel, die Randvölker von Rußland abzusprengen und in Ostmitteleuropa ein Bündel von autonomen, aber den Mittelmächten politisch, wirtschaftlich und militärisch eng verbundenen Nationalstaaten zu begründen. Desgleichen machten die Mittelmächte Anstalten, mit der unter dem Schutz der deutschen Besatzung gebildeten ukrainischen Schattenregierung der *Rada* einen Separatfrieden zu schließen, um auf diese Weise den deutschen Einflußbereich bis zum Don

vorzuschieben. Die russische Delegation weigerte sich hartnäckig, diese weitgesteckten Forderungen zu akzeptieren, schon gar nicht unter der Flagge des ›Selbstbestimmungsrechts der Völker‹, das beide Seiten in radikal unterschiedlicher Weise auslegten. Als die Deutschen dann am 10. Januar erkennen ließen, daß man die Forderungen der Mittelmächte notfalls mit Gewalt durchzusetzen willens sei, kam es innerhalb der sowjetischen Führerschicht zu erbitterten Auseinandersetzungen über die Frage, ob man einen derartigen Gewaltfrieden akzeptieren oder lieber einen ›revolutionären Krieg‹ gegen die Mittelmächte führen solle. Lenin, der für einen Frieden um jeden Preis eintrat, weil die Revolution in Deutschland und Österreich-Ungarn noch lange nicht reif sei, blieb in der Minderheit. Man einigte sich auf Trotzkijs Kompromißvorschlag, zwar die Unterzeichnung des Friedens abzulehnen, aber gleichzeitig den Krieg für beendet zu erklären. Demgemäß brach die russische Delegation die Verhandlungen am 10. Februar 1918, einen Tag nach dem Abschluß des Friedens mit der ukrainischen *Rada* (der ungeachtet der Tatsache erfolgt war, daß diese gerade eben Kiew fluchtartig hatte verlassen müssen), mit einer Protesterklärung Trotzkijs in demonstrativer Form ab. Auf seiten der Mittelmächte war man bestürzt und ratlos. Kühlmann riet, den russischen Vorschlag *de facto* zu akzeptieren, auf einen förmlichen Friedensvertrag zu verzichten und sich mit der tatsächlichen Herrschaft über die Randgebiete Rußlands zu begnügen, da eine Wiederaufnahme der Operationen eine verheerende Auswirkung auf die Stimmung im Innern haben würde. Czernin neigte zu der gleichen Ansicht. Doch setzten sich, wie gewöhnlich, Hindenburg und Ludendorff durch, und so begann am 18. Februar 1918 ein Eisenbahnvormarsch der verbündeten Armeen; binnen weniger Wochen fielen den Mittelmächten riesige Landstrecken Rußlands kampflos in die Hände. Nunmehr drang Lenin mit seiner Auffassung durch, daß alles Gerede über den unmittelbar bevorstehenden Ausbruch der Weltrevolution hohles Geschwätz sei und man daher unter allen Umständen einen noch so demütigenden Frieden mit den Mittelmächten abschließen müsse, um den Bestand der Sowjetmacht zu erhalten. Infolgedessen wurde der Friede von Brest-Litowsk am 3. März 1918 von den *Bolschewiki* ohne neue Verhandlungen zähneknirschend unterzeichnet. Seine Bedingungen waren jetzt noch ungleich härter als ursprünglich vorgesehen; die sowjetische Herrschaft wurde auf den großrussischen Kernraum Rußlands zurückgeworfen. Die *Bolschewiki* wurden gezwungen, in die definitive Abtretung Polens, Litauens und Kurlands sowie der Bezirke Kars und Ardahan einzuwilligen, darüber hinaus aber die Ukraine, Livland, Estland, Finnland sowie Armenien aus dem russischen Staatsverband zu entlassen.

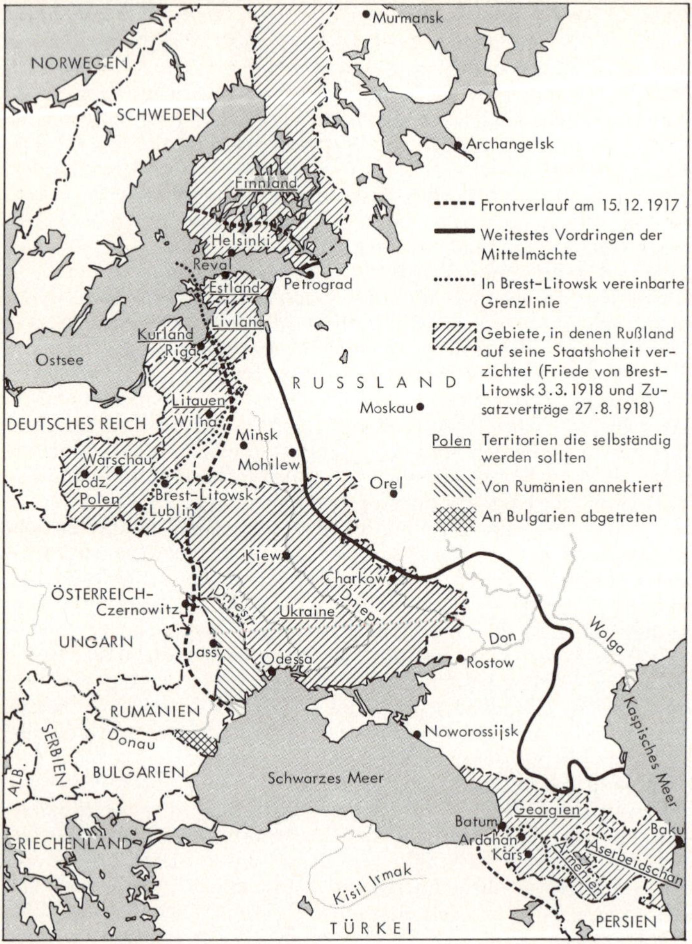

Abb. 33: Der Frontverlauf im Osten und die Ergebnisse der Ostfriedensschlüsse 1917/1918. Die von den Vertragspartnern des Friedens von Brest-Litowsk vereinbarte Linie bezeichnet die Grenze, westlich derer Rußland auf jeden Herrschaftsanspruch verzichtet.

Lenin betrachtete den Frieden von Brest-Litowsk als einen neuen Tilsiter Frieden, der dem Sowjetsystem die dringend notwendige Atempause gewähren sollte, bis die Revolution den Imperialismus auch in Mittel- und Westeuropa zu Fall bringen werde. Bis dahin galt es, zu lavieren, zurückzuweichen und zugleich die Gegensätze zwischen den imperialistischen Mächten nach Kräften auszunutzen. Einstweilen bestand die vordringlichste Aufgabe darin, das bolschewistische Herrschaftssystem im Innern zu festigen und so schnell wie möglich eine ›Rote Armee‹ aufzubauen. Daher bemühte sich Tschitscherin, der neue Außenminister der jungen UdSSR, nach außen hin um korrekte diplomatische Beziehungen zu den Mittelmächten. Gleichzeitig aber betrieb Sinowjew an der Spitze der neu begründeten *Dritten Sozialistischen Internationale* eine lebhafte Propaganda, die die Förderung der revolutionären Bewegungen in Mitteleuropa zum Ziele hatte. Umgekehrt lag es im Interesse der Regierungen der Mittelmächte, die Herrschaft der *Bolschewiki* zu erhalten, da von jeder anderen politischen Gruppierung Rußlands erwartet werden mußte, daß sie den Frieden von Brest-Litowsk annullieren und womöglich mit alliierter Unterstützung eine neue Front im Osten aufbauen würde.

Der Verlauf der Brester Verhandlungen hatte freilich nur zu deutlich gezeigt, daß die herrschenden Gruppen in Deutschland und Österreich-Ungarn immer noch weit von einem Friedensschluß ohne nennenswerte Annexionen entfernt waren. So kam es in der dritten Januarwoche 1918 in Wien und Ende Januar 1918 auch in Berlin, Leipzig, Magdeburg und zahlreichen anderen Städten Deutschlands zu großen Massenstreiks, die eindeutig unter Beweis stellten, daß das Vertrauen der breiten Öffentlichkeit in die politische und militärische Führung schwer erschüttert war. Die innere Schwäche der bürokratisch-autoritären Regierungssysteme der Mittelmächte – verglichen mit den Demokratien des europäischen Westens, die alle Kräfte ihrer Völker unter einer straffen Führung zu einigen verstanden – ließ sich nicht länger übersehen. In Österreich-Ungarn kam noch verschärfend hinzu, daß jetzt die slawischen Nationalitäten endgültig auf die Linie der Exilpolitiker einschwenkten und mit der Monarchie brachen. Am schwersten wog der Abfall der Polen, die wegen der Verletzung ihrer nationalen Ansprüche auf Cholm, welches in Brest-Litowsk der Ukraine belassen worden war, sogar zum offenen Aufruhr übergingen.

In Berlin war man ungeachtet der kritischen Lage im Innern entschlossen, nunmehr alles auf eine Karte zu setzen, um doch noch einen Siegfrieden zu erkämpfen, der Deutschlands Weltmachtstellung ein für allemal sicherstellen sollte. Nach der Verlegung der im Osten jetzt entbehrlichen Truppen an die Westfront verfügte die Oberste Heeresleitung über eine den Armeen der Alli-

ierten zahlenmäßig geringfügig überlegene Streitmacht, und so entschloß sich Ludendorff, in einer neuen großen Offensive die Schlachtentscheidung im Westen zu suchen, bevor die amerikanischen Truppen wirksam in die Kämpfe würden eingreifen können. Der warnende Appell Friedrich Meineckes, Robert Boschs und Alfred Webers, zuvor ein erneutes Friedensangebot an die Entente zu richten und damit das Vertrauen der kriegsmüden Massen in die Führung zu stärken und sie gegebenenfalls zu einer letzten großen Kraftanstrengung zu bewegen, wurde in den Wind geschlagen. Am 22. März 1918 traten die deutschen Truppen zwischen Arras und St. Quentin zum Angriff an, und es gelang ihnen, einen tiefen Keil zwischen die englischen und französischen Armeen zu treiben und die alliierte Front ernstlich ins Wanken zu bringen. Paris schien erneut bedroht. Im alliierten Hauptquartier herrschte schwere Krisenstimmung. Nun endlich wurde Foch zum Befehlshaber der gesamten alliierten Streitkräfte an der Westfront ernannt, um die Operationen der alliierten Armeen künftig besser zu koordinieren. Eine Woche nach Beginn der deutschen Offensive erwies sich, daß die deutschen Truppen nicht mehr genügend Schlagkraft besaßen, um eine strategische Entscheidung zu erzielen. Auch neue große Angriffe der deutschen Armeen in Flandern und an der Marne im April und Mai 1918 vermochten trotz beachtlicher Einzelerfolge die Lage nicht grundlegend zu ändern. Mit dem Scheitern eines erneuten Angriffs an der Marne Mitte Juli 1918 war dann der Höhepunkt des deutschen Ansturms überschritten. Angesichts der völligen Erschöpfung der zahlenmäßig gewaltig zusammengeschmolzenen deutschen Truppen sah sich Ludendorff nun gezwungen, zur Defensive überzugehen. Eine Wende der Dinge bahnte sich an.
Jedoch war die Lage der alliierten Streitkräfte in Frankreich im Frühjahr und Frühsommer 1918 zeitweilig so kritisch, daß die Alliierten über Mittel und Wege zu sinnen begannen, wie man wieder eine Front im Osten errichten könne. Nachdem schwache Annäherungsversuche an die *Bolschewiki* ohne Erfolg geblieben waren, erwog man in London und Paris den Gedanken einer militärischen Intervention, hegte man doch die abenteuerlichsten Vorstellungen über die Gefahr einer deutschen Durchdringung Sibiriens. Bereits Anfang März 1918 landete ein britisches Truppenkontingent in Murmansk, das die großen dort lagernden Kriegsmaterialien vor deutschem Zugriff bewahren, darüber hinaus aber ein eventuelles weiteres Vordringen der in Finnland operierenden deutschen Truppen verhindern sollte. Ebenso brachten am 6. April 1918 die Japaner mit englischer und französischer Rückendeckung in Wladiwostok Truppeneinheiten an Land, die dann nach und nach durch englische, französische und schließlich auch amerikanische Truppen ergänzt wurden. Eine entscheidende

Rolle in den alliierten Plänen spielte jedoch die rund 30 000 Mann starke tschechische Legion, die in eben jenen Monaten aufgrund eines Abkommens zwischen Masaryk und der russischen Regierung über Wladiwostok an die Westfront verlegt werden sollte. Die Tschechen, die entlang der ganzen transsibirischen Bahn von Penza bis nach Wladiwostok verteilt waren, gerieten in Konflikt mit den lokalen Sowjets, und als Trotzkij daraufhin am 25. Mai 1918 ihre Entwaffnung anordnete, gingen sie zum bewaffneten Aufstand über und bemächtigten sich binnen weniger Wochen des gesamten sibirischen Raumes. Unter den obwaltenden chaotischen Umständen in Rußland war eine entschlossen geführte Streitmacht von einigen 30 000 Mann von großer Bedeutung, und so beschlossen die Alliierten, den Abtransport der Legion nach Frankreich zu stoppen und statt dessen den Versuch zu machen, eine Verbindung zwischen den im Ural stehenden tschechischen Truppen und den alliierten Truppen am Weißen Meer herzustellen mit dem Ziel, die Ostfront zu erneuern. Desgleichen ermutigten die Engländer nunmehr die Japaner zu einer bewaffneten Intervention, und als diese nicht ohne Unterstützung der USA handeln wollten, entschloß sich Wilson Mitte Juli 1918 schweren Herzens, die Vereinigten Staaten ebenfalls an dieser Aktion zu beteiligen. Gleichzeitig stießen englische Truppen von Persien aus nach Baku vor.

Obwohl die alliierte Intervention sich primär gegen die Mittelmächte richtete, wuchs sie sich zu einer akuten Bedrohung der bolschewistischen Herrschaft aus. Denn sie begünstigte die Bildung von weißrussischen gegenrevolutionären Armeen wie die des Generals Miller am Weißen Meer oder jene des Kosakengenerals Krasnow am Don, die sich zum Sturz der Bolschewiki rüsteten. Anfang August stand den Sowjets das Wasser bis zum Hals, so daß Lenin nun zu dem ungewöhnlichen Mittel griff, die Deutschen um Hilfe gegen die Engländer bei Murmansk zu ersuchen. Lenin entschloß sich zu diesem Schritt ungeachtet der Tatsache, daß die deutsche Oberste Heeresleitung seit geraumer Zeit, übrigens gutenteils gegen den Willen des Auswärtigen Amtes, Anstalten gemacht hatte, auch Georgien und den Kaukasus dem deutschen Machtbereich zu unterwerfen, und überdies mit dem weißrussischen General Krasnow in Verbindung stand. In deutschen Regierungskreisen kämpfte man aufkeimende Neigungen zu einer Intervention gegen das bolschewistische Regime tapfer nieder, wie sie damals insbesondere Helfferich als äußerst aussichtsreich und überdies als früher oder später unvermeidlich bezeichnete, und entschied sich, die *Bolschewiki* auch weiterhin an der Macht zu erhalten. Unter diesen Umständen kam es, nach monatelangen Verhandlungen, am 27. August 1918 zum Abschluß einer Reihe von Zusatzverträgen zum Brester Ver-

trag, die Rußland unter anderem die Anerkennung der Unabhängigkeit Estlands und Livlands sowie Georgiens abverlangten und ihm darüber hinaus neue schwere, weitgehend unerfüllbare wirtschaftliche Verpflichtungen auferlegten. Der in diesen Verträgen ausdrücklich ausgesprochene Verzicht Deutschlands auf jegliche Förderung der antibolschewistischen Kräfte und die Zusage, sich nach Abschluß des allgemeinen Friedens aus allen russischen Gebieten jenseits der Grenzen der Ukraine zurückzuziehen, war Lenin jedoch diesen äußerst hohen Preis wert. Ein geheimer Zusatz sah parallele deutsche und sowjetische militärische Aktionen gegen die englischen Streitkräfte in Murmansk und Baku vor. Die Zusatzverträge stellten, für sich gesehen, einen neuen Höhepunkt der Demütigung Rußlands dar; zugleich aber setzten sie noch viel weitergehenden Annexionsplänen namentlich der Obersten Heeresleitung, die sich in den Bahnen Alexanders des Großen bewegten, ein vorläufiges Ende und gaben den *Bolschewiki* relative Sicherheit gegen eine deutsche Intervention. Auf solche Weise erhielten diese die Möglichkeit, sich mit verstärkter Kraft der tschechoslowakischen Legion sowie der weißrussischen Verbände zu erwehren.
Diese seltsame Pseudoallianz zwischen den *Bolschewiki* und den Mittelmächten behielt, ungeachtet der ganz entgegengesetzten politischen Zielsetzungen der beiden Vertragspartner, bis in die ersten Novembertage 1918 hinein Bestand. Sie half den *Bolschewiki,* die Krise ihrer Herrschaft zu überwinden; umgekehrt sicherte sie die Mittelmächte vor dem Entstehen einer neuen Ostfront. Die Erwartungen Deutschlands und Österreich-Ungarns, durch Zufuhren aus den russischen Gebieten die immer ärger werdende Lebensmittel- und Rohstofflage im eigenen Lande wirksam aufzubessern, erfüllten sich freilich nur zum kleinsten Teil. Um die vergleichsweise geringen Getreide- und Rohstofflieferungen, die dann tatsächlich erfolgten, zu bewerkstelligen und das deutsche Regime in den weiten Gebieten des Ostens aufrechtzuerhalten, bedurfte es immer noch einer Armee von mehr als 500 000 Mann.
Allerdings hätten auch diese Verbände, denen man nach und nach alle jüngeren Jahrgänge entzogen hatte und die daher kaum noch kampffähig waren, das Kriegsglück im Westen nicht mehr wenden können. Am 8. August 1918 schlug ein englisch-französischer Angriff bei Amiens, bei dem erstmals in großer Zahl Tanks eingesetzt wurden, eine klaffende Lücke in die deutsche Front, die nicht mehr geschlossen werden konnte, und zwang die deutschen Truppen auf breiter Linie zum Rückzug. Angesichts des völligen Mangels an Reserven gelangte jetzt auch die Oberste Heeresleitung zu der Einsicht, daß man »den Kriegswillen unserer Gegner durch kriegerische Handlungen nicht mehr zu brechen hoffen« dürfe und nur noch die Möglichkeit bleibe,

denselben durch eine »strategische Defensive [all]mählich zu lähmen«[124]. Erst Mitte September kam die Front auf der Höhe der ›Siegfriedlinie‹ wieder zum Stehen. Foch ließ den zu Tode erschöpften deutschen Soldaten jedoch keine Ruhe und eröffnete bereits am 25. September 1918 eine neue, großangelegte alliierte Offensive, bei der erstmals mehr als eine Million Mann amerikanischer Streitkräfte eingesetzt wurden. Noch wichen die deutschen Armeen in zähem Abwehrkampf geordnet zurück, aber eine militärische Katastrophe schien sich abzuzeichnen. Um das deutsche Heer vor der völligen Vernichtung in offener Feldschlacht zu retten, beschloß Ludendorff am 28. September abends, unverzüglich ein Waffenstillstands- und Friedensangebot an Präsident Wilson zu richten sowie den politischen Instanzen die sofortige Bildung einer parlamentarischen Regierung auf breiter nationaler Basis zu empfehlen. Diese schwere Entscheidung erfolgte freilich zugleich unter dem Eindruck der Entwicklung auf dem Balkan. Ein Angriff der in Mazedonien konzentrierten alliierten Kräfte, die seit dem Kriegseintritt Griechenlands auf seiten der Entente im Juni 1917 festen Boden unter den Füßen gewonnen hatten, hatte zum Zusammenbruch Bulgariens geführt; bereits am 24. September 1918 hatte die kriegsmüde Regierung Malinow um einen Waffenstillstand nachgesucht. Damit war die Südostflanke der Mittelmächte tödlich bedroht. Österreich-Ungarn aber, das schon am 14. September ein vergebliches Friedensangebot an die USA gerichtet hatte, sah sich zu weiterem Widerstande nicht mehr in der Lage.
Auf die Nachricht, daß Hindenburg und Ludendorff jetzt ein sofortiges Friedensangebot für unumgänglich hielten, waren die deutsche Öffentlichkeit und ebenso die verantwortlichen Kreise in keiner Weise vorbereitet. Nahezu niemand war sich des vollen Ernstes der Situation bewußt gewesen; nun brach das durch eine hektische Propaganda gestützte Gebäude großer Kriegszielerwartungen über Nacht in sich zusammen. Ludendorffs Verlangen, daß eine parlamentarische Regierung die Verantwortung für den jetzt notwendig gewordenen Friedensschritt übernehmen solle, traf sich mit den Bestrebungen der Mehrheitsparteien des Reichstages, nunmehr den Übergang zum parlamentarischen System zu erzwingen. Die am 3. Oktober 1918 gebildete erste demokratische Regierung Deutschlands unter der Leitung des Prinzen Max von Baden bemühte sich vergeblich um Aufschub, damit sie das deutsche Friedensangebot diplomatisch vorbereiten könne. Bereits am 3. Oktober 1918 richtete die deutsche Regierung an Präsident Wilson das Ersuchen, auf der Basis der *Vierzehn Punkte* einen baldigen Friedensschluß zu vermitteln. Es folgte ein dramatisches diplomatisches Duell zwischen Wilson und dem Prinzen Max, in dessen Verlauf der amerikanische Präsident ziemlich unverhüllt seine

Sonnabend, 9. November 1918

Berliner

Abendausgabe

Lokal-Anzeiger

Zentral-Organ für die Reichshauptstadt

36. Jahrgang

Abdankung des Kaisers.

Thronverzicht des Kronprinzen. — Ebert zum Reichskanzler ausersehen. Republikanische Gegenaktion der Sozialdemokraten. Arbeitseinstellung in Berlin.

Die Berliner Truppen.

Die Entscheidung.

(W.T.B.) Berlin, 9. November. Der Kaiser und König hat sich entschlossen, dem Throne zu entsagen. Der Reichskanzler bleibt noch so lange im Amte, bis die mit der Abdankung des Kaisers, dem Thronverzicht des Kronprinzen des Deutschen Reiches und von Preußen und der Einsetzung der Regentschaft verbundenen Fragen geregelt sind. Er beabsichtigt, dem Regenten die Ernennung des Abgeordneten Ebert zum Reichskanzler und die Vorlage eines Gesetzentwurfs wegen der sofortigen Ausschreibung allgemeiner Wahlen für eine verfassunggebende deutsche Nationalversammlung vorzuschlagen, der es obliegen würde, die künftige Staatsform des deutschen Volkes, einschließlich der Volksteile, die ihren Eintritt in die Reichsgrenzen wünschen sollten, endgültig festzustellen.

Berlin, den 9. November 1918.

Der Reichskanzler. Max, Prinz von Baden.

Die Tragödie Kaiser Wilhelms

Abb. 34: Die Schlagzeilen des konservativen ›Berliner Lokal-Anzeigers‹ am 9. November 1918

Ansicht kundtat, daß Deutschland nur für den Fall eines völligen Bruchs mit dem bisherigen politischen System und des Sturzes der Hohenzollern einen erträglichen Frieden zu erwarten habe. So gab Wilson, da Wilhelm II. zögerte, das Unvermeidliche zu tun, den Anstoß zum Ausbruch der Novemberrevolution, die von einer Matrosenrevolte in Kiel am 4. November ihren Ausgang nahm und in Windeseile auf alle größeren Städte Deutschlands übergriff. Als die deutsche Delegation unter Führung Erzbergers am 11. November 1918 ihre Unterschrift unter den Waffenstillstandsvertrag setzte, der entgegen Ludendorffs Erwartungen jegliche Wiederaufnahme des Widerstandes ausschloß, war das alte kaiserliche Deutschland bereits zusammengebrochen.

Die Donaumonarchie aber befand sich in voller Auflösung. In brüsker Sprache hatte Wilson der österreichischen Regierung, die sich dem deutschen Friedensangebot angeschlossen hatte, bedeutet, daß an eine Erhaltung des Vielvölkerstaates nunmehr, nach der Anerkennung der Tschechoslowaken als einer kriegführenden Nation, nicht mehr zu denken sei. Das kaiserliche Manifest vom 17. Oktober 1918, das den Völkern der Monarchie in letzter Minute freie Entwicklung im Rahmen eines demokratischen Nationalitäten-Bundesstaates versprach, verhallte ungehört. Ende Oktober übernahmen die Völker der Monarchie überall die der kaiserlichen Bürokratie entfallende Macht und legten die Fundamente für selbständige Nationalstaaten. Der Abschluß des Waffenstillstands am 3. November 1918 besiegelte das Schicksal der Habsburger Monarchie. Der Triumph der westeuropäischen Demokratien über ihre konservativen Widersacher war vollkommen; eine große Epoche der europäischen Geschichte hatte ihren Abschluß gefunden.

Ausblick

Am Ende des Ersten Weltkrieges hatte sich das alte Europa der fünf Großmächte bis zur Unkenntlichkeit verändert. In ganz Mittel- und Osteuropa waren die überkommenen Herrschaftssysteme zusammengebrochen, und inmitten des zurückgebliebenen politischen und wirtschaftlichen Chaos lieferten sich die demokratischen, die sozialistischen und kommunistischen und die konservativen Kräfte ein erbittertes Gefecht um die künftige innenpolitische Ordnung der neu entstehenden Nationalstaaten. Während die Sowjetmacht, die selbst noch um ihren Bestand ringen mußte, die erste Runde im Kampf um beherrschenden politischen Einfluß auf die innere Entwicklung Europas verlor, stiegen die Vereinigten Staaten zur führenden Macht des Westens auf. Der Sieg der demokratischen Staatsidee schien fast vollkommen — erst allmählich sollte sich zeigen, daß das ›Selbstbestimmungsrecht der Völker‹ und das Nationalitätsprinzip allein nicht hinreichten, um Europa auf die Dauer ›sicher für die Demokratie‹ zu machen, zumal es Wilson nicht gelang, die Machegoismen der triumphierenden Westmächte wirksam an die Kette zu legen.

Europa aber mußte seine Führungsstellung in der Welt, die es bislang unbestritten hatte beanspruchen können, an die beiden großen Flügelmächte, die USA und die nur im Augenblick, nicht aber für die Dauer ohnmächtige UdSSR abgeben. Großbritanniens historische Rolle als größter Bankier der Welt war ausgespielt; diese fiel nunmehr den USA zu, denen die Ententemächte sämtlich hoch verschuldet waren. Ebenso mußte es die britische Krone hinnehmen, daß die Dominions jetzt auch in außenpolitischen Fragen volle Handlungsfreiheit beanspruchten und auf dem internationalen Parkett selbständig auftraten.

Aber nicht nur die außenpolitischen Verhältnisse, auch die gesellschaftlichen Strukturen Europas hatten sich unter den Einwirkungen des Krieges grundlegend gewandelt. Die Notwendigkeit, große Kriegsindustrien aufzubauen und die ganze wirtschaftliche Kraft der Völker in den Dienst der Kriegführung zu stellen, hatte die Staatsbürokratien immer tiefer in den gesellschaftlichen Raum hineinwachsen lassen. Der *laissez faire*-Staat des 19. und des frühen 20. Jahrhunderts gehörte endgültig der Vergangenheit an. Die künstliche Forcierung des Industrialisierungsprozesses im Zuge der stetig wachsenden Bedürfnisse der Kriegführung, die überall von gewaltigen Preis- und Lohnsteigerungen begleitet worden war, hatte darüber hinaus zu gesellschaftlichen Verschiebungen von großer Tragweite geführt. So-

wohl die industrielle Oberschicht wie die Arbeiterschaft hatten ihre gesellschaftliche Position auf Kosten der Mittelschichten entscheidend verbessert. Die Gewerkschaften hatten sich nahezu überall die formelle Gleichberechtigung gegenüber den Unternehmern erkämpft. Das mittlere und das kleinere Bürgertum hingegen hatte in ihrer gesellschaftlichen und wirtschaftlichen Stellung erhebliche Einbußen hinnehmen müssen. Die Landwirtschaft hatte während des Krieges den Vorteil einer fast unbegrenzten Nachfrage nach landwirtschaftlichen Produkten ohne Rücksicht auf die Preise genießen können, aber dennoch war ihre ökonomische Bedeutung gegenüber Industrie und Handel sprunghaft zurückgegangen. Zumindest in Mittel- und Westeuropa hatte die pluralistische Industriegesellschaft endgültig den Sieg über die älteren, agrarisch orientierten Wirtschaftsformen errungen, auch wenn immer noch starke Residuen der vorindustriellen Sozialstrukturen fortbestanden.
Die Wandlungen in den sozialen Strukturen aber schlugen sich auch in der politischen Entwicklung nieder. Dem ›Verlust der Mitte‹, der wirtschaftlichen Schwächung der Mittelschichten, entsprach auf politischem Felde eine Verhärtung der Positionen der Gruppen und Parteien der Rechten sowie eine wachsende Radikalisierung der sozialistischen Linken. Die gesellschaftlichen Verschiebungen während des Ersten Weltkrieges beschleunigten dergestalt den Niedergang des europäischen Liberalismus und förderten überall eine Polarisierung der politischen Gruppierungen. Unter solchen Umständen fand Wilsons Programm einer Neuordnung Europas nach demokratischen Grundsätzen höchst widrige gesellschaftliche Bedingungen vor. Fast allen neuen Staaten in Europa fehlte es an jenem Mindestmaß von gesellschaftlicher und politischer Homogenität, das nun einmal die Vorbedingung für das Funktionieren demokratischer Systeme bildet. Wirtschaftliches Elend erschwerte allerorten den Neuaufbau, und schroffe ideologische Gegensätze vergifteten die politische Atmosphäre. Der Weltkrieg hatte ein Ende gefunden, der übersteigerte Nationalismus, der ihn hervorgebracht hatte, jedoch keineswegs; vielmehr nahm dieser jetzt vielfach noch extremere, noch fanatischere Formen an. Darüber hinaus mußte man nun, nachdem die alten Führungseliten hatten abtreten müssen, überall, auch in den westeuropäischen Staaten, wo die Ausnahmesituation des Krieges schließlich zur Herrschaft einzelner großer Persönlichkeiten über Parlamente und Parteien hinweg geführt hatte, neue Formen politischer Führungsauslese finden, und dies ging fast nirgends ohne schwere gesellschaftliche Erschütterungen ab. Dergestalt trat Europa am Ende des Ersten Weltkrieges in eine Periode innerer Unrast und politischer Instabilität ein, die bis in unsere Gegenwart hineinreicht.

Anmerkungen

1 L. v. Ranke, *Über die Epochen der neueren Geschichte*. Darmstadt 1954, S. 165.
2 Zit. bei Th. P. Neill, *The Rise and Decline of Liberalism*. Milwaukee 1953, S. 250.
3 Zit. bei A. W. Salomone, *Italy in the Giolittian Era. Italian Democracy in the Making 1900–1914*. Philadelphia 1960, S. 24.
4 W. H. Mallock, *Social Equality*. London 1894, S. 22.
5 J. Burckhardt, *Gesammelte Werke*. Bd. 4: *Weltgeschichtliche Betrachtungen*. Darmstadt 1956, S. 70.
6 Vgl. u. a. J. Chamberlain, *Speeches*. Hrsg. v. Ch. W. Boyd. 2 Bde. London 1914. Bd. 1, S. 5.
7 M. Weber, *Gesammelte politische Schriften*. 2. Aufl., Tübingen 1958, S. 23.
8 Der Begriff Jingoism geht zurück auf einen Ende der siebziger Jahre des 19. Jh. von G. W. Hundt verfaßten Song, der sich auf Disraelis expansive Außenpolitik bezog und in den Music Halls sehr bald außerordentlich populär wurde.
Er lautet: We don't want to fight / but, by Jingo, if we do / We've got the men / We've got the ships / We've got the money too.
Daraus entwickelte sich dann der Begriff Jingoism, der im Englischen etwa dem entspricht, was man im Französischen Chauvinismus und im Deutschen Nationalismus nannte.
9 Zit. bei W. J. Mommsen, *Max Weber und die deutsche Politik 1890–1920*. Tübingen 1959, S. 87.
10 Siehe die Parlamentsrede Ferrys am 21. 7. 1885, zit. bei H. Brunschwig, *French Colonialism 1871–1914, Myths and Realities*. London 1966, S. 80.
11 Lord Rosebery, *Questions of Empire*. London 1900, S. 15.
12 In einer Rede am Royal Colonial Institute im Jahre 1893, zit. bei R. Koebner und H. D. Schmidt, *The Story and Significance of Imperialism. A political Word 1840–1960*. Cambridge 1964, S. 192 f.
13 H. v. Treitschke, *Politik*. Vorlesungen, gehalten an der Universität zu Berlin. Hrsg. v. M. Cornicelius. Leipzig 1911. Bd. 2, S. 156.
14 *A.a.O.*, Bd. 1, S. 42.
15 J. L. de Lavisseau, *Principes de colonisation*. Paris 1897, S. 30, am Ende einer ausführlichen Darlegung der französischen Politik einer Assimilierung der Farbigen.
16 A. Leroy-Beaulieu, *La Révolution et le Liberalisme*. Paris 1890, S. 215.
17 Siehe die Hamburger Beschlüsse der Deutsch-sozialen Reformpartei vom Jahre 1899, bei W. Mommsen, *Deutsche Parteiprogramme*. München 1960, S. 83 f. Hier heißt es unter anderem: »Dank der Entwicklung der modernen Verkehrsmittel dürfte die Judenfrage im Laufe des 20. Jahrhunderts zur Weltfrage werden und als solche von den anderen Völkern gemeinsam und endgültig durch völlige Absonderung und (wenn die Notwehr es gebietet) schließliche Vernichtung des Judenvolkes gelöst werden.«
18 Zit. bei Ph. P. Poirer, *The Advent of the Labour Party*. London 1958, S. 139.
19 W. Mommsen, *a.a.O.*, S. 350.
20 *Protokoll des Parteitages der Sozialdemokratischen Partei Deutschlands zu Erfurt 1891*. Berlin 1891, S. 172.
21 *A.a.O.*, S. 136.
22 Zit. bei G. Lefranc, *Histoire des doctrines sociales dans l'Europe contemporaine*. Paris 1960, S. 181.
23 Zit. bei J. Braunthal, *Geschichte der Internationale*. 2 Bde. Braunschweig 1961/1963. Bd. 1, S. 288.
24 Abgedruckt bei V. R. Lorwin, *The French Labour Movement*. Cambridge (Mass.) 1954, S. 312 f.
25 W. I. Lenin, *Werke*. Bd. 5. Berlin 1955, S. 482.
26 *A.a.O.*, S. 496.
27 *A.a.O.*, S. 474.
28 *Zwei Taktiken der Sozialdemokratie in der demokratischen Revolution (1905)*, in: *Werke*. Bd. 9. Berlin 1957, S. 123.
29 *A.a.O.*, S. 122; vgl. *Staat und Revolution*, in: *Werke*. Bd. 25. Berlin 1960, S. 393 ff.
30 *A.a.O.*, S. 486 ff.
31 Nach M. G. Mulhall, *Dictionary of Statistics*. 4. Aufl. London 1909, S. 615.
32 Diese und alle anderen Angaben über Bevölkerungszahlen nach *The Cambridge Economic History of Europe*. Bd. 6, Teil 1. Cambridge 1965, S. 60 ff.
33 H. Rosenberg, *Große Depression und Bismarckzeit. Wirtschaftsablauf, Gesellschaft und Politik in Mitteleuropa*. Berlin 1967, S. 129.
34 Vgl. die Schaubilder auf S. 58.

35 *The Imperialism of British Trade* [anonym], in: The Contemporary Review Bd. 76 (1899), S. 294.
36 *Cambridge Economic History, a.a.O.*, S. 503.
37 K. Helfferich, *Deutschlands Volkswohlstand 1888–1913*. 5. Aufl. Berlin 1915, S. 65.
38 *Statistisches Jahrbuch für den Preußischen Staat, 1915*. Berlin 1916, S. 324 (physische *und* nichtphysische Zensiten).
39 Zit. bei P. I. Lyashchenko, *History of the National Economy of Russia*. New York 1949, S. 543.
40 W. Sombart, *Die deutsche Volkswirtschaft im 19. Jahrhundert*. Berlin 1903, S. 545 f.
41 1 Desjatine entspricht 1,0925 ha.
42 F. Lütge, *Deutsche Sozial- und Wirtschaftsgeschichte*. 2. Aufl. Berlin-Göttingen-Heidelberg 1960, S. 447.
43 W. Sombart, *Der Bourgeois. Zur Geistesgeschichte des modernen Wirtschaftsmenschen*. München-Leipzig 1913, S. 463.
44 M. Weber, *Gesammelte Politische Schriften* 2. Aufl. Tübingen 1958, S. 320, auch *a.a.O.*, S. 60 sowie *Gesammelte Aufsätze zur Religionssoziologie*. Bd. 1 Tübingen 1920, S. 202 f.
45 Vgl. W. J. Mommsen, *a.a.O.*, S. 94 f.
46 W. Mommsen, *Deutsche Parteiprogramme*. München 1960, S. 264.
47 K. E. Born, *Der soziale und wirtschaftliche Strukturwandel Deutschlands am Ende des 19. Jahrhunderts*, in: Moderne Deutsche Sozialgeschichte, hrsg. v. H.-U. Wehler. Neue Wissenschaftliche Bibliothek. Köln 1966, S. 279.
48 Vgl. auch G. Bry, *Wages in Germany 1871–1945*. Princeton 1960, S. 73 ff. und S. 270, dessen Untersuchungen Kuczinskys Tabellen im ganzen bestätigen. Leider eignen sich Brys Schaubilder nicht zur Reproduktion in unserem Zusammenhang.
49 Seit 1897 entsprach 1 Rubel dem Gegenwert von 2.16 Goldmark; 200 Rubel waren demnach das Äquivalent von 432 Goldmark. In Deutschland lagen die Durchschnittslöhne damals bei etwa 900 Goldmark im Jahr.
50 1913 schlossen sich beide Arbeitgeberorganisationen dann in der ›Vereinigung deutscher Arbeitgeberverbände‹ zusammen.
51 Der § 253 des Strafgesetzbuches lautete: »Wer, um sich oder einem Dritten einen rechtswidrigen Vermögensvorteil zu verschaffen, einen anderen durch Gewalt oder Drohung zu einer Handlung, Duldung oder Unterlassung nötigt, ist wegen Erpressung mit Gefängnis nicht unter einem Monat zu bestrafen. Der Versuch ist strafbar.«
52 Zit. bei S. Maccoby, *English Radicalism, 1886–1914*. London 1953, S. 21.
53 Siehe A. W. Salomone, *Italy in the Giolittian Era. Italian Democracy in the Making, 1900–1914*. Philadelphia 1960, S. 30.
54 Fürst Chlodwig zu Hohenlohe-Schillingsfürst, *Denkwürdigkeiten aus der Reichskanzlerzeit*. Stuttgart-Berlin 1931, S. 475.
55 Zit. bei H. Mommsen, *Die Sozialdemokratie und die Nationalitätenfrage im habsburgischen Vielvölkerstaat*. Wien 1963, S. 298.
56 *A.a.O.*, S. 335 f.
57 O. Anweiler, *Die Rätebewegung in Rußland 1901–1921*. Leiden 1958, S. 71.
58 Bülow an Hatzfeld, 3. 4. 1898, in: *Die Große Politik der Europäischen Kabinette 1871 bis 1914*. Hrsg. v. J. Lepsius, A. Mendelssohn-Bartholdy und F. Thimme. 40 Bde. Berlin 1922–1927. Bd. 14, I, Nr. 3785, S. 207.
59 Bülow an Hatzfeld, 17. 1. 1898; Konzept von der Hand Holsteins. *Die geheimen Papiere Friedrich von Holsteins*. Hrsg. v. N. Rich und M. H. Fischer. Deutsche Ausg. hrsg. v. W. Frauendienst. Bd. 4. Göttingen 1963, S. 55.
60 *Verhandlungen des Reichstages*. Stenographische Berichte. IX. Legislaturperiode, V. Session 1897/98. 1. Bd., S. 60.
61 *Große Politik*, Bd. 16, Nr. 4744, S. 250.
62 Holstein an Radolin, in: *Die geheimen Papiere Friedrich von Holsteins. a.a.O.*, S. 230.
63 *Friedrich von Holsteins Lebensbekenntnisse in Briefen an eine Frau*. Hrsg. v. H. Rogge. Berlin 1932, S. 231.
64 Am 16. August 1807 überfiel die britische Flotte mitten im Frieden Kopenhagen und zwang die Dänen nach dreitägigem Bombardement der Hauptstadt und der Landung von 30000 Mann zur Auslieferung ihrer Kriegsflotte. Die Engländer wollten so der Eventualität zuvorkommen, daß Napoleon I. Dänemark sei es mit diplomatischen Mitteln, sei es mit Gewalt auf seine Seite bringen und dann die dänische Flotte gegen sie einsetzen könnte. – Das Zitat bei A. J. Marder, *From the Dreadnaught to Scapa Flow. The Royal Navy in the Fisher Era 1904–1919*. Bd. 1: *The Road to War 1904–1914*. London 1961, S. 112 f.
65 G. Wormser, *La république de Clemenceau*. Paris 1961, S. 203.
66 J. Chastenet, *Jours inquiets et jours sanglants 1906–1918*. Paris 1957, S. 34.
67 M. Weber, *Gesammelte Politische Schriften*. 1. Aufl. München 1921, S. 451 f.
68 Th. Eschenburg, *Das Kaiserreich am Scheidewege*. Berlin 1929, S. 298.

69 M. WEBER, *a.a.O.*, S. 456.
70 F. NAUMANN, *Bülow*, in: Die Hilfe, 14. Jg. Nr. 3, vom 19. 1. 1908.
71 Am 9. Dezember 1909. *Stenographische Berichte der Verhandlungen des deutschen Reichstages.* 11. Session, 1909/10, Bd. 258, S. 166 f.
72 Bethmann Hollweg an Eisendecher, Ende 1911. Nachlaß Eisendecher, Politisches Archiv des Auswärtigen Amtes. Vgl. die demnächst erscheinende Darstellung von W. J. MOMMSEN, *Die Außenpolitik des Reichskanzlers Theobald von Bethmann Hollweg 1909–1914 als Problem der politischen Führung.* München 1969.
73 Am 16. Februar 1912. *Stenographische Berichte der Verhandlungen des deutschen Reichstages,* Bd. 283, S. 67.
74 *Stenographische Berichte der Verhandlungen des deutschen Reichstages,* Bd. 291, S. 6155B ff.
75 R. MICHELS, *Storia Critica del Movimento Socialista Italiano.* Florenz 1927, S. 404.
76 L. KOCHAN, *The Struggle for Germany 1914–1945.* Edinburgh 1963, S. 123.
77 W. I. LENIN, *Werke.* Bd. 18. Berlin 1962, S. 99.
78 *A.a.O.*, S. 93
79 *Große Politik,* Bd. 24, Nr. 8217, S. 104.
80 B. SIEBERT, *Diplomatische Aktenstücke zur Ententepolitik.* Berlin 1929, S. 109 f.
81 *Große Politik,* Bd. 28, Nr. 10 325, S. 213.
82 *Große Politik,* Bd. 29, Nr. 10 060, S. 178.
83 E. JÄCKH, *Kiderlen-Wächter, der Staatsmann und Mensch.* Bd. 2. Stuttgart 1924, S. 129.
84 Zit. bei G. W. F. HALLGARTEN, *Imperialismus vor 1914.* 2. Aufl. München 1963. Bd. 2, S. 238.
85 E. JÄCKH, *a.a.O.*, Bd. 2, S. 127.
86 O. HAMMANN, *Bilder aus der letzten Kaiserzeit.* Berlin 1922, S. 88.
87 *Documents Diplomatiques Français.* Hrsg. v. Ministère des Affaires Etrangères. Paris 1929 ff. Bd. 12, Nr. 234.
88 *Schulthess' Europäischer Geschichtskalender* 1911, S. 204 ff.
89 *Preußische Jahrbücher,* November 1910, S. 268. Vgl. L. DEHIO, *Deutschland und die Weltpolitik im 20. Jahrhundert.* Taschenbuchausgabe Frankfurt am Main 1961, S. 66 f. und S. 71 f.
90 A. v. TIRPITZ, *Politische Dokumente.* Stuttgart 1924. Bd. 1, S. 207 f.
91 Vgl. Schebeko an Neratow am 15./2. September 1911: »Ein friedlicher Ausgang der gegenwärtigen politischen Krise erscheint infolge der versöhnlichen Haltung, die Kaiser Wilhelm einnimmt, jetzt sehr wahrscheinlich, aber sie wird nicht spurlos für Deutschland vorübergehen. Im Lande erwacht immer mehr die Erkenntnis einmal der Feindschaft, welche die anderen Länder gegen Deutschland hegen, und ferner der seine Kräfte übersteigenden Belastung, welche ihm durch die Notwendigkeit auferlegt wird, unaufhörlich, ohne greifbare Resultate für das Land, seine Wehrmacht zu vergrößern. Der Wunsch, aus der gegenwärtigen schweren Lage herauszukommen und die Macht, für welche so viel Volkskraft und Volksbesitz hingegeben wurde, endlich einmal zu benutzen, kann Deutschland zwingen, in nächster Zeit einen Zusammenstoß mit derjenigen Macht zu riskieren, die es für seinen unversöhnlichen Feind in Gegenwart und Zukunft hält.« *Die internationalen Beziehungen im Zeitalter des Imperialismus 1878–1917.* Dt. Ausg. Hrsg. v. O. HOETZSCH. Reihe 3, Bd. 1, Nr. 443, S. 559 f.
92 *Der diplomatische Schriftwechsel Iswolskis.* Hrsg. v. F. STIEVE. 1924, Bd. 2, S. 273.
93 *Große Politik,* Bd. 33, Nr. 12 339, S. 295.
94 *Große Politik,* Bd. 33, Nr. 12 263, S. 204.
95 *Große Politik,* Bd. 39, Nr. 15 612, S. 119 f.
96 Vgl. *Große Politik,* Bd. 36, II, Anlage zu Nr. 14 587, S. 786.
97 Zit. bei E. WEBER, *The Nationalist Revival in France.* Berkeley 1959, S. 108.
98 K. RIEZLER, *Grundzüge der Weltpolitik.* Berlin 1913, S. 229.
99 Brief vom 19. 2. 1914 an Eisendecher. Nachlaß Eisendecher, Politisches Archiv des Auswärtigen Amtes. Vgl. die bereits erwähnte, demnächst erscheinende Arbeit von W. J. MOMMSEN, *Die Außenpolitik des Reichskanzlers Theobald von Bethmann Hollweg 1909 bis 1914 als Problem der politischen Führung.*
100 *Große Politik,* Bd. 39, Nr. 15 843, S. 554.
101 Zit. bei E. ZECHLIN, *Motive und Taktik der Reichsleitung 1914,* in: Der Monat, Heft 209, 1966, S. 92.
102 Zit. bei A. VAGTS, *M. M. Warburg & Co. Ein Bankhaus in der deutschen Weltpolitik,* in: Vierteljahresschrift für Wirtschafts- und Sozialgeschichte, Bd. 45, 1958, S. 353.
103 *Julikrise und Kriegsausbruch.* Bearbeitet und eingeleitet von I. GEISS. Hannover 1963/1964. Bd. 1, Nr. 3.
104 Zit. bei K. D. ERDMANN, *Zur Beurteilung Bethmann Hollwegs,* in: Geschichte in Wissenschaft und Unterricht, Jg. 15, 1964, S. 536.
105 GEISS, *a.a.O.*, Nr. 135.
106 ERDMANN, *a.a.O.*, S. 536.

107 Geiss, *a.a.O.*, Bd. 2, Nr. 575.
108 A. Kriegel und J.-J. Becker, *1914. La guerre et le mouvement ouvrier français.* Paris 1964, S. 117.
109 H. v. Moltke, *Erinnerungen, Briefe, Dokumente 1877–1916.* Stuttgart 1922, S. 385.
110 Abgedruckt bei W. Basler, *Deutschlands Annexionspolitik in Polen und im Baltikum 1914–1918.* Berlin 1962, S. 382 f.
111 A. Scherer und J. Grunewald, *L'Allemagne et les problèmes de la paix pendant la première guerre mondiale.* Bd. 1. Paris 1962, S. 17.
112 *Regierte der Kaiser? Kriegstagebücher, Aufzeichnungen und Briefe des Chefs des Marine-Kabinetts Admiral Georg Alexander von Müller, 1914–1918.* Hrsg. v. W. Görlitz. Göttingen 1959, S. 206.
113 K. E. Birnbaum,*Peace Moves and U-Boot Warfare.* Stockholm 1958, S. 52.
114 Reichsarchivwerk *Der Weltkrieg*, Bd. 11, S. 446.
115 *The Times* vom 29. September 1916. Vgl. Lloyd Georges eigene Darstellung in: *War Memoirs of David Lloyd George.* Bd. 2. London 1933, S. 853 ff.
116 *Official Statements of War Aims and Peace Proposals December 1916 to November 1918.* Hrsg. v. J. Brown Scott. Bd. 1. Washington 1921, S. 35.
117 *Die Russische Revolution 1917.* Dokumente, Hrsg. v. M. Hellmann. München 1964, S. 181 f.
118 *Official Statements of War Aims and Peace Proposals, a.a.O.*, Bd. 1, S. 92.
119 W. Steglich, *Die Friedenspolitik der Mittelmächte 1917/1918.* Wiesbaden 1964. Bd. 1, S. 42.
120 W. I. Lenin, *Werke.* Bd. 26. Berlin 1961, S. 6.
121 Ebenda.
122 *Deutsch-sowjetische Beziehungen von den Verhandlungen von Brest Litowsk bis zum Abschluß des Rapallovertrages.* Bd. 1, Berlin 1967, S. 194 ff.
123 *Official Statements of War Aims and Peace Proposals, a.a.O.*, Bd. 1, S. 238.
124 E. Ludendorff, *Urkunden der Obersten Heeresleitung.* Berlin 1920, S. 501.

Literaturverzeichnis

Hier ist nur die wichtigste, nach Möglichkeit neuere Literatur aufgeführt. Mit ihrer Hilfe wird sich die jeweils einschlägige Spezialliteratur leicht finden lassen.

Gesamtdarstellungen

BAUMONT, M., L'essor industriel et l'impérialisme coloniale, 1878–1904. 3. Aufl. Paris 1965
BAUMONT, M., GERMAIN-MARTIN, H. und ISAY, R., L'Europe de 1900 à 1914. Paris 1967
BELOFF, M., RENOUVIN, P., SCHNABEL, F. und VALSECCHI, F., L'Europe du XIXe et du XXe siècle (1870–1914). 2 Bde. Mailand 1964
THE NEW CAMBRIDGE HISTORY. Bd. 11: Material Progress and World Wide Problems. Hrsg. v. F. H. Hinsley. Cambridge 1962
THE NEW CAMBRIDGE MODERN HISTORY. Bd. 12: The Era of Violence. Hrsg. v. D. Thomson. Cambridge 1960
RENOUVIN, P., La crise européenne et la première guerre mondiale, 1904–1918. 4. Aufl. Paris 1962
SCHIEDER, TH., Europa im Zeitalter der Nationalstaaten und europäische Weltpolitik bis zum 1. Weltkrieg (1870–1918), in: Handbuch der Europäischen Geschichte. Bd. 6. Stuttgart 1968
TORRE, A., L'Europa nell'età Guglielmina. Bologna 1958

Die politischen Ideologien

ARENDT, H., The Origins of Totalitarianism. New York 1951
BARKER, E., Political Thought in England from Spencer to the Present Day. London 1958
BRAUNTHAL, J., Geschichte der Internationale. 2 Bde. Hannover 1961–1963
COLE, G. D. H., History of Socialist Thought. Bd. 3: The Second International. London 1956
JOLL, J., The Second International. London 1955
LANDAUER, C. European Socialism. Bd. 1. Berkeley 1959
LANDES, D. S., The Nature of Economic Imperialism. The Journal of Economic History, Bd. 21. 1961
LÜBBE, H., Politische Philosophie in Deutschland. Basel–Stuttgart 1963
PONTEIL, F., Histoire de idées politiques depuis Montesquieu. Paris 1960
RUGGIERO, G. DE, Geschichte des Liberalismus in Europa. München 1930. Neudruck Aalen 1964
SOLTAU, R. H., French Political Thought in the 19th Century. New York 1959
THEIMER, W., Geschichte der politischen Ideen. München 1955
WINSLOW, E. M., The Pattern of Imperialism. New York 1948

Wirtschaftliche Entwicklung Europas

ASHWORTH, W., A Short History of the International Economy 1850–1950. London 1952
THE CAMBRIDGE ECONOMIC HISTORY OF EUROPE. Bd. 6: The Industrial Revolution and After. Teil II. Cambridge 1965
CLAPHAM, J. H., The Economic Development of France and Germany 1815–1914. Cambridge 1951
CLOUGH, S. B., The Economic History of Modern Italy. New York 1964
DEANE, P. und COLE, W. A., British Economic Growth 1688–1959. 2. Aufl. Cambridge 1967
HENDERSON, W. O., The Industrial Revolution on the Continent 1800–1914. London 1961
HOFFMANN, W. G., Das Wachstum der deutschen Wirtschaft seit der Mitte des 19. Jahrhunderts. Berlin 1965
KINDLEBERGER, C. P., Economic Growth in France and Britain 1851–1950. Cambridge (Mass.) 1964
MICHELSON, A., L'essor économique de la Russie avant la guerre de 1914. Paris 1965
ROSTOW, W. W., The Stages of Economic Growth. Cambridge 1960
SAUL, S. B., Studies in British Overseas Trade. Liverpool 1960

Soziale Strukturen

DAHRENDORF, R., Soziale Klassen und Klassenkonflikt in der industriellen Gesellschaft. Stuttgart 1957
GEIGER, T., Die Klassengesellschaft im Schmelztiegel. Köln–Hagen 1949
GIRARDET, R., La société militaire dans la France contemporaine 1815–1939. Paris 1953

Louis, P., La condition ouvrière en France depuis cent ans. Paris 1950
Preradovich, N. v., Die Führungsschichten in Österreich und Preußen 1804–1918. Wiesbaden 1955
Robinson G. T., Rural Russia under the Old Regime. Neudruck New York 1949
Veblen, T., Imperial Germany and the Industrial Revolution. Neudruck New York 1964

Innere Entwicklung der europäischen Staatenwelt

England

Ensor, R. C. K., England 1870–1914. Oxford 1936. Neudruck Oxford 1952
Halévy, H., History of the English People. Bd. 5: Imperialism and the Rise of Labour 1895 to 1905. Bd. 6: The Rule of Democracy 1905–1914. Neudruck New York 1961
Pelling, H., Modern Britain 1895–1955. Edinburgh 1960

Frankreich

Baumont, M., Gloires et tragédies de la IIIe République. Paris 1957
Chastenet, J., Histoire de la Troisième République. Bd. 2: La République des républicains 1879–1893. Bd. 3: La République Thriomphante 1893–1906. Bd. 4: Jours inquiets et jours sanglants 1906–1918. Paris 1954/1955/1957
Derfler, L., The Third French Republic. New York 1966
Goguel, F., La politique des parties sous la IIIe République. Paris 1946
Thomson, D., Democracy in France. 4. Aufl. Oxford 1964

Niederlande und Belgien

Gelder, E. van, Histoire des Pays-Bas. Paris 1936
Houtte, J. A. und Niermeyer, J. F. (Hrsg.), Algemene Geschiedenis der Nederlanden. Bd. 9–12. Den Haag 1950–1958
Pirenne, H., Histoire de Belgique. Bd. 7: 1830–1914. Brüssel 1932

Deutsches Reich

Balfour, M., The Kaiser and his Times. London 1964
Eschenburg, Th., Das Kaiserreich am Scheidewege. Berlin 1929
Eyck, E., Das persönliche Regiment Wilhelms II. Politische Geschichte des deutschen Kaiserreiches 1890–1914. Zürich 1948
Nichols, J. A., Germany after Bismarck. The Caprivi Era 1890–1894. Cambridge (Mass.) 1958
Ritter, G., Staatskunst und Kriegshandwerk. 4 Bde. München 1954–1968
Rosenberg, A., Entstehung und Geschichte der Weimarer Republik. Hrsg. v. H. Kersten. Frankfurt am Main 1955
Ziekursch, J., Politische Geschichte des neuen deutschen Kaiserreiches. Bd. 3: Das Zeitalter Wilhelms II. 1890–1918. Frankfurt am Main 1930
Zmarzlik, H. G., Bethmann Hollweg als Reichskanzler 1909–1914. Düsseldorf 1957

Österreich-Ungarn

Hanak, P., Die nationale Frage in der österreichisch-ungarischen Monarchie 1900–1918. Wien 1966
Jaszi, O., The Dissolution of the Habsburg Monarchy. Chicago 1929. Neudruck 1961
Kann, R. A., Das Nationalitätenproblem der Habsburger Monarchie. 2. Bde. 2. Aufl. Graz–Köln 1964
Miskolczy, J., Ungarn in der Habsburger Monarchie. Wien 1959
Zwitter, F., Les problèmes nationaux dans la Monarchie des Habsbourg. Belgrad 1960

Italien, Spanien, Portugal

Corocci, G., Giolitti e l'età giolittiana. Turin 1961
Carr, R., Spain 1808–1939. Oxford 1966
Livermore, H. V., A History of Portugal. Cambridge 1947
Salomone, A. W., Italy in the Giolittian Era. Philadelphia 1960
Smith, D. M., Storia d'Italia dal 1861 al 1958. Bari 1959
Thayer, J. A., Italy and the Great War. Politics and Culture 1870–1915. Madison (Wisconsin) 1964
Vigezzi, B., L'Italia di fronte alla prima guerra mondiale. Bd. 1: L'Italia neutrale. Mailand–Neapel 1966

Skandinavische Länder

Andersson, I., Schwedische Geschichte. München 1950
Gerhardt, M., Norwegische Geschichte. 2. Aufl. Bonn 1963
Jeannin, P., Les peuples scandinaves. Paris 1956
Lauring, P., Geschichte Dänemarks. Neumünster 1964
Paul, J., Nordische Geschichte. Breslau 1925

Die Balkanstaaten

IORGA, N., Histoire des états balkaniques jusqu'à 1924. Paris 1925
LONČAREVIČ, D., Jugoslawiens Entstehung. Zürich 1929
PETERS, R., Histoire des Turks (de l'empire à la démocratie). Paris 1966
RISTELHUEBER, R., Histoire des peuples balkaniques. 5. Aufl. Paris 1950
SETON-WATSON, R. W., A History of the Rumanians. London 1934. Neudruck Cambridge 1963
STAVRIANOS, L. S., The Balkans 1815–1914. New York 1965

Rußland

GITERMANN, V., Geschichte Rußlands. Bd. 3. Hamburg 1949
KOCHAN, L., Russia in Revolution 1890–1918. London 1966
SETON-WATSON, H., The Decline of Imperial Russia. London 1952

Imperialismus und Staatenbeziehungen 1885–1914

BRANDENBURG, E., Von Bismarck zum Weltkriege. 3. Aufl. Berlin 1939. Neudruck Darmstadt 1967
BRUNSCHWIG, H., Mythes et réalités de l'impérialisme coloniale français 1871–1914. Paris 1960
DEHIO, L., Deutschland und die Weltpolitik im 20. Jahrhundert. München 1955
GALLAGHER, J., ROBINSON R., und DENNY, A., Africa and the Victorians. London 1961
GRANFELD, H., Der Dreibund nach dem Sturze Bismarcks. 2 Bde. Lund 1962/1964
HALLGARTEN, G. W. F., Imperialismus vor 1914. 2 Bde. 2. Aufl. München 1963
HELMREICH, E. C.,The Diplomacy of the Balkan Wars 1912/1913. Cambridge (Mass.) 1938
HUBATSCH, W., Die Ära Tirpitz. Studien zur deutschen Marinepolitik 1890–1918. Göttingen 1955
LANGER, W. L., The Diplomacy of Imperialism 1890–1901. 2. Aufl. New York 1951. Neudruck New York 1956
MARDER, A. J., The Anatomy of British Sea Power. A History of British Naval Politics in the Pre-Dreadnought Era 1880–1905. London 1964
RENOUVIN, P., Histoire des relations internationales. Le XIXe siècle. Bd. 2: De 1871 à 1914. Paris 1955
RICH, N., Friedrich von Holstein. 2 Bde. Cambridge 1965
STEINBERG, J., Yesterdays Deterrent – Tirpitz and the Birth of the German Battle Fleet. London 1965
TAYLOR, A. J. P., The Struggle for Mastery in Europe, 1848–1918. Oxford 1954
THORNTON, A. P., The Imperial Idea and its Enemies. A Study in British Power. 2. Aufl. London 1966
WILLEQUET, J., Le congo belge et la Weltpolitik 1894–1914. Brüssel 1962
WOODWARD, E. L., Great Britain and the German Navy. 2. Aufl. London 1964

Der Erste Weltkrieg

Julikrise und Kriegsausbruch 1914

ALBERTINI, L., Le origini della guerra 1914. 3 Bde. Mailand 1942. In englischer Ausgabe: The Origins of the War of 1914. 3 Bde. Oxford 1952–1957
DEDIJER, V., The Road to Sarajewo. New York 1966
GEISS, I., Julikrise und Kriegsausbruch 1914. 2 Bde. Braunschweig 1963/1964
POLETICA, N. P., Vozniknovenie Pervoj Mirovoj Vojny (Iiulskii krizis 1914). 2. Aufl. Moskau 1964
RENOUVIN, P., Les origines immédiates de la guerre. 2. Aufl. Paris 1927

Die militärischen Ereignisse

BARNETT, C., Anatomie eines Krieges. München 1966
FALLS, C., The First World War. London 1960
LIDDELL HART, B. H., A History of the World War 1914–1918. 2. Aufl. London 1934
MARDER, A. J., From the Dreadnought to Scapa Flow. The Royal Navy in the Fisher Era 1904 to 1919. 3 Bde. London 1961–1966
SINEY, M. C., The Allied Blockade of Germany 1914–1916. Ann Arbor 1957
SPINDLER, A., Der Handelskrieg mit U-Booten. 4 Bde. Berlin 1933–1966

Kriegsziele und außenpolitische Beziehungen

BAUMGART, W., Deutsche Ostpolitik 1918. München 1966
BIRNBAUM, K. E., Peace Moves and U-Boot Warfare. A Study of Imperial Germany's Policy towards the United States April 18, 1916–January 9, 1917. Stockholm 1958
FISCHER, F., Griff nach der Weltmacht. Die Kriegszielpolitik des kaiserlichen Deutschland 1914 bis 1918. 3. Aufl. Düsseldorf 1964
GATZKE, H. W., Germany's Drive to the West. A Study of Germany's Western War Aims during the First World War. Baltimore 1950

Gottlieb, W. W., Studies in Secret Diplomacy during the First World War. London 1957
Mayer, A. J., Political Origins of the New Diplomacy. New Haven 1959
Nelson, H. I., Land and Power. British and Allied Policy on Germany's Frontiers 1916–1919. London 1963
Renouvin, P., Les buts de guerre du gouvernement français 1914–1918. Revue Historique, Bd. 235. 1966
Pingaud, A., Histoire diplomatique de la France pendant la Grande Guerre. 4 Bde. Paris 1938
Taylor, A. J. P., The War Aims of the Allies in the First World War. In: Essays presented to Sir Lewis Namier. London–New York 1956
Smith, C. J., The Russian Struggle for Power 1914–1917. New York 1956
Steglich, W., Die Friedenspolitik der Mittelmächte 1917/1918. Bd. 1. Wiesbaden 1964
Wheeler-Bennett, J. W., Brest-Litovsk. The Forgotten Peace. 4. Aufl. London 1956

Die innere Entwicklung in den kriegführenden Staaten

Bonnefous, G., Histoire Politique de la Troisième République. Bd. 2: La Grande Guerre (1914–1918). Paris 1957
Brecht, J. V., Der Deutsche Reichstag im Weltkrieg. Berlin 1926
Carr, E. H., A History of Soviet Russia. Bd. 1–3. The Bolshevik Revolution. London 1950–1953
Chamberlin, W. H., The Russian Revolution 1917–1921. New York 1954
Fischer, L., Das Leben Lenins. Köln–Berlin 1965
Guinn P., British Strategy and Politics 1914–1918. Oxford 1965
Janssen, K. H., Der Kanzler und der General. Die Führungskrise um Bethmann Hollweg und Falkenhayn 1914–1916. Göttingen 1967
King, J. C., Generals and Politicians: Conflict between France's High Command, Parliament and Government 1914–1918. Berkeley 1951
Lorenz, K., Kaiser Karl und der Untergang der Donaumonarchie. Graz–Wien–Köln 1959
Pieri, P., Italia nella prima guerra mondiale (1915–1918). 2. Aufl. Turin 1965
Rosmer, A., Le mouvement ouvrier pendant la première Guerre Mondiale. 2 Bde. Paris 1936–1959
Valiani, L., La dissoluzione dell'Austria-Ungheria. Mailand 1966
Zeman, Z. A. B., The Break-Up of the Habsburg Empire 1914–1918. London 1961

Verzeichnis und Nachweis der Abbildungen

Sämtliche Fotos entstammen dem Archiv Gerstenberg, Frankfurt am Main

Register

Die Bearbeitung des Registers erfolgte durch die Redaktion der Fischer Weltgeschichte.